U0852358

# 文化发展统计分析报告 2017

2017 Statistical Analysis Report on Cultural Development

中华人民共和国文化部 编

中国统计出版社
China Statistics Press

© 中国统计出版社 2017
版权所有。未经许可，本书的任何部分不得以任何方式在世界任何地区以任何文字翻印、拷贝、仿制或转载。
© 2017 China Statistics Press
All rights reserved. No part of the publication may be reproduced or transmitted in any form or by any means, electronic or mechanical, including photocopying, recording, or any information storage and retrieval system, without written permission from the publisher.

**图书在版编目（CIP）数据**

2017 文化发展统计分析报告 / 中华人民共和国文化部编. -- 北京 : 中国统计出版社, 2017.10
ISBN 978-7-5037-8301-2
Ⅰ. ①2… Ⅱ. ①中… Ⅲ. ①文化发展－统计分析－研究报告－中国－2017 Ⅳ. ①G12

中国版本图书馆 CIP 数据核字（2017）第 213147 号

2017 文化发展统计分析报告

作　　者 / 中华人民共和国文化部
责任编辑 / 李　冲
装帧设计 / 黄　晨
出版发行 / 中国统计出版社
通信地址 / 北京市丰台区西三环南路甲 6 号　邮政编码 /100073
电　　话 / 邮购（010）63376909　书店（010）68783171
网　　址 / http://www.zgtjcbs.com
印　　刷 / 三河市双峰印刷装订有限公司
经　　销 / 新华书店
开　　本 / 880mm×1230mm　1/16
字　　数 / 740 千字
印　　张 / 25
版　　别 / 2017 年 11 月第 1 版
版　　次 / 2017 年 11 月第 1 次印刷
定　　价 / 160.00 元

**如有印装差错，由本社发行部调换。**

# 2017文化发展统计分析报告

## 编委会和编辑办公室


### 编委会

**主　任：**雒树刚

**副主任：**杨志今　刘曙光

**编　委：**马秦临　燕东升　周　宇　王明亮

解　冰　陈　红

### 编辑办公室

**主　任：**王明亮

**副主任：**杨　雪　张　磊

**成　员：**（按姓氏笔画排序）

马　超　亢　博　苏　宁　李　峻

肖　蒙　张亚娟　张玉伟　赵永涛

贺　怡　唐　莹　魏　冀

# 2017文化发展统计分析报告

## 撰稿人员

（按姓氏笔画排序）



| | | | | |
|---|---|---|---|---|
| 马立群 | 王云峰 | 王　会 | 王建文 | 王　栋 |
| 王冠华 | 王晓龙 | 韦　刚 | 亢　博 | 孔少华 |
| 付凌晖 | 冯忠禄 | 朱　丹 | 刘　天 | 刘继龙 |
| 孙晓华 | 孙婷婷 | 李春江 | 李　锋 | 杨习跃 |
| 肖　蒙 | 吴　兵 | 吴海静 | 邱　剑 | 辛　佳 |
| 沈自龙 | 张良宝 | 张婧文 | 陈　放 | 陈　虹 |
| 陈　歆 | 杨　雪 | 明　珍 | 金京生 | 周　平 |
| 郑鸿波 | 赵若奎 | 胡梦蝶 | 姚仲明 | 袁大俊 |
| 耿广华 | 倪梦竹 | 殷国俊 | 郭　尧 | 郭　鹏 |
| 郭蔚婷 | 郭　懿 | 唐　迪 | 黄　涛 | 曹　靓 |
| 龚跃萍 | 崔一凡 | 崔连强 | 梁　茵 | 蒋　林 |
| 韩笑梅 | 韩高军 | 程　青 | 蒲怀民 | 解秀海 |
| 戴俊骋 | 魏小军 | 魏　锋 | | |

**理论支持：**中央财经大学国家文化创新研究中心

# 前言

2016年是进入全面建成小康社会决胜阶段的第一年，也是“十三五”规划的开局之年。一年来，全国文化系统深入学习贯彻习近平总书记系列重要讲话精神和治国理政新理念新思想新战略，紧紧围绕“五位一体”总体布局和“四个全面”战略布局，坚持社会主义先进文化前进方向，坚持以人民为中心的工作导向，攻坚克难，开拓创新，文化发展改革不断取得新的进展，“十三五”时期各项任务开局顺利，为建设社会主义文化强国奠定了坚实文化基础。文化发展的基础保障进一步巩固，文化发展的环境得到改善；文化发展取得丰硕成果，人民文化生活更加丰富；文化交流更加活跃，中华文化影响力不断扩大。

随着文化建设的快速发展，社会各界对文化统计信息提出了更高要求。2011年，文化部首次公开出版发行《文化发展统计分析报告》，目前已连续七年组织开展全国文化文物领域统计分析研究工作，充分发挥了文化统计工作反映文化发展、服务文化决策、引导文化实践的作用，取得了较好的社会效果。这些报告运用详实的统计数据，科学的统计方法，美观的统计图表，直观展现了我国文化发展改革现状和趋势，深入剖析了文化发展中存在的问题并提出了相应建议，对现阶段文化发展改革具有重要的参考意义。

本书的编辑出版得到了文化部各级领导、各地文化厅局以及国家发展改革委、财政部、国家统计局和中央财经大学等单位相关同志的大力支持。在此，表示衷心的感谢。由于时间仓促，水平有限，错误和不足之处希望得到大家的谅解，并请给予批评指正。

编者

2017年9月

# 目　录

CONTENTS

## 综合篇



## 专题篇



## 地区篇

## 背景篇



## 附 录

2017 Statistical Analysis Report
on Cultural Development

# 2017文化发展统计分析报告

# 综合篇

# 2016 年全国文化发展基本情况

2016 年是我国进入全面建成小康社会决胜阶段的第一年，也是“十三五”规划的开局之年。一年来，全国文化系统深入学习贯彻习近平总书记系列重要讲话精神和治国理政新理念新思想新战略，紧紧围绕“五位一体”总体布局和“四个全面”战略布局，全面落实从严治党主体责任，坚持社会主义先进文化前进方向，坚持以人民为中心的工作导向，“十三五”时期各项任务开局顺利，为建设社会主义文化强国奠定了坚实基础。但也应看到，面对新形势，制约新时期文化发展改革的因素依然存在。因此，必须继续坚持中国特色社会主义文化发展道路，推进“两学一做”学习教育常态化规范化，围绕建设社会主义文化强国这一战略目标，全面推进各项文化工作。

## 一、文化发展的基础保障能力进一步增强

### （一）从思想保障看，习近平总书记对文化工作做出重要论述，文化建设的方向更加明确

党的十八大以来，习近平总书记对文化工作做了一系列重要讲话和重要论述。2014 年 10 月，习近平总书记在文艺工作座谈会上发表重要讲话；2016 年 11 月，习近平总书记在中国文联十大、作协九大开幕式上发表重要讲话。特别是总书记提出了文化自信思想，并在去年庆祝建党 95 周年重要讲话中将文化自信与中国特色社会主义道路自信、理论自信、制度自信一道并列为“四个自信”。习近平总书记指出：“文化自信是更基础、更广泛、更深厚的自信，是更基本、更深沉、更持久的力量。”这是对我国文化发展和文化建设经验的深刻总结，开辟了中国特色社会主义文化建设理论的新境界，为新时期文化建设提供了根本遵循。

各级党委政府对文化重要性的认识不断深化，对文化工作的重视程度空前提高。大部分省区市出台贯彻落实中央部署的实施意见，提出了加快建设文化强省、文化强区或文化强市的战略目标，文化建设纳入经济社会发展的重要议事日程。《国家“十三五”时期文化发展改革规划纲要》正式颁布，为“十三五”时期文化改革发展指明了方向。《文化部“十三五”时期文化发展改革规划》等部门规划和地方文化事业发展规划相继颁布实施，开启了文化建设的新篇章。

### （二）从制度保障看，文化法制建设取得积极进展，依法治理水平进一步提升

1. 公共文化立法工作取得突破。2016 年 12 月 25 日，十二届全国人大常委会第二十五次会议通过了《中华人民共和国公共文化服务保障法》，成为文化领域又一部基础性法律。《公共文化服务保障法》详细规定了各级政府在公共文化服务组织、管理、提供、保障中的职责，为公共文化发展提供了强有力的法律保障。

2. 文化产业政策法规体系不断完善。一是文化产业促进法已经形成较为完备的草案稿。二是推动国务院办公厅转发文化部等部门《关于推动文化文物单位文化创意产品开发的若干意见》，在体制机制和支持政策方面实现创新和突破。启动文化创意产品开发试点工作，确定 154 家副省级以上博物馆、美术馆、图书馆纳入试点范围。三是协调国家发展改革委将数字创意产业纳入《“十三五”国家战略性新兴产业发展规划》，首次在国家战略性新兴产业发展布局中体现文化产业，起草《推动数字文化产业创新发展的指导意见》。四是联合财政部印发《关于开展引导城乡居民扩大文化消费试点工作的通知》，在全国范围内开

展扩大文化消费试点工作，发布 26 个国家文化消费试点城市名单。

3. 财政、金融、投融资政策支持渠道不断拓展。文化部起草《文化与金融合作示范区创建工作方案》，协调中国人民银行、财政部推进创建工作进程。配合财政部组织中央财政文化产业发展专项资金“文化金融扶持计划”、“支持特色文化产业发展”、“促进文化创意和设计服务与相关产业融合”等重大项目申报评审，共推荐 376 个项目获得 7.17 亿元资金扶持。推动将文化类项目纳入财政部 PPP 示范项目以奖代补和国家发展改革委基础设施建设 PPP 模式推广前期工作专项补助支持范围，共有 31 个文化类项目获得以奖代补资金扶持 1.62 亿，拉动投资 358 亿元。推动将文化旅游基础设施作为投资方向纳入专项建设基金申报范围，指导各地文化部门组织做好项目申报工作，2016 年度文化类项目已获得基金支持超 130 亿元。

4. “放管服”改革顺利实施。推进简政放权，取消了两项由中央设定地方实施的审批项目，进一步减少审批环节、缩短审批时限。按照“放管服”改革要求，清理法律法规 13 件、部门规章 33 件、规范性文件 332 件。逐项梳理编制文化部权力和责任清单，规范行政裁量权，提高行政权力运行的科学化、规范化水平。部署开展文化市场政策落实和行政审批规范化全国督查，并推动地方确定 94 个行政审批示范点。

### （三）从资金保障看，在中央财政的带动和引导下，全国文化事业费快速增长

1. 中央转移支付资金快速增长。2016 年，在财政形势十分紧张的情况下，落实 2016 年文化部部门预算 54.81 亿元。国家美术馆、中国工艺美术馆、国家文献战略储备库、中央歌剧院剧场等重大文化设施建设明显加快，“平安故宫”工程稳步推进。中央财政通过继续实施“三馆一站”免费开放、非物质文化遗产保护、公共数字文化建设、地市级公共文化设施建设等文化项目，共落实中央补助地方专项资金 61.03 亿元，比上年增长 27.7%。

图1　2006年-2016年中央对地方文化项目补助资金情况

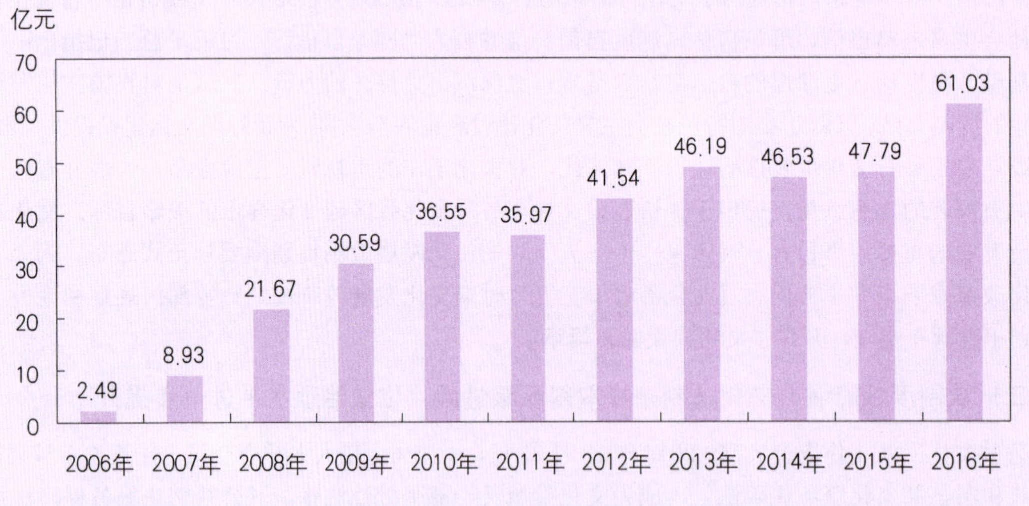


2. 文化事业费持续增长。2016 年，全国文化事业费（不含基本建设财政拨款和行政运行费）770.69 亿元，比上年增加 87.72 亿元，增长 12.8%；增幅高于同期财政支出增幅 6.0 个百分点。文化事业费占财政总支出的比重为 0.41%，比上年提高 0.02 个百分点。全国人均文化事业费 55.74 元，比上年增加 6.06 元，增长 12.2%。

图2　近年来全国文化事业费总量及增长速度

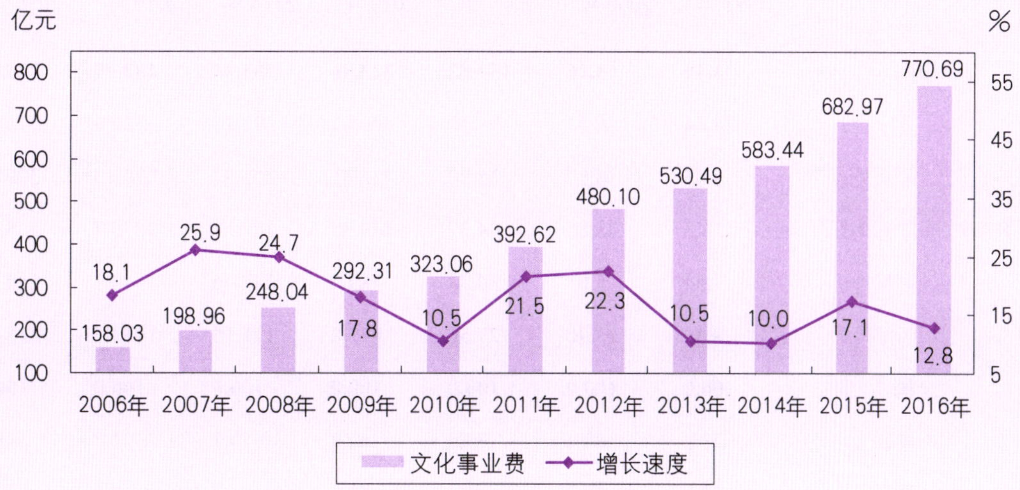


图3　全国文化事业费占财政总支出比重

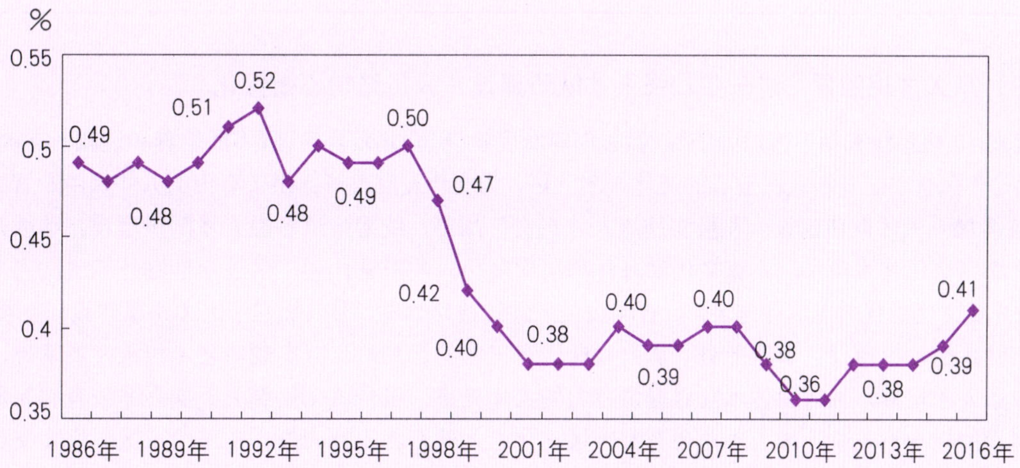


3. 文化事业费继续向基层倾斜。全国文化事业费中，县以上文化单位 371.00 亿元，占 48.1%，比上年降低了 3.6 个百分点；县及县以下文化单位 399.68 亿元，占 51.9%，比重比上年提高了 3.6 个百分点。东部地区文化单位文化事业费 333.62 亿元，占 43.3%，比重提高了 1.2 个百分点；中部地区文化单位 184.80 亿元，占 24.0%，比重下降了 0.1 个百分点；西部地区文化单位 218.17 亿元，占 28.3%，比重下降了 0.1 个百分点。

**表 1　全国文化事业费按城乡和区域分布情况**

| | | 1995 年 | 2000 年 | 2005 年 | 2010 年 | 2014 年 | 2015 年 | 2016 年 |
|---|---|---|---|---|---|---|---|---|
| 总量（亿元） | **全国** | **33.39** | **63.16** | **133.82** | **323.06** | **583.44** | **682.97** | **770.69** |
| | # 县以上 | 24.44 | 46.33 | 98.12 | 206.65 | 292.12 | 352.84 | 371.00 |
| | 县及县以下 | 8.95 | 16.87 | 35.70 | 116.41 | 291.32 | 330.13 | 399.68 |
| | # 东部地区 | 13.43 | 28.85 | 64.37 | 143.35 | 242.98 | 287.87 | 333.62 |
| | 中部地区 | 9.54 | 15.05 | 30.58 | 78.65 | 133.46 | 164.27 | 184.80 |
| | 西部地区 | 8.30 | 13.70 | 27.56 | 85.78 | 171.15 | 193.87 | 218.17 |
| 所占比重（%） | **全国** | **100.0** | **100.0** | **100.0** | **100.0** | **100.0** | **100.0** | **100.0** |
| | # 县以上 | 73.2 | 73.4 | 73.3 | 64.0 | 50.1 | 51.7 | 48.1 |
| | 县及县以下 | 26.8 | 26.7 | 26.7 | 36.0 | 49.9 | 48.3 | 51.9 |
| | # 东部地区 | 40.2 | 45.7 | 48.1 | 44.4 | 41.6 | 42.1 | 43.3 |
| | 中部地区 | 28.6 | 23.8 | 22.9 | 24.3 | 22.9 | 24.1 | 24.0 |
| | 西部地区 | 24.9 | 21.7 | 20.6 | 26.6 | 29.3 | 28.4 | 28.3 |

### （四）从人才保障看，进一步加强人才队伍建设，人员结构不断优化

近年来，文化系统长期不懈加强统筹规划、创新制度建设、强化教育培训，不断培养和造就一支政治坚定、业务精湛、作风优良、党和人民放心的文化人才队伍，为文化发展改革提供了有力的人才保障和智力保持。

1. 持续加强人才队伍建设。积极实施“人才兴文”战略，统筹推进各类人才队伍建设。继续开展国家“千人计划”文化艺术项目，实施文化部海外高层次文化人才引进计划，引进一批海外高层次人才回国工作。组织开展文化部优秀专家评选表彰、青年拔尖人才选拔培养等，有效加强了人才梯队建设。会同中宣部、教育部、财政部，出台《关于新形势下加强戏曲教育工作的意见》，夯实戏曲艺术传承发展基础，加强学校戏曲专业人才培养，为戏曲传承发展提供有力的人才支撑。出台《文化部关于加强非公有制领域文化人才队伍建设的指导意见》，加大对非公有制领域文化人才的培养支持力度。实施“三区”人才支持计划文化工作者专项，选派 16641 人到“三区”县及县以下工作，为“三区”培养 1500 名优秀文化工作者；稳步开展全国基层文化队伍培训，举办示范性培训 117 期，培训基层文化骨干 45 万人次，各地开展专职文化队伍培训 58.6 万人次，有力推进了基层文化人才队伍建设。全面加大教育培训力度，依托中央文化管理干部学院主阵地和其他全国文化干部培训基地，持续开展全国省地县文化厅局长和文化部系统文艺工作者轮训，全年共有 696 位地方文化厅局长、2197 名文艺工作者参加培训，举办了 42 期示范性培训班，使广大干部更新知识，补齐短板，提升素质。

2. 全国文化机构从业人员数有所增加。据统计，2016 年末，纳入统计范围的全国各类文化（文物）单位 31.06 万个，比上年末增加 1.15 万个；从业人员 234.81 万人，增加 5.37 万人。其中，各级文化文物部门所属单位 66022 个，增加 310 个；从业人员 66.10 万人，增加 1.56 万人。分类型看，执行事业会计制度的文化机构 6.58 万个，比上年增加 520 个，从业人员 62.03 万人，比上年增加 1.68 万人，增长 2.79%，全年收入合计 1632.63 亿元，增长 10.64%；执行企业会计制度的文化机构 24.49 万个，比上年增加 10972 个，从业人员 17.28 万人，比上年增加　3.68 万人，增长 2.17%。全年营业收入 4907.95 亿元，比上年增长

47.72%，利润总额1147.99亿元，增长6.16%。

图4 2006年-2016年全国文化单位机构数及从业人员数

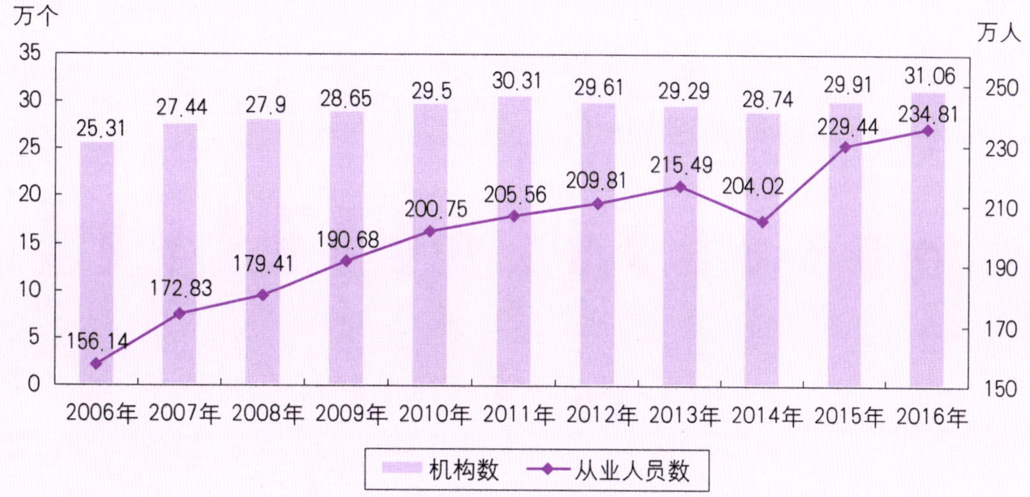


3. 人员素质得到一定程度提高。据统计，2016年底，全国公共图书馆从业人员57208人，其中具有中高级职称的人员24852人，比上年增加了631人；所占比重由上年的42.93%提高到43.44%。全国文化馆（站）从业人员182030人，其中具有中高级职称的人员23159人，比上年增加了368人。

图5 全国公共图书馆从业人员职称结构

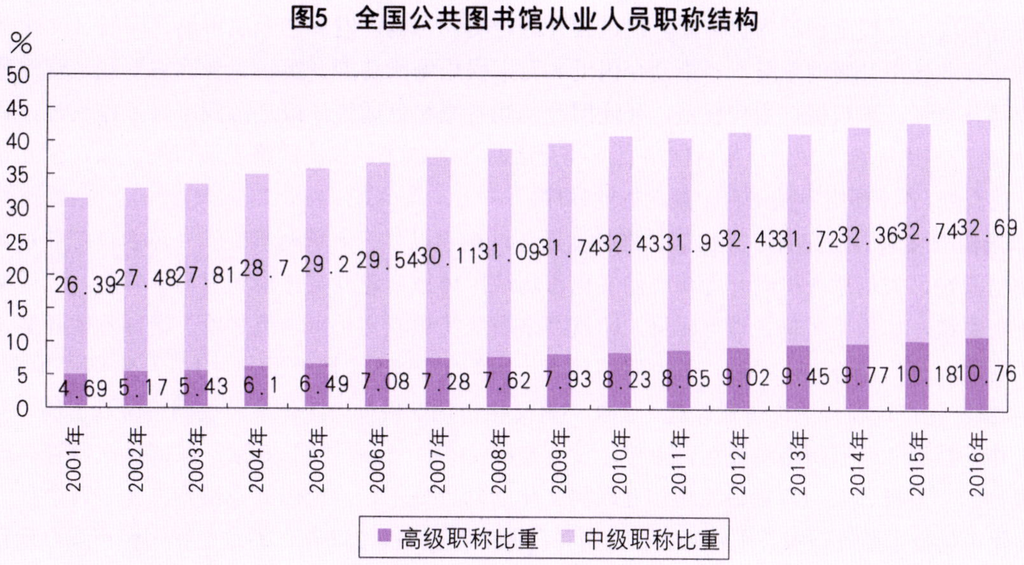

图6 全国文化馆从业人员职称情况

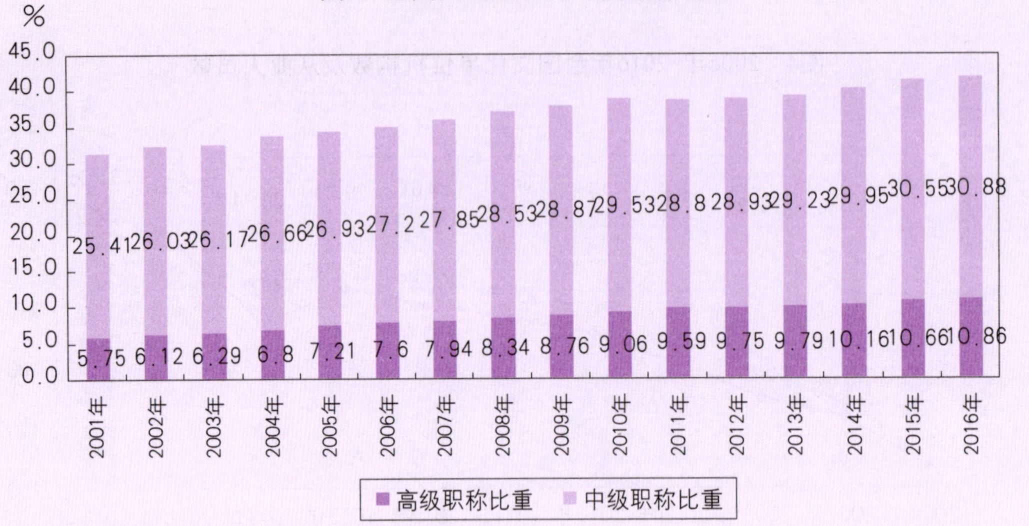


### （五）从市场保障看，监管能力稳步提高，市场环境进一步改善

1. 文化市场综合执法改革进一步深化。中共中央办公厅、国务院办公厅印发《关于进一步深化文化市场综合执法改革的意见》；中央文改领导小组印发贯彻落实分工方案，明确27项重大改革任务的牵头部门、责任单位和完成时限。文化部专门印发通知，建立了综合执法改革台账，进一步明确了改革时间表、路线图和任务书。文化部牵头建立了10个部门组成的全国文化市场管理工作联席会议，加强统筹、协调和指导。

2. 文化市场制度建设深入推进。文化部修订出台《艺术品经营管理办法》，建立明示担保、尽职调查、信用监管等制度，开展全领域内容监管，促进公开透明交易，规范发展艺术品市场。印发《文化部关于推动文化娱乐行业转型升级的意见》，推动全国近8万家娱乐场所转型升级。完善网络游戏运营规范，强化网游企业运营责任，积极保护用户权益。开通国产游戏备案绿色通道，改进游戏审查工作流程，备案国产游戏7400款，同比增长7.9倍。出台网络表演经营活动管理办法，整治网络表演市场乱象，建立长效监管机制，依法查处26个网络表演平台，规范行业秩序。

3. 市场监管体系日益完善。文化部加强制度设计，构建以“三名单两机制”（黑名单、警示名单和红名单及守信激励、失信惩戒机制）为核心的文化市场信用体系。建立文化市场黑名单制度，启用文化市场黑名单管理系统，加强黑名单管理与应用，印发网络表演等领域文化市场黑名单。指导各地开展文化市场分级分类管理，推广地方先进经验。开展暗访抽查，组织15个暗访抽查组，对15个省45个地市92个县区的2789家文化市场经营单位进行检查。全面部署文化市场随机抽查工作，开展网络游戏市场“双随机一公开”工作，抽查200家网络游戏运营单位，责令整改71家，行政处罚36家。保持执法监管高压态势，部署开展第二十五批、二十六批违法违规互联网文化活动查处工作，全国共办结案件4.7万余件。建立完善全国文化市场技术监管与服务平台，业务应用系统地区覆盖率达到97%，通过监管平台在线办理行政审批业务6.6万件，在线办结行政执法案件4.6万件。

### （六）从文化与科技的融合情况看，科技助推文化发展的作用更加明显

推动以文化科技融合为研究领域的“现代服务业共性关键技术研发及应用示范国家重点研发计划专项”进入启动序列，推动“国家企业技术中心认定领域和重点（2016—2018年）”首次设列“演艺装备与服务领域”。推进文化科技领域纳入中央文化产业发展专项资金重大项目类别。组织文化部相关直属单位申报国家促进

大数据发展重大工程。深化文化标准化工作改革，《文化馆服务标准》等4项标准成为国家标准，发布《流动图书车载装置通用技术条件》等5项推荐性行业标准。加强载体建设，认定第二批文化部重点实验室12个。开展2016年度全国艺术科学规划项目评审立项工作，共295个不同层次的文化艺术研究项目获得资助立项。组织5批全国艺术科学规划项目鉴定结项工作，共90余个项目通过专家鉴定。推出一批“文化智库”联系点，进一步发挥研究成果决策咨询作用。

## 二、文化建设取得丰硕成果

2016年，我国各项文化建设工作取得了新的成就。公共文化服务体系建设成效显著，文艺演出展览异彩纷呈，文化市场发展规范有序，文化产业蓬勃发展，文化遗产保护取得重要进展，对外文化交流有序推进。

### （一）文艺演出展览异彩纷呈

2016年，全国艺术院团继续深入开展“深入生活、扎根人民”主题实践活动，加强创作规划引导，促进精品创作。继续面向基层群众开展丰富多彩的文化活动，演出市场呈现繁荣发展态势。

1. 重大艺术活动顺利完成。全面落实“精品、惠民、节俭、可持续”的办节原则，成功举办第十一届中国艺术节，实现了“艺术的盛会、人民的节日”的办节宗旨。本届艺术节汇聚67台参评参演剧目100个群星奖优秀作品和1000余件美术书法篆刻及摄影作品，观众达45万人次，组织全国专业文艺工作者观摩820余场（次），剧目精彩纷呈，彰显艺术本体，评奖风清气正，展现文艺新气象。坚持降低票价、文化惠民，邀请特殊群体免费观看演出，让群众共享艺术发展成果。庆祝中国共产党成立95周年美术作品展览吸引观众6.6万人次。全国美术馆馆藏精品展出季活动吸引观众193.7万人次。成功举办庆祝中国共产党成立95周年音乐会、2016年新年戏曲晚会和纪念汤显祖、莎士比亚逝世400周年系列纪念活动，全国基层院团戏曲会演、全国梆子声腔优秀剧目展演、第十届中国评剧艺术节、第十一届全国优秀舞蹈节目展演、第三十三届中国•哈尔滨之夏音乐会、第十二届全国声乐展演、2016年国家艺术院团演出季第二届中国设计大展及公共艺术专题展等，参与主办第五届少数民族文艺汇演、纪念红军长征胜利80周年文艺晚会。国家艺术基金2016年共有966个项目获得立项资助，较2015年增长了32.7%，资助资金总额约为7.3亿元。

2. 艺术演出繁荣发展。2016年末全国共有艺术表演团体12301个，比上年末增加1514个，从业人员33.29万人，增加3.11万人。其中各级文化部门所属的艺术表演团体2031个，占16.5%，从业人员11.52万人，占34.6%。

**表2　2007年–2016年全国艺术表演团体基本情况**

| 年　份 | 机构数（个） | 从业人员数（人） | 演出场次（万场） | 国内演出观众人次（万人次） | 总收入（万元） | |
|---|---|---|---|---|---|---|
| | | | | | | #演出收入 |
| 2007年 | 4512 | 220653 | 92.7 | 75895.6 | 829045 | 203757 |
| 2008年 | 5114 | 208174 | 90.5 | 63186.8 | 933685 | 204842 |
| 2009年 | 6139 | 184678 | 120.2 | 81715.9 | 1121559 | 288214 |
| 2010年 | 6864 | 185413 | 137.1 | 88455.8 | 1239255 | 342696 |
| 2011年 | 7055 | 226599 | 154.7 | 74585.1 | 1540263 | 526745 |
| 2012年 | 7321 | 242047 | 135.0 | 82805.1 | 1968802 | 641480 |
| 2013年 | 8180 | 260865 | 165.1 | 90064.3 | 2800266 | 820738 |
| 2014年 | 8769 | 262887 | 173.9 | 91019.7 | 2264046 | 757028 |
| 2015年 | 10787 | 301840 | 210.8 | 95799.0 | 2576483 | 939313 |
| 2016年 | 12301 | 332920 | 230.6 | 118137.7 | 3112276 | 1308591 |

全年全国艺术表演团体共演出230.60万场，比上年增长9.4%，其中赴农村演出151.60万场，增长9.0%，赴农村演出场次占总演出场次的65.7%；国内观众11.81亿人次，增长23.3%，其中农村观众6.21亿人次，比上年增长6.2%。

年末全国共有艺术表演场馆2285个，观众坐席数168.93万个。其中各级文化部门所属艺术表演场馆1265个，比上年增加1个；全年共举行艺术演出6.81万场次，增长25.0%，艺术演出观众人次2589万人次，增长8.4%。

3. 社会效益和经济效益相统一。演出市场的扩大，带动了艺术表演团体收入的大幅度增长。2016年，全国艺术表演团体全年总收入311.23亿元，比上年增长20.8%，其中演出收入130.86亿元，增长39.3%。

全国各级艺术院团在大力开拓演出市场的同时，通过“文化下乡”、低票价演出等方式，面向基层、服务群众，将经济效益与社会效益有机统一起来，受到了广大人民群众的热烈欢迎和社会的广泛赞誉。2016年，文化部直属院团全年开展公益性演出1335场，其中赴老少边穷地区241场，面向特殊人群的演出132场，社会效益有力彰显。全国文化部门所属艺术表演团体共组织政府采购公益演出13.90万场，观众1.17亿人次。利用流动舞台车演出11.31万场次，观众10381万人次。全国艺术表演团体赴农村演出151.6万场，增长9%，赴农村演出场次占总演出场次的65.7%，比重比上年下降0.3个百分点；农村观众6.21亿人次，比上年增长6.16%。

图7 全国艺术表演团体赴农村演出场次及比重

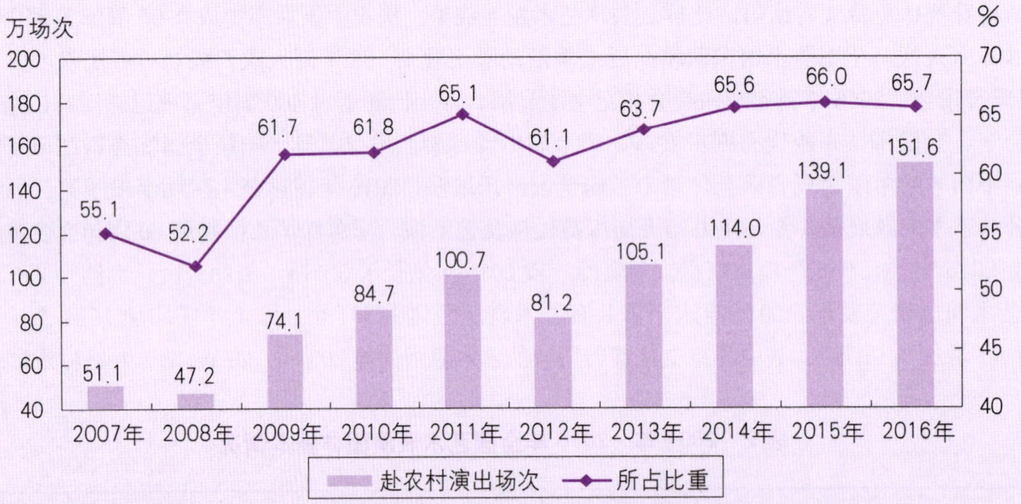


4. 戏曲传承发展取得积极进展。文化部扎实推进《关于支持戏曲传承发展的若干政策》，开展全国落实戏曲政策情况自查，会同中宣部召开戏曲传承发展经验交流现场会，会同中宣部、教育部等召开戏曲进校园经验交流现场会。实施戏曲振兴工程，开展“名家传戏——当代戏曲名家收徒传艺”工程，扶持了100名京剧、地方戏表演艺术家向200名青年演员传授经典作品。启动中国京剧像音像工程，第一批剧目正在精心录制。争取中央财政安排资金，为全国189个县级划转为研究类或传承保护类机构的戏曲院团，每团购置1辆流动舞台车。安排非遗保护专项资金2.7亿元，支持369个传统戏剧表演团体排演近千台传统剧目。据统计，2016年，全国3414个戏曲院团全年共演出70.04万场次，比上年增长6.8%。观众人次4.63亿人次，比上年增长7.5%。

图8 近年来戏曲院团演出情况

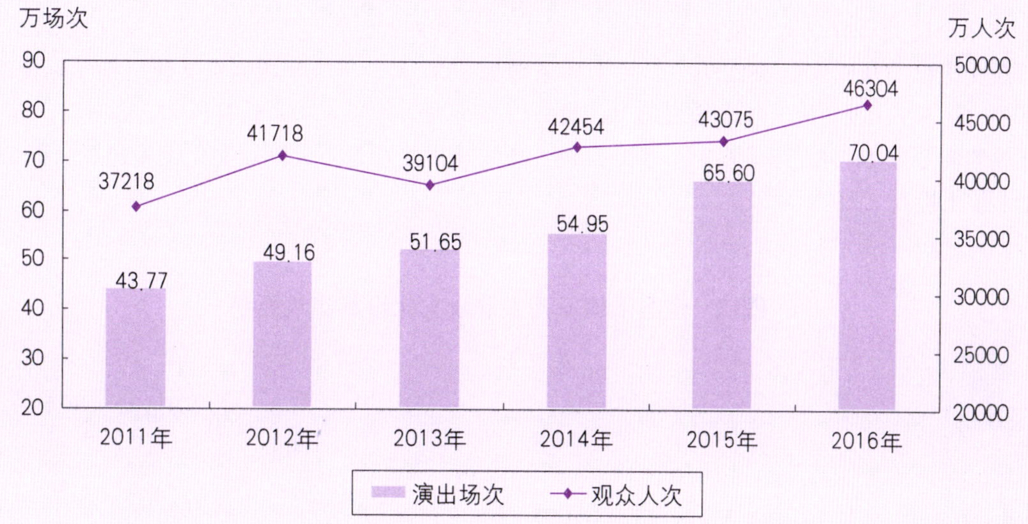


（二）公共文化服务体系建设成效显著

2016年，文化部继续深入贯彻落实中办、国办《关于加快构建现代公共文化服务体系的意见》，完善顶层设计，切实推进基本公共文化服务标准化、均等化。积极推动出台《公共文化服务保障法》，为公共文化发展提供了强有力的法律保障。制定《文化志愿服务管理办法》、《文化馆管理办法》、《各级公共图书馆业务规范》、《各级文化馆业务规范》和《关于推进县级文化馆、图书馆总分馆制建设的指导意见》，不断提升公共文化服务能力和水平。

1. 公共文化服务条件有效改善。2016年末全国共有公共图书馆3153个，比上年末增加14个。其中少儿图书馆123个，增加10个。年末全国公共图书馆从业人员57208人，比上年末增加786人。年末全国公共图书馆实际使用房屋建筑面积1424.26万平方米，比上年末增长9.4%；图书总藏量90163万册，增长7.5%，其中电子图书88798万册，增长6.9%；阅览室座席数98.60万个，增长8.3%；计算机21.16万台，供读者使用的电子阅览终端13.49万台，增长6.5%。年末全国平均每万人公共图书馆建筑面积103.0平方米，比

图9 2006年-2016年全国公共图书馆人均资源情况

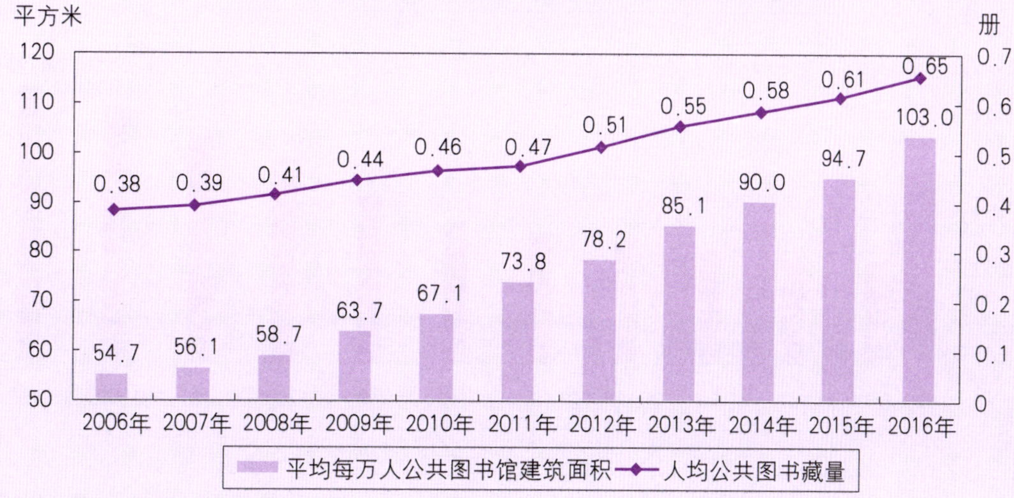

上年末增加 8.3 平方米；全国人均图书藏量 0.65 册，增加 0.04 册；全年全国人均购书费 1.56 元，比上年增加 0.13 元。

2016 年末全国共有群众文化机构 44497 个，比上年末增加 206 个。其中乡镇综合文化站 34237 个。年末全国群众文化机构从业人员 182030 人，比上年末增加 8531 人。年末全国群众文化机构实际使用房屋建筑面积 3991.00 万平方米，比上年末增长 3.7%；藏书 2.74 亿册，增长 4.4%；计算机 37.73 万台，增长 4.4%；对公众开放的阅览室 117.63 万平方米，增长 7.7%。年末全国平均每万人群众文化设施建筑面积 288.64 平方米，比上年末提高 8.69 平方米。

**图10　全国平均每万人群众文化设施建筑面积**

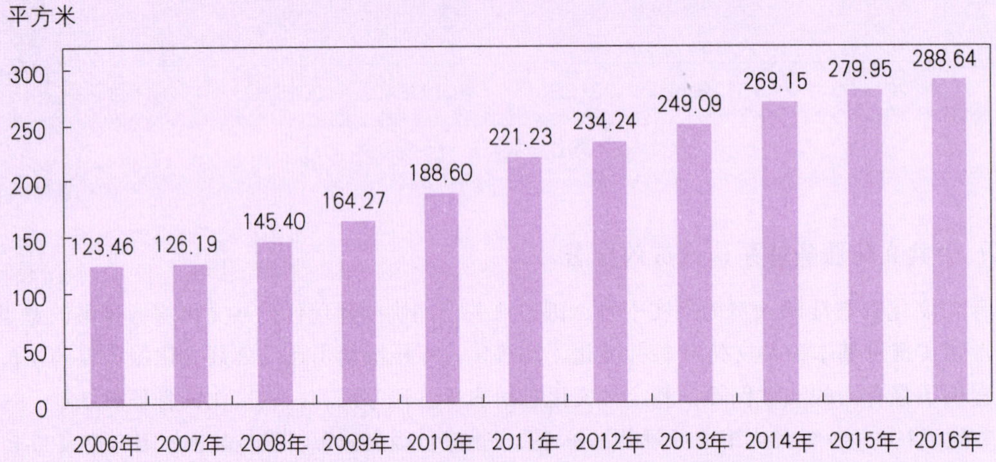


2. 公共文化服务水平显著提升。随着我国公共文化服务条件的有效改善，财政对公共文化经费投入的进一步加大，我国公共文化服务水平也得到了显著提升。全年全国公共图书馆发放借书证 5593 万个；总流通人次 66037 万，增长 12.1%。书刊文献外借册次 54725 万，增长 7.5%；外借人次 24892 万，增长 7.8%。全年共为读者举办各种活动 140033 次，增长 22.3%；参加人次 7138 万，增长 20.8%。

**图11　2006年-2016年全国公共图书馆总流通人次及书刊外借册次**

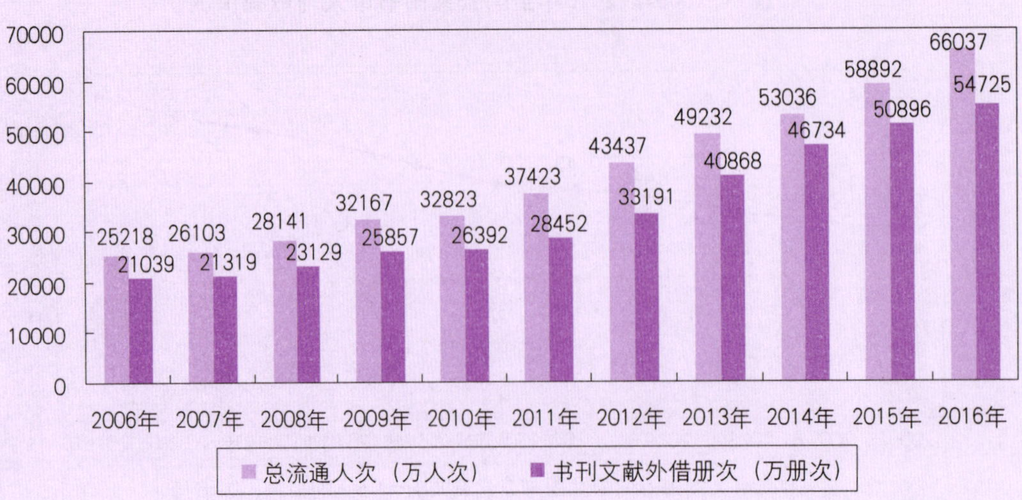

全年全国群众文化机构共组织开展各类文化活动 183.97 万场次，比上年增长 10.6%；服务人次 57896 万，增长 5.6%。

表 3　2016 年全国群众文化机构开展活动情况

| | 总量 | | 比上年增长（%） | |
|---|---|---|---|---|
| | 活动次数（万次） | 服务人数（万人次） | 活动次数 | 服务人次 |
| **各项活动总计** | **183.97** | **57896** | **10.6** | **5.6** |
| 其中：展览 | 15.01 | 10786 | 7.4 | 0.3 |
| 文艺活动 | 106.53 | 42337 | 11.0 | 6.6 |
| 公益性讲座 | 3.38 | 522 | 21.2 | 9.2 |
| 训练班 | 59.05 | 4250 | 10.1 | 9.9 |

3. 公共文化服务方式更加丰富。全国公共图书馆除开展正常的借阅工作外，充分利用网络技术，积极丰富服务手段。据统计， 2016 全年共为读者举办各种活动 140033 次，7138.15 万人次参加，分别比去年增长了 22.25% 和 20.83%。其中，组织各类讲座 39308 次，1057.30 万人参加；举办 26588 次展览，5782.66 万人次参观；举办培训班 44137 个，298.19 万人次参加。

全国各级群众文化单位注重自身建设，积极加强对业余文化团体辅导，实现了从“送文化”到“种文化”的转变。据统计，年末全国群众文化机构共有馆办文艺团体 7779 个，演出 14.76 万场，观众 8555 万人次。由文化馆（站）指导的群众业余文艺团体 39.84 万个，馆办老年大学 857 个。

文化部积极推进文化志愿服务工作，召开文化志愿服务工作现场经验交流会，制定出台《文化志愿服务管理办法》。继续实施“春雨工程”——全国文化志愿者边疆行和“大地情深”——国家艺术院团志愿服务走基层活动，赴基层举办各类文艺演出、辅导讲座、展览展示 200 多场，惠及群众上百万人次。启动“阳光工程 - 中西部农村文化志愿者服务行动计划”，在中西部 22 个省（区、市）和新疆生产建设兵团 1200 个行政村，招募文化志愿者开展为期一年的服务，对基层群众开展艺术普及、艺术教育等活动。

4. 公共文化服务效能有所提升。文化部深入贯彻落实中央领导重要批示精神，在全国范围内开展乡镇综合文化站服务效能调研，并建立乡镇综合文化站服务效能抽查工作机制，从 2016 年 8 月开始每月开展一次抽查，提出整改意见，督促地方党委政府落实主体责任。提升公共文化机构运行效率，推进公共文化机构法人治理结构建设，推动各地继续贯彻落实国办转发的《关于做好政府向社会力量购买公共文化服务工作的意见》，引导和扶持社会力量积极参与公共文化服务，全国公共文化服务的效能有所提升。据测算，2016 年，全国公共图书馆设施利用效率达到 46.37 人次 / 平方米，比 2015 年提高了 1.11 人次 / 平方米；文化馆设施利用效率达到 25.34 人次 / 平方米，比 2015 年提高了 0.44 人次 / 平方米米；文化站设施利用效率达到 10.82 人次 / 平方米，比 2015 年提高了 0.09 人次 / 平方米米。

### （三）文化市场规范有序

2016 年，文化市场监管能力不断提高，文化市场进一步活跃，全国文化市场主体得到进一步培育发展，市场结构不断优化，市场规模日益扩大。

1. 文化市场整体上保持平稳增长态势。2016 年末，全国文化市场经营单位 24.27 万家，比上年末增加 1.10 万家；从业人员 160.90 万人，增加 4.43 万人；实现利润 1034.52 亿元，比上年增长 3.2%，整体上呈现相对稳定，小幅增加态势。

从地域分布看，现阶段我国农村文化市场仍存在小散弱现象。据统计，2016 年，我国县及县以下文化市场经营单位个数占全国的 63.8%，但营业收入和营业利润分别仅占全国的 19.2% 和 21.4%。

**表 4　2016 年按区域全国文化市场经营单位主要指标**

| | | 机构数（个） | 从业人员数（人） | 营业总收入（万元） | 营业利润（万元） |
|---|---|---|---|---|---|
| 总量 | **总计** | **242686** | **1609329** | **44989191** | **10345244** |
| | 城市 | 87853 | 733333 | 36331301 | 8137266 |
| | 县城 | 96626 | 678493 | 5911796 | 1798032 |
| | 县以下 | 58207 | 197503 | 2746093 | 409946 |
| 比重（%） | **总计** | **100.0** | **100.0** | **100.0** | **100.0** |
| | 城市 | 36.2 | 45.6 | 80.8 | 78.7 |
| | 县城 | 39.8 | 42.2 | 13.1 | 17.4 |
| | 县以下 | 24.0 | 12.3 | 6.1 | 4.0 |

2. 不同类型文化市场经营单位特点突出。从数量上看，全国文化市场经营单位仍以娱乐场所和网吧为主，但呈现一增一减态势。娱乐场所单位数量在 2011 年达到顶峰（当年底 92577 家）后，近年来一直处于逐年下降态势。截至 2016 年底，全国共有娱乐场所数量为 77071 家，比去年底减少 2745 家，比 2011 年底减少 15506 家。网吧数量也是在 2011 年达到高点（当年底 141275 家）后开始回落，但近几年来，随着网吧行业的转型升级，网吧数量呈现回升态势。截至 2016 年底，全国共有网吧 141587 家，比去年底增加 6740 家。同时服务环境和服务水平有所提升，全国 80% 以上场所做到敞亮、开放、整洁，大中城市 30% 以上场所基本实现转型升级，行业整体形象、社会评价大为改善。

**图12　近年来娱乐场所和网吧机构情况**

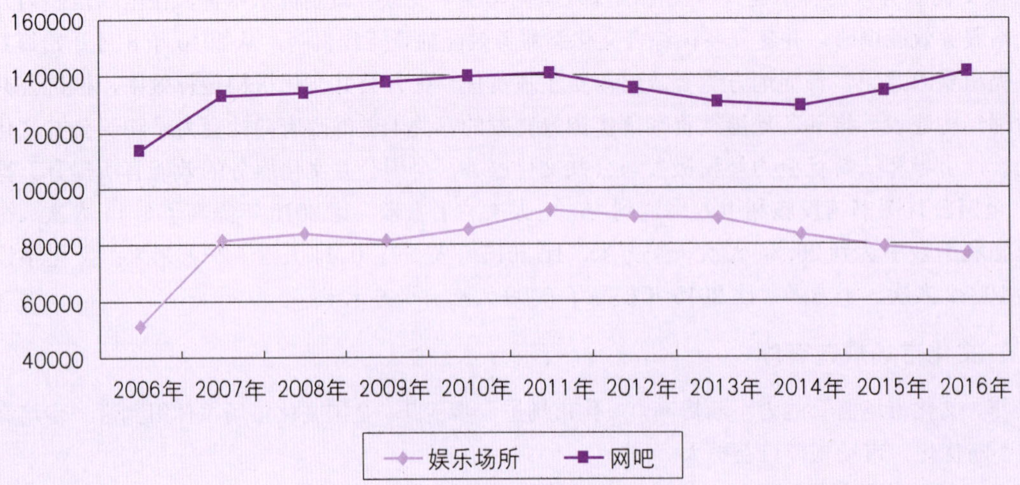


从体量上看，全国文化市场经营单位以经营性互联网文化单位为主。截至 2016 年底，全国共有经营性互联网文化单位 5642 家，比去年底增加 2619 家。尽管数量只占全国文化市场经营单位的 2.3%，但年底资产占 58.3%，营业收入和营业利润分别占 69.8% 和 68.9%。

**表 5 2016 年我国文化市场经营单位按业务分组情况**

| | 类型 | 机构数 | 从业人员 | 资产总计（万元） | 营业收入（万元） | 营业利润（万元） |
|---|---|---|---|---|---|---|
| 总量 | **合计** | **242686** | **1609329** | **66760690** | **44989191** | **10345244** |
| | 娱乐场所 | 77071 | 632527 | 10510102 | 5387254 | 1257926 |
| | 互联网上网服务营业场所（网吧） | 141587 | 488209 | 7484979 | 4323160 | 1312916 |
| | 非公有制艺术表演团体 | 10190 | 213451 | 2824051 | 1214938 | 348789 |
| | 非公有制艺术表演场馆 | 923 | 25466 | 1672426 | 480611 | 142414 |
| | 经营性互联网文化单位 | 5642 | 185668 | 38923922 | 31393996 | 7130783 |
| | 艺术品经营机构 | 5039 | 29586 | 2390076 | 587504 | 229280 |
| 比重 | **合计** | **100.0** | **100.0** | **100.0** | **100.0** | **100.0** |
| | 娱乐场所 | 31.8 | 39.3 | 15.7 | 12.0 | 12.2 |
| | 互联网上网服务营业场所（网吧） | 58.3 | 30.3 | 11.2 | 9.6 | 12.7 |
| | 非公有制艺术表演团体 | 4.2 | 13.3 | 4.2 | 2.7 | 3.4 |
| | 非公有制艺术表演场馆 | 0.4 | 1.6 | 2.5 | 1.1 | 1.4 |
| | 经营性互联网文化单位 | 2.3 | 11.5 | 58.3 | 69.8 | 68.9 |
| | 艺术品经营机构 | 2.1 | 1.8 | 3.6 | 1.3 | 2.2 |

### （四）文化产业稳步发展

2016 年，在各项政策措施的有力推动下，文化产业规模稳步扩大，产业集聚化水平进一步提高，对经济社会发展的促进作用明显增强。

1. 文化产业规模不断壮大。据国家统计局统计，根据《文化及相关产业分类 (2012)》范围初步测算，2016 年我国文化及相关产业法人单位实现增加值 30254 亿元，按同口径和现价计算，比上年增长 11.1 %。文化及相关产业增加值占 GDP 的比重为 4.07%，按同口径计算，比上年提高 0.12 个百分点。部分地区的文化产业法人单位增加值占地区国内生产总值的比重已经超过 5%，成为当地的支柱性产业，在经济转型中发挥着重要作用。

2. 新兴文化产业发展迅速。在当前文化创作生产和消费形态愈加数字化、网络化的形势下，以数字创意为代表的新兴文化产业，融合"互联网 + 文化"，保持着文化产业的发展新势能和新方向。据对全国规模以上文化及相关产业 5.0 万家企业调查，2016 年上述企业实现营业收入 80314 亿元，比上年增长 7.5%。其中，实现两位数以上增长的 3 个行业分别是：以"互联网 +"为主要形式的文化信息传输服务业营业收入 5752 亿元、增长 30.3%，文化艺术服务业 312 亿元、增长 22.8%，文化休闲娱乐服务业 1242 亿元、增长 19.3%。新兴文化产业的快速发展，既有利于推进供给侧结构性改革，实现产业优化升级，提高文化产业供给水平、改善供给结构；也有利于促进文化消费、满足群众不断提高的消费新需求，增强文化产业发展的活力；还有利于推动文化与国民经济各门类融合发展，加快培育新供给新动力。

**表 6　2006 年 –2016 年文化及相关产业增加值**

| 年　份 | 增加值（亿元） | 占 GDP 比重（%） |
|---|---|---|
| 2006 年 | 5123 | 2.37 |
| 2007 年 | 6455 | 2.43 |
| 2008 年 | 7630 | 2.43 |
| 2009 年 | 8594 | 2.52 |
| 2010 年 | 11052 | 2.75 |
| 2011 年（旧口径） | 13479 | 2.85 |
| 2011 年（新口径） | 15516 | 3.28 |
| 2012 年 | 18071 | 3.48 |
| 2013 年 | 21870 | 3.67 |
| 2014 年 | 24538 | 3.81 |
| 2015 年 | 37235 | 3.95 |
| 2016 年 | 30254 | 4.07 |

注：1. 2006 年 –2011 年（旧口径）数据根据《文化及相关产业分类》标准进行测算；2012 年和 2013 年数据根据《文化及相关产业分类（2012）》标准进行测算；2011 年（新口径）数据根据《文化及相关产业分类（2012）》标准进行了相同口径调整。

2. 根据现行统计制度，2009 年以后的文化产业数据只统计到法人单位，不包括非文化法人单位所属文化产业活动单位和个体经营户。

**表 7　2016 年全国规模以上文化及相关产业企业营业收入情况**

| | 绝对额（亿元） | 比上年增长（%） |
|---|---|---|
| **总计** | **80314** | **7.5** |
| 新闻出版发行服务 | 3061 | 5.0 |
| 广播电影电视服务 | 1496 | 5.1 |
| 文化艺术服务 | 312 | 22.8 |
| 文化信息传输服务 | 5752 | 30.3 |
| 文化创意和设计服务 | 9854 | 8.6 |
| 文化休闲娱乐服务 | 1242 | 19.3 |
| 工艺美术品的生产 | 15045 | 3.2 |
| 文化产品生产的辅助生产 | 8926 | 5.4 |
| 文化用品的生产 | 30219 | 7.0 |
| 文化专用设备的生产 | 4407 | 2.7 |

注：1. 表中速度均为未扣除价格因素的名义增速。

2. 表中部分数据因四舍五入的原因，存在总计与分项合计不等的情况。

## （五）文化遗产保护工作成果丰硕

1. 文物保护重点项目顺利推进。2016 年，国家文物局印发《关于促进文物合理利用的若干意见》，推动相关部门联合印发《“互联网 + 中华文明”三年行动计划》，多措并举让文物活起来。编制《国家文物事业发展“十三五”规划》和大遗址保护等专项规划。出台《关于加强革命文物工作的通知》，开展革命旧址维修保护三年行动计划，启动“长征——红色记忆”工程，实施馆藏革命文物保护修复计划，开展红军长征遗迹保护展示和环境整治工程。“平安故宫工程”故宫北院区建设项目、地下文物库房改造、世界文化遗产监测等七个项目稳步推进。启动“考古中国”等重大考古专项、川渝石窟保护工程和万里茶道文物资源保护研究工程。广西左江花山岩画文化景观成功申遗，中国世界遗产总数达到 50 项。启动文物法人违法案件专项整治三年行动，严肃查处了一批法人违法案件。发布《文物拍卖管理办法》、《文物拍卖标的审核办法》，规范文物拍卖经营行为。

2. 文物机构服务能力进一步提升。2016 年末，全国共有文物机构 8954 个，比上年末增加 278 个。其中，文物保护管理机构 3318 个，占 37.1%，博物馆 4109 个，占 45.9%。年末全国文物机构从业人员 15.14 万人，比上年末增加 0.54 万人。其中高级职称 8470 人，占 5.6%，中级职称 18929 人，占 12.5%。

图13　2006年-2016年全国文物机构及从业人员情况

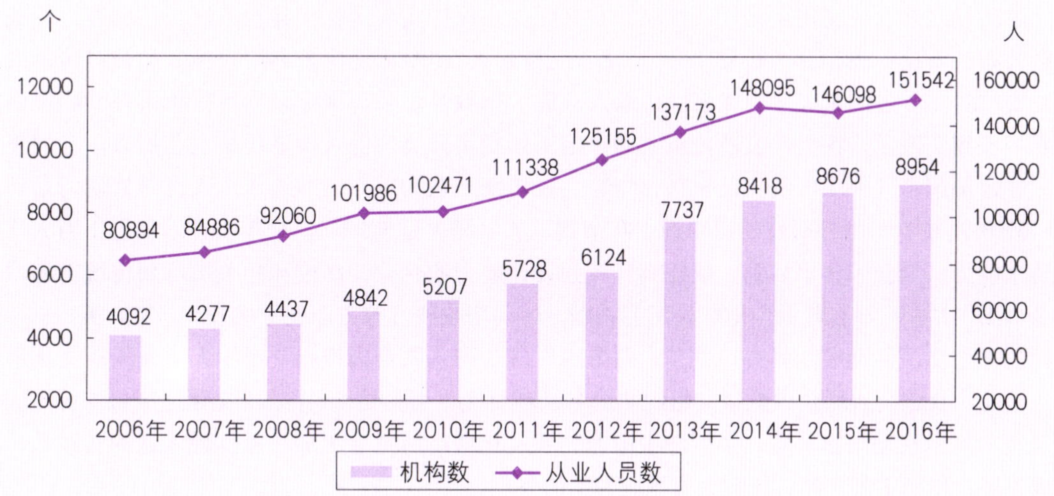


年末全国文物机构拥有文物藏品 4455.88 万件，比上年末增加 317.05 万件，增长 7.6%。其中，博物馆文物藏品 3329.38 万件，占文物藏品总量的 74.7%；文物商店文物藏品 69.97 万件，占 1.6%。文物藏品中，一级文物 10.98 万件，占 0.2%；二级文物 76.47 万件，占 1.7%；三级文物 363.16 万件，占 8.2%。

3. 文物机构服务水平进一步提高。为“让文物活起来”，国家文物局实施博物馆教育示范项目，开展全国博物馆十大陈列展览精品推介活动，建设博物馆教育资源和项目库，扩大博物馆青少年教育的覆盖面。推进“高层次文博人才提升计划”，启动博物馆文化创意产品资源库建设，举办“让文物活起来——全国文博单位文化创意产品联展”。文物机构的活力进一步激活，文物机构的服务水平进一步提升。据统计，全年全国文物机构共安排基本陈列 12202 个，比上年增长 12.4%；举办临时展览 12419 个，比上年增长 5.2%；接待观众 101267 万人次，比上年增长 9.5%。其中未成年人 26298 万人次，增长 6.7%，占参观总人数的 26.0%。博物馆接待观众 85062 万人次，增长 8.9%，占文物机构接待观众 84.0%。

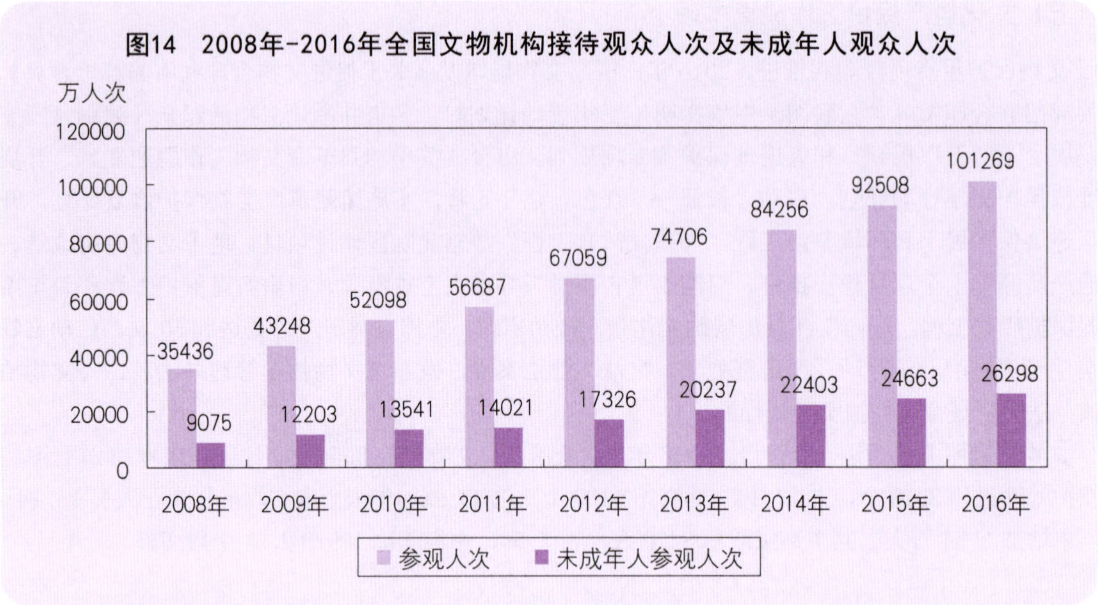


4. 非物质文化遗产保护工作再上新台阶。2016年，文化部全面开展《非物质文化遗产法》贯彻落实情况检查，启动建立非物质文化遗产代表性项目和文化生态保护实验区保护建设情况评估制度，相关评估报告向社会公布。安排中央预算内投资4.24亿元，支持建设57个非遗保护利用设施。加强对传承人的保护和扶持，安排对253名国家级非遗代表性传承人开展了抢救性记录，国家级项目传承人补助经费由每人每年1万元增长到2万元，各级代表性传承人的评定工作稳步开展。深入推进传统工艺振兴，会同工业和信息化部、财政部起草《中国传统工艺振兴计划》。以传统工艺为重点的非遗传承人群研修研习培训计划稳步实施，57所高校参与举办研修研习培训180余期，加上相关延伸培训，全年累计培训近1万人次，有效提高了传承能力，增强了传承后劲。依托具有较强设计能力的企业、高校和相关单位到传统工艺项目集中地设立多个工作站，已经在帮助当地解决工艺难题，带动增收脱贫等方面初见成效。与泰、英、韩、南非、日本等国的非遗交流活动成功举办。“二十四节气”成功列入联合国教科文组织人类非物质文化遗产代表作名录，至此，我国列入联合国教科文组织非遗名录项目（名册）达39个。“文化遗产日”等重大时间节点的非遗宣传展示活动丰富多彩，第四届中国非物质文化遗产博览会更加注重体现非遗的实践性，传承人群研培成果展、传统工艺大赛、民歌大赛等成为新的亮点。

年末全国共有非物质文化遗产保护机构2635个，从业人员18463人。全年全国非物质文化遗产保护机构共举办展览18887次，比上年增长11.5%，接待观众3593万人次，比上年增长9.0%；举办演出42149场，比上年增长7.6%，观众3903万人次，比上年降低1.4%；举办民俗活动14561次，比上年增长7.3%，观众4619万人次，比上年增长24.3%；举办培训班23704次，比上年增长15.1%，培训人数158万人次，比上年增长4.6%。

5. 中华典籍整理工程迈上新的台阶。加强古籍普查、修复、保存、宣传和利用。推进全国古籍普查登记工作，全面实施“中华古籍保护计划”，正式公布中华古籍保护计划第三批《国家珍贵古籍名录》和国家古籍重点保护单位，制定《全国古籍保护“十三五”规划纲要》。实施“民国时期文献保护计划”，做好少数民族古籍保护、抢救、整理、出版和研究工作。继续推进《清史》书稿整修和质检工作，进行“三查”（查重复、查矛盾、查遗漏），编制全书索引。

### （六）对外和对港澳台文化交流不断扩大

按照“政府统筹、社会参与、官民并举、市场运作”的总方针，以提高国家文化软实力为主要目标，全面推动中华文化走出去，大力推进“一带一路”文化交流与合作，有效服务于中国特色大国外交和文化强国建设，推动对外和对港澳台文化工作迈向了更高水平。

1.“一带一路”文化先行成效显著。2016中埃文化年、中拉文化交流年、中加文化交流年、中卡文化年（卡塔尔）、俄罗斯中国文化节、非洲文化聚焦、“丝路新韵”展演活动、首届丝绸之路（敦煌）国际文化博览会、第三届丝绸之路国际艺术节等活动相继成功举办。春节期间，近300场各类文化活动在“一带一路”沿线37个国家70多个城市成功举办。9月，23国文化部长或代表受邀出席丝绸之路（敦煌）国际文化博览会文化部长圆桌会议并通过了《敦煌宣言》，与“一带一路”沿线国家开展文化合作的机制不断完善。2016年底，《文化部“一带一路”文化发展行动计划（2016-2020年）》正式印发，该计划为“一带一路”文化交流与合作的深入开展绘制了路线图。

2. 海外中国文化中心建设稳步推进。文化部出台《关于部省共建海外中国文化中心的意见》，完善部省共建文化中心的机制。这项工作是列入中央全面深化改革领导小组2016年工作要点的重要任务。目前，海外中国文化中心总数达到30个，其中中共六大会址常设展览馆的建成运营是2016年中心建设工作中一件极具历史意义的事件。另外，文化部还制定了中国文化中心绩效评估指标体系，对部省合作机制进行5年实施效果总结，并持续推进中心总部建设。

3. 讲好中国故事品牌效应显著。“欢乐春节”是中华文化走出去的重要抓手和靓丽品牌，是讲好中国文化故事的重要平台。2016年“欢乐春节”在全球140个国家和地区的470座城市举办2100多项活动。中央芭蕾舞团的舞剧《红色娘子军》、上海歌舞团的舞剧《朱鹮》等一批品牌化文艺作品成为增强文化吸引力、感召力，提升民族影响力的重要载体。

4. 中外思想文化交流机制更加有效。汉学家翻译家工作成绩显著。2016“汉学与当代中国”座谈会邀请到全球26个国家具有国际影响力的31位汉学家、中国问题研究专家齐聚北京，聚焦“一带一路”建设，搭建起了中外高端思想交流的“朋友圈”。“青年汉学家研修计划”扩容增效，共有来自世界各国的89名青年汉学家和智库学者来华研修，参加人数达历年之最。汉学家翻译家工作国际影响力不断扩大。“纪念汤显祖和莎士比亚逝世400周年”主题活动在全球30多个国家成功举办，得到了广泛的关注和好评。

5. 中外文化交流与合作机制化水平不断提升。文化合作机制的长效发展成为我国在促进中外文化交流与合作中发挥引领性作用的重要保障。中俄、中美、中英、中欧、中法、中印尼、中南非、中德等八大高级别人文交流机制均取得了丰硕成果，文化交流在其中发挥了积极作用，进一步夯实了中外交流合作的民意基础。同时，“东亚文化之都”机制建设不断完善，加强了中国与日韩之间的交流合作。

与联合国教科文组织等国际文化组织的合作也在不断深化。2016年广西花山岩画申遗成功，“二十四节气——中国人通过观察太阳周年运动而形成的时间知识体系及其实践”列入联合国教科文组织人类非物质文化遗产代表作名录。

6. 对外文化贸易助推国际产能合作。2016年，对外文化贸易工作紧紧围绕国际产能合作这一重点，推动文化装备走出去成为国际产能和装备制造合作的新增长点。邀请墨西哥等国的文化装备采购商来华参观、洽谈，以请进来的方式推动文化装备走出去。同时，大力引入美国广播电视设备展等国际顶尖展会，为文化装备企业走出去搭建平台。

7. 对港澳台文化工作更加精准化。对港澳台文化工作机制化水平不断提升，不断巩固完善内地与港澳台文化合作长效机制。签署《内地与澳门2016-2018年文化交流与合作执行计划》，完善内地与港澳文化交流重点项目评选资助机制。支持故宫博物院、国家图书馆等与港澳台专业机构开展对口交流合作。

组织“情系青春——两岸青年八闽行”、“内地与港澳文化青年内地采风”等体验性考察、交流活动。开展针对港澳台青年文艺人才培训，组织港澳台青少年来内地文化机构实习，为其成长成才提供空间。组织故宫博物院等内地近60家内地文博单位、动漫和创意设计企业参加香港国际授权展“中国内地馆”，举办海峡两岸（厦门）文化产业博览交易会、海峡两岸文化创意产业展，推动与港澳台文化产业务实合作。

2016年，全年经文化系统审批的对外文化交流项目共2672起，45741人次参加；对港澳文化交流项目446项，8865人次参加；对台文化交流项目413项，10865人次参加。

2017年是文化建设非常关键的一年。面对新形势和新任务，全国文化系统将全面贯彻党的十八大和十八届三中、四中、五中、六中全会精神，深入学习贯彻习近平总书记系列重要讲话精神，紧紧围绕“五位一体”总体布局和“四个全面”战略布局，深入推动文化部“十三五”规划贯彻落实，着力繁荣发展社会主义文艺，着力构建中华优秀传统文化传承体系，着力完善现代公共文化服务体系、文化市场体系、文化产业体系，着力推动中华文化走出去，以优异成绩迎接党的十九大胜利召开。

（文化部财务司）

2017 Statistical Analysis Report on Cultural Development

# 2017文化发展统计分析报告

# 专题篇

# 近年来全国戏曲院团发展情况分析

2015年7月，国务院办公厅印发了《关于支持戏曲传承发展的若干政策》（国办发〔2015〕52号），对支持戏曲传承保护工作进行了安排部署。近年来，尤其是国办文件印发以来，各级戏曲院团按照党中央、国务院决策部署，坚持“二为”方向、“双百”方针，坚持以人民为中心的创作导向，坚持保护、传承和发展并重，以实施“地方戏曲振兴工程”为抓手，加大创作演出力度，充分发挥了戏曲艺术在传承优秀传统文化、繁荣演出市场、提升全民素质等方面的独特作用，取得了较好的社会效益。

## 一、近年来戏曲院团总体发展情况

### （一）机构人员稳步增长

2016年，全国共有各类戏曲院团3414个，比上年增加368个。分层级看，中央级艺术表演团体1个，省级表演团体68个，地市级183个，县级3162个；分类型看，执行事业单位会计制度的艺术表演团体742个，占21.7%，执行企业会计制度的艺术表演团体2672个，占78.3%；分剧种看，豫剧团393个，占11.5%，秦腔剧团175个，占5.1%，晋剧团149个，占4.4%，京剧团120个，占3.5%。

近年来，全国各级戏曲院团从业人员数量不断增加。2016年，全国3414个戏曲院团从业人员11.51万人，比上年增加0.74万人，增长1.0%。

图1　近年来全国戏曲院团机构及人员情况

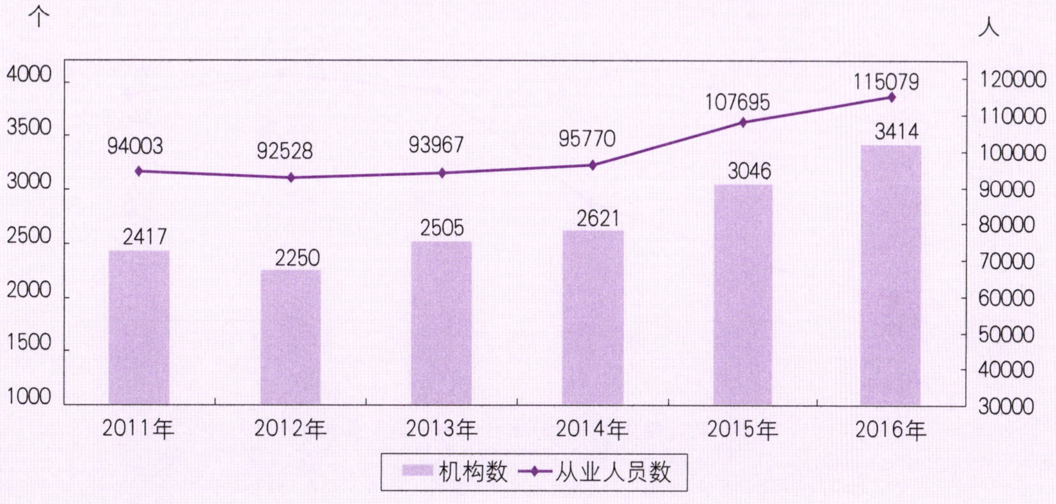


### （二）财政投入逐年加大

近年来，随着各级政府对戏曲艺术重视程度的不断加大，各级戏曲院团财政投入也在逐年增加。特别是近年来，通过专门设立戏曲发展基金、对公益性演出进行专项补助、在各级文化艺术专项资金中对戏曲创作生产进行重点支持等方式，重点加强了对戏曲院团、特别是基层戏曲院团的支持力度，为我国戏曲艺术传承发展提供了有力的经费保障。2016 年，全国各级戏曲院团财政拨款总额为 50.63 亿元，比上年增加了 1.62 亿元，增长 3.3%。

图2 近年来戏曲院团财政拨款情况

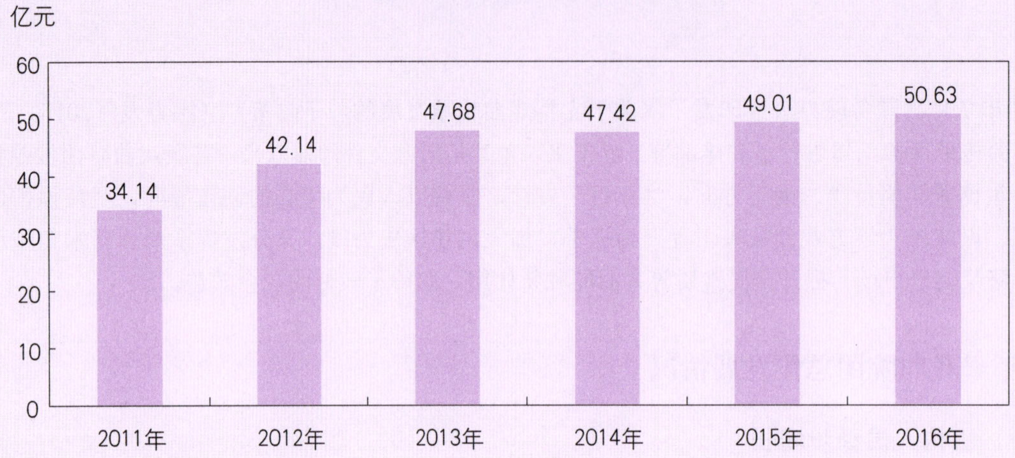


（三）创演条件有所提升

近年来，全国各级戏曲院团加大了对公用房屋、排练场所的建设力度，院团排练演出硬件设施条件有所改善。2016 年，全国戏曲院团实际使用房屋建筑面积 245.44 万平方米，排练练功用房 35.56 万平方米，均较 2011 年有了较大改善提升。

图3 近年来戏曲院团设施面积情况

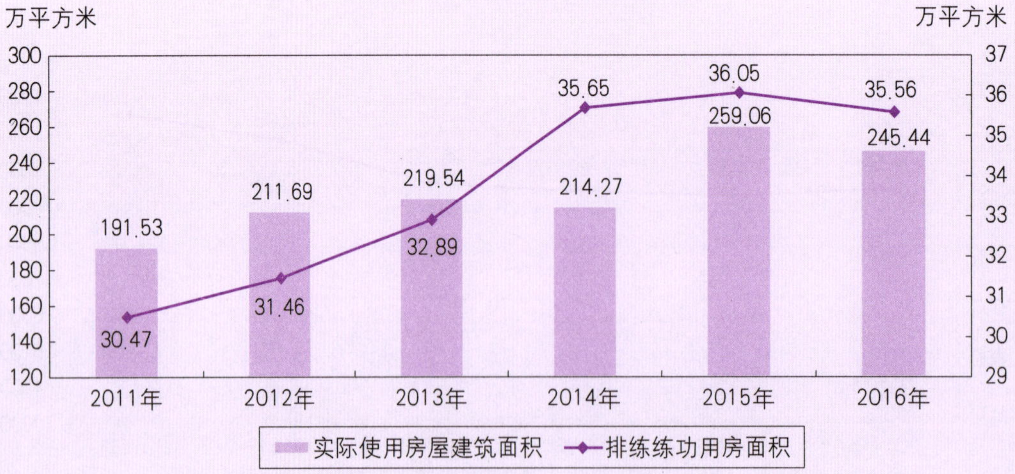


为进一步方便戏曲院团送戏下乡，开展灵活、多样、方便的文化服务，近年来，文化部会同财政部实施了流动舞台车工程，共为基层院团配备了 1611 辆流动舞台车，有效破解了农村舞台少、剧团搭台难、转场难，剧团下乡演戏难、农民村头看戏难的问题，受到了基层群众的广泛欢迎。2016 年，全国各级艺术表

演团体共利用流动舞台车演出 7.88 万场次，观众人次 7703 万人次，分别比上年增长 1.0% 和 2.5%。

## （四）演出规模持续增加

近年来，全国各级戏曲院团坚持“贴近实际、贴近生活、贴近群众”原则，进一步调动广大文艺工作者的积极性、创造性，努力开拓国内外市场，积极组织各类文艺演出活动，涌现出了一大批优秀艺术精品，演出场次持续快速增长。2016 年，全国 3414 个戏曲院团全年共演出 70.04 万场次，比上年增加 4.44 万场，增长 6.8%。演出场次的持续增加，也带来了观众人次的连续增长。2016 年，全国戏曲院团演出观众人次 4.63 亿人次，比上年增加 3229 万人次，增长 7.5%。

图4　近年来戏曲院团演出情况

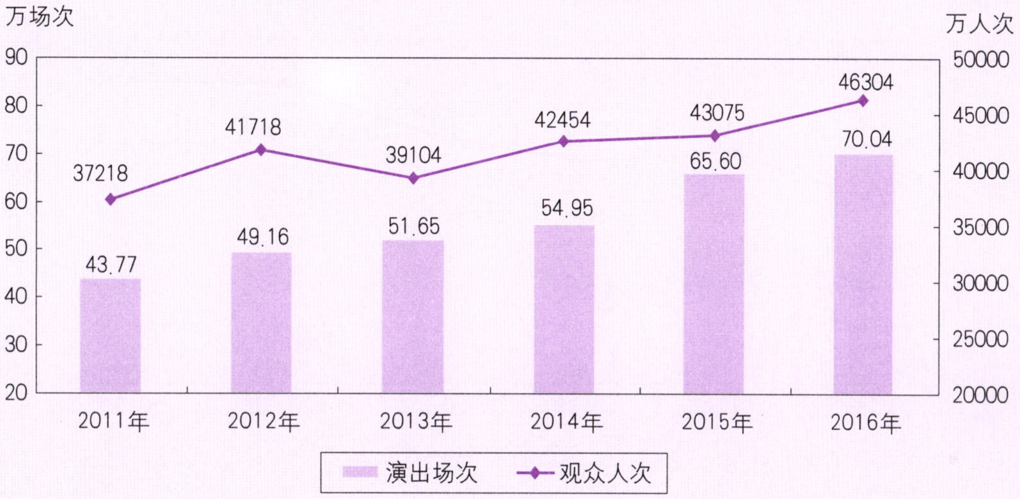


## （五）演出收入快速增长

演出市场的扩大，观众人次的增加，有力地带动了各级戏曲院团收入的大幅度增长。2016 年，全国各级地方戏曲院团全年演出收入 28.65 亿元，比上年增加 3.78 亿元，增长 15.2%。

图5　近年来戏曲院团演出收入情况

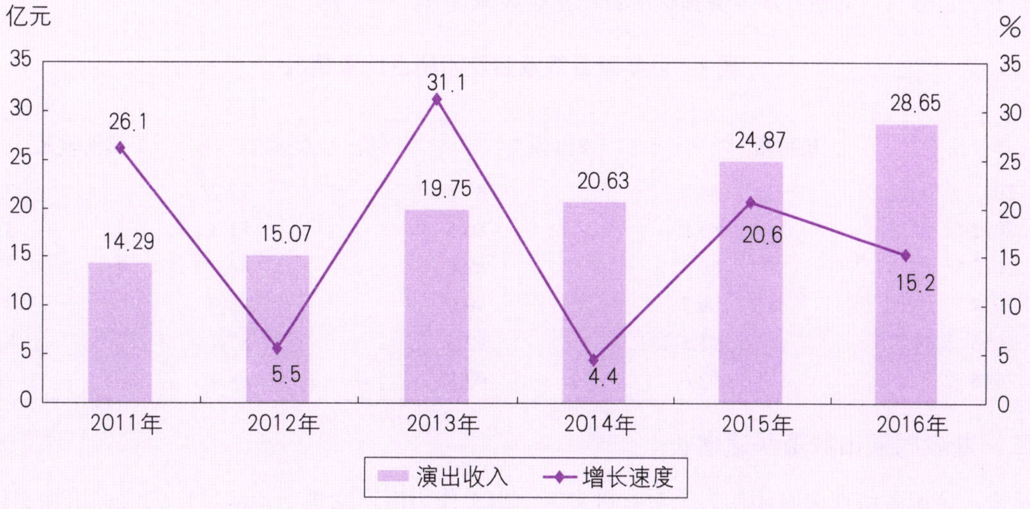

（六）社会效益有力彰显

近年来，全国各级戏曲院团在大力开拓演出市场的同时，通过“文化下乡”、低票价演出等方式，将经济效益与社会效益有机统一起来，充分体现出艺术院团面向基层、服务人民的社会责任，受到了广大人民群众的热烈欢迎。特别是 2016 年，中央实施了送戏下乡项目，为中西部贫困地区乡镇每两个月配送一场戏曲演出，极大丰富了中西部乡村地区的文化供给，达到了既满足当地人民群众精神文化需求，又带动地方戏曲保护与传承的目的。2016 年，全国各级国有戏曲院团开展公益性演出 7.67 万场次，比上年增长 5.1%；演出观众人次 7083 万人次，比上年增长 1.0%。

图6　近年来戏曲院团公益性演出情况

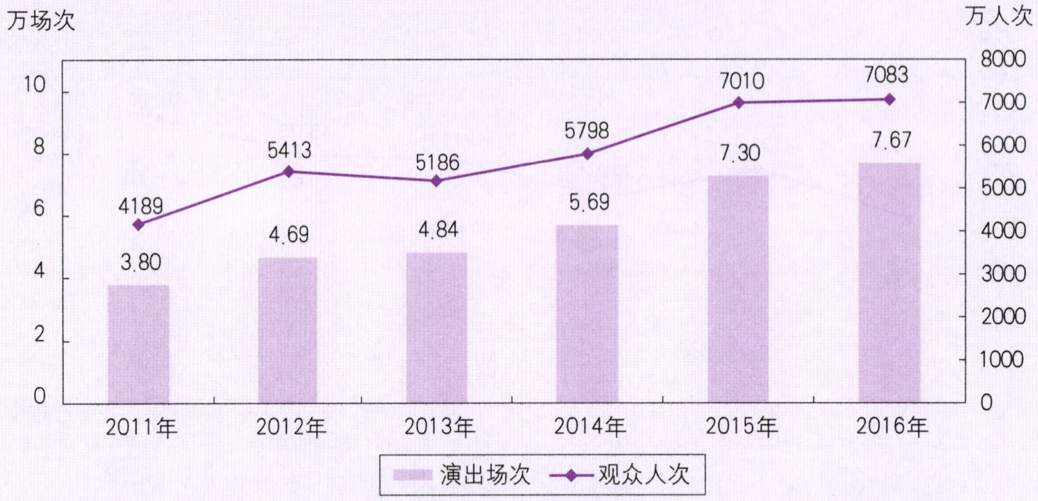


## 二、近年来戏曲院团发展特点

（一）县级院团主体地位更加突出

近年来，随着演出市场的快速发展，县级戏曲院团作为长期面向基层群众，活跃基层群众文化活动的重要力量，主体地位更加突出。2016 年，全国县级戏曲院团 3162 个，占全国戏曲院团机构数所占比重比上年提高 1.1 个百分点，其他各项业务指标所占比重也显著提升。

表 1　近年来县级戏曲院团所占比重情况

单位：%

| 年　份 | 机构数 | 演出场次 | 演出观众人次 | 演出收入 |
|---|---|---|---|---|
| 2011 年 | 84.7 | 83.8 | 77.7 | 72.5 |
| 2012 年 | 85.8 | 86.5 | 81.8 | 73.0 |
| 2013 年 | 89.3 | 89.6 | 84.0 | 79.2 |
| 2014 年 | 89.7 | 90.9 | 85.9 | 79.1 |
| 2015 年 | 91.5 | 92.3 | 87.4 | 81.7 |
| 2016 年 | 92.6 | 92.8 | 88.4 | 74.9 |

（二）赴农村演出数量快速增长

近年来，全国各级戏曲院团加大了对农村文艺演出工作力度，为进一步满足广大农民精神文化需求提供了有力保证。特别是 2016 年，中央实施了送戏下乡项目，极大满足了我国广大农村群众观赏戏曲演出的现实需求。2016 年各级戏曲院团共赴农村演出 57.89 万场次，比上年增长 3.7%；农村观众人次 3.71 亿人次，比上年增长 5.4%。

图7 近年来戏曲院团赴农村演出情况

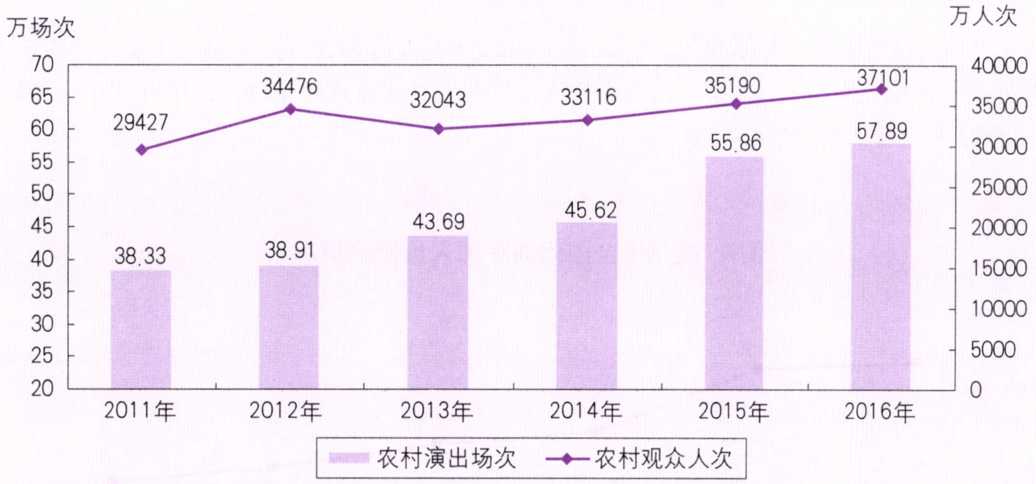


（三）民营戏曲院团发展迅速

近年来，全国众多民营戏曲院团以灵活多样的办团方式、特色鲜明的演出风格、充满生机的营销机制、不畏艰苦的创业精神，创作演出了大量内容生动、形式活泼、群众喜闻乐见的剧目，与国有戏曲院团互为补充，共同成为构建社会主义和谐社会的重要力量，获得了良好的社会效益和经济效益。特别是 2015 年以来，我们在文化产业发展专项资金中安排奖励资金，对部分开展演出活动较好的民营戏曲院团设备购置给予补助，有力地推进了我国民营戏曲院团的健康发展。

图8 民营戏曲院团所占比重情况

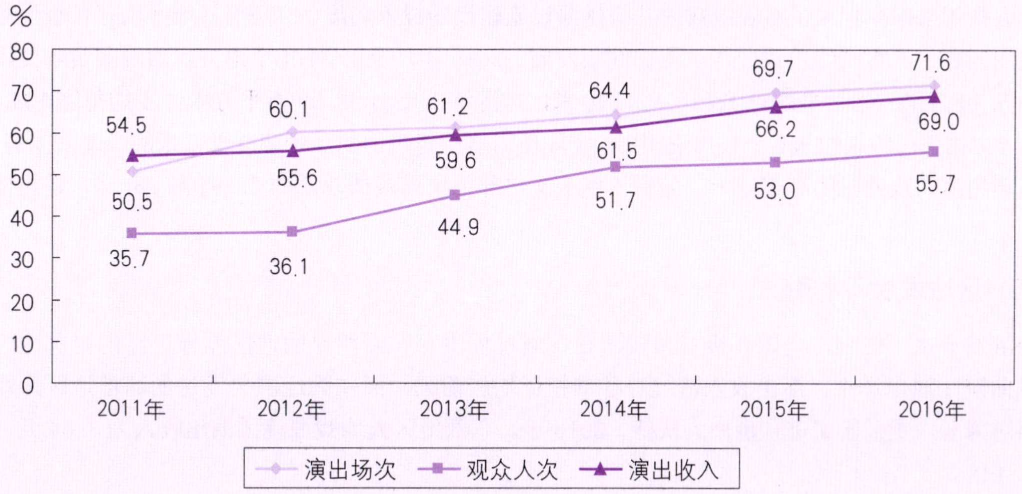


2016 年，全国 3414 个戏曲院团中，民营戏曲院团有 2440 个，占 71.5%；全年共演出 50.16 万场次，

比上年增加 4.41 万场次，增长 9.6%；全年演出观众人次 2.58 亿人次，比上年增加 2945 万人次，增长 12.9%；演出收入 19.77 亿元，比上年增加 3.3 亿元，增长 20.0%。

## 三、戏曲院团发展存在的问题

### （一）人员素质有待进一步提升

2016 年全国戏曲院团从业人员 11.51 万人，其中高级职称人员 6876 人，占从业人员总数的 6.0%；中级职称人员 11887 人，占 10.3%。中、高级职称所占从业人员比重连年下降，2016 年中、高级职称共占 16.3%，比 2011 年下降了 9.7 个百分点。

图9　近年来全国戏曲院团人员职称情况

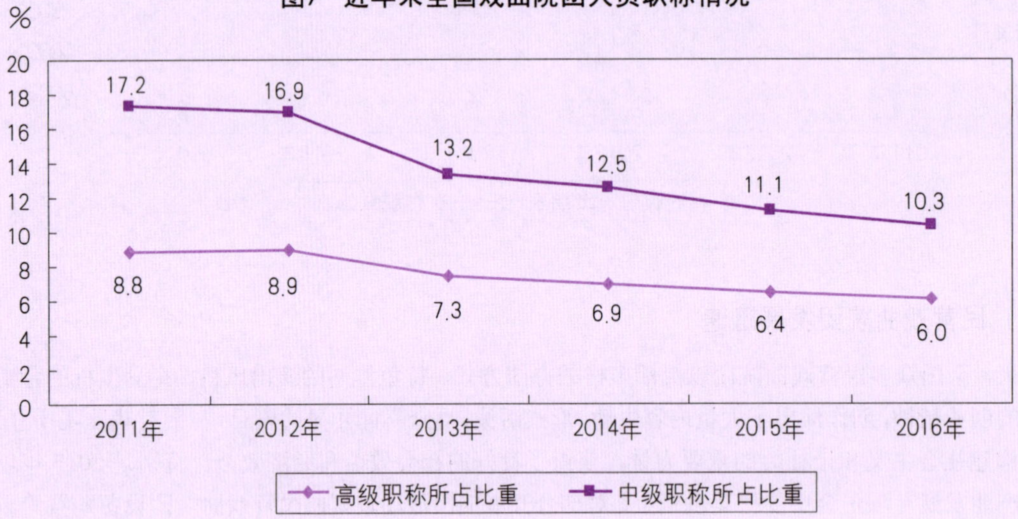


### （二）院团设施状况仍显薄弱

尽管近些年来国家加大了对各级戏曲院团排演设施建设的投入力度，但是部分地区仍存在着设施不足、设备老化的问题，严重制约着戏曲传承保护健康发展。2016 年，全国 3414 个地方戏曲院团实际使用房屋建筑面积 245.44 万平方米，平均每团 718.92 平方米，排练练功用房 35.56 万平方米，平均每团 104.17 平方米。在全国文化部门所属的 950 个戏曲院团中，实际使用房屋建筑面积小于 200 平方米的戏曲院团有 217 个，无排练练功用房的戏曲院团有 271 个，分别占到了文化部门所属戏曲院团的 22.8% 和 28.5%，设施情况令人堪忧。

### （三）区域发展不平衡

受经济发展水平影响，全国各级戏曲院团在发展过程中存在着明显的地区差异。经济较发达的东中部地区，戏曲院团演出场次、演出收入情况等各项指标均居前列，而作为经济欠发达的西部地区，戏曲演出市场还相对薄弱，亟需国家进一步加大扶持。2016 年，东部地区人均戏曲院团演出收入为 3.64 元，是西部地区的 7.4 倍。

表 2　2016 年全国戏曲院团分地区人均指标情况

| 地　区 | 每万人拥有院团数量（个） | 平均每万人演出场次（场次） | 人均观众人次（人次） | 人均演出收入（元） |
|---|---|---|---|---|
| 全　国 | 246.91 | 5.07 | 0.33 | 2.07 |
| 东部地区 | 326.51 | 6.65 | 0.43 | 3.64 |
| 中部地区 | 292.28 | 5.90 | 0.41 | 1.71 |
| 西部地区 | 81.79 | 1.40 | 0.11 | 0.49 |

### （四）民营戏曲院团规模较小

在全国民营戏曲院团高速发展的同时，也应看到民营院团与国有院团相比，仍存在着演出场次少、演出收入低等问题，极大制约着我国戏曲艺术的整体发展。2016 年，全国民营戏曲院团 2440 个，团均演出收入 81 万元，仍低于文化部门所属戏曲院团团均演出收入 91 万元的标准。加之民营戏曲院团竞争能力和抗风险能力要弱于国有院团，导致许多民营戏曲院团的生存和发展难以得到有效保障。

## 四、对戏曲院团发展的有关建议

### （一）加大政策措施落实力度

建立《关于支持戏曲传承发展若干政策》落实督促检查机制，组成督导组赴各地开展实地督查工作，督促地方政府及其相关部门在财政、税收、土地等方面出台有关细化措施，切实加大对各级戏曲院团的支持力度。

### （二）加大戏曲院团改革力度

进一步创新戏曲院团体制机制，深化内部人事、社会保障和收入分配制度改革，完善激励和约束机制，构建能够适应市场竞争需求的艺术生产模式，进一步激发院团自身发展活力。

### （三）加大艺术普及推广力度

加强戏曲通识教育，做好戏曲教育进课堂、戏曲演出进校园活动，着力培育年轻戏曲观众群体。充分利用传统媒体和微博、微信、客户端等新媒体，办好一批传播戏曲艺术、普及戏曲知识的栏目，更好地吸引和扩大观众群体，让越来越多的人关注戏曲发展、关心戏曲未来。

### （四）加大公益演出补贴力度

建立健全公益性演出经费保障补助机制，继续实施戏曲进校园、送戏下乡等项目，加大对各级戏曲院团开展政策宣传性演出、重大节庆演出、对外文化交流和拥军慰问等公益性演出的补贴力度，充分体现戏曲院团在文化建设中“为人民服务、为社会服务”的重要作用，有效实现社会效益与经济效益的双赢。

### （五）加大戏曲人才培养力度

进一步完善戏曲人才培养体系，既注重对戏曲基本技法、功法的扎实训练，又注重人文素养和文化内功的综合培养。完善戏曲人才培养结构，构建层次结构科学合理、专业设置成龙配套的现代戏曲人才培养格局。进一步发扬师徒传承优良传统，充分发挥老一辈艺术家的传帮带作用，发挥名院名团作用，遴选推出一批新一代青年拔尖人才，努力带出更好更多的戏曲后继人才。

### （六）加大基层团体倾斜力度

在实施剧本扶持工程和戏曲剧本孵化计划等项目时，进一步向基层戏曲院团重点倾斜。对基层戏曲院团在购置和更新服装、乐器、灯光、音响等方面继续给予资金支持。继续举办基层戏曲院团会演活动，对服务乡村、扎根基层的优秀基层戏曲院团给予宣传表彰。

### （七）加大民营院团扶持力度

鼓励社会资本投资兴办民营戏曲院团，进一步在文化产业发展专项资金中加大对民营戏曲院团的补助支持力度，在人才培养、剧目创作等方面给予民营戏曲院团适当倾斜。同时政府主办的各类重大文化节庆活动中，通过政府购买方式鼓励民营戏曲院团积极参加。

### （八）加大排演设施建设力度

积极沟通协调有关部门，并尝试和探索 PPP 等政府和社会合作模式，在全国兴建一批设施达标、布局合理、功能完善的演出场所和排练用房，切实改善基层戏曲院团排练和演出条件，进一步激发院团创作活力，提升排演水平，为传承优秀传统文化、促进院团健康发展提供必要的设施保障。

（文化部财务司）

# 我国基层艺术表演院团排练场所情况分析

2015 年 7 月，国务院办公厅印发了《关于支持戏曲传承发展的若干政策》（国办发〔2015〕52 号），对支持戏曲传承保护工作进行了安排部署。其中专门明确提出了“改善戏曲创作生产场地条件，实行差别化的戏曲教学排练演出设施用地政策”的要求。基层表演院团是繁荣社会主义文艺的重要力量，肩负着弘扬中华传统文化的责任和满足基层群众文艺需求的任务。排练场所是文艺创作的重要空间，是院团进行人才培育和艺术传承的重要场所。功能完善、面积适中的排练场所有助于集聚优秀的文艺创作人才和表演人才，有利于优秀艺术人才的成长，同时对于降低排练成本，提高资源利用率，提升院团整体效益有着重要的作用和意义。

## 一、基层院团排练场所发展现状

### （一）排练场所已经难以满足日益增长的艺术创作需求

表 1　2013 年 –2015 年艺术表演团体发展情况

| 年 份 | 剧团数（个） | 从业人员（人） | 练功房面积（万平方米） | 演出场次（万场） | 演出收入（亿元） |
|---|---|---|---|---|---|
| 2013 年 | 8180 | 260865 | 99.57 | 165.11 | 82.07 |
| 2014 年 | 8769 | 262887 | 105.69 | 173.91 | 75.70 |
| 2015 年 | 10787 | 301878 | 102.94 | 210.78 | 93.93 |

2013 年到 2015 年，剧团总数、从业人员、原创剧目、演出场次、演出收入都有了大幅的增长，其中全国艺术表演团体总数增长了 23.0%，从业人员增长了 14.8%，演出场次增长了 21.2%，演出收入增长了 24.1%，但作为衡量排练场所重要指标的练功房面积，面积总量还有所下降，显然难以满足日益增长的演出需求。

表 2　2013 年 –2015 年艺术表演团排练场所平均面积

| 年份 | 团均练功房面积（平面米 / 团） | 人均练功房面积（平方米 / 人） | 演出场次均面积（平方米 / 演出场） |
|---|---|---|---|
| 2013 年 | 121.72 | 3.82 | 0.60 |
| 2014 年 | 120.53 | 4.02 | 0.61 |
| 2015 年 | 95.43 | 3.41 | 0.49 |

与 2013 年相比，排练场所的平均数据均有所下降，团均面积降低了 20.8%，人均面积降低了 15.2%，表演场均面积降低了 19.7%，在国家大力繁荣文化艺术和表演创作的背景下，当前的排练场所建设远远不能满足日益增长的创作需求。

### （二）排练场所增长与基层文艺院团网络完善不相匹配

近年来，基层文艺团体坚持“贴近实际、贴近生活、贴近群众”原则，开展了大量的三下乡演出，有效实现了让老百姓留住乡音、记住乡愁、回味乡韵。在国家的大力扶持下，基层院团基础设施不断增强，据统计，我国无基层院团的县已经从 2013 年的 1432 个降低到 2015 年的 1298 个，减少了 9.4%。但是另外一方面看，院团的排练场所还无法与基层院团网络完善相匹配，目前没有排练场所的县有 1051 个，较 2013 年有进一步扩大的趋势。因此，排练场所不足的问题就成为制约基层院团不断发展、留住人才、繁荣创作、推出精品的重要原因之一。

**表 3　2013—2015 年艺术表演团体基层网络建设情况**

| 年份 | 没有剧团的县（个） | 没有练功房的县（个） |
|---|---|---|
| 2013 年 | 1432 | 992 |
| 2014 年 | 1344 | 1010 |
| 2015 年 | 1298 | 1051 |

### （三）剧种多样为排练场所的建设提出更高要求

我国的艺术院团种类繁多，且对排练场所的面积要求不一。根据对话剧、儿童剧、滑稽剧类，歌舞、音乐类，京剧、昆曲类，地方戏曲类，杂技、魔术、马戏类，曲艺类，综合性艺术表演团体等七类院团排练场所面积情况进行研究，可以发现歌舞、音乐类，京剧、昆曲类，地方戏曲类，杂技、魔术、马戏类等团均场地和人均场地均高于全国平均标准，这些数据也表明，这些艺术类型对于排练场所的需求相对较高。

**表 4　七大类型院团排练场所的均值比较**

| 剧种分类 | 团均练功房面积（平方米） | 人均练功房面积（平米） | 演出均练功房面积（平方米） |
|---|---|---|---|
| 话剧、儿童剧、滑稽剧类 | 31.00 | 1.43 | 0.14 |
| 歌舞、音乐类 | 195.86 | 5.94 | 1.42 |
| 京剧、昆曲类 | 483.00 | 7.93 | 2.40 |
| 地方戏曲类 | 102.09 | 2.98 | 0.47 |
| 杂技、魔术、马戏类 | 163.10 | 4.47 | 0.36 |
| 曲艺类 | 44.51 | 2.27 | 0.18 |
| 综合性艺术表演团体 | 30.78 | 1.47 | 0.17 |
| 全国平均 | 95.43 | 3.41 | 2.05 |

### （四）部分院团排练场所使用效率有待进一步提升

2015 年，全国事业类院团的排练场所团均面积为 449.88 平方米，是企业类院团的 12.7 倍，人均排练场所面积 8.41 平方米，是企业类院团的 5.6 倍，但是团均演出场次却仅仅为企业院团的 90.0%。事业类艺术院团拥有较为良好的排练基础设施，但是所对应的演出场次却显不足，因此，如何将排练场所资源有效利用是事业类院团急需解决的问题。

**表 5　事业与企业艺术院团排练场所的均值比较**

| 类型 | 团均练功房面积（平方米） | 人均练功房面积（平方米） | 团均演出场次（次） |
|---|---|---|---|
| 全国 | 95.43 | 3.41 | 195.40 |
| 事业 | 449.88 | 8.41 | 177.66 |
| 企业 | 35.36 | 1.49 | 198.40 |

### （五）不同类型基层院团分布集中度较高

通过对行业集中度 CR8（前八个省份某项指标“加和”后占全国总量的比例）的计算我们可以发现，不同类型的具有较明显的地域集中性。话剧、儿童剧、滑稽剧类主要集中在山东、浙江等 8 个省份，在这些省份中，山东、江西的排练场所的团均水平和人均水平均高于全国平均值，其他 6 个省份则需要在资金和政策方面进一步加强。

**表 6　话剧、儿童剧、滑稽剧类剧团分布及其排练场所情况**

| 省份 | 剧团数（个） | 团均练功房面积（平方米） | 人均练功房面积（平方米） |
|---|---|---|---|
| **总　计** | **1223** | **31.00** | **1.43** |
| 山东省 | 89 | 40.45 | 3.49 |
| 浙江省 | 80 | 5.63 | 0.22 |
| 四川省 | 76 | 0.00 | 0.00 |
| 河南省 | 73 | 15.07 | 0.60 |
| 河北省 | 65 | 0.00 | 0.00 |
| 辽宁省 | 64 | 0.00 | 0.00 |
| 上海市 | 57 | 11.58 | 0.34 |
| 江西省 | 46 | 67.83 | 3.30 |
| 前八位的省份院团占比 % | 45.0 | | |

歌舞、音乐类 CR8 为 50.0%，行业集中度较高，在排名前 8 的省份中除新疆之外，排练场所的平均指标均低于全国水平，这些地区的资金和政策支持有待进一步提升。

**表 7　歌舞、音乐类剧团分布及排练场所情况**

| 省份 | 剧团数（个） | 剧团均练功房面积（平方米） | 人均练功房面积（平方米） |
|---|---|---|---|
| **总　计** | **2128** | **195.86** | **5.94** |
| 重庆市 | 238 | 37.82 | 2.99 |
| 云南省 | 168 | 140.71 | 3.95 |
| 浙江省 | 122 | 53.03 | 1.64 |
| 安徽省 | 111 | 65.86 | 2.58 |
| 河北省 | 110 | 59.18 | 3.53 |
| 四川省 | 108 | 75.37 | 2.96 |
| 新疆维吾尔自治区 | 106 | 606.13 | 14.6 |
| 山西省 | 102 | 49.9 | 1.67 |
| 前八位的省份院团占比 % | 50.0 | | |

地方戏曲类的 CR8 为 77.3%，集中度较高，根据排练场所的平均指标来看浙江、河南、福建、安徽、广

东等地区需要进一步加大排练场所的建设。

**表 8　地方戏曲类剧团分布及排练场所情况**

| 省份 | 剧团数（个） | 团均练功房面积（平方米） | 人均练功房面积(平方米) |
|---|---|---|---|
| **总　计** | **2916** | **102.09** | **2.98** |
| 浙江省 | 563 | 23.53 | 0.70 |
| 河南省 | 346 | 90.20 | 2.28 |
| 福建省 | 309 | 44.27 | 1.41 |
| 安徽省 | 282 | 19.54 | 0.82 |
| 山西省 | 218 | 107.89 | 2.70 |
| 山东省 | 202 | 154.16 | 5.70 |
| 河北省 | 168 | 94.82 | 3.46 |
| 广东省 | 165 | 72.12 | 2.16 |
| 前八位的省份院团占比 % | 77.3 | | |

杂技、魔术、马戏类的 CR8 为 83%，集中度较高，根据排练场所的平均指标来看河北、河南、安徽、北京、江西等地区需要加大排练场所的建设。

**表 9　杂技、魔术、马戏类剧团分布及排练场所情况**

| 省份 | 剧团数（个） | 团均练功房面积（平方米） | 人均练功房面积(平方米) |
|---|---|---|---|
| **总　计** | **335** | **163.10** | **4.47** |
| 河北省 | 76 | 16.71 | 0.43 |
| 河南省 | 60 | 107.33 | 2.61 |
| 安徽省 | 47 | 93.19 | 4.99 |
| 山东省 | 30 | 233.67 | 8.38 |
| 江苏省 | 29 | 173.45 | 5.93 |
| 浙江省 | 14 | 297.86 | 14.14 |
| 北京市 | 12 | 90.83 | 1.55 |
| 江西省 | 10 | 27.00 | 1.84 |
| 前八位的省份院团占比 % | 83 | | |

**表 10　曲艺类剧团分布及排练场所情况**

| 省份 | 剧团数（个） | 团均练功房面积（平方米） | 人均练功房面积(平方米) |
|---|---|---|---|
| **总　计** | **428** | **44.51** | **2.27** |
| 河南省 | 88 | 3.18 | 0.16 |
| 安徽省 | 45 | 13.33 | 0.78 |
| 山东省 | 43 | 0.00 | 0.00 |
| 浙江省 | 41 | 9.76 | 0.76 |
| 山西省 | 34 | 6.76 | 0.38 |
| 河北省 | 29 | 0.00 | 0.00 |
| 江苏省 | 19 | 70.00 | 3.76 |
| 广东省 | 17 | 103.53 | 4.13 |
| 前八位的省份院团占比 % | 74 | | |

曲艺类的 CR8 为 74%，集中度较高，根据排练场所的平均指标来看河南、安徽、山东、浙江、山西、河北等地区排练场所的建设有待进一步加强。

## 二、进一步加强艺术院团排练场建设的对策建议

### （一）加强排练场所建设的顶层设计

进一步加强认识，充分认识到排练场所对于繁荣文艺创作、对于文化精品的产生、对于优秀艺术表演和创作人才的培育、对于满足人民日益增长的文化需求、对于引领文化新风尚的重要意义，协调各种资源，加强对院团排练场所建设的规划指导。

### （二）加强排练场所建设标准的编制

加强调研分析，深入了解院团排练场所的需求时间、需求频次、需求种类、需求大小，针对基层表演种类较多、分布集中度较高、情况复杂的现状，结合目前正在开展的《剧场建设标准》编制工作，对基层表演院团排练场所建设规模和内部结构比例进行研究。

### （三）加大投入加强综合性艺术排练场所建设

积极沟通协调有关部门，并尝试和探索 PPP 等政府和社会合作模式，在全国兴建一批设施达标、布局合理、功能完善的演出场所和排练用房，切实改善基层戏曲院团排练和演出条件，进一步激发院团创作活力，提升排演水平，为传承优秀传统文化、促进院团健康发展提供必要的设施保障。

### （四）提升效率构建排练场所资源共享数据平台

提升现有排练场所的资源使用效率，一方面通过机制体制创新进一步激活基层艺术表演院团的积极性，提升其创作和表演活力，通过引入奖励机制、竞争机制提升基层表演院团的活力，通过加强排练场所的硬件设施和服务水平提升排练场所的使用效率。另一方面加大现有院团之间的协调工作，盘活排练场所资源，建立排练场所资源共享数据平台，建立合理的院团排练场所租赁使用的机制，实现现有排练场所资源的有效流通和合理使用。

（文化部财务司　中央财经大学国家文化创新研究中心）

# 文化精准扶贫模式及机制研究

党中央、国务院对文化扶贫工作高度重视，中央领导多次就改善贫困地区基本公共服务，激发贫困地区群众内生动力、去除“等靠要”思想，教育引导贫困群众移风易俗、改变落后生活方式等做出了重要指示批示，为做好文化精准扶贫工作提供了思路指南。我国文化精准扶贫尚处于探索初期，在实践中既有新的创新举措，也面临很多新挑战。为进一步对文化精准扶贫模式及机制进行研究，我们主要选取安徽、广西、新疆、湖北等四地作为老、少、边、穷的典型代表地区进行针对性调研，通过实地走访调查、个案分析和文献梳理，对贫困地区文化建设现状及贫困群众文化需求情况有了全面了解，摸清了贫困地区文化建设不足的深层原因，提炼了文化精准扶贫典型模式，提出了推进贫困地区文化精准扶贫深化落实对策建议。

## 一、我国文化精准扶贫的现状与特征

当前，我国文化精准扶贫制度体系逐步建立，文化惠民工程取得初步成效，文化精准扶贫硬件环境在不断改善，文化产业及其带动脱贫效果初现，群众文化获得感在增强，成为国家扶贫攻坚重要支撑。

### （一）在国家扶贫攻坚战略指引下，文化精准扶贫政策体系逐步建立

党中央和国务院对文化精准扶贫重视程度不断提高。十八届三中全会将加快构建现代公共文化服务体系纳入全面深化改革全局高度，提出促进基本公共文化服务均等化和标准化。十八届五中全会提出要坚决打赢脱贫攻坚战、引导文化资源向城乡基层倾斜。2014 年《关于创新机制扎实推进农村扶贫开发工作的意见的通知》对贫困地区文化扶贫开发牵头部委和工作思路进行明确落实，强调以县为基准健全公共文化设施主干网络，加大特色文化资源开发力度。2015 年 11 月《中共中央国务院关于打赢脱贫攻坚战的决定》又再次强调，要推动文化投入向贫困地区倾斜，集中实施一批文化惠民扶贫项目，普遍建立村级文化中心，推动贫困地区县级公共文化体育设施达到国家标准，支持挖掘保护和开发利用文化资源。文化精准扶贫成为我国打赢脱贫攻坚战的重要组成部分。

为落实党中央、国务院关于文化扶贫的工作部署，2015年文化部会同国家发展改革委、国家民委、财政部、国家新闻出版广电总局、国家体育总局、国务院扶贫办联合印发《“十三五”时期贫困地区公共文化服务体系建设规划纲要》，从设施网络、均衡发展、增强活力、提高效能、数字化、队伍建设、文化帮扶和脱贫致富等八方面明确建设任务，策划了 29 个项目抓手，重在补短板、兜底线、建机制、畅渠道、促发展。2017 年，文化部印发了《“十三五”时期文化扶贫工作实施方案》，对文化扶贫工作目标和主要任务进行了进一步明确。国家一系列相关意见、规划的出台，从中央层面，初步构建了我国文化精准扶贫政策体系的顶层设计。

与此相应，地方政府在制定地方脱贫攻坚具体规划或措施时，也将文化精准扶贫纳入其中。如广西壮族自治区制定《关于脱贫攻坚旅游业发展实施方案》，明确了文化旅游扶贫的发展思路与措施体系。《广西文化扶贫富民惠民工程实施方案（2016-2017 年）》提出重点推动 12 个示范县，科学制定文化产业发展规划、培育文化旅游项目和开发民族民间工艺衍生品项目。《内蒙古自治区农村牧区扶贫开发实施方案（2013—2017 年）》提出扶贫开发的重点旗县（市、区）必须有图书馆、文化馆，苏木乡镇有文化站和广播影视综

合服务站、嘎查村有文化室。安徽金寨县为脱贫致富，致力推动红色文化旅游业发展，先后编制了《鄂豫皖红军纪念园建设规划》、《汤家汇镇红色旅游规划》及《重点革命遗址整修保护规划》等红色文化旅游规划政策文件。

### （二）文化惠民工程持续推进，提升了贫困地区公共文化服务能力

为进一步扩大受益范围、消除覆盖盲区，健全农村和中西部贫困地区公共文化服务网络建设，中央针对贫困地区实施了流动图书车、百县万村综合文化服务中心工程、贫困地区村文化活动室设备购置项目、中西部地区送戏下乡项目等系列文化惠民工程，有效提升了贫困地区公共文化服务能力，缓解了公共文化服务资源不平衡。

流动图书车项目。2013 年和 2014 年文化部、财政部联合实施流动图书车工程，为连片特困地区和西藏、四省藏区、新疆南疆四地州县级公共图书馆配送 686 辆流动图书车。2015 年将其余的 151 个国家扶贫开发工作重点县，纳入流动图书车配送范围。截至 2014 年底，中央财政共安排专项资金 16792 万元，2015 年中央财政安排流动图书车专项资金 3624 万元，主要为 151 个国家扶贫开发工作重点县公共图书馆每馆配送 1 辆流动图书车。

贫困地区村文化活动室设备购置项目。2016 年，中央计划分五年为集中连片特困地区和西藏、四省藏区、新疆南疆四地州，以及上述范围以外国家扶贫开发工作重点县共计 839 个县已建成农村文化活动室购置设备，保障其文化活动正常展开。2016 年中央财政安排购置项目补助资金 44872 万元，主要为贫困地区村文化活动室购置音乐、乐器、电脑、桌椅等基本文化服务设备。

中西部地区送戏下乡项目。通过政府购买服务方式，为连片特困地区和西藏、四省藏区、新疆南疆四地州，以及上述范围以外的国家扶贫开发工作重点县所辖乡镇，每两个月配送一场地方戏为主的演出，每场不出 3000 元，2016 年安排项目补助资金 23380 万元，主要为贫困地区 12983 个乡镇配送。

国家艺术院团志愿服务“走基层”、文化志愿者边疆行活动。以 11 个集中连片特困地区为例，已实施 400 多个志愿者服务项目，组织 1 万多名文化志愿者深入边疆民族地区城乡基层，举办了各类文艺演出、文化讲座和文物展览 1400 多场，受益群众达百万人次。

“三区”文化人才支持计划。目前，每年选派 1.9 万名优秀文化工作者到“三区”工作或提供服务，为“三区”每年培养 1500 名亟需紧缺文化工作者，中央财政仅承担中西部所需经费 50%。截至 2014 年底，中央财政已安排专项资金 5.74 亿元，2015 年中央财政安排“三区”文化人才支持计划文化工作者专项经费 3.05 亿元。

### （三）政府对贫困地区文化建设投入持续增加，公共文化服务条件不断改善

随着政府文化建设投入力度不断加大，贫困地区文化财政投入规模不断增长。2011-2015 年，国家对“三馆一站”免费开放经费共投入 98.39 亿元，重点支持包括贫困地区在内的中西部地区公共文化机构免费开放并开展公益性服务活动。在中央政策资金带动下，地方政府也加大贫困地区公共文化财政保障力度。“十二五”期间各级财政对贫困地区公共文化机构财政拨款 183.81 亿元，年均增长 11.2%。

**表 1　2011—2015 年贫困地区公共文化服务财政拨款情况**

| 年份 | 财政拨款（亿元） | 增长速度（%） |
|---|---|---|
| 2011 年 | 30.32 | 10.1 |
| 2012 年 | 33.68 | 11.1 |
| 2013 年 | 34.48 | 2.4 |
| 2014 年 | 39.06 | 13.3 |
| 2015 年 | 46.27 | 18.5 |

贫困地区公共文化机构专业人员、场馆和设施条件不断改善。据统计，2015 年贫困地区公共文化机构（公共图书馆、文化馆 / 站和博物馆）15553 个，比 2011 年增加 365 个；从业人员 60982 人，增加 11086 人，其中拥有中高级职称 7331 人，占 12%，比 2011 年增长 0.5 个百分点；公共文化设施实际使用面积 945.06 万平方米，比 2011 年增长 22.8%；公共文化机构计算机 12.47 万台，是 2011 年 1.94 倍。

**表 2　2011—2015 年贫困地区公共文化服务体系建设情况**

| 年份 | 机构数（个） | 从业人员数（人） | 实际使用房屋建筑面积（万平方米） | 计算机台数（台） |
|---|---|---|---|---|
| 2011 年 | 15188 | 49873 | 769.84 | 64223 |
| 2012 年 | 15271 | 53082 | 808.30 | 82069 |
| 2013 年 | 15475 | 55283 | 826.26 | 99927 |
| 2014 年 | 15671 | 59234 | 923.28 | 116631 |
| 2015 年 | 15553 | 60982 | 945.06 | 124731 |

贫困地区文化服务资源持续增加。“十二五”期间，贫困地区各类公共文化机构藏书从 8050.77 万册增加到 10690.06 万册，增长了 7.3%。其中，公共图书馆总藏量年均增长 4.2%，文化馆总藏量年均增长 13.5%，文化站总藏量年均增长 11.9%。数字化文化服务资源也持续增长。以图书馆为例，2015 年贫困地区公共图书馆有电子阅览终端 22632 个，比 2011 年增长 22.1%，电子图书 4587.01 万册，是 2011 年 47 倍；2015 年图书馆网站总访问量达到 6431.37 万页次，是 2011 年的 26 倍。

**表 3　2011—2015 年贫困地区公共文化资源数字化建设**

| 年份 | 电子图书（万册） | 电子阅览室终端数（台） | 图书馆网页访问量（页次） |
|---|---|---|---|
| 2011 年 | 98 | 18531 | 2505439 |
| 2012 年 | 663 | 19584 | 5556242 |
| 2013 年 | 3197 | 21072 | 14591596 |
| 2014 年 | 4240 | 22377 | 65147518 |
| 2015 年 | 4587 | 22632 | 64313685 |

### （四）文化精准扶贫提高了贫困地区群众的物质与精神文化获得感

一方面，文化精准扶贫提高贫困地区群众经济获得感。广西龙胜“文化 + 旅游”扶贫贡献率占到全县扶贫成效的 45% 以上，成为利用文化旅游精准扶贫的经典模式之一。每年吸引大批游客流入，带动了对周边的特色水果、蔬菜及其他特色农产品的需求大增。龙胜以椪柑和南山梨为主的优质水果种植面积不断增加，桃、李、杨梅、枇杷等淡季水果达到了 3200 亩，在南山片区建成了广西最大的高山无公害反季节蔬菜基地。据统计，2015 年，全县文化旅游直接从业人员达 2.5 万人，间接从业人员达 5 万人，累计接待游客 723.28 万人次，实现旅游总收入 60 多亿元，年均增长 41.65%；大寨村以梯田和民族村寨入股发展文化旅游，2015 年“旅游合作社”共分红 400 多万元，村民最多可获得 3.8 万元，最少也接近 1 万元。

另一方面，文化精准扶贫提高了贫困地区群众精神文化获得感。“十二五”以来，贫困地区公共文化服务效能不断提升，群众参与公共文化活动规模不断增加，精神文化获得感不断提高。据统计，2015 年贫困地区公共图书馆总流通人次比 2011 年增长 24.8%，文化馆组织各类文艺演出总服务人次比 2011 年增长 57.8%，文化站组织各类文艺活动总服务人次比 2011 年增长 26.9%，博物馆参观人次比 2011 年增长 59.2%（见下表）。以国家扶贫重点的 11 个集中连片特困地区为例，公共图书馆总流通人次为 3328.5 万人，与 2010 年比增长了 61.5%，文化站（馆）组织各类文艺演出、展览以及培训，总服务人次 8228 万人，与 2011 年相比，增长了 27.2%，博物馆参观人次 9079.1 万人，与 2010 年比增长了 67.5%。

**图1　11个集中连片特困地区的文化机构服务人次**

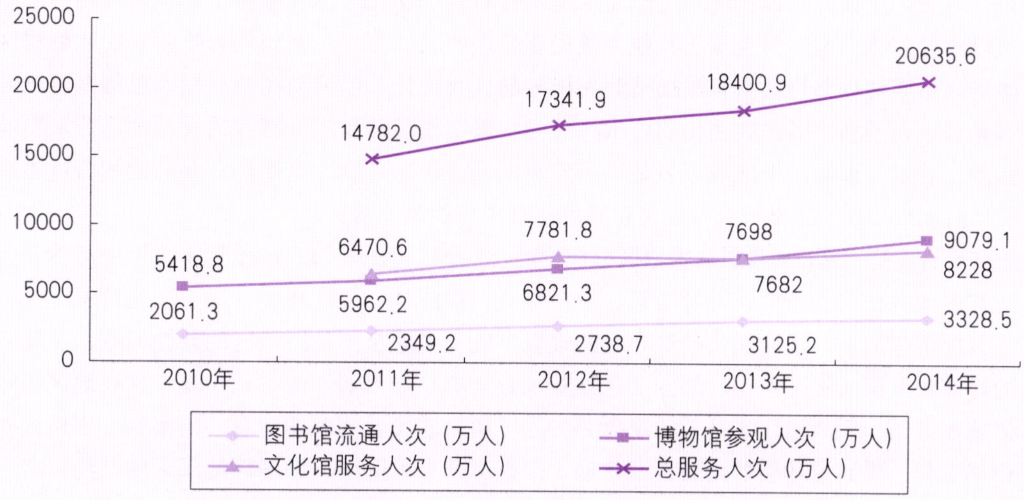


**表 4　2011—2015 年贫困地区公共文化服务参与人数**

单位：万人次

| 年份 | 公共图书馆总流通人次 | 文化馆服务人次 | 文化站服务人次 | 博物馆参观人次 |
|---|---|---|---|---|
| 2011 年 | 6277.71 | 2773.49 | 4482.02 | 6277.71 |
| 2012 年 | 7052.36 | 3387.76 | 5143.37 | 7052.36 |
| 2013 年 | 7704.16 | 3673.51 | 4303.98 | 7704.16 |
| 2014 年 | 9030.61 | 3495.03 | 5026.51 | 9030.61 |
| 2015 年 | 9932.27 | 4376.98 | 5687.61 | 9932.27 |

贫困地区群众精神文化生活不断充实，黄赌毒不良习惯减少。以拔除贫困群众“等、靠、要”思想穷根为着力点，龙胜县成立农民素质提升工程队，通过励志讲座下乡、心理辅导下乡、送戏下乡等形式，针对性地围绕“精神不穷”编演一些节目和选择重点片区开展精神励志专题讲座，在贫困妇女中开展“牵手妈妈、产业到家”为主题的帮扶活动，使贫困群众转变观念，增强内生发展动力。针对留守儿童、留守妇女、留守老人等弱势群体，动员全社会力量开展关注、关爱行动，解决他们“心理贫困”问题。考虑龙胜县是苗、瑶、侗、壮等少数民族聚居之地，民俗文化色彩浓厚，各民族都非常重视传统节日和传统活动，地方政府大力推动民间民俗文化活动的开展，每逢节日都会举办隆重节日庆祝活动。龙胜县文化馆将文化馆编排的文艺节目、戏曲活动等形式多样的文化活动搬到各种民族节庆活动的舞台，让当地少数民族群众感受多彩文化。依托民俗民节开展的各项文艺表演活动，村民获得了积极向上的精神文娱活动，以往闲暇时间聚集打牌、聚众赌博和酗酒以及迷信活动等出现频率越来越低，群众精神面貌改善，少数民族对主体文化认同感增强，乡村精神风貌也越来越健康。

## 二、我国文化精准扶贫存在的主要问题

### （一）文化扶贫的精准度不够

文化扶贫对象的需求识别不精准。精准识别工作是精准扶贫工作的一项基础性工程，事关精准扶贫的准确性、真实性、针对性，是解决真扶贫、扶真贫问题的关键。目前文化精准扶贫的对象正是基于各项经济指标识别出的832个贫困县（截止2015年底），但对于贫困主体的真实文化需求由于需求征询反馈机制的缺位，导致文化扶贫供需不对接的情况仍然存在。

具体而言，不同贫困主体在贫困表现、贫困根源、贫困特点和减贫需求等方面存在显著区别，文化精准扶贫应该针对贫困主体的具体情况和实际需求提供针对性的文化产品和服务。如调研发现，新疆地区的少数民族虽以维吾尔族为主，但也不乏其他少数民族聚居的县（市），例如作为哈萨克民族聚居区的巴里坤县，当地群众希望通过书籍继承和发扬哈萨克民族的优秀文化，但流动图书车配书以维吾尔语为主，哈萨克语的书籍偏少，不利于多民族文化的传承。又如安徽宿松县是我国黄梅戏的发源地之一，当地老百姓特别喜欢听戏、看戏，因而对于送戏下乡是供不应求，而对于送电影下乡则群众参与的积极性不高。因而文化扶贫对象的需求识别不精准成为开展文化精准扶贫工作的重要前提。

文化扶贫项目安排不精准。我国贫困地区分布广泛，涉及国土面积约170万平方公里，832个县，约1.19亿人。不同贫困地区在自然条件、资源禀赋、生产方式、经济社会发展程度、历史文化背景、人口结构、贫困程度等方面千差万别。因而文化扶贫项目的设置，既要考虑全国贫困地区的共性问题，又要针对不同贫困地区的特殊性。但实际工作中，部分文化扶贫项目采取“一刀切”的方式实施，忽视地区实际，导致一些扶贫措施在基层出现“消化不良”的现象。如为了解决农民看戏难的问题，国家为贫困地区实施了配送流动舞台车工程，受到了基层群众的普遍欢迎，但也有部分地区因为地理环境因素的制约，并不适宜流动舞台车的使用。如调研发现，广西龙胜县地处高山，交通条件差，境内以四级公路（占40.9% ）和等外公路（占39.6%）为主，流动舞台车在狭窄的山区道路进乡难、进村难，并且极易造成乡镇交通拥堵，因而当地群众对于流动舞台车存在一定的异议。此外，一些文化基础建设项目属于国家规定的必建内容，并有一定的建设标准，但一些特殊地区的自然环境难以支持，导致文化扶贫项目的功能作用难以发挥。如新疆青河县，属于高山高寒气候，冬季漫长，室外广场适用性较差，当地群众普遍喜爱室内文化活动。而目前我国农村公共文化广场的建设标准以室外广场为主，清河县虽然依据建设标准完成室外文化广场的设施配套，但在漫长的冬季闲暇时间却难于使用。

### （二）投入保障的有效性不足

制度保障缺乏。一方面，中央对文化精准扶贫尽管在一系列文件中都有了涉及，并做了具体部署，但至今为止仍未出台针对文化精准扶贫工作的专门性的单独文件。另一方面，绝大部分地方政府未制定文化精准扶贫具体方案。据不完全统计，目前仅广东、湖北、新疆、福建等4省出台了本省文化精准扶贫的实施方案，以及甘肃省制定的贫困乡村文化场所建设实施方案体现了精准扶贫的内涵，其他大部分省（自治区、直辖市）仍未公布文化精准扶贫方案。因而课题组在调研过程中，部分基层干部建议，中央及地方政府应就文化精准扶贫工作进行顶层制度设计，从制度层面为各地文化精准扶贫工作的开展提供制度保障和法理依据。

资金保障不足。资金不足是制约贫困地区文化发展的主要原因之一，也是基层干部反映最为强烈的问题。相较于其他地区，贫困地区经济落后，本级政府财力严重不足，当地群众收入水平偏低、社会资金吸引力不足，致使文化欠账较多，文化投入长期不足。如广西龙胜县，其图书馆购书经费从2003年到2011年一直为每年3万元，到2012年才增加至4万元，人均购书经费仅0.25元，远不能满足当地群众的读书看报的需求。同时，贫困地区由于自然环境恶劣，客观上增加了其公共文化服务供给的成本，国家统一的经费标准实际

难以保障其文化发展需要。如按照《中央补助地方美术馆、公共图书馆、文化馆（站）免费开放专项资金管理暂行办法》规定，乡镇综合文化站免费开放基本补助标准为每年5万元。但新疆、内蒙古等贫困地区，地广人稀，冬季漫长，乡镇文化站每年维持正常运转的费用远超过5万元。由于资金不足，导致部分贫困地区缺乏开展文化活动的积极性。

此外，贫困地区也难以吸引社会资金投入文化建设。社会资本天生具备逐利性，企业投资并不会“雪中送炭”，往往是“锦上添花”，贫困地区经济发展水平不高，公共文化领域和文化产业发展对社会资本的吸引力有限。以广西龙胜县为例，在公共文化建设领域，自2013年以来，自治区财政和县级财政扶持是龙胜县公共文化建设扶贫的主要资金来源，目前没有社会力量参与到该县的文化扶贫中。在文化产业发展方面，龙胜生态文化旅游已有30多年历史，发展初具规模，但截止2016年底，该县的生态文化旅游产业仍然没有民营资本参与投资。

人才保障不足。人才缺乏是造成贫困地区文化发展滞后的另一重要原因，主要表现为文化专业人才缺乏、文化队伍水平不高。调研发现，目前我国贫困地区文化从业人员普遍年龄偏大、文化专业能力有限，不利于基层文化管理和文化活动开展。例如新疆巴里坤县歌舞团，其在编工作人员28人，其中只有12人具备文艺演出的能力，40岁以上者占人员总数的70%。又如安徽金寨县反映，目前该地区大多数农村文化从业人员并不具备文化专业背景，在工作中身兼数职，不少人员存在“在编不在岗，专干不专用”的现象，当地的65名文化专干中，有50多名由原来广播电视服务站在乡镇机构改革中合并而来，此前并不熟悉文化工作，不利于对文化管理和建设创新。同时由于贫困地区普遍经济收入偏低、发展机会有限，因而文化人才队伍建设还面临引不来、留不住的严峻局面。

### （三）扶贫效果考核有待完善

扶贫是一项系统性工作，需要从经济、政治、社会、文化和生态等各个领域着力推进。调研显示，由于文化的特殊性导致文化扶贫效果评价考核难度较高，很难被完全纳入政府绩效考核。部分基层文化工作人员就反映，文化扶贫工作本身难度大，对其进行绩效考核的难度更大，文化扶贫不如经济扶贫那么容易出成果，也不容易对其成果进行准确测度，所以大部分基层政府基本不会将文化扶贫成效纳入政府政绩考核的范畴，从而文化扶贫在整个扶贫工作中往往排在靠后的位置。从实地调研来看，仅有少数地方政府开展了文化扶贫的评估实践，将文化扶贫开展情况纳入政府绩效考核。如安徽宿松县，农民文化乐园受到群众喜爱，文化惠民效果较好，当地政府就将农民文化乐园的扶贫成效纳入精准扶贫考核之列，激发了基层建设农民文化乐园的积极性。

### （四）部门协调合作有待加强

从扶贫攻坚的大局来看，如全国人大代表郑功成所言，目前扶贫工作整体上已由资金投入扩展到技术、信息、服务、人才培训，单个部门的扶贫效果显著但加总的效果却不高，必须通过有效的协调手段推进文化与科技、教育、信息等要素结合，方能保证整体扶贫效果达到最优。就文化精准扶贫而言，往往需要文化部门与宣传、财政、民政、规划等多个部门的协调合作。而在文化精准扶贫方面由于缺乏多部门协调的常态机制，各部门因职能分工不同，对“文化精准扶贫”的认知存在差异，在实际工作的开展中容易出现各持己见、互不关联的现象。各级文化部门处于弱势地位，往往难于协调与统筹推进，发挥文化精准扶贫的合力。

## 三、典型经验

随着我国扶贫开发进入“精准化”时代，文化扶贫也由以往低效的“普惠式”扶贫方式向“精准文化扶贫”推进。本报告基于对老、少、边、穷等不同类型的贫困地区调研的基础上，总结当前较为先进的精准文化扶贫模式，为我国精准文化扶贫持续深入推进提供借鉴。

### （一）以多样的设施活动满足贫困地区群众文化需求

文化基础设施，是开展公共文化服务的必要载体。公共文化服务体系要做到贫困群众住在哪里，文化基础设施的服务范围就要覆盖到哪里。贫困地区文化基础设施因为历史的原因，本身欠账多，基础条件差，因而要补上基础设施硬件的短板必须要靠机制创新。如安徽金寨县的农民文化乐园就以群众需求为导向，通过利用改革、闲置的资产，整合资源，在设施建设上进行了有益地探索，从服务功能方面讲，金寨县农民文化乐园分为三种类型：基本型，拓展性，复合型。第一种是基本型，主要是利用家畜老房子改建，其承载功能较为单一，主要是为本区域群众提供文化娱乐场所，存放文化服务基本设备等；第二种是拓展型，主要利用学校布局进行调整，主要服务群体为少年儿童；第三种是复合型，乡镇文化站和农民文化服务大厅整合在一起加以利用，即可处理村日常事务，又可为百姓提供文化娱乐场所和设施。三种类型的农民文化乐园各有其主体功能性，因地制宜，提高了公共文化基础设施在推进文化扶贫作用中的精准性。

文化活动，是吸引基层群众参与文化建设的重要手段。但受地域、信仰、教育水平及收入水平的多种因素影响，不同贫困地区的不同群体会形成不同偏好的文化需求。这客观要求贫困地区的文化活动开展必须精准识别不同群体的文化需求，提高供需对接。如安徽宿松县就采取“文化进三园”的形式，细分群体，提高文化活动的精准性。所谓“三园”分别是指“乐园”、“校园”、“家园”。其中“文化进乐园”，受众以中、老年人为主，文化活动形式以观赏性为主；而“文化进校园”，受众以青少年为主，活动形式则以比赛、游戏等互动性体验过程为主等。新疆青河县，则立足本地实际情况，利用冬季多雪、人民群众闲暇时间较多，积极开展冰雕、雪雕、滑雪等群众参与性较高的文化活动，调动了当地群众的文化参与积极性，提高了公共文化服务满意度。新疆巴里坤县则地处四国交界，区域内以哈萨克民族为主，其文化需求偏好与新疆其他地区有所不同，因此在开展公共文化活动时，充分考虑哈萨克民族文化特色，推动民族文化传承保护，满足当地少数民族群众的特殊文化需求。

### （二）以先进的数字技术推动贫困地区文化建设

文化精准扶贫担负着从整体上提高贫困群体的文化素养、精神追求和文化自觉的重任，是贫困地区经济发展的基石。但贫困地区长期落后的经济发展水平、相对匮乏的物质生活条件，都给文化扶贫带来了更大的挑战。转变扶贫思维、创新扶贫方式，成为文化扶贫工作的重中之重。随着“互联网 +”时代的到来，借助互联网推动文化扶贫，创新扶贫模式，能有效地推动文化精准扶贫工作的开展。

如湖北省竹溪县已建成全国文化信息资源共享工程县乡村基层服务点 293 个、农家书屋 324 家，在方便农民就近读书、就近上网的基础上，依托各村党员服务中心，开设了乡村到的讲堂、科技讲堂、法制讲堂、健康讲堂，聘请专家作辅导、邀请模范进讲堂，进行互联网基础知识培训、网店建设培训、产业知识培训等多种课程辅导，传授新知识、培育新农民的学习平台。龙胜县图书馆利用文化信息共享工程平台，每年免费开展电脑培训班 10 次以上，提高了各层次读者对电脑的实际操作需求。对农村精准扶贫工作有很大帮助。同时加强对农家书屋（特别是数字农家书屋）管理员及数字资源基层点管理人员的培训，把农家书屋近距离为农民读者服务，为精准扶贫服务。

此外，为保证文化扶贫既“精”又“准”，“扶志”与“扶智”同步进行，辽宁省利用中国文化网络电视的资源和网络优势，进一步加快基层服务点数字文化驿站建设力度，尤其是在辽宁省贫困偏远地区进一步提高覆盖密度。同时，辽宁省将精心打造辽宁文化共享频道播出平台，通过开设精准扶贫惠民服务电视专栏，播出技能培训、就业指导、艺术教育、课外辅导、农技致富、法制咨询等电视节目，让广大群众足不出户即可掌握知识、增长技能、获取信息。辽宁文化共享工程“两微一网”（微信、微博、省文化资源建设服务中心网站）也将成为精准扶贫的有力推手，以文字、图片、视频等形式发布最新省内外扶贫政策、先进经验、公益服务等信息，及时关注并回复广大用户的留言。

“互联网 + 文化扶贫”突破了传统文化扶贫模式的有形限制，能够让贫困群众以更便捷的手段了解新鲜事物，与时俱进地学习各项技能，提高其改变贫困现状的自身能力；同时，互联网也能以技术的手段突破“文化信息收集成本巨大”的难题，为文化精准扶贫提供平台支持。

### （三）以完备的人才储备发力文化精准扶贫

习近平总书记把精准扶贫工作概括为“扶贫对象精准、项目安排精准、资金使用精准、措施到户精准、因村派人精准、脱贫成效精准”。要落实好这六个精准，关键在于能否有一支高素质的精准扶贫人才队伍。

坚持脱贫攻坚目标，狠抓精准扶贫落地，就要激发内生动力，要从严考核监督，要在脱贫攻坚中培养锻炼干部。基层公共文化队伍规模小、人员少、业务能力弱，这一直是困扰贫困地区公共文化发展的短板。破解人才短板问题，既要加强“输血”，充实基层文化队伍，更要强化“造血”，盘活乡土文化人才资源。在这方面，一些贫困地区不等、不靠、不要，通过挖掘自身优势，培育出了一批能够满足自身需求的基层文化人才。为解决基层公共文化人才短缺的问题，内蒙古通辽市组织全市 9 个专业艺术表演团体和文化馆专业人员，对民间剧团团长及业务骨干进行辅导培训，扶持组建了 2000 多个民间剧团。这些剧团如今常年活跃在农村的田间地头，以比赛、表演、展示等形式搭建各类平台，为基层群众提供各种文化服务。此外，充分发挥大学生村官作为文化宣传员的作用，加强文化志愿者队伍建设，也都是解决贫困地区基层公共文化人才短缺的有效举措。

除了加强建设文化扶贫基层干部队伍，还要大力培育乡土文化人才队伍，增强文化扶贫工作的专业性和针对性，解决贫困地区文化生活中“有器材无人才，有需求无引领”的问题。通过集中办班、下乡辅导、远程培训等形式，分级分类分批对乡村文化工作者和业余文化骨干进行系统轮训；重视发现和培养扎根基层的乡土文化能人、非物质文化遗产项目代表性传承人；鼓励和扶持乡土人才开展农村文化艺术、民间文化、文物保护管理等乡土文化技能培训与传承、普及与推广。如安徽金寨县坚持多元育文化，着眼于“出作品、出人才、出成果”，一方面与部分高校或艺术院校联系，每年安排一定名额的文艺人才代培计划；另一方面，采取请进来的方式，让艺术家与文艺爱好者面对面传授真经。同时积极拓展文化视野，提升文化水准。每年与扶贫该县的国家和省市有关部门配合，在金寨开展大型文化活动，大力扶持金寨文艺人才队伍的培育，推进文化小康目标早日实现。同时，做好非遗传承与保护工作，在安徽金寨职业学校设立“金寨县非物质文化遗产传承基地”，邀请各级非遗传承人在校开展非遗传承活动。

### （四）以灵活的产业融合促进地区经济发展

贫困地区通常也是我国民族民间优秀文化资源集中汇聚的地区。贫困地区在保护民族民间传统文化遗产的同时，可以依托当地民族民间特色文化资源和非物质文化遗产，鼓励兴办文化小微企业、工作室等市场主体，发展特色手工艺品、传统文化展示表演和乡村文化旅游。如，宁夏固原市在对贫困山区搬迁移民的安置中，本着“突出特色、一村一品”的原则，大力发展剪纸、刺绣、泥塑、砖雕、草编等民族民间工艺品产业，有的村民甚至利用电子商务平台将回族服饰系列产品成功打入中东阿拉伯市场。宁夏固原的创新实践，将文化育民、文化乐民与文化富民相结合，走出了一条贫困地区公共文化扶贫攻坚的特色之路。

同时，优秀的文化资源也是贫困地区发展旅游业的重要基础。国家旅游局统计显示，全国 12.8 万贫困村至少 50% 具备发展乡村旅游条件，发展乡村旅游的贫困村又可以带动 70% 贫困户脱贫。“十二五”以来，全国通过发展乡村旅游带动了 10% 以上贫困人口脱贫，旅游脱贫人数达 1000 万人以上。发展文化旅游产业，有利于生态环境保护和民族文化传承，让贫困群众就地创业实现增收脱贫。如龙胜县就对全县旅游开发进行整体规划，重点挖掘苗、瑶、侗、壮等少数民族的传统文化、民风民俗和特色建筑等资源，结合当地独特的农业生产方式（梯田）、农耕文化（“偶耕文化”即男女同耕）和生态资源（如龙胜温泉），形成“由点连成线和面”的乡村旅游度假区。与此同时，龙胜县对现有红色文化资源也进行挖掘、整理、开发、宣传，把当地红色文化资源开发为旅游景点，既实现了特色文化资源开发利用，又弘扬了红军艰苦奋斗的革命精神，展现了共产党人维护民族团结的优良传统。

## 四、建立我国文化精准扶贫长效机制的思路和建议

国家“五位一体”发展战略及公共文化服务体系全面建设要求文化扶贫精准化推进。2016年6月，中宣部、文化部等部委联合召开全国文化精准扶贫工作视频会议，强调各地坚决贯彻落实中央决策部署，采取切实措施推动文化精准扶贫工作，各地展开了关于文化精准扶贫的积极探索，并取得了初步成效。但整体而言，我国文化精准扶贫工作尚处于探索阶段，在深度扶贫工作中面临对象识别不准、保障不足、考核欠缺等问题。因此要切实发挥文化扶贫的作用，推进文化精准扶贫工作，既需要转变观念、创新机制，又需要采取多种措施，凝聚合力、整合资源、精准施策，建立文化精准扶贫的长效机制。

### （一）总体思路

1. 转变指导理念，明确文化精准扶贫定位

长期以来，我国扶贫工作呈现“重经济、轻文化”的失衡局面，文化扶贫被弱化甚至忽视，以至文化贫困难改观，贫困文化持续制约经济发展与区域社会进步。文化精准扶贫深入推进首先要转变指导理念，将其定位在深度扶贫层面中，要坚持摆脱贫困与移风易俗并重，坚持物质脱贫与精神脱贫并进。

首先，文化精准扶贫要从满足贫困群众基本公共文化服务需求方面入手，改善文化贫困现状，推进贫困地区公共文化服务体系建设与社会主义精神文明建设，构建、强化区域文化共同体，为贫困地区社会进步提供持续内在动力。其次，文化精准扶贫是实现经济扶贫的重要途径。文化精准扶贫着力于挖掘差异性文化资源，发展区域特色文化产业，发挥其与一、二产业的融合带动作用，为贫困群众提供就业岗位与增收机会的同时，打造贫困地区低能耗、高回报、可持续发展的产业链以实现经济扶贫。最后，文化精准扶贫是消除贫困文化，打破贫困文化代际传承，摆脱贫困文化制约经济发展、经济贫困深化文化贫困恶性循环的重要手段。当前，我国扶贫已进入攻坚克难阶段，贫困成因多样，现状复杂，在贫困治理过程中面临不同的特点与难点，只有在精准识别出贫困地区的贫困类型及贫困原因的基础上，提供精准帮扶措施，并对扶贫成果进行精准管理，才能打破不同贫困地区的贫困代际传递现象，增强精准文化扶贫效果的有效性和持续性。

2. 由项目制向项目 + 平台制转变

我国扶贫工作由来已久，整体特征以“大水漫灌”的粗放扶贫为主，如最初在全国范围内普及贫困农村教育的“燎原计划”。这种“普惠式”扶贫全面改善了当时贫困地区文化教育整体水平不高、文化基础设施建设空白的局面。随着贫困地区分布集中化、贫困成因多样化趋势的显现，政府在宏观统筹下统一进行常规性、普遍性扶贫项目供给难以满足贫困地区文化需求差异性，造成资源浪费的同时弱化了扶贫效果。由“项目一刀切”的粗放扶贫向精准化转变成为必然选择。

2016年6月召开的全国文化精准扶贫工作视频会议指出，“‘十三五’时期文化精准扶贫工作，要对照国家基本公共文化服务指导标准和各地实施标准，坚持问题导向，坚持因地制宜，精准分析问题，精准制定对策。”我国的文化扶贫要由粗放向精准转变，由单一项目制向平台 + 项目制转变，国家统一供给保障性项目的同时，构建项目申请平台，贫困地区的基层政府根据本地实际情况申请落地性较强的文化扶贫项目，实现文化扶贫项目精准安排，增强文化扶贫效果。

3. 强化扶贫机制的内生性与长效性

粗放扶贫工作的总体特点是：扶贫方式上，以外源性推力为扶贫主要力量，内生性脱贫动力不足；在扶贫成效上，短期效果明显但返贫率高，脱贫不彻底。文化精准扶贫，要重点从脱贫意愿与脱贫能力两个

层面建立内生性、长效性脱贫机制。

扶贫先扶志，培育贫困主体与贫困地区干部队伍主动性脱贫意愿。转变贫困主体“穷惯了”、“穷怕了”的思想，转变基层干部“图省事、赶进度”的工作作风，遏制“等、靠、要”的惰性依赖思维，在文化扶贫工作中积极深入推进，夯实扶贫政策落地的土壤，激发文化扶贫的内生动力。

治贫先治愚，贫困主体的自我发展能力是贫困地区经济建设与社会发展的基础和前提。要普及科技信息知识，提高贫困群众整体文化素质，培育贫困主体自身脱贫致富的发展性能力，从个体层面解决贫困根源；同时，贫困地区基层政府要坚持走“开发式”扶贫道路，瞄准致贫根源，实施精准化识别、针对性扶持、动态化管理，拓展中央及省级对口帮扶的政策内涵，着力从根源上解决长远生计和持续发展。

### （二）具体措施

文化精准扶贫的推进，要在深度扶贫定位的理念指导下，从主体政策设计到客体需求反馈，从政府主导到社会系统参与，从扶贫项目设计制定到保障其落地实施以及利用信息科技手段提高扶贫效率等方面出发，构建长效机制以发挥其持续作用。

1. 明确职能分工，落实责任主体

文化精准扶贫是一项系统工程。要构建文化精准扶贫长效机制，产生持续性扶贫效果不仅要完善顶层宏观设计，更要精确到基层落实手段，不仅要文化主管部门大力推进，更需要与宣传、财政、科技、教育等多部门协同配合。可借鉴公共文化服务体系建设协调机制，建立完善党委和政府统一领导、文化部门牵头推进、有关部门分工负责的工作格局。

一是纵向方面，按照中央统筹、省负总责、市县抓落实的分工机制，明确各层级的职责。中央和省重在顶层设计、统筹规划，出台切实可行的保障政策，包括相关法律法规、政策措施等制度性文件的建立和完善、财政资金的支持和补贴；市、县等政府部门制定年度文化精准扶贫实施办法，明确本区域内文化精准扶贫工作开展的任务表和进度图。

二是横向方面，打造文化精准扶贫部门联动机制。当前脱贫攻坚已进入攻坚克难阶段，文化扶贫必须与经济扶贫、教育扶贫、科技扶贫等相结合，形成扶贫合力。因此，因此，要树立大文化理念，在文化精准扶贫中，由文化部门牵头，会同宣传、财政、扶贫办、新闻出版广电、体育、教育、科技等部门，建立联席会议、现场办公会议等制度，完善跨部门协同协作的联动工作机制，整合措施和资源，统筹推进文化精准扶贫工作。

2. “定制”与“订制”结合，增强项目落地性

一是中央层面继续在全国范围内制定保障性文化扶贫项目。当前条件下，贫困地区基层政府受财力限制，无法满足本区群众基本公共文化需求，国家财政依然是保障贫困地区文化建设的主要资金来源。因而一些定制性文化扶贫项目仍是开展文化精准扶贫的重要手段。二是要搭建全国性或区域性文化精准扶贫项目平台，在平台内设立“文化扶贫项目供需对接系统”、“文化扶贫基础数据填报系统”、“文化扶贫项目发布系统”等。一方面通过该平台，明确不同贫困地区的差异性的文化需求，实现扶贫地域文化需求的精准识别；另一方面通过该平台，各级政府提供菜单式的文化扶贫项目，由贫困地区自主申请，实现文化扶贫项目的精准对接，从而提高项目安排精准、资金使用精准、脱贫效果精准。

3. 优化贫困地区文化投入，提升资金使用效率

一是通过文化需求测评，充分考虑贫困地区实情，优化贫困地区公共文化服务保障标准，在确保公共文化投入存量的基础上，加大对贫困地区公共文化建设的倾斜，提升贫困地区公共文化投入的总量。二是在投入结构上，通过税收等激励手段吸引、鼓励社会力量参与贫困地区文化建设。三是整合资金使用，按照“渠道不乱、用途不变、优势互补、各记其功、形成合力”的原则，对各部门文化扶贫项目的现有投入资金进行适度整合。在确保财政资金用于贫困地区基层文化建设的前提下，允许地方政府从本地群众需求

出发对上级分配的资金和本级安排的资金进行打捆使用，把小钱变成大钱，由分散使用变成集中使用，提高使用效益。如宿松县基于地缘优势，采取“区域联动”做法，将区域内 5 个临近行政村的文化扶贫资金进行整合，在 5 个行政村内协同开展文化扶贫活动，使现有资金发挥更大效应。

4. 重视贫困地区人才队伍建设，打造精干高效的文化扶贫工作队伍。

针对贫困地区现有文化扶贫工作队伍，应该采取措施，提升现有人才素质，盘活人才存量，激活人才增量。一是将文化扶贫纳入对各级领导干部的培训内容，举办各个层次的文化扶贫专题培训班，真正解决贫困地区各级领导干部的思想认识问题。二是组织专业人才驻村包点，着力改善现有农村文化人才的待遇，切实解决乡镇文化站编制不足、工资待遇不高等问题；并选送农村文化骨干赴高等院校、艺术团体进修，利用外在推力提高农村文化扶贫工作队伍，盘活人才存量。三是发展农村文化带头人队伍，加强对本地区文化人才的培训力度，培育出内生性的文化扶贫工作队伍。四是在农村选用部分大学生村官，在城市吸纳社区网格管理员，由他们担负起服务贫困地区城乡文化建设的职能，并在公务员招考或事业单位招考中向贫困地区基层文化从业人员倾斜，以此吸引外来人才。此外通过设立“文化服务志愿者”制度，吸纳热爱文化事业的退休人员或社会其他行业人员参与贫困地区公共文化服务建设，建立一支专兼职结合的文化扶贫队伍，激活人才增量。

5. 引导社会力量，完善参与机制

政府是扶贫工作的主体，政府在扶贫工作中发挥主导作用外，需要引导、激励社会力量的广泛参与。因此，在文化精准扶贫实施的过程中政府与社会力量需立足于自身优势，建立多管齐下、多元互补的工作机制，加快形成政府主导、社会力量广泛参与的多方联动共同推动文化精准扶贫建设的格局。一是通过制定优惠、激励政策，积极鼓励社会企业或个人使用技术、资金、设备参与贫困地区的文化资源开发，推动文化产业扶贫；同时大力引导社会资金、民间资金进入贫困地区文化市场的建设，不断拓宽文化建设筹资渠道。二是针对民间社会团体或个人制定文化扶贫参与奖励办法，组织动员更多的民间社团、文化志愿者参与贫困地区的文化建设、文化管理、文化服务。三是加大舆论宣传引导，营造良好的社会力量参与文化精准扶贫的氛围。通过对社会力量参与贫困地区文化扶贫典型活动、典型人物、典型案例及相关政策的报道推广，形成全社会积极参与文化精准扶贫的共识。

6. 借力信息科技手段，提高文化扶贫效率

2016 年，习总书记提出“可以发挥互联网在助推脱贫攻坚中的作用，推进精准扶贫、精准脱贫，让更多困难群众用上互联网，让农产品通过互联网走出乡村，让山沟里的孩子也能接受优质教育”，利用网络技术，实现“互联网”与“扶贫”有机融合，是文化精准扶贫实践中的新路径，也是新时代的必然选择。

一是建立文化扶贫数据库。利用大数据及云计算技术建立贫困群众文化需求信息动态库与文化活动、服务项目资源库，提高文化精准扶贫中的供需对接度，改善文化贫困局面；二是打造在线学习平台。如湖北省文化信息资源共享工程通过网络教育培训，提高贫困群众科技文化素质，降低了贫困文化对脱贫阻碍。三是搭建网创平台，打造品牌效益。通过网络等多媒体进行品牌宣传，如广西打造出梯田旅游、巴里坤构建一批刺绣民俗文化品牌，推动了文化旅游及文化遗产保护发展，进一步增强了文化产业对脱贫的带动作用。四是开展数字文化扶贫。利用信息技术手段开展“边疆数字万里行”等数字信息服务工程，在文化服务内容上实现多样性、及时性与有效性。

（文化部财务司　武汉大学国家文化发展研究院）

# 近年来文化消费现状及差异分析

## 一、我国居民文化消费总体发展情况

改革开放以来，我们党始终把文化建设放在党和国家全局工作的重要战略地位。党的十八大提出了中国特色社会主义现代化建设“五位一体”的总体布局和全面建设小康社会的宏伟目标，进一步加强对文化建设的战略部署，明确了文化建设的总任务，为当前和今后一个时期文化改革发展提供了行动指南。

随着我国经济的快速发展，国家综合实力不断增强，居民收入水平稳步增长，生活水平也有了显著提高。到 2015 年，我国人均 GDP 已达到 49992 元，是 2006 年的 2.99 倍，增加了 33254 元，年均增长 12.93%；人均可支配收入达到 21966.2 元，比 2006 年增加 14755.3 元，年均增长 13.17%。随着居民收入的不断增加，人民的物质生活不断丰富和完善，人们开始越来越多地追求精神和文化生活，文化消费渐渐成为了人们关注的消费新热点。

《国家“十二五”时期文化改革发展规划纲要》中强调扩大文化消费，增加文化消费总量，提高文化消费水平，创新商业模式，拓展大众文化消费市场，开发特色文化消费，扩大文化服务消费，提供个性化、大众化的文化产品和服务，培育新的文化消费增长点。2006-2015 年 10 年中，全国居民人均文化消费从 302.77 元增长至 760.10 元，人均绝对值增量 457.33 元，年均增长率 10.77%。全国城镇人均文化消费需求从 591.04 元增长至 1216.11 元，人均绝对值增量 625.07 元，年均增长率 8.35%。2006-2015 年，全国农村居民人均文化消费需求从 73.1 元增长至 238.99 元，人均绝对值增量 165.89 元，年均增长率 14.07%。

为深入贯彻党的十八届五中全会关于扩大和引导文化消费的精神，在 2015 年“拉动城乡居民文化消费试点项目”取得成效的基础上，文化部、财政部决定在全国范围内开展引导城乡居民扩大文化消费试点工作，该项工程是贯彻落实党中央、国务院扩大和引导文化消费工作部署的重要举措，全面探索促进居民文化消费的新模式，推动我国文化消费总体规模持续增长，不断增强文化消费拉动经济增长的积极作用。

### （一）文化消费驱动经济发展作用日益显现

随着经济快速的发展，人们的收入水平不断提高，物质生活质量逐步改善，城乡居民越来越重视文化生活，文化消费总体规模不断扩大，成为我国经济社会全面发展助推器，文化消费拉动经济增长的作用日益显现。

1. 居民文化消费总体规模不断扩大

全国居民文化消费总量呈明显上升趋势。2015 年突破 10000 亿元大关，达到 10820.4 亿元，比 2006 年增加了 6840.78 亿元，增加了 1.7 倍，年均增长 11.75%，远超同期的国民经济增长水平，表现出了较强的增长势头。其中城镇居民从 2006 年的 3444.82 亿元增长到 2015 年的 9378.18 亿元，增长了 5933.36 亿元，年均增长 11.77%，增长速度快；农村居民增长了 907.42 亿元，年均增长 11.65%，增长速度较快，但总体规模偏小。2013 年后，城乡表现出了更强劲的增长势头，增长幅度明显增大，近三年来，居民文化消费总量年均增长 16.24%，其中城镇年均增长 16.51%，农村年均增长 14.52%。

图1 居民文化消费总量变动趋势图

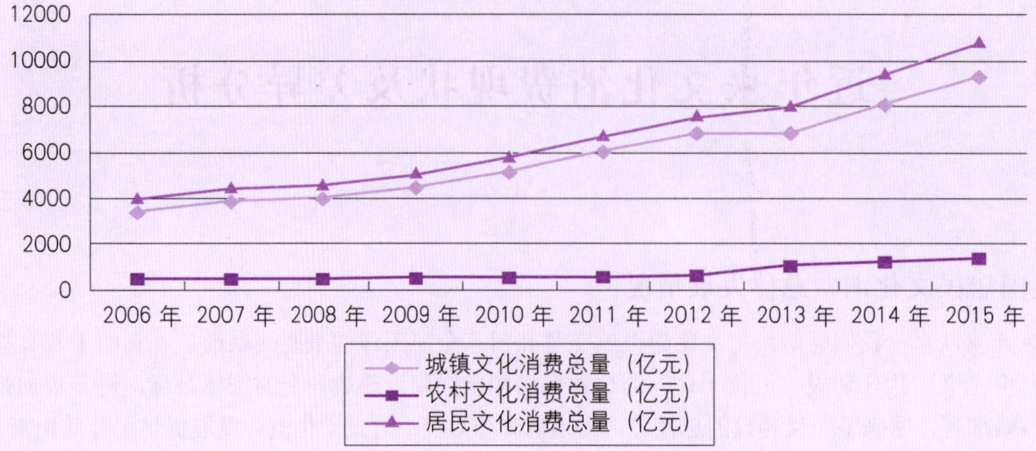


数据来源：依据 2007—2016 年《中国统计年鉴》、2013—2016 年《文化及相关统计年鉴》相关数据计算而得。

2. 文化消费对经济增长贡献逐渐增加

我国经济进入新常态，经济发展从高速增长转为中高速，调整产业结构，加快第三产业发展逐渐成为主体。经济学上关于“三驾马车”拉动经济增长的研究已趋成熟，投资和出口乏力已成共识，消费就理所当然成为了人们关注的焦点问题，如何刺激消费拉动需求成为普遍关注的话题。作为构成总消费的重要组成部分，我国文化消费总量不断增大，消费规模不断扩大，文化消费作为总消费的重要组成部分，总量不断增大，规模不断扩大，已成为经济发展新的增长点。文化消费驱动作用日益凸显，我国文化消费增长空间大、后劲足，引领作用日益增强，发展潜力巨大。文化产业能够激发企业创业创新、促进就业增长，提供“新动能”，成为经济增长的“新引擎”。

2006-2015 年，文化及相关产业增加值逐年大幅度提高，2013 年开始，文化产业增值超过 20000 亿元，2015 年全国文化及相关产业增加值 27235 亿元，比 2006 年增加 22112 亿元，增加了 4.3 倍，年均增长 20.4%，比同期 GDP 名义增速高 7.01 个百分点；占 GDP 的比重从 2.37% 增加为 3.97%，提高了 1.6 个百分点。

图2 2006-2015年我国文化及相关产业增加值趋势图

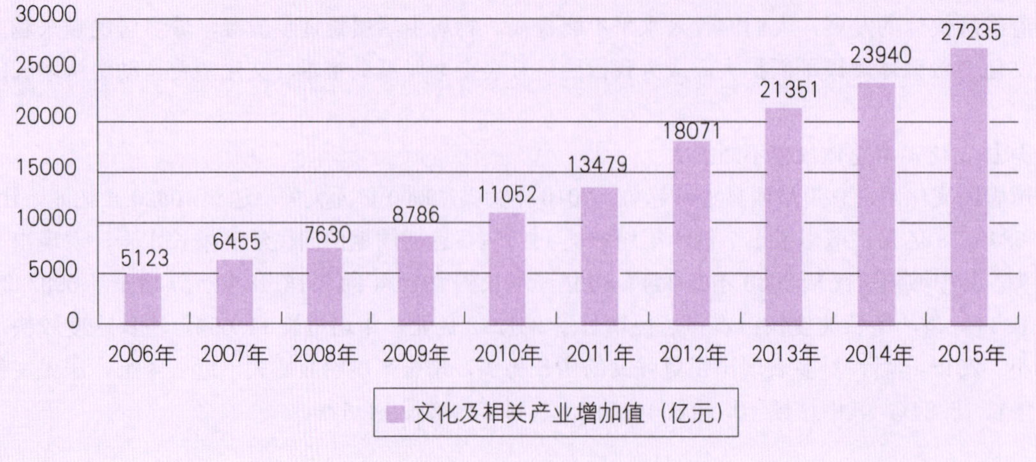


数据来源：依据 2007—2016 年《中国统计年鉴》，2016 年《文化及相关统计年鉴 2016》相关数据计算而得。

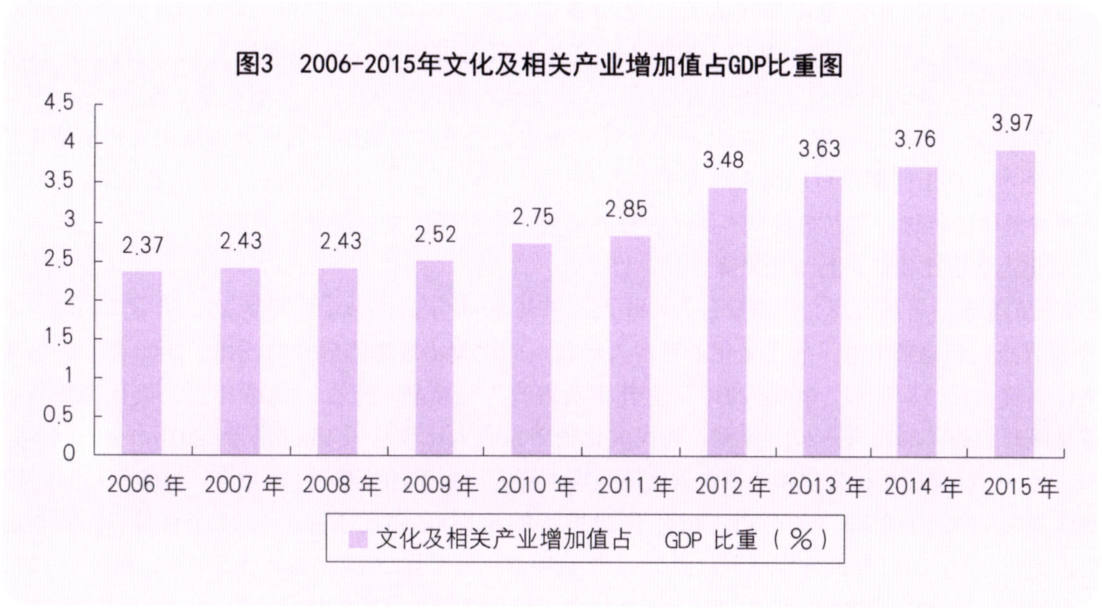


数据来源： 2016 年《文化及相关统计年鉴》

文化消费作为文化产业发展的内生动力，从 2013-2015 年，文化消费增速加快，对文化及相关产业的贡献日益凸显，文化消费占文化及相关产业增加值的比重逐年增加，从 2013 年的 37.51% 增加到 2015 年的 39.73%，增加了 2.22 个百分点。与此同时，文化消费占 GDP 的比重也在逐年增加，从 2013 年的 1.32% 增加到 2015 年的 1.52，增加了 0.2 个百分点。因此，可以看出，文化消费带动文化及相关产业的发展，进而对经济增长的拉动作用不断增加。

### （二）居民文化消费稳步增长，文化消费占比呈阶段性变化

1. 居民人均文化消费稳步增长

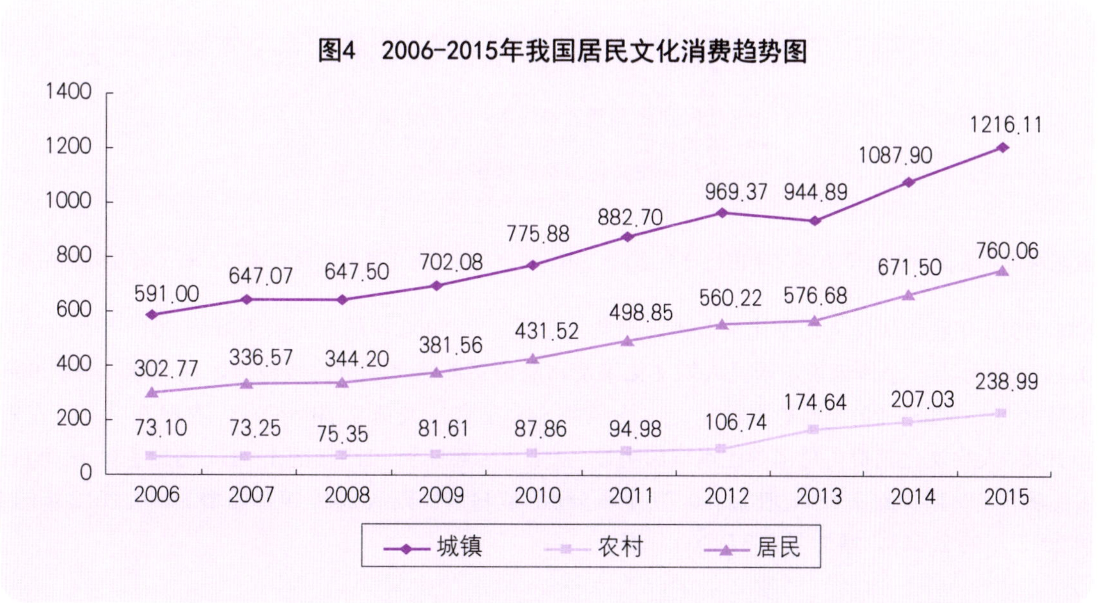


数据来源：2013—2015 年数据来自《文化及相关统计年鉴》， 2012 年之前数据由于统计口径的不同，研究中对数据做了相应的调整。

从2006年到2015年，全国居民人均文化消费需求从302.77元增长至760.1元，人均绝对值增量457.33元，年均增长率10.77%。其中，城镇人均文化消费需求从591.04元增长至1216.11元，人均绝对值增量625.07元，年均增长率8.35%；农村居民人均文化消费需求从73.1元增长至238.99元，人均绝对值增量165.89元，年均增长率14.07%。农村文化消费增长速度高于城镇，高出城镇居民文化消费增长速度5.72个百分点，高于同期农村居民人均可支配收入0.23个百分点，同期农村居民总消费0.04个百分点。随着新型城镇化的推进，尤其是城乡一体化进程的加快，农村居民文化消费潜力巨大。

2. 文化消费占比偏低，且呈现先降后升态势

2006-2015年，居民人均文化消费占人均收入比重从2006年的4.20%下降到2015年的3.46%，下降了0.74个百分点。但总体来看，居民文化消费占人均收入的比重出现先降后升的规律。2006年-2008年间，居民文化消费占比下降明显，2008-2013年文化消费占收入比重基本平稳，2013年后，文化消费占居民收入比重呈回升态势，2013年-2015年间，居民文化消费占收入比重从3.15%增长到2015年的3.46%，增长了0.31个百分点。城镇居民文化消费占收入比重呈现同样先降后升的规律性。2013年-2015年，占比从3.57%上升到3.90%，增加了0.33个百分点，相对于2006年的5.03%，占比下降了1.13个百分点；农村居民文化消费占比在2006-2012年间逐渐下降，但2012年后明显回升，到2015年占比为2.09%，相对于2006年，占比略有增加，与2012年相比增加了0.74个百分点，且呈继续上升的趋势。

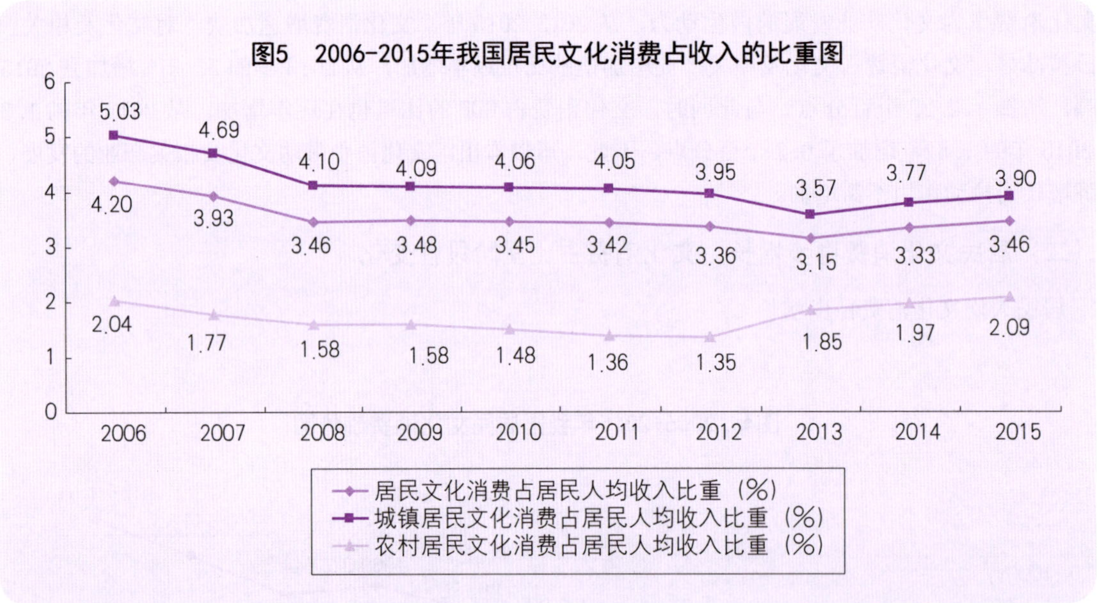


数据来源：依据2007—2016年《中国统计年鉴》、2013—2016年《文化及相关统计年鉴》相关数据计算而得。

2006-2015年我国居民人均文化消费占总消费的比重，从2006年的5.58%下降到2015年的4.84%，下降了0.74个百分点。总体来说，居民人均文化消费占总消费的比重相对比较稳定，从2006年到2008年，占比下降较快，2008—2012年基本稳定，占比在4.84%左右，城镇5.76%左右，农村在2.01%左右；从2013年开始，人均文化消费占总消费比重增加明显，从4.36%增加到2015年的4.84%，增加了0.48个百分点；城镇居民从5.11%增加到5.68%，增加了0.57个百分点；农村居民则从2012年开始增加，从2012年的1.81%增加到2015年的2.59%，增加了0.77个百分点。

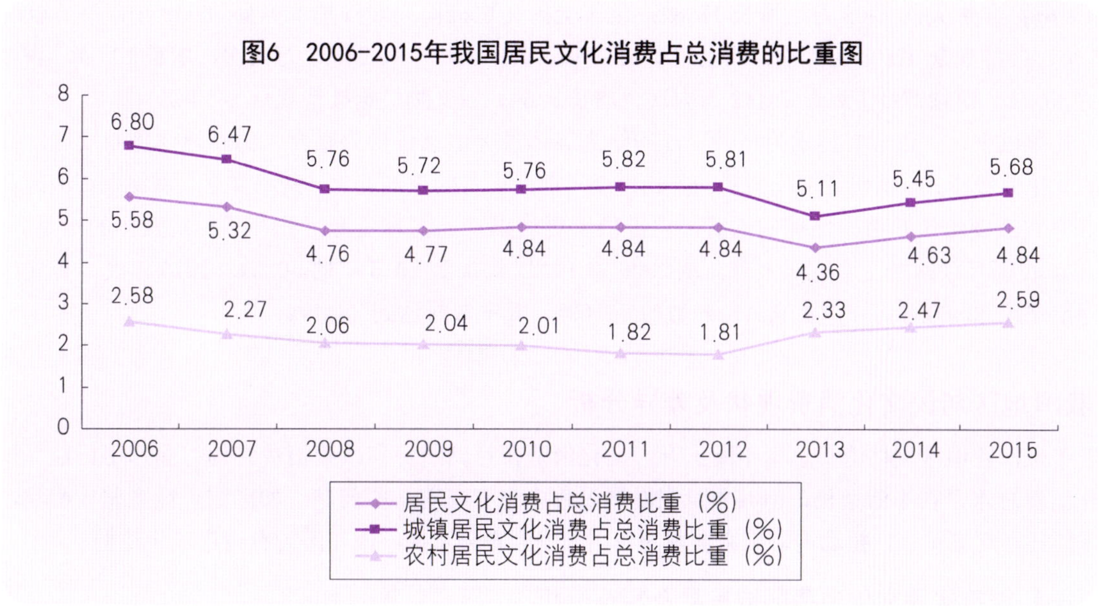


数据来源：依据2007—2016年《中国统计年鉴》、2013—2016年《文化及相关统计年鉴》相关数据计算而得。

综上，2013-2015年居民文化消费与人均收入、人均总消费以及人均产值的增长相比较，增长协调性势头趋好，也就是说，以经济增长的成就、以收入为代表的基本民生增进的成效及以总消费为代表的民生需求增进的成效在提升文化消费上面得到同步的体现，但是与发达国家相比较占比仍属偏低。

### （三）居民文化消费环境不断改善，消费内容与方式呈现多样化

1. 政府文化消费投资力度加大

近年来，国家不断加大对文化消费的投入力度，改善居民文化消费环境，提高居民文化消费水平。政府在文化消费方面的投入主要包括：政府资金的投入、政府人力的投入、文化设施的改善并向公众免费开放、图书的藏书量增加、公众网络平台建设等等。全国各地积极配合优化文化消费服务环境，通过文化补贴、开展公共服务体系建设等工作，成绩显著，居民文化消费形式多样，质量、层次不断提高。

从国家投入资金来看，近年来，中央政府对文化体育与传媒支出从2006年83.72亿元到2015年271.99亿元，增加了188.27亿元，年均增长13.99%；地方政府对文化体育与传媒的支出总计从2006年的758.26亿元到2015年的2804.65亿元，增加了2046.39亿元，年均增长15.64%。

2. 公共文化设施不断改善

2015年，文化部积极推动出台《关于加快构建现代公共文化服务体系的意见》和《“十三五”时期贫困地区公共文化服务体系建设规划纲要》等文件，为全国公共文化事业的发展提供了有力保障，为我国公共文化设施不断完善，搭建良好的公共文化消费平台提供了政策支持。公共图书馆、群众艺术馆、文化馆、文化站、博物馆、艺术表演团体、艺术表演场馆等公共文化机构数从2006年的49188个增加到2015年的64212个，增加了15024个，年均增加3.01%；文化机构从业人员数从2006年的393029人增加到2015年的667666人，增加了274637人，年均增加6.07%。

3. 居民文化消费内容与方式呈现多样化

随着居民文化消费水平的提升，居民文化消费逐步打破传统消费模式，居民文化消费内容与方式呈现多样化。居民阅读人数及参观博物馆人数逐年增加，文艺演出的场次及观众增速明显。据统计，2015年全国公共图书馆发放借书证5721万个，比上年增长45.1%；总流通人次58892万，增长11.0%；书刊文献外借册次50896万，增长8.9%；外借人次23085万，增长1.5%。全年共为读者举办各种活动114544次，

增长 10.6%；参加人次 5908 万，增长 17.8%；全年全国文物机构共安排基本陈列 10859 个，举办临时展览 11805 个，接待观众 92508 万人次，比上年增长 9.8%。其中未成年人 24663 万人次，增长 10.1%，占参观总人数的 26.7%。博物馆接待观众 78112 万人次，增长 8.8%，占文物机构接待观众 84.4%。

近几年以来，“以数字技术为基础，以网络为载体进行信息传播为媒介”的新媒体蓬勃发展，打破了传统的文化消费模式，消费者文化消费的方式出现了前所未有的深刻变化，网络文学、网络电视应运而生，在消费方式改变给用户带来便捷的同时，也提供了更加丰富的内容资源，弥补了传统媒体的不足。2006-2015 年，我国互联网普及率逐年上升，从 2006 年 10.4% 增加到 2015 年的 50.3%。2015 年底，有线广播电视实际用户达 23566.8 万户，占家庭总户数的 54.63%，其中农村达到 33.49%。

## 二、我国地区居民文化消费现状及差异分析

近年来，各地区文化消费总量不断上升，文化消费在拉动经济和改善消费结构方面作用日益显现。虽然文化消费总水平在不断增长，但其本身在发展过程中也存在着一些问题。如区域、城乡差异明显，而且这些差距还在逐渐扩大，拉动内需刺激消费的作用未得到充分发挥，内在潜力有待进一步挖掘。

### （一）城镇居民文化消费区域差异及特征分析

1. 城镇居民文化消费总体水平上升

2006-2015 年，我国城镇居民文化消费总体水平在不断上升，人均文化消费从 591.04 元增长至 1216.11 元，10 年内人均文化消费绝对增量为 625.07 元，年均增长率为 8.35%。2006 年，除北京、上海、广东三个省市达到 1000 元以外，绝大多数省市人均文化消费水平相对较低，2015 年，超半数以上省市居民人均文化消费超过 1000 元，上海突破 2000 元，北京市接近 3000 元，总体呈增长趋势，但地区差异也较为明显。

图7　2006和2015年城镇居民文化消费图

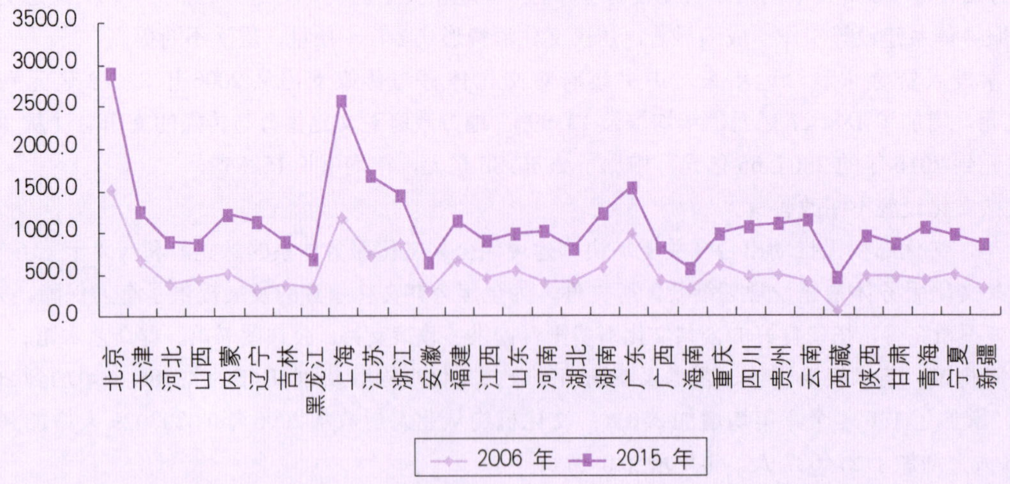


2. 区域发展不平衡，中部地区潜力有待释放

2015 年与 2006 年相比，经过 10 年的发展，地区人均文化消费不断增长，但人均文化消费的绝对值存在较为明显的地区差距，区域特征明显，东部地区明显高于中西部地区，中西部地区差异相对较小。2006 年，东部分别高出中西部地区 389.58 元和 329.88 元，差距较为明显，2015 年，东部地区高出中西部地区分别

为630.21元和514.6元，地区差距更为明显。中西部地区2006年差距相对较小，2015年呈扩大趋势，西部高出中部115.61元，中西部地区也呈拉大趋势。文化消费总体增长，区域发展不平衡表现突出，尤其中部地区发展相对较慢，文化消费潜力有待进一步释放。

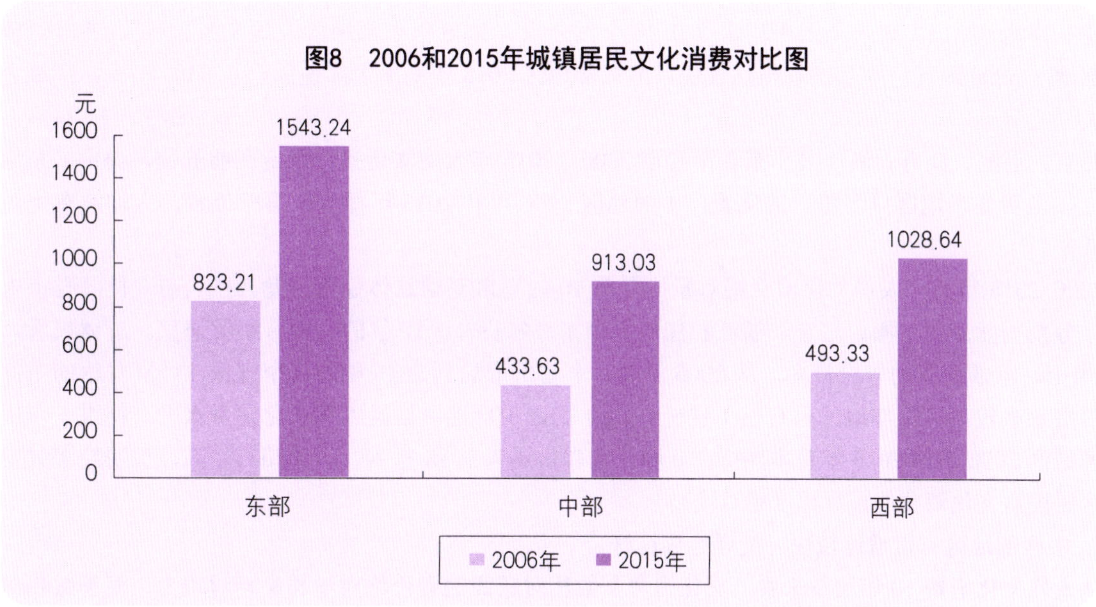


**表1 2006—2015年城镇文化消费排名前20名省市**

| 年份 | 2006年 | | 2015年 | |
|---|---|---|---|---|
| | 地区 | 文化消费 | 地区 | 文化消费 |
| 1 | 北京 | 1540.2 | 北京 | 2926.3 |
| 2 | 上海 | 1206.5 | 上海 | 2593.2 |
| 3 | 广东 | 1010.2 | 江苏 | 1700.0 |
| 4 | 浙江 | 893.5 | 广东 | 1550.3 |
| 5 | 江苏 | 745.6 | 浙江 | 1462.9 |
| 6 | 天津 | 702.6 | 天津 | 1278.3 |
| 7 | 福建 | 688.5 | 湖南 | 1244.3 |
| 8 | 重庆 | 632.9 | 内蒙 | 1240.8 |
| 9 | 湖南 | 608.9 | 云南 | 1168.4 |
| 10 | 山东 | 569.4 | 福建 | 1162.8 |
| 11 | 内蒙 | 537.0 | 辽宁 | 1154.2 |
| 12 | 宁夏 | 520.3 | 贵州 | 1126.6 |
| 13 | 贵州 | 514.4 | 四川 | 1087.1 |
| 14 | 陕西 | 506.7 | 青海 | 1076.6 |
| 15 | 四川 | 496.1 | 河南 | 1038.6 |
| 16 | 甘肃 | 489.3 | 山东 | 1007.1 |
| 17 | 江西 | 474.1 | 重庆 | 1002.0 |
| 18 | 山西 | 468.0 | 宁夏 | 992.1 |
| 19 | 青海 | 457.1 | 陕西 | 973.6 |
| 20 | 广西 | 452.6 | 江西 | 921.9 |

各个地区的人均文化消费均呈现增长的趋势，东部地区从 2006 年的人均 823.21 元增加到 2015 年的 1543.24 元，增加了 720.03 元，年均增长率为 7.23%，但低于全国平均水平 1.12 个百分点；中部地区从 2006 年的人均 433.63 元增加到 2015 年的 913.03 元，增加了 479.4 元，年增长率为 8.62%，高于全国平均水平 0.27 个百分点；西部地区从 2006 年的人均 493.33 元增加到 2015 年的 1028.64 元，增加了 535.31 元，年均增长率为 8.51%，高于全国平均水平 0.16 个百分点。2006 年东部地区人均 823.21 元，高出消费较低的中部地区 389.58 元。中部增长虽然较快，但东部地区 2015 年高出中部地区已达 630.21 元，区域之间差异更大。

北京、上海、江苏、浙江及广东 5 个省市 2006、2015 年人均文化消费稳定在前五位，决定了东部地区人均文化消费处于地区排名第一的位置；中部地区 2006 年和 2015 年都处在第三位置，人均消费绝对值相对较低。

2006-2015 年间，人均文化消费绝对量排名前 10 的省市变动总体稳定，尤其排名前 5 位的省市未发生改变，分别为北京、上海、广东、浙江和江苏 5 个东部省份，6-10 位的省份有小幅调整。总体来看，在前 20 位当中，东部地区的省份最多，从 2006 年的 8 个省份增加到 2015 年的 9 个省份，经济发达的东部地区文化消费水平较高；中部地区只有三个省份进入前 20，中部地区居民人均文化消费水平有待进一步提升；而西部地区 2006 年和 2015 年基本保持在 9 和 8 个省份进入前 20 行列，占比相对较高，说明经济欠发达西部地区居民对文化消费的重视程度相对较高。

3. 中西部地区省市增速较快，发展势头良好

从人均文化消费 10 年增量来看，文化消费基数相对较高的省份绝对增长量相对较大，而基数相对较低的省市绝对增长量相对较低。从各省市城镇居民人均文化消费年均增长幅度进行比较可以看出，13 个省域年均增长幅度高于全国平均增长水平，按增幅高低依次为西藏、辽宁、云南、河南、新疆、青海、内蒙古、吉林、江苏、河北、四川、贵州、上海；18 个省域年均增长幅度低于全国平均增长水平，按增幅高低排列依次为湖南、安徽、黑龙江、江西、陕西、宁夏、北京、山西、湖北、广西、天津、甘肃、山东、福建、海南、浙江、重庆、广东。其中西藏占据首位，年均增长幅度高于全国平均水平 12.48 个百分点；广东处于末尾，年均增长水平低于全国平均增长 3.48 个百分点。

图9　2006-2015年城镇居民文化消费增长速度

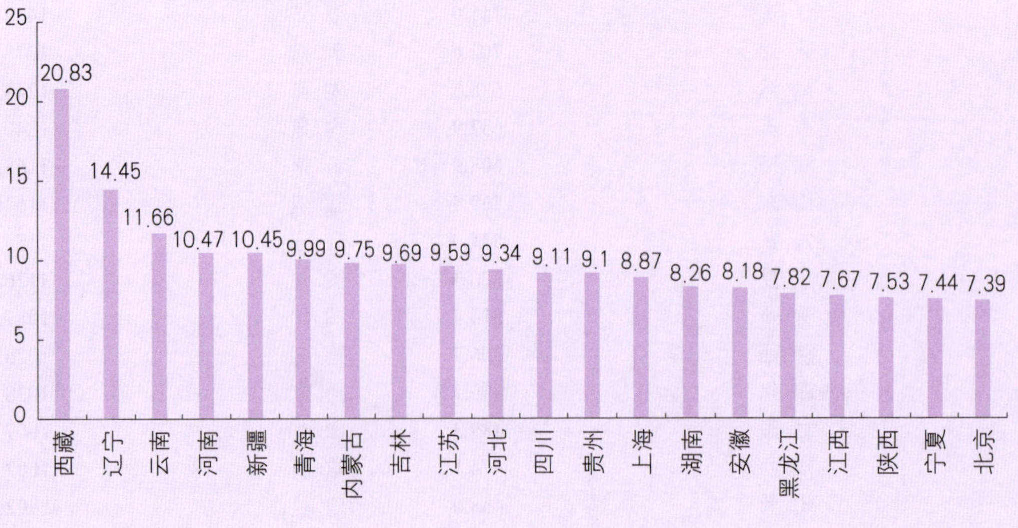


根据以上分析可以看出，一方面从城镇居民人均文化消费绝对值来看，西部和中部地区人均消费绝对

值差距较小，西部略高，东部地区的人均文化消费绝对值明显地高于其他两个地区，地区发展不平衡现象突出。另一方面从人均文化消费增长速来看，各地区间城镇居民的差距并不大，相对而言，中西部地区高于东部地区。

### （二）农村居民文化消费区域差异及特征分析

1. 各省市农村居民人均文化消费快速上升

2006-2015 年，各省市农村居民人均文化消费呈增长趋势，农村人均文化消费从 2006 年的 73.1 元增长到 2015 年的 238.99 元，10 年人均文化消费增长量为 165.89 元，年均增长 14.07%，增长速度较快。

2. 东部优势明显，中西部地区发展后劲较大

从农村居民人均文化消费的绝对值来看，存在较为明显的地区差距，东部地区明显高于中西部地区，地区优势明显，但增长率低于中西部地区，西部地区最差。2006 年，东部地区文化消费高出中西部地区分别为 72.1 元和 94.41 元；2015 年，东部地区分别高出中西部地区 103.46 元和 167.96 元，地区差距进一步扩大，东部地区的优势明显。具体而言，各个地区的人均文化消费均呈现增长的趋势，东部地区从 2006 年的人均 135.16 元增加到 2015 年的 334.86 元，增加了 199.70 元，年增长率为 10.61%，但比全国平均增长率低了 3.46 个百分点；中部地区从 2006 年人均 63.06 元增加到 2015 年的 231.40 元，增加了 168.34 元，年增长率为 15.54%，比全国平均增长率高了 1.47 个百分点；西部地区从 2006 年人均 40.75 元增加到 2015 年 166.90 元，增加了 126.15 元，年均增长率为 16.96%，较全国平均增长高了 2.89 个百分点。

图10 2006和2015年农村居民文化消费对比图

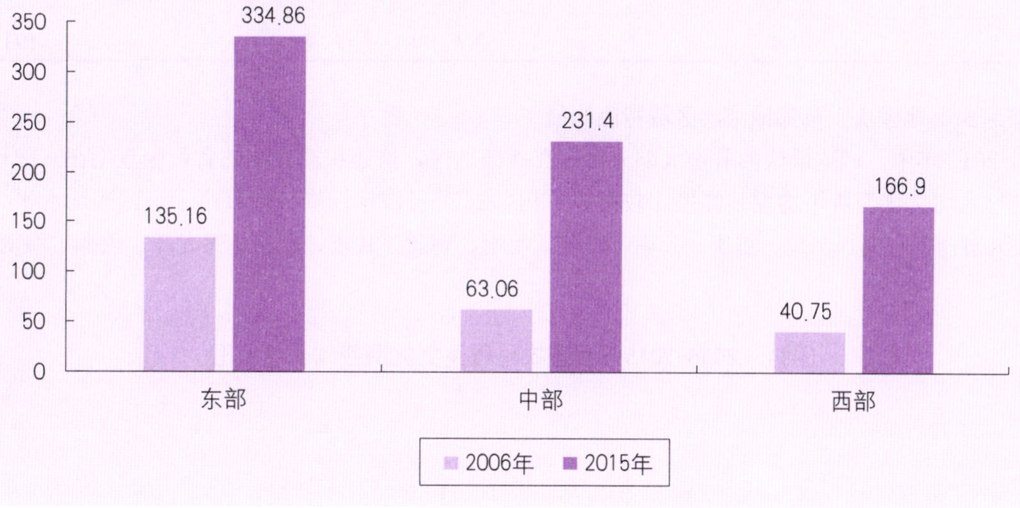


2006 年和 2015 年农村居民人均文化消费及 2006-2015 年间人均文化消费增量三大地区排名依次为东、中、西。经济对农村地区的文化消费影响显著。从人均文化消费排名来看，2006 年排名前 10 的省份东部占到 9 个，只有中部地区的吉林进入前 10 行列，2015 年中部地区湖南省挤入前 10，东部省份山东退出，排名位次退至 12 名；西部地区的农村未出现在前 10 行列，经济因素凸显。2006 年，11-20 名当中，中部地区占据 8 席，西部地区仅有两席，2015 年，中部地区湖南挤入前 10 队伍，11-20 名当中保留了 5 个省份，安徽、山西两个省份退出前 20，而西部地区的陕西和宁夏则进入前 20。总体来看，农村人均文化消费东部地区较稳定，占据前 10 的主体，中西部地区 2006 年差异较大，2015 年基本持平，中部地区略好于西部地区。农村人均文化消费受经济影响较大，东、中、西排名基本保持不变，但中西部地区上升势头明显。

表 2　2006 和 2015 年农村文化消费绝对量排名情况

| 排序 | 2006 年 | | 2015 年 | |
|---|---|---|---|---|
| | 地　区 | 人均文化消费（元） | 地　区 | 人均文化消费（元） |
| 1 | 上 海 | 433.1 | 江 苏 | 512.7 |
| 2 | 北 京 | 344.0 | 北 京 | 474.4 |
| 3 | 江 苏 | 207.4 | 上 海 | 473.9 |
| 4 | 浙 江 | 198.1 | 浙 江 | 440.9 |
| 5 | 天 津 | 109.3 | 天 津 | 398.2 |
| 6 | 山 东 | 103.6 | 湖 南 | 300.4 |
| 7 | 福 建 | 92.4 | 辽 宁 | 286.0 |
| 8 | 广 东 | 81.8 | 广 东 | 276.7 |
| 9 | 吉 林 | 81.5 | 福 建 | 273.2 |
| 10 | 辽 宁 | 80.5 | 吉 林 | 262.5 |
| 11 | 湖 南 | 76.8 | 内 蒙 | 253.7 |
| 12 | 河 北 | 69.1 | 山 东 | 235.8 |
| 13 | 内 蒙 | 67.9 | 湖 北 | 235.0 |
| 14 | 江 西 | 67.2 | 河 北 | 232.1 |
| 15 | 安 徽 | 63.4 | 河 南 | 228.7 |
| 16 | 黑龙江 | 58.3 | 黑龙江 | 222.9 |
| 17 | 湖 北 | 56.7 | 江 西 | 217.8 |
| 18 | 四 川 | 55.0 | 宁 夏 | 216.0 |
| 19 | 山 西 | 53.8 | 四 川 | 194.7 |
| 20 | 河 南 | 53.7 | 陕 西 | 193.8 |

3. 增速西部地区快于东部地区，区域特色明显

2006-2015 年中，增速最快的省份大部分集中在西部地区，增速相对较慢的省份则集中在东部地区。从各省市农村人均文化消费年均增长幅度比较可以看出，21 个省市年均增长幅度高于全国平均水平，按增幅高低依次为贵州、青海、宁夏、重庆、云南、广西、河南、湖北、甘肃、湖南、黑龙江、陕西、海南、内蒙、

图11　2006-2015年我国农村居民文化消费增长速度图

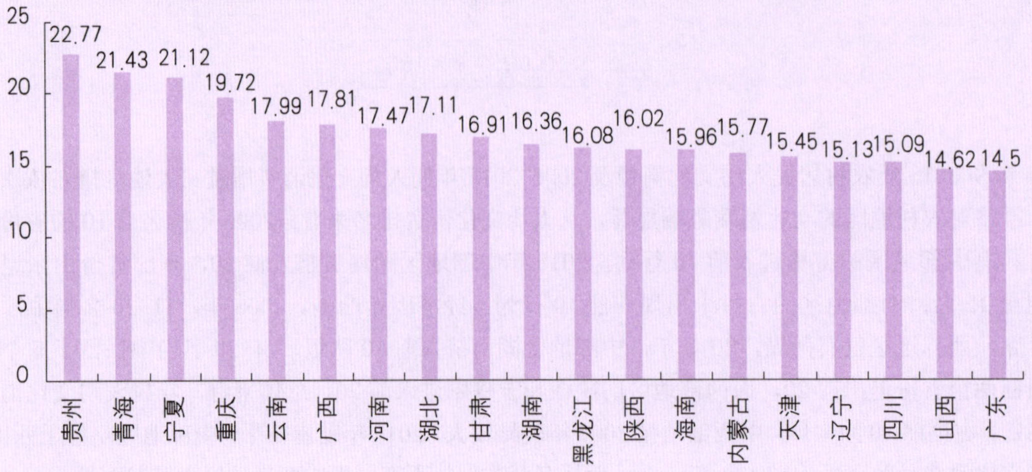

天津、辽宁、四川、新疆、山西、广东、河北，其中西部地区贵州占据首位，年均增长率高于全国平均水平 8.70 个百分点；10 个省市年均增长幅度低于全国平均增长率，按增幅高低排列依次为江西、吉林、安徽、福建、西藏、江苏、山东、浙江、北京、上海，其中东部上海处于末位，年均增长低于全国城乡平均增长 13.05 个百分点。

根据以上分析可以看出，一方面西部和中部地区农村居民文化消费水平差距较小，东部地区的人均文化消费明显地高于中西部地区，甚至超出中西部地区的 2 倍以上，有的年份甚至达到 3 倍以上；另一方面就增长率而言，中西部地区文化消费水平发展趋势良好，增长率高于东部地区，但发展基数过于偏小，经济发展状况影响显著，文化消费受到经济发展水平制约。

### （三）居民文化消费区域差异及特征分析

1. 各省市居民文化消费增长明显

2006-2015 年，全国居民人均文化消费需求从 302.77 元增长至 760.1 元，人均绝对值增量 457.33 元，年均增长率 10.77%，增长趋势明显。

2. 东部优势明显，中西部差异较小

居民人均文化消费水平存在较为明显的地区差距，2006-2015 年，东部地区优势明显，远远高于中西部地区，中西部基本持平，差异较小。

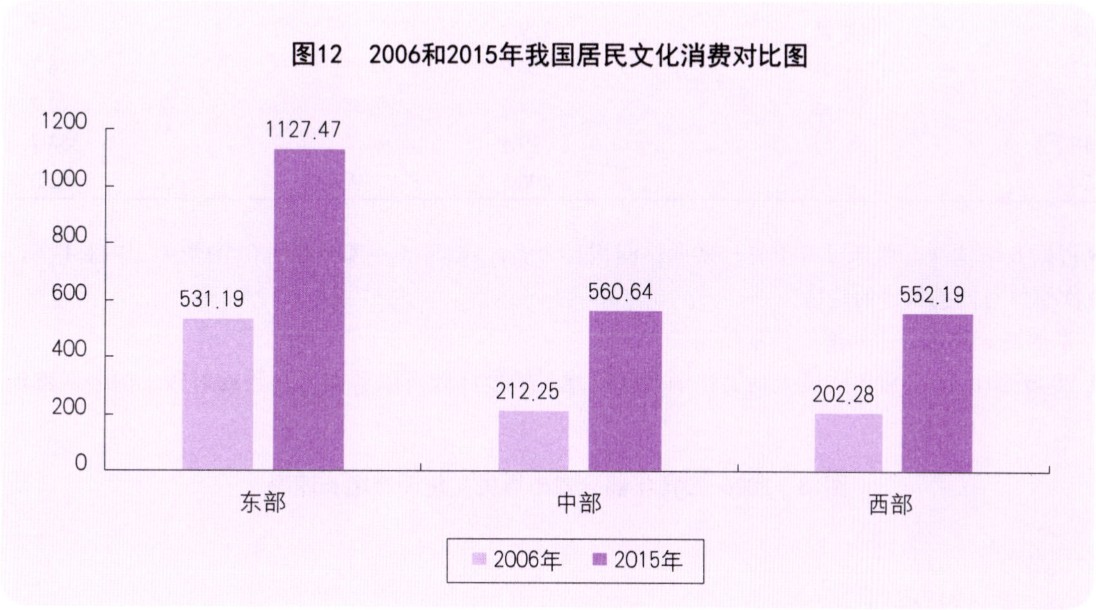


2006 年，东部地区居民人均文化消费高出西部地区 328.91 元，2015 年高出 575.28 元，区域之间的差距越来越大，中西部地区差距相对较小。具体而言，东部地区从 2006 年人均文化消费 531.19 元增加到 2015 年的 1127.47 元，增加了 596.28 元，年增长率为 8.72%，但低于全国平均水平 2.05 个百分点；中部地区从 2006 年人均文化消费 212.25 元增加到 2015 年的 560.64 元，增加了 348.39 元，年增长率为 11.39%，高于全国平均水平 0.62 个百分点；西部地区从 2006 年人均 202.28 元增加到 2015 年 552.19 元，增加了 349.91 元，年均增长率为 11.8%，高于全国平均水平 1.03 个百分点。

东部地区的北京、上海、广东、浙江、江苏、福建 6 个省市 2006 年和 2015 年较稳定排列在前 10 阵容当中，2006 年，西部地区的重庆和内蒙进入前 10，分列第 9 和第 10 位，2015 年中部地区的湖南挤掉东部的山东，排名第 10 位，西部的重庆从 2006 年第 9 的位置，后移至 11 位，略有下降。11-20 的排位当中，2006 年中

**表 3　2006 和 2015 年居民文化消费绝对量排名情况**

| 排名 | 2006 年 | | 2015 年 | |
|---|---|---|---|---|
| | 地　区 | 文化消费 | 地　区 | 文化消费 |
| 1 | 北 京 | 1352.6 | 北 京 | 2592.1 |
| 2 | 上 海 | 1119.0 | 上 海 | 2372.8 |
| 3 | 广 东 | 666.7 | 江 苏 | 1266.7 |
| 4 | 浙 江 | 591.0 | 广 东 | 1139.6 |
| 5 | 天 津 | 558.6 | 天 津 | 1120.0 |
| 6 | 江 苏 | 486.7 | 浙 江 | 1093.0 |
| 7 | 福 建 | 392.9 | 辽 宁 | 856.0 |
| 8 | 山 东 | 318.4 | 内 蒙 | 828.2 |
| 9 | 重 庆 | 314.9 | 福 建 | 803.4 |
| 10 | 内 蒙 | 296.1 | 湖 南 | 740.7 |
| 11 | 湖 南 | 282.8 | 重 庆 | 653.7 |
| 12 | 吉 林 | 249.3 | 山 东 | 640.7 |
| 13 | 宁 夏 | 245.9 | 吉 林 | 616.7 |
| 14 | 辽 宁 | 235.1 | 宁 夏 | 612.6 |
| 15 | 山 西 | 231.9 | 青 海 | 594.6 |
| 16 | 陕 西 | 229.2 | 四 川 | 584.7 |
| 17 | 湖 北 | 224.9 | 陕 西 | 576.7 |
| 18 | 江 西 | 224.6 | 河 南 | 573.7 |
| 19 | 黑龙江 | 219.5 | 河 北 | 553.7 |
| 20 | 四 川 | 206.3 | 江 西 | 552.3 |

部地区占据 6 个位次，西部只有宁夏、陕西、四川三个省；2015 年，西部占据 5 个席位，中部 4 个，西部地区位次整体有向前推进的趋势。

3. 东部增速放缓，中西部追赶步伐加快

从 2006-2015 年各省市居民人均文化消费年均增长幅度比较可以看出，基数相对较小的中西部地区增

**图13　2006-2015年部分省市居民文化消费增长速度**

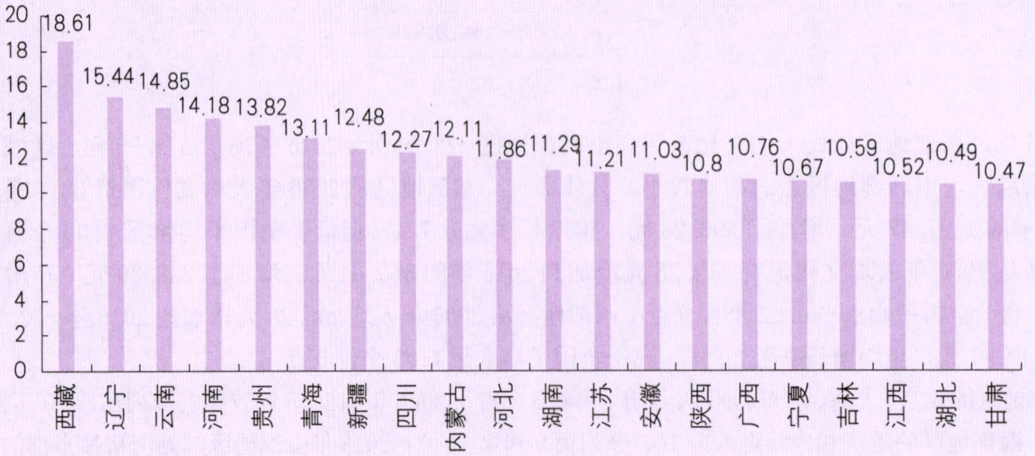

速相对较快，而基数相对较大的东部地区相对较慢。14 个省市年均增长率高于全国平均水平，按增幅高低依次为西藏、辽宁、云南、河南、贵州、青海、新疆、四川、内蒙古、河北、湖南、江苏、安徽、陕西；17 个省市年均增长幅度低于全国平均增长率，按增幅高低排列依次为广西、宁夏、吉林、江西、湖北、甘肃、山西、黑龙江、上海、海南、重庆、福建、山东、天津、北京、浙江、广东。其中，西藏占据首位，年均增长率高于全国平均增长率 7.84 个百分点；广东处于末位，年均增长率低于全国平均增长率 4.62 个百分点，低于西藏年均增长率 12.46 个百分点。

根据以上数据分析，可以看出一方面中西部地区文化消费水平差距较小，中部之前发展略高一点，随后西部地区发展良好，逐渐反超中部地区，而东部地区的人均文化消费明显地高于中西部地区，甚至超出其他两个地区的 2 倍以上。另一方面就增长率而言，中西部地区增长率高于东部地区，文化消费水平发展趋势良好，但中西部地区发展基数相对较小，发展水平受到的局限。

## 三、我国居民文化消费倾向区域差异及特征分析

为进一步对我国居民文化消费倾向情况进行探究，我们对居民文化消费与收入比进行了深入研究。居民文化消费与收入比越高，说明文化消费需求旺盛。

### （一）城镇居民文化消费倾向区域差异及特征分析

根据经典消费理论，收入是影响居民消费水平高低的重要因素，同时还决定着居民的消费结构和消费层次。在此利用人均文化消费占居民收入比重来反映文化消费倾向。文化消费是较高层次的消费，只有在人们的收入水平达到一定程度后才会进行文化消费，具有一定的门限效应，且文化消费的收入弹性很大，一旦居民的收入下滑，很容易降低文化消费方面的支出，但同时收入增加，文化消费也未必同步增长。

1. 城镇居民文化消费倾向呈现下降趋势

2006-2015 年，全国城镇居民文化消费占收入比值总体呈下滑趋势，2006 年全国平均占比为 5.03%，2015 年下滑到 3.90%，下滑 1.13 个百分点，平均下降 22.47%，整体下滑态势较为明显，仅有西部地区云南和西藏两个省份出现占比增加，其它 29 个省市都处于下滑状态，未与收入协调增长。

2. 城镇文化消费倾向东高中低，但差距呈缩小态势

可以看出，三大区域城镇居民文化消费倾向具有两个特点：第一，东部经济发达地区占比下降幅度最

图14　2006、2015年三大区域文化消费倾向对比图

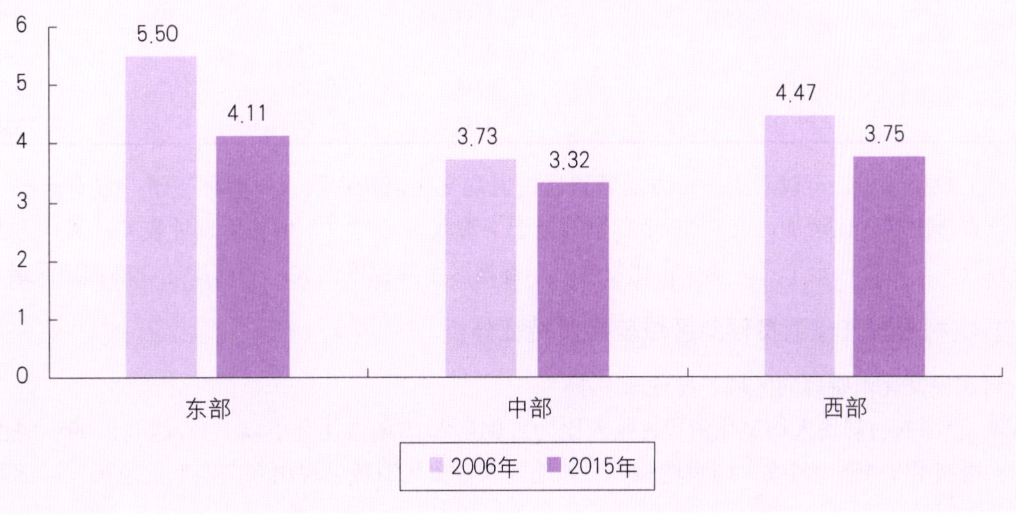

大，协调性相对较差，西部次之，中部地区最小。具体来看，从2006年-2015年，东部地区从5.50%下降到4.11%，下降了1.39个百分点，下降了25.27%；中部地区从3.73%下降到3.32%，下降了0.41个百分点，下降了10.99%；西部地区从4.47%下降3.75%，下降了0.72个百分点，下降了16.11%。第二，同期相比，东部地区文化消费倾向高于中西部地区，中部最低，但是差距有缩小趋势。

可以看出，在占比排名前20名的省市当中，东部地区从2006年8个省份下降到2015年的7个省份，2006年辽宁未出现在前20阵容当中，2015年浙江和山东下滑态势明显，未出现在前20，东部地区主体地位动摇，北京、上海、江苏、广东占比虽保持在前列，但下降幅度较大；西部地区2006年和2015年排名前20中，始终有9个省份，同时出现了整体排位上升趋势，云南、贵州上升较为明显；中部地区整体排位变化幅度较小，但湖南、河南两省相对较明显，2015年出现在前10名当中，分列第8和第10位，但总量相对较少，两年中只有3到4个省份进入前20当中，占比较小。

**表4　2006-2015年城镇居民文化消费占收入比情况**

| 排名 | 2006年 | | 2015年 | |
|---|---|---|---|---|
| | 地　区 | 消费占收入比（%） | 地　区 | 消费占收入比（%） |
| 1 | 北　京 | 8.64 | 北　京 | 5.54 |
| 2 | 上　海 | 6.98 | 上　海 | 4.90 |
| 3 | 重　庆 | 6.16 | 贵　州 | 4.58 |
| 4 | 广　东 | 5.72 | 江　苏 | 4.57 |
| 5 | 陕　西 | 5.65 | 广　东 | 4.46 |
| 6 | 江　苏 | 5.57 | 云　南 | 4.43 |
| 7 | 四　川 | 5.52 | 青　海 | 4.39 |
| 8 | 天　津 | 5.21 | 湖　南 | 4.31 |
| 9 | 浙　江 | 4.97 | 四　川 | 4.15 |
| 10 | 甘　肃 | 4.94 | 河　南 | 4.06 |
| 11 | 内蒙古 | 4.87 | 内蒙古 | 4.06 |
| 12 | 贵　州 | 4.84 | 宁　夏 | 3.94 |
| 13 | 湖　南 | 4.66 | 天　津 | 3.75 |
| 14 | 青　海 | 4.56 | 辽　宁 | 3.71 |
| 15 | 江　西 | 4.37 | 甘　肃 | 3.70 |
| 16 | 福　建 | 4.35 | 陕　西 | 3.69 |
| 17 | 山　东 | 4.29 | 重　庆 | 3.68 |
| 18 | 河　南 | 4.26 | 吉　林 | 3.68 |
| 19 | 宁　夏 | 4.05 | 河　北 | 3.52 |
| 20 | 新　疆 | 4.02 | 福　建 | 3.49 |

根据以上数据分析，可以看出：一方面城镇居民人均文化消费占收入比整体下滑，仅有西部地区云南和西藏两个省份出现占比增加，其它29个省市都处于下滑状态，与收入增长协调性较差；另一方面由于基数大小差异较大，直接决定了三大地区占比差异，东部地区下降幅度最大，西部次之，中部地区最小。

### （二）农村居民文化消费倾向区域差异及特征分析

1. 农村居民文化消费倾向区域差异逐渐缩小

2006年，全国农村居民人均文化消费占收入比为2.04%，2015年占比有小幅上升，达到2.09%，增长了0.05个百分点，增加了2.45%，与收入同步增长。三大地区农村文化消费呈现出东高西低的态势，西部地区相对最差，但是差异逐渐缩小。2006-2015 年农村居民文化消费倾向逐步缩小，2006 年三大地区文化消费倾向比为 1.91:1.28:1，到 2015 年缩小为 1.23:1.13:1。

2. 农村居民文化消费倾向呈现东部下降中西部上升的态势

图15　三大地区农村居民文化消费占收入比对比图

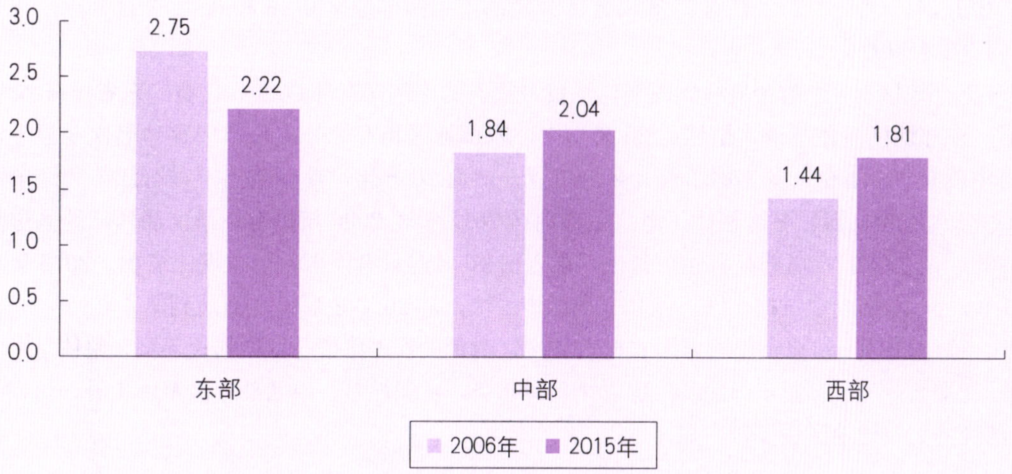


**表 5　2006—2015 年农村居民文化消费占收入比情况**

| 排名 | 2006 年 | | 2015 年 | |
|---|---|---|---|---|
| | 地　区 | 文化消费占人均收入比值（%） | 地　区 | 文化消费占人均收入比值（%） |
| 1 | 上　海 | 4.74 | 江　苏 | 3.15 |
| 2 | 北　京 | 4.16 | 湖　南 | 2.73 |
| 3 | 江　苏 | 3.57 | 辽　宁 | 2.37 |
| 4 | 浙　江 | 2.7 | 宁　夏 | 2.37 |
| 5 | 山　东 | 2.37 | 内蒙古 | 2.35 |
| 6 | 湖　南 | 2.27 | 吉　林 | 2.32 |
| 7 | 陕　西 | 2.25 | 北　京 | 2.31 |
| 8 | 吉　林 | 2.24 | 甘　肃 | 2.28 |
| 9 | 安　徽 | 2.14 | 陕　西 | 2.23 |
| 10 | 内蒙古 | 2.03 | 天　津 | 2.15 |
| 11 | 辽　宁 | 1.97 | 河　南 | 2.11 |
| 12 | 江　西 | 1.94 | 河　北 | 2.10 |
| 13 | 福　建 | 1.91 | 浙　江 | 2.09 |
| 14 | 四　川 | 1.83 | 广　东 | 2.07 |
| 15 | 甘　肃 | 1.82 | 上　海 | 2.04 |
| 16 | 河　北 | 1.82 | 青　海 | 2.01 |
| 17 | 天　津 | 1.75 | 黑龙江 | 2.01 |
| 18 | 山　西 | 1.69 | 贵　州 | 1.99 |
| 19 | 湖　北 | 1.66 | 湖　北 | 1.98 |
| 20 | 河　南 | 1.65 | 福　建 | 1.98 |

从地区的角度来看，农村居民文化消费倾向与城镇居民表现出不同特征，农村居民文化消费倾向呈现东部下降中西部上升的态势，东部地区文化消费倾向与收入增长协调性较差，中西部地区则逆势上扬，协调性变好。东部地区从 2006 年 2.75% 下降到 2015 年 2.22%，下降了 0.53 个百分点，下降了 19.27%，在收入提高的同时，文化消费占比在下降，未与收入协调增加；中西部地区农村居民文化消费占收入比值总体增加，中部地区增加了 0.20 个百分点，增长了 10.87%；西部地区增加了 0.37 个百分点，增长了 25.69%，增加幅度相对较大，中西部地区文化消费与收入增加，协调发展较好。2006 年，东部地区分别高出中西部地区 0.91 和 1.31 个百分点，2015 年，东部地区分别高出中西部地区 0.18 和 0.41 个百分点，三大地区文化消费倾向出现趋同性。

2006 年东部地区有 8 个省份农村居民文化消费占收入的比例排在前 20 位，仅有广东省排在 20 名之后，但 2015 年，东部地区整体下滑，虽然前 20 名当中，东部地区仍有 8 个省份，但整体名次明显下滑。2006 年前 10 当中就有 5 个省份，并占据了前 5 名的位置，然而 2015 年，前 5 名当中只有江苏和辽宁两省，前 10 名中只有 4 个省份，而且名次整体下滑；中部地区 2015 年较 2006 年略有下滑，而西部地区进步相对较为明显，2006 年进入前 20 名的只有 4 个省份，进入前 10 名的只有陕西、内蒙两个省份，2015 年 6 个省份进入前 20 名，前 10 名当中占据 4 席，尤其宁夏进步最快，从 20 名之后一跃而达到第 4 名。

根据以上数据分析，可以看出一方面农村人均文化消费占收入比值与城镇居民不同，整体呈上升态势，与收入趋同步增长；另一方面东部地区出现占比下滑态势，协调性差，中西部地区整体上升，协调性较好，宁夏等西部经济欠发达地区进步较明显。

### （三）居民文化消费倾向区域差异及特征分析

1. 各省市居民人均文化消费倾向东高中低

2006-2015 年，全国人均文化消费与人均可支配收入比值从 4.20% 下降到 3.46%，下降了 0.74 个百分点，下降了 17.59%。各个地区的人均文化消费与人均可支配收入比变动呈现下降的趋势。

2. 文化消费倾向整体下降，东部地区下降明显

总体来看，东、中、西三个地区均呈下降趋势，东部地区文化消费占比高于中西部地区，中部地区相对较差，东部地区下降幅度相对较大，中西部地区下降幅度相对较小。从 2006-2015 年，东部地区文化消费占人均收入比从 4.86% 下降到 3.81%，下降了 1.06 个百分点，下降趋势明显；中部地区占比从 3.54% 下降到 3.04%，下降了 0.5 个百分点；西部地区占比从 3.94% 下降到 2015 年 3.28%，下降了 0.66 个百分点。

图16　三大地区居民文化消费占收入比对比图

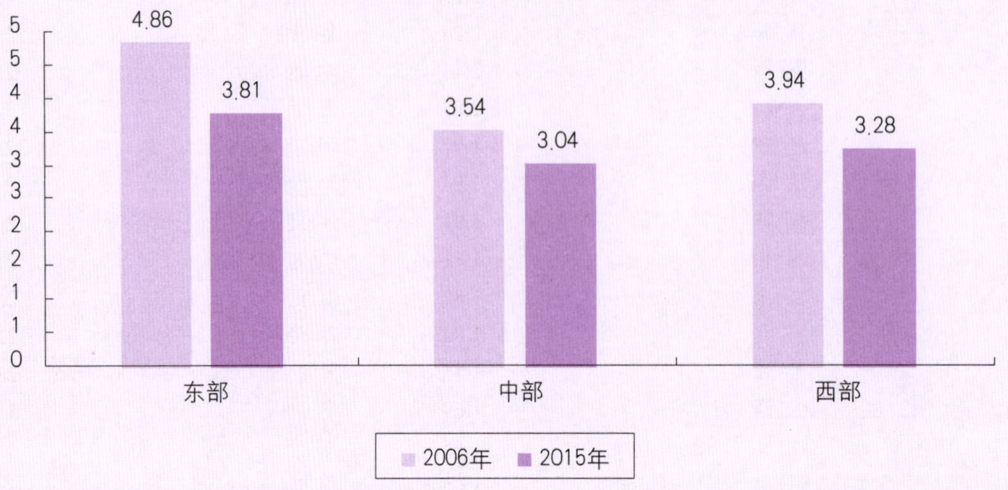

2015年与2006年相比，各省市城乡居民人均文化消费与居民人均收入比前20名当中，东部省份占8个，其中北京、上海、江苏、广东4个省占据前4的位置，但其它省市名次下降幅度较大；中部地区前20名从4个省市下降到3个，湖南省一直保持较好的表现，处于第5名的位置，其它省市交替出现，变化相对较大；西部地区进入前20名的数量变化不大，从8个增加到9个，但整体位次呈下降趋势，其中青海、贵州、云南表现较好，上升势头明显，但重庆下降较快，从第7名的位置下降到18的位置，下降幅度较大。

表6　2006—2015年居民文化消费占收入比情况

| 排名 | 2006年 | | 2015年 | |
|---|---|---|---|---|
| | 地区 | 文化消费与人均可支配收入比（%） | 地区 | 文化消费与人均可支配收入比（%） |
| 1 | 北京 | 7.46 | 北京 | 5.35 |
| 2 | 上海 | 5.78 | 上海 | 4.76 |
| 3 | 广东 | 5.57 | 江苏 | 4.29 |
| 4 | 江苏 | 4.82 | 广东 | 4.09 |
| 5 | 湖南 | 4.60 | 湖南 | 3.83 |
| 6 | 陕西 | 4.58 | 青海 | 3.76 |
| 7 | 重庆 | 4.54 | 内蒙 | 3.71 |
| 8 | 天津 | 4.53 | 贵州 | 3.70 |
| 9 | 宁夏 | 4.45 | 天津 | 3.58 |
| 10 | 内蒙 | 4.38 | 宁夏 | 3.53 |
| 11 | 浙江 | 4.37 | 云南 | 3.51 |
| 12 | 甘肃 | 4.22 | 辽宁 | 3.48 |
| 13 | 福建 | 4.21 | 四川 | 3.40 |
| 14 | 贵州 | 4.01 | 河南 | 3.35 |
| 15 | 山东 | 3.99 | 陕西 | 3.32 |
| 16 | 四川 | 3.98 | 吉林 | 3.30 |
| 17 | 青海 | 3.95 | 甘肃 | 3.26 |
| 18 | 江西 | 3.86 | 重庆 | 3.25 |
| 19 | 山西 | 3.79 | 福建 | 3.16 |
| 20 | 湖北 | 3.62 | 浙江 | 3.08 |

（文化部财务司　西安财经学院）

2017 Statistical Analysis Report
on Cultural Development

# 2017文化发展统计分析报告

# 地区篇

# 北京市 2016 年文化发展情况分析

2016 年，北京市文化系统深入贯彻落实党的十八大和十八届三中、四中、五中、六中全会精神，深入学习贯彻习近平总书记系列重要讲话，紧紧围绕“五位一体”总体布局和“四个全面”战略布局，坚持以人民为中心的工作导向，积极推动首都文化改革发展，实现了“十三五”良好开局。

## 一、主要指标保持平稳增长

### （一）机构人员数量保持平稳态势

截至 2016 年底，纳入统计制度的全市文化行业共有产业机构 3693 个，从业人员 87344 人。机构数和人员数分别与 2015 年相比保持平稳态势。

图1　2010年—2016年机构、人员情况

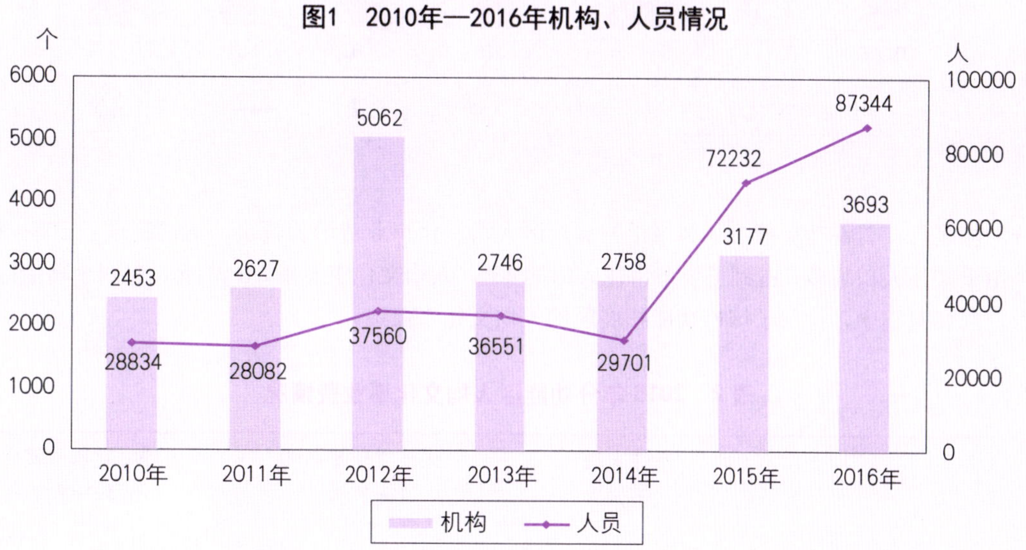


### （二）人均文化事业费稳定增长

2016 年，全市文化部门所属机构总收入（不含基建拨款）为 44.48 亿元，其中财政拨款（不含基建拨款）35.28 亿元，同比增长了 27.9%，财政拨款占总收入的 79%，从人均数据看，2016 年，北京市人均文化事业费达到 162.36 元，排在全国第 3 位。与 2015 年相比，人均费用增加了 35.28 元，增长了 27.8%，增长速度提高了 18 个百分点，全国排名持平。文化投入的逐步增长，为全市文化的发展与繁荣打下坚实的基础。

**表 1　2014 年——2016 年文化经费投入及人均情况**

| 年份 | 总收入（亿元） | | 文化事业费占财政支出比重（%） | | 人均文化事业费（元） | |
|---|---|---|---|---|---|---|
| | | 文化事业费 | | 全国排位 | | 全国排位 |
| 2014 年 | 41.82 | 24.94 | 0.55 | 3 | 115.91 | 3 |
| 2015 年 | 45.00 | 27.58 | 0.48 | | 127.08 | 3 |
| 2016 年 | 44.48 | 35.28 | 0.55 | | 162.36 | 3 |

**图2　2010年—2016年全国、北京人均文化事业费及北京增长速度**

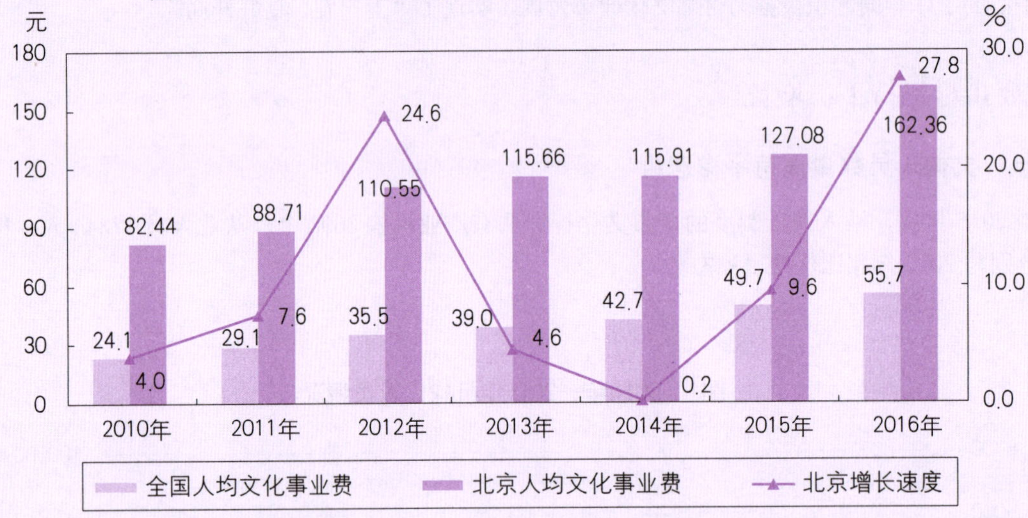


从分功能区看，首都功能核心区和城市发展新区人均文化事业费增长较快，增幅超过了 50%；而城市功能拓展区由于常住人口较多，占到了全市常住人口的 48%，人均文化事业费 51.27 元，在四个功能区中最低，反映出人口的相对集中，拉低了城市功能拓展区的人均文化事业费。

**表 2　2016 年分功能区人均文化事业费情况**

| 区 | 常住人口（万人） | 人均文化事业费（元／人） | 人均文化事业费比 2014 年增减 |
|---|---|---|---|
| 首都功能核心区 | 213.7 | 293.7 | ↑75.8% |
| 城市功能拓展区 | 1033.8 | 51.27 | ↑26.8% |
| 城 市 发 展 新 区 | 730.3 | 101.85 | ↑67.4% |
| 生态涵养发展区 | 195.1 | 186.06 | ↑29.8% |

## 二、文艺院团深化改革创新　着力打造文艺精品

### （一）总体情况

截至 2016 年底，全市共有艺术表演团体 658 个。全年专业院团共演出 10569 场，国内观众 660 万人，

演出收入 5.0 亿元。

表 3　2016 年艺术表演团体基本情况

| 指标 | 单位 | 合计 | 中央及其他部委 | 市属 | 区属 | 社会办团 | 部队院校 |
|---|---|---|---|---|---|---|---|
| 机构数 | 个 | **658** | 17 | 13 | 7 | 604 | 17 |
| 演出总场次 | 场次 | **10569** | 3097 | 6519 | 953 | | |
| 国内演出观众 | 万人次 | **660** | 296 | 339 | 25 | | |
| 演出收入 | 万元 | **49554** | 30895 | 18143 | 516 | | |

备注：社办团机构数，为历年累计审批数。

### （二）艺术创作成果丰硕　品牌展演影响力提升

2016 年市属院团共新创剧目 27 台。围绕纪念长征胜利 80 周年、建党 95 周年主题，精心打造一批重大革命历史题材作品，如京剧《党的女儿》、昆曲《飞夺泸定桥》，获得了很好的社会效益和经济效益。同时一批优秀的剧目深受观众好评，如话剧《人民公敌》、《丁西林民国喜剧三则》、曲剧《徐悲鸿》、儿童剧《团仔和圆妞》等，活跃了首都舞台。在第十一届中国艺术节上，评剧《母亲》获得“文华大奖”。

北京京剧院开展第四届“美丽春天”青年京剧演员擂台赛、青年京剧演员挑战赛、《裘盛戎》2016 年全国巡演等活动；北方昆曲剧院开展了《红楼梦》等剧目的全国巡演活动；北京交响乐团推出了惠民文化品牌“首都市民音乐厅”，开展“中国梦”全国展演活动，完成了名家系列、展现“中华情怀”的音乐季演出。

### （三）深化文化改革创新

正式运营北京文化艺术基金，围绕舞台艺术创作、文化传播交流和艺术人才培养三大方向开展资助，推动创新艺术生产引导方式和财政资金投入模式。2016 年共有 97 个项目纳入基金资助范围，资助总金额 8361 万元。建设北京剧目排练中心，扶持原创、孵化精品。

### （四）推动戏曲艺术传承发展

积极落实国务院文件精神，结合北京实际，研究制定《关于支持戏曲传承发展的实施意见》，明确加强戏曲保护与传承、支持戏曲创作、改善戏曲生产条件等七大重点任务。成功举办北京戏曲文化周活动，发起成立戏曲文化发展联盟；打造全国地方戏演出中心，中国评剧大剧院积极承办来自全国各地的演出活动；推动北京市民族艺术进校园工作，61 家演出团体获得参演团体资质，其中 38 家演出团体 81 台剧目获得专场演出资质。

## 三、扎实开展公共文化建设工程　服务效能不断提升

### （一）公共图书馆总体情况

截至 2016 年底，北京地区 25 个公共图书馆（含国家图书馆）总藏量 6229 万册，全年总流通人次 1800 万人。其中北京市 24 个公共图书馆总藏量 2594 万册，全年总流通人次 1402 万人，为读者举办各种活动 2962 次，外借书刊 1025 万册，新购藏量 226 万册，各项主要指标均保持 7%—15% 的增长。

**表 5　北京市属公共图书馆 2016 年、2015 年主要指标对比情况**

| 指标名称 | 单位 | 2016 年 | 2015 年 | 同比增减（%） |
|---|---|---|---|---|
| 机构数 | 个 | 24 | 24 | —— |
| 总藏量 | 万册 | 2594 | 2425 | 7.0 |
| 总流通人次 | 万人次 | 1402 | 1264 | 10.9 |
| 阅览室面积 | 万平方米 | 7 | 7 | 0.0 |
| 阅览室坐席 | 个 | 17316 | 15469 | 11.9 |
| 人均拥有藏书 | 册 | 1.19 | 1.12 | 6.3 |
| 人均购书经费 | 元 | 4.09 | 3.87 | 5.7 |

## （二）公共图书馆人均指标超全国水平

2016 年，北京市人均拥有藏书 1.19 册，比上年增加了 0.07 册；人均购书经费 4.09 元，比上年增加了

**图3　2010年—2016年北京人均藏量及增长速度**

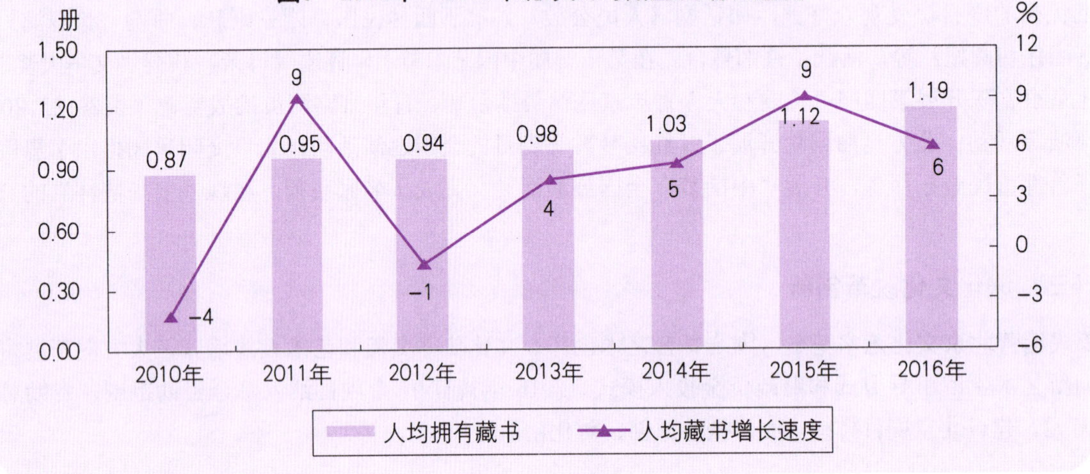


**图4　2010年—2016年北京人均购书经费及增长速度**

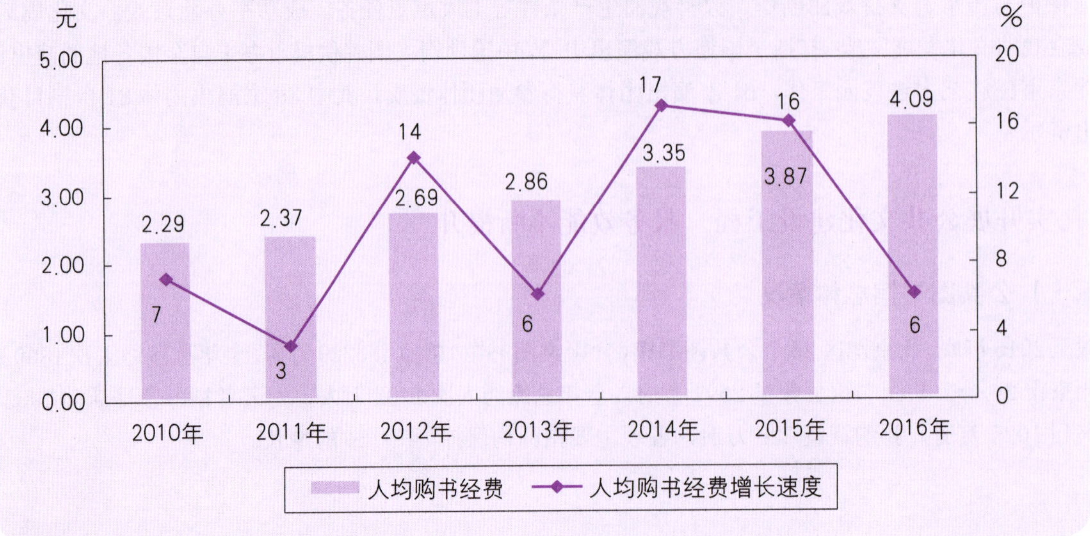

0.22 元，两项人均指标分别都增长了 6%，人均拥有藏书全国排名第三位，人均购书经费全国排名第二位，全国排位均与上年持平。全市（不含国家图书馆）平均每万人拥有公共图书馆设施面积达到 126.36 平方米，超出 103.01 平方米的全国平均水平。

### （三）推动供需对接，公共图书服务配送体系进一步提高

推进公共图书资源社会共享，加强图书“一卡通”通借通还服务，提高基层图书服务效能，公共图书馆“一卡通”成员馆达 189 家。制定北京市基层图书服务资源整合实施管理办法、基层图书馆（室）书目选配办法及推荐书目等措施，将益民书屋等各类图书资源整合到公共图书馆体系中，对接好市民需求，使参与度与覆盖率进一步提高。

### （四）群众文化蓬勃开展

截至 2016 年底，全市群众艺术馆 1 个，文化馆 20 个，文化站 331 个。提供文化服务次数 69435 次，惠及 965 万人，其中组织文艺活动 30725 次，参加人次 638 万人，举办训练班 35682 次，培训 203 万人次，举办展览 2017 个。

### （五）市民的文化获得感日益增强

落实“1+3”文件要求，制定《“十三五”期间北京市公共文化服务体系建设任务和分工》，确定未来五年工作目标及任务分工。2016 年启动了以“我的中国梦．欢乐新北京”为主题的首都市民系列文化活动，围绕“歌唱北京”“舞动北京”“戏聚北京”“艺韵北京”“影像北京”和“阅读北京”六大板块，形成四级联动机制，开展文化活动。 年前市政府向首都市民发放 20 万张免费庙会门票”活动，首创互联网、微信平台抢票，市民满意度 99.72%。同时大力推动以购买服务方式开展的文化惠民活动，周末场演出计划和百姓周末大舞台等公益性演出、低价票演出补贴、剧院运营服务平台等文化惠民项目都已纳入政府购买公共文化服务项目。

## 四、演出市场持续升温

### （一）总体情况

2016 年，全市 139 家营业性演出场所全年演出达到 24440 场，吸引观众 1071.4 万人次，分别比上年增长了 1% 和 3%，演出收入 17.13 亿元，比上年增加了 1.64 亿元，增长了 11%。

表 6　营业性演出场所 2016 年、2015 年主要指标对比情况

| 指标名称 | 单位 | 2016 年 | 2015 年 | 同比增减（%） |
|---|---|---|---|---|
| 演出场所 | 个 | 139 | 135 | —— |
| 演出场次 | 场次 | 24440 | 24238 | 0.8 |
| 观众人次 | 万人次 | 1071 | 1036 | 3.4 |
| 演出收入 | 亿元 | 17.13 | 15.49 | 10.6 |

### （二）艺术剧场 演出形式多样 上座率平稳上升

52 个主要艺术剧场，全年演出 14871 场，占总演出场次的 61%；观众 675 万人次，演出收入 8.62 亿元，占总演出收入的 50%。

从涵盖艺术形式看，52 个主要艺术剧场在 2016 的演出场次中，话剧和曲艺类分别占总演出场次的 23% 和 19%，杂技、儿童剧、戏曲类分列其后，占总演出场次的比例分别为 18%、15% 和 11%。艺术形式的多样化，丰富了首都群众的文化生活。

52 个主要艺术剧场总平均上座率 60%，同比上年上升了 4 个百分点，其中 1000 到 600 座席的上座率上升了 11 个百分点。扣除 12 家以旅游演出为主的剧场，一批设施完备的艺术演出场所平均上座率达到 74%，比上年上升了 4 个百分点。

图5　2010年—2016年　艺术剧场总平均上座率

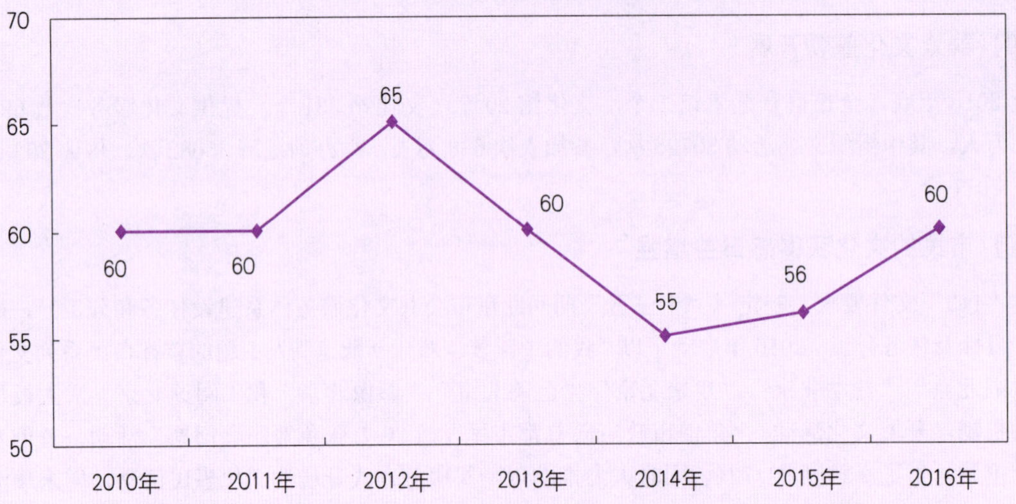


## 五、文化市场良性健康发展

2016 年，全市纳入备案的文化市场经营单位分别为：演出经纪机构 1894 家，比上年增长了 28%；互联网上网服务营业场所（网吧）1541 家，娱乐场所经营单位 2198 家，均与上年基本持平；网络文化经营单位 1987 家，比上年增长了 60%。

## 六、文化产业转型升级，创新力不断增强

2016 年，北京动漫游戏产业产值约达 521 亿元，约占全国总产值三分之一，出口额约为 60.2 亿元，连续多年位居全国第一。利用文化部和北京市产业政策、资金政策，扶持动漫精品工程、动漫品牌、民族原创优秀内容的生产创作。

“三个北京”活动向规模化、品牌化、国际化发展。第五届“动漫北京”活动，共有来自全国近 600 家动漫游戏企业，现场销售收入达 3000 万元；“演艺北京”活动吸引国内外 125 家机构参展，超过 1000 家单位参与交易；“艺术北京”活动，共有来自 18 个国家和地区的 166 家参展机构入围，94% 的参展商实现成交。

互联网行业转型升级，据统计，全市已有近 400 家经营单位完成了从传统网吧到网咖的转型，占比超过在营网吧数量的三分之一。在全国网吧协会首批上网服务场所服务环境分级评定中，我市 15 家场所被评为 A 级，占全国 59 家 A 级场所的四分之一。

## 七、非遗保护传承水平进一步提高

近年来，北京市非遗保护传承水平进一步提高。2016 年完成了 10 位国家级代表性传承人抢救性记录，包括口述、教学、实践等活动的拍摄，已获取相关资料近 1300 份，征集非遗代表性作品 11 件，自 2010 年至今已累计征集作品 319 件。

第二届京津冀非物质文化遗产联展汇聚了三地 130 余个非遗代表性项目。目前国家级非物质文化遗产代表性项目 126 项、国家级非物质文化遗产项目代表性传承人 82 人。

## 八、服务大局 对外文化交流活动影响力不断提升

配合国家重大外交活动和领导人出访，成功组织“漂亮的兵马俑”北京灯彩艺术展、“北京之夜”音乐会、“欢乐春节”活动、G20 峰会等重要会议和活动的文艺演出，注重突出中华优秀传统文化和北京文化特色。

2016 年，我局共受理对外文化交流项目 251 批 5320 人次，同比交流项目和交流人次分别增长 21% 和 38%，其中出访 206 批 3956 人次，引进 45 批 1364 人次。

**表 7　2014 年——2016 年对外文化交流活动情况**

单位：批次、人次

| 年份 | 总计 | | 出访 | | 引进 | |
|---|---|---|---|---|---|---|
| | 批次 | 人次 | 批次 | 人次 | 批次 | 人次 |
| 2014 年 | 188 | 3341 | 130 | 2542 | 58 | 799 |
| 2015 年 | 207 | 3859 | 147 | 3304 | 60 | 555 |
| 2016 年 | 251 | 5320 | 206 | 3956 | 45 | 1364 |

## 九、文物工作成效显著

### （一）持续推进文物修缮及名城保护工作

为保障北京城市副中心工程建设进度，组织全国过半考古力量，引入物探等先进技术，在保证质量的前提下，全力推进考古进度，共完成北京城市副中心考古勘探 101.3 万平方米，发掘 4 万平方米，共发掘战国－清代墓葬 1092 座、汉代城址 1 座、汉唐窑址 69 座、灰坑 8 座、水井 10 眼、道路 3 条，出土各类陶器、瓷器、釉陶器、铜器、铁器、铅器、料器、皮革器等文物万余件（套），对具有重要历史价值的墓葬、窑址、地层剖面共计 60 处遗迹进行整体迁移保护，为北京城市副中心留下了珍贵的资料和历史遗存。

经文物考古调查勘探，在北京城市副中心行政办公区区域内发现汉代路城遗址，遗址明确了城墙四至范围，发现护城河遗存及大量汉代遗迹，为揭示北京城市副中心深厚文化内涵提供了重要的实证。

2016 年，北京市辖区共有不可移动文物 3840 处，其中全国重点文物保护单位 126 处，市级文物保护单位 216 处。市属文博机构数 97 家，其中文物科研机构 2 家，文物保护管理机构 26 家，博物馆 41 家，文物商店 2 家，其他文物机构 26 家。

2016 年，北京市属文博系统内文物保护管理机构总收入 104612 万元 ，比上年同比下降 34.58%，其中财政拨款 59535 万元，比上年下降了 47.17%。

通过以上数据分析得出，北京市文物修缮成果显著， 考古勘探项目稳步推进，财政资金支持力度有所

下降， 下降原因是正常预算申请的项目经费减少，属于正常变化。文物保护机构以它独特的资源优势在丰富市民精神文化生活中发挥了越来越重要的作用。

### （二）努力提升博物馆建设和公共文化服务水平

截至2016年底，北京地区注册博物馆数量为178座，其中：中央属博物馆60座，市属博物馆43座，区县属博物馆44座，民办博物馆31座。注册博物馆数量比2015年增加了5座， 截至2016年末，北京市文博系统内博物馆共计41家。大部分博物馆分别隶属于各中央在京部委、大专院校、部队、科研院所、行业企业集团及市园林、宗教、民政、科委等部门以及社会公民个人。

图6 2016年北京市注册博物馆分布情况

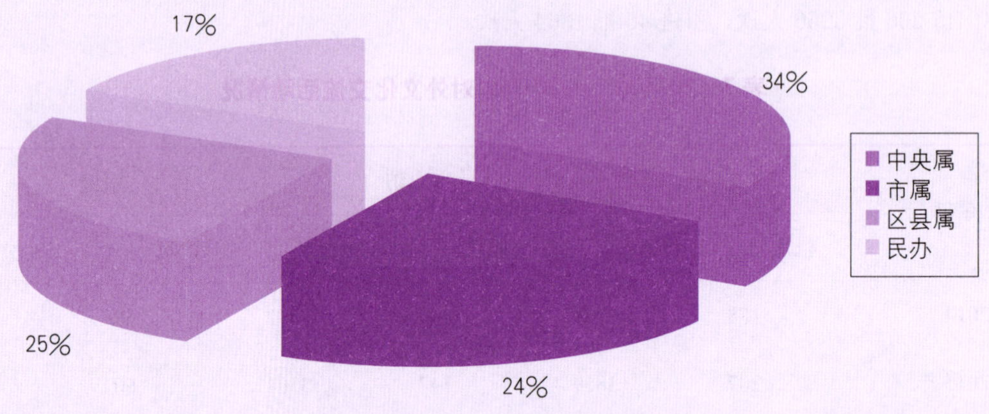


图7 2013-2016年 北京地区注册博物馆数量

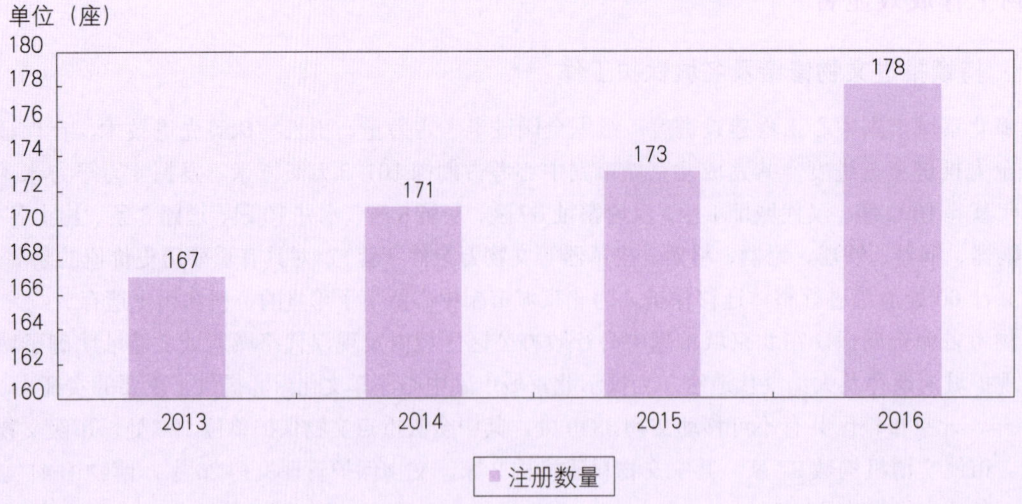


2016年，北京文博系统博物馆共接待参观人数648万人次，与去年增长11.91%，博物馆总收入78497万元，收入比去年增长28.66%。藏品数1235102件，其中一级藏品 561件，二级藏品5413件，一、二级藏品数

量均比上年平稳增长。藏品总数比上年同期增加 5,273 件。为正常征集等方式增加。

**表 8　2013–2016 北京文博系统内博物馆基本情况表**

单位：座、人、件（套）、万元、万人次

| 年份 | 文博系统内博物馆数量 | 从业人员 | 文物藏品 | 本年收入 | 参观人次 |
|---|---|---|---|---|---|
| 2013 | 41 | 1101 | 1142291 | 69415 | 500 |
| 2014 | 41 | 1222 | 1251584 | 69262 | 497 |
| 2015 | 41 | 1260 | 1229829 | 61007 | 579 |
| 2016 | 41 | 1196 | 1235102 | 78497 | 648 |

通过分析得出，2016 年，北京文博系统内博物馆从业人员保持基本稳定，文物精品数量逐步增长。财政支持力度保持基本平稳，展览不断丰富，吸引了很多观众来到博物馆参观。取得了较好的社会效益。

2016 年，北京地区组织全市博物馆策划推出展览和活动 400 余项，共接待观众近 3500 万人次，受到了广大观众的欢迎。经过认真筹划，今年在首都博物馆推出了《五色炫曜——南昌汉代海昏侯国考古成果展》、《王后 母亲 女将——纪念殷墟妇好墓考古发掘四十周年特展》、《匠心筑梦烁古今—燕京八绝》展、《大元三都》展、《走进养心殿》等系列重点展览，在京城引起轰动，形成“首博热”。“海昏侯”和“妇好墓”两大展览，一经推出便备受社会关注。开幕以来观众如潮，预约名额爆满，参观秩序井然，形成了独特的博物馆文化景观，成为了社会关注的文化热点。 “海昏侯国考古成果展”参观人数达 42.2 万人次。“妇好墓考古发掘四十周年特展”参观人数达 34.8 万人次。

北京地区组织全市博物馆参与全国十大陈列展览精品评选活动，其中中国人民抗日战争纪念馆《 “伟大胜利 历史贡献”纪念中国人民抗日战争暨世界反法西斯战争胜利 70 周年主题展览》获得精品奖，首都博物馆的《日内瓦：时光之芯——瑞士钟表文化之源》获得国际及港澳台合作奖。

北京市第一次全国可移动文物普查工作进展顺利。普查显示，北京市共有国有可移动文物收藏单位 335 家，登录国有可移动文物收藏量 4998090 件 / 套、9436838 件。目前，北京市平台登录数、珍贵文物数、新认定文物数均位列全国第一。

### （三）加强文物流通及艺术品拍卖市场管理，积极推动文化创意相关产业发展

**图8　2013-2016年北京市文物拍卖标的及成交额情况**

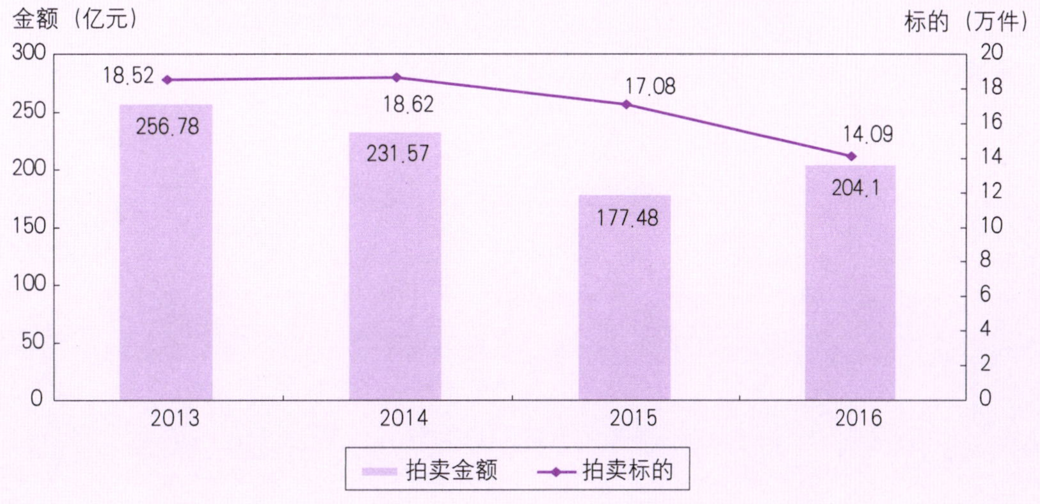

2016 年北京举办文物艺术品拍卖会共 437 场，上拍文物件数 140890 件（套），成交总额达 204.1 亿元人民币，与 2015 年同类数据相比，拍卖标的数同比下降 21.22%，拍卖会场次和成交金额分别增加 79.83% 和 14.99%。

**表 9　2013–2016 北京市文物拍卖标的及成交额情况**

单位：场 万件 亿元

| 年份 | 拍卖场次 | 拍卖标的 | 拍卖成交额 |
|---|---|---|---|
| 2013 | 260 | 18.52 | 256.78 |
| 2014 | 254 | 18.62 | 231.57 |
| 2015 | 243 | 17.08 | 177.48 |
| 2016 | 437 | 14.09 | 204.1 |

以上图表反映出 2016 年北京市文物拍卖行业拍卖市场目前继续处于复苏时期 ，除了与经济和市场环境有关之外，作品质量和市场信心也是重要的影响因素，拍卖行业市场格局正在发生变化，中国拍卖巨头市场支撑力度下降，由于收藏性需求的支撑和艺术品资本策略的调整，中档价位拍品成为当前维持市场稳定的重要因素，高价拍品成交率不高。

## 十、对可持续发展的建议

（一）在推进文化改革任务落实过程中，加强顶层设计。

（二）推动京津冀协同发展，有序疏解非首都功能，促进三地文化资源优势互补。

（三）与有关部门一起，结合疏解非首都职能，共同探索旧城不可移动文物使用单位、居民搬迁腾退的有效途径和方法。

（四）本着“先救命，后治病”的思路，努力争取中央有关部门支持，抓紧解决中央、部队在京单位使用的文保单位存在的重大险情问题。

（北京市文化局　北京市文物局）

# 北京：文化改革发展引向深入

着力打造文艺精品。建设北京剧目排练中心，扶持原创、孵化精品，截止到12月底，北京剧目排练中心已接待181家单位、218个剧目在此排练，207个剧目成功演出。建设运营北京市剧院运营服务平台，截止到2016年底，共计演出142台265场优秀剧目，吸引10万观众观看。出台《北京市关于支持戏曲传承发展的实施意见》，推动戏曲传承创新发展。评剧《母亲》、话剧《北京法源寺》入选“2016年度国家舞台艺术精品创作工程10台重点扶持剧目”、“2016年度全国舞台艺术重点创作剧目名录”。在第十一届中国艺术节上，评剧《母亲》获得“文华大奖”，曲艺京韵大鼓《丰碑》获得“群星奖”。

提升公共文化服务水平。全面落实“1+3”公共文化政策，印发《十三五期间北京市公共文化服务体系建设任务和分工》。创新机制，搭建平台，启动首都文化服务示范区创建工作，调动地方党委、政府的积极性，落实文化建设的主体责任。举办2016首都市民系列文化活动，由歌唱北京、舞动北京、戏聚北京、艺韵北京、影像北京和阅读北京六大板块组成，贯穿全年，覆盖全市，带动四级文化活动联动开展，组织各类活动4.3万场，参与群众达3745万人次。创新拓展文化惠民方式和渠道，采用网上抢票的方式，开展“文化惠民逛庙会 欢欢喜喜过大年——市政府向首都市民发放20万张免费庙会门票”活动，推动文化惠民精准服务。出台《关于政府向社会力量购买公共文化服务的实施意见》，公布市政府向社会力量购买公共文化服务目录。

深化文化改革创新。正式运营北京文化艺术基金，围绕舞台艺术创作、文化传播交流和艺术人才培养三大方向开展资助，推动创新艺术生产引导方式和财政资金投入模式。2016年共有97个项目纳入基金资助范围，资助总金额8361万元。民营文艺院团创作实施的项目约占全部项目的50%，资助资金占资金总量的52.5%，充分调动了社会力量参与首都文化建设的积极性。推动文化服务业扩大开放试点，在特定区域内允许设立外商独资演出经纪机构。

促进京津冀文化协同发展。印发《关于推进京冀两地文化协同发展的工作意见》，明确北京与河北文化协同发展的重点区域和重点领域。与河北省文化厅、张家口市人民政府签订文化合作框架协议，共同推动2022冬奥会文化发展。签订《京津冀三地文化人才交流与合作框架协议》，加强区域人才互通共享。组建“京津冀演艺联盟”，整合利用三地剧场、剧目、演艺机构等资源，加强演艺交流合作。精选群星奖京津冀的获奖作品和优秀原创作品，举办三地群众文艺精品节目展演。

# 天津市 2016 年文化发展情况分析

2016 年是全面建成小康社会决胜阶段的开局之年。全市文化广播影视系统全面贯彻党的十八大和十八届三中、四中、五中、六中全会精神，深入学习贯彻习近平总书记系列重要讲话精神，认真落实市委、市政府决策部署，围绕中心、服务大局，抢抓京津冀协同发展等重大国家战略机遇，推进魅力人文之都建设取得新成果，为全面建成高质量小康社会奠定了坚实文化基础。

## 一、机构和人员

2016 年末，纳入统计范围的天津市各类文化（文物）单位 1907 个，比上年末减少 364 个；从业人员 18949 人，减少 1626 人。其中，各级文化文物部门所属单位 474 个，比上年末减少 7 个；从业人员 7722 人，减少 162 人。

图1　2010年-2016年天津市文化文物单位机构数及从业人员数

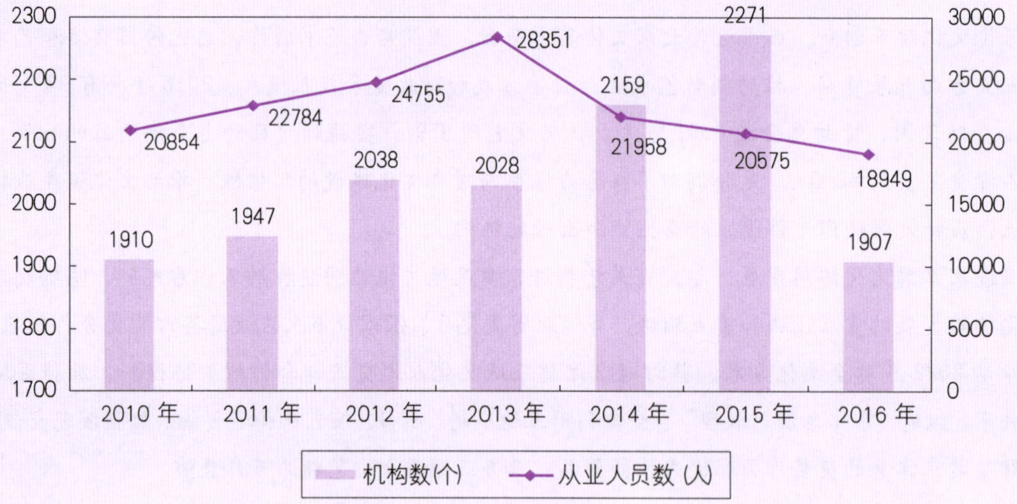


## 二、艺术创作演出

（一）天津市艺术表演团体和场馆基本情况

2016 年末天津市共有艺术表演团体 84 个，比上年末减少 2 个，从业人员 3019 人，增加 110 人。全年天津市艺术表演团体共演出 0.79 万场，比上年减少 54.89%，其中赴农村演出 0.14 万场，降低 20.88%，赴农村演出场次占总演出场次的 18.16%，比重比上年增加 7.81 个百分点；国内观众 397.52 万人次，减少 40.90%，其中农村观众 131.97 万人次，比上年减少 29.51%；总收入 50939 万元，比上年减少 2.45%，其中演出收入 5912.9 万元，增长 4.91%。

表 1　2010 年 –2016 年天津市艺术表演团体基本情况

| 年　份 | 机构数（个） | 从业人员数（人） | 演出场次（万场） | 国内演出观众人次（万人次） | 总收入（万元） | |
|---|---|---|---|---|---|---|
| | | | | | | #演出收入 |
| 2010 年 | 36 | 2123 | 0.46 | 318.3 | – | 2657 |
| 2011 年 | 53 | 2180 | 0.43 | 286.64 | – | 2590 |
| 2012 年 | 48 | 2328 | 0.52 | 231.46 | – | 2467 |
| 2013 年 | 58 | 2564 | 0.69 | 284.94 | 39707 | 1822 |
| 2014 年 | 66 | 2761 | 1.1 | 418.38 | 45609 | 3541 |
| 2015 年 | 86 | 2909 | 1.76 | 672.63 | 52217 | 5636 |
| 2016 年 | 84 | 3019 | 0.79 | 397.52 | 50939 | 5913 |

全年天津市文化部门所属艺术表演团体共组织政府采购公益演出 0.03 万场，与上年持平；观众 16.05 万人次，减少 15.17%。利用流动舞台车演出 0.05 万场次，与上年持平；观众 62.75 万人次，增加 3.72%。

由于 2016 年艺术表演团体机构数减少，另外人艺实验剧场和群星文化中心等艺术表演场馆长时间维修改造，不能接待剧团的演出等原因，故 2016 年全市演出场次和观众人次等均有所下降。与全国各省市的艺术表演团体相比较，我市的艺术表演团体还有较大的提升空间，今后需要进一步培养演出市场。要推动成立京津冀演艺联盟，为京津冀三地 83 家成员单位搭建剧目演出联动、信息交流平台，以便进一步活跃北方演出市场。

年末天津市共有艺术表演场馆 51 个，比上年增加 1 个，观众坐席数 23475 个，比上年增加 37 个。全年共举行艺术演出 2.58 万场次，比上年增长 6.19%，艺术演出观众人次 110.05 万人次，增长 19.98%。因文化惠民等活动更加广泛，故 2016 年艺术表演场次和观众人次等指标数据有所提高。

年末天津市共有美术馆 3 个，从业人员 44 人，与上年末相比均无变化。全年共举办展览 68 次，比上年减少 11.69%，参观人次 327.83 万人次，比上年减少 1.45%。

### （二）2016 年艺术创作生产情况

1. 艺术生产再创佳绩

京剧《康熙大帝》荣获第十五届文华大奖。创作了京剧《狄青》、歌剧《党的女儿》等 27 部新作品。新排演了古典芭蕾舞剧《葛蓓莉娅》、《原野》等一批精品剧（节）目。评剧《红高粱》入选文化部 2016 年度国家舞台艺术精品创作工程全国重点扶持剧目。10 个项目获得国家艺术基金资助。

2. 戏曲传承积极推进

出台《天津市关于支持戏曲传承发展的实施意见》，完成天津市地方戏曲剧种普查。积极推动京剧“像音像”工程，录制完成剧目 17 台。实施天津市“名家传戏”工程，10 位艺术家与青年演员结成传戏对子，4 名艺术家入选文化部“中华优秀传统艺术传承发展计划”2016 年度戏曲专项扶持项目。

3. 文艺演出精彩纷呈

天津市 2016 年名家经典惠民演出季被列为市 20 项民心工程项目，实行低票价举措，共推出 86 台、276 场精彩演出，艺术门类之全、剧目之多创历年之最。天津市梨园金秋戏曲展演集中演出六大剧种 27 台、29 场经典剧目，惠及观众近 3 万人次。圆满完成 2016 年春节军民联欢晚会、瑞士冬季达沃斯论坛“天津之夜”、“2016 天津夏季达沃斯论坛文化之夜”等重点演出任务。

## 三、现代公共文化服务体系建设

### （一）现代公共文化服务体系制度机制更加健全

全市 16 个区全部出台了构建现代公共文化服务体系实施方案。首次开展公共文化服务体系建设绩效考核，对全市 240 个街镇落实公共文化服务体系建设 52 项具体指标情况逐一进行量化评估；完成对全市乡镇街道文化站的服务效能调研；市政府印发《天津市推进基层综合性文化服务中心建设实施方案》，全面启动基层综合性文化服务中心建设。

### （二）文化惠民更加广泛

河西区创建第二批国家公共文化服务体系示范区通过文化部、财政部实地验收。北辰区等创建第三批国家公共文化服务体系示范区和示范项目取得阶段性成果。首届天津市市民艺术节坚持线上与线下互动相结合，成功打造了“品牌驻万家”等 5 大板块 30 余项重点活动，全年活动总量超过 1000 场。“戏曲名家进社区 公益辅导千场”活动覆盖 14 个区、76 个社区，全年辅导突破 1000 场，受众戏迷数万人次。增发天津市文化惠民卡 4 万张，创新推出了郊区县卡、公益卡、学生卡，累计推出演出近 2000 场，成为文化惠民的一大亮点。

### （三）公共图书馆情况

年末天津市共有公共图书馆 31 个，其中少儿图书馆 11 个，均与上年末持平。年末天津市公共图书馆从业人员 969 人，比上年末减少 220 人。年末天津市公共图书馆实际使用房屋建筑面积 26.37 万平方米，比上年末增长 1.81%；图书总藏量 1806.09 万册，增长 6.43%，其中古籍 58.63 万册；电子图书 911.40 万册，增长 134.93%；阅览室座席数 14805 个，增长 2.10%；计算机 3639 台，减少 2.02%；供读者使用的电子阅览终端 2010 台，增长 1.93%。

年末天津市平均每万人拥有公共图书馆建筑面积 168.82 平方米，比上年末增加 1.39 平方米；天津市人均拥有公共图书藏量 1.16 册，比上年增加 0.06 册；全年天津市人均购书费 3.00 元，比上年减少 0.15 元。

**表 2　2010 年 –2016 年天津市公共图书馆基本情况表**

单位：万人次、万册次、平方米

| 年份 / 指标 | 图书总藏量 | 总流通人次 | 书刊文献外借册次 | 本年新购藏量 | 每万人拥有公共图书馆建筑面积 |
|---|---|---|---|---|---|
| 2010 年 | 1258 | 606 | 572 | 74 | 103.1 |
| 2011 年 | 1354 | 572 | 601 | 81 | 121.4 |
| 2012 年 | 1469 | 630 | 562 | 109 | 181.7 |
| 2013 年 | 1595 | 714 | 658 | 121 | 168.1 |
| 2014 年 | 1830 | 681 | 779 | 122 | 169.4 |
| 2015 年 | 2085 | 789 | 859 | 102 | 167.43 |
| 2016 年 | 2717 | 851 | 876 | 110 | 168.82 |

注：以上七年的图书总藏量中均包括电子图书，2013 年包括电子图书的数量为 121 万册，2014 年为 232 万册，2015 年为 388 万册，2016 年为 911 万册。

全年天津市公共图书馆发放借书证806567个，比上年增长9.59%；总流通人次851.48万人次，增长7.96%。书刊文献外借册次875.77万册次，增长1.92%；外借人次311.48万人次，增长1.87%。全年共为读者举办各种活动2498次，增长了91.71%；参加人次134.6万人次，增长12.10%。开通天津图书馆与全市20个区级公共图书馆图书通借通还服务，2016年全年累计配送图书15万册，通借通还流通总量83.8万册，比上年增加46.1万册。其中外借43.6万册，归还40.2万册。

### （四）天津文化中心公共文化服务引领示范更加突出

引进《德国德累斯顿国家管弦乐团音乐会》等18项32场高端演出和高端展览项目，提升了城市文化品位。圆满完成千名全市中小学音乐教师免费赏析音乐活动。举办红领巾走进文化中心活动，36批、6500余名少先队员走进文化中心。开展关爱特殊群体活动，700名残疾人、2.2万老年人免费观看天津大剧院高雅演出。发放“天津文化中心公益文化消费券”4.3万张，各场馆举办公益文化普及活动690场。

### （五）文化设施网络更加完善

完成天津艺术职业学院（北方曲校校区）改扩建。天津歌舞剧院、天津交响乐团迁址扩建工程，群星剧院、元明清天妃宫遗址博物馆修缮和天津市非物质文化遗产馆项目稳步推进。东丽区大力实施“沃土计划”，完成3个街道文化中心及7个社区综合文化服务中心的建设提升工作。

### （六）群众文化活动丰富多彩

年末天津市共有群众文化机构254个，比上年末减少6个，因部分区文化站进行合并调整，故数量略减。其中街道文化站103个，比上年末减少4个，乡镇综合文化站132个，比上年末减少2个。年末天津市群众文化机构从业人员1408人，比上年末增加200人。

年末全国群众文化机构实际使用房屋建筑面积32.74万平方米，比上年末增长3.25%；藏书176.62万册，增长17.09%；计算机3390台，减少0.96%；对公众开放的阅览室0.27万平方米，降低3.27%。年末天津市平均每万人拥有群众文化设施建筑面积209.59平方米，比上年末提高4.62平方米。

**表3　2010年–2016年天津市群众文化活动情况对比表**

单位：万元、次、万人次

| 年份 / 指标 | 财政补贴收入（万元） | 组织文艺活动次数（次） | 群众文化机构培训人次（万人次） |
|---|---|---|---|
| 2010年 | 10026 | 5067 | 25.7 |
| 2011年 | 11906 | 6485 | 28.4 |
| 2012年 | 12807 | 6354 | 47.3 |
| 2013年 | 24045 | 6334 | 38.7 |
| 2014年 | 22672 | 7734 | 40.0 |
| 2015年 | 22909 | 9391 | 46.6 |
| 2016年 | 26113 | 14898 | 57.3 |

全年天津市群众文化机构共组织开展各类文化活动，提供文化服务27678次，比上年增长38.17%；文化服务惠及人次409.96万人次，增长13.99%。年末天津市群众文化机构共有馆办文艺团体72个，演出1468场，观众105.81万人次。由文化馆（站）指导的群众业余文艺团体4204个，馆办老年大学1个。

## 四、文化市场管理

2016年，根据文化部文化市场统计制度规定，我市文化市场统计主要涵盖了网络文化、演出、娱乐三大行业领域。统计有经营单位1653家，共涉及7类文化市场主体。分别为：上网服务场所947家、经营性互联网文化单位50家、文艺表演团体76家、演出经纪机构56家、演出场所经营单位41家、艺术品经营机构24家、娱乐场所459家；从业人员总数13349人，创造营业总收入约136.89亿元，实现营业利润约24.61亿元。

### （一）网络文化市场分析

1. 上网服务场所数据分析

根据2016年统计数据，全市共有947家取得《网络文化经营许可证》的场所，比2015年减少57家，从业人员3095人，有92040台计算机终端，实现年营业总收入2.64亿元，比2015年增加0.4亿元；实现营业利润0.46亿元，相比2015年增加0.03亿元。从上述数据可以看出，2016年我市上网服务场所总量虽有所减少，但行业整体收入规模呈现增长趋势，行业利润也进一步增加。这说明，经过三年多的持续努力，上网服务行业转型升级的成效正在逐步显现，转型升级在行业中深入人心，行业的整体形象和社会评价大为改观，全市80%以上场所做到了敞亮整洁，市内六区和滨海新区40%场所实现了业态丰富、服务优良、环境优美的目标。与此同时，外来务工人员聚集区、城乡结合部、小城镇及农村地区的上网服务市场依然活跃。

2. 经营性互联网文化单位数据分析

2016年我市网络游戏产业继续保持快速发展，全市50家（比2015年增加21家）互联网文化企业资产总计达80亿元，注册用户总数2.4亿人次，实现年营业总收入120亿元，占整个文化市场营业总收入的87.66%。从产品数量来看，2016年共运营5976个网络游戏产品，其中有5850个移动端网络游戏，有216款游戏产品拥有自主知识产权；运营264万余首网络音乐，其中进口音乐数量104万首，国产音乐160万余首；经营网络动漫数11件；出口网络文化产品数量6件。从企业影响力来看，我市已形成了一批行业领军企业如乐道互动（天津）科技有限公司等，正带动着整个行业不断快速发展；从总体来看，我市互联网文化企业数量和规模还不算大，与北京、上海等省市相比还存在一定差距，很多企业处于刚起步阶段，产品效益和竞争实力有待进一步增强。

### （二）演出、艺术品市场分析

2016年，天津市统计有173家演出单位（不含事业类演出团体和演出场馆），从业人员2869人，实现年营业总收入8.86亿元。从各门类演出单位分析来看：2016年，我市民营文艺表演团体共举办演出6202场次（其中农村演出1415场次），观众人次达297.8万人次，演出总收入2406万元，比2015年增加638万元；全市41家企业类演出场所累计演出场次5707场，观众人次达187.9万人次，演出总收入1985万元，其中的茶馆相声、小剧场（儿童剧）演出深受人们的欢迎和喜爱，成为人民群众重要的休闲娱乐方式；我市演出经纪机构实现营业总收入8.34亿元，其中引进外国及港澳台表演团体或个人来津演出450批次，包括117项大型涉外及涉港澳台演出。演出经纪机构引进的国外、港澳台等地的演出剧（节）目形式多样，既有高雅艺术，又有各地民俗特色演出，在促进文化交流和合作方面发挥了重要作用。

2016年艺术品市场共统计24家经营单位，实现年营业总收入2498万元。其中，在拍卖方面，交易量为849件，交易金额为870万元，结算金额为274万元；在审批方面，全年共审批一般美术品进出口经营活动467批次，涉及艺术品数量8000余件。

### （三）娱乐市场分析

2016 年，全市统计共有 459 家娱乐场所，比 2015 年减少 136 家，其中歌舞娱乐场所 275 家、游艺娱乐场所 184 家，从业人员总数 4206 人，比 2015 年减少 765 人。全市娱乐场所年营业总收入 4.5 亿元，比 2015 年增加 0.61 亿元， 实现营业利润 0.67 亿元，比 2015 年减少 0.36 亿元。从总体发展来看，全市娱乐市场经营规模继续呈现下滑趋势，行业利润空间大大降低，整个行业亟需调整经营结构和模式，以应对和改变当前持续低迷的行业困境。借鉴上网服务行业转型升级经验，市文化广播影视局印发了《关于推动文化娱乐行业转型升级的意见》，正式启动了文化娱乐行业的转型升级工作，行业效应日益形成。

图2　2013年--2016年天津市文化市场三大行业总收入对比表

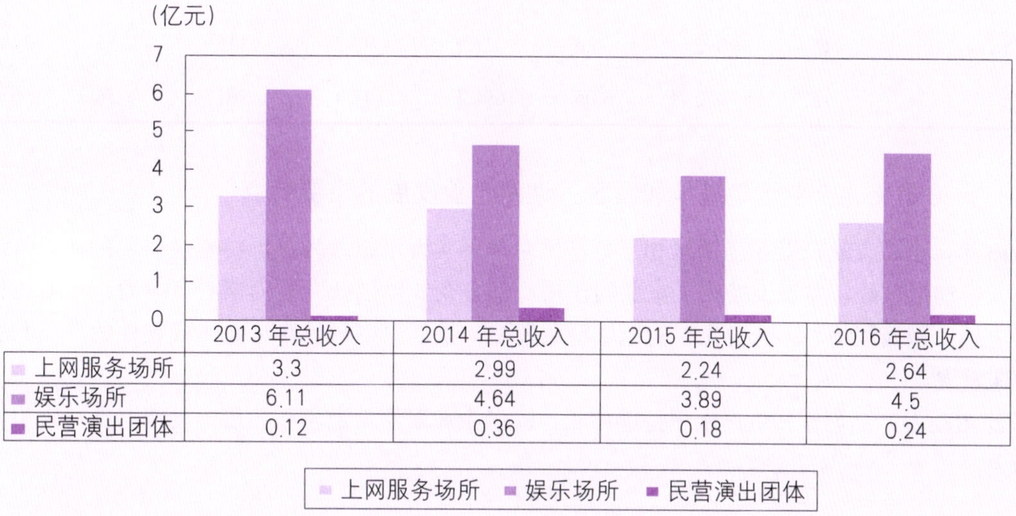


| | 2013 年总收入 | 2014 年总收入 | 2015 年总收入 | 2016 年总收入 |
|---|---|---|---|---|
| 上网服务场所 | 3.3 | 2.99 | 2.24 | 2.64 |
| 娱乐场所 | 6.11 | 4.64 | 3.89 | 4.5 |
| 民营演出团体 | 0.12 | 0.36 | 0.18 | 0.24 |

## 五、文化产业示范基地和动漫企业发展

### （一）总体情况

1. 文化产业示范基地

天津市列入 2016 年度统计范围的各级文化产业示范基地共 67 家，其中国家级文化产业示范基地 7 家，市级文化产业示范园区 16 家，市级文化产业示范基地 51 家。

我市示范园区和示范基地从业人员数量为 18738 人，其中示范园区从业人员 4597 人，示范基地从业人员 14247 人。研发人员 1421 人，占 7.6%。全市文化产业示范园区和示范基地资产总额达 583.7 亿元，其中示范园区资产总额为 431.7 亿元，同比 2015 年增长幅度超过一倍；示范基地资产总额为 172.2 亿元，同比 2015 年增长 27.4%。全市文化产业示范园区和示范基地营业总收入达 113.6 亿元，其中示范园区营业收入达 62.3 亿元，同比 2015 年增长近一倍；示范基地营业收入达 47.1 亿元，同比 2015 年增长 23.3%。全市文化产业示范园区和示范基地净利润总额达 1.4 亿元，其中示范园区净利润总额为 6066.3 万元；示范基地净利润总额 7872.6 万元，均较 2015 年转为盈利。全市文化产业示范园区和示范基地共纳税 7.94 亿元，其中示范园区缴纳税金 5.53 亿元，是 2015 年纳税总额的 3 倍多；示范基地纳税总额为 2.57 亿元，同比增长 33.8%。共获得国家级奖项 83 个，取得发明专利 996 项，与 2015 年相比各项指标均出现了大幅增长。

2. 动漫企业

2016 年，我市经过国家认定的动漫企业 15 家，其中重点动漫企业 3 家。15 家企业共有从业人员 472 人；资产总额 6.05 亿元；营业总收入 11696.1 万元，其中主营业务收入 11580.9 万元，自主开发动漫产品收入 2823.9 万元；利润总额 147.4 万元；共有经营面积 6696 平方米；年生产原创漫画 201 部，原创动画作品 34 部，自主知识产权动漫软件 30 套；网络动漫（含手机动漫）下载次数达到 6525 万次。原创漫画、动画作品的数量保持增长态势，总体利润仍然偏低。

**表 4　2013 年 –2016 年天津市动漫企业情况对比表**

| | 数量 | 从业人数 | 资产总额（亿元） | 总收入（万元） | 总利润（万元） | 原创漫画（部） | 原创 | 2016 年 |
|---|---|---|---|---|---|---|---|---|
| 2013 年 | 20 | 805 | 14.66 | 26696.9 | 2032 | 103 | 31 | 440 |
| 2014 年 | 19 | 753 | 13.81 | 10177.6 | -921.8 | 107 | 46 | 7400 |
| 2015 年 | 15 | 392 | 4.6 | 516.1 | 99.3 | 115 | 36 | 37847 |
| 2016 年 | 15 | 472 | 6.05 | 11696.1 | 147.4 | 201 | 34 | 6525 |

### （二）天津市文化产业示范基地和园区、动漫企业发展的主要特点

1. 2016 年，全市文化产业示范园区和示范基地总体上实现了扭亏为盈，特别是在发挥社会效益、促进产业聚集、带动地区经济发展上发挥了重要的作用。部分企业以创新专利为核心竞争力，逐渐在行业中占据了一席之地；积极围绕“津味文化”的地域特色发展，呈现出多彩的津味文化代表性的产品和服务；特色旅游快速发展。

2. 天津市动漫产品创作和生产水平持续增长；动漫企业发展渠道不断拓展；动漫产业“走出去”步伐进一步加大。

## 六、文化遗产保护

2016 年天津市文物业机构 39 个，与上年末持平。其中，文物保护管理机构 8 个，占 20.51%，博物馆 22 个，占 56.41%。年末天津市文物机构从业人员 973 人，比上年末减少 25 人。另外，天津市还有文物拍卖企业 11 个，从业人员 136 人。

年末天津市文物机构拥有文物藏品 986885 件，比上年末减少 38443 件，降低 3.75%。主要原因为天津

**图3　2010年-2016年天津市文物机构接待观众人次及未成年人观众人次**

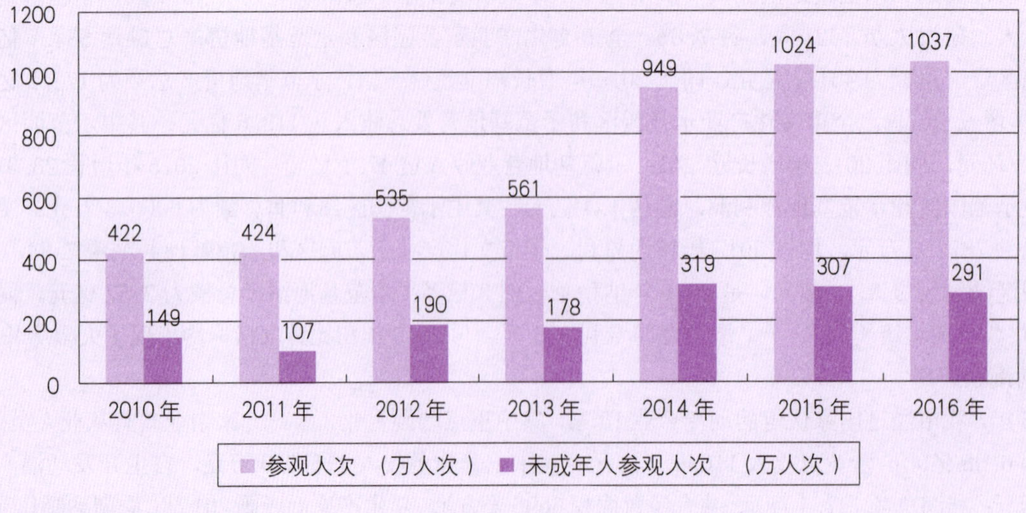

自然博物馆按照文物普查工作要求，改变以前传统的统计计量方法，统一按照件/套重新核定藏品数据；另外，经2016年文物普查藏品信息采集、梳理检查，发现一些原藏品资料遗存不够入藏条件，因此将其剔除藏品范围，故该馆与2015年相比减少藏品37383件/套。在天津市文物机构的文物藏品中，博物馆文物藏品为635938件，占文物藏品总量的64.44%；文物商店库存文物数348134件，占35.28%。文物藏品中，一级文物1043件，占0.1%；二级文物5376件，占0.54%；三级文物134274件，占13.61%。

全年天津市文物机构共安排基本陈列71个，举办临时展览113个，接待观众1036.75万人次，比上年增长1.21%。其中未成年人291.31万人次，降低5.24%，占参观总人数的28.10%。博物馆接待观众1013.38万人次，增长1.07%，占文物机构接待观众97.75%。

### （一）博物馆事业迈上新台阶

1. 天津市博物馆的总体概况

2016年度，正式在天津市文物局备案的博物馆共75座，正常开放的63座。其中，市文物局直属10座，区县级文化系统所属16座，文物类博物馆在全市博物馆中占据着主体地位。非文化系统国有博物馆（即行业博物馆）17座，非国有博物馆20座。我市博物馆涉及内容门类丰富，包括历史、民俗、军事等诸多领域，成为传承天津文明，俯瞰天津历史，纵观天津文化的重要载体。2016年，我市新增1座非国有博物馆天津拜石文化博物馆。

2. 博物馆事业蓬勃发展

完成《天津市博物馆绩效考评办法（试行）》《天津市博物馆服务标准》及《天津市市属博物馆藏品征集经费管理办法》修订工作。天津鼓楼博物馆完成基本陈列《老城遗韵》更新并对外开放，北疆博物院在“沉寂”了近80年后重新对外开放，与中国科学院、南开大学分别建立联合研究中心，设立了中科院首家博物馆科研基地，加强对馆藏标本的研究、保护和人才培养。《西班牙现代雕塑大师——苏比拉克中国巡回大展》荣获第十三届（2015年度）全国博物馆十大陈列展览国际及港澳台合作入围奖，《唤醒城市的记忆——天津美术馆馆藏20世纪80年代摄影作品展》入选2016年全国美术馆馆藏精品展出季项目。天津博物馆入选全国博物馆文化创意产品开发试点单位。2016年对全市54家博物馆、纪念馆2015年运行情况开展考评，合格率达98.1%。成功举办《博物馆条例》培训班等专题培训，举办《晚明绘画作品展》等特色展览250余个，直接受众1370万余人次。打造了“文博讲堂”等讲座品牌，开展各类文化活动700余场。市文化广播影视局与市教委签署《天津市推进文化教育融合框架协议》，推动博物馆资源融入国民教育。国际博物馆日宣传活动丰富多彩，举办了京津冀博物馆陈列展览创新与发展论坛等活动，进一步提高了社会各界对博物馆发展的关注度。

3. 加强社会文物管理工作

加强文物拍卖管理，组织完成全市11家文物拍卖企业年检工作，举办了文物拍卖管理工作培训班，对文物拍卖单位的文物拍卖标的进行审核，共审核标的46场次，总计审核13746件，其中撤拍25件。

**表5 2012–2016年全市文物拍卖情况对比表**

| | 2012年 | 2013年 | 2014年 | 2015年 | 2016年 |
|---|---|---|---|---|---|
| 拍卖场次（场） | 24 | 26 | 26 | 23 | 46 |
| 审核标的量（件/套） | 13917 | 14803 | 18041 | 12006 | 13746 |

2016年对415件进出境的文物进行审核；完成司法鉴定共9次；完成海关移交文物核对造册工作，并于国庆节前将海关移交文物两批共计651件全部拨交给天津博物馆。

### （二）文物保护与管理取得新进展

2016 年末，天津市文物保护管理机构共计 8 个，从业人员 132 人，队伍人员结构基本稳定，年末天津市本辖区文物点（处）共有 2082 处。

历时四年的天津市第一次全国可移动文物普查全面完成，共普查登记藏品 67.5 万余件 / 套，实际数量 178 万余件 / 套。配合国家文物局完成长城专项执法督察，针对发现的问题制定整改方案，并取得初步成效。大运河（天津段）遗产监测常态化开展，保护管理积极推进。建筑文化遗产传承信息技术文化部重点实验室和文物本体表面监测与分析研究国家文物局重点科研基地落户天津大学。天津市文物管理中心被国家文物局指定为第一批涉案文物鉴定评估机构。完成国家文物局委托的民间文物鉴定试点任务，为规范民间收藏文物鉴定活动积累了经验。统一制作安装了全国重点文物保护单位和市级文物保护单位保护标志牌、保护区划公示牌。2 个文物保护项目获得国家重点文物保护专项补助资金支持。《长城天津段总体保护规划》《宁河天尊阁保护规划》编制完成，天津市文物保护单位记录档案著录工作全面完成。

### （三）非物质文化遗产保护迈出新步伐

年末天津市共有非物质文化遗产保护机构 31 个，从业人员 338 人。全年天津市非物质文化遗产保护机构共举办展览 188 次，接待观众 36.09 万人次。

2016 年组织“非物质文化遗产新作品”征集工作，共征集作品 200 余件，促进非遗融入当代生活。完成中国非遗传承人群研修研习培训计划年度培训任务，6 期普及培训班共培训学员近 300 名。对全市 16 个区、11 个直属保护单位 5 年来贯彻落实《非物质文化遗产法》情况进行督察，加强了非遗保护日常管理。文化遗产日主题活动丰富多彩，举办了《曾经的辉煌——天津工业遗产》展览及善音法鼓等非遗项目展示活动。《中华古籍总目 • 天津卷》编纂工作基本完成。

## 七、对外文化交流进一步扩大

### （一）文化服务外交大局能力明显增强

全年共派出 46 个项目、596 人次开展对外文化交流。组派“美丽天津”艺术团 7 支艺术展演团队分别赴俄罗斯等 9 个国家和地区访演，高水平完成国家“2016 欢乐春节”文化交流任务。配合李克强总理、刘延东副总理国事访问，出色完成了“俄罗斯中国文化节 • 天津文化周”等国事演出任务，为我外交工作的顺利开展营造了良好文化氛围，得到国务院领导、我驻外使领馆的高度赞扬。成功举办第四届非洲武术学员培训班。加强与国际友城文化交流，“美丽天津”艺术团应邀成功赴留尼汪大区（法属）参加多元文化节。

### （二）文化交流渠道进一步拓宽

市文化广播影视局与毛里求斯中国文化中心签署《文化交流与合作协议书》，自 2017 年起开展为期三年的对口合作；与天津霍元甲文武学校和毛里求斯中国文化中心联合签署《援外武术教练合作协议》。“美丽天津艺术团”成功赴毛里求斯访演。天津歌舞剧院赴斯里兰卡开展传统民乐整场演出，受到当地民众热烈欢迎。天津交响乐团与意大利斯卡拉歌剧院签订长期合作框架协议。

## 八、文化资金投入

全年天津市文化事业费 15.80 亿元，比上年增加 0.43 亿元，增长 2.80%；市人均文化事业费 101.18 元，比上年增加 1.79 元，增长 1.80%。市文物事业费 2.46 亿元，比上年减少 0.22 亿元，降低 8.07%。2016 年市文物事业费略减，主要原因为元明清天妃宫遗址博物馆 2015 年开始改扩建工程，故当年的财政拨款中有 0.2375 亿元的基建拨款，2016 年该基建工程正式施工，只有基建工程支出，无基建拨款，故财政拨款 2016

年比上年减少 0.2404 亿元。近年来，市文化事业费呈持续增长趋势，有力地促进了我市文化事业健康发展。

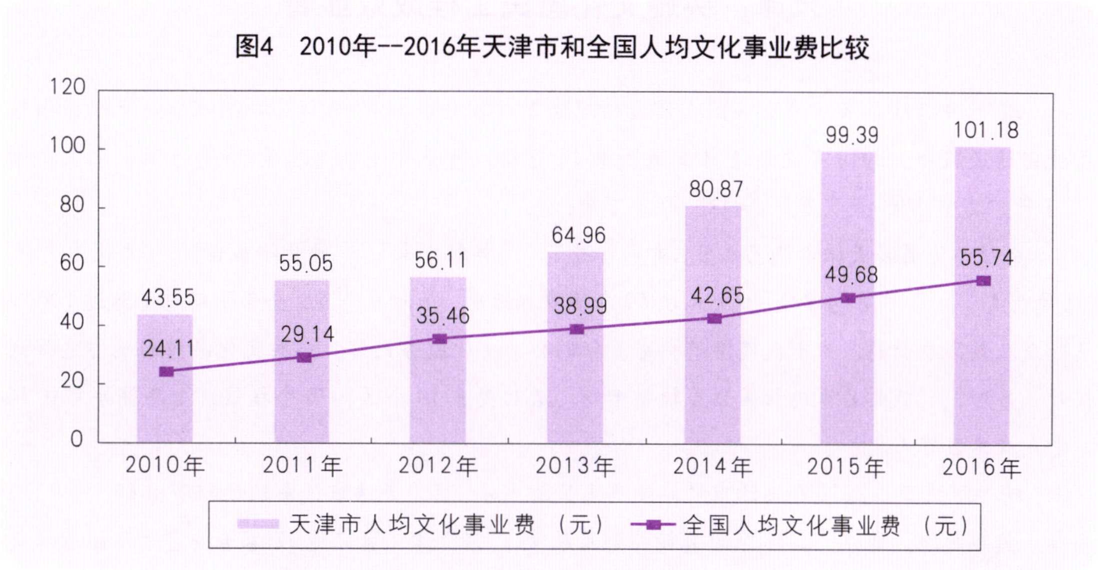


**表 6 天津市近年主要文化发展指标与全国排名情况**

| 主要指标 | 计量单位 | 2013 年 | | 2014 年 | | 2015 年 | | 2016 年 | |
|---|---|---|---|---|---|---|---|---|---|
| | | 数值 | 排名 | 数值 | 排名 | 数值 | 排名 | 数值 | 排名 |
| 1、文化事业费 | 亿元 | 9.56 | 26 | 12.27 | 23 | 15.37 | 22 | 15.80 | 24 |
| 2. 人均文化事业费 | 元 | 64.96 | 8 | 80.87 | 5 | 99.39 | 5 | 101.18 | 6 |
| 3、每万人拥有公共图书馆面积 | 平方米<br>平方米 | 168.05 | 2 | 169.38 | 2 | 167.43 | 3 | 168.82 | 4 |
| 4、人均拥有公共图书馆藏书 | 元<br>册 | 1 | 2 | 1.05 | 2 | 1.10 | 4 | 1.16 | 4 |
| 5、人均购书费 | 元 | 2.28 | 5 | 2.73 | 3 | 3.15 | 5 | 3.00 | 4 |
| 6、每万人拥有群众文化设施面积 | 个<br>平方米 | 172.53 | 25 | 197.63 | 25 | 204.97 | 25 | 209.59 | 25 |
| 7、人均群众文化业务活动专项经费 | 千元<br>元 | 1.23 | 25 | 5.11 | 5 | 3.95 | 14 | 5.05 | 13 |
| 8、艺术表演团体个数 | 个 | 58 | 27 | 66 | 27 | 86 | 26 | 84 | 26 |
| 9、艺术表演团体国内演出观众人次 | 件（套）<br>万人次 | 285 | 29 | 418 | 27 | 673 | 26 | 398 | 26 |
| 10. 艺术表演团体演出收入 | 千元 | 18222 | 28 | 35410 | 26 | 56359 | 25 | 59129 | 24 |
| 11、文化部门艺术表演团体经费自给率（事业） | % | 9.14 | 26 | 13.84 | 19 | 15.00 | 21 | 15.26 | 22 |
| 12、文物藏品数量 | 件（套） | 1057629 | 12 | 1034701 | 13 | 1025328 | 13 | 986885 | 15 |
| 13. 博物馆参观人次 | 万人次 | 546 | 26 | 926 | 25 | 1003 | 24 | 1013 | 24 |

（天津市文化广播影视局）

## 天津：实施文化惠民工程成效显著

一、2016年开通了天津市公共图书馆通借通还工程，全市20个区级公共图书馆与天津图书馆实现了通借通还服务。2016年全年累计配送图书15万册，通借通还流通总量83.8万册，比上年增加46.1万册。其中外借43.6万册，归还40.2万册。

二、成功举办首届天津市民艺术节，重点打造了“品牌驻万家”、“丹青绘盛世”、“文化志愿行”、“网络梦想秀”、“ 书香润津城”5大板块30余项重点活动，历时9个月，全年活动总量超过1000场，惠及群众人数再创新高，为市民提供了丰富多彩的公共文化服务内容，公共文化品牌影响力也得到显著提升。另外，“戏曲名家进社区公益辅导千场”活动覆盖14个区、76个社区，全年辅导突破1000场，受众戏迷数万人次。

三、精心组织举办2016年天津市名家经典惠民演出季，共为天津市民奉献精彩演出86台、276场，受到群众热烈欢迎。举办“2016京津冀精品剧目展演，京、津、冀三地12家专业艺术院团在津集中上演了10台剧目20场精彩演出。围绕建党95周年重大主题，与天津北方演艺集团精心策划了天津市纪念中国共产党成立95周年优秀剧目展演活动，安排14台与纪念建党95周年主题相关的精品剧（节）目在津集中展演。

四、创新文化惠民举措。天津市文化惠民卡于2015年始发，天津北方演艺集团为落实天津市委、天津市政府文化惠民的要求，在天津市委宣传部、天津市财政局、天津市文广局、天津市旅游局的支持下，联合天津市主要文化、旅游企业，发行了6万张“天津文化惠民卡”。2016年增发4万张，至此天津市文化惠民卡累计发至10万张。该卡可凭二代身份证并支付100元进行购买，每人限购一张。首次购买需填写《天津文化惠民卡申领表》，登记申领者姓名、联系方式、身份证号码、喜欢剧目种类等信息。购卡后，可获得额外的400元看戏补助，使卡内的可用总额达到500元。2016年充卡资费等方式略有调整，当年还创新推出了学生卡、公益卡和郊区县卡，鼓励引导大中小学生、贫困儿童和郊区百姓走进剧场，领略艺术魅力。累计推出演出近2000场，成为文化惠民的一大亮点。

天津市文化惠民卡的推出，带火了演出市场，惠及了民众，受到社会各界的充分肯定。在戏剧与观众之间搭起一座桥，为好戏找到观众，让观众知道好戏，促进了天津市戏剧文化的进一步繁荣，为民众提供更多更好的精神文化食粮，也进一步活跃天津的文化、旅游消费，推动天津演艺市场的发展。同时引导院团按照观众需求组织戏剧创作，从而提高市场意识和竞争力。中央电视台新闻联播予以宣传报道，中宣部领导专程来津调研，称“这是中国文艺界的重大创新发明”。全国繁荣文艺创作经验交流会将天津“文惠卡”经验向全国推广。

# 河北省 2016 年文化发展情况分析

2016年，河北文化系统深入学习贯彻习近平总书记系列重要讲话精神，紧紧围绕省委和省政府工作大局，坚持以人民为中心的工作导向，着力推进供给侧结构性改革，大力实施“一个工程”（文化精品创作工程），着力构建“四大体系”（现代公共文化服务体系、中华优秀传统文化传承体系、现代文化产业体系和对外文化交流体系），突出重点，打造亮点，攻克难点，各方面工作都取得了崭新成绩，实现了“十三五”的良好开局。

## 一、文化文物事业和文化产业发展基本情况

2016 年，全省共有各类文化文物机构 11651 个，同比增长 3.81%，从业人员 76767 人，同比增长 1.16%。其中，艺术表演团体 712 个，从业人员 16581 人（国有艺术表演团体 113 家，各级国有艺术表演团体从业人员 4452 人）；艺术表演场馆 112 个，从业人员 1586 人；公共图书馆 172 个（其中省级 1 个，市级 12 个，县级 159 个），从业人员 1875 人；文化馆 （群艺馆） 180 个（其中省级 1 个，市级 12 个，县级 167 个），从业人员 2369 人；乡镇（街道）综合文化站 2236 个（其中乡镇文化站 1988 个，街道文化站 248 个），从业人员 5148 人；文物机构 309 个（其中博物馆（纪念馆）111 个，文物藏品数量 558198 件），从业人员 8745 人；文化市场经营机构 8217 个，从业人员 45354 人。

**表 1　2016 年河北省文化机构、从业人员情况**

| | 机构 | | 从业人员 | |
|---|---|---|---|---|
| | 2015 | 2016 | 2015 | 2016 |
| 总计 | 13812 | 14377 | 88796 | 92266 |
| 艺术表演团体 | 596 | 712 | 14492 | 16581 |
| 艺术表演场馆 | 108 | 112 | 1679 | 1586 |
| 公共图书馆 | 172 | 172 | 1855 | 1875 |
| 群众文化服务机构 | 2402 | 2416 | 7138 | 7517 |
| 其中 文化站 | 2222 | 2236 | 4774 | 5148 |
| 艺术教育业 | 5 | 4 | 597 | 484 |
| 文化市场经营机构 | 7801 | 8217 | 44716 | 45354 |
| 文艺科研 | 12 | 12 | 160 | 170 |
| 文物业 | 304 | 309 | 8494 | 8745 |
| 其他文化相关产业 | 190 | 187 | 4891 | 4806 |

我省文化事业网络进一步完善，市场体系进一步健全，机构和人员结构趋于合理，队伍建设不断加强，文化供给能力得到显著提高，有效保障了人民群众精神文化需求。

### （一）文化文物事业投入情况

2016 年全省文化文物总收入达 518858.3 万元，比上年增加了 32019.7 万元，增长 6.58%。其中，财政补助收入 299890.9 万元，比上年增长 4.04%，事业收入 52472.4 万元，比上年增长 4.48%，文化事业费 184922.2 万元，人均文化事业费 24.76 元，全国排名第 30 位。文化文物基本建设投资项目 41 个，固定资产投资稳步增长，全年计划总投资 418296 万元，建筑面积 54.986 万平方米。省直投资 1.59 亿元的河北省艺术中心设施设备修缮工程一期完工、投资 1.58 亿元省群众艺术馆新馆正式开工建设，市级方面，唐山大剧院、石家庄丝弦剧场等一批重要文化设施建成投入使用。

**表 2　2016 年河北省文化文物设施投入情况**

| 年份 | 项目（个） | 本年计划投资（万元） | 本年完成投资（万元） | 本年竣工面积（万平方米） |
|---|---|---|---|---|
| 2015 | 34 | 241258.1 | 117920.2 | 10.097 |
| 2016 | 41 | 418296 | 136923.5 | 4.823 |

### （二）公共文化服务体系建设不断完善，文化惠民水平不断提高

文化设施建设覆盖城乡。在省级文化设施建设方面，河北博物院新馆建成并正式开馆，河北省图书馆运行良好，河北大剧院建设项目进展顺利，省群艺馆新馆主体即将封顶，省艺术中心设施设备修缮如期进行。在地市级“三馆”建设方面，沧州市博物馆、唐山市图书馆新馆、蠡县美术馆建成并投入使用。在乡镇文化设施建设方面，列入国家新建和改扩建补助规划的 1557 个乡镇综合文化站全部建成，全省基层文化场馆覆盖率和达标率不断提高。实施贫困地区村综合文化服务中心工程，在 45 个国家级贫困县的 450 个村建成综合文化服务中心示范点。唐山市丰南区图书馆公共文化机构法人治理结构试点工作顺利推进。

**表 3　近五年河北省公共文化设施数量情况**

| 设施名称 | 2012 年 | 2013 年 | 2014 年 | 2015 年 | 2016 年 |
|---|---|---|---|---|---|
| 博物馆 | 75 | 103 | 105 | 107 | 111 |
| 美术馆 | 9 | 10 | 12 | 13 | 15 |
| 公共图书馆 | 172 | 173 | 172 | 172 | 172 |
| 文化馆（群艺馆） | 181 | 182 | 180 | 180 | 180 |

公共文化服务能力明显提高。深入开展国家级公共文化服务示范区和示范项目创建活动，廊坊市以中部十省（市）第一名的好成绩顺利通过国家级第二批示范区评审验收，井陉县“文化广场”项目、张北县“城乡文艺演出服务体系”顺利通过了第二批国家级示范项目验收，第三批示范区创建城市沧州市及石家庄市、迁安市两地示范项目的创建工作正在稳步推进。2014 年唐山市丰南区文化馆、邯郸市井店镇综合文化站被命名为中国优秀文化馆（站）。2016 年在全国第四次文化馆评估定级中，我省共有 115 个文化馆被评为三

级及以上文化馆，较上次增加了 16 个，总数位居全国第六位。2016 年公共图书馆财政拨款 30665.7 万元，比上年增长 4.77%，其中购书经费 2881.4 万元，比上年略有减少，馆总藏量 2339.928 万册，比上增长 6.37%；人均拥有公共图书馆藏书 0.31 册，总流通人次 1622.165 万人次，比上年增长 13.63%；组织各类讲座 2460 次，同比增长 20.47%；举办各类展览 797 次，参观人次达到 256.075 万人次；举办各类培训班 899 次，培训人次 6.047 万人。各级建有文化信息资源共享中心和基层服务点，包括 1 个省级分中心，11 个市级支中心，172 个县级支中心，个乡镇（街道）基层服务点，基本形成了省、市、县、乡镇（街道）、村（社区）的服务网络架构。形成了包括数字化文化资源，图书期刊、舞台艺术等适合基层群众浏览的分布式文化信息资源库群。

文化惠民活动丰富多彩。2016 年全省 2416 个群众文化机构，组织文艺活动 42915 次，其中品牌节庆活动 253 次，比上年增长 5.4%，举办训练班 18341 次，培训人次 118.197 万人次。利用舞台车演出 1736 场，同比增长 1.3%。全年组织各类文艺活动 68004 次，比上年增长 5.2%。为我省文化站、社区文化中心和文化共享工程基层服务点配发安装了一批文化设施设备，为基层群众文化活动的活跃开展提供了基础保障。一批优秀的品牌文化艺术活动的成功举办，丰富了群众文化生活，取得良好的社会效益。2016 年投入政府购买文化服务资金 1552 万元，用于采购各种艺术形式的低票价惠民演出、免费公益演出。先后组织开展了“中国梦·赶考行——走进美丽乡村”基层惠民演出活动、百场儿童剧进校园活动、“下次开船”港——太行山区惠民演出活动、民乐进校园演出活动。举办了“大地情深”——河北省第十一届“燕赵群星奖”优秀作品巡演、“阅读塑造人生　书香润泽生活”系列宣传、“唱支山歌给党听”大型群众歌咏、第二期“广场舞之家”等活动。

**表 4　每万人拥有公共图书馆和群众文化设施面积情况**

| 年份 | 财政拨款（万元） | 购书专项经费（万元） | 每万人拥有图书馆设施面积（平方米） | 每万人拥有群众文化设施面积（平方米） |
|---|---|---|---|---|
| 2015 | 29269.4 | 3055.2 | 59.15 | 163.68 |
| 2016 | 30665.7 | 2881.4 | 63.17 | 167.39 |

### （三）艺术表演市场蓬勃发展，文化产品供给能力不断提高

全省共有各类艺术表演团体 712 个。新创并首演剧目 28 个，艺术精品生产成绩斐然，配合各类重大文化艺术活动，进行了丰富多彩的演出。2016 年全省各级艺术表演团体共演出 9.185 万场次，同比增长 11.1%，观众观看人次累计 9.185 万人次，其中农村演出 5.860 万余场，占演出总场次的 63.7%。利用舞台车演出 1736 场，同比增长 12.6%；全省共有艺术演出场馆 112 个，全年演映 6.166 万场次，同比增长 115.3%，观众 223.8256 万人次，年收入 17040.6 万元，同比上年略有减少。各类型艺术表演团体及场馆大

**表 5　艺术表演市场发展情况**

| | 艺术表演团体 | | 艺术表演场馆 | |
|---|---|---|---|---|
| | 2015 | 2016 | 2015 | 2016 |
| 演出场次（万场次） | 596 | 712 | 108 | 112 |
| 收入情况（万元） | 69983.9 | 73025.8 | 19611.7 | 17040.6 |

力开展艺术创作生产，充分发挥了文化引领风尚、教育人民、服务社会、推动发展的作用，让人们的基本文化权益得到有效保障。

### （四）文化遗产保护取得可喜成果

摸清了我省文化遗产底数。河北域内现有不可移动文物3.3万多处，其中，国家级文物保护单位278处（居全国第三位），世界文化遗产4项6处（金山岭长城、山海关长城，承德避暑山庄及周围寺庙、清东陵、清西陵、京杭大运河河北段），省级以上文物保护单位930处，县级以上文物保护单位3780处；现有博物馆、纪念馆111座。全省有邯郸、保定、承德、正定和山海关5个国家级历史文化名城，有省级历史文化名城7个、历史文化名镇名村48个，其中，国家历史文化名村名镇20座，省级历史文化名村名镇28座，全省70%以上的旅游景区属于文物遗存。我省非物质文化遗产十分丰富。蔚县剪纸、丰宁满族剪纸作为“中国剪纸”的组成部分，被联合国列入“人类非物质文化遗产代表作名录”，吴桥杂技列入我国申报“人类非物质文化遗产代表作名录”的重点候选项目。全省现有国家级非遗名录项目148项，居全国第四位；有国家级非遗项目代表性传承人106人。全省有梅花奖演员29名，获梅花奖33次。有被称为中国三大古乐之一的固安屈家营古乐，有河北梆子、评剧、丝弦、老调等地方剧种46个，有井陉拉花、昌黎地秧歌等现存民间舞蹈127种，有武强年画、衡水内画、曲阳石雕等特色民间艺术数十种。依托非遗创办的中国吴桥国际杂技艺术节已成功举办了十五届，中国评剧艺术节已成功举办了十届。

非物质文化遗产保护工作成效显著。全省共有国家级保护项目148个，省级保护项目690个。经各级文化部门认定的代表传承人国家级有106人，省级619人，非物质文化遗产博物馆 129 个（其中民俗民间博物馆 74个），传习所695个（其中民办 484 个）。全年举办展览 876场，参观人次111.58万人，组织举办民俗活动 798 次，参观人次73.816万人，开展非遗培训 1064次，培训人员7.707万人次，全省各级非物质文化遗产得到更好的保护和传承。成功举办了优秀传统文化进校园暨河北省乡土艺术展演、第九届河北省民俗文化节暨第六届中国剪纸艺术节、第二届京津冀非物质文化遗产联展、首届京津冀非遗精品联展、首届京津冀传统工艺暨文化创意产品展览展销会等活动。临漳县鬼谷子传说等16个项目入选第四批国家级非物质文化遗产代表性项目名录。完成了向文化部推荐申报第五批国家级非物质文化遗产代表性传承人工作。启动了第六批省级非物质文化遗产项目的评审工作，正定县（常山战鼓）等22个地区（31种艺术形式）被命名为2014—2016年度“中国民间文化艺术之乡”。完成了首次对传承人的年度审核认证工作，峰峰矿区大家陶艺有限公司等3家企业入选第二批国家级非物质文化遗产生产性保护示范基地，袁淑梅、边树森2人荣获第三届“中华非物质文化遗产传承人薪传奖”；石家庄丝弦、井陉拉花、曲阳石雕等3个项目被确定为全国非遗数字化工程试点。全面完成了全省范围内开展的戏曲剧种普查工作，录入我省现存剧种数目46个，在全国名列前茅，进一步奠定了河北戏曲大省的地位。

博物馆建设和管理工作全力加强。全省共有111家博物馆（纪念馆），其中，向社会免费开放的有91家，从业人员3764人，藏品427332件/套，参观人次2723.868万人，其中，未成人参观人次851.416万人。围绕“5.18国际博物馆日”，省博物馆举办了系列活动，全省各地博物馆开放多个展览，举办多场文物展览进校园、进社区、进乡村和文化讲座等宣传活动。

**表6　博物馆基本情况**

| | 总藏品数（件） | 基本陈列（个） | 资产总计（万元） | 实际房屋面积（万平米） |
|---|---|---|---|---|
| 2015 | 406132 | 230 | 2645.598 | 97.441 |
| 2016 | 427332 | 240 | 2723.868 | 73.944 |

### （五）以促进我省优秀文化走出去为重点，对外文化交流工作取得新成绩

对接我省的对外开放工作。配合我省开放工作中的“一带一路”战略，我厅先后开展了对匈牙利、波兰等国的文化交流活动，特别是2016年和2017年在保加利亚、捷克、马耳他、意大利、捷克、克罗地亚等举办的“欢乐春节”活动，取得了圆满成功，传播了中华传统文化，提升了对外宣传效果；对台工作方面，利用星云大师向河北省博物院捐赠佛首契机，与佛光山等建立了长期合作关系，2016年在台举办了“京津冀佛光山春节文化月”“河北文化专题展演月”和河北摄影特展等活动，在我省举办了“星云大师一笔字书法展”、南鲲鯓代天府文化摄影展、台湾戏曲学院京剧表演石家庄研习营等文化活动，起到了以文化人、以文建信、以文聚心的积极作用。

对接国家品牌交流项目。在国家框架内开展对外文化交流活动，规格高，影响大。我省先后参与了文化部与西班牙、东京、贝宁等海外中国文化中心对口合作，与美国、新西兰、法国、德国、西班牙、尼泊尔以及刚刚提到的保加利亚和捷克等国的“欢乐春节”活动，以及在加拿大、埃及等国举办的“中外文化交流年”等部省合作项目，向世界展示了中国形象、传播了中国声音，取得了良好的传播效果和社会影响。文化部主持召开“欢乐春节”部际部省联席会议，对我省等在2016年“欢乐春节”活动中做出突出贡献的省（市）给予了表扬和肯定。

对接我驻外使领馆。对外使领馆发挥着对外交流和宣传的桥头堡和前沿阵地作用。近年来，我厅先后与我驻欧洲、美洲、澳洲和非洲等多国使馆建立了良好的合作关系，掌握了所在国家的文化需求，有针对性地开展了宣介和交流活动，进入到了所在国的主流社会和主流媒体，提升了交流和宣传效果，增强了河北文化影响力。我驻捷克等4国使馆致电文化部、外交部和我省政府，称赞我厅主办的文化活动为我国与驻在国的关系发展树立了“风向标”。

### （六）京津冀文化协同发展取得新突破

建立了“京津冀演艺联盟”“京津冀公共文化服务示范走廊发展联盟”“京津冀图书馆联盟”“京津冀数字文化馆联盟”“京津冀艺术职业教育协同发展联盟”等“七大联盟”，签订了《京津冀文化领域协同发展战略框架协议》《京津冀三地长城保护工作框架协议》《京津冀三地文化人才交流与合作框架协议》《北京市文化局 河北省文化厅 张家口市人民政府文化合作框架协议》等一批意见和协议，开展了“三地同唱盛世曲 携手共筑中国梦——2014京津冀河北梆子优秀剧目巡演”“京津冀精品剧目展演”“首届京津冀曲艺邀请赛”“首届京津冀‘京东大鼓书会’”“京津冀非物质文化遗产大展暨传统手工艺作品设计大赛”等一系列丰富多彩的文化活动，京津冀文化协同发展理念不断深入人心。

### （七）文化市场发展有序，文化产业发展迅速

2016年，全省共有各类文化市场经营单位8217家，同比增长0.53%，从业人员45354人，利润总额44474.8万元，同比增长 7.39 %，营业收入232149.8万元，资产总计579897.4万元，较上年有大幅度减少。

娱乐、网吧市场发展有序。2016年，全省有网吧5201家，营业收入84609.7万元；全省歌舞游艺等娱乐场所2211家，营业收入84132.7万元；利润总额27965.2万元，资产总计177072.6万元，文化市场主体营业利润有所增加。

新兴文化产业发展迅速。我省现有11家动漫企业，原创漫画作品60部，原创动画作品15部，实现营业收入3828.9万元；互联网文化经营单位发展到29家，从业人员464人，实现营业收入14820.6万元；文化产业示范园区（基地）144 家，实现营业收入 3906816.9 万元，利润总额703418.8万元。

文化产业发展势头强劲。实施了一批产业发展项目。中国蔚县剪纸文化产业园区等30家单位被认定为首批河北省文化产业示范园区。命名河北焦氏商贸有限公司等40家企业为河北省第四批文化产业示范基地，使我省文化产业示范基地增加到121家。向文化部推荐的河北乐海乐器有限公司、河北省曲阳县荣杰雕刻

石材有限公司入选国家文化产业示范基地，使我省国家文化产业示范基地增至12家。促成了中关村保定数字文物文化产业园、中关村互联网文化产业园承德园、中信国安香河第一城文化产业园等重大项目落户我省。开展了一系列宣传推介活动。圆满完成了承办我省参加深圳、北京等文博会的参展任务，实现了文化产业宣传推介与签约项目双丰收。积极推荐文化产业项目，我省有199个文化产业项目进入中国北京文化创意产业博览交易会官方网站。举办了京津冀文化产业项目对接会暨中小微企业投融资项目路演河北站活动，京津冀三地13个文化产业项目进行现场路演、67个文化产业招商项目揖印成册现场发布。成功举办了第四、五、六届河北省特色文化产品博览交易会。河北传媒学院精英国际文化创意产业园、河北美术学院东方文化创意产业基地等5个项目共获得中央文化产业发展专项资金1310万元。

（河北省文化厅）

## 河北：艺术创作演出呈现新气象

2016年，全省文艺工作者坚持以人民为中心的工作导向，全面贯彻“二为”方向、“双百”方针，大力实施文艺精品创作工程，艺术精品创作再上新台阶。

艺术创作生产再创辉煌。围绕“中国梦”“美丽河北”主题，以庆祝建党95周年、长征胜利80周年为契机，新创并首演了河北梆子《牺牲》、评剧《火种》、京剧《奚啸伯》、话剧《成兆才》，加工修改了《安娥》《吕玉兰》《白文冠》等53部思想性、艺术性、观赏性较强的优秀舞台剧目，由此产生的“河北艺术创作现象”，受到了社会各界的高度赞扬。

国家级活动成绩斐然。评剧小戏《月缺月圆》以戏剧类第一名的成绩荣获全国第十七届群星奖，河北梆子《六世班禅》荣获第五届全国少数民族文艺汇演剧目银奖，河北梆子《卧云岭》入选了全国基层院团戏曲会演，丝弦《杨家将》登上了新年戏曲晚会舞台。

品牌文化活动亮点频出。成功创办“首届全国梆子声腔优秀剧目展演”，汇集全国21个梆子声腔剧种、18位“梅花奖”得主，集中奉献32场演出，并成功举办一系列讲座、研讨活动，《人民日报》、《新闻联播》等主流媒体进行了专题报道。成功举办第三届中国　中东欧地方领导人会议《凤凰之约》专场文艺演出、第十届中国　拉美企业家高峰会《天涯若比邻》专场文艺演出、河北省纪念红军长征胜利80周年交响音乐会《长征组歌——红军不怕远征难》、河北省首届旅发大会专场演出等重要任务，得到了中央领导的肯定和国际友人的高度评价。成功举办了第十届中国评剧艺术节，16台优秀剧目在唐山展出。圆满完成了“走进太行”——全国版画名家河北古村落采风、创作活动，在河北美术馆展出优秀版画作品112件。

省会文化建设开启新里程。以节假日演出为重点，深入推进惠民演出，举办了“我们的旗帜”——河北省纪念中国共产党成立95周年优秀剧目展演、第二届河北省会大学生戏剧节、“一月一名剧”惠民演出等品牌活动，繁荣了省会文化市场。

政策支撑力度不断加大。今年，河北省先后出台了《关于支持戏曲传承发展的实施意见》、《中共河北省委关于繁荣发展社会主义文艺的实施意见》、《河北省关于扶持省直转企改制艺术院团艺术创作生产的实施办法》、《河北省省直转企改制艺术院团演出补贴管理使用办法》，艺术事业发展的后劲得到增强。

国家艺术基金争取再创佳绩。通过认真严格的考察、审定，我省55个艺术创作项目共资助资金3744万元，获资助项目数量位列全国第二，资助金额位列全国第三，与2015年度相比，分别增长了189%和107%，大大促进了我省艺术创作的全面发展。

# 山西省2016年文化发展情况分析

2016年，山西文化系统深入学习贯彻习近平总书记系列重要讲话精神，自觉、主动服从服务于省委、省政府“一个指引、两手硬”重大战略思路，坚持以人民为中心的工作导向，以建设文化强省为目标，积极深化文化体制改革，大力推进全省文化、文物事业繁荣和文化产业发展，“十三五”时期各项任务开局顺利，各项工作稳中有进、稳中有为，开创了文化产业与经济平稳较快增长的良好格局，为全省国民经济和社会发展营造了良好的社会环境。

## 一、主要指标保持平稳上升，文化发展环境更趋优化

2016年，党的十八届六中全会胜利召开，对全面从严治党提出了新要求，“四个全面”战略布局进一步体系化。随着《国民经济和社会发展第十三个五年规划纲要》的印发，文化改革与发展的目标进一步明确，为我省文化强省建设进一步指明了方向。

### （一）机构人员稳步提升，文化产业规模进一步扩大

截止2016年底，我省共有文化及相关产业机构8148个，比上年增加465个，增长6.05%；从业人员6.84

**表1　2016年山西省文化及相关产业机构及从业人员情况**

| 单位 | 2016年 | | 与上年增减变动 | |
|---|---|---|---|---|
| | 机构数 | 从业人员数 | 机构数 | 从业人员数 |
| **总计** | **8148** | **68353** | **465** | **2407** |
| **一、文化部门产业机构** | **2362** | **24354** | **-20** | **-519** |
| 1、专业艺术表演团体 | 150 | 7783 | -7 | -475 |
| 2、专业艺术表演场馆 | 93 | 1415 | -7 | -42 |
| 3、图书馆 | 127 | 1676 | 1 | 122 |
| 4、群众文化服务 | 1540 | 4482 | | 40 |
| 其中：文化馆 | 131 | 1798 | | -11 |
| 文化站 | 1409 | 2684 | | 44 |
| 其中：乡镇文化站 | 1196 | 2205 | | 52 |
| 5、艺术展览创作机构 | 31 | 269 | 3 | -7 |
| 其中：美术馆 | 29 | 224 | 4 | |
| 6、艺术教育业 | 19 | 1427 | | 1 |
| 7、文艺科研 | 35 | 1398 | 4 | 304 |
| **二、文化市场经营机构** | **5438** | **36367** | **480** | **2534** |
| 1、民营艺术表演团体 | 396 | 9836 | 97 | 2107 |
| 2、民营艺术表演场馆 | 34 | 514 | -3 | -26 |
| 3、其他文化市场经营单位 | 5008 | 26017 | 386 | 453 |
| **三、文物业** | **348** | **7632** | **5** | **392** |

万人，比上年增加 0.25 万人，增长 3.79%。文化机构及从业人员主要包括：文化部门产业机构 2362 个，从业人员 2.44 万人，比上年减少 20 个机构、519 人；文化市场经营机构 5438 个，从业人员 3.64 万人，比上年增加 480 个机构、2534 人；文物部门产业机构 348 个，从业人员 0.76 万人，比上年增加 5 个机构、392 人。

### （二）文化投入稳定增长，政策支持力度进一步加大

2016 年，我省经济下行压力有所缓解，通过积极争取和多方努力，全省各项文化投入保持了平稳增长，为全省文化、文物事业加快发展奠定了良好基础。

1. 文化部门所属文化产业机构主要情况

2016 年，全省文化业总收入 31.11 亿元，总支出 30.55 亿元，分别比上年增加 7.31% 和 8.95%，收支大体平衡。

**表 2　2016 年山西省文化部门收支情况**

| 收入（亿元） | 2016 年 | 占总收入比重 | 与上年增减变动 | |
|---|---|---|---|---|
| | | | 绝对值 | 百分比（%） |
| **总收入** | **31.11** | | **2.12** | **7.31** |
| 其中：财政补贴收入 | 21.29 | 68.43% | 2.55 | 11.98 |
| 上级补助收入 | 0.38 | 1.22% | -0.12 | -24 |
| 事业及经营收入 | 1.27 | 4.08% | -0.11 | -0.8 |
| 其他收入 | 8.17 | 26.27% | -0.2 | -2.39 |
| **支出（亿元）** | **2016 年** | **占总支出比重** | **与上年增减变动** | |
| | | | **绝对值** | **百分比（%）** |
| **总支出** | **30.55** | | **2.45** | **8.71** |
| 其中：基本支出 | 13.74 | 44.98% | 0.53 | 4.01 |
| 项目支出 | 11.75 | 38.46% | 1.60 | 15.8 |
| 经营支出 | 0.26 | 0.85% | -1.98 | -43.37 |
| 其他支出 | 4.80 | 15.71% | 0.51 | 11.97 |
| 费用中：工资福利支出 | 9.24 | 30.25% | 0.48 | 5.46 |

如上图所示：财政拨款占到总收入的 68.43%，说明我省文化事业特别是公益文化事业单位的发展主要依靠各级政府的推动；事业和经营收入保持基本稳定，说明文化工作者主动适应文化市场发展规律、积极开拓市场，取得了一定的成绩。在总支出中，工资福利支出占到 30.25%，用于人员开支的费用大约占到财政补贴收入的 43.4%，远远高于文物单位 23.45% 的比重，充分说明：各级财政对文物事业的专项经费投入远远高于对文化事业的专项经费投入，对文化事业的投入还有很大的提升空间。

2016 年，我省人均文化事业费 53.73 元，略低于全国平均水平（55.74 元）。与中部六省相比，我省人均文化事业费近年来始终排名第一，但增幅不高，2016 年略高于河南省和江西省，排名中部六省第四位。与其他省份相比，我省人均文化事业费总量及增幅都低于内蒙古等周边地区，更低于北京、上海等地，且差距逐年拉大。

图1　山西人均文化事业费与中部六省及部分其他省份对比情况

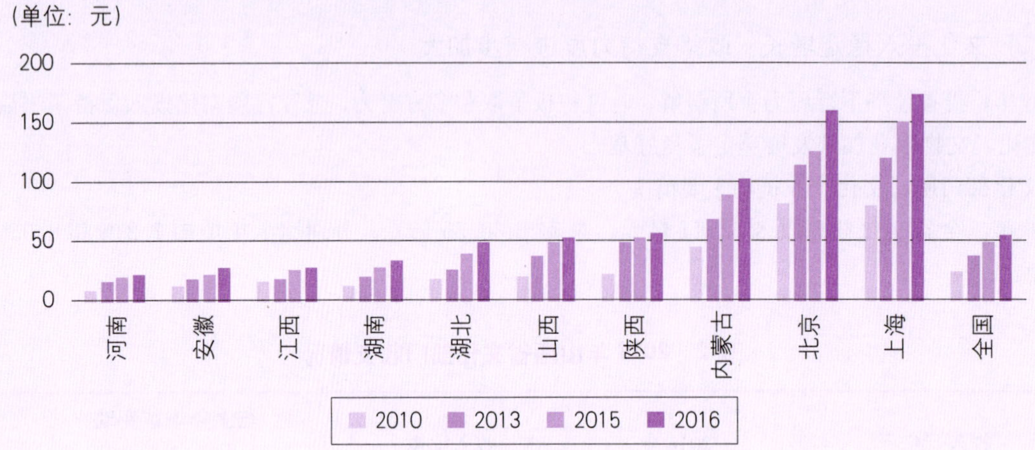


通过对比，我省在继续争取中央支持的同时，加大省级特别是省本级文化投入，应当成为“十三五”时期的工作重点，否则不仅进一步拉大与文化高投入地区差距，且在中部六省中的比较优势也将失去。

2. 文物部门所属文化产业机构主要情况

2016年，全省文物业总收入19.69亿元、总支出18.1亿元，分别比上年增长12.9%和7.8%。在总收入中：财政拨款16.37亿元，比上年增长16.26%，占到总收入的93.86%，比上年提高13.13个百分点。在总支出中：项目支出12.25亿元，比上年增长10.16%，占到财政拨款总额的74.83%，比上年下降4.15个百分点。如下图所示，近年来，全省文物事业费基本处于稳步上升状态，文物事业费的稳定增长，为全省文物事业发展打下了良好基础。

## 二、加快戏曲传承保护，演出市场日益繁荣

2016年，全省艺术院团积极参与文化部“深入生活、扎根人民”主题实践活动，加强创作规划引导，促进精品创作，有29个项目获国家艺术基金立项，资助总额2471万元，戏曲剧目、小戏、小品三类立项数量位居全国第一。为贯彻落实中央支持戏曲传承发展意见，我省印发了《关于实施山西省戏曲传承发展振兴工程的意见》，大力挖掘山西文化资源优势，全年各级剧团原创首演剧目61个，包括戏曲类52个，歌舞、音乐类9个。我省相继推出《党的女儿》、《槐树情》、《印象山西》、《绿色征途》、《法显》、《晋文公》、《北魏孝文帝》等重点剧目，晋剧《于成龙》入选2016年度国家舞台艺术精品扶持工程十大重点扶持剧目，话剧《生命如歌》荣获全国少数民族汇演金奖，舞蹈《扫街》荣获第十一届中国艺术节“群星奖”舞蹈类比赛第一名。我省积极开展全省地方戏曲剧种剧团普查，截止2016年底，我省艺术表演院团总数达546家，比上年增加90家，其中：地方戏曲类236家、综合性艺术表演团体81家，分别比上年增加18家和16家，国家支持地方戏曲发展政策影响明显。我省文艺精品创作演出在丰富文艺舞台的同时，也收到了良好的经济效益，全省各级剧团实现文化产业增加值5.48亿元，比上年增加0.05亿元，增幅0.92%。

图2　山西省文化部门剧团演出情况

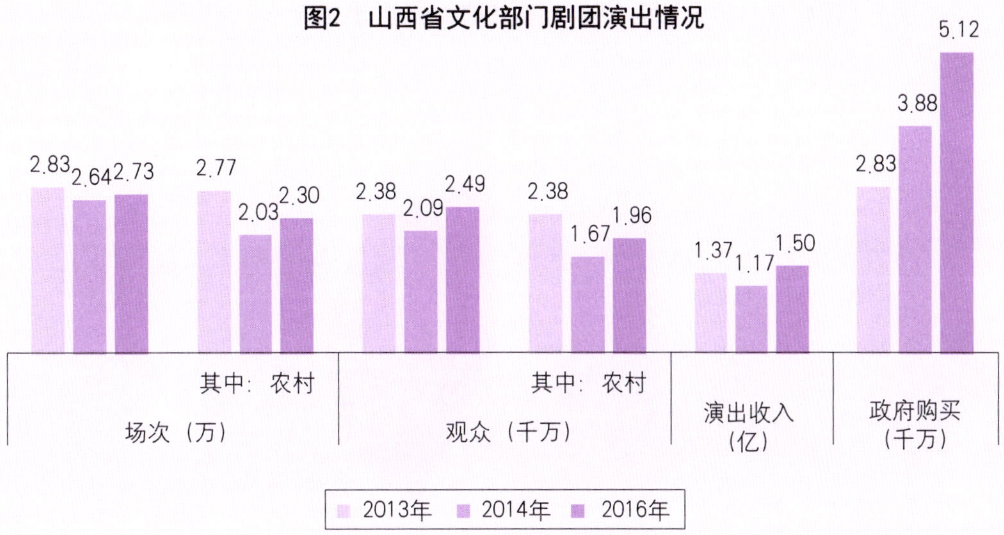


2014年以来，随着我省经济下行压力持续加大，演出市场受到很大影响，剧团演出场次、观众人次、演出收入降幅明显。

## 三、政策引导作用显现，公共文化服务提质提速

我省以保障群众基本文化权益为目标，印发《关于提高公共文化服务水平的若干意见》，加快构建现代公共文化服务体系。

### （一）公共图书馆业发展情况

2016年，我省公共图书馆总收入3.53亿元，比上年增加1.25亿元，增幅54.82%，其中：财政拨款3.53亿元，比上年增加1.26亿元，增幅55.51%，是“十一五”期末的3.59倍，占总收入的99.99%。各级政府投入的稳步增长成为促进公共图书馆事业发展的主要动力，免费开放经费的投入为“十三五”公共图书馆业的发展打下了良好的基础。

图3　山西省公共图书馆经费收入情况

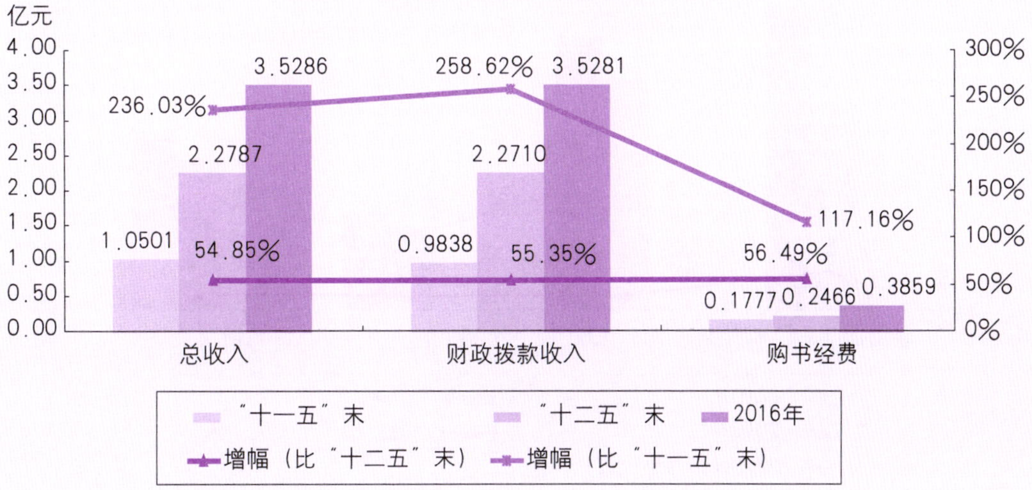

图4　2016年山西省公共图书馆经费支出情况表（亿元）

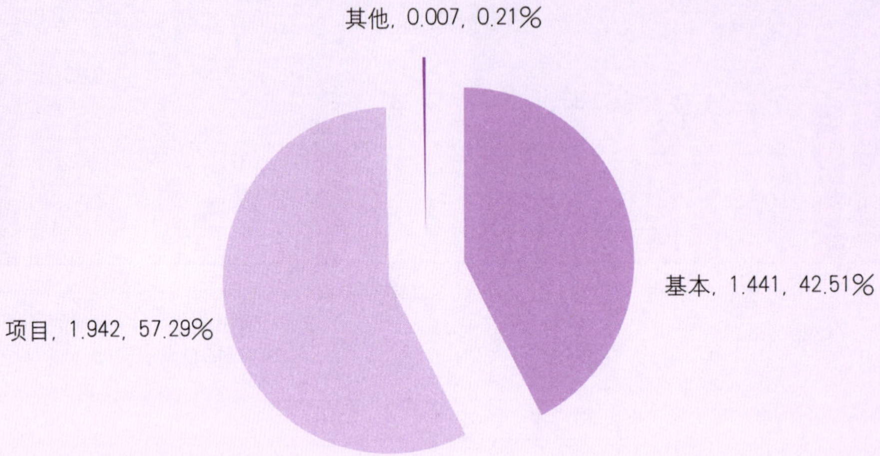


2016年，我省各级公共图书馆累计支出3.39亿元，其中：基本支出1.44亿元，占总支出的42.48%，比上年下降17.48个百分点；项目支出1.94亿元，占总支出的57.23%，比上年增加17.58个百分点，支出结构进一步优化。在各项费用中，工资福利支出1.014亿元，占总支出的29.91%，比上年下降8.71个百分点；新增藏量及数字资源购置费4810.5万元，占总支出的14.19%，比上年占比提高3.51个百分点，人均购书费1.31元，仍低于全国平均水平（1.56元），排名全国第13位。全省新增藏量126.36万册（件）、新增电子图书95.53万册，分别比上年增长55.63%、12.01%，总藏量和电子图书分别达到1727.14万册、677.13万册，分别比上年增长11.54%、27.62%，人均拥有公共图书馆藏量0.47册，低于全国平均水平（0.65册），排名全国第23位、中部六省第3位。

图5　山西省公共图书馆业务开展情况

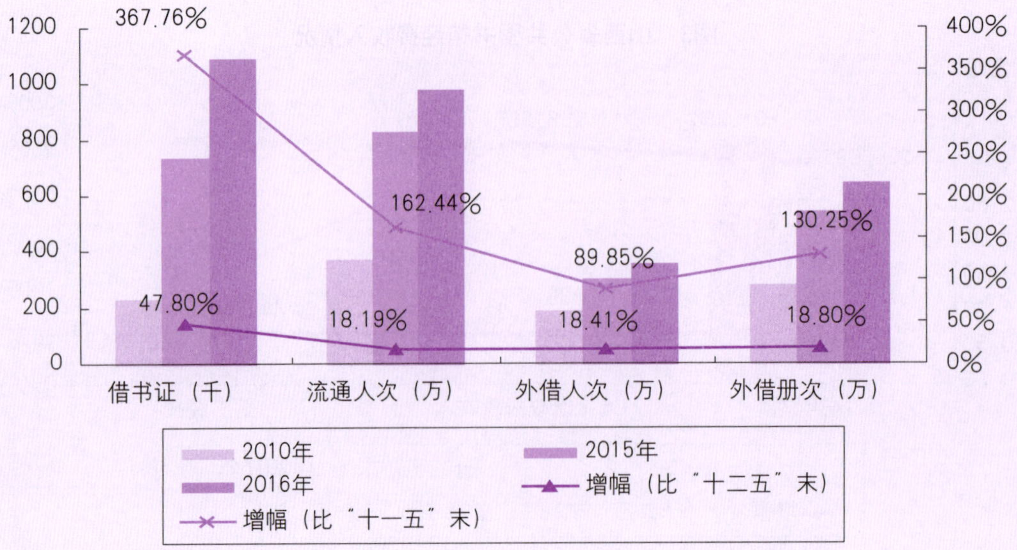

### （二）群众文化业发展情况

2016 年，我省群众文化事业单位总收入 3.57 亿元，比上年增加 0.4 亿元，增长 12.62%，其中：财政拨款 3.53 亿元，比上年增加 0.41 亿元，增长 13.14%；财政拨款中，业务活动经费 0.94 亿元，比上年增加 0.01 亿元，增长 1.08%；人均群众文化业务活动专项经费 2.55 元，比上年增加 0.01 元，增长 0.39%，增幅微弱，远远低于全国平均水平（5.29 元），排名全国第 27 位，排名进一步降低。

图6　山西省群众文化业经费投入情况（亿元）

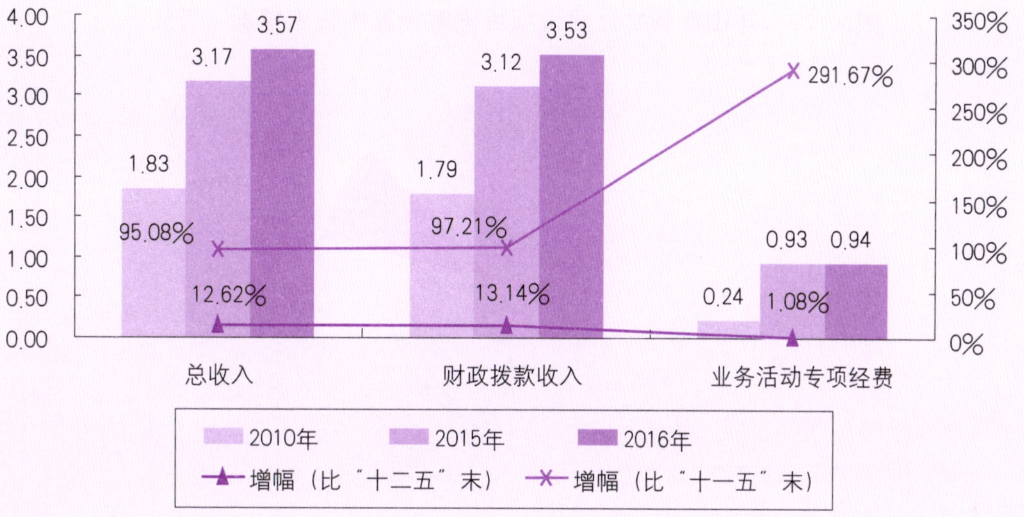


图7　山西省各级文化馆（站）财政拨款情况

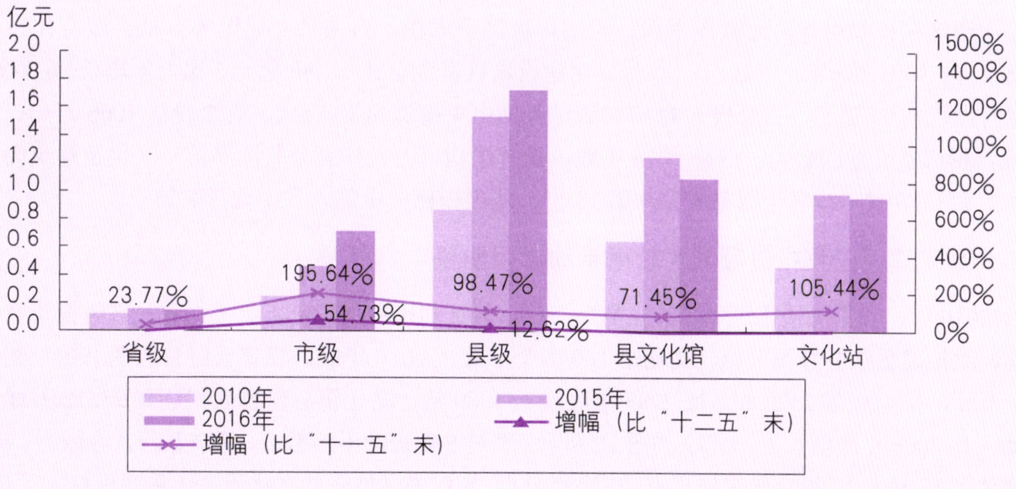


2016 年，各级政府对群众文化的投入基本稳定，与各个历史时期相比，增幅普遍较高，并且呈现出市、县、乡逐级提高的趋势，说明各级政府对基层，特别是对农村文化投入的力度明显加强。2016 年，我省各级文化馆（站）共为群众提供文艺活动、训练班、各种展览、公益讲座等服务 3.92 万次，参与群众 1006.32 万

人次，基层群众多层次、多方面、多样化的文化需求进一步满足，基层文化生活进一步丰富。

## 四、加快履行政府职能，文化惠民工程成效显著

### （一）注重政府投资引导，文化设施改善明显

2016年，全省各地积极规划和建设与城市相适应的文化设施，在建项目168个，其中：公共图书馆19个、文化馆27个、文化中心（文化馆图书馆合建项目）29个、艺术表演团体及演出场馆5个、文化站1个、艺术教育机构1个、文物保护管理机构30个、博物馆8个、其他文物机构62个。

图8　2016年山西省文化建设项目国家预算内投资情况（万元）

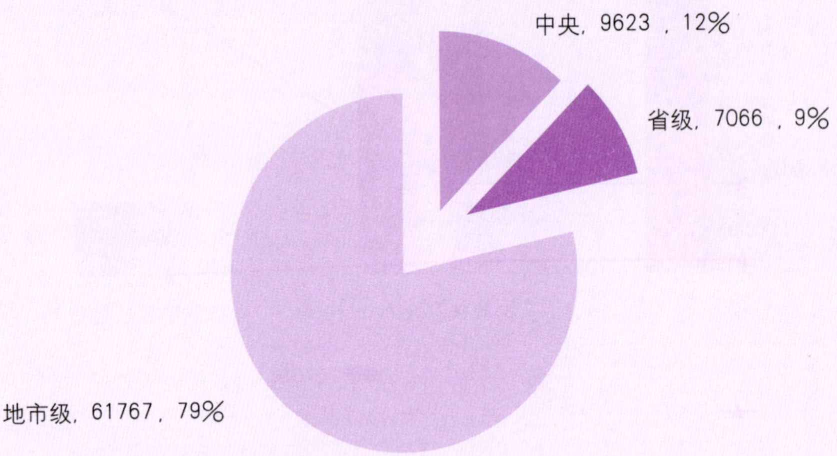


2016年，山西省少儿图书馆改建工程、山西省古籍保护中心改造工程加快建设，山西晋剧艺术中心主体封顶，太原市图书馆、吕梁市图书馆、吕梁市群众艺术馆、晋城市群众艺术馆等一批市级文化设施相继开工建设；通过扶持和引导，沁县图书馆、长治市城区美术馆、万荣县文化馆等一批县级文化设施相继建成或得到改善。如上图所示：2016年，我省文化建设项目资金总计11.85亿元，比上年增长85.74%，其中：国家预算内投资8.04亿元，占总投入的67.85%，包括中央投资9623万元、省级投资7066万元、市级投资6.18亿元，形成了有效的合力。截止2016年底，我省平均每万人拥有公共图书馆、文化馆建筑面积分别为129.91㎡、271.66㎡，排名全国第8位和第13位，两项指标在中部六省中均排名第一。

### （二）重点建设工程推进顺利，辐射带动作用明显

2008-2016年，我省加快推进“百县强基”工程，累计利用中央投资1.4亿余元，省级投资2亿余元，开工新建、改扩建县级公共图书馆、文化馆160多个。截止2016年底，我省县级公共图书馆总建筑面积达到27.37万㎡，平均每馆2300㎡，比2008年底增长1.39倍；文化馆总建筑面积达到27.12万㎡，平均每馆2279㎡，比2008年底增长1.21倍。如图12所示，经过8年来的不断努力，我省县级“达标率”明显提高，2016年底达到85.93%，比2008年底提高45.38个百分点，为促进县域公共文化服务体系建设打下了良好基础。

图9　2008-2016年山西省县级公益文化设施建设达标率变化情况

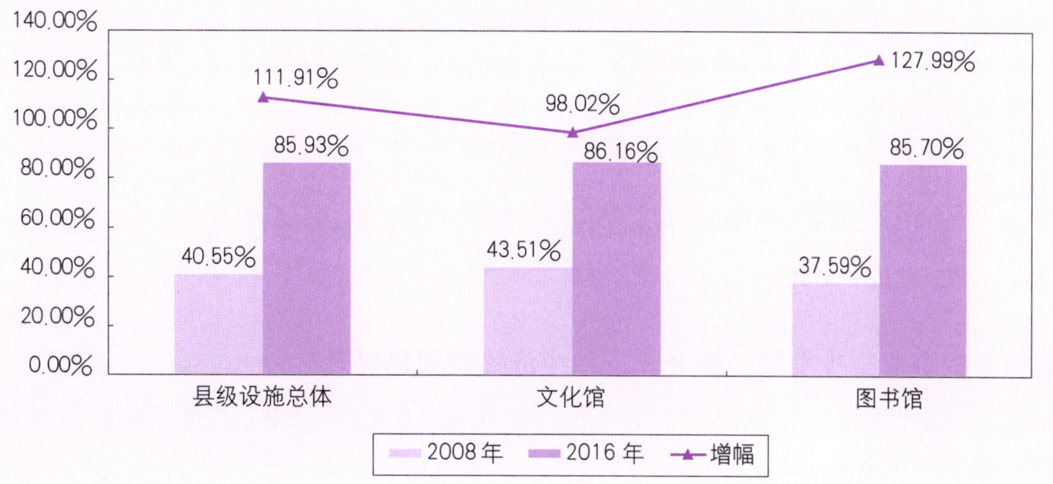


（三）加快政府职能转变，购买社会力量服务成效初显

2016 年，省文化厅联合省财政厅、省新闻出版广电局、省体育局、省文物局印发《关于做好政府向社会力量购买公共文化服务工作的实施意见》，扎实推进政府购买公共文化服务试点工作。2014 年—2016 年，省级共落实专项资金 3200 万元，购买公共演出 1066 场，其中：定向补贴 643 场，主要开展重要惠民演出，为群众提供低票价戏剧、艺术鉴赏服务；购买场次 423 场，主要面向基层厂矿、企业、贫困地区、革命老区开展惠民演出。2016 年 6 月，全国政府向社会力量购买公共文化服务工作座谈暨现场经验交流会召开，我省在会上做了典型经验发言。10 月，我省政府购买公共演出服务工作在全国财政系统政府购买服务培训会上进行了推广。在省级示范效应下，我省已有 10 个市出台了规范政策，省市县三级共落实年度专项购买资金约 5000 万元，2014-2016 年全省政府购买惠民演出超过 2.4 万场，观众人次超过 2000 万人次，成为全省文化事业和文化惠民的一道景观。

图10　2016年山西省各地政府购买公共演出服务情况

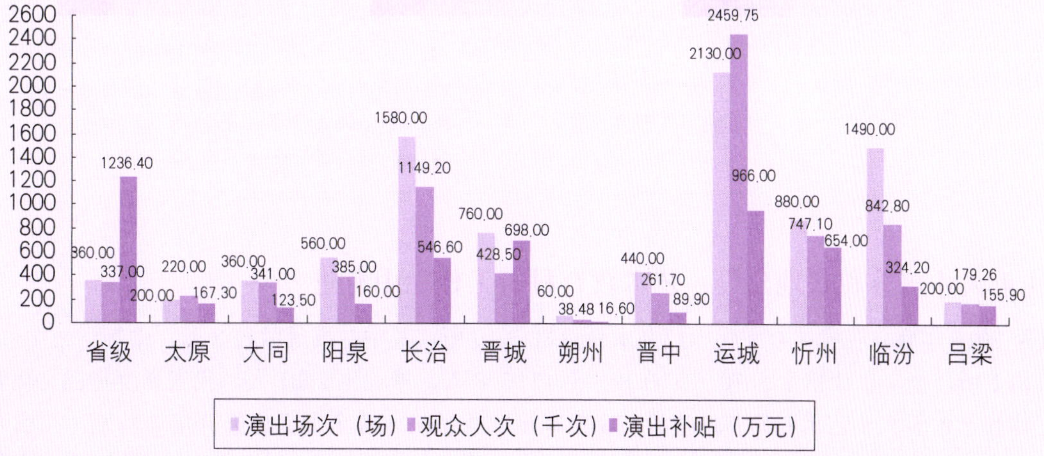

## 五、加快推进整体保护，非遗保护实现创新发展

2016年，文化部全面开展《非物质文化遗产法》贯彻落实情况检查，启动建立非遗代表性项目和文化生态保护试验区保护建设情况评估制度，我省加快推进晋中文化生态保护区建设，国家级非遗代表性传承人抢救记录试点工作进展顺利，非遗整体性保护体制机制进一步完善。在试点建设方面，我省探索和创新乡村文化资源保护新路子，继续实施“乡村文化记忆工程”，第二批试点达到318个乡镇，对乡村历史脉络、文化烙印、传统街区和乡风民俗等进行调查整理和科学保护展示，拓展了弘扬中华优秀传统文化和非遗保护的新领域。

通过建设，我省国家、省、市、县四级保护体系进一步完善，有116项非遗入选国家名录，保护单位168个，居全国第三，代表性传承人106名；公布省级非遗403项，保护单位723个，传承人815名。

## 六、文物保护事业稳步发展，社会效益和经济效益明显提升

2016年，国家文物局印发《关于促进文物合理利用的若干意见》，我省加快贯彻落实，多措并举让文物活起来。截至2016年底，我省共有文物机构348家，其中：文物保护管理机构140家、文物科研机构11家、文物商店1家、其他文物机构91家、博物馆机构105家，其中：省级馆5家、市级馆18家、县级馆82家，在博物馆机构中，已经实行免费开放的51家。如下图所示： 2016年，全省对外开放文博单位共计举办基本陈列186个、临时展览166个，接待观众2409.42万人次，全年门票销售总额4.1亿元，比“十一五”期末增长0.74倍，对经济社会发展的拉动力进一步提升。2016年，全省文物部门共实现文化产业增加值6.3亿元，比上年增加0.74亿元，增长13.31%，在促进发展、惠及民生方面迈出了坚实的步伐，全省文物事业的社会贡献率日益提升。

图11　山西省文博单位业务活动对比表

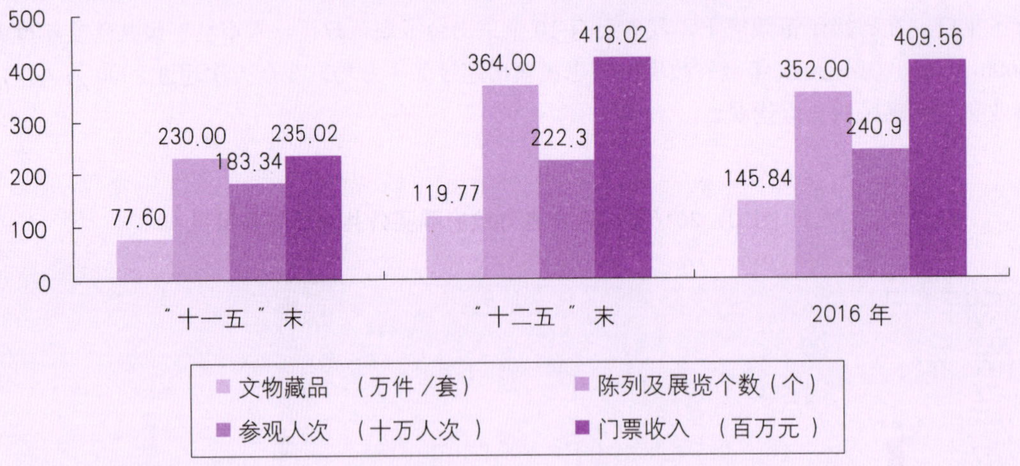


## 七、注重人才培养和基地建设，艺术教育科研工作稳中有进

截至2016年底，我省共有文化部门艺术教育机构19所，其中：高等院校2所，中等学校16所，其他教育机构1所，全年累计招生2570人，在校生达到9538人，毕业生2581人。我省高度重视文化艺术人才培养工作和艺术研究、艺术科研基地建设，山西戏剧职业学院入选全国文化干部培训基地，扎实开展相关教育培训工作；山西艺术职业学院、山西戏剧职业学院通过高职高专人才培养工作评估。第二十届“中国少儿戏曲小梅花荟萃”活动在绍兴嵊州落幕，我省再获7朵“小梅花”，至此，我省已有45人49次获戏

曲梅花奖，181 人获小梅花奖，大小梅花均居全国之最。全省艺术科研工作围绕建设文化强省这一主题，突出地域研究特色， 完成《山西现代公共文化服务体系建设路径研究》等一批有重要学术价值与社会影响的研究成果，全年共成功申报国家级课题 1 项、文化部课题 1 项、省艺术科学规划课题 64 项。

## 八、加强文化市场监管，文化娱乐业健康有序发展

2016 年，中办、国办印发《关于进一步深化文化市场综合执法改革的意见》，我省加快贯彻落实，开展全省文化行政综合执法改革摸底调查，探索文化市场分级分类管理和“双随机、一公开”模式，推动实现跨部门、跨行业综合执法。我省坚持一手抓繁荣、一手抓规范，15 个文化审批项目进入省政务服务平台，制定《简化优化公共服务流程方便基层群众办事创业工作方案》。围绕文化部《关于推动文化娱乐行业转型升级的意见》，我省印发配套实施方案。通过推动互联网上网服务行业转型升级，行业整体形象、社会评价明显改善。通过强化文化市场监管，组织开展交叉检查与暗访抽查，完成文化市场技术监管和服务平台建设，经营场所录入和网上激活率达 98% 以上。

我省文化市场经营机构及人员稳中有升，在丰富群众业余文化生活的同时，对增加就业起到了积极的推进作用，但受经济下行压力影响，我省文化市场经营机构经济效益下滑明显，产业结构有待进一步优化。

## 九、注重宏观政策引领，文化产业提质提速

我省以加强顶层设计和完善政策措施为重点，加快推进文化产业发展。通过制定《关于大力推进文化旅游业和文化创意产业发展的工作方案》、《关于推进演艺、非遗进景区的指导意见》、《关于创建山西省文化旅游大县的指导意见》等文件，加快文化与旅游融合发展。山西文化保税区累计完成投资 2.2 亿元，山西省文化产业园 5 个示范馆完成主体工程建设，重点工程带动作用进一步显现。通过搭建展示平台，推动项目合作，我省组织近百家文化企业、投资公司进行投融资路演，参加国家级国际性文化产业博览会，推介项目超过 200 个。我省率先在太原市启动文化消费试点，发放 30000 张文化消费卡，进一步深化供给侧改革。通过上述措施，我省文化产业增速明显，2015 年实现增加值 268.65 亿元，占 GDP 比重 2.10%；截止 2016 年底，我省国家级和省级文化产业示范基地分别达到 9 家和 41 家，国家认定的动漫企业达 11 家。

## 十、密切沟通往来，对外文化交流多姿多彩

2016 年，山西文化走出去步伐加快，全年共开展对外文化交流 20 余个，参与人员 300 余人次。2016 年，文化部服务国家“一带一路”战略，出台《“一带一路”文化发展行动计划（2016—2020 年）》，我省加快推进“山西品牌丝路行”，赴匈牙利、捷克、波兰和哈萨克斯坦、格鲁吉亚、白俄罗斯等地开展文化交流合作，山西文化影响力得到进一步提升。我省积极组织艺术团体赴加拿大、葡萄牙、瑞士、台湾、香港等国家和地区参加“中华风韵”、“欢乐春节”等活动，深受当地观众和华人、华侨好评。我省积极开拓山西海外文化阵地，省图书馆与毛里求斯中国文化中心、山投集团晋非经贸公司签署框架协议，启动毛里求斯中国文化中心图书室建设。省文化厅积极落实全省援疆工作部署，举办“山西艺术精品新疆行”系列活动，组织剧目赴疆巡演 40 余场，开展书画名家交流和非遗精品展示展演。

（山西省文化厅 山西省文物局）

## 山西：发挥绩效考评作用 助推文化强省建设

新时期以来，在努力探索经济转型、跨越发展的同时，山西省委、省政府创新的开展了地区经济社会发展考核评价，改变了过去长期沿用的、片面以经济增长指标指导评价地区发展的做法。省文化厅抓住这一有利时机，适时的提出“公共文化服务绩效考核评价指数”、“省市县三级公益文化设施建设达标率”等全新概念，纳入省政府整个考评体系，在2007年—2016年，对全省11个市、119个县（区、市）进行了连续10年的文化建设考评。

在综合考评方面，考评指标的提出为全省文化建设赢得了有利的外部环境，收到了基础设施改善、投入稳定增长、服务水平提升的积极成效。统计数据显示：2016年，山西省文化事业费达19.78亿元，是“十一五”期末的2.53倍，年均增幅近30%，总量排名全国第17位，增幅排名第9位，两项指标在中部六省中均排名第2位，仅次于河南省。在市级层面，与“十一五”期末相比，我省有4个市的文化投入增幅超过100%，其中：朔州提高2.04倍、大同提高1.59倍、晋城提高1.53倍，与之相对应的是这些市“考评指数”的稳步提高，各地文化强市建设稳步推进，为文化强省建设打下了良好基础。

在专项考评方面，我省参考国家《公共图书馆建设标准》、《文化馆建设标准》，结合各地县域服务人口等因素，研究拟定了“省市县三级公益文化设施建设达标率”，避免了服务人口不等而按照同一标准考核的不科学性，并按年度公布考评结果。通过加强考核评价和加大投资引导，我省县级文化设施建设工作取得积极成效。截止2016年底，我省省级共下达10批资助计划，引导带动全省65个县（区、市）的48个图书馆、42个文化馆、3个美术馆开工建设，使的县级“公益文化设施建设达标率”从40.55%提高到85.93%。目前，全省县级公共图书馆总建筑面积达到24.84平方米，平均每馆2087平方米，比2008年底增长1.17倍；文化馆总建筑面积达到25.13万平方米，平均每馆2112平方米，比2008年底增长1.05倍，为各县落实《基本公共文化服务指导标准（2015－2020年）》提供了有力支持，有力地促进了县域文化的协调发展。

# 内蒙古自治区 2016 年文化发展情况分析

2016 年，是“十三五”开局之年。在自治区党委和政府的坚强领导下，全区文化系统全面贯彻党的十八大和十八届三中、四中、五中、六中全会精神，深入学习贯彻习近平总书记系列重要讲话和考察内蒙古重要讲话精神，紧紧围绕“五位一体”总体布局和“四个全面”战略布局，全面贯彻落实自治区党委政府决策部署，坚持改革创新，突出问题导向，狠抓工作落实，实现了“十三五”自治区文化工作良好开局。

## 一、2016 年内蒙古文化发展情况

### （一）机构、从业人员比上年略有变化

2016 年底，全区共有文化文物机构 8327 个，比上年增加 16 个，增长 0.2%；从业人员 40244 人，比上年减少 2926 人，下降 7.8%；其中：文化部门直属机构 1762 个，从业人员 17393 人；文物机构 187 个，从业人员 2429 人；文化市场经营机构 6378 个，从业人员 20422 人。

**表 1　2016 年全区文化机构和从业人员情况**

| 单位类型 | 机构数（个） | | | 从业人员数（人） | | |
|---|---|---|---|---|---|---|
| | 2016 年 | 2015 年 | 增减 | 2016 年 | 2015 年 | 增减 |
| **总　计** | **8327** | **8311** | **16** | **40244** | **43170** | **-2926** |
| 艺术表演团体 | 186 | 175 | 11 | 7226 | 7553 | -327 |
| 艺术表演场馆 | 31 | 25 | 6 | 395 | 385 | 10 |
| 图书馆 | 117 | 117 | 0 | 1944 | 1942 | 2 |
| 群众文化服务机构 | 1226 | 1179 | 47 | 5016 | 5274 | -258 |
| 其中：文 化 站 | 1106 | 1060 | 46 | 2980 | 3286 | -306 |
| 艺术教育业 | 4 | 4 | 0 | 391 | 367 | 24 |
| 文化市场经营机构 | 6278 | 6334 | -56 | 18546 | 21090 | -2544 |
| 文艺科研 | 11 | 11 | 0 | 138 | 141 | -3 |
| 文物业 | 187 | 183 | 4 | 2429 | 2252 | 177 |
| 其中：文物保护管理机构 | 90 | 90 | 0 | 684 | 608 | 76 |
| 博物馆 | 87 | 84 | 3 | 1625 | 1543 | 82 |
| 其他 | 287 | 254 | 33 | 4159 | 3929 | 230 |

## （二）2016年全区文化文物（不含基本建设投资）事业费持续增长

1. 2016年文化文物事业费投入比上年明显增加

2016年，全区文化文物（不含基本建设投资）事业费33.63亿元，比上年增加5.26亿元，增长18.5%。文化事业费投入占财政支出比重0.57%，比上年增长0.04%，文物事业费占财政支出比重0.17%，比上年增长0.04%。文化文物事业费的持续增加，有力支持和保证了文化事业的繁荣和发展。

**表2　2011–2016年文化文物事业费占全区财政支出情况**

| 年份 | 财政支出（亿元） | 文化事业费（亿元） | 占财政支出比重（%） | 文物事业费（亿元） | 占财政支出比重（%） |
|---|---|---|---|---|---|
| 2011年 | 2989.5 | 12.77 | 0.43 | 4.04 | 0.14 |
| 2012年 | 3429.4 | 16.22 | 0.47 | 4.68 | 0.14 |
| 2013年 | 3682.1 | 17.36 | 0.47 | 4.43 | 0.12 |
| 2014年 | 3884.3 | 18.97 | 0.49 | 4.62 | 0.12 |
| 2015年 | 4352.0 | 22.89 | 0.53 | 5.48 | 0.13 |
| 2016年 | 4526.3 | 25.96 | 0.57 | 7.67 | 0.17 |

2. 全区文化事业费继续稳步增长。全区文化部门事业费2016年投入25.96亿元，比上年增加3.07亿元，增长13.4%；从2011年到2016年的6年里，我区的文化事业费平均增长率为15.06%。

图1　2011年-2016年全区文化事业拨款及增长速度

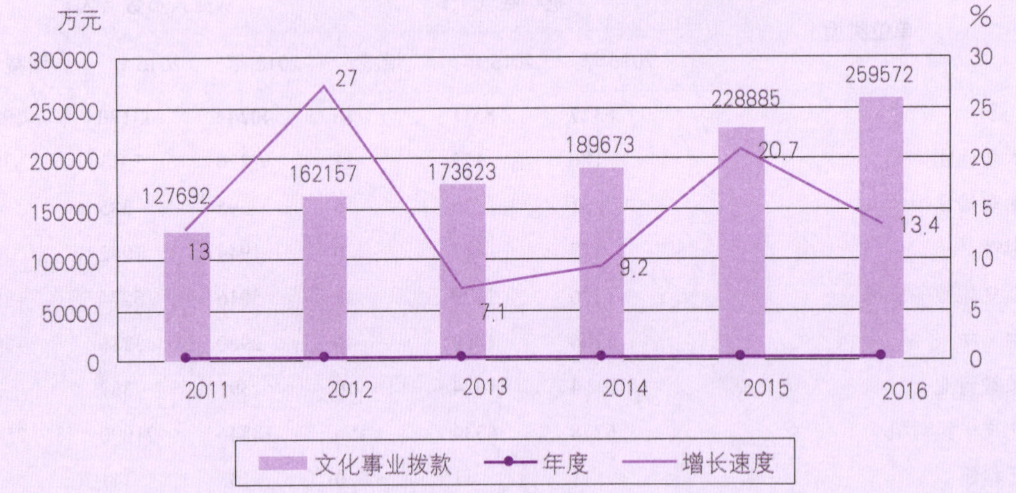


3. 全区文物事业费投入加大。全区文物事业费2016年投入7.67亿元，比上年增加2.19亿元，增长39.9%；从2011年到2016年的6年里，我区的文物事业费平均增长率为18.17%。

图2　2011年-2016年全区文物事业拨款及增长速度

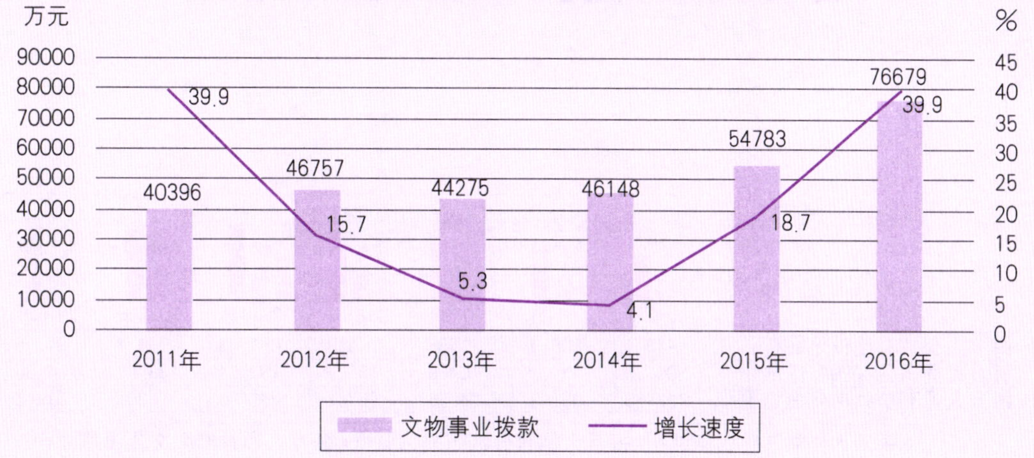


4. 全区人均文化事业费不断提高。近年来，随着我区文化事业费的总量不断增加，全区人均文化事业费不断提高，2016 年全区人均文化事业费 103.02 元，比上年增加 11.86 元，增长 13.0%。

图3　2011年-2016年全区人均文化事业费

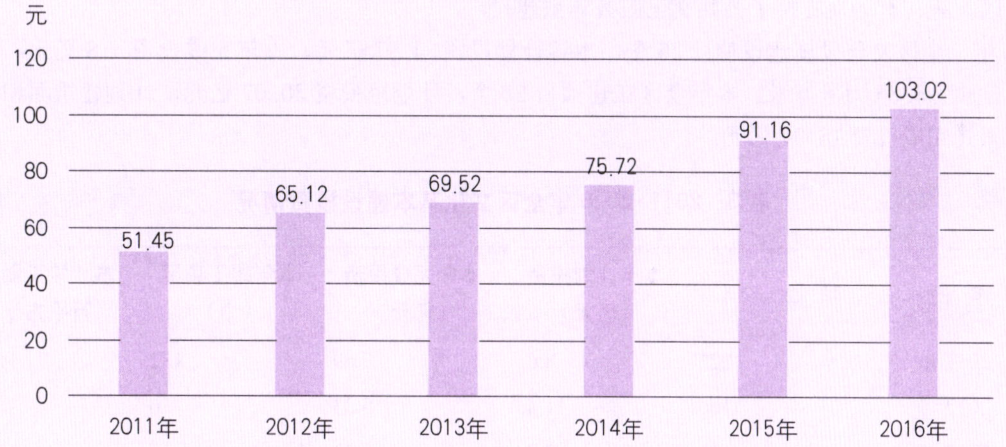


## （三）公共文化设施建设成效显著

1. 人均公共文化设施建设增长快速

从文化设施拥有量来看，2016 年全区公共文化设施建筑面积总量稳步提高，全区每万人拥有公共文化设施面积为 811.5 平方米，比上年增加 159.6 平方米，增长 24.5%。其中全区每万人拥有公共图书馆面积为 154.36 平方米，比上年增加 13.72 平方米，增长 12.6%；全区每万人拥有群众文化设施面积为 319.8 平方米，比上年增加 28.75 平方米，增长 9.88%。

图4　2010年-2016年全区人均公共文化设施建设情况比较

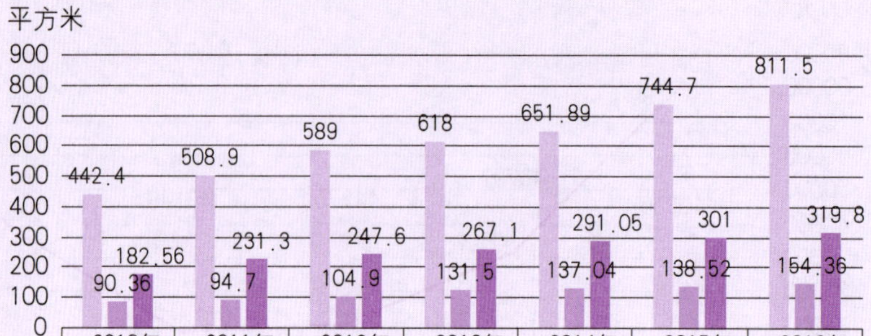


| | 2010年 | 2011年 | 2012年 | 2013年 | 2014年 | 2015年 | 2016年 |
|---|---|---|---|---|---|---|---|
| 每万人公共文化设施面积 | 442.4 | 508.9 | 589 | 618 | 651.89 | 744.7 | 811.5 |
| 每万人拥有公共图书馆面积 | 90.36 | 94.7 | 104.9 | 131.5 | 137.04 | 138.52 | 154.36 |
| 每万人拥有群众文化设施面积 | 182.56 | 231.3 | 247.6 | 267.1 | 291.05 | 301 | 319.8 |

每万人公共文化设施面积　每万人拥有公共图书馆面积　每万人拥有群众文化设施面积

2. 公共文化基本建设投入稳步增长

2016 年，全区文化基础设施建设的投入进一步加大，公共文化设施建设取得显著成绩，公共文化服务网络日趋完善，数量不断增加。以公共图书馆、博物馆、文化馆（文化中心）、为重点的一大批文化工程和项目得以实施，有力地支持了公共文化服务体系建设。

2016 年，全区文化设施建设项目 36 个，本年计划投资 4.97 亿元，本年完成投资 4.8 亿元，竣工项目 8 个，竣工面积 5.65 万平方米。本年全区在建项目 28 个，计划总投资 30.07 亿元，计划建筑面积 53.69 万平方米，累计完成投资 18.34 亿元。

**表 3　2011—2016 年全区文化基本建设投资情况**

| 年 份 | 项 目（个） | 本年计划投资（亿元） | 本年完成投资（亿元） | 本年竣工项目（个） | 本年竣工面积（万平方米） |
|---|---|---|---|---|---|
| 2011 年 | 227 | 8.65 | 7.69 | 182 | 15.03 |
| 2012 年 | 100 | 11.46 | 9.33 | 70 | 16.90 |
| 2013 年 | 36 | 2.74 | 2.52 | 17 | 9.42 |
| 2014 年 | 36 | 4.78 | 4.4 | 16 | 43.82 |
| 2015 年 | 44 | 3.07 | 3.1 | 2 | 6.5 |
| 2016 年 | 36 | 4.97 | 4.80 | 8 | 5.65 |

## （四）文艺创作进一步繁荣，文化惠民活动丰富多彩

1. 艺术创作和演出取得新进展，2016 年，深入贯彻《关于繁荣发展社会主义文艺的意见》精神，立足我区民族特色文化资源，积极创作生产优秀作品，推出了音乐剧《相思树》《爱在胡杨》、二人台剧《圆梦》等一批新创剧目，打磨提升了舞剧《我的贝勒格人生》、晋剧《巡城记》、漫瀚剧《凤祥楼》、话剧《尹湛纳希》等精品剧目。精心筹备庆祝自治区成立 70 周年专场演出。选送民族情景歌舞《草原上的乌兰牧骑》和民族舞剧《马可・波罗传奇》参加第五届全国少数民族文艺会演，分别荣获剧目金奖、银奖。

2. 文化惠民演出活动丰富多彩。2016 年，全区共有 186 个艺术表演团体，从业人员 7226 人。面向基

层开展一系列精彩文艺演出，极大丰富了城乡群众文化生活。全年新创作并首演的剧目 72 个，比上年增加 10 个；全年共演出 2.45 万场，比上年减少 1.46 万场；其中赴农村演出 1.59 万场，占演出场次总数的 64.9%，服务观众人次达 1241 万人，其中农村观众人次 755 万人，占观众人次总数的 60.8%。全年演出收入 5025 万元，比上年减少 2209 万元，下降 69.5%。全区文化部门管理的院团有 97 个，民营剧团 89 个，其主要活动情况对比如下。

**表 4　艺术表演团体主要业务活动情况**

| | 机构数（个） | 从业人员（人） | 财政补贴团数（人） | 本团原创首演剧目（个） | 演出场次（场） | 农村演出场次（场） | 观众人次（万人） | 演出收入（万元） |
|---|---|---|---|---|---|---|---|---|
| 国有 | 97 | 5499 | 97 | 72 | 12460 | 7690 | 947 | 994 |
| 民营 | 89 | 1727 | 8 | 0 | 17020 | 8170 | 294 | 4031 |

2016 年全区文化部门所属艺术表演团体共组织政府采购的公益演出 0.42 万场，比上年下降 24.5%；观众 299.8 万人次，比上年下降 19.9%。利用流动舞台车演出 0.41 万场次，比上年下降 0.9%；观众 280.1 万人次，比上年增长 12.4%。

2016 年全区国有艺术表演场馆 20 个，观众坐席数 1.4 万个。全年共演映 2.03 万场，比上年增加 0.5 万场，其中：艺术演出 0.27 万场，比上年增长 6.2%，服务观众 100.1 万人次，比上年增加 11.5 万人次，其中：艺术观众 63.8 万人次，比上年增长 9.6%。

### （五）公共文化服务日臻完善

全面落实《关于加快构建现代公共文化服务体系的意见》，以满足群众基本文化需求、维护群众基本文化权益为宗旨，积极推动公共文化服务标准化、均等化建设，取得了显著成效。

1. 公共图书馆服务社会的能力明显加强。2016 年，公共图书馆财政拨款 3.58 亿元，比上年减少 0.27 亿元，下降 7.1%，其中：图书购置费 3261 万元，比上年增加 52 万元，增长 1.6%；人均购书费 1.29 元，比上年增加 0.01 元，排全国第 15 位；人均拥有图书藏量 0.68 册，比上年增加 0.08 册，排全国第 12 位；每万人拥有公共图书面积 154.31 平米，比上年增加 15.77 平米，排全国第 6 位。政府投入的稳步增长为公共图书馆事业的健康发展打下良好的基础。

2016 年，全区 117 个公共图书馆，总藏量 1704 万册，全年总流通人次 743 万人次，外借册次 705 万册次。为读者举办各种活动 2281 次，参加 66.8 万人。全区公共图书馆房屋建筑面积 38.9 万平方米，其中阅览室面积 11.2 万平方米。

**表 5　2011—2016 年全区公共图书馆主要业务指标**

| | 图书馆经费（万元） | 新增藏量购置费（万元） | 人均购书费（元） | 人均拥有公共图书馆藏量（册） | 每万人拥有公共图书馆建筑面积（平方米） |
|---|---|---|---|---|---|
| 2011 年 | 20954 | 2004 | 0.81 | 0.44 | 94.6 |
| 2012 年 | 26029 | 2838 | 1.14 | 0.49 | 104.9 |
| 2013 年 | 28999 | 3148 | 1.26 | 0.53 | 131.5 |
| 2014 年 | 31052 | 2640 | 1.05 | 0.58 | 137.04 |
| 2015 年 | 38852 | 3209 | 1.28 | 0.60 | 138.52 |
| 2016 年 | 35753 | 3261 | 1.29 | 0.68 | 154.36 |

2016 年，积极向全区推广使用公共文化服务管理平台。持续推进“数字文化走进蒙古包”工程。组织开展了“移动数字图书馆”基层试点工作。“彩云服务”荣获“美国图书馆主席国际创新奖”。

全区“三馆”免费开放经费资金投入 1.13 亿元，其中中央投入 0.89 亿元，自治区投入 0.24 亿元，使全区各级公共图书馆积极开展各种活动，创新服务方式，为广大群众提供优质服务。

2. 群众文化活动日益丰富。组织完成了“阳光工程”农村文化志愿者招募计划。组织实施了“春雨工程”文化志愿者边疆行活动。组织参加了中国群星奖评选、黄河流域十省区摄影大赛。

2016 年，全区文化馆（站）1226 个，从业人员 5016 人，其中：群艺馆 13 个，文化馆 107 个，文化站 1106 个；全年财政拨入群众文化经费 5.02 亿元，比上年增加 0.46 亿元，增长 10.1%，其中用于业务活动专项经费 11733 万元，比上年增加 2703 万元；平均每人拥有业务活动专项经费 4.26 元，比上年增加 0.67 元；排全国第 18 位；全区每万人拥有群众文化设施面积 319.96 平方米，比上年增加 19 平方米。排全国第 10 位。

**表 6　2016 年全区群众文化开展活动基本情况**

| | 举办展览（个） | 组织文艺活动次数（次） | 举办训练班（次） | 培训人次（万人次） | 公共房屋建筑面积（万平方米） |
|---|---|---|---|---|---|
| **总计** | **2492** | **18580** | **9397** | **56.6** | **80.64** |
| 群艺馆 | 75 | 840 | 399 | 3.9 | 8.34 |
| 文化馆 | 466 | 4628 | 4134 | 22.3 | 21.21 |
| 文化站 | 1951 | 13112 | 4844 | 30.4 | 51.09 |
| 其中：乡镇站 | 1448 | 9235 | 3580 | 24.5 | 40.04 |

（六）文化产业稳步发展

2016 年，全区文化系统积极推动文化与旅游、金融、科技深度融合，制定加强文化金融工作的指导意见，支持特色文化产业建设，促进“软实力”向“生产力”转化。

2016 年全区实现生产总值 18632.6 亿元，较上年增加 599.6 亿元，增长 7.2%，其中第三产业增加值 7925 亿元，比上年增长 9.9%。2016 年全区文化产业实现增加值 526 亿元，比 2015 的 431 亿元增加 95 亿元，增长 22.0%，占全区 GDP 比重的 2.8%。占全区第三产业增加值的 6.6%。

（七）文化市场健康有序发展

2016 年，全区文化市场经营单位（含互联网上网服务营业场所、娱乐场所和民营艺术表演团体）6378 个，

**表 7　2016 年按区域全区文化市场经营单位主要指标**

| | | 机构数（个） | 从业人员（人） | 营业收入（亿元） | 营业利润（亿元） |
|---|---|---|---|---|---|
| 总量 | **总计** | **6378** | **20422** | **17.64** | **6.60** |
| | 城市 | 1617 | 6396 | 6.77 | 2.67 |
| | 县城 | 3907 | 12208 | 9.82 | 3.38 |
| | 县以下 | 854 | 1818 | 1.05 | 0.55 |
| 比重（%） | **总计** | **100.0** | **100.0** | **100.0** | **100.0** |
| | 城市 | 25.4 | 31.3 | 38.4 | 40.4 |
| | 县城 | 61.2 | 59.8 | 55.7 | 51.2 |
| | 县以下 | 13.4 | 8.9 | 5.9 | 8.4 |

比上年减少 41 个；从业人员 20422 人，比上年减少 2678 人。全年全区文化市场经营单位营业收入 17.6 亿元，比上年增加 1.1 亿元，增长 6.7%；营业利润 6.6 亿元，增长 0.92%。

**表 8　2016 年我区文化市场经营单位按业务分组情况**

| | | 机构数（个） | 从业人员（人） | 营业收入（亿元） | 营业利润（亿元） |
|---|---|---|---|---|---|
| 总量 | **总计** | **6378** | **20422** | **17.64** | **6.60** |
| | #娱乐场所 | 2495 | 8161 | 7.93 | 3.12 |
| | 互联网上网服务营业场所 | 3634 | 9595 | 8.18 | 3.37 |
| 比上年增长（%） | **总计** | **-4.5** | **-11.6** | **6.7** | **0.9** |
| | #娱乐场所 | -6.8 | -19.3 | 11.4 | 6.1 |
| | 互联网上网服务营业场所 | 3.6 | -0.66 | 2.2 | 2.1 |

分区域看，年末盟市所在地文化市场经营单位 1617 个，占文化市场经营单位总量的 25.4%；旗县所在地 3907 个，占 61.2%；县以下地区 854 个，占 13.4%。

年末全区共有娱乐场所 2495 个，比上年减少 182 个；从业人员 8161 人，减少 1947 人；全年营业收入 7.93 亿元，比上年增长 11.4%；营业利润 3.12 亿元，增长 6.1%。

年末全区共有互联网上网服务营业场所 3634 个，比上年增加 126 个；从业人员 9595 人，减少 679 人；全年营业收入 8.18 亿元，比上年增长 2.25%；营业利润 3.37 亿元，增长 2.1%。

通过数据分析，2016 年我区文化市场在发展过程中， 娱乐场所机构、从业人员比上年均有减少，互联网上网服务营业场所（网吧）机构比上年增加 126 个，从业人员比上年减少 679 人。同时数据显示 2016 年娱乐场所、互联网上网服务营业场所（网吧），经济效益较上年有所好转。总之，我区文化市场还需加强培育和管理，产业结构有待进一步完善。

### （八）文化遗产保护成效显著

1. 基本情况。2016 年，全区有各类文物业机构 187 个，从业人员 2429 人，机构和人员分别比上年增加 4 个和 177 人，其中：文物科研机构 2 个，文化保护管理机构 90 个，文化部门管理的博物馆 87 个，文物商店 1 个，文物藏品 73.1 万件，其中：一级文物 2342 件，占总数的 0.3%。本年举办陈列、展览 518 个，接待观众 1218 万人次，有效发挥了文博机构服务社会、服务公众的公益性功能。

**表 9　2011—2016 年内蒙古文博事业基本情况**

| 年份 | 机构数（个） | 从业人员（人） | 文物藏品（万件） | 举办陈列展览（个） | 参观人次（万人次） |
|---|---|---|---|---|---|
| 2011 年 | 147 | 2108 | 48.99 | 378 | 687 |
| 2012 年 | 155 | 2000 | 54.09 | 525 | 1021 |
| 2013 年 | 169 | 2133 | 55.94 | 396 | 1012 |
| 2014 年 | 173 | 2204 | 55.75 | 518 | 1105 |
| 2015 年 | 183 | 2252 | 57.24 | 533 | 1232 |
| 2016 年 | 187 | 2429 | 73.14 | 518 | 1218 |

2016 年，我区文物保护专项经费拨入 1.88 亿元，比上年减少 0.64 亿元，下降 25.4%，其中中央财政投入 1.32 亿元，比上年减少 0.75 亿元，下降 36.2%。2016 年中央和自治区共拨入博物馆免费开放专项资金 7400 万元，其中：中央财政拨入专项资金 6300 万元。自治区财政拨入 1100 万元。

2. 民族文化遗产保护传承成效显著。全面贯彻国务院《关于进一步加强文物工作的指导意见》，制定出台《实施意见》，不断提高文物保护、管理和利用水平。

初步完成了可移动文物普查工作，完成馆藏可移动文物数据采集上报 1,072,914 件（套），位居全国第五位。推动文化文物创意产品开发，制定出台《关于推动文化文物单位文化创意产品开发的实施意见》。

截止 2016 年，内蒙古已查明的不可移动文物 21673 处（古遗址 15240 处，古墓葬 3160 处，古建筑 452 处，石窟寺及石刻 472 处，近现代重要史迹及代表性建筑 1759 处，其他 16 处）。全区有世界文化遗产 1 处（元上都遗址），1 座全国历史文化名城（呼和浩特市），2 处全国历史文化名镇（赤峰市喀喇沁锦山镇、锡盟多伦镇），2 个全国历史文化名村（包头市美岱召村、五当召村）。全区古村落 24 处，有全国重点文物保护单位 141 处，自治区重点文物保护单位 511 处，旗县级重点文保单位 2468 处，全区还拥有 7570 公里的历代长城，总长度位居全国第一。

3. 博物馆事业蓬勃发展。2016 年，全区文物部门博物馆为 87 个，从业人员 1625 人，分别比上年增加 3 个和 82 人，文物藏品为 64.6 余万件（套），比上年增加 14 万件（套），其中：一级文物 2025 件（套）。全年举办陈列展览 446 个，接待观众 1124 余万人。2016 年全区博物馆财政拨款 5.61 亿元，比上年增加 2.03 亿元，增长 56.7%。全区现有博物馆房屋面积 58.35 万平方米，平均每万人拥有博物馆面积 231.54 平方米，比上年增加 0.6 平方米。

**表 10　2011—2016 年全区文化部门博物馆基本情况**

| 年 份 | 机构数（个） | 文物藏品（万件） | 举办陈列展览（个） | 参观人次（万人次） | 房屋面积（万平方米） | 每万人拥有博物馆面积（平方米） |
|---|---|---|---|---|---|---|
| 2011 年 | 59 | 43.3 | 304 | 610 | 36.20 | 145.87 |
| 2012 年 | 65 | 48.2 | 399 | 940 | 44.42 | 178.40 |
| 2013 年 | 72 | 49.8 | 333 | 908 | 52.13 | 208.7 |
| 2014 年 | 75 | 49.4 | 429 | 990 | 56.07 | 223.9 |
| 2015 年 | 84 | 50.6 | 455 | 1150 | 57.99 | 230.9 |
| 2016 年 | 87 | 64.6 | 446 | 1124 | 58.35 | 231.54 |

4. 非物质文化遗产保护取得新进展。2016 年，我区有人类非物质文化遗产代表作 2 项（世界级）；国家级非遗代表性项目 89 项；自治区级非遗代表性项目 499 项 ；盟市级项目 1247 项；旗县级项目 2366 项。有国家级非遗项目代表性传承人 37 人，自治区级传承人 674 人，盟市级传承人 2628 人，旗县级 4308 人。基本实现了全区非物质文化遗产代表项目及其代表性传承人的分级保护。

积极推进非遗保护立法工作。《内蒙古自治区非物质文化遗产保护条例（草案）》已提交自治区人大常委会审议通过。制定了《自治区级非遗代表性项目和代表性传承人管理办法》，规范了非遗代表性项目、代表性传承人评审流程。继续实施非遗抢救性保护。完成了 3 位国家级代表性传承人、47 个自治区级代表性项目和 165 位自治区级代表性传承人的抢救性记录；完成了 100 位非遗代表性传承人技艺技能抢救性记录。举办了蒙古族刺绣、蒙古族服饰艺术、蒙古族拉弦乐器制作技艺、剪纸和蒙古族金银铜器制作技艺等 5 个国家级代表性项目传承人群普及培训班，共培训 200 余人。

2016 年，全区拨入非物质文化遗产保护专项资金 1775 万元，其中中央财政下拨 829 万元，自治区财政拨付 946 万元，使各级非物质文化遗产保护中心添置了必要的设施设备，并建立了非遗普查工作档案，积极组织开展卓有成效的传承和保护工作。

### （九）对外文化交流亮点纷呈

2016 年，全年共派出文化艺术团组 25 个 317 人次，分赴美国、英国、法国、波兰、匈牙利、斯里兰卡等 19 个国家及港澳地区开展文化交流活动，积极推动草原文化“走出去”，进一步扩大了内蒙古民族文化在国际上的影响力。在斯里兰卡成功举办“美丽草原我的家”内蒙古文化周活动，组织文化艺术团组赴波兰、匈牙利 7 个城市开展了“欢乐春节”巡回演出活动，组织在德国举办了公共文化服务数字化建设与管理培训班，组织内蒙古民族艺术剧院蒙古族青年合唱团赴亚欧 7 个国家 12 个城市进行巡回演出，展示了内蒙古优秀民族文化艺术，在当地引起强烈反响，受到热烈欢迎。深入开展与俄罗斯、蒙古国的文化交流合作，组团参加在乌兰巴托举办的“感知中国 • 蒙古行”内蒙古文化周。

## 二、文化发展中存在的困难和问题

2016 年，内蒙古文化发展取得了新成效，但同时也要看到，总体上与内蒙古经济发展规模和速度还不协调，与人民群众迅速增长的精神文化需求不相适应，文化建设存在投入不足，地区之间文化发展不平衡，基层文化设施建设薄弱等问题，具体表现在：

### （一）城乡之间、地区之间发展不平衡

近年来，内蒙古的文化建设虽然取得了长足的进步，但总体上还滞后于经济建设，区域之间、城乡之间的发展还很不平衡，贫困地区和农村、牧区文化建设相对薄弱。

### （二）文化投入总量偏少

随着全区各级财政收入不断增加，各级政府对文化的投入也相应逐年增加，但是长期以来欠账太多，基数较低，文化投入所占财政支出比重虽有增长，但达不到 0.6% 以上，距文化事业发展的需求不相适应。如下表：

**表 11 “十二五”时期文化部门事业费占财政支出比重**

| | 2012 年 | | 2013 年 | | 2014 年 | | 2015 年 | | 2016 年 | |
|---|---|---|---|---|---|---|---|---|---|---|
| | 拨款（亿元） | 占支出比重（%） | 拨款（亿元） | 占支出比重（%） | 拨款（亿元） | 占支出比重（%） | 拨款（亿元） | 占支出比重（%） | 拨款（亿元） | 占支出比重（%） |
| 文化事业费 | 16.22 | 0.47 | 17.36 | 0.47 | 18.97 | 0.49 | 22.89 | 0.53 | 25.96 | 0.57 |

### （三）文化设施难以满足公共文化服务体系建设的要求

1. 大多公益性文化单位面积狭小、陈旧落后，设备紧缺。自治区本级，群艺馆建筑面积 3570 平米，低于省级群艺馆 6000 平米的国家最低标准。在盟市，3 个图书馆低于 4500 平方米的国家最低面积标准，9 个群艺馆低于 4000 平方米的国家最低面积标准。在旗县，有 52 个图书馆不足 1500 平方米，文化馆有 50 个不足 1500 平米，不符合国家二级图书馆、三级文化馆的最低面积要求。

2. 截止 2016 年底，全区现只有 10 个旗县有剧场、影剧院， 90% 的旗县政府所在地都没有专业演出的剧场或影剧院，文艺演出活动受到演出场地的限制。

3. 乌兰牧骑是我区文艺战线的一面旗帜，被誉为“草原文艺轻骑兵”。48 支保留事业体制乌兰牧骑，突出问题是办公条件和排练场所简陋。现有办公和排练场所面积不足 2000 平方米的有 22 支，不足 1000 平方米的有 30 支。

### （四）日常运行经费不足，难以有效地发挥其应有的作用

1. 公共图书馆购书费短缺，制约了其服务功能的发挥，全年图书购置费 3261 万元。其中：自治区级馆购置费 882 万元；盟市级馆平均 116.5 万元，旗县级馆平均 9.43 万元，22 个图书馆无购书专项经费，全年没有购置新书。

2. 大多数旗县文化馆（站）业务经费短缺。2016 年平均每馆业务费 25.99 万元，人均业务活动专项经费 1.10 元，大多每年只能开展一次春节元宵文化活动。乡镇文化站年平均业务经费仅为 4.95 万元，基本活动难以开展，特别是冬季取暖都成问题。

## 三、文化发展对策及建议

加快文化创新、构建公共文化服务体系为主要任务，更加自觉、更加主动地推动内蒙古文化大发展大繁荣，加大文化投入、加快文化设施建设，提升文化软实力。

### （一）健全完善文化投入机制

进一步健全文化财政保障机制，加大政府投入力度。合理划分各级政府文化事权与支出责任，推动基层按照公共文化服务标准化、均等化要求，落实基本公共文化服务所必需的资金，保障广大人民群众的基本文化权益。建立健全文化专项资金绩效评价和监督管理机制，提高资金使用效益。

### （二）进一步完善公共文化政策体系

制定和完善相关专项行业政策，加大财政、税收、金融等方面对文化产业的政策扶持力度。深化与金融机构的合作，完善相关配套措施，引导银行开发多元化、多层次的信贷产品和贷款模式，形成文化产业投融资信息共享机制。

### （三）以标准化均等化发展为核心，加快构建现代公共文化服务体系

1. 创新公共文化运行机制和管理体制。积极推进“互联网 + 公共文化”，继续实施文化共享工程、数字图书馆推广工程和公共电子阅览室建设计划等公共数字文化工程。大力推进“数字文化走进蒙古包”工程，落实《内蒙古自治区公共文化服务体系建设评价考核办法》，优化公共图书馆、博物馆、文化馆（站）等公益性文化单位法人治理结构，提高公益性文化单位服务效能。

2. 推进基本公共文化服务标准化均等化。落实自治区《关于加快构建现代公共文化服务体系的实施意见》（内党办发〔2016〕8 号），以实现城乡、群体基本公共文化服务均等化为目标，推动公共文化服务重心下移、资源下移。以农民工、老年人、未成年人、农村留守儿童、残疾人群为重点服务对象，开辟服务渠道，丰富服务内容，切实保障特殊群体的基本文化权益。

3. 加快贫困地区公共文化服务体系建设步伐。落实《加快自治区贫困地区公共文化服务体系建设的指导意见》，加大文化资源、项目向贫困地区倾斜力度，提高贫困地区公共文化设施覆盖率、达标率。为每个贫困旗县配备用于业务培训、展览展示、辅助演出等多功能的流动文化车。

4. 推动公共文化服务社会化发展。建立健全政府向社会力量购买公共文化服务机制，落实《自治区人民政府办公厅关于向社会力量购买公共文化服务的实施意见》（内政办发〔2015〕143 号），促进重大公益性文化活动提供主体和方式多元化。鼓励和引导社会力量资助文化活动，兴办文化大院、群众文艺团队、社区文化服务组织、民间文艺协会等。

5. 提高公共文化产品供给和服务能力。分年度举办“农牧民文化周”、“社区文化周”和“群众广场舞”活动。打造一批在全国有影响、特色鲜明的示范性社会文化活动。大力培育特色鲜明、形式多样、彰显地方文化魅力、群众广泛参与的文化活动品牌。

（内蒙古自治区文化厅）

## 内蒙古：文化发展多措并举，取得丰硕成果

一是深入开展了“扎根草原、情系人民”艺术创作采风活动，坚持以人民为中心的创作导向，围绕“中国梦”、迎庆70周年等重大主题，推出了音乐剧《相思树》《爱在胡杨》、二人台剧《圆梦》等一批新创剧目。选送舞剧《我的贝勒格人生》、话剧《热土》、舞剧《舞动的琴弦》参加第十一届中国艺术节展演活动；选送民族情景歌舞《草原上的乌兰牧骑》和民族舞剧《马可　波罗传奇》参加第五届全国少数民族文艺会演，分别荣获剧目金奖、银奖。选送话剧《尹湛纳希》、民乐《北疆天籁》、蒙古剧《巴图查干情缘》、评剧《烽火宁城》等优秀剧节目参加全国相关艺术活动，赢得广泛赞誉。

二是全面落实《关于加快构建现代公共文化服务体系的意见》，以满足群众基本文化需求、维护群众基本文化权益为宗旨，积极推动公共文化服务标准化、均等化建设，取得了显著成效。包头市创建国家公共文化服务示范区，乌海市书法“五进”和乌兰浩特市“拉场戏”创建国家公共文化示范项目，顺利通过验收。积极向全区推广使用公共文化服务管理平台。持续推进“数字文化走进蒙古包”工程。组织开展了“移动数字图书馆”基层试点工作。“彩云服务”荣获“美国图书馆主席国际创新奖”。

三是全面加强了文物保护工作。5月30日，自治区人大常委会表决通过《元上都遗址保护条例》。积极推动“万里茶道”内蒙古段和辽上京与辽祖陵遗址、红山文化遗址、阴山岩刻遗址申遗工作。锡盟多伦县小王力沟辽代贵妃墓考古荣获“2015年度全国十大考古新发现”。

四是积极推进非遗保护立法工作。《内蒙古自治区非物质文化遗产保护条例（草案）》已提交自治区人大常委会审议通过。制定了《自治区级非遗代表性项目和代表性传承人管理办法》，规范了非遗代表性项目、代表性传承人评审流程。

五是全面加强市场监督检查，出台《自治区文化市场综合执法“双随机一公开”实施细则》，全面推动上网服务场所转型升级。上网服务场所转型升级由2015年120家扩大到全区所有上网服务场所，场所环境、经营业态和服务质量明显改观。

六是积极推动文化与旅游、金融、科技深度融合，制定加强文化金融工作的指导意见，支持特色文化产业建设，文化产业工作不断持续推向深入。组织举办了自治区首届文化产业博览会。组织参展深圳文博会、首届丝绸之路（敦煌）国际文化博览会、西部（西安）文博会，组织考察学习了北京文博会。

七是全年共派出文化艺术团组25个317人次，分赴美国、英国、法国、波兰、匈牙利、斯里兰卡等19个国家及港澳地区开展文化交流活动，积极推动草原文化“走出去”，进一步扩大了内蒙古民族文化在国际上的影响力。深入开展与俄罗斯、蒙古国的文化交流合作，组团参加在乌兰巴托举办的“感知中国　蒙古行”内蒙古文化周。组织制定了《内蒙古自治区加强“一带一路”文化建设发展规划》。编撰了《内蒙古自治区“十二五”对外及对港澳台文化交流》图册。

# 辽宁省2016年文化发展情况分析

2016年，在省委、省政府的正确领导下，省文化厅全面贯彻党的十八大和十八届三中、四中、五中、六中全会精神，深入学习贯彻习近平总书记系列重要讲话精神，紧紧围绕《省政府工作报告》确定的重点任务，坚持社会主义先进文化前进方向，坚持以人民为中心的工作导向，研究探索全省文化工作的新思路、新举措，各项工作取得了新进展。

## 一、机构和人员情况

全省各级各类文化事业单位1902个，从业人员1.3万余人。全省专业艺术院团35个；专业艺术演出剧场34个；公共图书馆130个，拥有藏书3928.7万册；群众艺术馆（文化馆）125个，实现了市、县均有图书馆、文化馆的目标；乡镇和城市街道文化站1431个，其中乡镇综合文化站952个；社区文化室3473个和村文化室9134个；文化系统所属博物馆65个，省级以上文物保护单位472个，拥有文物藏品53.4万余件/套，一级品2101件；全省各级各类文化市场经营场所9406个，安排就业人员3.8万余人。

**表1　2015、2016辽宁省文化机构和从业人员情况表**

| 项目 | 机构数（个） | | 从业人员数（数） | |
|---|---|---|---|---|
| | 2015年 | 2016年 | 2015年 | 2016年 |
| 合计 | **11511** | **11498** | **63950** | **57388** |
| 1、艺术业 | 69 | 69 | 3601 | 3451 |
| 其中：艺术表演团体 | 36 | 35 | 3090 | 2864 |
| 艺术表演场馆 | 33 | 34 | 511 | 587 |
| 2、图书馆 | 129 | 130 | 2805 | 2761 |
| 3、文化馆 | 124 | 125 | 2347 | 2351 |
| 4、文化站 | 1419 | 1431 | 3619 | 3416 |
| 5、艺术教育业 | 5 | 5 | 286 | 282 |
| 6、文化市场经营机构 | 9364 | 9406 | 40361 | 38118 |
| 7、文艺科研 | 9 | 9 | 153 | 154 |
| 8、文物业 | 143 | 144 | 3725 | 3686 |
| 9、文化行政主管部门 | 98 | 99 | 1715 | 1705 |
| 10、其他文化机构 | 82 | 80 | 1737 | 1464 |

## 二、积极争取文化投入，大力加强基础设施建设

2016 年全省文化投入 19.73 亿元 ，比上年增长了 13%。省本级部门年初预算安排资金 3.64 亿元，其中：财政拨款收入 3.37 亿元；纳入预算管理的行政事业性收费等非税收入 644.3 万元；纳入专户管理的行政事业性收费等非税收入 391.2 万元；其他非税收入 1641 万元。2016 年在省财政大幅压缩预算支出的情况下，文化投入还能保持一定的增幅，说明省委、省政府对文化发展是十分重视的，尤其是对公共文化的投入，增长较快的有文化馆（46%）、图书馆（5%）、艺术表演场馆（166%）、艺术表演团体（11%），对文物业投入略有减少，主要是个别文物维修项目完工，导致专项资金投入减少。

**表 2　2015 年和 2016 年主要行业经费投入对比表**

单位：亿元

| 项　目 | 2015 年投入 | 2016 年投入 | 增减数 | 增减 % |
|---|---|---|---|---|
| **一、文化合计** | **17.47** | **19.73** | **2.26** | **13** |
| 艺术表演团体 | 3.48 | 3.88 | 0.4 | 11 |
| 艺术表演场馆 | 0.15 | 0.4 | 0.25 | 166 |
| 公共图书馆 | 4.85 | 5.09 | 0.24 | 5 |
| 文化馆 | 3.38 | 4.95 | 1.57 | 46 |
| 文化站 | 1.17 | 1.19 | 0.02 | 1 |
| 其中：乡镇综合文化站 | 0.72 | 0.68 | -0.04 | -5 |
| 艺术教育业 | 0.78 | 0.53 | -0.25 | -32 |
| 文化科研机构 | 0.27 | 0.27 | 0 | 0 |
| 文化行政主管部门 | 2.13 | 2.21 | 0.08 | 4 |
| 其他文化机构 | 1.2 | 1.14 | -0.06 | -5 |
| 其中：文化市场执法机构 | 0.25 | 0.28 | 0.03 | 12 |
| **二、文物合计** | **6.84** | **6.12** | **-0.72** | **-11** |
| 博物馆 | 5.08 | 4.7 | -0.38 | -7 |
| 文物保护管理机构 | 0.53 | 0.56 | 0.03 | 6 |
| 文物科研机构 | 0.72 | 0.57 | -0.15 | -21 |
| 其他文物机构 | 0.5 | 0.28 | -0.22 | -44 |
| 总　计 | 24.31 | 25.85 | 1.54 | 6 |

辽宁人民艺术剧院、辽宁歌剧院、辽宁芭蕾舞团、辽宁歌舞团四个院团陆续搬迁至辽宁艺术中心，艺术中心总面积 8.7 万平方米，总投资 7.72 亿元。艺术中心的建设极大地改善了各院团的排练场地和办公环境，彻底的解决了原办公地址的安全隐患问题。经省政府批准，投资 8260 万元对辽宁大剧院的消防、安防系统、运营保障系统、演出设备设施三方面维修改造，以达到保安全、保运营、保演出的目标，维修改造工程现正在进行中。投资 2400 万元的铁岭市群众艺术馆和投资 1200 万元的本溪评书展演保护中心相继开工建设。

加强基层文化设施建设。2016 年，对全省面积未达到国家建设标准的乡镇综合文化站补助资金 40 个，每个补助 15 万元，共计 600 万元。对全省面积不足 50 平方米的村文化室的补助 800 个，每个补助 3 万元，共计 2400 万元。国家公共文化服务体系建设示范区（项目）创建补助 250 万元。省公共文化服务体系建设示范区（项目）创建补助 580 万元。

## 三、公共文化蓬勃发展

印发了辽宁省《关于加快构建现代公共文化服务体系的实施意见》和《关于推进基层综合性文化服务中心建设的实施意见》，以基本公共文化服务标准化、均等化为突破口，构建现代公共文化服务体系。围绕中国共产党建党95周年和红军长征胜利80周年举办了“情系家国，放歌振兴”全省群众文化系列活动，包括全省广场舞展演、群众合唱展演、群众美术书法作品展等主题活动，弘扬了社会主义核心价值观。举办辽宁省公共图书馆第五届“全民读书节”系列活动，推进全民阅读。举办辽宁省第九届少数民族文艺调演，丰富了少数民族文化生活。举办“周末百姓大舞台”和“百馆千站万村”培训工程，让基层群众受益。各市突出地域特色，打造了一批群众文化活动品牌，如沈阳的“社区文化节”、大连的“千家文化大院”、鞍山的“文化惠民微书场”等系列活动，深受人民群众喜爱。

推进公共图书馆事业和共享工程发展。辽宁省图书馆搬迁浑南新馆，平均每天接待读者7000余人次，全年举办阅读推广活动1487场，取得良好社会效益。推进数字图书馆和公共电子阅览室建设，首批4个市级图书馆挂牌数字分馆。辽宁文化共享频道实现全省城乡全覆盖，全年365天播出，每日时长18小时，播出总时长6570小时。

公共图书馆服务水平有了明显的提高。公共图书馆共发放借书证137.7万个，比上年增加11.7万个，增长9.3%。全省公共图书馆图书总流通人次为2313万人次、比上年增长11.8%；书刊文献外借册次为1795万册次，比上年增长5.1%。为读者服务组织各类讲座2534次，参加活动的有27.2万人次；举办展览791次，参观活动的有237.5万人次；举办培训班2031个，培训10.4万人次。

**表3　全省图书馆情况**

单位：亿元

| 指　　标 | 计量单位 | 2014年 | 2015年 | 2016年 |
|---|---|---|---|---|
| **机构数** | 个 | **129** | **129** | **130** |
| 业人员 | 人 | 2932 | 2805 | 2761 |
| **总藏量** | 万册、件 | **3562.9** | **3736.3** | **3928.7** |
| 本年新购藏量 | 万册、件 | 194 | 178.5 | 183.4 |
| **实际使用公共房屋建筑面积** | 万平方米 | **34.9** | **55.5** | **56.2** |
| #书库 | 万平方米 | 8.3 | 9.5 | 9.9 |
| 阅览室 | 万平方米 | 11.9 | 15.1 | 15.6 |
| 阅览座位 | 万个 | 3 | 3.5 | 3.7 |
| #少儿阅览室 | 万个 | 0.8 | 0.8 | 0.8 |
| 图书借阅情况 | — | | | |
| #总流通人次 | 万人次 | 1891.7 | 2068 | 2313 |
| 书刊文献外借册次 | 万册次 | 1622.7 | 1708.4 | 1795 |
| 累计发放有效借书证数 | 万个 | 109.9 | 126 | 137.7 |
| **为读者举办各种活动** | — | | | |
| 次数 | 次 | 2343 | 2321 | 2534 |
| 参加人次 | 万人次 | 35 | 26.4 | 27.2 |
| **年末固定资产原值** | 亿元 | 10.6 | 12.5 | 13.5 |

## 四、专业艺术繁荣发展

坚持以人民为中心的创作导向，演出优秀剧目。辽宁人民艺术剧院创作反映毛丰美先进事迹的话剧《干字碑》，被纳入全省“两学一做”学习教育内容，在全省各地巡演62场，5万余名干部群众观看，广受好评。芭蕾舞剧《八女投江》在第十一届中国艺术节上荣获中国舞台艺术最高奖 -- 文华大奖，并应邀到中央党校演出，为辽宁赢得荣誉，李希书记做出批示，给予充分肯定。话剧《祖传秘方》参加第五届全国少数民族文艺会演，荣获优秀剧目奖，沈阳京剧院复排《沙家浜》等红色经典剧目，大连话剧团《一诺千金》应邀参加首都剧场60周年展演活动。举办了青年编剧培训班和剧目研讨活动。

实施文化惠民工程。元旦春节期间举办“新春文化惠民月”活动，全省上下共组织演出、展览等活动千余项，惠及群众500万人。9月至10月举办“金秋文化惠民季”活动，创作演出一批群众喜闻乐见的文艺作品，举办形式多样的展示展览活动，营造了良好文化氛围。组织开展“深入生活，扎根人民”主题实践活动，省直艺术院团送戏到基层演出536场，全省文化部门共组织流动文化服务2000余场、文化志愿服务2800余场，体现了文化惠民宗旨。大连市出台专业剧场演出扶持办法，并面向市民发售“文化惠民卡”5000张。全省31个项目得到国家艺术基金资助1750万元，创历史新高。

广泛组织演出活动。围绕中国共产党成立95周年、红军长征胜利80周年组织系列演出活动，辽宁歌剧院创作的歌剧《雪原》、交响组曲《江姐》在沈阳盛京大剧院上演，受到热烈欢迎。辽宁演艺集团在辽宁大剧院小剧场举办“时代之歌”文化惠民演出季活动，推出不同艺术门类的10场精彩演出。辽宁演艺集团演出的歌舞晚会“故乡情·幸福梦”和民族音乐会“国乐情·风华颂”，受到广泛赞誉。组织“振兴之歌”省直机关文艺会演，为辽宁全面振兴营造了良好氛围，受到省政府表扬。

**表4　艺术表演团体（事业）综合情况**

| 项目<br>年份 | 机构数（个） | 从业人员（人） | 本团创作首演剧目（个） | 演出场次（场） | 国内演出观众人次（万人次） | 财政拨款（万元） | 演出收入（万元） |
|---|---|---|---|---|---|---|---|
| 2012年 | 23 | 2314 | 5 | 2700 | 245.9 | 23638 | 2028.5 |
| 2013年 | 23 | 2234 | 10 | 2650 | 255 | 23758 | 2147.2 |
| 2014年 | 23 | 1872 | 18 | 3563 | 263.6 | 24442 | 1765 |
| 2015年 | 23 | 1828 | 11 | 2860 | 216.1 | 29204 | 1538.7 |
| 2016年 | 21 | 1516 | 2 | 1744 | 99.3 | 32191 | 1450.3 |

## 五、文化遗产保护有效推进，非遗展示丰富多彩

贯彻落实省领导重要批示，积极推进“丹东一号”沉船水下考古和文物保护工作，“丹东一号”水下考古入选2015年度全国十大考古新发现。贯彻落实全国文物工作会议精神和国务院关于进一步加强文物工作的指导意见，起草了我省加强文物工作的实施意见。推进牛河梁红山文化遗址申遗、兴城城墙申遗、辽代帝陵遗址保护等工作，取得了较大成效。

实施长城保护工程，编制完成并上报绥中锥子山长城部分段落保护工程立项报告和方案，上报龟山长城部分墙体敌台修缮工程方案等7处长城修缮工程方案。编制战国（燕秦）长城（辽宁）保护规划和长城保护规划—明长城（辽宁段）。组建长城管理办公室，组织、指导各市编写长城记录档案，启动3000处长城点段提请省政府公布省级文物保护单位。

文物基础工作得到加强，启动第九批251处省保单位保护范围和建设控制地带划定工作，提请省政府

批准。启动省级及以上文物保护单位文物保护工程档案完善编制等工作。我省第一次全国可移动文物普查完成 405248 件 / 套藏品的登录、审核和报送工作，编制了工作报告和验收报告。全年博物馆接待观众 1753 万人次。文物执法监督不断加强，展文物安全检查和督察，督办查处案件 9 起。

非物质文化遗产保护不断增强，社会影响更加广泛。全省共开展非遗进校园、进社区活动 300 场，参展人员 1900 人次，驱车累计行驶 25000 多公里，足迹遍布全省 14 个市的 26 所幼儿园、35 所中小学校、8 所大专院校、81 个社区、10 个村屯、2 个敬老院、3 个厂矿、15 个部队，惠及观众近 10 万人。

非遗展演展示活动丰富多彩。成功举办迎新春辽宁省非物质文化遗产展演活动，吸引观众 8 万余人。在第十一个“文化遗产日”期间，全省各地共举办各类庆祝及展览展示活动 50 多场次。组织我省优秀非遗项目和传承人参加中国（深圳）国际文化产业博览会、第四届中国非物质文化遗产博览会、陕西非物质文化遗产展示等。全省各地共举办各类非遗展览展示活动 300 多场次，参加展览、展演的项目和传承人达 900 多个、2460 多人，非遗的社会影响不断扩大。

**表 5　文物业综合情况**

| 项目 | 机构数（个） | 从业人员（人） | 藏品数（件 / 套） | 一级品 | 二级品 | 三级品 | 本年新增藏品数（件 / 套） | 举办展览（个） | 参观人次（万人次） |
|---|---|---|---|---|---|---|---|---|---|
| 2013 年 | 127 | 3669 | 745930 | 1726 | 13306 | 133624 | 7041 | 330 | 1391.2 |
| 2014 年 | 143 | 3818 | 779775 | 1988 | 13864 | 136533 | 9747 | 424 | 1336.5 |
| 2015 年 | 143 | 3725 | 754521 | 2024 | 13971 | 136605 | 13994 | 500 | 1364.3 |
| 2016 年 | 144 | 3686 | 827168 | 2320 | 15441 | 162381 | 4989 | 490 | 1753 |

## 六、文化产业稳步发展

2016 年，全省文化系统共完成经济指标 205 亿元，其中四大主导产业发展强劲。演艺产业日趋繁荣，打造了辽宁剧院联盟网络票务平台系统，获得国家资金支持。辽宁剧院联盟达到 31 家，整合全省演艺资源，全省演艺联盟达到 38 家。全省 318 家民营演出团体和 123 家娱乐演出场所，全年演出持续活跃，各地共打造 41 个各具地域特色的常态化演出剧节目。演艺业全年实现收入 9.92 亿元。动漫游戏产业健康发展，16 家国家认定的动漫企业通过年审，继续享受国家支持政策。3 家动漫企业入选国家动漫企业资源项目库，2 个项目入选国家弘扬社会主义核心价值观动漫扶持计划。举办了第八届中国（沈阳）动漫电玩博览会、辽宁省首届国际动漫电玩博览会，取得较好的经济效益和社会效益。一批动漫产品远销东南亚和北美、欧洲国家。全省动漫游戏产业产值达 67.93 亿元。

文化会展活动丰富多彩，举办了第五届辽宁（沈阳）工艺精品文化节，全省各地举办 75 个各具地域特色的文化展会活动，打造了锦州古玩节、阜新玛瑙博览会、抚顺煤精琥珀展销会、本溪辽砚文化节、盘锦辽河美术节、葫芦岛泳装文化旅游节等品牌。全省文化会展业实现收入 44.06 亿元。

工艺美术产业快速发展，全省规模以上工艺美术企业达到 105 家，依托各地地域文化资源和文化会展活动，打造了鞍山岫玉、阜新玛瑙、本溪辽砚、朝阳紫砂、抚顺琥珀等 20 余个具有辽宁地域特色的工艺美术品牌。全省系统内的工艺美术业实现收入 83.09 亿元。

## 七、对外文化交流日趋活跃

2016 年辽宁省与中国驻多哥、加蓬、喀麦隆大使馆开展对口合作。组派辽宁艺术团一行 7 人赴喀麦隆参加中喀建交45周年文化交流活动。春节前夕，辽宁艺术团一行28人赴贝宁、塞内加尔、卢旺达参加文化部在非洲三国举办的2016年海外“欢乐春节”访演活动，献上6场精彩演出。选派辽宁芭蕾舞团舞蹈编导赴新西兰中国文化中心进行为期3个月的舞蹈培训交流。组派辽宁文化代表团赴新西兰等海外中国文化中心举办“辽宁省非物质文化遗产展览”活动。

辽宁文化代表团一行5人，赴俄罗斯参加莫斯科中国文化中心举办的第四届“品读中国”读书周活动。并向莫斯科文化中心“辽宁书架”赠送了200册有关辽宁地理、历史、文化等内容的图书。举办了“‘汉字’—富有人文精神的符号”和“汉字的演变与书法的魅力”专题讲座。举办“2016中非文化聚焦—舞狮培训班”。

文博交流更加活跃。辽宁省博物馆赴美国、意大利举办《侯北人艺术展》、赴韩国参加《美术里的都市，都市里的美术》展览；辽宁省文物考古研究所赴美国、日本、韩国参加学术交流；沈阳故宫博物院、旅顺博物馆在台湾举办了专题展览。

## 八、简政放权，文化市场更加规范有序

文化市场综合执法改革扎实推进。对全省文化市场综合执法机构进行了调查摸底，摸清了存在的问题，开展了培训研讨，并广泛征求有关部门意见，起草了《关于进一步深化文化市场综合执法改革的实施意见》，提请省委改革工作领导小组审议。出台了《关于进一步推动互联网上网服务行业转型升级的意见》，举办转型升级培训班，召开座谈会、经验交流会，大力推动行业转型升级，已有1000余家上网服务场所实现了转型升级，约占全省场所总数的20%。这些场所创新产品供给，形成网咖和电子竞技新业态，成为敞亮、开放、整洁的公众文化场所。制定下发《全省文化娱乐行业转型升级工作实施方案》，确定沈阳、大连、鞍山和朝阳4个市为转型升级重点城市，取得了初步成果。

行政审批工作呈现新局面。审批项目全部进省政务服务中心，实现网上审批。全年窗口接待各类业务咨询1000多人次，受理行政审批事项300件，办结292件，办结审批事项同比增长40%。加强对各市审批指导，推动创建行政审批示范点6个；开展全省行政审批检查，促进各地简政放权、优化服务。全省共审批文化市场经营单位1336家，同比增长163%。

文化市场监管得到加强，全省共出动执法人员37.8万人次，检查文化市场经营单位13.8万家次，查办案件2430件。其中，1个案件被文化部评为“全国文化市场十大案件”，4件被评为“全国文化市场重大案件”。

全省互联网上网服务营业场所（网吧）5010个，娱乐场所3869个。互联网上网服务营业场所（网吧）、娱乐场所、非公有制艺术表演团体有不同程度的减少，其中娱乐场所比上年减少5.8%；经营性互联网文化

**表6　2015——2016年文化市场经营机构基本情况表**

| 项目 | 机构数（个） | | 增减 | 从业人员（人） | | 增减 |
|---|---|---|---|---|---|---|
| | 2015年 | 2016年 | | 2015年 | 2016年 | |
| 娱乐场所 | 4110 | 3869 | -241 | 23734 | 18626 | -5108 |
| 互联网上网服务营业场所（网吧） | 5070 | 5010 | -16 | 14799 | 14769 | -30 |
| 非公有制艺术表演团体 | 227 | 211 | -16 | 2936 | 2073 | -863 |
| 非公有制艺术表演场馆 | 72 | 89 | 17 | 2729 | 2729 | 0 |
| 经营性互联网文化单位 | 26 | 64 | 38 | 541 | 2369 | 1828 |
| 艺术品经营机构 | 73 | 376 | 303 | 271 | 1649 | 1378 |
| 演出经纪机构 | 85 | 87 | 2 | 1016 | 705 | -311 |

单位、非公有制艺术表演场馆、艺术品经营机构、演出经纪机构却有不同程度的增加。这些单位和场所为活跃群众的各种文化生活做出了贡献，同时部分文化企业已成为文化产业的中坚力量。

## 九、文化发展存在的主要问题

在省委、省政府的高度重视和大力支持下，文化发展取得了一定成绩。但文化发展仍然存在一些亟待解决的问题，如有效供给不足的问题、艺术人才断档问题、公共文化服务不均等问题、文化经费投入不足等问题。2016 年我省人均文化事业费为 44. 36 元，全国人均为 55. 74 元，比全国人均低 11. 38 元，人均文化事业费绝对值和排名落后于吉林和龙江；人均购书费为 1. 16 元，全国人均为 1. 56 元，比全国人均低 0. 4 元，相关行业急需加大政府投入。全省高层次、高素质管理人才、专业人才和复合型人才普遍紧缺，部分专业已经出现断档。城乡之间、地区之间发展不平衡。

## 十、文化发展的几点建议

为全面贯彻落实党的十八和十八届四中、五中、六中全会精神，深入学习贯彻习近平总书记系列讲话精神，遵循文化发展规律和特点，借鉴经济领域共给侧结构性改革经验，大力发展社会主义先进文化，扎实推进社会主义核心价值体系建设，从供给方面发力，创新供给核心，提升文化服务能力和品质，开创文化工作新局面。建议如下：

### （一）加强政府引导

通过政府购买服务，实施文化惠民工程，支持群众文化

消费，激发消费热情。推进 PPP 模式，吸收社会资本加入公共文化服务，鼓励更多市场主体进入共给侧，提高公共文化的数量和质量，扩大公共文化服务受益范围。

### （二）培育文化市场，扩大和引导文化消费

以“融合发展、创新供给、拓展受众、提升形象”为总

体思路，突破传统界限，采用多业态融合的手段充分发挥互联网 + 的优势，引进管理团队，扩大经营范围和收益来源。加快发展动漫游戏、移动多媒体、数字文化等新兴文化产业，优化文化产业布局。扩大开展文化消费试点，激活和释放文化需求，促进消费结构升级，进一步提升文化产品和服务的供给质量和效率。

### （三）增加优质艺术产品和服务供给

坚持以人民为中心的创作导向，树立精品意识，完善引导激励机制，打造一批传承和弘扬中华优秀文化、体现辽宁地域特色、具有市场潜力的文艺作品。改变文化服务传统方式，解决公共文化服务最后一公里问题，广泛开展文化志愿者活动，组织和动员社会力量参与到文化服务中，以弥补公共文化服务的不足。

（辽宁省文化厅）

## 辽宁：话剧《干字碑》传递“干”字精神

为响应中组部发出的要求广大党员干部特别是基层党员干部向毛丰美同志学习的号召，按照省委关于开展向毛丰美同志学习活动的决定要求，在省委组织部和省委宣传部的高度重视和具体指导下，省文化厅组织辽宁人民艺术剧院组成最优秀的创作团队，创排反映全国优秀共产党员毛丰美先进事迹的话剧《干字碑》。6 月 29 日，话剧《干字碑》在辽宁大剧院首演，之后在全省进行巡演，历时 4 个月，遍及全省 17 个县市，共计演出 62 场，观众 7 万余人次。《干字碑》宣传、发扬和传递了“干”字精神，在全省营造了学习先进、崇尚先进、争当先进的良好氛围，受到了干部群众的广泛好评。

《干字碑》将毛丰美的“干”字精神通过话剧舞台，生动形象地传递到省内各市县基层党员的身边，让毛丰美同志的感人事迹和“干”字精神传递到了干部群众的心里。来自各行各业的观众观演后表示，从话剧的演出中，从毛丰美同志的事迹中进一步理解到了“干”字精神的内涵。鞍山一位几十年党龄的老党员表示，这部话剧将人物刻画得太真实了，让我们认真地思考“入党为了什么、当官做了什么、身后留了什么”，应该把岗位看作是为党的事业奉献的机会，始终保持高尚的精神追求。朝阳北票市相关负责人被剧中传递出的“干”字精神感染，认为观看话剧《干字碑》就是给基层党员上的一堂最好的党课。有观众在观看演出后留言说：“《干字碑》所颂扬的并非仅仅是毛丰美同志，更是在中国 30 余年变迁中努力拼搏的所有优秀党员。同时，这部戏也阐释了一个深刻的道理：平凡与伟大之间，仅仅隔着一个‘干’字的距离。”

2016 年 10 月，第六届国际戏剧“学院奖”（表演奖）评选中，话剧《干字碑》摘得了学院奖“优秀剧目奖”桂冠。

# 吉林省 2016 年文化发展情况分析

2016 年，全省文化系统认真贯彻党的十八大和十八届三中、四中、五中、六中全会精神，深入学习贯彻习近平总书记系列重要讲话精神和治国理政新理念新思想新战略，紧紧围绕“五位一体”总体布局和“四个全面”战略布局，围绕省委、省政府深入实施“三个五”发展战略，全省文化发展改革取得新的进展，为推进文化强省建设奠定了基础。

## 一、机构和人员情况

2016 年末，全省统计范围内的文化（文物）单位 5806 个，比上年减少 118 个；从业人员 31314 人，增加 1854 人。其中，各级文化（文物）单位 1448 个，比上年减少 3 个；从业人员 15605 人，增加 2064 人。其中：图书馆 66 个，从业人员 1620 人；文化馆（群众艺术馆）78 个，从业人员 2321 人；文化站 901 个，从业人员 4418 人（其中：乡镇文化站 626 个，从业人员 3908 人）；艺术表演团体 40 个，从业人员 ,2245 人；博物馆 77 个，从业人员 1218 人；美术馆 10 个，从业人员 76 人。

## 二、文化资金投入

全省文化事业费逐年递增， 1998 年至 2016 年十八年间，全省各级财政对文化事业经费投入累计达 148.36 亿元（不含基建拨款），从 1998 年的 1.62 亿元增加到 2016 年的 20.38 亿元，年均增长 15.10%。

图1 1998年-2016年全省文化事业经费财政拨款情况表

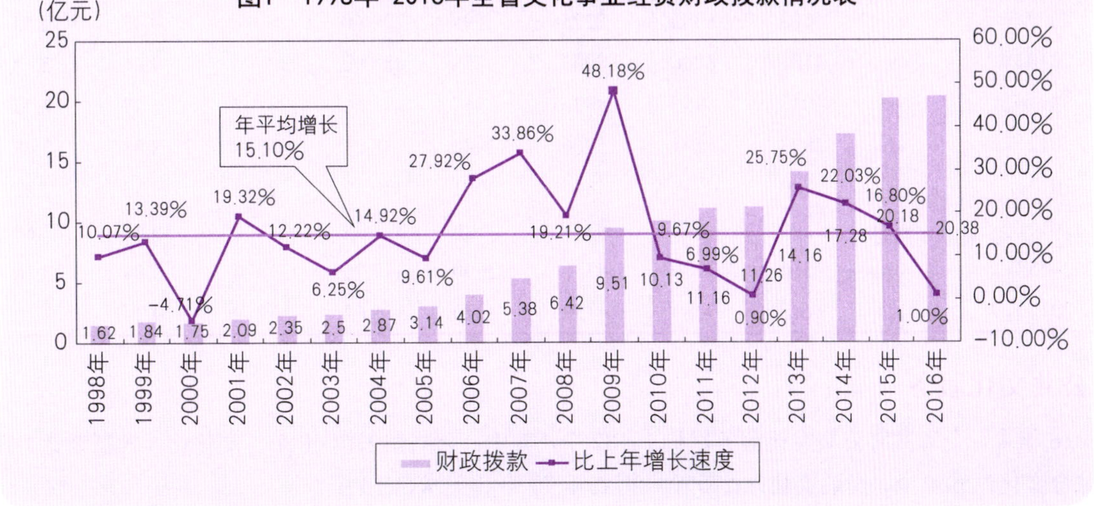


其中：对公共图书馆经费投入从 1998 年的 0.24 亿元增加到 2016 年的 2.93 亿元，年均增长 14.91%。对群众文化经费投入从 1998 年的 0.27 亿元增加到 2016 年的 4.56 亿元，年均增长 17%。对艺术表演团体经费投入从 1998 年的 0.42 亿元增加到 2016 年的 2.45 亿元，年均增长 10.29%。对博物馆经费投入从 1998 年的 0.11 亿元增加到 2016 年的 3.16 亿元，年均增长 20.51%。省直文化事业经费从 1998 年的 0.51 亿元增加到 2016 年的 3.72 亿元，年均增长 11.67%。

全省文化（文物）基本建设投资规模不断加大，全省文化（文物）基本建设投资由 2010 年的 1.56 亿元增加到 2016 年的 4.79 亿元，年均增长 20.56%。

## 三、艺术创作演出

吉剧振兴工程深入推进。创排吉剧《为了烈士的尊严》、《宝贝回家》等新剧目，复排吉剧《江姐》、《三请樊梨花》，改编创排吉剧《罗密欧与朱丽叶》，吉剧《良子》省内巡演 51 场，吉剧《站醒台》、《狼妻》参加全国展演活动受到专家和观众好评。

舞台艺术繁荣发展。成功举办第二届辽、吉、黑、蒙四省区地方戏曲优秀剧目展演，14 台剧目，25 场演出，充分展示了四省区地方戏曲发展的优秀成果。成功举办 2016 年吉林省优秀戏曲剧目晋京展演活动，戏曲《游戏花果山》成功亮相央视春晚，儿童剧《大山里的红灯笼》参加第十一届中国艺术节，大型朝鲜族舞剧《阿里郎花》荣获第五届全国少数民族文艺会演金奖，成功参加 G20“最忆是杭州”文艺晚会演出。

创排了新年戏曲晚会、春节团拜会、元宵京剧晚会、大型文艺演出《光荣与梦想》、大型交响音乐会《红旗颂》、文艺晚会《乡音乡情》等作品，受到省领导和各界观众的广泛好评。持续开展优秀舞台剧（节）目惠民系列活动，全年演出 560 场，观众累计 25 万人次。“送演出下基层”4000 场省政府年度民生实事项目顺利完成，观众累计 200 万人次。“绿色二人转中国行”活动，全国巡演 50 余场。

**表 1　2009–2016 年全省文化部门艺术表演团体基本情况**

| | 机构（个） | 从业人员（人） | 演出场次（场） | | | 国内演出观众人次（万人次） | 演出收入（万元） | 实际使用面积（万平方米） | |
|---|---|---|---|---|---|---|---|---|---|
| | | | | 国内演出场次 | 农村演出场次 | | | | 排练场 |
| 2009 年 | 68 | 4103 | 8382 | 7225 | 3598 | 729.60 | 5070 | 9.47 | 2.53 |
| 2010 年 | 69 | 4101 | 8806 | 8063 | 4158 | 885.90 | 3274 | 9.66 | 2.14 |
| 2011 年 | 67 | 4043 | 8955 | 8326 | 5467 | 893.60 | 4342 | 9.47 | 2.77 |
| 2012 年 | 41 | 2803 | 6591 | 5266 | 2980 | 588.02 | 5588 | 8.88 | 2.48 |
| 2013 年 | 39 | 2700 | 4912 | 4845 | 3091 | 389.47 | 2983 | 9.32 | 2.42 |
| 2014 年 | 40 | 2540 | 4467 | 4218 | 2526 | 372.38 | 2860 | 9.48 | 2.60 |
| 2015 年 | 40 | 2510 | 4980 | 4720 | 2690 | 349.75 | 3074 | 9.84 | 2.26 |
| 2016 年 | 40 | 2245 | 5080 | 4750 | 2970 | 351.62 | 3719 | 9.32 | 2.20 |

## 四、公共文化服务

2016 年末，全省共有公共文化服务机构 1,132 个，其中：公共图书馆 66 个、文化馆（含群艺馆）78 个、乡镇综合文化站 626 个、街道文化站 275 个、博物馆 77 个、美术馆 10 个。

全省公共文化设施面积偏低，全省实际使用房屋建筑面积 1108000 平方米，每万人拥有公共文化设施面积 418.82 平方米。

表 2　全省每万人拥有公共文化设施面积

| 序号 | 考评对象 | 合计 机构数（个） | 合计 实际使用房屋建筑面积（平方米） | 户籍人口数合计（万人） | 每万人拥有公共文化设施面积（平方米） | 备　注 |
|---|---|---|---|---|---|---|
| | **合计** | **1132** | **1108000** | **2645.5** | **418.82** | |
| 1 | 长春市 | 169 | 358950 | 645.44 | 556.13 | 含省本级面积面积 |
| 2 | 吉林市 | 175 | 133270 | 422.46 | 315.46 | |
| 3 | 四平市 | 93 | 54360 | 219.83 | 247.28 | |
| 4 | 辽源市 | 63 | 83280 | 119.8 | 695.16 | |
| 5 | 通化市 | 77 | 76980 | 138.19 | 557.06 | |
| 6 | 白山市 | 91 | 59390 | 115.25 | 515.31 | |
| 7 | 松原市 | 117 | 84600 | 278.37 | 303.91 | |
| 8 | 白城市 | 117 | 76860 | 193.46 | 397.29 | |
| 9 | 延边朝鲜族自治州 | 100 | 110520 | 189.21 | 584.11 | |
| 10 | 其他 | 130 | 69790 | 323.49 | 215.74 | 含公主岭、梅河口、长白山管委会、珲春、集安、农安 |

全省公共文化服务体系财政补助经费不断提升。近七年来，从 2010 年的 5.16 亿元，增加到 2016 年的 10.83 亿元（不含基建拨款），年平均增长 13.15%。

近七年来，全省公共文化服务体系财政补助经费累计达到 54.78 亿元（不含基建拨款）。按机构类型分，公共图书馆 15.43 亿元，占财政补助总计的 28.16%；文化馆（含群艺馆）16.70 亿元，占 30.49%；文化站 8.02 亿元，占 14.64%；博物馆 13.66 亿元，占 24.94%；美术馆 0.97 亿元，占 1.77%。

图2　全省公共文化服务体系财政补助经费累计达到54.78亿元　（按机构类型分）

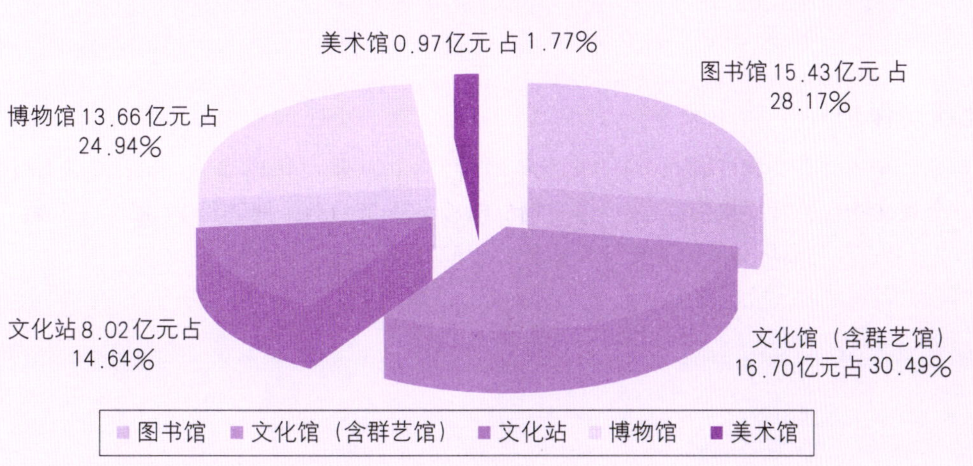

全省县级公共图书馆、文化馆总分馆制和公共文化事业单位理事会建设按计划推进。公共图书馆、博物馆、文化馆、乡镇综合文化站免费开放工作有效开展。扶持建设1550个农村文化小广场省政府年度民生实事项目、全省首批500个贫困村综合性文化服务中心设备购置补助工作顺利完成。延边州第二批国家公共文化服务体系示范区创建工作顺利通过国家验收。吉林地区第三批国家公共文化服务体系示范区创建工作有序推进。组织开展“市民文化节”、“农民文化节”和“长白之声”合唱节等品牌文化活动，活跃了群众文化生活。

## 五、文化市场

2016年末，全省文化市场经营单位4350家，从业人员15311人。其中娱乐场所1673家，从业人员7252人；互联网上网服务营业场所（网吧）2580家，从业人员6475人；非国有艺术表演团体14家，从业人员356人。资产总计25.47亿元，比上年减少3.13亿元，增长-10.94%。营业收入12.09亿元，比上年减少0.39亿元，增长-3.13%。利润总额4.98亿元，比上年增加0.18亿元，增长3.75%。

行政审批流程进一步优化，审批更加高效。贯彻落实省政府关于“四张清单一张网”建设和“服务业发展攻坚战”相关要求，在“放管服”方面不断优化。全年办件数量较2015年增长80%，办件满意率100%。在全面清理审批项目的基础上，把涉及港澳台营业性演出委托下放至市（州）级，取消了上网服务行业总量布局限制，放宽了准入条件。

文化市场监管水平进一步提升。印发《关于商事制度改革文化行政监管工作的实施意见》、《关于进一步加强全省文化市场软环境建设的通知》、《关于行政处罚裁量权细化标准》等文件，提升文化市场综合执法的科学化、规范化和制度化水平。通过开展专项执法行动，加强了对网络、娱乐、演出、美术品和文物市场的集中监管。

## 六、文化产业

新兴文化产业快速发展。成功举办“中国（长春）国际动漫艺术博览会”，动画片《关公传奇》入选国家动漫品牌建设和保护计划项目。

文化产业示范园区（基地）健康发展。组织省内文化产业园区（基地）企业申报2016年度中央财政文化产业发展专项资金项目12个，目前已有3个项目获得支持。

文化与旅游产业融合发展。探索传统工艺及现代创意与生产企业、投资机构、旅游景区有效对接的新模式，成功举办“吉林省传统工艺及现代文化创意设计大赛”及相关活动，3000余件作品进行了集中展览展示。

## 七、文化遗产保护

2016年末，全省共有文物机构140家，比上年增加2家；从业人员1572人，比上年增加115人。从单位性质看，全省文物保护管理机构52家，占文物机构总量的37.14%；博物馆77家，占55%；文物科研机构3家，占2.14%；文物商店和其他文物机构8家，占5.71%。

图3　全省文物机构数与从业人员变化情况

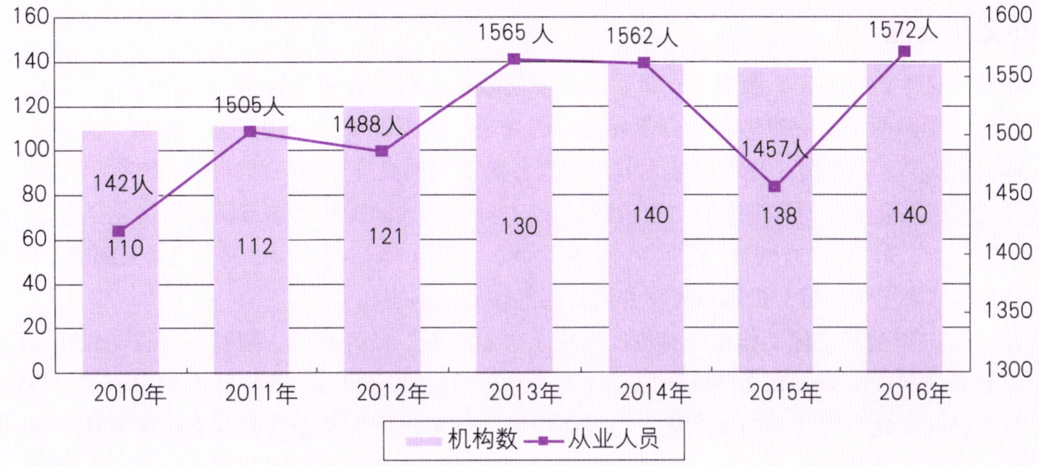


文物事业费稳步增加。2016 年末，财政补助收入 4.39 亿元（不含基建拨款），比上年减少 0.15 亿元，增长 -3.30%，其中：文物保护管理机构 0.53 亿元，比上年增加 0.35 亿元，增长 194.44%；博物馆 3.16 亿元，比上年增加 0.69 亿元，增长 27.94%；其他机构 0.36 亿元，比上年减少 1.53 亿元，增长 -80.95%。

近七年来，全省文物事业费从 2010 年的 1.40 亿元，增加到 2016 年 4.39 亿元，年均增长 20.98%。

图4　全省文物事业财政拨款情况

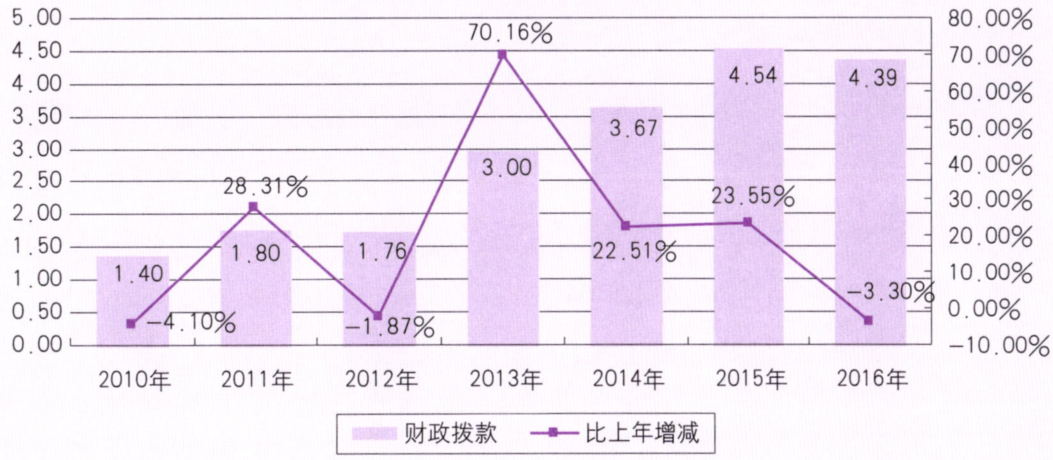


文物保护利用全面推进。世界文化遗产保护工作、长城资源保护工作扎实推进，我省 18 处遗址列入国家文物局《大遗址保护“十三五”专项规划》。　“吉林省大安市后套木嘎遗址考古发掘项目”在第一届中国考古学大会上荣获“田野考古三等奖”，是东北三省唯一一个获奖项目，伪满皇宫博物院《正义的审判》获得第十三届全国博物馆十大陈列展览优胜奖，省博物院、伪满皇宫博物院获批国家首批博物馆文创试点单位。吉林印记历史文化遗产传承保护工程和全省博物馆展览（文物）数字化项目顺利实施。

非物质文化遗产保护传承工作稳步开展。组织开展第四批省级非遗代表性项目评选工作，成立省非物质文化遗产保护协会，印发《吉林省非物质文化遗产传承基地（传习所）评选办法》，为有序推进全省非遗保护基础设施建设提供了制度保证。成功组织省内非遗项目参展中国非遗博览会等展会活动，成功举办全省非物质文化遗产商品博览会和庆祝“中国文化遗产日”系列活动。

## 八、对外文化交流

推动吉林文化“走出去”。围绕“一带一路”发展战略，圆满完成赴智利、哥伦比亚的“欢乐春节”访问演出任务，受到两国主流媒体及社会各界观众的赞誉。大型歌舞《雪韵春光》参加“感知中国·俄罗斯行—吉林文化周”、英国爱丁堡国际艺术节，受到各国观众的高度赞誉。圆满完成在我省举办的第18届东北亚地区美术作品展、在朝鲜举办的“欢乐春节----第三届大同江猴年春节庙会”文化交流活动。

积极“引进来”国内外优秀剧目。爱尔兰《大河之舞》、美国《阿卡贝拉》、乌克兰《天鹅湖》和话剧《白鹿原》、儿童剧《狮子王》等一批国内外优秀剧目相继在省内演出。

总体看，2016年全省文化工作稳中有进，实现了“十三五”良好开局。同时，全省文化建设还面临着一些新的课题和挑战：部分国有文艺院团票房收入不高，市场适应能力、开拓能力、运营能力还需要进一步提升；基本公共文化服务体系的标准化、均等化程度还不够，特别是基层公共文化服务体系建设还需要进一步加强；文创产品开发能力不强，文化遗产保护利用融入经济社会发展的有效模式还需要进一步探索实践。这些问题，都需要我们在今后的工作中加以认真解决。

（吉林省文化厅）

# 吉林：2016 年文化工作成绩斐然

2016 年，是“十三五”开局之年，全省文化系统广大干部职工围绕中心、服务大局、凝心聚力、创新发展，文化建设取得了丰硕成果。

## 一、文艺创作演出好戏连台

“吉剧振兴工程”深入推进。创排吉剧《为了烈士的尊严》、《宝贝回家》等新剧目，复排吉剧《江姐》、《三请樊梨花》，改编创排吉剧《罗密欧与朱丽叶》，吉剧《良子》省内巡演 51 场。

戏曲《游戏花果山》成功亮相央视春晚，儿童剧《大山里的红灯笼》参加第十一届中国艺术节，大型朝鲜族舞剧《阿里郎花》荣获第五届全国少数民族文艺会演金奖，吉林市歌舞团文化传媒有限公司成功参加 G20“最忆是杭州”文艺晚会演出。探索实践舞台艺术演出新模式，京剧电影《孙安动本》拍摄完成。国家艺术基金资助的京剧高派艺术人才培训班圆满结束。省直文艺院团持续开展优秀舞台剧（节）目惠民系列活动，全年演出 560 场，观众累计 25 万人次。“送演出下基层”4000 场省政府年度民生实事项目顺利完成，观众累计 200 万人次。

## 二、贫困地区公共文化服务体系建设扎实推进

制定了《吉林省“十三五”时期加快贫困地区公共文化服务体系建设实施方案》等政策文件，进一步补齐贫困地区公共文化服务体系建设短板。围绕打赢脱贫攻坚战，积极开展文化精准扶贫工作，争取国家和省补助资金 1.67 亿元，实现全省国贫县、省贫县、少数民族县、边境县农村文化小广场建设全覆盖，流动文化车和图书流动车全覆盖。扶持建设 200 个农村文化小广场省政府年度民生实事项目、全省首批 500 个贫困村综合性文化服务中心设备购置补助工作顺利完成。

## 三、文化遗产保护利用成效显著

全省 18 处遗址列入国家文物局《大遗址保护“十三五”专项规划》，以伪满皇宫同德殿、乌拉街清代建筑群为代表的 13 项文物保护工程项目和《中东铁路附属建筑群（吉林省段）总体保护规划》编制工作正式启动。“吉林省大安市后套木嘎遗址考古发掘项目”在第一届中国考古学大会上荣获“田野考古三等奖”，是东北三省唯一一个获奖项目。伪满皇宫博物院《正义的审判》获得第十三届全国博物馆十大陈列展览优胜奖。省博物院、伪满皇宫博物院获批国家首批博物馆文创试点单位。

非物质文化遗产保护传承工作稳步开展。组织开展第四批省级非遗代表性项目评选工作，初步确定了 50 个项目。成功组织省内非遗项目参展中国非遗博览会等展会活动。探索社会力量承办专业展会新模式，成功举办全省非物质文化遗产商品博览会和庆祝“中国文化遗产日”系列活动。

# 黑龙江省2016年文化发展情况分析

2016年，全省各级文化部门深入贯彻党的十八大和十八届三中、四中、五中、六中全会精神，坚持以习近平总书记系列讲话特别是两次对黑龙江的重要讲话精神为统领，认真落实省委省政府关于文化工作的决策部署，牢固树立创新、协调、绿色、开放、共享的发展新理念，抢抓机遇，开拓进取，实现了“十三五”良好开局。

## 一、机构和人员

2016年末，纳入统计范围的全省各类文化（文物）单位8236个，比上年末减少1072个；从业人员39597人，减少1632人。其中，各级文化文物部门所属单位2312个，增加33个；从业人员16667人，增加988人。

图1　2009年-2016年黑龙江省文化机构及从业人员情况

## 二、艺术创作演出

2016年，全省共有艺术表演团体57个，比上年增加6个，增加剧团均为非公有制剧团；其中各级文化部门国有艺术表演团体28个，占49.1 %。全省艺术表演团体从业人员3520人，比上年增加127人；其中具有高级职称的人员941人，占26.7%；具有中级职称的人员931人，占26.4%。各级文化部门国有艺术表演团体从业人员3078人，占87.4%。

2016年全省深入学习贯彻习近平总书记在十代会上的讲话精神，认真研讨创作题材，策划重点剧目，全年原创首演剧目19个，比上年增长11.8%。4部优秀剧目获得国家和地区重要奖项。龙江剧《农民的儿子——

于海河》荣获第二届辽吉黑蒙四省区地方戏曲优秀剧目展演优秀奖，《松江魂》参加十一届中国艺术节展演，赫哲族民族舞剧《乌苏里传歌》参加第五届全国少数民族文艺会演获得最佳舞台美术奖，大型拉场戏《海伦往事》参加全国基层院团戏曲会演并应中央军委政治工作部邀请进行专场慰问演出，舞蹈《映山红》在“歌舞中国——2016全国少数民族电视歌舞展演”上获金奖，音乐剧《干娘》等17个项目获得国家艺术基金支持。

2016年全省艺术表演团体共演出0.6万场，比上年减少17.8%，其中赴农村演出0.16万场，减少4.7%，占总演出场次的25.1%；国内观众331.9万人次，增长1.3%，其中农村观众102.7万人次，减少12.1%。艺术表演团体总收入46665万元，比上年增长5%，其中演出收入3113.1万元，比上年增加344.5万元，增长12.4%；占全部收入的6.7%，比上年提高0.5个百分点。我省演艺集团积极与旅游景区、商业企业、电视媒体等合作，扩大演出渠道，加强市场营销，同时依托中国互联网百强企业、百度合作伙伴龙彩科技有限公司，采用新技术、新手段，实现演艺产品立体宣传、广泛覆盖、精准推送，并在机场和人员密集场所通过广告牌和视频宣传演艺产品，探索出一条演艺产品与市场融合发展的新路子。省演艺集团还与龙江星熠集团就原创演艺产品生产、艺术培训等签订战略合作协议，推动实施省杂技团《一场雪·一万年》项目。

**表1　2007年–2016年黑龙江省国有艺术表演团体基本情况**

| 年　份 | 机构数（个） | 从业人员数（人） | 演出场次（场） | 国内演出观众人次（万人次） | 总收入（万元） | |
|---|---|---|---|---|---|---|
| | | | | | | #演出收入 |
| 2007年 | 84 | 5447 | 9620 | 834.1 | 22315 | 994 |
| 2008年 | 84 | 5229 | 9260 | 854.6 | 26072 | 1119 |
| 2009年 | 82 | 5122 | 9460 | 932.9 | 30023 | 1624 |
| 2010年 | 82 | 5109 | 10730 | 813.8 | 31463 | 1804 |
| 2011年 | 82 | 5064 | 8730 | 800.1 | 33767 | 2276 |
| 2012年 | 77 | 4915 | 7500 | 699.4 | 36062 | 1816 |
| 2013年 | 28 | 3361 | 4280 | 361.5 | 35810 | 1928 |
| 2014年 | 28 | 3299 | 4890 | 306.9 | 34163 | 1768 |
| 2015年 | 28 | 3138 | 5300 | 259.6 | 42941 | 1392 |
| 2016年 | 28 | 3078 | 4630 | 302.5 | 44976 | 1962 |

2016年末全省文化部门所属艺术表演场馆34个，与上年相同；从业人员394人，增加73人；观众坐席数19924个，增加2262个。全年共演（映）1430场次，增长28.8%；观众人次63.9万人次，增长47.9%。

全省共有国有美术馆11个，比上年末增加4个；从业人员73人，增加14人。全年共举办展览81个，比上年增长102.5%，参观人次达21.7万人次，增长174.7%。

## 三、公共文化服务体系

2016年我省围绕中央关于公共文化建设系列文件精神，先后出台《黑龙江省推进基层综合性文化服务中心建设实施方案》、《黑龙江省“十三五”时期贫困地区公共文化服务体系建设工作方案》、《关于做好政府向社会力量购买公共文化服务的通知》和《黑龙江省2016年贫困村文化设施建设实施方案》等4部配套政策，收到明显成效。

### （一）公共图书馆

2016年全省共有公共图馆108个，比上年增加1个。其中地市级11个，县（市、区）级96个。从业人员1664人，同比减少29人。其中具有高级职称的364人，占21.9%；具有中级职称的682人，占41%。

全省公共图书馆实际使用房屋建筑面积29.63万平方米，增长1.4%；平均每万人公共图书馆建筑面积77.98平方米，增加1.4平方米；阅览室座席数23447个，增长0.5%。全省图书总藏量1926万册，增长5.4%。全省人均图书藏量0.51册，增加0.03册。其中古籍44.2万册；电子图书841.5万册，增长2.9%；计算机5946台；供读者使用的电子阅览终端3837台，增长0.4%。

全省公共图书馆发放借书证69.6万个，比上年增长13.4%；总流通人次986万人，增长1.9%。书刊文献外借646.8万册次，外借309.7万人次。全年共为读者举办各种活动2685次，增长24.9%；参加活动117.2万人次，增长34.9%。

**表2　黑龙江省公共图书资源和流通情况**

| 年份 | 平均每万人拥有公共图书馆建筑面积 | | 人均拥有公共图书馆藏量 | | 公共图书馆总流通人次 | | 书刊外借册次 | |
|---|---|---|---|---|---|---|---|---|
| | 绝对值（平方米） | 增长率（%） | 绝对值（册） | 增长率（%） | 绝对值（万人次） | 增长率（%） | 绝对值（万册次） | 增长率（%） |
| 2008 | 58.0 | 0.3 | 0.4 | 2.6 | 613 | 10.5 | 673 | 43.5 |
| 2009 | 62.2 | 7.2 | 0.4 | 5.1 | 617 | 0.7 | 560 | -16.8 |
| 2010 | 65.0 | 4.5 | 0.4 | 4.9 | 622 | 0.8 | 479 | -14.5 |
| 2011 | 67.5 | 3.8 | 0.4 | 2.3 | 694 | 11.6 | 483 | 0.8 |
| 2012 | 70.3 | 4.1 | 0.5 | 4.5 | 822 | 18.4 | 524 | 8.5 |
| 2013 | 72.3 | 2.8 | 0.5 | 4.3 | 836 | 1.7 | 575 | 9.7 |
| 2014 | 75.7 | 4.7 | 0.5 | -6.2 | 893 | 6.8 | 631 | 9.7 |
| 2015 | 76.6 | 1.2 | 0.5 | 6.7 | 968 | 8.4 | 688 | 9.0 |
| 2016 | 78.0 | 1.8 | 0.5 | 6.3 | 986 | 1.9 | 647 | -6.0 |

### （二）群众文化机构

2016年全省共有群众文化机构1665个，比上年增加24个；其中文化馆148个，乡镇综合文化站900个，街道文化站617个。全省群众文化机构从业人员5468人，比上年末增加275人。其中具有高级职称的人员589人，占10.8%；具有中级职称的人员799人，占14.6%。

2016年全省群众文化机构实际使用房屋建筑面积89.32万平方米，比上年末增长9.5%；平均每万人群众文化设施建筑面积235.11平方米，增加21.12平方米。群众文化机构藏书538.97万册，增长4.6%；计算机8265台，增长8.7%；对公众开放的阅览室27820平方米，增长6.5%。

图2　2006年-2016年黑龙江省每万人文化设施建筑面积

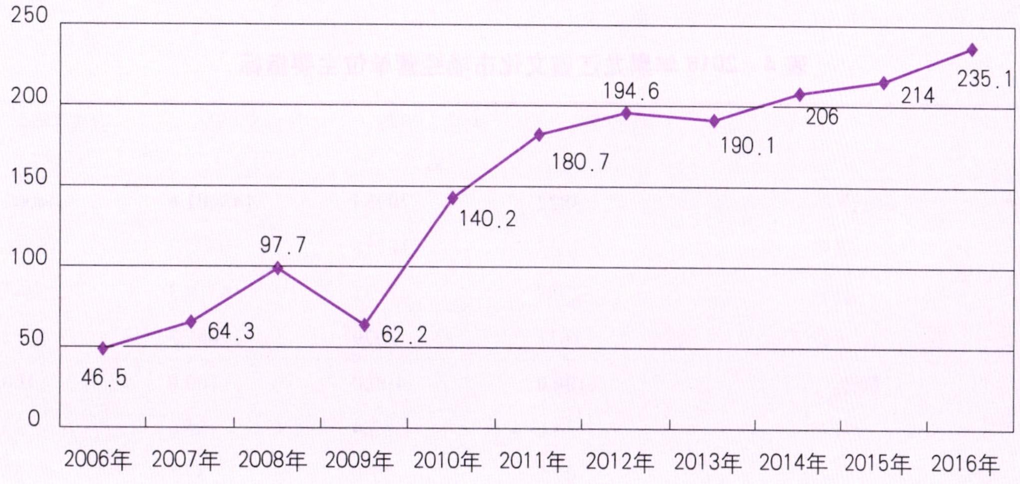


全省群众文化机构共有馆办文艺团体 348 个，演出 4347 场，观众 202.5 万人次。由文化馆（站）指导的群众业余文艺团体 7966 个，馆办老年大学 32 个，分别比上年增长 12.4% 和 39.1%。全省群众文化机构共组织开展各类文化活动 38762 次，比上年增长 18.3%；提供服务 1107.4 万人次，增长 23.1%。

**表 3　2016 年黑龙江省群众文化机构开展活动情况**

| | 总量 | | 比上年增长（%） | |
|---|---|---|---|---|
| | 活动次数（次） | 服务人数（万人次） | 活动次数 | 服务人次 |
| **各项活动总计** | **38762** | **1107.4** | **18.3** | **23.1** |
| 其中：展览 | 3052 | 173 | 3.6 | 3.2 |
| 文艺活动 | 23879 | 838.2 | 10.7 | 25.9 |
| 公益性讲座 | 1778 | 21.4 | 181.8 | 107.8 |
| 训练班 | 10053 | 74.8 | 31.9 | 33.8 |

## 四、文化市场

2016 年我省坚持加强执法监管与促进发展繁荣并重，以制定全省关于进一步深化文化市场综合执法改革的实施意见为契机，摸清了全省执法队伍建设状况，建立了综合执法改革台账，围绕“简政放权、放管结合、优化服务”，推动全国计算机技术监管服务平台与省政府办公系统实现有效对接，行政许可、案件办理、数据报送等业务全部纳入平台办理。积极推行“双随机一公开”市场监管模式，建立了双随机交叉执法检查人员和市场主体名录库，随机抽查文化市场经营场所 173 家。先后部署 “清朗”“秋风”等各类文化市场专项整治行动 8 次，查办各类违法经营案件 644 件，其中 4 个案件被评为 2015-2016 年度全国文化市场重大案件，取缔违法经营单位 38 家，全年组织安全生产检查 7 次，全年累计培训执法人员 1568 人次。

截止 2016 年末，全省文化市场经营单位 5822 个，比上年末减少 1116 个；分区域看，城市文化经营单位 2013 个，占 34.6%；县城文化市场经营单位 2778 个，占 47.7%；县以下文化市场经营单位 1031 个，占 17.7%。文化市场经营单位从业人员共计 20954 人，比上年减少 2263 人。全年实现营业总收入 14.5 亿元，营业利润 4.4 亿元。

**表 4　2016 年黑龙江省文化市场经营单位主要指标**

| | | 机构数（个） | 从业人员数（人） | 营业总收入（万元） | 营业利润（万元） |
|---|---|---|---|---|---|
| 总量 | **总计** | **5822** | **20954** | **145401.8** | **44002.2** |
| | 城市 | 2013 | 10988 | 80805.2 | 15586.5 |
| | 县城 | 2778 | 7887 | 54510.3 | 23343.1 |
| | 县以下 | 1031 | 2079 | 10086.3 | 5072.6 |
| 比重（%） | **总计** | **100.0** | **100.0** | **100.0** | **100.0** |
| | 城市 | 34.6 | 52.4 | 55.6 | 35.4 |
| | 县城 | 47.7 | 37.6 | 37.5 | 53.1 |
| | 县以下 | 17.7 | 9.9 | 6.9 | 11.5 |

全省娱乐场所 2304 个，减少 333 个；从业人员 9445 人，减少 466 人；全年营业总收入 5.3 亿元，营业利润 2.2 亿元，比上年增加 0.1 亿元。

全省共有互联网上网服务营业场所（网吧）3420 个，减少 823 个；从业人员 9494 人，减少 2552 人；全年营业总收入 6.5 亿元，营业利润 2.7 亿元。

## 五、文化产业与文化科技

2016 年我省共确定重点推进的文化产业项目 96 个，年度计划投资 76.8 亿元。截止到 2016 年 11 月底，全省开复工项目 92 个，完成投资 99 亿元，同比增长 35.4%，超全年计划 22.2 亿元，亿元以上项目完成投资增速列全省 15 个产业类别第 4 位，哈尔滨西城红场等 35 个项目建成投产或部分投产。省杂技团《一场雪 • 一万年》等 4 个项目获得中央文化产业发展专项资金支持，21 个项目获省级文化产业重点项目资金支持。哈尔滨极光文化等 11 户企业被评定为国家文化出口重点企业和重点项目，《云奇飞行日记》和《援疆英雄传》2 部作品被列入 2016 年弘扬社会主义核心价值观动漫扶持计划。我省还扎实推进国际油画展览交易，大力弘扬推广冰雪文化，省文化、发改、财政等部门联合制定了《黑龙江省推动文化文物单位文化创意产品开发的若干措施》，使政策引导作用逐渐显现。

2016 年我省颁布实施《黑龙江省艺术规划课题管理办法》，进一步明确课题管理程序。完成年度国家级项目申报推荐工作，3 个全国艺术规划课题、1 个文化部文化艺术研究项目获批。组织全省年度艺术科研课题申报、评审工作，审定批准重点项目 27 项、一般项目 84 项、青年项目 47 项、共建项目 122 项。向文化部推荐设立“哈尔滨工业大学互动媒体设计与装备服务创新重点实验室”，成为东北地区首个获批的文化部重点实验室。社会艺术水平考级管理规范有序，全省 30 家考级单位全部实施年度备案，对 15 家单位组织的 18 次考级考试进行现场监管，服务考生近 5 万人次。

## 六、文化遗产保护

2016 年末全省共有文物机构 268 个，其中文物保护管理机构 87 个，占 32.5%；博物馆 176 个，占 65.7%。全省文物机构从业人员 3232 人，同比增加 239 人。其中高级职称 383 人，占 11.9%；中级职称 628 人，占19.4%。

全省文物机构共有文物藏品101.3万件，比上年末增加24万件，增长31%。其中，博物馆文物藏品99.1万件，占97.8%。文物藏品中，一级文物2832件，占0.3%；二级文物6390件，占0.6%；三级文物46244件，占4.5%。

2016年我省完成了第一次全国可移动文物普查工作，采集、录入308812件/套文物（610353件）数据信息，建立了全省可移动文物资源数据登入平台，举办普查成果系列展览49个。东北抗联博物馆《抗战十四年》、七三一陈列馆《反人类暴行》2个展览获“第十三届全国博物馆十大陈列展览精品”优胜奖。组织全省重点博物馆参加“全国文博单位文化创意产品开发工作推进会”和“第七届中国博物馆及相关产品与技术博览会”，参展130余件新开发文创产品。省博物馆被评为全国2016年“博物馆青少年教育功能试点单位”，被纳入“全国涉案文物鉴定评估机构”名单，成为我省唯一涉案文物鉴定评估机构。

图3　2008年-2016年黑龙江省博物馆藏品及参观情况

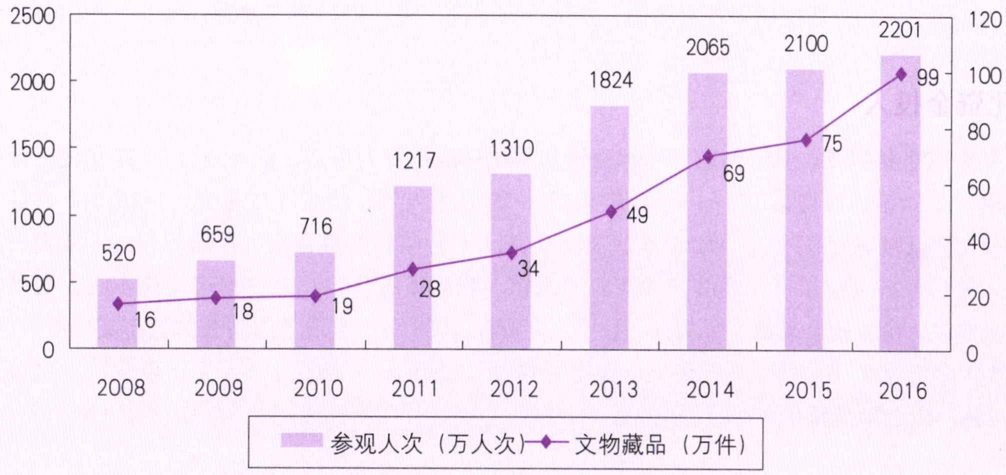


2016年全省共有非物质文化遗产保护机构69个，从业人员406人。全年非物质文化遗产保护机构共举办展览459个，比上年增长43%，参观人46.5万人次；举办演出661场，比上年增长22%，观众76.3万人次；举办民俗活动358次，比上年增长13.7%，参与34.8万人次，比上年增长72.3%。

我省2016年10月1日正式实施《黑龙江省非物质文化遗产条例》，使非物质文化遗产保护纳入了法制化轨道。推进6个项目纳入国家发改委“十三五”非遗基础设施建设储备库项目。成功举办两期非遗传承人群培训班，对12个地市100名学员进行满族刺绣、剪纸培训。参加文化部第四届非遗博览会，我省获剪纸大赛2名金剪子奖、1名银剪子奖、1名铜剪子奖，《伊玛堪集成》等3部专著入选理论成果展。完成赫哲族伊玛堪履约报告，按照文化部总体部署，按时高质量完成履约报告并正式提交联合国教科文组织。开展第五批省级非物质文化遗产代表性传承人评审认定工作，评定112名传承人。

## 七、对外和对港澳台文化交流

2016年我省以中俄文化交流为重点，大力开展对外文化交流活动，文化外事活动日益活跃，向多领域、纵深化发展。全省参加对外和港澳台文化交流的演出达到20个，参与交流515人，分别比上年增加2个和364人，增长11.1%和2.4倍；演出（展览）29场次，演出观众（参观）3.3万人次，分别比上年增加17

场次和 1.9 万人次，均增长 1.4 倍。

对接我国 “一带一路”战略和俄罗斯欧亚经济联盟战略，我省成功举办第七届中俄文化大集，内容涵盖“高端交流、展览展销、文艺演出、民众文化、体育文化、文化旅游”六大板块近 40 项文化活动。大集首次将中俄代表性文化元素、项目和活动聚合，开创中俄文化交流新模式。黑河市与俄布市建成中俄影视基地、中俄画家村等项目，搭建文化贸易互动新平台。2016 年大集直接销售额总计近 2.5 亿元，黑河市累计接待国内外游客近 120 万人次，实现旅游收入 5.6 亿元，带动住宿、餐饮、零售以及交通运输等相关行业大幅增长。

我省策划组织的 2016 滨海边区“黑龙江日”系列文化展演活动，“2016 滨海边区黑龙江日交响音乐会”、“黑龙江非物质文化遗产刺绣展”和“大美龙江摄影展”成功在俄举办。哈尔滨交响乐团参加第三届中俄博览会和哈尔滨与斯维尔德洛夫斯克州结好 25 周年庆祝纪念活动，推进中俄高层次文化交流。组织协调马林斯基剧院歌剧《战争与和平》的演出，取得巨大成功。在第 33 届中国・哈尔滨之夏音乐会期间，邀请俄罗斯乌拉尔模范爱乐乐团等团体参加哈尔滨之夏音乐会。应邀参加哈巴罗夫斯克建市 158 周年系列庆祝活动。哈尔滨市荣获 2017 年“东亚文化之都”创建扶持城市称号，并获得 2018 年“东亚文化之都”候选城市资格。齐齐哈尔马戏团、大庆歌舞剧团多次赴美国、泰国等国展演，进一步提升了我省艺术品牌在海外的知名度。

## 八、文化资金投入

2016 年全省各地以市、县“两馆”达标建设和文化精准扶贫为重点，累计投资 2.57 亿元，新建（改扩建）图书馆、文化馆、博物馆 17 个，建设总规模 5.58 万平方米；投资 1.1 亿元，完成 317 个贫困村文化广场建设和文化活动室设备配置，为 20 个国贫县的 314 个行政村配置音响、乐器等设备。双鸭山市文广大厦建成投入使用，齐齐哈尔市马戏演艺大厅和美术馆、鸡西市版画馆、七台河市文化中心、大兴安岭博物馆正在加快建设。全省新建成数字服务点、数字文化驿站 1038 个，实现了边疆公共数字文化服务的全覆盖。

2016 年全省文化事业费 17.55 亿元，比上年增加 2.29 亿元，增长 15%；文化事业费占财政总支出的比重为 0.42%，比上年提高 0.06 个百分点。

图4　2007年-2016年黑龙江省文化事业费占财政支出比重

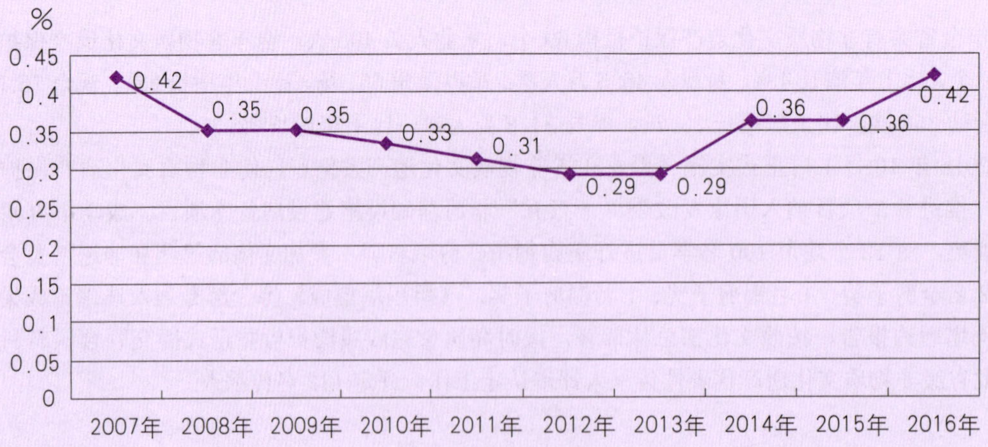


随着文化事业投入不断加大，2016 年全省人均文化事业费达到 46.19 元，比上年增加 6.16 元，增长 15.4%，有效推动了各项文化事业的发展。

图5 2005-2016年黑龙江省人均文化事业费情况

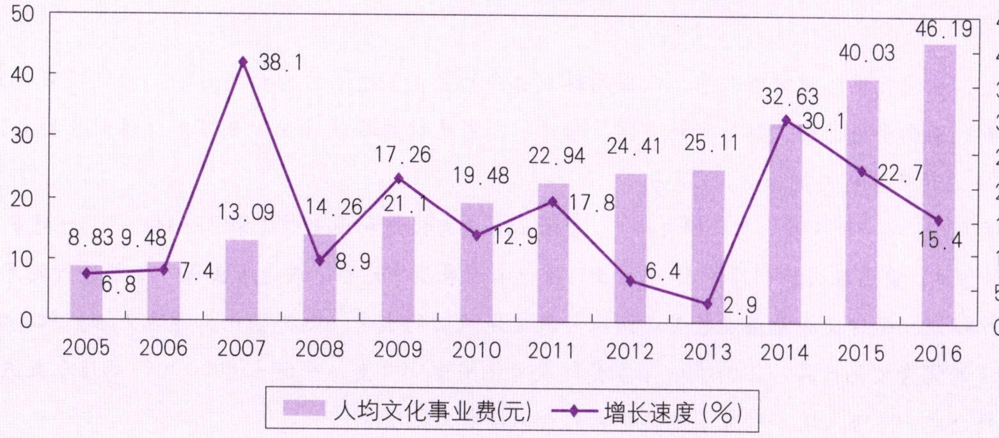


2016 年全省文物事业费达到 34871 万元，比上年增加 7774 万元，增长 29%，文物事业费占财政总支出的比重为 0.08%，比上年提高 0.01 个百分点。

2016 年受经济环境影响，我省文化发展与全国相比仍存在一些差距，自身发展还存在一些问题。主要表现在：一是文化发展的宏观经济环境仍不乐观。2016 年我省人均 GDP40432 元，列全国第 21 位，与上年相同；农村居民人均纯收入 11832 元，列全国第 16 位，比上年降低 3 位；城镇居民人均消费支出 18145 元，列全国第 27 位，比上年降低 1 位。二是公共图书馆的投资建设还存在一些差距。2016 年我省每万人均拥有公共图书馆建筑面积 78 平方米，列全国第 23 位，比上年下降 1 位；人均购书费 0.6 元，比上年减少 0.05 元，列全国第 28 位，比上年降低 6 位。三是文化市场发展还不景气。截止 2016 年末我省文化市场经营单位和从业人员分别比上年末减少 16.1% 和 9.7%；全年实现营业总收入分别比上年减少 5.1 亿元和 0.8 亿元，减少 4.6% 和 15.4%。

针对我省文化文物业发展存在的上述问题，我省需要以习近平总书记两次对黑龙江的重要讲话精神为指针，积极采取有效措施，深入挖掘潜力，努力使我省各项文化事业良性发展，重振“黑土”文化雄风。一是以黑龙江省十二次党代会精神为指南，以新发展理念为引领。坚定走体制机制同市场完全对接、产业创新扩量升级、充满内在活力的创新发展之路；走空间布局优化、区域统筹协调、城乡一体发展、物质文明和精神文明同步推进的协调发展之路；走生态环境有效保护、整体生态化优势充分释放、人与自然和谐共生的绿色发展之路；以国际经贸大通道为依托、区域合作为基础、对俄合作为重点、沿边开放新高地加快形成的全方位开放发展之路。提升我省经济发展速度和质量。通过国家振兴东北老工业基地的政策扶持和与国内相关省市的对口支援，加快产业更新改造步伐，实施经济结构、产业结构优化调整和供给侧改革，实现经济的较快增长和质量的总体提升，为文化发展提供充分的物质基础和保证。二是继续把基本公共文化服务作为财政支出的保障重点。建立健全公共文化服务财政保障机制，加大文化建设投入力度，将公共文化服务经费纳入本级预算，安排公共文化服务所需资金，确保财政文化投入水平与我省经济社会发展阶段相适应。重点支持实施文化惠民工程，加快构建覆盖城乡、便捷高效、保基本、促公平的现代公共文化服务体系，提高图书馆等公共文化设施的标准水平。三是繁荣发展文化娱乐市场。加大文化供给侧结构性改革，生产更多更好适合百姓欣赏口味的文化娱乐产品；加强对文化市场演出娱乐表演的宣传引导，对传统文化市场模式加快转型升级，通过良好的市场环境、新兴的产品引导群众加大消费，对新兴文化市场加大支持力度，在加强监管的同时扶植新兴文化企业发展。

（黑龙江省文化厅）

## 黑龙江："结对子种文化"惠民工程成效显著

黑龙江从文化供给侧需求入手，以提高群众自身的文化创造活力为主要目的，依托国家"三区"人才计划，面向全省开展"结对子种文化"活动。全省已结成帮扶对子3.9万支，培训基层文艺骨干35万人次，开展各类文化活动17万场。

转变观念，变"送文化"为"种文化"。全省256个文化馆和图书馆采取"一对一""一对多""多对多"等方式，重点在文艺创作等15个方面，请上来开展集中培训，或走下去深入基层进行定点辅导。通过辅导培训，迅速提高基层文艺骨干组织开展文化活动的水平，创排了一批源自生活、积极向上、生动鲜活的优秀文化产品。密山市培育各类群众文化团体300支，年演出6000场，参与人数达15万人次，观众达100万人次，形成了独具特点的密山群众文化现象。

形式多样，"结对子种文化"成效显著。一是以赛代训。在全省农民文化节和首届社区文化节中，各级文化馆、图书馆选派优秀辅导教师及文化志愿者近3千人，对7万多名参加演出的演员和500多场演出进行精心指导和设计，演员的表演水平和节目档次大幅提高。二是打造主题（品牌）活动。省图书馆开展"数字文化惠民服务年"活动，组成700多支"种文化"小分队，以边疆县市、偏远地区、贫困地区为重点，开展各类培训。哈尔滨市图书馆连续13年开展"文化暖心　点亮生活"视障读者服务活动，让盲人读者找到了精神归宿。伊春市着力打造"一区一品"，北安市开展"同心共建书香北安"活动，取得了良好的社会效益。三是开展集中培训。齐齐哈尔市集中二个月的时间，开展文化大讲堂系列培训，杜蒙自治县利用一个月的时间，对全县92支秧歌队进行集中培训。牡丹江市依托全市的28个文艺辅导基地，年均开展各类培训320次。四是创新形式，拓宽渠道。省群艺馆采取"馆内资源＋政府购买"的方式，把更多的培训送到基层，达到想学、有需求就满足的目标。

加强督促，确保工作取得实效。一是建档立账。对各地上报的帮扶计划，进行双向核实，建立工作台帐。二是电话询问。定期对帮扶人和帮扶对象进行电话询问，年均电话询问5000多人次。三是实地检查。每年集中时间，对30多个市（地）县进行走访调研，了解工作实效。四是经验交流和成果汇报演出。省里召开"结对子、种文化"经验交流大会，各地也通过举办成果汇演等形式，检验"结对子、种文化"的工作成果。五是加强结果运用。省文化厅对全省各地"结对子、种文化"工作开展情况进行考核，将活动开展成效作为评比表彰、项目安排、职称评定的重要依据。

# 上海市 2016 年文化发展情况分析

2016 年是“十三五”的开局年，上海市公共文化工作重点贯彻落实党的十八大和十八届三中、四中、五中全会以及中央深改组第七次会议精神，深入学习习近平总书记系列重要讲话精神，扎实推进《上海市贯彻〈关于加快构建现代公共文化服务体系的意见〉的实施意见》，补好公共文化发展“短板”，促进上海现代公共文化服务体系建设健康发展。

2016 年上海市文化文物类机构共计 4691 个，从业人员为 71764 人。文化主要包括艺术表演团体、艺术表演场馆、图书馆、文化馆（站）、艺术展览创作机构、艺术教育业、文艺科研等单位 528 个；市场经营性机构（不包括非公有制院团和场馆）共 3968 个，文化市场经营机构营业总收入为 204.64 亿元，营业成本为 149.62 亿元，营业利润为 55.02 物馆 99 个，文物商店 1 个，其他文物机构 4 个。

**表 1　2016 年文化文物基本情况表**

单位：个、人

| | 机构数 | 从业人员 |
|---|---|---|
| 艺术表演团体 | 205 | 7102 |
| 艺术表演场馆 | 47 | 2086 |
| 图书馆 | 24 | 2091 |
| 文化馆（站） | 237 | 4975 |
| 艺术展览创作机构 | 12 | 406 |
| 艺术教育业 | 1 | 65 |
| 文艺科研 | 2 | 38 |
| 文化市场经营机构 | 3968 | 48899 |
| 文物业 | 109 | 3202 |
| 其他 | 69 | 2361 |

## 一、营造浓郁的城市文化氛围

根据中央对构建现代公共文化服务体系系列要求，我市在 2016 年继承以弘扬、创新发展优秀传统文化为指导，加强方案规划的顶层设计，强化措施方案的基层落地，多措施并举加快推进上海现代公共文化服务体系建设。同时坚持以人民群众的文化需求为目标中心，注重弘扬社会主义核心价值观。并依托公共图书馆广泛开展全市性全民阅读活动。

### （一）文化资源利用率不断提升

截至 2016 年底共有区县级以上公共图书馆 24 个。其中：市级 2 个，区级 21 个，县级 1 个，比去年减少一个，主要是因为闸北区和静安区合并所致。2016 年上海市图书总藏量 7676 万（册、件），比去年增加

108万（册、件）。图书总流通4170万人次，比去年增加239万人次。图书馆业2016年总收入11亿元，比去年增加1.47亿元，其中财政拨款10.07亿元，比去年8.50亿元增加1.57亿元，占总收入的91.55%。2012年～2016年上海公共图书馆基本情况参见表2。

**表2　2012–2016年上海公共图书馆基本情况**

单位：万人、万册、万元

| | 总流通人数 | 图书总藏量 | 总收入 |
|---|---|---|---|
| 2012 | 2062 | 7202 | 74425 |
| 2013 | 3605 | 7239 | 86639 |
| 2014 | 3961 | 7363 | 92581 |
| 2015 | 3931 | 7568 | 95303 |
| 2016 | 4170 | 7676 | 109978 |

## （二）群众性文化活动日益丰富

截至2016年底，本市共有24个文化馆（市级1个、区级22个，县级1个），文化站有213个（其中乡镇文化站108个）。从业人员4975人。举办展览3373个，举办训练班5.30万次。群众文化2016年全年保障经费总收入16.92亿元，比去年15.21亿元增加了1.71亿元，其中财政拨款15.09亿元占收入的89.18%。

**表3　2012–2016年上海市群众文化服务基本情况**

单位：个、万人、万元

| | 举办展览 | 培训人次 | 本年收入 |
|---|---|---|---|
| 2012 | 2754 | 173 | 109010 |
| 2013 | 3220 | 241 | 129717 |
| 2014 | 3423 | 287 | 130707 |
| 2015 | 3259 | 341 | 152144 |
| 2016 | 3373 | 439 | 169202 |

1. 做好图书馆管理工作，开展全市性全民阅读活动。今年3月28日市民服务日和4月23日世界阅读日期间，上海图书馆、上海少儿馆和各区县图书馆开展了丰富多彩的阅读推广活动。其中上海图书馆启动了“微阅读让全民阅读无处不在”系列活动，市少儿图书馆启动了2016“上海童话节”系列活动，杨浦区图书馆开展的“阅读好声音”微朗诵大赛有创新，即通过市民推荐喜爱的图书，朗诵其中章节，展示了书中精彩内容。静安区图书馆开展了“双城读书”活动，与智利驻沪领事馆合作，邀请16个智利来沪人士家庭和本市16个家庭一起举办故事会，介绍两国文学作品。浦东、徐汇、长宁、嘉定、宝山、闵行、松江等区举办了读书节系列活动，虹口区图书馆为菜场书屋配置了wifi路由器，方便居民和菜场商户下载文化共享工程老电影、讲座等视频以及电子书等数字资源。

2. 繁荣群众文艺发展，开展2016年“上海之春”新人新作展评展演。原创作品紧紧围绕“建党95周年”、

“长征胜利80周年”和“中国梦”主题，弘扬中华优秀传统文化，宣传社会主义核心价值观，唱响主旋律，传递正能量，讲述百姓故事。本次展评展演活动作为“2016年上海市民文化节”的市级赛事项目，在各区县、各系统、驻沪部队和单位层层选拔的基础上，全市共上报了音乐、舞蹈、戏剧、曲艺4个艺术门类共156个原创作品，举行了10场展评选。今年群众文化项目的资助资金为700万元。全市共申报了112个项目。经评审，共有75个项目得到资助，资助经费为667.3万元，其中，文艺创作类项目资助金额为227.8万元；文化活动类项目资助金额为439.5万元。

## （三）财政投入持续增长

2016年上海市文化系统财政拨款42.82亿元，比去年增加5.37亿元，增长14.34%，艺术表演团体财政拨款7.20亿元，艺术表演场所财政拨款0.46亿元，图书馆财政拨款10.07亿元，群众文化活动经费拨款15.09亿元，艺术展览创作机构2.90亿元，其它文化事业经费拨款7.1亿元。

图1 2016年上海市文化系统财政经费拨款分类

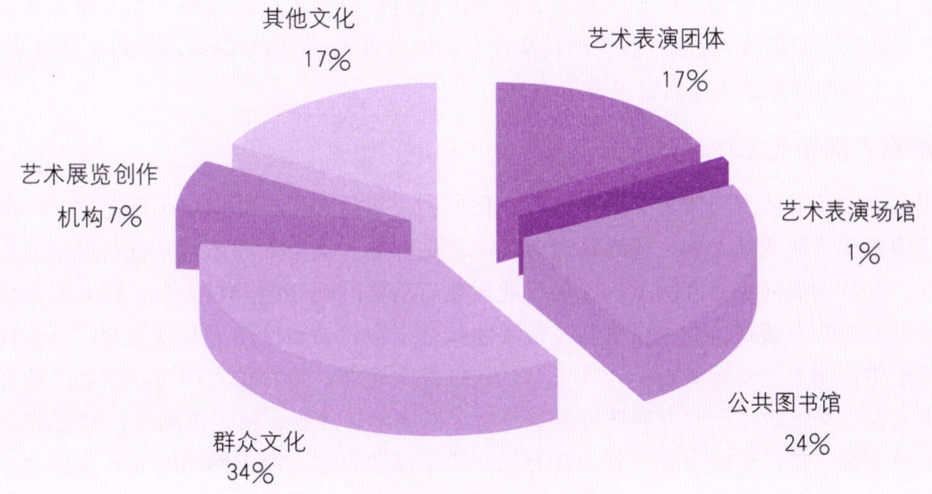


图2 2012-2016年财政文化事业财政拨款走势

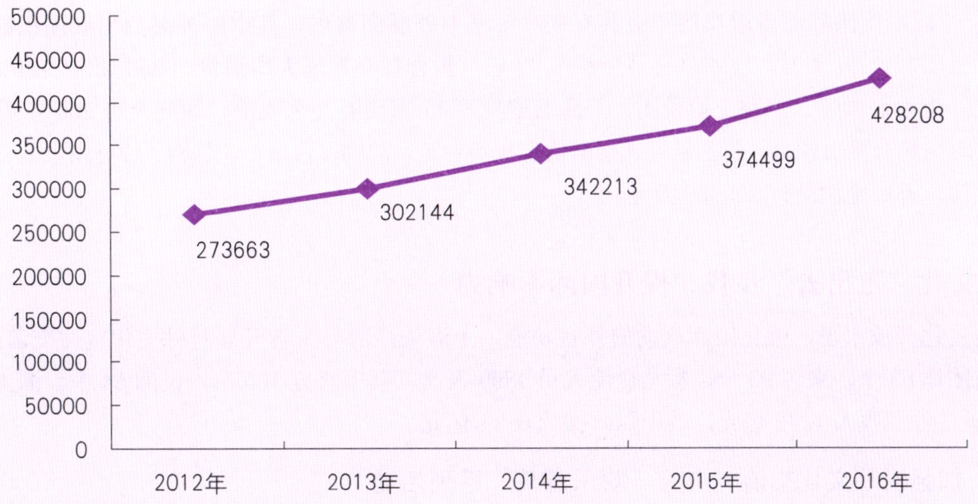

积极与市财政、市委宣传部、发改委等部门协调沟通，争取专项资金保障文化项目的顺利实施。各单位按照优化预算支出结构、保障重点、兼顾一般的原则，科学安排节约使用经费。2012 年至 2016 年，财政部门对文化事业投入由 2012 年 27.37 亿元增至 2016 年 42.82 亿元，累计投入达 172.07 亿元，年均增长 11.86%，有效地保证了上海文化事业和文化产业的发展。

## 二、文化市场多元化发展

截止 2016 年底，全市文化市场经营机构 3,968 家，其中，娱乐场所 2,152 家，互联网上网服务营业场所（网吧）1,413 家，经营性互联网文化单位 290 家，艺术品经营机构 110 家，演出经纪机构 3 家。

### （一）探索文化市场管理新举措

一是制定《上海市文化市场事中事后监管管理办法》，明确监管环节、要素、流程、要求、方法及应急处置预案，加强监管工作标准化建设；二是出台《上海文化市场黑名单管理办法（试行）》，明确上海文化市场黑名单的管理、进入、退出及处罚流程，为文化市场监管提供制度保障；三是举办各类文化市场培训班，包括《艺术品市场管理办法》培训班、网络游戏自审自查人员培训班、动漫从业人员培训班、娱乐场所及网吧从业人员培训班，提高行业管理及从业人员的业务水平；四是探索对新兴文化业态的管理工作，重点做好对网络直播的前期准入及日常监管工作。

### （二）培育市场多元主体

一是组织各类市场主体参与国内外各项大型文化展会，包括第十一届中国国际艺术节、科隆游戏展、里昂漫画展、中泰动漫游戏活动周、德岛动漫节等；二是开展各类行业评选、争优、展示、交流活动，如民营院团展演、儿童剧展演、互联网上网服务行业标准启动暨网吧转型升级大会、阳光娱乐示范点评选；三是用好上海动漫游戏发展扶持奖励资金、民营院团扶持资金、公益性演出专项资金、营业性演出低价票补贴、高雅艺术进校园专项资金共五个专项资金，扶持龙头企业，培育重点项目，推动产业发展，实现文化惠民。今年上海市动漫游戏产业发展扶持资金共对包括动漫、漫画、新媒体动漫、网络游戏等在内的 32 个项目予以扶持奖励，扶持奖励金额共计 860 万元；四是推动筹建上海市网络游戏行业协会，做好协会前期筹备的各项准备工作，协会预计于 2017 年初正式成立。

### （三）着力营造城市文化氛围

指导举办各类大型文化活动，包括中国国际动漫游戏博览会、家庭游戏开发者大会、WDC 世界舞蹈大赛等。2016 年第十一届中国国际动漫游戏博览会共有 350 余家中外展商参展，其中海外展商出展面积超过 40%，五天展期共吸引观众 20.4 万，现场总交易金额 1.32 亿，折合观众现场人均消费约 650 元； 2016 年共组织上海越剧院、上海沪剧院、上海交响乐团、上海歌剧院等 17 家国有文艺表演院团向全市 200 多所学校配送了 136 台 321 场优秀演出剧目，包括越剧《梁山伯与祝英台》、沪剧《日出》、歌剧《长征组歌》、话剧《富春山居图》等，补贴金额共计 220.37 万元。

## 三、加快文化“走出去”步伐，提升国际影响力

为提高文化开放水平，强化国际活动的外宣功能，上海依托海外平台开展对外文化宣传交流。2016 年上海市出访团体 63 个，来访 96 个，参与交流人员 4899 人次，其中官方 105 个，民间 54 个。演出（展览）天数 1210 天，经费收入 1.42 亿元，其中财政拨款 0.11 亿元。

### （一）加强对外文化交流，办好“欢乐春节”系列活动

积极整合本市文化资源，配合国家“一带一路”战略，主动参与由文化部会同国家相关部委和我驻外机构在海外举办的“欢乐春节”品牌活动，向世界传递中国声音，讲述中国故事。举办15场“欢乐庆元宵”木偶演出，海外“欢乐春节”团组共17批，约400人次，涉及比利时、德国、美国、加拿大、新西兰、泰国和日本等10个国家和港、澳、台地区。内容涵盖演出、展览、非遗等，传统与现代融合，交流与贸易并重。

### （二）实施〝一带一路〞三年行动计划，传播中国声音

落实“一带一路”艺术节合作发展网络成果，推动艺术节委约作品舞剧《青衣》4月受邀在布达佩斯春季艺术节献演。第19届上海国际电影节设置“一带一路”展映单元，国际影视市场“一带一路”专区，举办“一带一路”世界电影论坛，并推动埃及、爱沙尼亚等沿线国家电影节代表签署“一带一路”电影节战略合作协议。搭建“一带一路”国家美术馆协作机制和工作联络网，推动中华艺术宫与蒙古国家美术馆等11家“一带一路”沿线国家美术馆确认合作意向，上海博物馆与埃及国立博物馆签署《合作备忘录》，上海大宁剧院签约成为由中国对外文化集团公司倡议建立的“丝绸之路国际剧院联盟”首家国内成员单位

### （三）打造文化品牌，持续推动对港澳台地区文化交流

在台举办第七届“海峡两岸文化创意产业展”，积极推动两岸文化创意产业交流与合作，在总体展现中国大陆文创特色的基础上，打造出海派文化亮点与特色。参展企业规模、展位面积、展品数量等多方面均为历年之最，吸引专业观众和普通观众总人次超过3万人。连续第三年组织上海文化艺术团于春节期间赴台举办“欢乐庆元宵”巡演活动，深入台湾剧场、大专院校和社区基层。

## 四、提升产业集聚、促进文化产业融合发展

上海共有经文化部命名的国家级文化产业示范园区1家，国家级文化产业示范基地15家。16家示范园区在搭建公共服务平台、完善孵化功能、提升技术创新和模式创新、促进文化与相关产业融合发展等方面起到了良好的示范带动作用。2016年文化部开展新一批国家级文化产业示范园区创建工作，上海推荐符合条件的园区积极申报。国家级示范基地和园区从业人员30039人，年营业收入114.74亿元，利润总额64.88亿元，获得国家级文化奖项18个，获得著作权、发明专利权760项。

根据文化部、国家文物局关于开展文化文物单位文化创意产品开发的工作部署，申报上海博物馆等14家文博单位为首批文化文物单位文化创意产品开发试点单位，将通过先行先试、不断总结经验等方式，探索文化文物单位文创产品开发模式，发挥对本市文化文物单位文化创意产品开发工作的示范效应和推动作用。

2016年共有11家上海文化企业获得财政部2719万元文化产业发展专项资金扶持。约160家文化企业获得约1.5亿元市文化创意产业发展扶持资金扶持。300家企业（或单位）获得市文广影视局、市文物局6851.93万元文化发展专项资金扶持。

## 五、文博工作有序推进

2016年纳入国家文物局统计范围的上海市文博业机构共计109个，其中文物保护管理机构5个，博物馆99个，文物商店1个，其他文物机构4个，从业人员3273人（其中，正高级职称57人）。文物藏品400.58万件，其中：一级文物2104件，占总数的0.05%。2016年修复藏品数为425件，本年举办基本陈列672个、临时展览431个，参观人数2226.20万人次，其中，未成年人523.08万人次。

### （一）博物馆（纪念馆）体系不断完善

截止2016年底，在上海市文物行政部门登记，并通过市文物行政部门年检审核备案的博物馆数量总计

达 126 个。（本年纳入国家文物局统计范围的有 99 家）。2016 年底上海博物馆（纪念馆）从业人员 3096 人。

2016 年上海纳入国家文物局年报统计范围博物馆 99 个，文物藏品共计 225.35 万件 / 套，其中一级品 2,104 件 / 套，本年从有关部门接收文物 2,271 件 / 套。

1. 扶持非国有博物馆。2016 年上海市社会力量举办博物馆扶持资金共收到 42 家场馆的 68 项申请，包括 30 个优秀原创展览申报项目、12 个社会教育活动申报项目以及 26 个免费开放申报项目。经过评审，共有 30 个优秀项目获得扶持。其中，上海玻璃博物馆，其举办的“秾芳依翠 宋元琉璃簪钗展”是一个古文物展，专业性强，质量较高；上海琉璃艺术博物馆，其举办的“极光之舞——美国玻璃艺术家图兹•詹斯基个展”展品独具特色，从琉璃的角度诠释了美的艺术，社会反响热烈；国内首家机场博物馆——上海浦东机场博物馆的展览《和谐共美——中日韩名家艺术邀请展》，在营造城市文化氛围中独具意义。

2、拓展博物馆宣传渠道。组织全市博物馆场馆开展“5.18 国际博物馆日”宣传活动。期间，组织全市 103 家博物馆、纪念馆等场馆免费开放，3 家博物馆半价开放；“博物馆之夜”活动为白天紧张忙碌无暇参观的市民或匆忙观光的游客提供独特的夜间参观体验；全市推出 170 余项免费公益活动，广受市民好评；依托移动电视录制播放“跟着馆长去看馆”博物馆宣传专辑，利用微信、微博等新媒体发布信息公告，编印以“匠心之美”、“行业百态”、“峥嵘记忆”为主题的一套三本博物馆宣传口袋书，进行线上线下联动宣传。

### （二）文物保护工作有序开展

2016 年稳步推进全市文物保护工作，形成以政府主导、社会参与的文物保护机制；创新发展，提升文物保护科技支撑能力；加强文物安全工作，建立健全长效机制；进一步落实文物管护责任、解决文物保护与社会发展的矛盾。

目前，本市有全国重点文物保护单位 29 处，市级文物保护单位 238 处（含保护地点、纪念地点），区（县）级文物保护单位 402 处。对外开放或利用省级及以上文物保护单位数 150 个。出入境文物审核数 4889 件 / 套，其中：禁止出境文物数 17 件 / 套，临时入境文物审核数 808 件 / 套，临时出境文物审核数 275 件 / 套。

**表 4　2016 年上海市历史文物保护基本情况**

| 指标名称 | 合计（个） | | | |
|---|---|---|---|---|
| | | 全国重点保护 | 市重点保护 | 区县重点保护 |
| **总计** | **678** | **29** | **238** | **411** |
| 古遗址 | 27 | 5 | 11 | 11 |
| 古墓葬 | 10 | 1 | 5 | 4 |
| 古建筑 | 168 | 5 | 26 | 137 |
| 石窟寺及石刻 | 8 | 1 | 0 | 7 |
| 近现代重要史迹及代表性建筑 | 465 | 17 | 196 | 252 |

## 六、积极推进非遗保护工作

目前上海市国家级非物质文化遗产项目代表性名录达国家级 81 个，国家级代表性传承人 104 人，获得 2016 年国家非遗保护专项资金支持共计 3371 万元，其中，国家级项目补助经费 1259 万元，国家级传承人补助经费 76 万元。2016 年进行宣传展示举办展览 200 场，参观人数 32.70 万人，举办演出 260 次，观众人次 10.08 万人，举办民俗活动 110 次，参与人次 56.93 万人。

### （一）完成《上海市非物质文化遗产条例》（草案）起草工作

《上海市非物质文化遗产条例》（草案）通过市十四届人大常委会第 23 次会议审议，2016 年底市人大全体会议正式表决通过，2016 年上半年颁布实施。

### （二）推出 2016 年“文化遗产日”非遗系列活动

充分结合 2016 年市民文化节全年活动安排，紧紧围绕“非遗十年”，聚焦“传统手工艺”，发动全市百余家非遗项目保护单位，推出“2016 非遗活动大放送”，包括 10 项重点活动，39 个互动体验项目、13 场讲座培训、21 场展演、37 个展览、20 个专题非遗展馆，共 140 项全民非遗体验活动，鼓励市民通过观赏、聆听、触摸、学习、品尝、游戏，拉近非遗与普通市民的距离。

### （三）非物质文化遗产宣传普及有声有色

2016 年上海市非物质文化遗产保护传承（传统医药）专题培训班在本市成功举办，100 多名学员参加了培训。与市教委共同推进非遗进校园工作，共有 23 所大学举手参与，吸引参与师生 2000 余人次。

### （四）认定第五批上海市非物质文化遗产代表性项目

经社会申报、专家评审、公示复核、报市政府审核等程序，市政府于 7 月正式公布确定的第五批市级非遗名录推荐项目，其中新入选项目 41 项，扩展进入前四批名录的项目 16 项。至此，本市非物质文化遗产代表性项目达到 220 项。

（上海市文化广播影视管理局）

# 上海：各项文化工作成效显著

2016年，上海全面贯彻落实党的十八大和十八届三中、四中、五中、六中全会精神，以习近平总书记系列重要讲话精神为指引，全面推进公共文化、文化市场与产业、文艺创作、重大活动、文物与非遗保护传承、对外文化交流等各领域工作。取得了一系列显著的成绩，较好地满足人民群众对公共文化服务的需求。

（一）深入推进公共文化服务供给侧结构改革。出台《上海市贯彻＜关于推进基层综合性文化服务中心建设的指导意见＞的实施意见》，全面推广社区文化活动中心社会化、专业化管理。加大公共文化服务产品向远郊倾斜力度。“文化上海云”APP上线，成为全国第一个实现省级区域全覆盖的公共文化数字化服务平台，注册用户突破100万。成功举办2016年上海市民文化节。

（二）推动文化产业繁荣发展。刘海粟美术馆正式对外开放，上海市历史博物馆（革命博物馆）开工。推动演艺、艺术品、动漫等重点产业发展，签署环人民广场演艺区战略合作协议，指导自贸区建设国际艺术品交易中心，成功举办第11届中国国际动漫游戏博览会。

（三）加大组织文艺创作力度。指导市级国有文艺院团制定实施“一团一策”工作方案。启动“十三五”重大创作选题工程和“党的诞生地文艺创作工程”，举办上海市新剧目评选展演，启动“时代风采——上海现实题材美术创作工程”和“开天辟地——中华创世神话文艺创作工程”。制订《上海市关于支持戏曲传承发展的意见》，推动实施“国家重点京剧院团保护和扶持规划”等。

（四）办好重大文化活动。办好第18届中国上海国际艺术节，首届上海国际小提琴比赛、第五届上海国际芭蕾舞比赛、第十届中国舞蹈“荷花奖”舞剧舞蹈诗评奖等圆满落幕。启动新一轮营造城市文化氛围行动。

（五）加强文物保护，推动非遗活态传承。举办纪念建党95周年系列活动，中共一大会址纪念馆基本陈列改建工程完工，《复兴之路》上海展开幕，中共中央上海局机关旧址等一批重要革命史迹修缮完工。加强城市历史风貌保护顶层设计。举办“5 18国际博物馆日”和“中国文化遗产日”系列活动。落实“中国非遗传承人群研培计划”。修订《上海市文物市场经营管理办法》，实施《上海市非物质文化遗产保护条例》。

（六）深化对外及对港澳台文化交流。举办“欢乐春节”系列活动，积极推动布鲁塞尔中国文化中心建设，承办文化部“中英纪念汤显祖、莎士比亚逝世400周年研讨会”。组织参加全美演艺出品人年会等，赴港举办沪港文化产业论坛，赴台举办“海峡两岸文化创意产业展”。

# 江苏省2016年文化发展情况分析

2016年是“十三五”开局之年，为了保障公民的基本文化权益，提高全社会的文明素质，在省委、省政府的正确领导和文化部的精心指导下，全省文化系统深入贯彻党的十八大和十八届五中、六中全会精神和习近平总书记系列重要讲话精神，按照省委、省政府战略部署，围绕中心，服务大局，开拓创新，真抓实干，积极推进文化建设，全省文化事业和文化产业发展工作取得新成效。

## 一、文化机构及文化从业人员情况

2016年，江苏省文化机构和文化从业人员稳中有升。其中，全省文化及相关行业机构数21505个，新

**表1　文化机构和从业人员对比情况表**

| 指标名称 | 机构数（个） | | | 从业人员数（人） | | |
|---|---|---|---|---|---|---|
| | 2016年 | 2015年 | 增减（%） | 2016年 | 2015年 | 增减（%） |
| **一、文化合计** | **21080** | **19840** | **6.25** | **161532** | **160477** | **0.66** |
| 艺术表演团体 | 444 | 369 | 20.33 | 11163 | 10529 | 6.02 |
| 其中：公有制艺术表演团体 | 112 | 112 | 0.00 | 5859 | 5716 | 2.50 |
| 艺术表演场馆 | 223 | 207 | 7.73 | 5796 | 5229 | 10.84 |
| 其中：公有制艺术表演场馆 | 119 | 117 | 1.71 | 3446 | 3387 | 1.74 |
| 公共图书馆 | 114 | 114 | 0.00 | 3439 | 3183 | 8.04 |
| 文化馆 | 113 | 115 | -1.74 | 2144 | 2125 | 0.89 |
| 文化站 | 1282 | 1281 | 0.08 | 5071 | 4855 | 4.45 |
| 其中：乡镇综合文化站 | 909 | 912 | -0.33 | 3495 | 3443 | 1.51 |
| 艺术展览创作机构 | 77 | 77 | 0.00 | 734 | 683 | 7.47 |
| 其中：美术馆 | 27 | 25 | 8.00 | 411 | 366 | 12.30 |
| 艺术教育业 | 13 | 14 | -7.14 | 804 | 887 | -9.36 |
| 文化科研机构 | 8 | 9 | -11.11 | 101 | 93 | 8.60 |
| 文化市场经营机构（不包括非公有制院团和场馆） | 18396 | 17240 | 6.71 | 97795 | 96708 | 1.12 |
| 文化行政主管部门 | 113 | 115 | -1.74 | 3064 | 3063 | 0.03 |
| 其他文化机构 | 297 | 299 | -0.67 | 31421 | 33122 | -5.14 |
| 其中：文化市场执法机构 | 103 | 105 | -1.90 | 1018 | 1020 | -0.20 |
| **二、文物合计** | **426** | **423** | **0.71** | **7805** | **7406** | **5.39** |
| 博物馆 | 317 | 312 | 1.60 | 6524 | 6181 | 5.55 |
| 文物保护管理机构 | 50 | 51 | -1.96 | 456 | 391 | 16.62 |
| 文物科研机构 | 4 | 4 | 0.00 | 61 | 54 | 12.96 |
| 文物商店 | 8 | 8 | 0.00 | 196 | 206 | -4.85 |
| 其他文物机构 | 47 | 48 | -2.08 | 568 | 574 | -1.05 |

增机构 1243 个，增长 6.13%，主要是非公有制艺术表演团体、非公有制艺术表演场馆机构及文化市场经营机构的增长；全省文化机构从业人员 169,337 人，新增从业人员 1454 人，增长 0.87%，增幅较大的是美术馆、文物保护管理及文物科研机构的从业人员。

## 二、公共财政投入情况

2016 年，全省公共财政投入继续保持增长趋势，全省文化（文物）行政事业单位财政补贴收入总额 64.21 亿元，年增长 14.49%。全省文化事业费 47.08 亿元，全国排名第 3 位，全省人均文化事业费 58.86 元（除文物业和艺术教育业投入），在全国排第 13 位，较上年提高一个位次。江苏因人口基数较大，且长期处于外来人口净流入现状，呈现财政年投入总量高，人均量偏低的特点，仍然应继续加大财政对文化的投入。

在财政总投入中艺术业 9.34 亿元、图书馆业 9.86 亿元、群众文化业 13.41 亿元、文物业 13.5 亿元、其他文化业 3.73 亿元，与上年同期对比均有所增长。

**表 2　各级财政分类投入情况对比表**

| 行业分类 | 2016 年（万元） | 2015 年（万元） | 增长（%） |
|---|---|---|---|
| **总　计** | **642105.0** | **560847.8** | **14.49** |
| 艺术业 | 93404.7 | 79540.9 | 17.43 |
| 图书馆业 | 98648.5 | 82558.2 | 19.49 |
| 群众文化业 | 134066.6 | 128663.6 | 4.20 |
| 其他文化业 | 37345.7 | 23892.4 | 56.31 |
| 文物业 | 135018.9 | 131523.6 | 2.66 |

**图1　苏北、苏中、苏南与全省及全国文化事业费对比表**

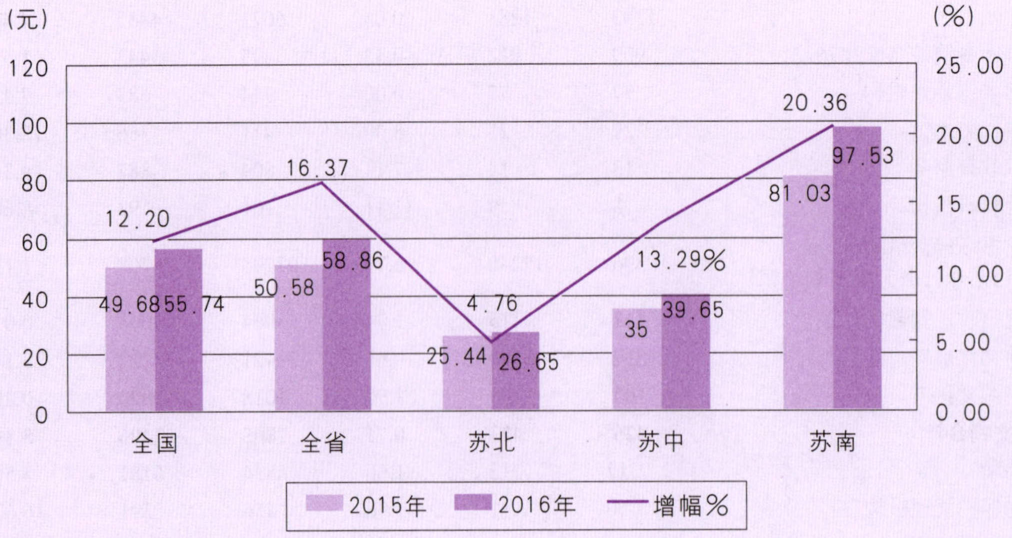

江苏按地域通常分为苏南、苏中、和苏北三个区域，受制于区域间的经济基础、经济发展速度等因素，财政对文化的投入表现出非均衡性。从图一对三个区域与全省、全国人均文化事业费的比较可以看出，江苏省人均数略高于全国平均水平。按照年增速依次为苏北 4.76%、苏中 13.29%、苏南 20.36%，而苏北、苏中低于全国、全省平均水平，苏南高于全国 74.97%，高于全省 65.7%，继续保持领先地位。

## 三、艺术创作表演情况

2016 年，我省以精品创作为龙头，通过实施舞台艺术精品工程、重点投入剧目和艺术基金等扶持精品创作和人才培养，形成出人出戏、精品迭出的喜人局面。淮剧《小镇》摘得第十五届国家文华大奖，华东六省一市只有江苏获此殊荣。48 个项目入选国家艺术基金，获得资助金额 4337 万元。江苏艺术基金资助首批 276 个项目共 4562 万元。

截止 2016 年末，全省共有艺术表演团体 443 个（含非公有制艺术表演团体 331 个），从业人员 11123 人，其中中高级以上从业人员 2807 人，占从业人员的 25.8%。全年原创首演剧目 134 个，演出场次 8.814 万场，总收入 12.3 亿元。政府购买的公益性演出 7680 场，观众 575.86 万人，购买公益演出财政投入 8714 万元，与 2015 年同比分别增长 920 场次、61.72 万人次、1465 万元。

截止 2016 年末，全省共有艺术表演场馆 223 个（含非公有制艺术表演场馆 104 个），从业人员 5796 人，其中中高级以上从业人员 296 人，占从业人员的 5.1%。全年艺术演出场次 2.55 万场，总收入 10.13 亿元，其中艺术演出收入 2.31 亿元。与 2015 年同比分别增长 14954 场次、60.29 万人次、-42417 万元。

**表 3　艺术表演团体、表演场馆收入占比情况对比表**

| 年度 | 总收入（万元） | 艺术演出收入（万元） | 财政补贴收入（万元） | 艺术演出收入占总收入的比重（%） | 财政补贴收入占总收入的比重（%） |
|---|---|---|---|---|---|
| 2016 年 | 224258 | 81035 | 75262 | 36.13% | 33.56% |
| 2015 年 | 270696 | 75826 | 67542 | 28.01% | 24.95% |

前述艺术表演团体、艺术表演场馆主要指标除艺术表演场馆总收入出现负增长外，其他指标均呈正增长趋势。从表三并结合历年数据，2013-2016 年艺术演出收入占总收入的比重分别为 24.33%、34.64%、28.01%、36.13%；2013-2016 年财政补贴收入占总收入的比重分别为 34.88%、32.84%、24.95%、33.56%。从占比情况看，近年来艺术业主营业务收入的演出收入占总收入的比重未超过 40%，同样财政补贴收入占总收入的比重也未超过 40%。国有艺术团体、表演剧场改制工作基本完成，改制后仍保留了财政专项补贴和政府购买公益演出补贴，从上述艺术团体和表演场馆收入构成来看，艺术团体和演出场馆对财政补贴的依赖度仍然较高，市场化运作仍面临较大的挑战。

## 四、公共文化服务情况

2016 年全省拥有一级图书馆 99 个，一级文化馆 101 个， 一级文化站 239 个，建成综合文化活动中心 4421 个，全省四级公共文化服务体系基本建成。

### （一）公共图书馆

截止 2016 年末，全省共有公共图书馆 114 个，其中少儿图书馆 7 个、较上年减少 2 个。从业人员 3439 人，其中中高级职称 355 人。全省各级公共图书馆总藏量 7601.5 万册，电子图书 5863.25 万册。本年新增藏量584.3万册，新增电子图书1256.06万册。书刊文献外借人次6488.69万人次，书刊文献外借5088.06万册次，同比分别增长8.12%、2.17%。为读者举办的各类活动6716个，受众达459.25万人次。全省各级公共图书馆共有计算机10586台，其中供读者使用电子阅览室终端6009台；阅览室坐席54037个，其中少儿阅览室坐席14936个、盲人阅览室坐席1399个，各项主要业务指标均较去年有不同程度的提升。

（二）文化馆

截止2016年末，全省共有文化馆113个，从业人员2144人，其中高级职称257人。主要业务活动较上年均有不同程度的增长，公共文化服务开展的有声有色。全年组织品牌文化活动392个。组织文艺活动11970次，较上年增加606场，参加人次达852.11万人次，较上年增长了14.98万人次。全省各级文化馆利用流动舞台车演出1499场次，观众达111.17万人次，占到总活动场次和总观众人次的12.52%和13.04%，流动舞台车已经越来越能发挥其灵活多变、形式丰富的特点，为当地百姓带来了众多他们喜闻乐见的文艺节目。

**表4　文化馆主要业务活动指标情况对比表**

| 年份 | 举办培训班次数 | | 举办展览次数 | | 组织公益性讲座次数 | |
|---|---|---|---|---|---|---|
| | | 培训人次（万人） | | 参观人次（万人） | | 参加人次（万人） |
| 2015年 | 6377 | 37.23 | 1412 | 176.33 | 1909 | 30.39 |
| 2016年 | 7781 | 45.9 | 1510 | 194.7 | 1937 | 31.42 |

（三）文化站

截止2016年末，全省文化站共有1282个，其中街道文化站273个，乡镇文化站909个。文化站作为基层文化组织，是当地居民日常生活最常去、最亲切的活动场所，近年来，各级政府对基层文化站的投入逐年加大，2016年，各级财政对文化站的投入达到7.62亿元，全省文化站总面积达到290.46万平方，文化室室内总面积达到575.4万平方，藏书也达到3204.08万册，均呈现出逐年上涨的趋势。

（四）美术馆

截止2016年末，全省共有公共美术馆达到了27座，本年新增2座，目前免费开放的美术馆为25座，免费开放率为92.59%。全省各级公共美术馆从业人员共计411人，具有中高级职称为98人。全年举办各种展览550个，观众达257.97万人次，均较上年有不同程度的增长。市民对高雅艺术的鉴赏，政府对公共美术馆的建设都得到了提升。

**表5　美术馆主要业务活动情况对比表**

| 年份 | 美术馆个数 | 举办展览个数 | 参观人次（万人） |
|---|---|---|---|
| 2013年 | 17 | 344 | 222 |
| 2014年 | 23 | 503 | 287 |
| 2015年 | 25 | 532 | 293 |
| 2016年 | 27 | 550 | 258 |

## 五、非物质文化遗产保护情况

截止 2016 年底，全省共有各级非物质文化遗产保护机构（含非物质文化遗产保护中心）112 个。目前国家级非物质文化遗产名录 126 个，保护单位 103 个；省本级非物质文化遗产名录 625 个，保护单位 452 个；市级非物质文化遗产名录 1332 个，保护单位 1160 个；县级非物质文化遗产名录 2611 个，保护单位 1436 个。全年举办各类宣传展示活动共计 4931 个，参与人次达 657 万人次，同比分别增长 13%、36%。普查成果 4.8 万件（套、册），同比去年增加 0.77 万件（套、册）。目前各类传承人 5354 人，学徒 24536 人。

## 六、对外文化交流情况

2016 年我省对外文化交流服务国家外交大局，依托国家交流平台，推动江苏文化走出去，取得重大突破。全省共有 89 批文化团 1333 人次赴世界 19 个国家及我港澳台地区实施文化交流项目，有 17 个国家及我港澳台地区的文化团组 68 人次来江苏开展或参与 15 个文化交流项目。省政府和文化部合作共建的荷兰海牙中国文化中心正式揭牌启用，成为我国第 2 家部省共建并投入运行的海外中国文化中心，打造了江苏对外文化工作常态化的平台阵地。抓住纪念汤显祖与莎士比亚逝世 400 周年活动的契机，开展"精彩江苏——中国昆曲英伦行"系列文化交流活动，石泰峰省长致贺信，英国文化部部长出席新闻发布会，昆曲折子戏走进剑桥、牛津和伦敦大学，促进了文明交流互鉴。围绕"一带一路"沿线国家和江苏友城，组织第七届尼泊尔"中国节"开幕演出、"精彩江苏·中国与苏里南建交 40 周年"文艺庆祝演出等系列活动，参加第五届柬埔寨国际海洋节以及国际演艺交易会、艺术博览会，赴特立尼达和多巴哥、哥伦比亚、荷兰、文莱等国家 10 个城市开展"欢乐春节·精彩江苏"活动，活动规模和覆盖区域创历史新高。《江苏对外文化工作的实践探索》获文化部文化艺术智库项目立项。连云港"一带一路"文化交流活动、扬州百年扬剧赴欧展演成功举办。

## 七、文化产业发展基本情况

2016 年，全省文化产业引导双管齐下，一手抓规范引导，开展江苏省重点文化产业示范园区创建，8 家园区获得命名，推动文化产业园区提升规模化、集约化、专业化水平。一手抓政策扶持，联合相关部门出台促进文化金融合作发展的系列政策文件，与江苏银行签署文化金融战略合作协议，加强对文化产业项目的资金支持。全省文化系统获中央文化产业发展专项资金 4120 万元，总额位居全国第二。省级现代服务业（文化）发展专项资金资助文化系统项目 98 个、金额 9000 万元。32 个项目入选国家文化产业重点项目库，2 件作品入选国家动漫扶持计划，1 个项目入选国家动漫品牌建设和保护计划。5 个项目入选文化部文化金融扶持计划，入选数量全国第一。南京被确定为全国首批文化消费试点城市。

## 八、文化市场发展情况

截至 2016 年底，全省共有网络文化、娱乐、艺术品、演出等文化市场经营机构数 18831 个，比上年增加 1245 个。从业人员 105409 人，比上年增加 2066 人。资产总计 3273164.9 万元，同比增长 13.26%。营业收入 2195828.1 万元，同比增长 40.40%。营业利润 513565.1 万元，同比增长 11.82%。

### （一）网络文化市场

截至 2016 年底，全省共有互联网上网服务营业场所 9941 个，比上年增加 711 个。从业人员 29037 人，比上年增加 1069 人。资产总计 592514.1 万元、营业收入 361109.5 万元、营业利润 115236.5 万元，分别同比增长 6.73%、9.58%、2.80%。

全省共有经营性互联网文化单位 257 个，比上年增加 93 个。从业人员 10695 人，比上年减少 1836

人。资产总计 922919.2 万元、营业收入 905393.4 万元、营业利润 190921.3 万元，分别同比增长 4.02%、89.52%、19.70%。

### （二）娱乐市场

截至 2016 年底，全省共有歌舞、游艺等娱乐场所 7345 个，比上年减少 98 个。从业人员 48464 人，比上年减少 4053 人。资产总计 864025.6 万元，同比下降 8.83%。营业收入 581919.0 万元，同比增长 9.67%。营业利润 142185.5 万元，同比下降 1.38%。

### （三）艺术品市场

截至 2016 年底，全省共有艺术品经营机构 534 个，比上年增加 350 个。从业人员 5508 人，比上年增加 4451 人。资产总计 463080.1 万元、营业收入 113708.5 万元、营业利润 35764.2 万元，分别同比增长 377.58%、96.16%、81.58%。

### （四）演出市场

截至 2016 年底，全省共有演出经纪机构 319 个，比上年增加 100 个。从业人员 4091 人，比上年增加 1456 人。资产总计 302128.8 万元、营业收入 168846.6 万元，同比增长 67.81%、66.45%。营业利润 22738.7 万元，总体实现赢利。

非公有制艺术表演团体 331 个，比上年增加 75 个。从业人员 5264 人，比上年增加 471 人。资产总计 57974.0 万元、营业收入 32608.9 万元、营业利润 3605.3 万元，同比下降 66.64%，28.44%、84.97%。

总体而言，随着居民收入水平的提高和知识经济的扩展，文化市场发展呈现出良好的发展趋势。一是跨界融合促进新业态发展。互联网上网服务行业经过多年发展以及转型升级工作的不断深入，业务范围不断拓展，从单一的互联网上网服务营业场所向以互联网上网服务为基础的多元化平台方向发展。随着移动网络和智能终端的普及，多业态融合发展并形成产业的速度明显加快，网络表演（直播）、网络演出、电子竞技等新业态层出不穷，网络演出更是拓展了传统文化传播渠道。艺术品网上交易也日益增加，开始引起人们关注。二是市场主体的结构和形态发生变化。一方面，市场的繁荣发展吸引更多社会资本投入网络、演出、艺术品等文化市场领域，更多的金融资本、民营企业等成为市场投资的新兴主体。传统的经营单位也逐渐融合，实现跨区域规模化经营。另一方面，传统文化市场形态同新技术不断发生化学反应，移动互联网技术进一步打开了线上线下的壁垒，虚拟现实、增强现实技术在文化领域开始应用，网上平台企业大量增加，只见产品和服务不见供应方，以及非企业的个人销售、跨境销售逐渐增多。

## 九、关于文化建设发展的建议

一是加快文化发展转型升级，稳步推进文艺院团改制改革，继续加大对文艺院团走向市场的引导和扶持，使他们能够更快更好的适应市场，找准自己的定位，使得传统剧种焕发出新的生机。

二是做好公共文化服务体系建设，加快基层公共文化服务设施建设，以各地建设公共文化服务示范区等为契机，完善公共文化服务覆盖，尤其是基层综合文化服务中心的覆盖，使得普通百姓能够在家门口享受到我省文化发展带来的文化享受。

三是重视区域间文化投入不平衡的现状，在经济发展区域间差距缩小的现状下，文化投入也应匹配经济发展的速度，统筹好苏南、苏中、苏北三个区域的均衡发展，协调好各区域间对文化投入的程度，努力让全省人民分享水平相近的文化大餐。

（江苏省文化厅）

## 江苏：艺术创作生产勇攀高峰

以精品创作为龙头，通过实施舞台艺术精品工程、重点投入剧目和艺术基金等扶持精品创作和人才培养，形成出人出戏、精品迭出的喜人局面。淮剧《小镇》摘得第十五届国家文华大奖，华东六省一市只有江苏获此殊荣，李强书记、石泰峰省长等省领导批示予以充分肯定。《小镇》“救赎”一折参演2017年新年戏曲晚会，习近平总书记等七常委与首都近千名群众一同观看。扬剧《花旦当家》被中宣部、文化部选为全国基层院团戏曲会演开幕大戏。滑稽戏《探亲公寓》入选国家艺术基金滚动资助项目。48个项目入选国家艺术基金，获得资助金额4337万元，入选数量全国第三，资助金额全国第二，立项率全国第一。2部剧本入选文化部戏曲剧本孵化计划一类项目，全国仅评选8部。江苏艺术基金资助首批276个项目共4562万元。12台优秀现代戏在北京、天津、延安等地开展全国市场推广巡演，文化部部长雒树刚给予高度评价，鼓励江苏多创作、多演出，为振兴戏曲作出示范。晋京举办“金陵风骨　其命惟新——江苏省国画院60年　中国画书法作品展”，全景式呈现“新金陵画派”学术文脉传承，创下中国美术馆参观人数纪录。首次推出江苏省优秀美术家系列展，资助8位名家举办展览。借鉴国展评选方式，成功举办“第四届林散之　江苏书法作品双年展”。举办第九届江苏省油画展、第十二届百家金陵画展和“盛世春光　贺岁大展”，开展“歌唱江苏　传播精彩”歌词征集活动，反响热烈。周怀民藏画馆新馆开放，苏州组织“文华奖　艺术展演季”活动，淮安实施名家名作工程，宿迁成立柳琴剧团，推动艺术创作生产。

# 浙江省 2016 年文化发展情况分析

2016 年，在浙江省委、省政府的坚强领导下，浙江文化系统以习近平总书记系列重要讲话精神为指引，以扎实开展“两学一做”学习教育、推进全面从严治党为动力保障，紧扣人民群众的文化需求，紧扣 G20 杭州峰会等大事要事，紧扣文化强省建设任务，抓重点、推改革、补短板，许多工作取得了新突破新进展新成效，实现了“十三五”良好开局。

## 一、机构和人员

2016 年末，纳入统计范围的浙江全省各类文化（文物）单位 1.86 万个，比上年末增加 1658 个；从业人员 18.07 万人，增加 1.47 万人。其中，各级文化文物部门所属单位 2246 个，增加 65 个；从业人员 3.0 万人，增加 1306 人。

图1　2011年-2016年浙江省文化单位机构数及从业人员数

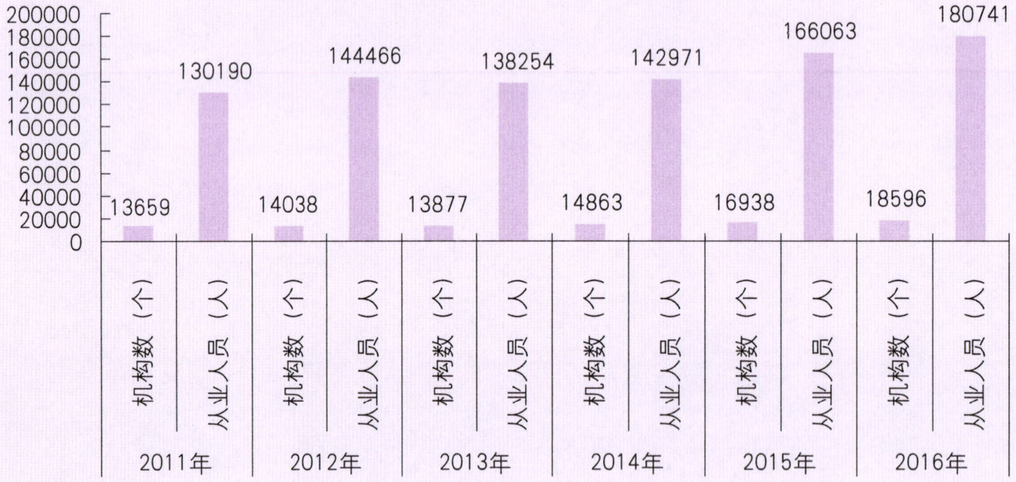


## 二、艺术创作演出

G20 杭州峰会和第三届世界互联网大会两大服务保障工作出色完成。G20 杭州峰会是近年来我国主办的级别最高、规模最大、影响最深远的国际盛会。按照省委、省政府提出的要求，以高度的政治自觉和坚定的文化自信全力以赴投入峰会筹备工作：积极承担 G20 国宴伴奏演出，得到各国元首和领导人高度赞扬；抽调省级文化系统优质艺术力量，全力参与“最忆是杭州”峰会文艺晚会；中国丝绸博物馆、浙江美术馆等文化交流点，精心策划推出了“锦程：中国丝绸和丝绸之路”“锦绣世界：国际丝绸艺术展”等展览以及互动项目，为峰会来宾和杭州市民提供了一系列高水平的艺术体验；认真细致做好阿根廷政要团的接待工作，得到了阿根廷方面高度评价。习总书记赞扬“文艺演出精彩纷呈，向世界展示了中国精神、中国力量”，夏宝龙书记、车俊代省长、葛慧君部长、赵一德书记等多位省领导对文化系统服务保障工作作出批示表扬，外交部专门发来了感谢信。省文化厅和浙江交响乐团被省委、省政府评为先进集体。积极参与第三届世界互联网大会，精心组织创排中国戏曲艺术秀《国色天香》，承担欢迎晚宴伴宴演出，并参与会议论坛筹备组织工作，为第三届世界互联网大会的成功举办贡献了文化力量。

重大主题文艺服务有声有色。围绕庆祝中国共产党成立 95 周年、纪念红军长征胜利 80 周年主题，积极组织重大革命历史题材作品创作，开展主题文化活动。精心举办《永远跟党走》浙江省庆祝中国共产党成立 95 周年专场文艺演出、浙江省纪念红军长征胜利 80 周年交响合唱音乐会，开展浙江省庆祝中国共产党成立 95 周年暨红军长征胜利 80 周年优秀作品展演，组织话剧《谁主沉浮》全国巡演，复排红色经典作品《长征组歌》，创作排演京剧《大渡河》、婺剧《血路芳华》，承办“长征与遵义会议：纪念红军长征胜利 80 周年展览”。

艺术创作成果丰硕。在 2016 年国家艺术基金申报中，我省共有 36 个项目获得立项资助，较 2015 年度增长 20%，受助资金总额为 2579 万元。我省昆剧《大将军韩信》、越剧《二泉映月》、话剧《凤凰》3 台剧目入选第十五届文华大奖全国终评，越剧演员吴凤花获第十五届文华表演奖，舞蹈《阿婶合唱团》获第十七届“群星奖”。越剧《吴越王》入选文化部 2016 剧本扶持工程。举办了纪念越剧诞辰 110 周年和浙江昆剧团《十五贯》晋京演出 60 周年等系列活动，促进了艺术创作。

加大对原创剧本以及创作主体的支持力度。实施优秀剧本政府采购计划，委托浙江艺术职业学院面向社会力量购买戏曲剧本，得到了全国剧作者的热烈响应，择优采购了 13 个优秀剧本。同时，继续开展全省中青年编剧扶持计划，资助扶持省内中青年编剧人才剧本创作实践，8 个优秀原创剧本入选年度剧本扶持项目，其中《戚家军传说》剧本创作项目已被采用，并成功首演。

戏曲保护传承实现新突破。积极配合省政府办公厅印发了《关于支持戏曲传承发展的实施意见》。全省地方戏曲剧种普查工作取得阶段性成果。在文化部公布的 2016 年度“中华优秀传统艺术传承发展计划”戏曲专项扶持项目名单中，我省有 15 个项目入选。精心举办省第十三届戏剧节，控制规模、压缩奖项，创新办节模式。加强戏曲传承传播，举办了第十四届江浙沪闽四省越剧大展演，组织全省各类各级戏曲表演团体送戏进农村文化礼堂、送戏曲讲座进学校。

全省美术工作进一步加强。习总书记在《习近平自述文艺心路》中以浙江美术馆为例，谈到“重要建筑特别是标志性建筑应当有中国风格、中国气派”，为我省美术馆事业发展注入了动力。在 2016 年全国美术馆馆藏精品展出季活动中，潘天寿纪念馆、宁波美术馆的专题展览被评为优秀展览，省文化厅被评为优秀组织单位。2016 年，浙江美术馆全年共举办各类展览 44 个，学术活动 10 余场，公共教育活动近 200 场，新增藏品 3055 件，观众达 50 余万人次，被中宣部等七部委评为“全国公共文化设施开展学雷锋志愿服务首批示范单位”。

年末全省共有艺术表演团体 1245 个，比上年末增加 221 个，从业人员 3.91 万人，增加 7546 人。其中各级文化部门所属的艺术表演团体 59 个，占 4.7%，从业人员 3892 人，占 10.0%。

全年全省艺术表演团体共演出 21.82 万场，比上年增长 19.4%，其中赴农村演出 28.87 万场，增长 32.3%，赴农村演出场次占总演出场次的 72.1%，国内观众 18040.49 万人次，增长 17.6%，其中农村观众 14399.03 万人次，比上年增长 13.9%；总收入 54.80 亿元，比上年增长 1.3 倍，其中演出收入 45.43 亿元，增长 1.8 倍。

表 1　2011 年 –2016 年浙江省艺术表演团体基本情况

| 年　份 | 机构数（个） | 从业人员数（人） | 演出场次（万场） | 国内演出观众人次（万人次） | 总收入（万元） | |
|---|---|---|---|---|---|---|
| | | | | | | # 演出收入 |
| 2011 年 | 498 | 16833 | 13.61 | 5091.45 | 133481 | 88287 |
| 2012 年 | 609 | 19053 | 13.63 | 8624.35 | 161224 | 84219 |
| 2013 年 | 733 | 24968 | 14.55 | 9272.08 | 448562 | 110646 |
| 2014 年 | 891 | 27293 | 18.27 | 14669.63 | 183996 | 112186 |
| 2015 年 | 1024 | 31525 | 21.82 | 15336.73 | 237508 | 157500 |
| 2016 年 | 1245 | 39071 | 28.87 | 18040.49 | 547992 | 454278 |

全年全省文化部门所属艺术表演团体共组织政府采购公益演出 4370 场，观众 446.12 万人次。利用流动舞台车演出 437 场次，观众 446.12 万人次。

年末全省共有艺术表演场馆 326 个，观众坐席数 17.01 万个。各级文化部门所属艺术表演场馆 68 个，比上年增加 3 个，观众坐席数 6.38 万个，全年共举行艺术演出 0.53 万场次，艺术演出观众人次 282.30 万人次。

年末全省共有国有美术馆 7 个，从业人员 129 人，全年共举办展览 135 次，参观人次 115.23 万人次。

## 三、公共文化服务体系

重大文化设施建设整体推进。中国丝绸博物馆改扩建项目和浙江美术馆环境整治及内部提升改造项目顺利完成并投入使用，出色完成了 G20 杭州峰会的接待任务。浙江自然博物园核心馆区建设工程正式开工，土建工程主体结构结顶，正全面展开砖墙砌筑和设备安装工程，同步推进展陈设计和展品征集工作。浙江小百花艺术中心项目土建工程结束，外墙立面幕墙基本完成。浙江省之江文化中心项目已经完成了地块征迁、总体规划及城市设计（修建性详规）的方案竞赛、评选。

公共文化服务“三项试点”取得积极成效。“三项试点”顺利通过文化部验收，得到了文化部验收组的充分肯定。其中，公共文化服务标准化和基层综合性文化服务中心建设试点工作被文化部作为示范地区予以宣传推广。推进公共文化服务标准化建设，省质量技术监督局批准发布了《公共图书馆服务规范》省级地方标准；配合省政府办公厅下发《关于推进基层综合性文化服务中心建设的实施意见》；持续推进农村文化礼堂建设，农村文化礼堂建设连续 4 年列入省政府为民办实事项目，据初步统计，2016 年新建 1568 个，累计建成 6527 个；举办农村文化礼堂业务建设专题培训班 6 期，推出内含 2100 多项服务内容的文化礼堂服务“菜单”，不断丰富服务内容，形成礼堂文化。两个国家级试点单位浙江图书馆和温州市图书馆理事会运行不断深化，其中温州市图书馆理事会参与了国家公共文化服务示范项目——“城市书网”建设，全省已有 57 家文化事业单位建立法人治理结构，占全省文化事业单位的 13.4%。

公共文化短板得到有效弥补。推进公共文化服务重点市县建设，制定《关于加强基本公共文化服务重点市县有关工作的意见》《公共文化服务重点市县季度督查通报制度》，配合召开全省公共文化服务重点市县建设工作推进会，强化督导推动。目前，10 个重点市县得到了整体推进，公共文化设施有了明显提升，公共文化服务明显加强。

公共文化供给进一步丰富。基层文化阵地进一步健全，目前，全省建成县级以上文化馆 102 家、公共图书馆 102 家，县图书馆乡镇分馆 557 个，乡镇综合文化站、村级文化活动室实现全覆盖，公共图书馆虚拟网络基本全覆盖。持续开展文化下乡活动，全省组织送文艺演出下乡 1.95 万场，送书下乡 258 万册，送讲座送展览 4560 场，开展“文化走亲”活动 1380 场。开展 2016 年度全省公共图书馆全民阅读节十大系列活动，全省各级公共图书馆精心策划了 1233 场活动，为全省广大群众献上一场精美的“阅读盛宴”。

公共文化管理运行机制不断完善。推进公共文化服务体系示范区（项目）创建工作，鼓励管理运行机制创新，嘉兴市和“余杭区乡镇综合文化站服务效能提升工程”“电视图书馆绍兴模式”高分通过国家示范区（项目）验收。省政府办公厅转发了省文化厅等部门《关于政府向社会力量购买公共文体服务的实施意见》，改进了政府提供公共文化服务方式，推动了公共文化服务社会化发展。

### （一）公共图书馆

年末全省共有公共图书馆 102 个，比上年末增加 2 个。其中少儿图书馆 5 个，增加 1 个。年末全省公共图书馆从业人员 3616 人，其中具有高级职称的人员 341 人，占 9.4%；具有中级职称的人员 995 人，占 27.5%。

年末全省公共图书馆实际使用房屋建筑面积 105.64 万平方米，比上年末增长 11.1%；图书总藏量 6969.15 万册，增长 11.5%，其中古籍 192.95 万册，电子图书 34178.84 万册，阅览室座席数 6.49 万个，计算机 1.16 万台，供读者使用的电子阅览终端 7063 台。

年末全省平均每万人公共图书馆建筑面积 188.99 平方米，比上年末增加 17.33 平方米；全省人均图书藏量 1.25 册，增加 0.12 册；全年全省人均购书费 3.52 元，比上年增加 0.31 元。

图2　2011年-2016年浙江全省公共图书馆人均资源情况

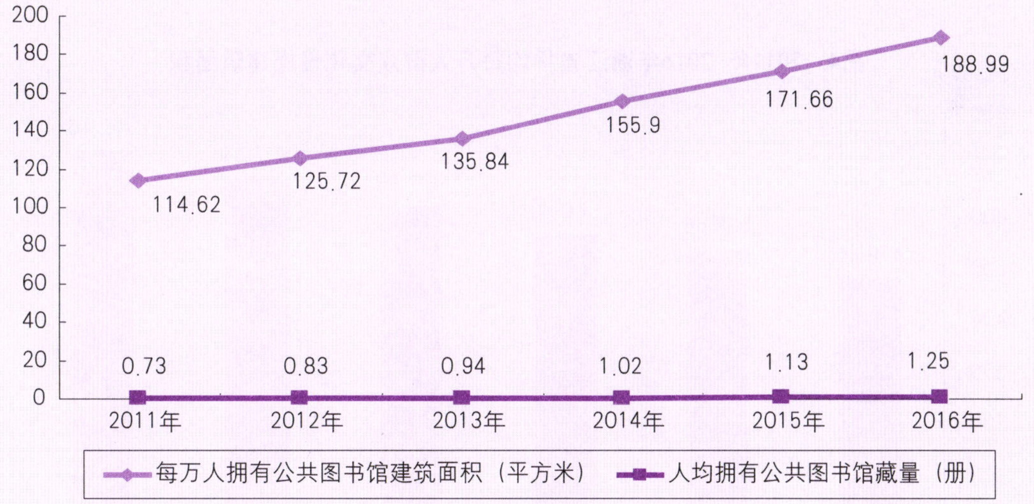


全年全省公共图书馆发放借书证 844.74 万个，总流通人次 9788.47 万人次，增长 23.2%。书刊文献外借册次 6520.17 万册次，增长 13.9%；外借人次 2705.86 万人次，增长 20.1%。全年共为读者举办各种活动 11354 次，增长 8.6%；参加人次 640.89 万人次，增长 25.0%。

图3 2011年-2016年浙江全省公共图书馆总流通人次及书刊外借册次

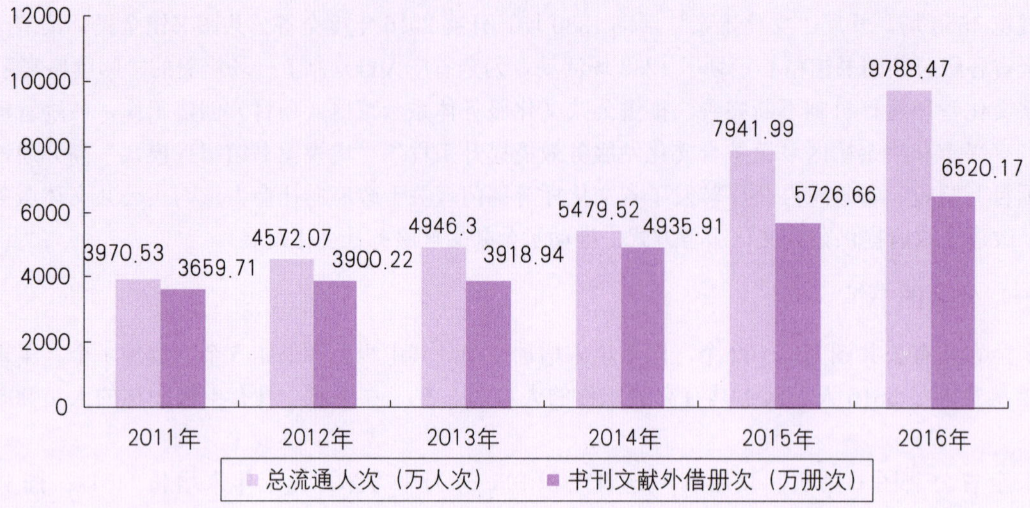


## （二）群众文化机构

年末全省共有群众文化机构 1466 个，比上年增加 49 个。其中乡镇综合文化站 1364 个，增加 49 个。年末全省群众文化机构从业人员 7418 人，比上年末增加 420 人。其中具有高级职称的人 469 人，占 6.3%；具有中级职称的人员 726 人，占 9.8%。

图4 2011年-2016年浙江省平均每万人群众文化设施建筑面积

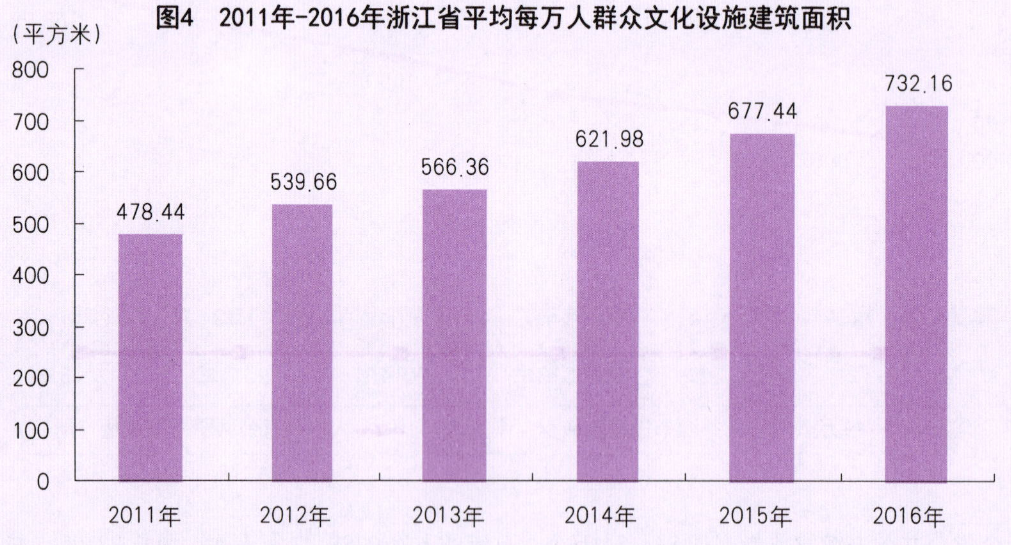


年末全省群众文化机构实际使用房屋建筑面积 409.28 万平方米，比上年末增长 9.1%；藏书 2284.27 万册，计算机 19304 台。对公众开放的阅览室 4.90 万平方米，增长 8.3%。年末全省平均每万人群众文化设施建筑面积 732.16 平方米，比上年末提高 54.72 平方米。

全年全省群众文化机构共组织开展各类文化活动 147065 场次，比上年增长 19.8%；服务人次 5605.19 万人次，增长 8.4%。

表 2　2016 年浙江省群众文化机构开展活动情况

| | 总量 | | 比上年增长（%） | |
|---|---|---|---|---|
| | 活动次数（次） | 服务人数（万人次） | 活动次数 | 服务人次 |
| **各项活动总计** | **147065** | **5605.19** | **19.8** | **8.4** |
| 其中：展览 | 11524 | 1025.58 | 14.7 | 0.6 |
| 文艺活动 | 78833 | 4164.85 | 17.1 | 9.1 |
| 公益性讲座 | 3440 | 46.84 | 59.4 | 28.9 |
| 训练班 | 53268 | 367.93 | 23.1 | 25.1 |

年末全省群众文化机构共有馆办文艺团体 381 个，演出 7199 场，观众 468.0 万人次。由文化馆（站）指导的群众业余文艺团体 3.49 万个，馆办老年大学 20 个。

## 四、文化市场

文化市场更加规范有序。2016 年省文化厅共办理经营性互联网文化单位、演出经纪机构等的设立许可、变更及相关事项 1240 件。积极扶持民营文艺表演团体发展，组织开展 2016 年度民营文艺表演团体“优秀剧目”“优秀剧团”评选，举办浙江省民营文艺表演团体展演活动，培训民营文艺表演团体人员 8 期 700 余人。据统计，2016 年全省共受理举报投诉 1334 件，检查文化经营场所 223620 家次，查获违规场所 5292 家次；停业整顿 193 家次，吊销许可证 52 家次，共办结案件 3596 件，向公安机关移送案件 54 件，震慑效应明显。

年末全省文化市场经营单位 1.62 万家，比上年末增加 1540 家；从业人员 14.83 万人，增加 1.33 万人。全年全省文化市场经营单位营业总收入 417.66 亿元，营业利润 80.74 亿元，均比上年翻倍。

分区域看，年末城市文化市场经营单位 5056 个，占文化市场经营单位总量的 31.3%；县城 6669 个，占 41.3%；县以下地区 4440 个，占 27.5%。

表 3　2016 年按区域浙江省文化市场经营单位主要指标

| | | 机构数（个） | 从业人员数（人） | 营业总收入（万元） | 营业利润（万元） |
|---|---|---|---|---|---|
| 总量 | **总计** | **16165** | **148283** | **4176615** | **807371** |
| | 城市 | 5056 | 49724 | 3008743 | 518577 |
| | 县城 | 6669 | 78074 | 954532 | 247294 |
| | 县以下 | 4440 | 20485 | 213340 | 41501 |
| 比重（%） | **总计** | **100** | **100** | **100** | **100** |
| | 城市 | 31.3 | 33.5 | 72.0 | 64.2 |
| | 县城 | 41.3 | 52.7 | 22.9 | 30.6 |
| | 县以下 | 27.4 | 13.8 | 5.1 | 5.2 |

年末全省共有娱乐场所4746个，从业人员5.81万人，全年营业总收入63.88亿元，营业利润10.12亿元。

年末全省共有互联网上网服务营业场所8884个，从业人员3.03万人，全年营业总收入32.34亿元，营业利润6.30亿元。

## 五、文化产业与文化科技

文化产业发展势头强劲。制定实施了《关于加快推进特色小镇文化建设的若干意见》，确定了第一批全省特色小镇文化建设示范点。持续推动中国（义乌）文交会、中国国际动漫节转型升级，其中第十一届中国（义乌）文交会实现洽谈交易额52.04亿元（其中外贸成交额32.67亿元），同比增长2.7%；第十二届中国国际动漫节实际成交及达成签约交易、意向合作项目948项，涉及金额129.37亿元。组织举办第四届动漫衍生品授权交易活动，共达成17项授权交易，总授权金额2.09亿元，较上届增长32%。

年末全省共有2个国家级文化产业示范园区和14个国家文化产业示范基地。2016年，经文化部、财政部、国家税务总局三部门联合认定的动漫企业共有24个。2016年，积极推动科技项目组织实施与成果应用，本年完成科研项目11个，2个项目获得国家级奖项或省级奖项。

## 六、文化遗产保护

文物工作成效明显。在中央领导同志专门就文物工作作出重要指示批示和国务院召开全国文物工作会议后，第一时间组织开展了传达学习和宣传贯彻活动，及时提请省政府召开了全省文物工作电视电话会议，并起草了《关于进一步加强文物工作的实施意见》。全面完成第一次全国可移动文物普查数据登录、审核、上报工作。良渚古城遗址申遗前期准备工作扎实推进。传统村落保护利用工作持续开展。审批省级文保单位保护工程立项45项，竣工验收省级以上文保单位维修工程23项。“余杭区瓶窑镇良渚古城遗址外围水利系统考古调查与发掘”获“2015年度全国十大考古新发现”“2011-2015年度中国田野考古一等奖”。浙江省博物馆“中兴纪胜——南宋风物观止”、浙江自然博物馆“生命·超越——中原文化中的动物映像”获全国博物馆十大陈列展览精品奖。

年末全省共有文物机构443个，比上年末增加55个。其中，文物保护管理机构94个，占21.2%，博物馆275个，占62.1%。年末全省文物机构从业人员9106人，比上年末增加785人。其中高级职称639人，占7.0%，中级职称1024人，占11.2%。

图5 2011-2016年浙江省文物机构及从业人员情况

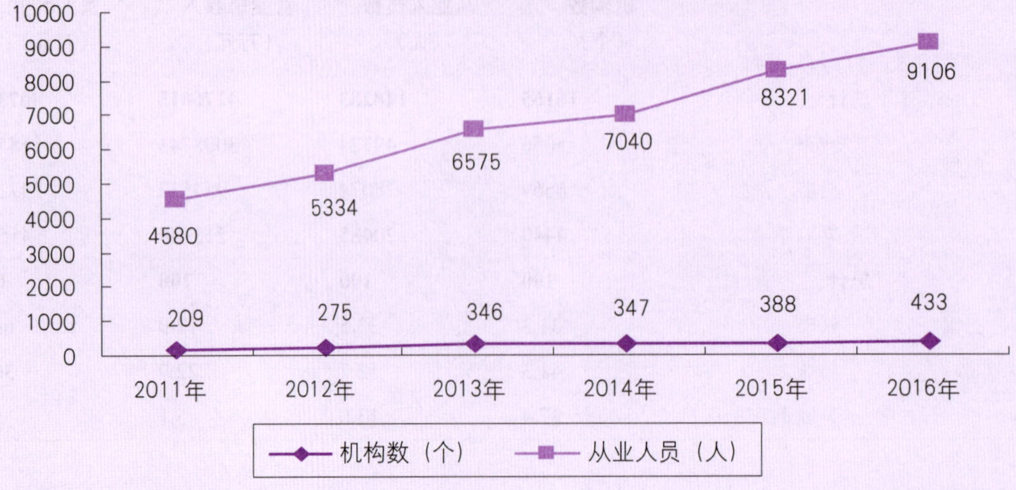

年末全省文物机构拥有文物藏品 144.61 万件，比上年末增加 11.48 万件，增长 8.6%。其中，博物馆文物藏品 131.50 万件，占文物藏品总量的 90.9%；文物商店文物藏品 2.19 万件，占 1.5%。文物藏品中，一级文物 3992 件，占 0.3%；二级文物 12174 件，占 0.8%；三级文物 80759 件，占 5.6%。

全年全省文物机构共安排基本陈列 844 个，举办临时展览 1354 个，接待观众 8598.83 万人次，比上年增长 25.4%。其中未成年人 1939.91 万人次，增长 34.0%，占参观总人数的 22.6%。博物馆接待观众 5956.55 万人次，增长 30.1%，占文物机构接待观众 69.3%。

图6 2011-2016年浙江省文物机构接待观众人次及未成年人观众人次

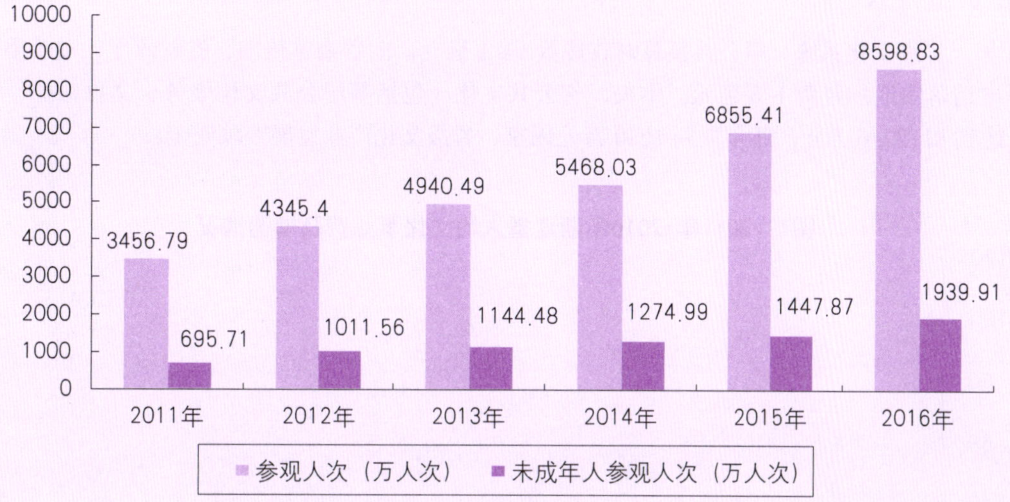


非物质文化遗产保护不断取得新进展。实施非遗传承人群研修培训计划，举办了 9 个国家和 6 个省级培训、研修班。完成了首批 10 位国家级非遗代表性传承人抢救性记录，启动了省级非遗代表性传承人抢救性记录工作。通过办好第十一届浙江省非物质文化遗产节和第八届浙江 • 中国非物质文化遗产博览会、义乌文交会浙江省非物质文化遗产展等，不断增强非遗影响力。

据初步统计，年末全省共有非物质文化遗产保护机构 102 个，从业人员 404 人。全年全省非物质文化遗产保护机构共举办展览 1404 次，比上年增长 25.8%，接待观众 377.94 万人次，比上年增长 13.4%；举办演出 5974 场，观众 313.37 万人次，分别比上年增长 43.9% 和 6.3%；举办民俗活动 1050 次，比上年增长 17.8%，观众 350.82 万人次；举办培训班 3385 次，培训人数 24.11 万人次。

## 七、对外和对港澳台文化交流

浙江文化服务国家外交大局富有成效。积极参与我国与“一带一路”沿线重点国家埃及、卡塔尔两国开展的国家文化年活动。赴埃及举办《丝绸之路与丝路之绸》展览和“中华霓裳”丝绸服饰秀活动，国务院副总理刘延东出席了相关活动并给予充分肯定；作为中卡文化年活动的重点承办省份，全年执行“中国节”等项目 4 起，文化部部长雒树刚对浙江艺术团作出了高度评价。积极参与国家海外“欢乐春节”活动，共组派了 9 个团组、259 人次，先后赴亚洲、南美洲、大洋洲、非洲的 12 个国家、17 个城市，举办演出活动 64 场，组派团队规模、出访国家数量居历年之最。以汤显祖和莎士比亚逝世 400 周年纪念年为契机，组派浙江小百花越剧团携《寇流兰与杜丽娘》赴英法德奥四国访演，组派浙江昆剧团携《牡丹亭》参加“2016 第七届香港中国戏曲节”和英国爱丁堡艺术节活动，大力向世界推介汤显祖文化，深化国际文化交流。

对外文化交流活动积极活跃。密切配合省委、省政府重大涉外活动，圆满完成了“美丽浙江·欣赏香港”浙江文化旅游美食节活动开幕演出等任务。精心组织实施浙江文化交流品牌项目，成功举办了“2016新西兰·美丽浙江文化节”“2016澳大利亚·美丽浙江文化节”活动。2016年共实施对外文化交流项目832起。

对港澳台文化交流深入开展。赴台举办“第十届台湾·浙江文化节”活动，持续打响台湾·浙江文化节品牌。浙江京昆艺术中心“昆剧《紫钗记》及经典折子戏赴港参加中国戏曲节”等3个项目入选文化部对港澳文化交流重点项目，入选项目数量占全国重点交流项目的20%，居各省之首。2016年共实施对台文化交流项目115起，对港澳文化交流项目67起。

## 八、文化资金投入

2016年，省级文化系统一般公共预算财政拨款14.1亿元，向省委宣传部、省财政厅、发改委、省政府办公厅等申请落实追加经费1.5亿元。中央、省公共文化（包括基层公共文化服务、文物保护、非遗等）转移资金达到81729.6万元，还争取到1240万元国家、省级文化产业发展专项资金。

图7　2011年-2016年浙江省人均文化事业费及增速情况

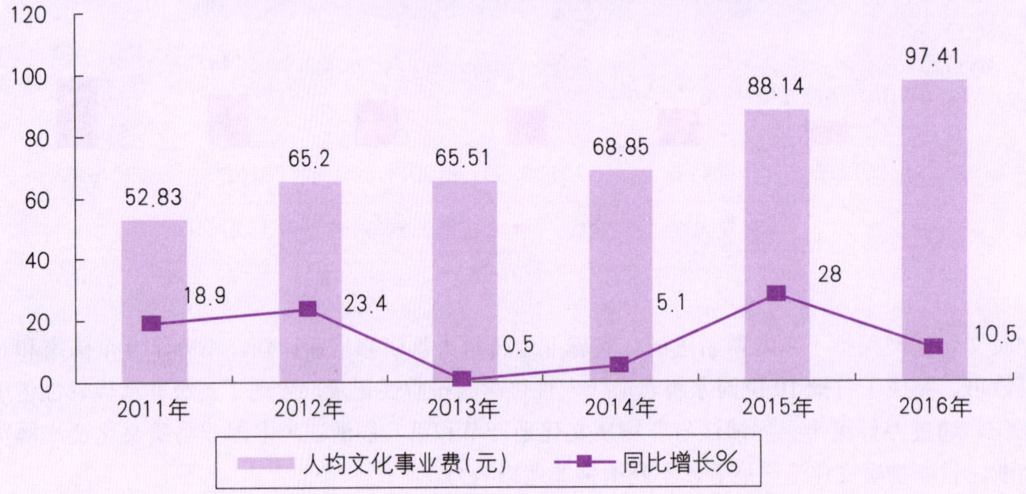


图8　2011年-2016年浙江省文化事业费占财政支出的比重

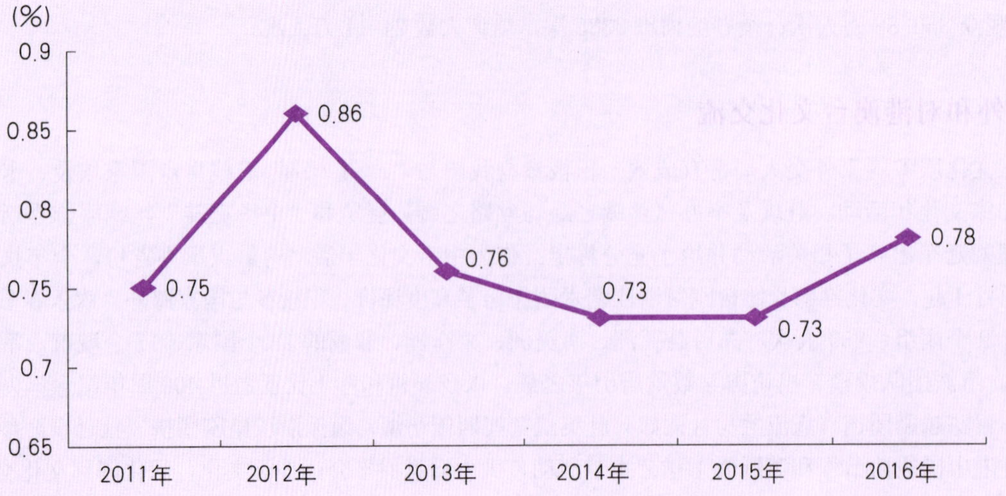

全年全省文化事业费 54.45 亿元，比上年增加 5.63 亿元，增长 11.5%；全省人均文化事业费 97.41 元，比上年增加 9.27 元，增长 10.5%。

文化事业费占财政总支出的比重为 0.78%，比重与上年提高 0.05 个百分点。

全年全省文物事业费 21.71 亿元，比上年增加 4.8 亿元，增长 28.4%；文物事业费占财政总支出的比重为 0.31%，比重比上年提高 0.06 个百分点。

据统计，2016 年全省财政支出中，文化体育传媒经费 158.74 亿元，比上年下降 4%，占财政支出的 2.3%，比重比上年下降 0.2 个百分点。

图9　2011-2016年浙江省文化体育传媒经费总量及增长速度

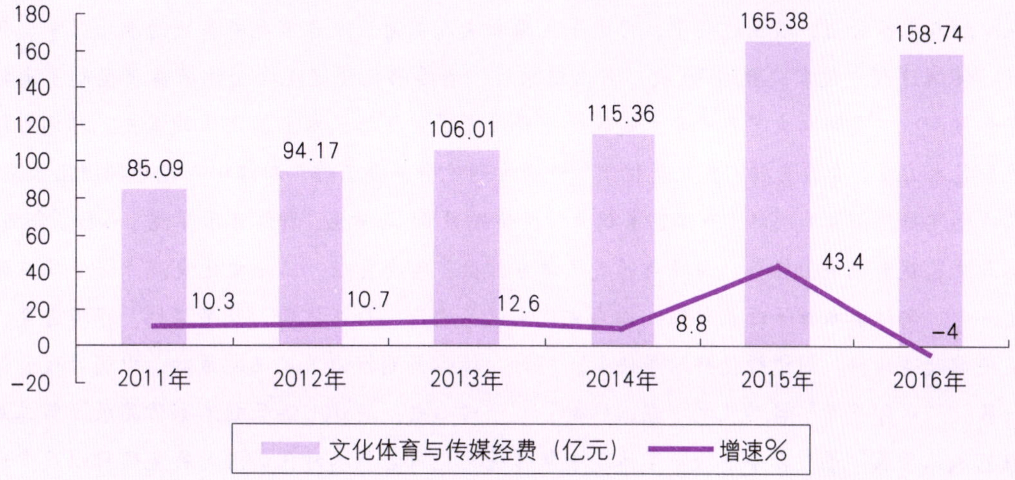


（浙江省文化厅）

## 浙江：配合 G20 杭州峰会，文化活动亮点频频

G20 杭州峰会是近年来我国主办的级别最高、规模最大、影响最深远的国际盛会。全省文化系统把服务保障峰会作为一项重大政治任务来抓，紧扣“办成一届精彩、成功、具有里程碑意义的峰会”这个目标，按照省委、省政府提出的要求，以高度的政治自觉和文化自信全力以赴投入峰会筹备工作，不折不扣地完成各项任务，为 G20 杭州峰会增添了文化内涵和文化魅力。一是国宴伴奏演出大获好评。峰会开幕式当晚，G20 峰会领导人集体合影后步入宴会厅途中，由浙江交响乐团、浙江音乐学院组成的伴奏团队，演奏了西洋乐四重奏、西洋管乐组合、民乐重奏，引起了外国领导人的浓厚兴趣，许多领导人纷纷与乐队合影。演出过程中，习近平主席和夫人彭丽媛及各国元首多次为演出鼓掌，据不完全统计，伴演过程中鼓掌次数达 10 次。演出结束后，省委书记夏宝龙向全体演奏员竖起了大拇指表示肯定和鼓励。二是浙江文艺在峰会主题晚会上释放光芒。根据艺术主创团队的需要，抽调省级文化系统优质艺术力量，全力支持“最忆是杭州”峰会主题晚会筹办工作。浙江小百花越剧团团长茅威涛、浙江歌舞剧院舞蹈演员刘福洋、浙江艺术职业学院舞蹈系 61 名学生、浙江音乐学院“八秒”合唱团等，积极参与文艺晚会的演出任务，为晚会的成功举办作出了重要贡献。三是文化交流点深受 G20 领导人配偶团喜爱。浙江美术馆等厅属单位，作为文化交流备选点，抢抓机遇、及早谋划、狠抓进度，及时完成了场馆改造维修、周边绿化整治等任务。同时，精心策划推出了“汉风藏韵：中国古代金铜佛像艺术特展”“水印千年”启动展之“湖山胜概”“予曰心书：浙江书法篆刻名家作品展”第二届“杭州纤维艺术三年展”等“古今中外”等体现中华传统文化或者艺术时代前沿的展览项目以及中国传统女红技艺互动项目，为峰会来宾和杭州市民提供了一系列高水平的艺术体验。四是为峰会工作营造良好文化氛围。精心组织推出了“喜迎 G20——浙江省舞台艺术精品系列专场演出”，共分戏曲、民族管弦乐、杂技魔术 3 个专场，让广大市民观众感受到了浓郁的峰会举办氛围。演出还邀请部分 G20 建设者及其家属观看，以表达我省文艺工作者对 G20 建设者辛勤付出的慰问之情。浙江音乐学院“八秒”合唱团在筹备 G20 峰会演出任务期间，用极其紧张的时间录制完成的作品《杭州欢迎你》MV，播出后很快就形成了传唱热点，受到广泛关注和好评。

# 安徽省2016年文化发展情况分析

2016年，安徽省各级文化部门深入学习贯彻习近平总书记系列重要讲话特别是视察安徽重要讲话精神，落实文化部和省委、省政府决策部署，围绕全省文化建设总体思路、发展目标和重点任务，全面深化文化体制机制改革，着力构建和完善现代公共文化服务体系、文化市场体系、文化产业体系和优秀传统文化传承体系，不断提高文化产品、服务供给的质量和效能，文化建设取得重要进展和明显成效。

## 一、机构和从业人员

截至2016年底，全省共有各类文化机构15614个，比上年增加1350个，增长9.5%；从业人员为108668人，比上年增加8255人，增长8.2%。（详见表1）

**表1　2016年全省文化机构数及从业人员情况**

| 机构类别 | 机构数（个） | 从业人员数（人） |
|---|---|---|
| **总 计** | **15614** | **108668** |
| 一、文化合计 | 15337 | 105425 |
| 艺术表演团体 | 1879 | 34932 |
| 其中：公有制艺术表演团体 | 51 | 3326 |
| 艺术表演场馆 | 88 | 1780 |
| 其中：公有制艺术表演场馆 | 48 | 976 |
| 公共图书馆 | 123 | 1559 |
| 文化馆 | 121 | 1473 |
| 文化站 | 1438 | 4491 |
| 其中：乡镇综合文化站 | 1290 | 4095 |
| 艺术展览创作机构 | 21 | 162 |
| 其中：美术馆 | 19 | 156 |
| 艺术教育业 | 5 | 403 |
| 文化科研机构 | 11 | 141 |
| 文化市场经营机构（不包括非公有制院团和场馆） | 11406 | 55953 |
| 文化行政主管部门 | 124 | 2516 |
| 其他文化机构 | 121 | 2015 |
| 其中：文化市场执法机构 | 35 | 378 |
| 二、文物合计 | 277 | 3243 |
| 博物馆 | 171 | 2641 |
| 文物保护管理机构 | 95 | 467 |
| 文物科研机构 | 1 | 45 |
| 文物商店 | 1 | 36 |
| 其他文物机构 | 9 | 54 |

图1 2012-2016年全省文化机构数和从业人员数

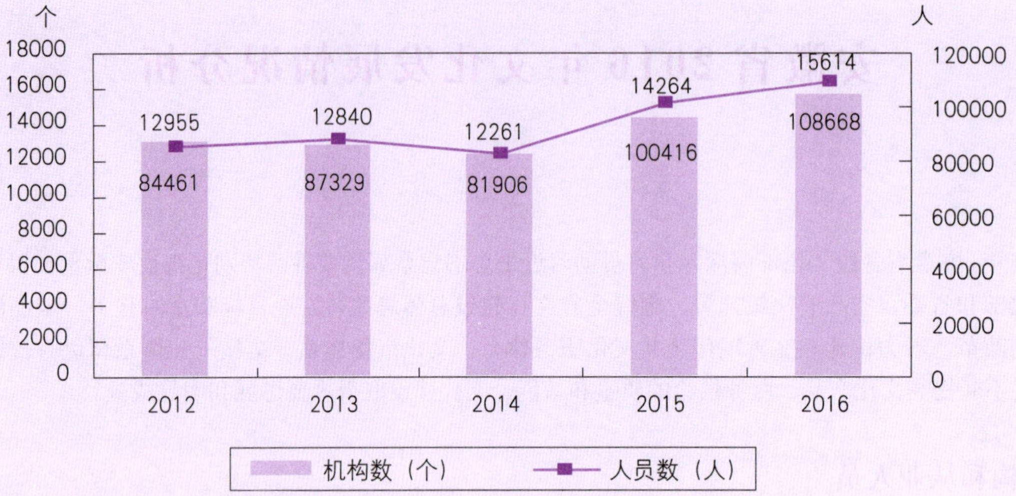


## 二、文化事业经费投入稳步增加

2016 年，全省文化文物总收入 22.682 亿元（不含基建拨款）。其中，全省文化事业费为 17.56 亿元，比上年增加 2.93 亿元，增长 20%；文化事业费占同年全省财政支出 0.34%，比上年增加 0.06 个百分点；全省人均文化事业费 28.34 元，比上年增加 4.53 元，增长 19%。

图2 2012-2016年文化事业费及占同年财政支出比重

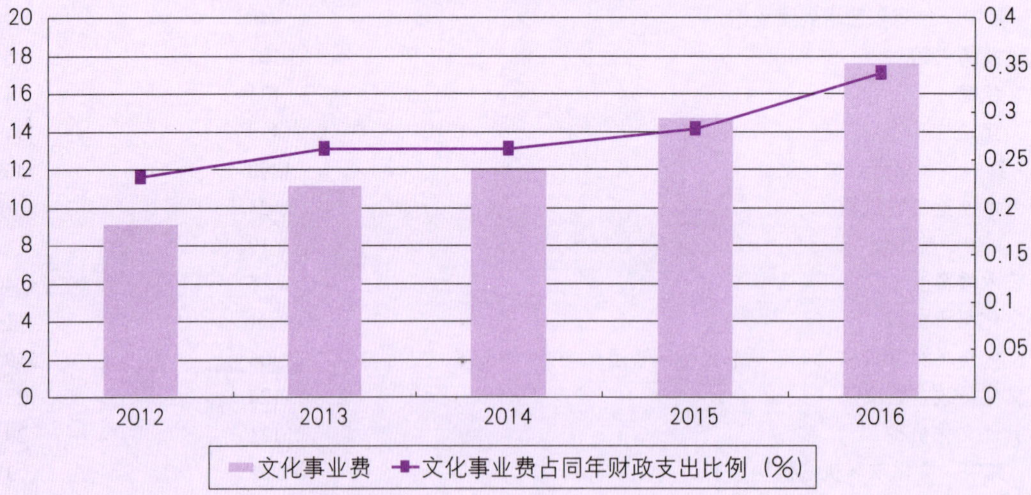

图3　2012-2016年全省人均文化事业费情况

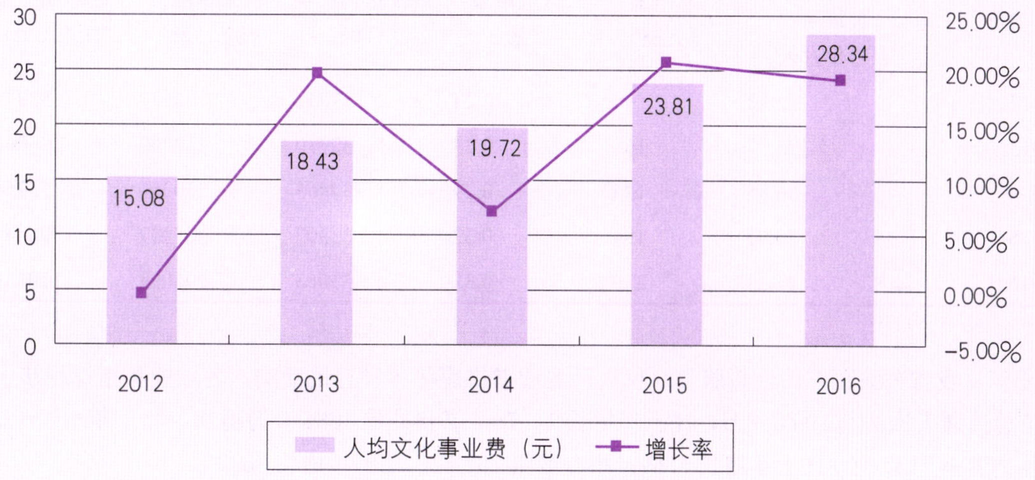


## 三、公共文化服务体系建设扎实推进

认真贯彻落实我省加快构建现代公共文化服务体系的实施意见和标准、“十三五”时期贫困地区公共文化建设实施意见，努力提升公共文化服务标准化均等化水平，各项建设扎实推进。

### （一）设施建设进展顺利

2016 年，总投资 5.026 亿元的安徽省美术馆主体工程完工，内外装饰正在紧锣密鼓进行。省文化馆新馆项目列入省政府重点建设项目，预计 2017 年开工建设。全省 30 个乡镇开展了综合性文化服务中心建设试点，建成了 239 个贫困县村级文化服务中心。农民文化乐园示范带动作用进一步显现，建设步伐进一步加快，管理服务水平进一步提升，2016 年 1 月 19 日，中央电视台“焦点访谈”进行了专题报道，称农民文化乐园“就像许多村口都有的那棵大树，正在成为村庄的标识、村民的纽带”。

### （二）创新推进公共文化服务

2016 年，全省 123 个公共图书馆、121 个文化馆、18 个美术馆、154 个博物馆、1438 个综合文化站全部免费开放。优化全省“三馆一院”联盟工作机制，开展联展、联赛、联训等活动，发挥省级图书馆、博物馆、文化馆和书画院的龙头作用，省市县三级联动，促进基层馆提升活动水平和服务能力。推进县域公共图书服务一体化。不断强化基层文化队伍建设，全省群众文化辅导员人数已达 11000 人。我省作为全国 2 个基层综合文化服务中心试点省之一，马鞍山市作为全国 10 个公共文化服务标准化试点单位之一，均以优异成绩通过了文化部试点验收并升级为国家示范，为全国贡献了安徽经验。马鞍山市数字文化馆顺利通过验收，安徽省文化馆获批成为全国首批省级数字文化馆试点。安庆市和蚌埠市、宣城市顺利通过第二批国家公共文化服务示范区（项目）创建验收，铜陵市和亳州市、池州市获得第三批示范区（项目）创建资格。

1. 公共图书馆服务能力不断提升。2016 年，全省公共图书馆全年收入 30088 万元，比上年增加 2988 万元，增长 11%，其中图书购置专项经费 4517 万元，比上年增加 652 万元，增长 16.9%；人均购书费 0.78 元，比上年增加 0.03 元，增长 4%。全省 123 个公共图书馆总藏量 2162.48 万册，增加 200.12 万册，比上年增长 10.3%，其中：图书 1766.76 万册、增长 12.1%；人均拥有公共图书馆藏量 0.35 册，比上年增长 9.3%；书架单层总长度 296093 米，比上年增长 3.6%；共计发放有效借书证 1195867 个，比上年增长 23.7%。

表 2　2012—2016 年图书馆基本情况

| 年份 | 实际使用房屋建筑面积（万平方米） | 总藏量（万册） | 人均藏量（册） | 购买报刊种类（种） | 书架单层总长度（米） | 发放有效借书证（个） |
|---|---|---|---|---|---|---|
| 2012 | 28.2 | 1407 | 0.24 | 27031 | 190171 | 529348 |
| 2013 | 35.37 | 1687 | 0.28 | 37710 | 219700 | 650698 |
| 2014 | 36.85 | 1753 | 0.29 | 34465 | 230300 | 752542 |
| 2015 | 39.93 | 1942 | 0.32 | 35397 | 285937 | 966420 |
| 2016 | 44.43 | 2162 | 0.35 | 33063 | 296093 | 1195867 |

2016 年，我省公共图书馆创新服务，积极开展读书讲座等各种惠民活动，各项业务指标稳步上升。全省图书馆总流通人次达到 1994.4 万，比上年增长 14.7%；书刊外借 1681.8 万册次，比上年增长 13.6%。全年组织各类讲座 2137 次，比上年增长 5.6%；举办展览 757 次，比上年增长 25.5%。

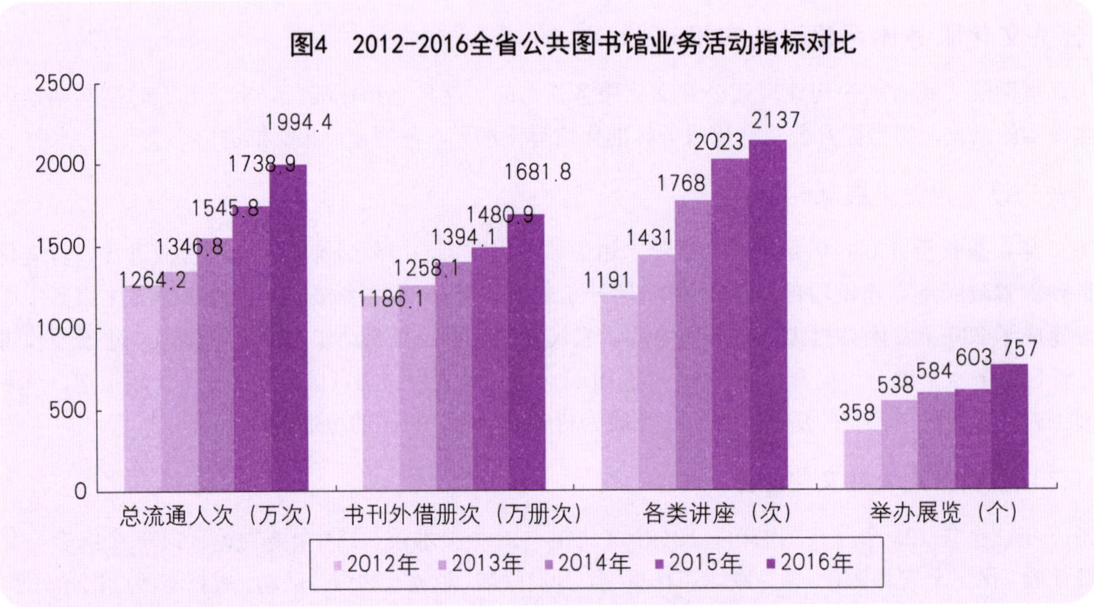


表 3　2012–2016 年文化馆（站）基本情况

| 年份 | 实际使用房屋建筑面积（万平方米） | 文化服务惠及人次（万人次） | 组织各类文艺活动（次） | 公益性讲座（次） | 举办培训班（米） | 藏书（万册） |
|---|---|---|---|---|---|---|
| 2012 | 90.65 | 1184.71 | 20196 | 591 | 13580 | 511.03 |
| 2013 | 92.21 | 1427.79 | 27422 | 683 | 15174 | 536.87 |
| 2014 | 98.05 | 1542.09 | 33318 | 701 | 17869 | 568.89 |
| 2015 | 102.01 | 1815.94 | 36210 | 863 | 19436 | 574.4 |
| 2016 | 106.17 | 1831.4 | 38162 | 812 | 20040 | 596.15 |

2. 文化馆（站）惠民服务成效显著。2016 年，全省群众文化服务机构 1559 个，实际使用建筑面积 106.17 万平方米，比上年增长 4.1%；藏书 596.15 万册，比上年增长 3.8%；组织各类文艺活动 38162 次、公益性讲座 812 次、举办培训班 20040 班次，分别比上年增长 5.4%、-5.9%、3.1%；文化馆（站）文化服务惠及 1831.4 万人次，比上年增长 8.5%。

3. 博物馆建设不断加强。近年来，我省博物馆举办的陈列展览、参观人次等稳步上升，公益性文化服务功能和惠民作用充分发挥，人民群众多样化多层次的精神需求得以满足。2016 年，全省各类博物馆（包括民办博物馆）171 个，其中 154 个免费开放，占总数 90.1%。各类博物馆实际使用房屋建筑面积 65.52 万平方米。全省博物馆馆藏文物等级品 743837 件，其中一级品 2246 件，二级品 5104 件，三级品 48325 件，等级品藏量比上年增长 1.4%；全年接待观众 2797.6 万人次，其中未成年人数 844 万人次，分别比上年增长 4.4% 和 5.4%。

图5　2013-2016年博物馆基本情况

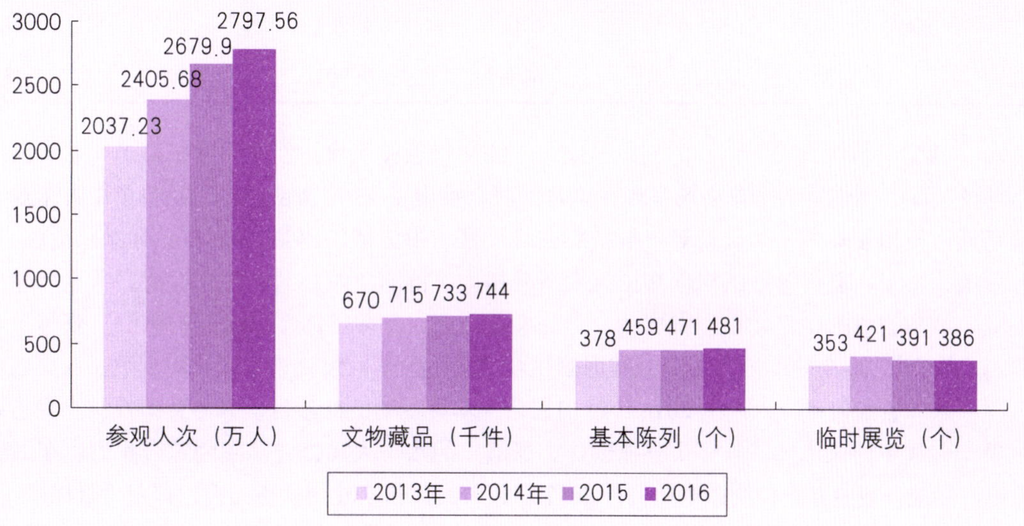


全省博物馆公共服务能力不断提升，博物馆陈列展览联盟工作卓有成效。由安徽省文化厅主办，入选国家文物局“纪念建党 95 周年和红军长征胜利 80 周年”10 大主题展览项目之一的“飘扬的红旗——纪念建党 95 周年暨红军长征胜利 80 周年主题展”在省、市、县博物馆纪念馆同时开展，省博物馆配合展览举办多场宣讲活动，社会反响强烈，影响广泛。引进“丝绸之路上的神秘王国—西夏文物精品展”、“从敦煌出发——‘丝路明珠’的复兴与创新美术作品展”2 个省外特色展览，输送“鄂君启金节——中国最早的免税通关凭证”赴香港中文大学展出，“神工意匠——徽州古建筑雕刻艺术展”赴宁夏回族自治区博物馆展出。整合全省博物馆馆藏文物资源，打破馆际壁垒，“潘玉良美术作品展”亮相皖西博物馆，“紫泥春华——安徽博物院院藏当代优秀中青年紫砂艺家捐赠作品展”和“镜里乾坤——铜镜背后的故事”分别在芜湖博物馆开展；“妙手灵心——安徽民间剪纸艺术展”和“岸芷汀兰——台北故宫博物院经典书画展”分别在凤阳县博物馆展出。

4. “送戏进万村”活动深受欢迎。2016 年，我省继续采取政府购买服务方式，在全省组织开展 “送戏进万村”活动，探索服务基层的新路径。一是提高补助标准，将每个行政村演出活动经费由 2400 元增加到 4400 元，全省增加 3100 多万送戏演出经费。二是送戏活动由县级文化部门具体组织实施，面向符合条件的国有、民营艺术表演团体，集中统一采购。保证为全省 15539 个行政村每村至少送 1 场正规演出。2016 年，全省送戏 20157 场，完成年度任务的 130%，在实现所有行政村全覆盖的基础上，送戏质量得到进一步提升。

演出剧（节）目能够结合农村实际、体现乡土特色、内容健康向上、形式丰富多样、农民喜闻乐见。

## 四、艺术创作生产丰富活跃

截至 2016 年底，我省有各类艺术表演团体 1878 个，从业人员 34909 人，创作首演剧目 54 个，国内演出场次达 45.82 万场。艺术表演团体机构数、演出场次、演出收入相比上年都有了较大幅度的提高。

**表 4　2015—2016 年安徽艺术表演团体演出情况比较**

| 指标 | 单位 | 总量指标 | | 增长数 | 增长速度（%） |
|---|---|---|---|---|---|
| | | 2015 | 2016 | | |
| 机构数 | 个 | 1615 | 1878 | 263 | 16.28 |
| 国内演出场次 | 万场次 | 39.03 | 45.82 | 6.79 | 17.40 |
| 国内演出观众人次 | 万人次 | 10681 | 12968 | 2287 | 21.41 |
| 演出收入 | 万元 | 80997 | 99902 | 18905 | 23.34 |

2016 年，我省坚持以人民为中心的创作导向，围绕文化惠民宗旨，创新举办了第十一届省艺术节，在合肥主会场及芜湖、亳州等 7 个分会场举行新剧目汇演，推出了 48 台新创剧目，举办了中青年戏曲演员才艺展示等活动，推出了舞剧《大禹》等一批精彩剧目。聚焦中国梦、建党 95 周年、红军长征胜利 80 周年等主题，安庆、宿州、滁州等地组织创作了《大清名相》《雷池清波》《风涌大运河》《弃官寻母》等一批反映廉政、诚信题材的剧目，在全省展演，受到群众好评。阜阳淮河琴书《轧狗风波》获第十七届文化部群星奖，成为全国 20 个获奖剧目之一；蚌埠泗州戏《绿皮火车》荣获第五届全国少数民族文艺会演“剧目银奖”；话剧《徽商传奇》入选了 2016 年度国家艺术基金滚动资助项目，并与黄梅戏《小乔初嫁》代表我省参加第十一届中国艺术节；一些市县抓创作、抓演出的水平大幅提升，院团综合实力也在锻炼中得到提高。组织开展地方戏曲普查，统计戏曲剧种 28 个。加大民营艺术院团扶持力度，评定“百佳院团”76 家，资助新创一批大戏、小戏。评选优秀新创戏曲大戏 5 部、小戏 5 部，优秀展演项目 4 个，对全省民营艺术院团“百佳院团”予以授牌，对获得优秀新创大戏剧目的民营院团予以 10 万元创作资助，进一步促进了我省民营艺术院团规范发展。

## 五、文化遗产保护利用成效明显

截止 2016 年底，全省共有文物机构 277 个。其中，文物保护机构 95 个，博物馆 171 个，文物科研机构 1 个，文物商店 1 个，其他文物机构 9 个，从业人员 3243 人，与上年相比，机构数未变，从业人员略有减少。

2016 年，我省积极推进文化遗产保护与利用协同发展。全省编制、申报、争取国家重点文物保护项目 111 个、专项补助资金近 3 亿元。大运河安徽段保护方案获国家文物局批准，含山凌家滩、凤阳明中都城国家大遗址公园加快建设。审核凤阳明中都皇城、寿县古城墙联合申遗文本，省政府已按申遗时间安排上报国家文物局。办理歙县古城墙申请列入世界文化遗产预备名单相关文件，组织专家评审歙县古城墙申遗文本及保护规划。徽州区呈坎村、泾县黄田村文物保护样板工程扎实推进。加强革命文物保护，大别山列入国家文物保护“十三五”规划重点保护片区。金寨县革命博物馆改扩建、寿县楚文化博物馆建设顺利推进。完成第一次可移动文物普查 100 余万件（套）文物的登记、数据采集和上报。安徽博物院“徽州优秀传统文化展”获全国十大陈列展览精品奖。中国徽州文化博物馆评为国家一级博物馆。上报黄山登山古道及古建筑观瀑亭修缮工程立项报告和实施麟趾桥送子桥乌龙亭修缮工程。

加强非遗保护传承，新设立了 30 个省级非遗教育传习基地和 2 个非遗展示展销基地，组织了第五批省级非遗代表性项目评选，扎实推进濒危非遗项目抢救工程。与故宫博物院合作共建，黄山徽派传统工艺工作站、故宫学院黄山分院和故宫博物院博士后工作站挂牌成立。徽州文化生态保护区通过文化部评估。中科大成为全国首批非遗研修研习基地，成功举办了两期手工纸非遗传承人研修班。

**表 5　2013 年—2016 年安徽省非遗项目、传承人及传习基地情况**

单位：个、人

| | 国家级 | | 省级 | | |
|---|---|---|---|---|---|
| | 非遗项目 | 非遗传承人 | 非遗项目 | 非遗传承人 | 传习基地（传习所） |
| 2013 年 | 60 | 75 | 343 | 409 | 33 |
| 2014 年 | 72 | 75 | 343 | 576 | 50 |
| 2015 年 | 72 | 75 | 343 | 576 | 54 |
| 2016 年 | 72 | 75 | 343 | 576 | 87 |

## 六、文化产业发展提质增效

推进城乡居民扩大文化消费试点工作，合肥市成为“国家文化消费试点城市”，成功举办第三届“安徽文化惠民消费季·好戏大家看”活动，1395 场惠民演出，全部低票价，第一次推出网上抢票，深受群众欢迎。蚌埠大禹国家级文化产业示范园区建设扎实推进，命名 80 家第五届安徽省文化产业示范基地。积极组织申报中央文产资金，22 个项目获得资助，13 个项目进入财政部、文化部文化金融合作项目库。出台了《关于做好推动文化文物单位文化创意产品开发工作的通知》，鼓励试点单位积极开发文创产品。组织文化企业参加北京、深圳文博会，加强优秀文化创意产品的营销推介。举办了第四届安徽省动漫大赛。

## 七、文化市场规范有序

2016 年，我省共有经营性文化产业机构 13273 个，其中：娱乐场所 3667 个、网吧 7243 个、非公有制

图6　2016年文化市场经营机构分类情况

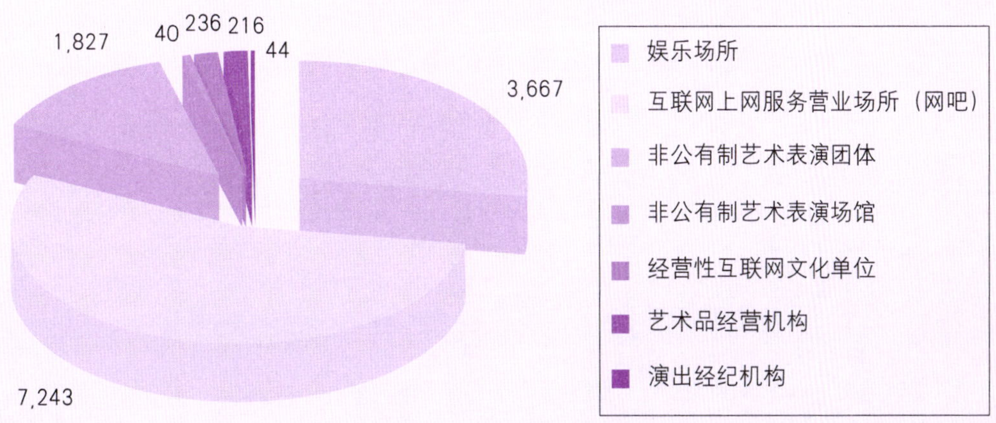

艺术表演团体1827个，非公有制艺术表演场馆40个，经营性互联网文化单位236个，艺术品经营机构216个，演出经纪机构44个；从业人员88340人。机构数和从业人员数分别比去年增长11.3%和10.6%。

为繁荣文化市场，我省坚持管建并重，加强文化市场监管，规范市场秩序，营造良好发展环境。一是抓好行业政策调整的落地执行。会同省公安厅出台《关于进一步加强游戏游艺场所监管促进行业健康发展的通知》（皖文市〔2016〕1号），依法严厉打击利用游戏机赌博等违法犯罪活动以及游戏游艺场所违法违规经营行为，促进游戏游艺行业健康有序发展。部署开展全省文化市场政策落地和行政审批规范化情况督查。二是抓好行业转型升级。通过合肥市等地试点经验推广，全省网吧档次、环境明显改善，转型和新设立的网吧装修格调丰富多彩，场内布置整洁大方，空气质量清洁新鲜，网吧整体形象大幅提升，接纳未成年人上网、未落实实名上网投诉等现象大幅减少，社会形象得到明显改善。合肥市首次将上网服务行业纳入《合肥市扶持产业发展“1+3+5”政策体系》及实施细则。三是强化执法监管，确保文化市场平安有序。2016年，全省共出动执法人员68.0585万人次，检查各类文化经营单位23.4819万家次，责令整改文化经营单位142家次，受理举报473件，举报核查357件，警告1486家，办结案件1700件，罚款1106家394.73万元，责令停业整顿70家，吊销许可证6家，取缔24家。

## 八、文化交流合作不断扩大

围绕讲好安徽故事，传播安徽声音，共组织对外和对港澳台文化交流项目44批次、748人次，涵盖五大洲40个国家和地区。开展了赴马耳他、希腊、新加坡“欢乐春节”活动，圆满完成了德国安徽文化周、泰国安徽文化年、“中俄两河领域”等重大对外文化交流项目。成功举办了2016中非文化周。26个国家和地区的34位优秀青年汉学家来皖考察徽州文化。对港澳台文化交流深入开展，在香港举办了文物展。赴台参加“第二届两岸博物馆双年会”活动。研究出台了特色演艺精品出口行动计划，推动安徽演艺精品走出去加快步伐。

2016年，安徽文化建设取得了新成效，但同时也要看到，安徽文化建设与经济发展规模和速度还不协调，与人民群众日益增长的精神文化需求还不相适应，文化建设还存在着一些问题和短板，如：公共文化设施总体还不足，县乡场馆达标率还不高，艺术创作生产数量不够多、现实题材作品少的现象依然存在；文化产业发展整体水平还不高，地区发展不平衡；基层文化队伍整体素质还有待提高，等等。这些都需要各级文化部门高度重视，采取有力措施，努力加以解决。

（安徽省文化厅）

# 安徽：政府购买公共文化服务工作成效显著

根据《国务院办公厅转发文化部等部门关于做好政府向社会力量购买公共文化服务工作实施意见的通知》精神，安徽省结合本省实际，制定下发了《安徽省人民政府办公厅转发省文化厅等部门关于做好政府向社会力量购买公共文化服务工作实施意见的通知》、《安徽省文化厅 安徽省财政厅关于2016年采取政府购买服务方式开展“送戏进万村”活动的通知》、《关于推进政府购买基层公益文化岗位试点工作的通知》等相关文件，对政府购买公共文化服务目录进行了相应延伸拓展，增加了一些内容，对相关政策制度进行了细化完善。并在实际操作中，以满足基层群众需求为出发点，注重实际效果，带动了演艺市场的繁荣，有效提升了公共文化服务能力，取得了显著成效。

一是组织领导健全。将政府购买公共文化服务作为民生工程的一项重要任务，各级政府分管负责同志牵头，文化和财政等相关部门负责同志参加，形成政府统一领导、部门密切配合的工作协调机制，及时制定下发工作文件，做好舆论宣传，并将此项任务纳入年度考核，推进工作落实。

二是经费保障有力。为保障政府购买公共文化服务有序进行，我省各级文化部门积极对接协调财政部门，整合现有专项资金，专款专用，做好购买演出、岗位购买、维护等各项公共文化服务，及时下拨中央、省、市配套资金，同时积极督促县区予以配套，确保政府向社会购买公共服务工作按序时进度实施。

三是招标采购规范。各地严格按照招标程序，对所有公共文化服务进行政府采购招标。坚持需求导向，严格采购条件和采购程序，认真把握好购买服务的各个环节，确保规范有序。

四是实施效果良好。政府购买公共文化服务最终目标还是为了满足基层群众的文化需求，全省各地创新举措，在求实效上下功夫。安庆市图书馆将“总分馆图书编目加工上架服务”实行政府采购，总共花费20万元，加工市图书馆未分编图书8.9万册，加工分馆编目图书5.2万册，为10.2万册图书期刊上架并分类排序，整合了全馆的图书资源，为总分馆服务提供了藏书保障。蚌埠市少儿图书馆通过政府采购招标的方式将图书馆管理服务外包，全方位满足不同读者的阅读娱乐需求，短短一个月，就办理借阅证两千余张，借阅量6000余册，接待读者两万余人次，开展相关活动近20余场，受到广大少儿读者及家长的欢迎。

# 福建省 2016 年文化发展情况分析

2016 年，我省文化系统认真贯彻落实习近平总书记系列重要讲话精神、第九次作代会的重要讲话和中央关于文化建设总体部署，落实省委省政府文化强省建设目标，围绕建设 21 世纪海上丝绸之路核心区，加大文化改革发展力度，推进文化各项工作取得新的成效，实现“十三五”文化改革发展良好开局。

## 一、机构和从业人员

2016 年末，纳入统计范围的全省各类文化文物单位 6912 个，比上年末增加 542 个；从业人员 78188 人，增加 1575 人。其中，各级文物部门所属单位 146 个，从业人员 2580 人，增加 223 人。

图1　2006-2016年福建省文化单位机构及从业人员数

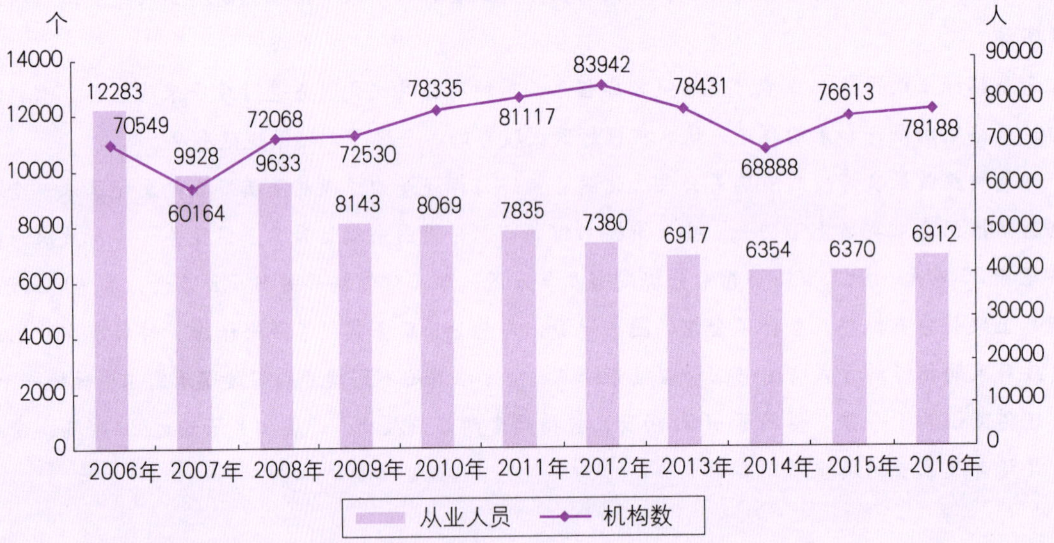


## 二、艺术创作生产和表演取得新成效

2016 年，我省广大文艺工作者深入学习党的十八届三中、四中、五中、六中全会和习近平总书记系列重要讲话精神、在文艺工作座谈会上、在全国第十次文代会、第九次作代会上的重要讲话，贯彻落实省第十次党代会提出“加快文化强省建设，不断满足人民群众精神文化需求。对文化工作在再上新台阶、建设新福建”提出了新要求。遵照中央《关于繁荣发展社会主义文艺的意见》、国务院办公厅《关于支持戏曲传承发展的若干政策》和省两办颁发的《关于传承和弘扬福建戏曲的若干意见》精神，深入生活、扎根人民，积极开展“海丝文化”“红色文化”主题创作，推出了一批优秀文艺作品，艺术创作生产呈现可喜的新气象，得到社会各界高度评价。

图2　2016年福建省属院团演出场次及演出收入情况

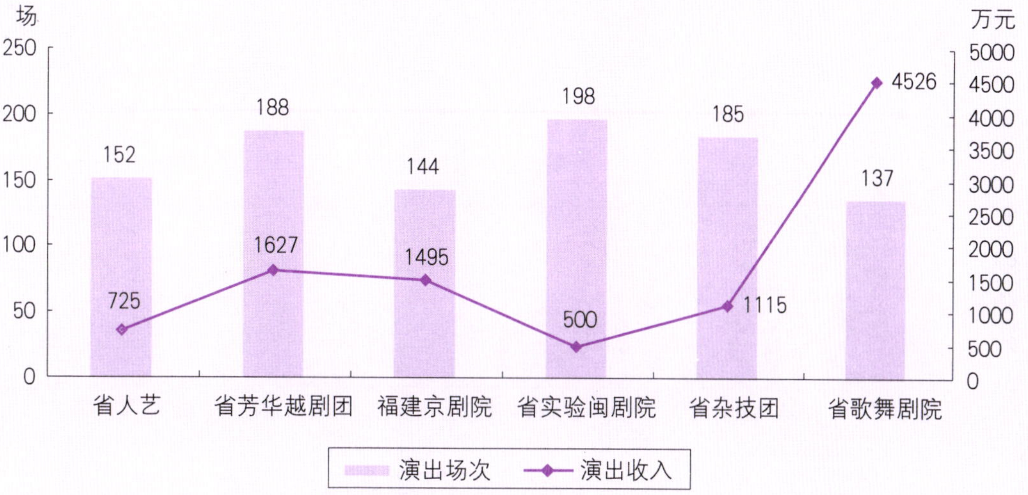


一是文艺精品创作生产持续加强。2016年，我厅建立了每月一次以研讨剧目创作为主题的“火花茶会”。以选送我省优秀文艺作品参加全国重大赛事（活动）为契机，一批剧目精品在全国产生影响。舞剧《丝海梦寻》由文化部和省政府共同组织在全国开展巡演活动，并在国家艺术基金的支持下拍摄《丝海梦寻》3D数字电影。舞剧《丝海梦寻》和芗剧《保婴记》入选第十一届中国艺术节并进入第十五届“文华大奖”终评；厦门小白鹭民间舞艺术中心的舞蹈《厝里艺人》参加“十一艺节”专场展演。话剧儿童剧《幼童留洋记》入选文化部“2016年度剧本扶持工程”项目。赴北京举办“福建地方戏经典折子晋京展演”，荟萃了128个经典传统折子戏。参加第十八届上海国际艺术节举办“福建文化周”活动。以省歌舞剧院为龙头整合的福建剧院联盟，全年在全省13家剧场开展公益性和商业演出近70场。

二是全国地方戏曲剧种普查工作持续推进。文化部委托我省艺术研究院牵头组织，自2016年承担全国地方戏剧种普查工作组织任务后，我省在全国率先完成地方戏曲剧种数据的采集、审核、录入工作。芗剧《保婴记》入选“国家艺术基金2016年度滚动资助”项目。高甲戏《大稻埕》入选2016年度“国家舞台艺术精品创作工程”重点创作剧目。舞剧《山哈魂》参加第五届全国少数民族文艺会演获剧目银奖。莆仙戏《魂断鳌头》入选全国首届基层院团戏曲会演。闽剧《林则徐复出》入选文化部“全国地方戏优秀中青年演员汇报演出”。闽剧《林则徐与王鼎》、莆仙戏《海神妈祖》入选参演第三届丝绸之路国际艺术节。闽剧《银筝断》入选文化部“2016年度剧本扶持工程”项目。赴北京举办“福建地方戏经典折子晋京展演”，荟萃了128个经典传统折子戏。

三是积极开展公益性文艺演出活动。完成省政府交办的政治性演出任务。开展文化拥军、送戏下乡、艺术扶贫等活动。举办庆祝建党95周年戏曲晚会和大型交响合唱音乐会，举办“永远的丰碑——福建省纪念红军长征胜利80周年文艺晚会”，组织开展“传承红色基因——共建巩固国防”全省美术书法篆刻大赛活动。实施“扶持47个非遗地方剧种剧团公益性演出” 的文化惠民项目，组织省属艺术院团开展“八闽清风一一廉政文艺走基层”演出活动， 组织廉政题材的闽剧《兰花赋》到北京清华大学、中共党校等地调演和全省各地市巡演。实施了闽南文化生态保护区戏曲剧种薪传计划。去年省属艺术院团演出1004场次，公益性演出682场次，全省各非遗院团全年开展公益性演出2100多场次。

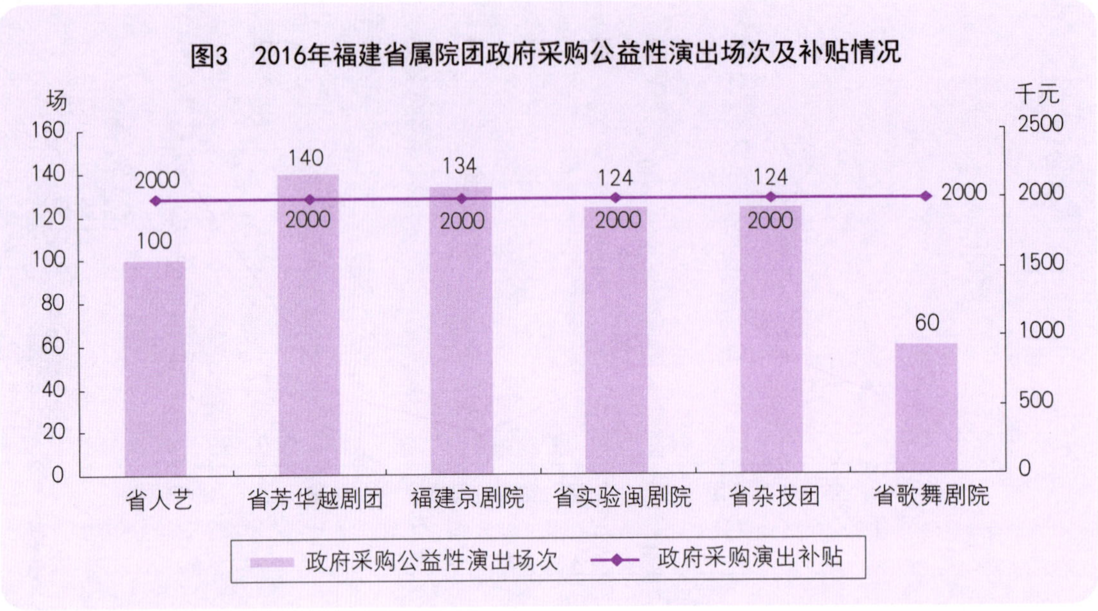


年末全省共有艺术表演团体 70 个，从业人员 3657 人，增加 185 人。其中执行事业会计制度的艺术表演团体 67 个，占 95.71%，从业人员 3511 人，占 96%。

全年全省艺术表演团体共演出 1.1 万场，比上年增加 14.46%，其中赴农村演出 0.63 万场，增加 33.19%，赴农村演出场次占总演出场次的 33.87%，比重比上年回落了 17.15 个百分点；国内观众 771.38 万人次，增加 18.38%，其中农村观众 478.96 万人次，比上年增加 46.94%；总收入 6.02 亿元，比上年下降 2.9%，其中演出收入 0.56 亿元，下降 26.31%。

**表 1　2006 年 –2016 年全省艺术表演团体基本情况**

| 年　份 | 机构数（个） | 从业人员数（人） | 演出场次（万场） | 国内演出观众人次（万人次） | 总收入（万元） | |
|---|---|---|---|---|---|---|
| | | | | | | #演出收入 |
| 2006 年 | 92 | 4175 | 1.38 | 992.6 | 20575 | 3084 |
| 2007 年 | 92 | 4059 | 1.57 | 1626.6 | 24994 | 4141 |
| 2008 年 | 90 | 4208 | 1.48 | 1102.2 | 29711 | 4350 |
| 2009 年 | 90 | 4109 | 1.48 | 1399.2 | 34003 | 4893 |
| 2010 年 | 93 | 4468 | 1.63 | 1304.2 | 40706 | 7024 |
| 2011 年 | 91 | 3957 | 1.58 | 1382.9 | 42646 | 6527 |
| 2012 年 | 74 | 3465 | 1.08 | 723.76 | 48404 | 5807 |
| 2013 年 | 77 | 3452 | 1.08 | 838.38 | 52922 | 5491 |
| 2014 年 | 69 | 3341 | 1.03 | 808.95 | 49430 | 5391 |
| 2015 年 | 67 | 3360 | 0.96 | 651.61 | 62067 | 7605 |
| 2016 年 | 70 | 3657 | 1.11 | 771.38 | 60290 | 5644 |

全年全省文化部门所属艺术表演团体共组织政府采购公益演出 0.468 万场，比上年增长 9.86%；观众 246.94 万人次，增长 0.27%。利用流动舞台车演出 540 场次，下降 11.47%；观众 26.33 万人次，下降

15.5%。

年末全省共有艺术表演场馆 58 个。执行事业会计制度的艺术表演场馆 46 个，与上年持平，执行企业制度的艺术表演场馆 12 个。观众坐席数 43235 个，比上年增加 10712 个；全年共举行艺术演出 1940 场次，比上年增长 202.08%；艺术演出观众人次 49.71 万人次，增长 53.23%。

年末全省共有国有美术馆 9 个，从业人员 5168 人，增加 17 人。全年共举办展览 74 次，比上年增长 17.46%，参观人次 26.39 万人次，下降 21.96%，其中：未成年人观众人数 7.34 万人。

## 三、公共文化服务体系建设取得新进展

2016 年，我省积极落实中办、国办《关于加快构建现代公共文化服务体系的意见》，推进现代公共文化服务体系建设。一是统筹协调公共文化建设。先后出台了《关于加快构建现代公共文化服务体系的重点任务分工和督查落实方案》《关于推进基层综合性文化服务中心建设实施方案》《福建省村（社区）综合性文化服务中心建设服务基本标准》等文件，为推进构建我省现代公共文化服务体系提供了政策保障。国家公共文化服务体系示范区（项目）创建取得新进展，第二批示范区三明市和示范项目福州市的“激情广场大家唱”通过国家验收。做好第四次全国文化馆评估定级工作。厦门市文化馆等 40 个馆被评为一级馆，马尾区文化馆等 29 个馆被评为二级馆，罗源县文化馆等 11 个馆被评为三级馆。目前全省实现宣传文化、青少年活动、党员教育、科学普及、普法教育、体育健身六大服务功能整合的有 3509 个，占全省总数 16225 个的 21.6%。

二是开展丰富多样的群众公共文化活动。组织开展“第十一届中国艺术节”参赛节目和作品的推荐工作，部署安排“第十七届群星奖”参赛节目的推荐评选工作进行。《天下客家一家亲》节目顺利入围第十一届中国艺术节。按照文化部的部署，认真组织协调 2016 年“春雨工程”－全国文化志愿者边疆行工作，圆满完成福州、厦门、三明组织的系列活动，赴广西参加新中国美术家系列·福建省国画作品展”。组织开展“传承红色基因－共建巩固国防”全省美术书法篆刻大赛活动。在全省报送的作品中筛选出 104 件获奖作品参展，其中美术 58 件，书法 46 件。

### （一）公共图书馆

年末全省共有公共图书馆 90 个，其中少儿图书馆 5 个。年末全省公共图书馆从业人员 1409 人，比上

图4 2006-2016年全省公共图书馆人均资源情况

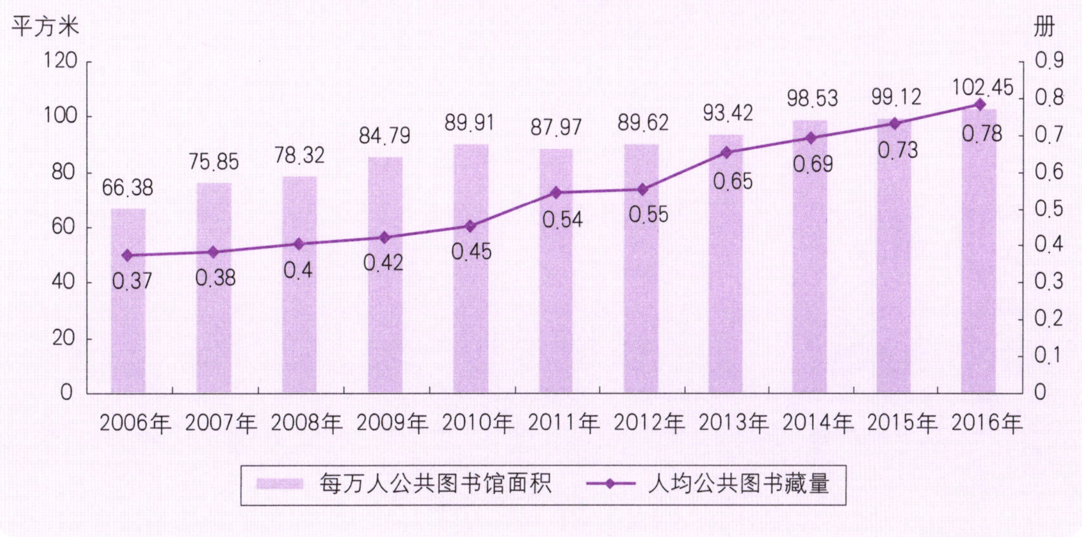

年末增加 79 人。其中具有高级职称的人员 99 人，占 7.02%；具有中级职称的人员 468 人，占 33.21%。

年末全省公共图书馆实际使用房屋建筑面积 39.73 万平方米，比上年末增长 4.41%；图书总藏量 3051.02 万册，增长 8.15%，其中古籍 47.87 万册；电子图书 2151.6 万册，增长 16.03%；阅览室座席数 32602 个，增长 2.52%；计算机 6725 台，增长 10.23%；供读者使用的电子阅览终端 4390 台，增长 12.5%。

年末平均每万人公共图书馆建筑面积 102.45 平方米，比上年增加 3.34 平方米；全省人均图书藏量 0.78 册，增加 0.05 册；全年全省人均购书费 1.64 元，比上年增加 0.02 元。

全年全省公共图书馆发放借书证 205.04 万个，比上年增长 100.07%；总流通人次 2603.5 万人次，增长 8.64%。书刊文献外借册次 2658.77 万，增长 7.85%；外借人次 1219.54 万，增长 24.34%。全年共为读者举办各种活动 5588 次，增长 19.24%；参加人次 227.22 万，增长 28.78%。

图5　2006-2016年福建省公共图书馆总流通人次及书刊外借情况

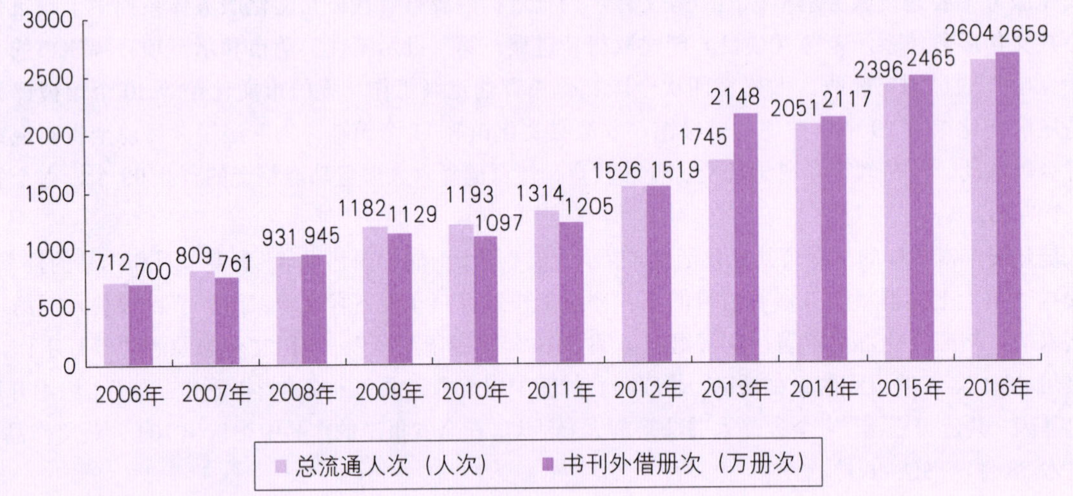


## （二）群众文化机构

年末全省共有群众文化机构 1222 个。其中乡镇综合文化站 962 个。年末全省群众文化机构从业人员

图6　2006-2016年福建省每万人群众文化设施建筑面积

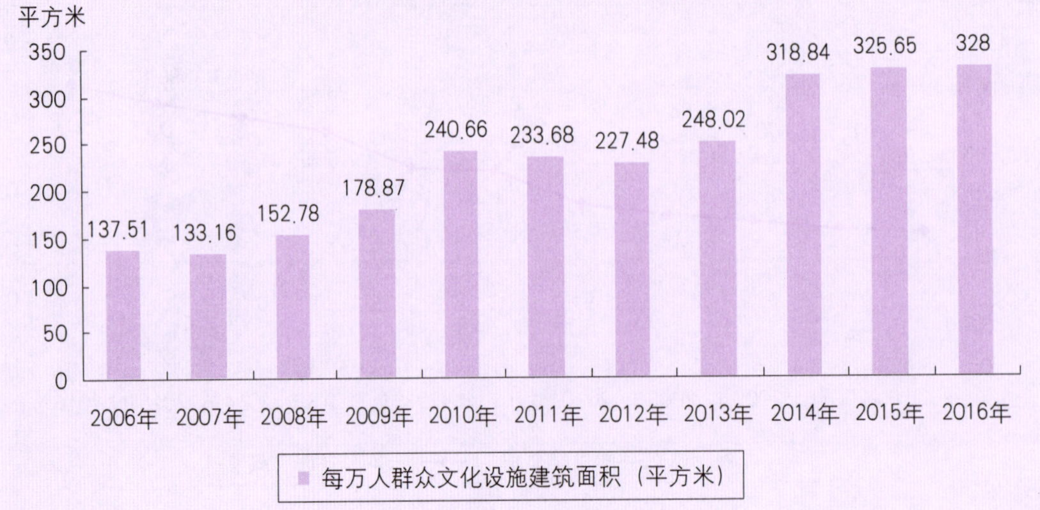

3989 人，比上年末增加 228 人。其中具有高级职称的人员 130 人，占 3.25%；具有中级职称的人员 334 人，占 8.37%。

年末全省群众文化机构实际使用房屋建筑面积 127.2 万平方米，比上年末增长 1.74%；藏书 569.98 万册，增长 2.19%；计算机 8677 台，增长 10.1%；对公众开放的阅览室 2.07 万平方米，减少 26.85%。年末全省平均每万人群众文化设施建筑面积 328 平方米，比上年末提高 2.35 平方米。

全年全省群众文化机构共组织开展各类文化活动 39684 场次，比上年增长 14.6%；服务人次 1234.51 万，下降 17.35%。

表 2　2016 年全省群众文化机构开展活动情况

| | 总量 | | 比上年增长（%） | |
|---|---|---|---|---|
| | 活动次数（次） | 服务人数（万人次） | 活动次数 | 服务人次 |
| **各项活动总计** | **39684** | **1234.51** | **44.55** | **24.3** |
| 其中：展览 | 3956 | 361.06 | 7.44 | -2.25 |
| 文艺活动 | 17333 | 757.82 | 8.73 | -26.85 |
| 公益性讲座 | 671 | 12.34 | 5.01 | 20.98 |
| 训练班 | 17724 | 103.29 | 23.37 | 32.42 |

年末全省群众文化机构共有馆办文艺团体 201 个，演出 2045 场，观众 119.66 万人次。由文化馆（站）指导的群众业余文艺团体 8512 个，馆办老年大学 26 个。

## 四、文化市场和文化产业取得新发展

年末全省文化市场经营单位 5077 家，比上年末增加 537 家；从业人员 60596 人，增加 543 人。全年全省文化市场经营单位营业总收入 173.68 亿元，较上年增长 59.6%；营业利润 27.73 亿元，较上年下降 17.59%；。

分区域看，年末城市文化市场经营单位 1525 个，占文化市场经营单位总量的 30.04%；县城 2329 个，占 45.87%；县以下地区 1223 个，占 24.09%。

表 3　2016 年按区域全省文化市场经营单位主要指标

| | | 机构数（个） | 从业人员数（人） | 营业总收入（万元） | 营业利润（万元） |
|---|---|---|---|---|---|
| 总量 | **总计** | **5077** | **60596** | **1736845** | **277291** |
| | 城市 | 1525 | 25047 | 1421720 | 229395 |
| | 县城 | 2329 | 28259 | 240178 | 36542 |
| | 县以下 | 1223 | 7290 | 74947 | 11354 |
| 比重（%） | **总计** | **100** | **100** | **100** | **100** |
| | 城市 | 30.04 | 41.33 | 81.85 | 82.73 |
| | 县城 | 45.87 | 46.63 | 13.83 | 13.18 |
| | 县以下 | 24.09 | 12.04 | 4.32 | 4.09 |

年末全省共有娱乐场所 2073 个，从业人员 3.41 万人，全年营业总收入 36.29 亿元，较上年增长 7.33%；营业利润 5.8 亿元，较上年增长 12.18%。

年末全国共有互联网上网服务营业场所 2360 个，从业人员 0.91 万人，全年营业总收入 7.04 亿元，较上年增长 19.12%；营业利润 1.02 亿元，较上年下降 12.06%。

一是加强文化市场监管。梳理和公布我厅职责 13 个方面 148 项责任清单，做好国外文艺表演团体演出审批等 16 项下放事项的衔接工作。引导互联网上网服务场所、文化娱乐行业转型升级，确定福、厦、泉和三明 4 个设区市为娱乐行业转型升级重点城市。

二是文化产业发展进一步推动。2016 年，举办第九届海峡两岸文化产业博览交易会和第 11 届中国（莆田）海峡工艺品博览会。全省有 40 家企业通过国家动漫企业认定，6 个动漫产品、6 个动漫创意产品项目推荐弘扬社会主义核心价值观动漫扶持计划，入选了 1 个产品项目和 1 个创意项目。推荐 4 个品牌，2 个创意申报国家动漫品牌建设和保护计划，入选 2 个。评选第十批福建省文化产业示范基地 17 家。年末全省有 1 个国家级文化产业示范园区（其中：闽台文化产业福州、厦门两个片区），1 个国家级文化产业试验园区和 11 个国家文化产业示范基地，有 141 个省级文化产业示范基地。

三是加快文化产业发展。制定实施《推动文化文物单位文化创意产品开发重点任务落实方案》、《文化创意和设计服务与相关产业融合发展专项规划》、《文化娱乐业转型升级实施意见》。办好第九届海峡两岸（厦门）文博会，境内外 1708 家文化企业和机构参展，投资签约项目 103 个，总签约额 303.9 亿元，现场交易金额 10.43 亿元。支持培育壮大龙头骨干文化企业，开展 2016 年度第十批省级文化产业示范基地评选，17 家文化企业入选；争取国家文化产业发展专项资金 2380 万元、省级文化产业专项资金 430 万元扶持骨干企业。

## 五、文化遗产保护与利用水平继续提升

一是加强文物保护和合理利用。坚持保护和利用协调发展，促进文化遗产保护和合理利用有机统一。全省现有全国重点文物保护单位 137 处 291 个点，省级文物保护单位 674 处。推进 2017 年鼓浪屿申报世界文化遗产，完成 53 个遗产核心要素的本体修缮、环境整治与遗产展示、遗产监测等工作。全面启动 2018 年世界文化遗产申报项目申遗工作。实施我省入选第一、二批中国传统村落（全省共 73 个）中的 10 个国保省保集中成片传统村落整体保护利用工程，启动第三批（全省共 52 个）中的 8 个传统村落的保护工程项目。

二是组织开展了全省革命（红色）文物调查。共登记革命（红色）文物 962 处（点），其中原中央苏

图7　2006-2016年福建省文物机构及从业人员情况

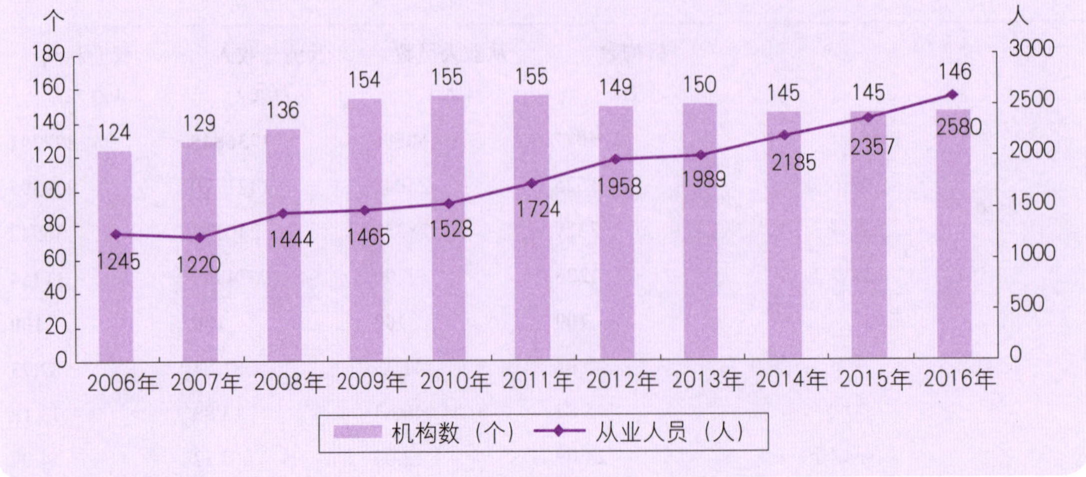

区革命文物518处（点）。组织实施古田会议旧址群、长汀革命旧址、红九军团长征出发地、宁化凤凰山红军街红军长征出发地革命旧址等一批革命文物保护工程。完成为期四年的全省第一次可移动文物普查工作，共登记藏品44万件/套。新增非国有博物馆5家。全年博物馆免费开放举办展览共950余场次，免费参观人数达2660万余人次。

年末全省共有文物机构146个。其中，文物保护管理机构38个，占26.02%，博物馆98个，占67.12%。年末全省文物机构从业人员2580人，比上年末增加223人。其中高级职称178人，占6.89%，中级职称380人，占14.72%。

年末全省文物机构拥有文物藏品54.14万件，比上年末减少1.96万件，下降3.49%。其中，博物馆文物藏品49.6万件，占文物藏品总量的91.61%；文物商店文物藏品4.12万件，占7.61%。文物藏品中，一级文物1085件，占0.2%；二级文物2998件，占0.55%；三级文物100066件，占18.48%。年末全省不可移动文物共有3.32万件。此外，全省共有全国重点文物保护单位（1-7批）共137处291个点，省级文物保护单位（1-8批）共674处，市、县、区级文物保护单位5000余处。

全年全省文物机构共安排基本陈列274个，举办临时展览654个，接待观众2588.31万人次，比上年增长5.25%。其中未成年人920.62万人次，增长7.03%，占参观总人数的35.56%。博物馆接待观众2454.36万人次，增长1.75%，占文物机构接待观众94.82%。

图8　2006-2016年福建省文物机构接待参观人次及未成年观众人次

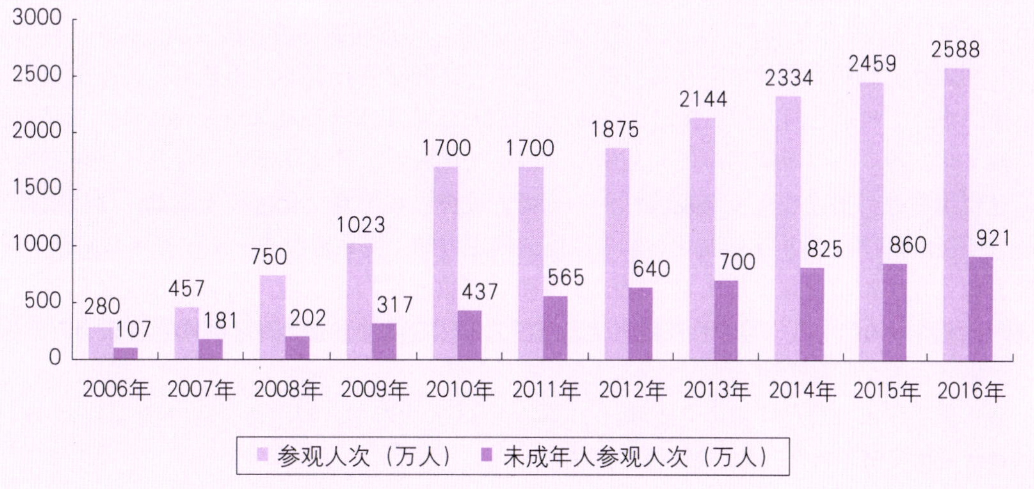


## 六、非物质文化遗产保护不断传承

截至2016年末，我省共有4项非物质文化遗产项目入选联合国教科文组织“人类非物质文化遗产代表作名录”、2项入选“急需保护的非物质文化遗产名录”，1项入选“优秀实践名册”。国务院共公布了1372个国家级非物质文化遗产代表性项目中，我省就有130个项目； 同时，我省报经文化部认定了109名国家级非物质文化遗产项目代表性传承人。此外，我省共有省级项目490个，市级项目1053个，县级项目2565个。全省共有省级代表性传承人552人，市级代表传承人1512人，县级代表传承人2053人。全省共有国家级非物质文化遗产生态保护区2 个，省级1个。

一是加强非物质文化遗产保护利用。完成《福建省非物质文化遗产保护条例》起草工作。制定出台省级非遗保护专项资金管理办法。组织开展第五批省级非物质文化遗产代表性项目名录评选，共推荐89项上报省政府批准公布。文化部正式批准《客家文化（闽西）生态保护实验区规划纲要》。组织开展我省2016年度中国非遗传承人群研修研习培训计划研习班工作，共组织8个班次培训，来自本省及全国相关省市400名非遗项目传承人群学员参加了培训。

二是编制生态保护区规划纲要。向文化部、国家发展改革委报送了闽西汉剧活动中心建设项目等15个非物质文化遗产保护利用设施建设储备项目。按照“一个保护区、五项工程”的重要建设内容，完成《朱子文化生态保护区规划纲要》的编制并通过论证，向省政府正式申报设立省级朱子文化生态保护实验区。我省《客家文化（闽西）生态保护区规划纲要》获中国非遗保护中心专家论证会原则通过。

据初步统计，年末全省共有非物质文化遗产保护机构85个，从业人员593人。全年全省非物质文化遗产保护机构共举办展览537次，比上年增长6.33%，接待观众225.54万人次，比上年增加6.89%；举办演出1670场，观众120.9万人次，分别比上年增长52.65%和13.83%；举办民俗活动868次，比上年增长56.96%，观众130.77万人次，比上年增长46.61%；举办培训班1269次，比上年增长37.63%，培训人数7.11万人次，比上年下降11.01%。

## 七、对外和对台港澳交流不断拓展

2016年，我们立足对外开放先行优势，大力推进文化走出去。一是认真执行部省合作计划。分别组派省歌舞剧院民族乐团赴安道尔和西班牙、福建杂技木偶艺术团赴泰国、厦门市艺术团赴新西兰参加“欢乐春节”活动；在马德里中国文化中心举办“福建文化展示月”活动。二是积极推动“海丝”文化品牌走出去。组织实施“海丝”文化艺术精品工程、“海丝”数字文化长廊建设项目和“海丝”文化遗产保护与“申遗”工程三大项目建设。组织舞剧《丝海梦寻》赴马来西亚、印尼和新加坡三国巡演；组织“丝路帆远——中国海上丝绸之路文物精品图片展”在荷兰海尔德兰省、比利时列日省的“福建周”活动中展出；省歌舞剧院《土楼回响》交响乐赴澳大利业参加我省与塔州结好35周年庆典活动演出获得好评。三是积极拓展闽台和闽港澳文化交流。举办海峡两岸民间艺术节、妈祖文化旅游节等文化部、国台办年度重点涉台文化交流活动。赴台湾举办“福建文化宝岛校园行”——南音进校园和严复文化进校园活动，“校园行”活动已累计走进79所台湾高校。组织实施文化部和省政府共同主办的“情系青春——两岸青年八闽行”交流活动，获文化部充分肯定。推动创建平潭两岸文化产业园和以三坊七巷为重点的“海峡两岸文化创意园”建设，积极推进“海峡两岸演艺中心”等项目在闽落地。组派艺术团赴港澳参加“香港歌剧院音乐会”等各类庆典、音乐会、文化节和美食节等活动。

全年经文化系统审批的对外文化交流项目71项，1233人次参加；对港澳文化交流项目32项，1182人次参加；对台文化交流项目27项，1327人次参加。

## 八、文化资金投入持续增长

全年全省文化文物事业费 28.86亿元，比上年增加3.83亿元，增长28.09%，增长速度比上年提高15.3个百分点；全省人均文化文物事业费74.43元，比上年增加9.22元，增长14.09%。按文化部同口径年末全年全省文化事业费22.21亿元，比上年增加3.13亿元，增长16.40%。全省人均文化事业费57.29元，比上年增加7.58元，增长15.25%。

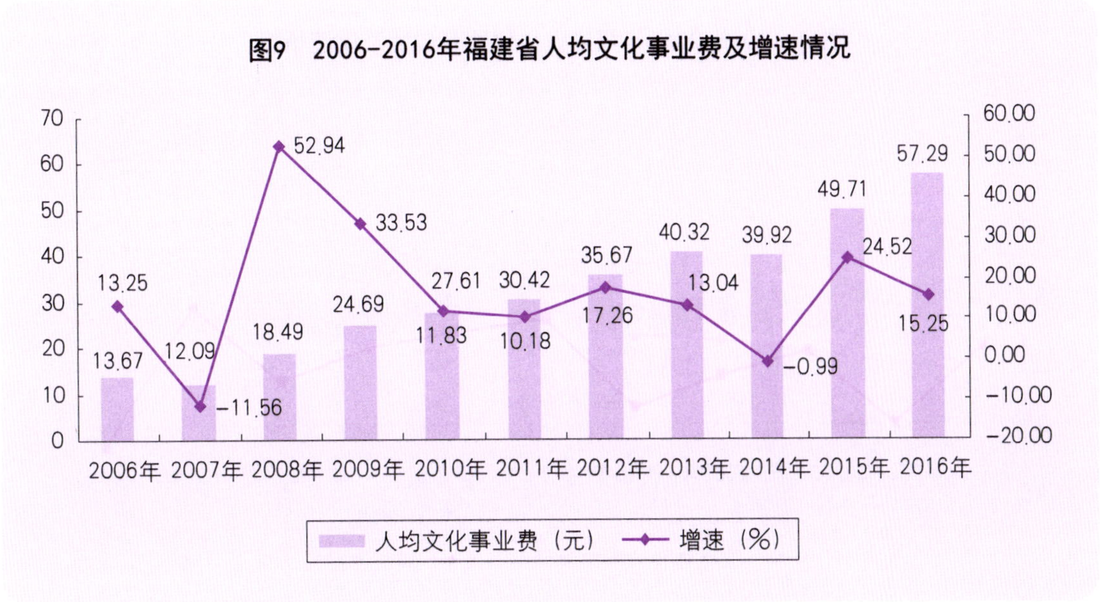


文化事业费占财政总支出的比重为 0.52%，比重比上年提高 0.04 个百分点。

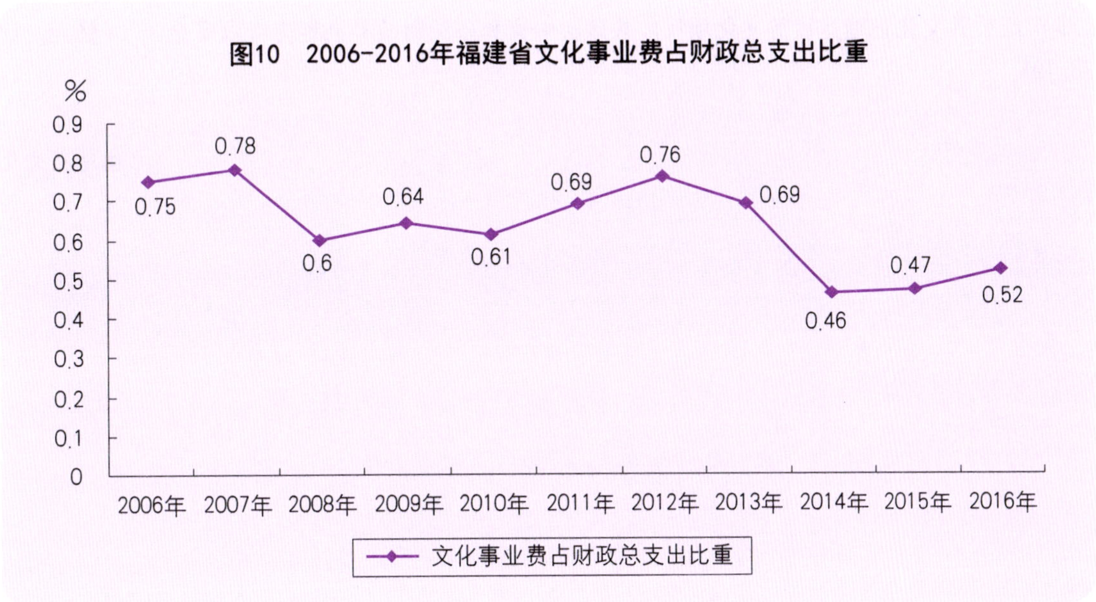


全年全省文物事业费 6.64 亿元，比上年增加 0.69 亿元，增长 11.59%；文物事业费占财政总支出的比重为 0.15%，与上年持平。

据统计，2016 年全省财政支出中，文化体育传媒经费 81.09 亿元，比上年下降 7.23%，占财政支出的 1.89%，比重比上年回落 0.29 个百分点。

**图11　2016-2016年福建省文化体育传媒及增速情况**

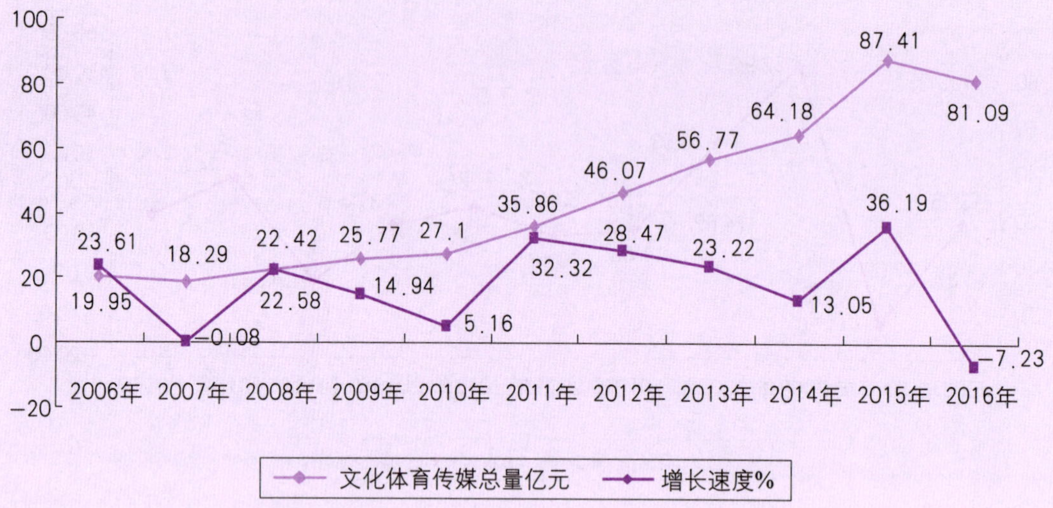


2016 年，中央和省级财政通过继续实施“三馆一站”免费开放、非物质文化遗产保护、公共数字文化建设、地市级公共文化设施建设等文化项目，共落实中央和省级财政补助地方专项资金 1.43 亿元，比上年增长 36.19%。

（福建省文化厅）

# 福建：文化改革发展力度进一步加大

2016年，全省文化系统认真贯彻落实习近平总书记系列重要讲话精神和中央关于文化建设总体部署，落实省委省政府文化强省建设目标，围绕建设21世纪海上丝绸之路核心区，加大文化改革发展力度，推进文化各项工作取得新的成效，实现"十三五"文化改革发展良好开局。

（一）文艺精品创作生产持续加强。一批剧目精品在全国产生影响。舞剧《丝海梦寻》由文化部和省政府共同组织在全国开展巡演活动，并在国家艺术基金的支持下拍摄《丝海梦寻》3D数字电影。舞剧《山哈魂》参加第五届全国少数民族文艺会演获剧目银奖。莆仙戏《魂断鳌头》入选全国首届基层院团戏曲会演。赴北京举办"福建地方戏经典折子晋京展演"，荟萃了128个经典传统折子戏。

（二）现代公共文化服务体系建设加快步伐。先后出台了《关于加快构建现代公共文化服务体系的重点任务分工和督查落实方案》《关于推进基层综合性文化服务中心建设实施方案》《福建省村（社区）综合性文化服务中心建设服务基本标准》等文件，为推进构建我省现代公共文化服务体系提供了政策保障。完成厦门市文化馆等全省40个馆被评为一级馆，马尾区文化馆等29个馆被评为二级馆，罗源县文化馆等11个馆被评为三级馆。目前全省实现宣传文化、青少年活动、党员教育、科学普及、普法教育、体育健身六大服务功能整合的有3509个（全省总数为16225个），占总数的21.6%。

（三）文化改革发展大力推进。牵头编制《福建省"十三五"文化改革发展专项规划》，于5月27日由省政府正式颁布。《规划》确定了"十三五"期间我省文化改革发展的目标和任务，是推进我省"十三五"文化改革发展和文化建设的重要指导性文件。办好第九届海峡两岸（厦门）文博会，境内外1708家文化企业和机构参展，投资签约项目103个，总签约额303.9亿元，现场交易金额10.43亿元。

（四）文化遗产保护与合理利用水平继续提升。一是加强文物保护和合理利用。全省现有全国重点文物保护单位137处291个点，省级文物保护单位674处。推进2017年鼓浪屿申报世界文化遗产。组织开展了全省革命（红色）文物调查，共登记革命（红色）文物962处（点），组织编制了福建省革命文物保护利用项目规划、龙岩市原中央苏区革命文物保护总体规划。二是加强非物质文化遗产保护利用。我省现有国家级非遗项目130项、省级非遗项目490项，国家级非遗项目传承人109人、省级非遗项目传承人552人。文化部正式批准《客家文化（闽西）生态保护实验区规划纲要》。

（六）对外和对台港澳交流不断拓展。组派省歌舞剧院民族乐团赴安道尔和西班牙、福建杂技木偶艺术团赴泰国、厦门市艺术团赴新西兰参加"欢乐春节"活动；在马德里中国文化中心举办"福建文化展示月"活动。组织实施"海丝"文化艺术精品工程、"海丝"数字文化长廊建设项目和"海丝"文化遗产保护与"申遗"工程。举办海峡两岸民间艺术节、妈祖文化旅游节等活动。赴台湾举办"福建文化宝岛校园行"。

# 江西省2016年文化发展情况分析

2016年全省文化工作深入贯彻落实党的十八大和十八届三中、四中、五中、六中全会精神，深入学习贯彻习近平总书记系列重要讲话精神，全面贯彻落实中央和省委省政府的决策部署，各项工作稳步推进，文化建设迈出新步伐，实现“十三五”良好开局。主要表现在八个方面：

## 一、机构和人员情况

2016年末，纳入统计范围的全省各类文化（文物）单位10587个，比上年末增加955个；从业人员62433人，增加4383人。其中，各级文化文物部门所属单位2527个，减少了15个；从业人员18747人，减少了540人。

## 二、文化事业费

2016年全省文化文物事业费128944.4万元，比上年的127093.6万元，增加1850.8万元，增长1.46%；全省人均文化事业费28.08元，比上年的27.84元增加了0.24元，增长0.86%。文化事业费占财政总支出的比重为0.269%，比重比上年下降0.8个百分点。

## 三、公共图书馆

2016年末，全省共有公共图书馆113个，比上年末减少1个；图书总藏量2177.814万册，增加了18.934万册，增长0.88%，电子图书1242.037万册，比上年末增加了545.844万册，增长78.4%。全年全省公共图书馆总流通量1374.505万人次，比上年末增加了116.188万人次，增长9.23%；书刊文献外借册次1302.18万册，比上年末增加了183.589万册，增长16.41%；外借人次739.474万人次，比上年末增加了48.754万人次。全年共为读者举办各种活动3449次，比上年末增加了85次，增长2.53%；参加人次260.224万人次，比上年末增加了66.925万人次。

## 四、群众文化业

2016年末，全省共有群众文化机构1869个，比上年末1881个减少12个。其中文化馆118个，文化站1751个。全年全省群众文化机构共组织开展各类文化活动37223万场次，比上年3.7535万场次，减少了312，下降0.83%；服务人次1203.273万人次，比上年1248.679万人次，减少了45.406万人次，下降3.64%。减少的原因主要是有12个文化站合并或重复了。

## 五、艺术业

### （一）艺术表演团体

2016年末，全省共有艺术表演团体304个，比上年末的236个，增加68个，从业人员8164人，比上年末的 6177 人，增加了 1987 人。其中各级文化部门所属的艺术表演团体 73 个，占 24.01%，从业人员 2269 人，占 27.79%。

全年全省艺术表演团体共演出 4.75 万场，比上年的 3.02 万场增长 57.28%，其中赴农村演出 3.373 万场，比上年的 2.311 万场，增长 45.95%，赴农村演出场次占总演出场次的 71.01%；国内观众 1624.953 万人次，比上年的 1543.829 万人次，增长 5.25%，其中农村观众 1157.689 万人次，比上年的 1039.499 万人次，增长 11.37%；总收入 46561.5 万元，比上年的 33594.5 万元增长 38.6%，其中演出收入 18797.9 万元，比上年的 11862.2 万元增长 58.47%。

### （二）艺术表演场馆

2016 年，全省共有艺术表演场馆 57 个，观众坐席数 33772 个。全年艺术演出场次 2770 场次，比上年的 3140 场，减少 11.78%；艺术演出观众人次 62.419 万人次，比上年的 112.897 万人次，减少 44.71%。各级文化部门所属艺术表演场馆 43 个，比上年的 44 个，减少了 1 个；全年共举行艺术演出 1890 场，比上年的 2050 场，减少了 7.8%，艺术演出观众人次 56.559 万人次，比上年的 88.097 万人次，增减少了 35.8%。

## 六、文化市场

2016 年，全省文化市场经营单位 8020 家，比上年末的 7051 家，增加 969 家；从业人员 42297 人，比上年末的 37262 人，增加了 5035 人。年末全省共有娱乐场所 2776 个，比上年末的 2702 个，增加了 74 个；从业人员 1.7338 万人，比上年末的 1.6578 万人，增加了 0.076 万人；全年营业总收入 146335.4 万元，比上年末的 126367.6 万元，增加了 19967.8 万元；营业利润 51694.2 万元，比上年末的 47233.9 万元，增加了 4461.3 万元．互联网上网服务营业场所 4893 个，比上年末的 4122 个，增加了 771 个；从业人员 1723.5 万人，比上年末的 1655.5 万人，增加了 68 万人，全年营业总收入 170440.1 万元，比上年末的 136021.3 万元，增加了 34418.8 万元；营业利润 65688.0 万元，比上年末的 53457.3 万元，增加了 12230.7 万元。

## 七、文物业

2016 年，全省共有文物机构 239 个，比上末的增加了 4 个。其中，文物保护管理机构 67 个，占 28.03%，博物馆 138 个，占 57.74%。年末全省文物机构从业人员 4191 人，比上年末的 4285 人，减少了 94 人（减少的原因，主要是其他行业的 11 家博物馆没有填报数据，无法与上年数据相比）。其中高级职称 198 人，占 4.72%，中级职称 502 人，占 11.98%。

年末全省文物机构拥有文物藏品 51.7401 万件（因为其他行业的 11 家博物馆没有填报数据，无法与上年数据相比）。其中，博物馆文物藏品 40.2972 万件，占文物藏品总量的 77.88%；文物商店文物藏品 2.6665 万件，占 5.15%。文物藏品中，一级文物 0.3131 万件，占 0.61%；二级文物 0.6607 万件，占 1.28%；三级文物 5.5519 万件，占 10.73%。

全年全省文物机构共安排基本陈列 311 个，比上年的 310 个增加了 1 个；举办临时展览 278 个，比上年的 298 个减少了 20 个；接待观众 3685.08 万人次，比上年的 3288.365 万人次，增长 12.06%。其中未成年人 1188.582 万人次，比上年的 1393.886 万人次，减少 14.72%，占参观总人数的 32.25%。博物馆接待观众 3391.438 万人次，比上年的 2949.228 万人次，增长 14.99%，占文物机构接待观众 92.03%。

## 八、非物质文化遗产

2016 年，全省共有非物质文化遗产保护机构 95 个，从业人员 840 人。全年全省非物质文化遗产保护机构共举办展览 938 次，比上年的 925 个，增长 1.41%，接待观众 71.898 万人次，比上年的 103.053 万人次，下降了30.23%；举办演出1196场，比上年的2231，下降了46.39%，观众100.316万人次，比上年的95.317万人次，增长了5.24%；举办民俗活动536次，比上年的509次增长5.3%，观众62.264万人次，比上年的58.022万人次，增长7.31%；举办培训班805次，比上年的909次，下降了11.44%，培训人数5.289万人次，比上年的6.075万人次，下降了12.94%。

**表1　江西省文化文物部门机构情况**

| 指标 | 单位 | 总量指标 | | 增速（%） |
|---|---|---|---|---|
| | | 2015年 | 2016年 | |
| **机构和人员** | | | | |
| 机构数 | 个 | 9632 | 10587 | 9.91 |
| 从业人员数 | 人 | 58050 | 62433 | 7.55 |
| **文化投入** | | | | |
| 文化事业费 | 万元 | 127093.6 | 128944.4 | 1.46 |
| 人均文化事业费 | 元 | 27.84 | 28.08 | 0.86 |
| **公共图书馆** | | | | |
| 机构数 | 个 | 114 | 113 | -0.88 |
| 总藏量 | 万册 | 2158.88 | 2177.814 | 0.87 |
| 总流通人次 | 万人次 | 1258.32 | 1374.51 | 9.23 |
| **群众文化** | | | | |
| 机构数 | 个 | 1881 | 1,869 | -0.64 |
| #文化站 | 个 | 1763 | 1751 | -0.68 |
| 提供文化服务次数 | 万次 | 3.7535 | 3.7223 | -0.83 |
| 举办展览 | 万次 | 0.4208 | 0.3946 | -6.23 |
| 组织文艺活动 | 万次 | 2.0079 | 1.9623 | -2.27 |
| 组织公益性讲座 | 万次 | 0.0937 | 0.1 | 6.72 |
| 举办训练班 | 万次 | 1.2311 | 1.2654 | 2.79 |
| 文化服务惠及人次 | 万人次 | 1248.68 | 1203.27 | -3.64 |
| **艺术表演团体** | | | | |
| 机构数 | 个 | 236 | 304 | 28.81 |
| 演出场次 | 万场次 | 3.02 | 4.75 | 57.28 |
| #农村演出场次 | 万场次 | 2.311 | 3.373 | 45.95 |
| 国内演出观众人次 | 万人次 | 1543.83 | 1624.95 | 5.25 |
| #农村观众人次 | 万人次 | 1039.50 | 1157.69 | 11.37 |
| 演出收入 | 万元 | 11862.2 | 18797.9 | 58.47 |
| **艺术表演场馆** | | | | |
| 机构数 | 个 | 57 | 57 | 0.00 |
| 艺术演出场次 | 万场次 | 0.314 | 0.277 | -11.78 |
| 艺术演出观众人次 | 万人次 | 112.897 | 62.419 | -44.71 |
| 艺术演出收入 | 万元 | 1327.7 | 971.2 | -26.85 |
| **文化市场** | | | | |
| 机构数 | 个 | 6891 | 7790 | 13.05 |
| 从业人员数 | 个 | 33571 | 36527 | 8.81 |
| **文物业** | | | | |
| 机构数 | 个 | 235 | 239 | 1.70 |
| 总藏品 | 万件/套 | 60.9512 | 51.7401 | -15.11 |
| 参观人次 | 万人次 | 3288.365 | 3685.08 | 12.06 |

（江西省文化厅）

## 江西：文化建设迈出新步伐

2016 年全省文化工作稳步推进，文化建设迈出新步伐，实现“十三五”良好开局。主要表现在四个方面：

一是艺术创作生产有新成果。充分发挥文艺创作繁荣工程、国家艺术基金、第六届江西艺术节等机制和平台的激励引导作用，创作打磨了一大批艺术作品，6 个舞台剧目入选今年全省文艺创作繁荣工程，15 个项目获国家艺术基金立项，话剧《遥远的乡土》入选 2016 年度国家舞台艺术精品工程，歌剧《回家》入选“第十五届文华大奖”参评剧目，舞蹈《青花瓷》参加全国舞蹈展演，吉安市畲歌剧《热血山哈》获第五届全国少数民族文艺会演银奖，鹰潭市现代赣剧《青山作证》入选 2016 年全国基层院团戏曲会演。

二是公共文化服务体系建设有新进展。全面推进基本公共文化服务标准化、均等化。印发实施《基层综合性文化服务中心建设工作方案》《“十三五”时期贫困地区公共文化服务体系建设工作方案》；设施建设加快推进，省、市、县、乡镇（街道）、村（社区）五级公共文化服务设施建设同步发力，省文化中心（博物馆、图书馆、科技馆共 25 万平方米）建设完成全部桩基工程，新余市、萍乡市等地一批市、县重点文化设施相继竣工，全省新建基层文体广场 1268 个。

三是文化产业发展有新业绩。在深入调研的基础上，制定印发《江西省文化产业发展“十三五”规划》。深入推进文化金融合作，6 个项目入选 2016 年中央财政文化产业发展专项资金扶持项目，南昌市入选国家首批文化消费试点城市，4 部动漫作品入选 2016 年文化部弘扬社会主义核心价值观动漫扶持计划。

四是文化遗产保护有新亮点。文物考古发掘和保护利用在全国产生重大影响，南昌西汉海昏侯墓考古发掘囊括了“2015 年中国考古六大新发现”“2015 年度全国十大考古新发现”“全国田野考古奖（2011—2015 年度）二等奖”“首届考古资产保护金尊奖”等考古领域所有奖项，实现“满堂红”。考古成果展于今年全国“两会”期间在首都博物馆成功展出，刘延东、林文漪等党和国家领导人前往观看，展出“一票难求”，在京城引发“海昏热”。赣南等原中央苏区革命遗址保护利用工程争取到国家文物局工程项目 393 个，保护利用工程作为样板和示范工程在全国推介。2016 年我省获国家文物保护专项资金 5.3 亿元，占全国总量近十分之一，列全国第一。

# 山东省 2016 年文化发展情况分析

2016 年，省文化厅在省委、省政府的坚强领导下，深入学习贯彻党的十八大和十八届三中、四中、五中、六中全会精神，学习贯彻习近平总书记系列重要讲话和重要批示精神，坚持“创新、协调、绿色、开放、共享”五大发展理念，落实“一个定位、三个提升”的要求，围绕加快推进文化强省建设这一目标，奋发有为，扎实苦干，各项文化工作顺利推进，保持了良好发展态势。

## 一、机构和人员

2016 年末，纳入统计范围的全省各类文化（文物）单位 15131 个，比上年减少 1824 个；从业人员 88567 人，比上年减少 18100 人。其中，各级文化文物部门所属单位 3266 个，增加 94 个；从业人员 37006 人，增加 1074 人。

图1 2012年-2016年山东省文化单位机构数及从业人员数

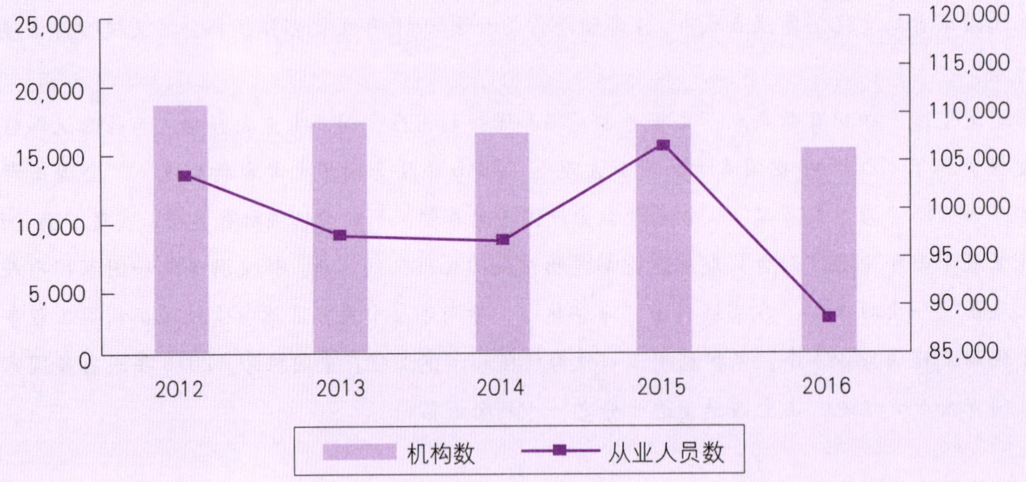


## 二、艺术创作演出

2016 年我省坚持以人民为中心的创作导向，进一步加大扶持力度，激发创作活力，一大批新作品、新人才不断涌现。省直院团改革创新，基层院团活力涌现，艺术创作呈现出持续繁荣态势。出台《山东省人民政府办公厅关于贯彻国办发〔2015〕52 号文件做好戏曲传承发展的实施意见》，推动戏剧深入基层、走进校园、走进群众，赢得关注与好评。

我省 43 个艺术项目获 2016 年国家艺术基金资助，资助资金达 2685 万元。大批优秀作品立上舞台，其中舞剧《齐风 . 甫田》入选第十一届中国艺术节，吕剧《兰桂飘香》参加第五届全国少数民族文艺会演并荣获银奖，舞蹈《田埂地垄一片云》入选第十一届全国舞蹈展演，民族管弦乐音诗《孔子》、话剧《家事》、吕剧《宣言》等20余部新剧目成功上演，艺术创作取得丰硕成果。扶持力度不断增强，继续实施舞台艺术“4+1”工程和重点选题评选资助办法，在选题立项、剧目加工、演出奖励、文艺评价、艺术人才培养各个环节进行“全链条”扶持引导。面向济南市民启动“齐鲁大舞台”文化惠民演出季活动，先后完成340余场文艺演出；组织省直艺术院团免费为全省农村开展“送戏下乡”400场次，为全省儿童福利院和社会敬老院免费送戏140场次。

年末全省共有国有艺术表演团体103个，比上年减少1个，从业人员5651人，减少283人。全年全省国有艺术表演团体共演出2.73万场，比上年增加7.23%，其中赴农村演出1.96万场，增加6.16%；国内观众2,443万人次，比上年增长6.02%，其中农村观众1820万人次，增长6.16%；演出收入7560万元，增加13.43%。

**表1　2012年–2016年我省国有艺术表演团体基本情况**

| 年　份 | 机构数（个） | 从业人员数（人） | 演出场次（万场） | 国内演出观众人次（万人次） | 演出收入（万元） |
|---|---|---|---|---|---|
| 2012年 | 104 | 5722 | 2.03 | 1901 | 7397 |
| 2013年 | 103 | 5557 | 2.10 | 2175 | 5416 |
| 2014年 | 104 | 5728 | 2.30 | 2172 | 6906 |
| 2015年 | 104 | 5368 | 2.55 | 2304 | 6665 |
| 2016年 | 103 | 5651 | 2.73 | 2443 | 7560 |

2016年全省国有艺术表演团体共组织政府采购公益演出1.56万场，比上年增长15.19%；观众1411.81万人次，增长5.26%。利用流动舞台车演出1.59万场次，减少1.18%；观众1576.85万人次，增长2.01%。

年末全省共有艺术表演场馆100个，观众坐席数73013个。各级文化部门所属艺术表演场馆93个，比上年增加1个，观众坐席数70592个，比上年增加311个；全年共举行艺术演出0.322万场次，比上年增长47.71%；艺术演出观众人次183.22万人次，增加15.55%。

年末全省共有国有美术馆45个，比上年末增加6个，从业人员347人，增加24人。全年共举办展览696次，比上年增长14.29%，参观人次279.25万人次，增长9.45%。

## 三、公共文化服务体系

我省着力创新体制机制，整合资源力量，提升服务水平，公共文化服务体系建设迈上新台阶。《人民日报》头版重头稿件以《让文化温润人心——山东建设公共文化体系》为题对我省现代公共文化服务体系建设情况作了重点报道，山东经验走向全国。推进以县级图书馆、文化馆为主体的总分馆制建设，探索运行模式，建立联动机制，实现城乡公共文化一体化运行发展。基层综合性文化服务中心建设加快推进，全省乡镇（街道）综合性文化服务中心覆盖率达99.3%，行政村（社区）文化大院（文化活动室）覆盖率达95.6%。文化共享工程实现全覆盖，全省建有1个省级分中心、17个市级支中心、139个县级支中心、1388个乡镇基层服务点、503个街道基层服务点、5900多个社区基层服务点、76000多个村基层服务点。

### （一）公共图书馆

年末全省共有公共图书馆154个，其中少儿图书馆1个，均与上年持平。年末全省公共图书馆从业人员 2828 人，比上年末增加 78 人。其中具有高级职称的人员 418 人，占 14.78%；具有中级职称的人员 1,113 人，占 39.36%。

年末全省公共图书馆实际使用房屋建筑面积 106.004 万平方米，比上年末增长 28.39%；图书总藏量 5065.123 万册，增长 7.14%，其中古籍 142.005 万册；电子图书 2070.298 万册，增长 8.50%；阅览室座席数 61,482 个，增长 9.81%；计算机 11622 台，增长 2.37%；供读者使用的电子阅览终端 7664 台，增长 4.07%。

年末全省平均每万人公共图书馆建筑面积 106.57 平方米，比上年末增加 22.72 平方米；全省人均图书藏量 0.51 册，增加 0.03 册；全年全省人均购书费 1.03 元，比上年增加 0.25 元。

图2　2012年-2016年山东省公共图书馆人均资源情况

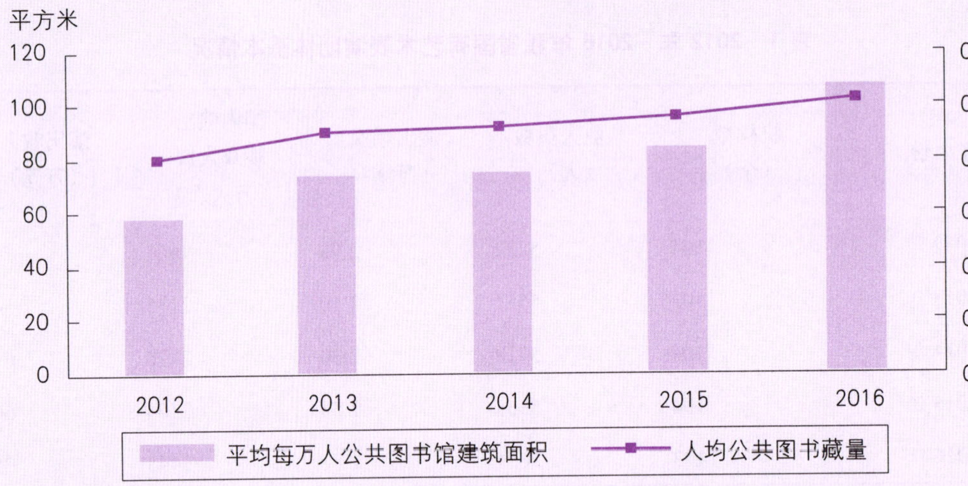


全年全省公共图书馆发放借书证 3592381 个，比上年增长 90.19%；总流通人次 3644 万人次，人次增长 33.52%。书刊文献外借册次 2810 万人次，增长 20.53%；外借人次 1713 万人次，增长 13.62%。全年共为读者举办各种活动 9000 次，增长 40.45%；参加人次 310 万人次，增长 58.77%。

图3　2012年-2016年山东省公共图书馆总流通人次及书刊外借册次

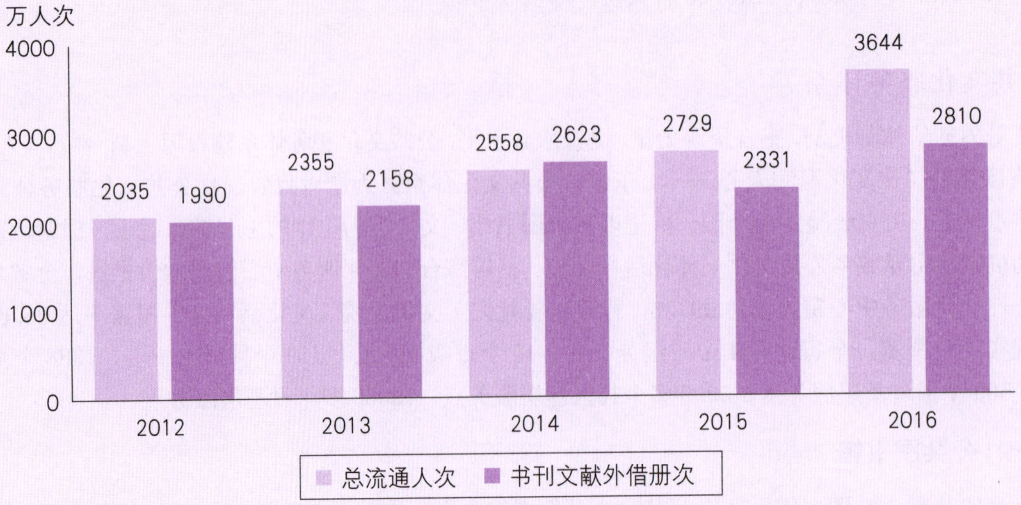

### （二）群众文化机构

年末全省共有群众文化机构 1973 个，比上年末增加 2 个。其中乡镇综合文化站 1231 个，比上年减少 7 个。年末全省群众文化机构从业人员 8268 人，比上年末减少 300 人。其中具有高级职称的人员 427 人，占 5.16%；具有中级职称的人员 1072 人，占 12.97%。

年末全省群众文化机构实际使用房屋建筑面积 261.84 万平方米，比上年末增长 3.96%；藏书 2151.38 万册，增长 0.88%；计算机 25159 台，增长 0.36%；对公众开放的阅览室 6.18 万平方米，减少 2.09%。年末全省平均每万人群众文化设施建筑面积 263.24 平方米，比上年末提高 7.47 平方米。

图4　2012年-2016年山东省平均每万人群众文化设施建筑面积

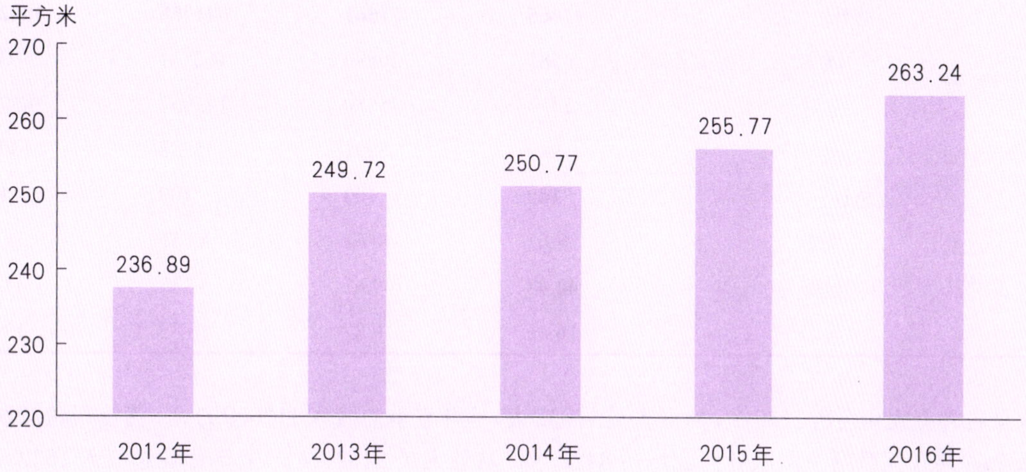


全年全省群众文化机构共组织开展各类文化活动 129143 场次，比上年增长 11.88%；服务人次 3861.40 万，增长 12.47%。

**表 2　2016 年全省群众文化机构开展活动情况**

| | 总量 | | 比上年增长（%） | |
|---|---|---|---|---|
| | 活动次数（次） | 服务人数（万人次） | 活动次数 | 服务人次 |
| **各项活动总计** | **129143** | **3861.40** | **11.88** | **12.47** |
| 其中：展览 | 10636 | 724.40 | 7.06 | 16.44 |
| 文艺活动 | 83562 | 2801.85 | 13.08 | 11.84 |
| 公益性讲座 | 2349 | 49.49 | 8.95 | 9.98 |
| 训练班 | 32596 | 285.65 | 10.69 | 9.40 |

年末全省群众文化机构共有馆办文艺团体 391 个，演出 11028 场，观众 765.74 万人次。由文化馆（站）指导的群众业余文艺团体 32100 个，馆办老年大学 50 个。

## 四、文化市场

年末全省文化市场经营单位16865家，比上年末减少1918家；从业人员51561人，减少19174人。全年全省文化市场经营单位营业总收入341756万元，营业利润104209万元。

分区域看，年末城市文化市场经营单位5112个，占文化市场经营单位总量的38.6%；县城5337个，占45.0%；县以下地区1947个，占16.4%。

**表3　2016年按区域全省文化市场经营单位主要指标**

| | | 机构数（个） | 从业人员数（人） | 营业总收入（万元） | 营业利润（万元） |
|---|---|---|---|---|---|
| 总量 | **总计** | **11865** | **51561** | **341756** | **104209** |
| | 城市 | 4581 | 20890 | 162501 | 40367 |
| | 县城 | 5337 | 25580 | 143957 | 49794 |
| | 县以下 | 1947 | 5091 | 35298 | 14048 |
| 比重（%） | **总计** | **100** | **100** | **100** | **100** |
| | 城市 | 38.61 | 40.52 | 47.55 | 38.74 |
| | 县城 | 44.98 | 49.61 | 42.12 | 47.78 |
| | 县以下 | 16.41 | 9.87 | 10.33 | 13.48 |

年末全省共有娱乐场所2130个，从业人员17352人，全年营业总收入113609万元，营业利润32756万元。

年末全省共有互联网上网服务营业场所8422个，从业人员21521人，全年营业总收入153231万元，营业利润60778万元。

年末全省共有民营艺术表演团体464个，从业人员7986人，全年共演出5.70万场，全年营业总收入16905万元，其中演出收入14345万元。

## 五、文化产业

2016年我省文化产业发展势头良好。2016年前三季度，全省规模以上文化产业法人单位4005个，亿元以上文化产业项目累计完成投资1519.3亿元，同比增长41.7%。

一是支持文化产业项目建设。搭建小微文化企业与投资机构对接交流平台，开展文化产业PPP项目征集活动，推荐总投资4.8亿元的潍坊高密市月亮湾文化园区项目申报全国第三批政府和社会资本合作（PPP）示范项目。截至2016年底，我省共有17家国家级文化产业示范园区（基地）、163家省级文化产业示范园区（基地）。

二是搭建文化产业发展服务平台。实施“互联网+文化产业”行动计划，建立完善山东文化产业综合信息发布平台加强文化产业项目宣传推介，组织省内30余家文化企业参加2016义乌文化产品交易博览会、第十一届深圳文博会、第九届（厦门）海峡两岸文化产业博览会等专业展会，扩大了山东文化企业的知名度和影响力。

三是引导和扩大文化消费。推荐济南、青岛、淄博三市开展“国家文化消费试点城市”申报工作，青岛市被列入首批试点城市，济南、淄博即将入选第二批试点城市。开展演艺惠民消费活动，全省126个专业院团充分发挥文化主阵地作用，探索建立了惠民票、公益票、特殊群体公益场等优惠观演制度。

## 六、文化科技

2016年我省积极推进文化科技创新，不断加快文化法治建设步伐，全省文化科技法规工作措施更加有力、体系更加健全。

一是文化科技融合进一步深入。制订《山东省文化科技重点实验室建设管理办法》、《文化艺术科学重点学科建设管理办法》和《艺术科学研究重大课题指南》，引领文化领域科技创新发展。开展文化创新奖典型推广应用，出版《第二届山东省文化创新奖成果集锦》书籍和光盘，18个课题立项为2016年度国家社科基金艺术学项目，青岛市黄岛区文广新局“大数据条件下文化民意实时测报系统及其常态运行”入选2016年度国家文化创新工程，我省立项项目数量继续保持全国第一方阵。

二是文化法治建设更加完善。结合省文化厅部门职能，确定了“1+11”的规划编制体系，即1个总体规划和11个专项规划，《山东省文化厅“十三五”时期文化改革发展规划》已编制完成，各专项规划陆续出台。文化立法工作稳步推进，《山东省公共文化服务保障条例》、《山东省文化产业促进条例》立法调研工作已经展开。

三是艺术教育和艺术考级工作扎实开展。与山东艺术学院共同承办第十一届全国“桃李杯”舞蹈教育教学成果展示活动，我省院校共有8个舞蹈成果入选，实现了历史性突破。省文化艺术学校戏曲表演（京剧）、济南艺术学校曲艺表演、山东轻工职业学院纺织品装饰艺术设计（鲁绣家纺设计）等3个专业入选第二批文化部、教育部、国家民委命名的全国职业院校民族文化传承与创新示范专业点。

## 七、文化遗产保护

年末全省共有文物机构587个，比上年末增加81个。其中，文物保护管理机构112个，占19.08%，博物馆393个，占66.95%。年末全省文物机构从业人员12,253人，比上年末增加743人。其中高级职称774人，占6.32%，中级职称1,711人，占13.96%。

年末全省文物机构拥有文物藏品431万件，比上年末增加222万件，增长106.22%。其中，博物馆文物藏品330万件，占文物藏品总量的76.57%；文物商店文物藏品15万件，占3.48%。文物藏品中，一级文物1.26万件，占0.29%；二级文物1.55万件，占0.36%；三级文物9.54万件，占2.21%。

全年全省文物机构共举办基本陈列1,469个，其中举办临时展览1,051个，接待观众7335万人次，比上年增长11.74%。其中未成年人2097万人次，增长14.32%，占参观总人数的28.59%。博物馆接待观众5836万人次，增长13.76%，占文物机构接待观众79.56%。

2016年我省坚持创造性传承、创新性保护、创意性发展，积极构建非遗项目、传承人、传习所、生产性保护基地、生态保护区“五位一体”的非遗保护传承体系。目前，全省共有国家级非遗传承项目173个、传承人52名、生产性保护基地3个、生态保护实验区1个，省级非遗传承项目751个、传承人309名、生产性保护基地31个、生态保护实验区9个，数量在全国居于前列。成功举办第四届中国非物质文化遗产博览会，组织开展首个“山东省非物质文化遗产月”系列活动，制定实施了《山东省传统工艺振兴工程总体方案》。非遗生产性保护成效显著，全省以传统工艺项目为依托的企业和经营业户达到4.9万个，年营业收入494亿元，利税39亿元，从业人员105万人。

据初步统计，年末全省共有非物质文化遗产保护机构124个，从业人员648人。全年全省非物质文化遗产保护机构共举办展览1313次，比上年增长2.74%，接待观众161.34万人次，比上年增加5.80%；举办演出2214场，比上年增长3.99%，观众149.73万人次，比上年减少4.97%；举办民俗活动1005次，比上年增长6.46%，观众206.28万人次，比上年减少0.98%；举办培训班1696次，比上年增长11.95%，培训人数14.58万人次，比上年增长12.34%。

## 八、对外和对港澳台文化交流

2016 年，我省按照“政府主导、企业主体、市场运作、社会参与”的思路，整合儒学研究、舞台艺术、美术、文物、非遗、动漫、产业项目等资源，大力开展多种形式的对外文化交流活动，共组织文化“走出去”团组 63 批 491 人次，“引进来”团组 277 批 2138 人次。

对外文化交流力度不断增强。组织参加文化部2016年海外“欢乐春节”活动，共派出18批251人次赴泰国、英国、德国、日本等 14 个国家和地区的 20 个城市参加“欢乐春节”活动，受到我驻外使领馆的高度评价和当地民众的热烈欢迎。成功举办“2016 韩国 • 中国山东文化周”，组织开展“汉魏遗韵—中国山东古代碑刻拓片展”、儒乡雅韵文艺演出、尼山书屋赠书仪式等系列活动。“2016 新加坡 • 中国山东文化年”圆满落幕，“万世师表—孔子文化展”“金声玉振乐舞晚会”“美丽山东摄影图片展”等活动引发热烈反响。支持南澳州在山东举办“南澳州文化周”，组织开展合作演出、南澳电影展映、南澳摄影展等系列活动。

对港澳台文化交流日趋活跃。成功举办“香港 • 山东文化创意产业与授权工作坊”“艺海同舟—港澳台鲁名家邀请展”，省京剧院赴香港参加“香港、内地京昆青年演员展演”活动。积极建立长效机制，搭建交流平台，省文化厅与新加坡中国文化中心签署合作备忘录，省美术馆与港澳美协、台湾长流美术馆、韩国庆尚南道美术馆分别签署合作协议。

## 九、文化资金投入

### （一）文化事业费

2016 年我省文化事业费 32.10 亿元，比上年增加 2.12 亿元，增长 7.08%，增长速度比上年降低 11.15 个百分点。分地区看，有 14 个市文化事业费投入过亿元，分别是青岛（4.49 亿）、济南（3.01 亿）、烟台（2.79 亿）、济宁（2.45 亿）、潍坊（1.87 亿）、临沂（1.55 亿）、淄博（1.53 亿）、东营（1.43 亿）、滨州（1.13 亿）、德州（1.11 亿）菏泽（1.09 亿）、威海（1.04 亿）、聊城（1.04 亿）、泰安（1.00 亿）。青岛、枣庄、东营、潍坊、济宁、威海、日照、莱芜、临沂、德州、滨州等 11 市增长幅度超过全省平均水平。

图5 2012年-2016年文化事业财政拨款及增长速度

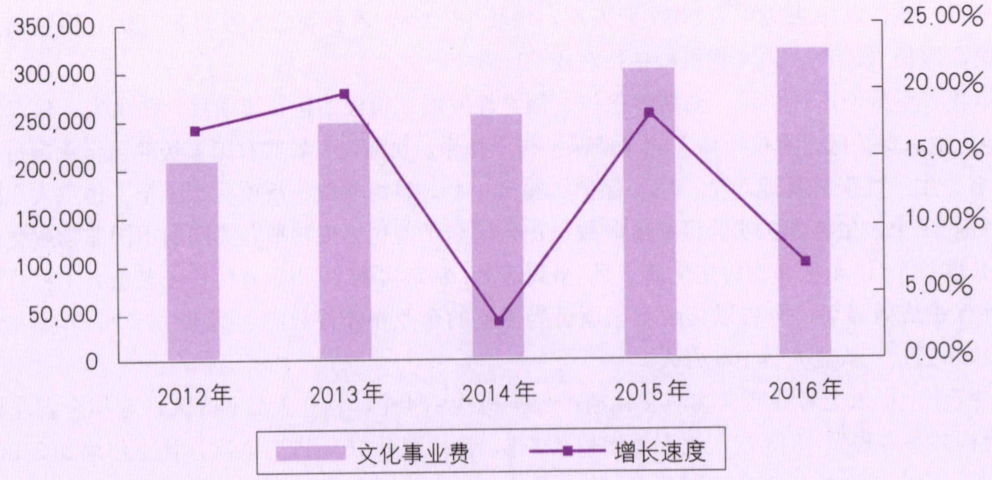


文化事业费占财政总支出的比重为 0.37%，比重比上年提高 0.01 个百分点。

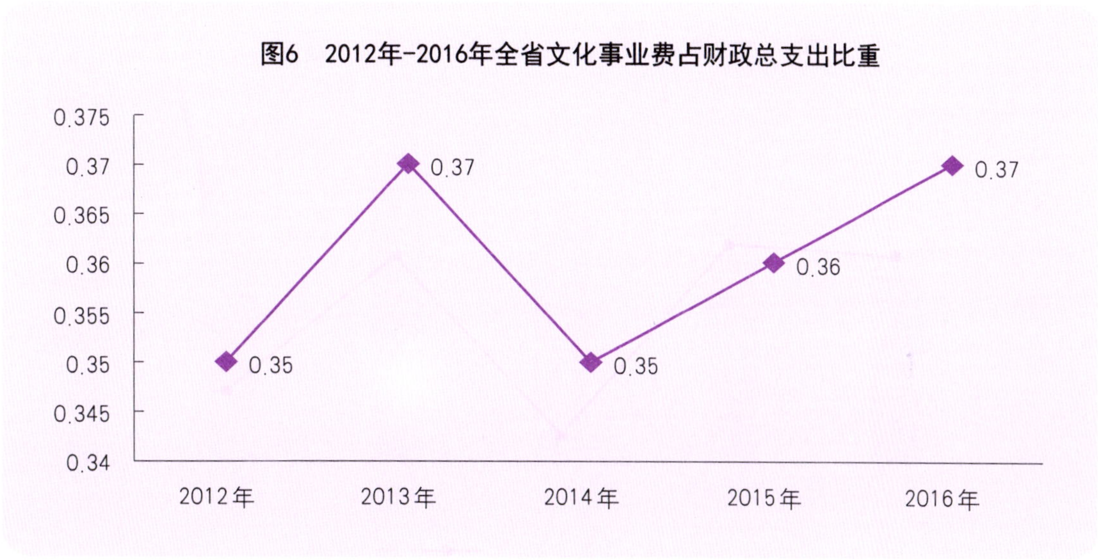


（二）文物事业费

2016年我省文物事业费11.78亿元，比上年减少3亿元，减少20.28%；文物事业费占财政总支出的比重为0.13%。分地区看，有9个市的文物事业费投入比上年有所增加，分别是济南（32.16%）、青岛（14.35%）、枣庄（30.42%）、烟台（1.36%）、潍坊（32.96%）、日照（75.71%）、德州（64.00%）、聊城（22.22%）、滨州（27.99%）。

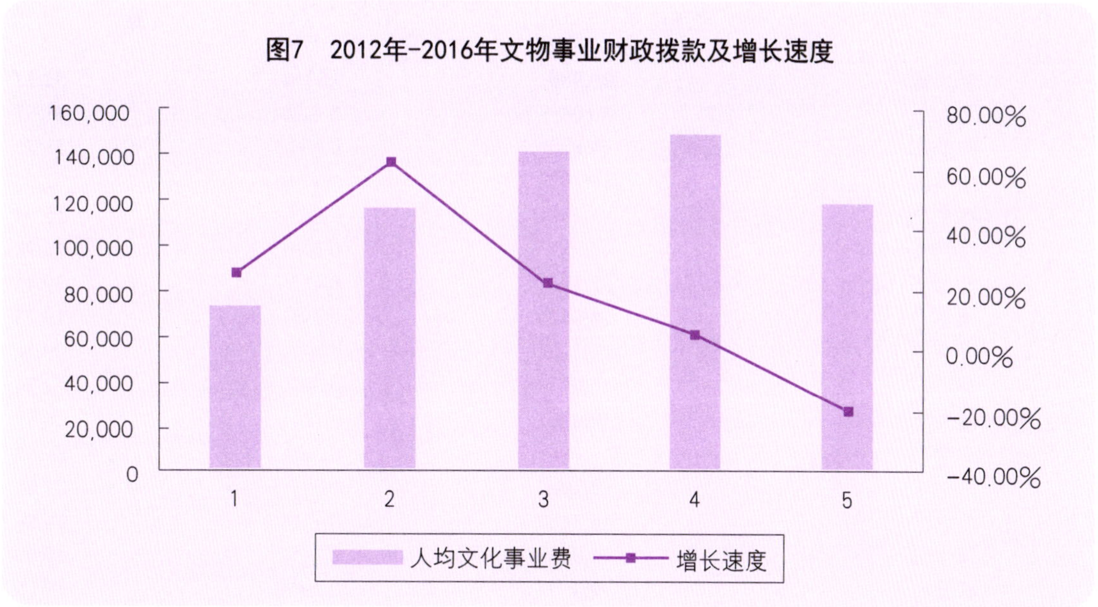


（三）人均文化事业费

2016年全省人均文化事业费32.27元，比上年增加1.83元，增长6.01%。我省2016年文化事业费总量居全国第7位，但人均文化事业费32.27元，列全国第27位，比全国平均水平（55.74元）低23.47元。

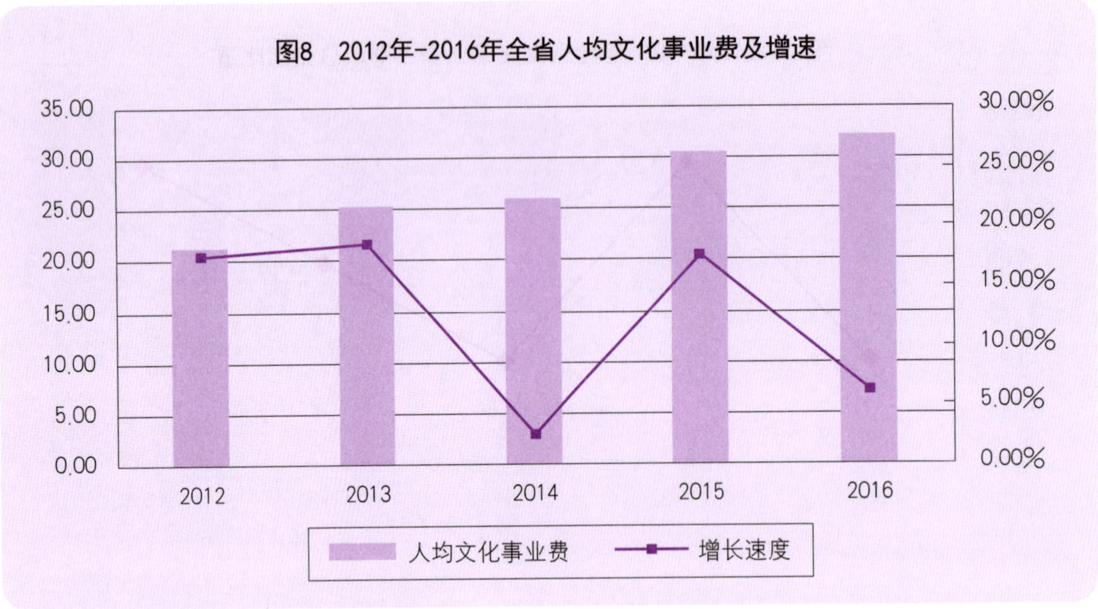


有6个市超过平均水平，最高的东营市66.98元，最低的临沂市14.89元，相差52.09元。从文化事业费占地方财政支出的比重来看，有5个市超过全省平均水平，最高的济南市0.41%，最低的菏泽市0.25%。

**表4　2016年全省各市文化事业费占财政支出与人均文化事业费情况表**

| 地区 | 文化事业财政拨款（万元） | 文化事业财政拨款占地方财政支出的比重(%) | 人均文化事业费（元） |
|---|---|---|---|
| **全　省** | **320,980** | **0.37%** | **32.27** |
| 济南市 | 30,065 | 0.41% | 41.57 |
| 青岛市 | 44,870 | 0.33% | 48.75 |
| 淄博市 | 15,302 | 0.37% | 32.65 |
| 枣庄市 | 6,241 | 0.25% | 15.94 |
| 东营市 | 14,281 | 0.53% | 66.98 |
| 烟台市 | 27,892 | 0.41% | 39.48 |
| 潍坊市 | 18,652 | 0.29% | 19.93 |
| 济宁市 | 24,515 | 0.44% | 29.34 |
| 泰安市 | 10,013 | 0.30% | 17.76 |
| 威海市 | 10,400 | 0.31% | 36.89 |
| 日照市 | 7,786 | 0.38% | 26.84 |
| 莱芜市 | 2,890 | 0.33% | 21.00 |
| 临沂市 | 15,546 | 0.27% | 14.89 |
| 德州市 | 11,056 | 0.33% | 19.09 |
| 聊城市 | 10,359 | 0.29% | 17.16 |
| 滨州市 | 11,300 | 0.36% | 29.04 |
| 菏泽市 | 10,914 | 0.25% | 12.66 |
| 聊城市 | 10052 | 0.29 | 16.83 |
| 滨州市 | 9678 | 0.31 | 25.08 |
| 菏泽市 | 11497 | 0.29 | 13.53 |

（山东省文化厅　山东省文物局）

# 山东：公共文化服务体系建设成果丰硕

实现中华民族伟大复兴的中国梦，必须是物质文明和精神文明相互促进均衡发展。物质财富要极大丰富，精神财富也要极大丰富。山东省在发展经济的同时，注重弘扬和繁荣文化，在公共文化服务体系建设上出新招、打“组合拳”，形成了以各级政府为主导、以文化设施为载体、以重点工程为抓手、以文化惠民为核心的公共文化服务机制，给广大老百姓带来切实的文化福利。

## 一、基层综合性文化服务中心建设加快推进

我省以省政府办公厅名义起草并出台了《关于推进基层综合性文化服务中心建设的实施意见》，印发村级综合性文化服务中心建设和服务标准。目前，全省乡镇（街道）综合性文化服务中心覆盖率达 99.3%；行政村（社区）文化大院（文化活动室）覆盖率达 95.6%，经改造提升符合综合性文化服务中心建设标准的达到 60%。

## 二、数字化服务能力进一步提升

文化共享工程实现全覆盖，全省建有 1 个省级分中心、17 个市级支中心、139 个县级支中心、1388 个乡镇基层服务点、503 个街道基层服务点、5900 多个社区基层服务点、76000 多个村基层服务点。通过“中国文化网络电视”继续打通面向基层的数字资源传输通道，提高文化共享工程入户率和服务效能。全省公共电子阅览室管理信息系统与国家顺利对接，可监测服务人次居全国第一位。“光明之家”盲人数字图书馆建设取得新进展，建成基层视障数字阅览室 59 个。探索形成边疆万里数字文化长廊“双线立体”建设服务新模式，建成示范点和数字文化驿站 300 多个，为沿海地区基层群众提供随时随地的数字文化服务。

## 三、公共文化服务体制机制不断创新

健全完善公共文化服务体系建设协调机制，加强部门配合，形成工作合力。推进以县级图书馆、文化馆为主体的总分馆制建设，探索运行模式，建立联动机制，实现城乡公共文化一体化运行发展。抓好国家公共文化服务体系示范区（项目）创建工作，烟台市顺利通过第二批国家示范区验收，淄博市张店区文化协管员项目、济宁市“政府搭台，百姓听戏，激情广场大家唱”文化惠民工程，顺利通过示范项目验收。

## 四、群众文艺繁荣发展

开展 2016 年全省冬春文化惠民季活动，推动新创作优秀群众文艺作品走进百姓生活。《山东梆子腔》获第十一届中国艺术节群星奖。组织参加第十三届华东“六省一市”戏剧小品大赛，我省 4 件作品获 1 金 3 银。

# 河南省2016年文化发展情况分析

2016年，全省文化工作者深入学习贯彻习近平总书记系列重要讲话精神，全面贯彻落实省委、省政府的决策部署，以文化繁荣发展为主线，以文化惠民为主旨，以“两学一做”学习教育为动力，突出文化改革发展政策体系建设，突出重大文化工程引领带动，突出文化体制机制创新，突出思想建设和制度建设，抓落实，求实效，各项工作取得新成绩，实现了“十三五”良好开局。

## 一、机构、人员、经费总体情况

### （一）机构和人员数量略减

截至2016年底，全省共有文化文物机构15443个，比2015年减少569个，从业人员114892人，比2015年减少4126人。从机构类型看，大部分文化行业机构数和从业人员数与上年持平，艺术表演团体机构数量稳步增长，文物业机构继续增加，文化市场经营机构数量同比减少。主要是互联网上网服务营业场所和娱乐场所较去年减少较多。

**表1　2015年全省文化机构和人员与2014年对比情况**

| 单位 | 机构数（个） | | 从业人员（人） | |
|---|---|---|---|---|
| | 2016年 | 2015年 | 2016年 | 2015年 |
| **总计** | **15443** | **16012** | **114892** | **119018** |
| 1. 艺术业 | 1156 | 974 | 32905 | 30360 |
| 其中：艺术表演团体 | 1006 | 824 | 29462 | 26668 |
| 艺术表演场馆 | 150 | 150 | 3443 | 3692 |
| 2. 图书馆 | 158 | 158 | 2955 | 2949 |
| 3. 群众文化服务 | 2546 | 2533 | 10996 | 10967 |
| 其中：文化站 | 2340 | 2328 | 7507 | 7453 |
| 4. 艺术教育业 | 9 | 9 | 368 | 357 |
| 5. 文化市场经营机构（不含非公有制艺术表演团体） | 10636 | 11425 | 47957 | 54454 |
| 6. 文艺科研 | 17 | 17 | 176 | 173 |
| 7. 文物业 | 564 | 544 | 11755 | 12102 |
| 8. 其他 | 357 | 352 | 7780 | 7676 |

### （二）文化投入稳步增长

2016年，文化投入稳步增长。全省文化事业费22.28亿元，全国排名11位，比上年增加1.68亿元，增长8%。

全省人均文化事业费为 23.37 元，比上年提高 1.67 元，增长 7.7%。

## 二、公共文化服务体系建设稳步推进

### （一）公共图书馆总体情况

2016 年，全省公共图书馆 158 个，从业人员 2955 人。总藏量 2645.8 万册（件），电子图书 1509.5 万册，共计 4155.3 万册，比上年增加 438.4 万册。全年总收入 35899.4 万元，比上年增加 1948.3 万元，增长 5.7%。全年购书经费 4342.2 万元，人均 0.46 元，人均比上年增加 0.02 元。

**表 2 全省公共图书馆主要业务指标**

| 年 份 | 机构数（个） | 总藏量（万册） | 总流通人次（万人） | 书刊外借册次（万册） | 本年新购图书（万册） | 公共用房建筑面积（万平方米） |
|---|---|---|---|---|---|---|
| 2012 | 156 | 2257.2 | 1637.7 | 1377.8 | 93.5 | 43.0 |
| 2013 | 157 | 2218.2 | 1785.2 | 1464.8 | 111.2 | 53.5 |
| 2014 | 157 | 2312.3 | 1968.1 | 1569.1 | 104.2 | 54.6 |
| 2015 | 158 | 2472.3 | 2233.2 | 1676.0 | 124.3 | 54.9 |
| 2016 | 158 | 2645.8 | 2538.7 | 1862.4 | 160.2 | 61.1 |

注：2012 年、2013、2014 年、2015 年、2016 年为实际使用公共房屋建筑面积；2013 年、2014 年、2015 年、2016 年总藏量中不包含电子图书

### （二）群众文化总体情况

截至 2016 年底，全省文化馆 206 个，从业人员 3489 人；文化站 2340 个，从业人员 7507 人，其中：乡镇文化站 1898 个，从业人员 6371 人。全年共组织品牌节庆活动 221 个，举办展览 9322 个，组织文艺活动 51515 次，举办训练班 25148 个，组织各类公益性讲座 1718 次，文化服务惠及人次 2740 万人次。从表格统计来看，2016 年群众文化活动内容丰富，群众参与积极性较高，效果明显。

**表 3 近几年群众文化服务基本情况**

| 年 份 | 机构数（个） | 从业人员（人） | 举办展览（个） | 组织文艺活动（次） | 举办训练班（次） | 公共房屋建筑面积（万平方米） |
|---|---|---|---|---|---|---|
| 2012 | 2514 | 10843 | 8090 | 38639 | 19207 | 122.8 |
| 2013 | 2527 | 10908 | 8529 | 41410 | 19783 | 127.9 |
| 2014 | 2523 | 10878 | 8702 | 44527 | 21628 | 133.4 |
| 2015 | 2533 | 10967 | 9008 | 48646 | 24281 | 135.0 |
| 2016 | 2546 | 10996 | 9322 | 51515 | 25148 | 136.2 |

注：2011 年、2012 年、2013 年、2014 年、2015 年为实际使用公共房屋建筑面积

### （三）文化惠民工程深入实施

中央财政为我省国家级贫困县的1580个村级文化活动室配送3160万元文化设备，为省级以上贫困县配送流动图书车48辆和流动文化服务车20辆。全省“三区”人才支持计划第三批800名文化工作者，到县以下文化单位开展帮扶工作。全省3027个免费开放文化单位全年接待公众8860多万人次，全省970处省级以上文物保护单位对外开放接待观众过亿人次。举办“春满中原”“百城万场”“全民阅读”等系列群众文化活动4万多场。

### （四）省重点项目建设进展情况

在发改、财政等部门的共同支持下，我省文化重点项目建设取得明显进展。河南豫剧院三团新建剧场项目开工建设；河南歌舞演艺集团、河南省京剧艺术中心新建剧场项目和河南省曲剧保护传承中心、河南省话剧艺术中心新建剧场项目完成施工前期工作；河南豫剧院“香玉剧院”（院址项目）重新调整建设方案，初步设计已完成评审工作，正在进行施工图设计。

### （五）政府购买公共文化服务工作开展情况

2016年，按照国办发〔2015〕37号文件和文化部办公厅《关于贯彻落实〈关于做好政府向社会力量购买公共文化服务工作的意见〉有关事项的通知》要求，协调省财政厅、新闻出版广电局、体育局等部门，研究起草了《河南省关于做好政府向社会力量购买公共文化服务工作的实施意见》。

省财政整合设立1亿元政府购买公共文化服务专项资金，我们联合省财政研究制定《政府购买公共文化服务专项资金管理办法》。按照文化部有关要求，督导全省各地市认真落实政府向社会力量购买公共文化服务有关工作。

### （六）基层综合文化服务中心建设情况

2016年，为贯彻落实《国务院办公厅关于推进基层综合性文化服务中心建设的指导意见》（国办发〔2015〕74号）精神，推动全省基层公共文化资源有效整合和统筹利用，提升基层公共文化设施建设、管理和服务水平，我省研究制定了《河南省推进基层综合性文化服务中心建设实施方案》（豫政办〔2016〕113号）。根据省政府要求，省财政设立了基层综合文化服务中心建设奖补资金1亿元列入2017年财政预算，目前正在研究出台相关管理办法。

## 三、文艺创作生产成果丰硕

### （一）艺术表演团体总体情况

截至2016年底，全省艺术表演团体共1006家（其中公有制艺术表演团体171家），全年演出46.3万场次，国内演出观众11994.3万人次，政府采购的公益性演出场次1.97万场次。从下表来看，非公有制艺术表演团体数量较同期有所减少，观众总人次受到影响。

**表4 近两年艺术表演团体总体情况**

| 年度 | 剧团数（个） | 公有制剧团（个） | 演出场次（万场次） | 观众人次（万人次） | 政府采购公益性演出场次（万场次） | 公共房屋建筑面积（万平方米） |
|---|---|---|---|---|---|---|
| 2015 | **824** | **171** | **35.6** | **19415.7** | **1.8** | **45.8** |
| 2016 | 1006 | 171 | 46.3 | 11994.3 | 1.97 | 15.3 |

### （二）文艺创作生产硕果累累

全省坚持以创作为中心，全年推出新创剧（节）目 70 余部，豫剧《张伯行》、话剧《老街》、民族歌剧《蔡文姬》《八月桂花开》、舞剧《关公》等一批优秀剧目立上舞台。豫剧《焦裕禄》荣获第十一届中国艺术节“文华大奖”，主演贾文龙荣获“文华表演奖”，民族歌剧《蔡文姬》荣获“第五届少数民族汇演”银奖。举办“中国豫剧北京展演月”“河南曲剧 90 年暨第三届中国曲剧节”，83 部优秀剧目的演出，展示了河南民族艺术的独特魅力和风采。启动实施“全省戏曲进校园”活动，7 个省辖市和 3 个直管县的试点工作先行开展。

## 四、文物保护利用成效显著

### （一）全省文物机构及人才队伍建设稳步推进

2016 年全省文物机构共有 564 个，其中：博物馆 270 个，文物保护管理机构 123 个，文物科研机构 15 个，文物商店 5 个，其它文物机构 7 个，文物行政主管部门 144 个。全省文物系统具有中级以上专业技术职称的人员 1670 人，其中高级职称 498 人。

### （二）夯实全省文物事业发展基础

世界文化遗产保护持续推进。加大保护力度，组织编制丝绸之路河南段新安汉函谷关遗址本体抢险加固等重点项目立项和设计方案 23 项。文物保护基础不断加强。国家《“十三五”大遗址保护专项规划》共 152 个项目，其中涉及我省洛阳、郑州两大片区，偃师二里头、安阳高陵等 18 处大遗址和丝绸之路、大运河、长城、万里茶路等 4 个线性遗产河南段项目，我省项目数量继续保持全国第一。推进隋唐洛阳城履道坊白居易故居遗址等 14 项大遗址保护工程。文物宣传力度不断加大。在《中国文物报》刊登公布第七批省级文物保护单位名单、“大别山杯”——第七届全省讲解员讲解大赛等重要新闻宣传专版。印刷出版《河南文化遗产·全国重点文物保护单位》（第二卷）、《南水北调河南省考古发掘出土文物集萃（四）——流过往事》专著。

### （三）拓展文物合理利用新领域

全省开放省级以上文物保护单位达 970 处，年接待观众达 1 亿多人次，成为展示河南厚重文化的重要窗口和旅游业发展的重要支撑。开封博物馆、鄂豫皖苏区首府革命博物馆被认定为第三批国家一级博物馆，使我省一级博物馆数量达到 6 家。各类各级博物馆有效发挥了公共文化服务和社会教育功能，年累计举办 1000 多个陈列展览，接待观众达 5000 万人次。

### （四）加强革命文物保护利用工作

举办系列宣传活动，弘扬革命精神。联合举办“信念的力量”革命文物珍藏展，共展出革命战争年代的珍贵历史资料和实物 500 余件。河南博物院主办的“‘壮丽的史诗——纪念中国工农红军长征胜利 80 周年’图片展”、郑州博物馆的“万水千山只等闲——纪念红军长征胜利 80 周年图片展”等一批专题展览，社会各界反响热烈。

### （五）加强对外交流合作和科研工作

提升文物对外交流合作水平。实施“一带一路”战略，服务全省对外开放工作大局，组织赴台湾“盛世风华——两岸唐三彩交流展”，赴拉脱维亚“丝路瑰宝展”；圆满完成赴瑞典“洛阳——丝绸之路上的世界大都会：唐代文明展”、赴意大利“中国盛世的核心—河南汉唐文物精品展”，推动中原文化进一步走向世界。深化文物科技交流与合作。组织举办“会古通今——两岸唐三彩暨低温釉陶学术研讨会”和两岸唐三彩交流展，实现了 1949 年运台文物首次回大陆展出，成为“2016 年河南省涉台十大新闻”之一。

## 五、文化产业实现新发展

落实全省文化产业示范园区建设观摩会精神，各地文化产业发展势头进一步强劲，文化产业示范园区、基地、项目建设进一步推进，河南约克动漫等 17 家企业成长为第六批“河南省文化产业示范基地”。《黄帝史诗》《我是发明家》入选 2016 年国家弘扬社会主义核心价值观动漫扶持计划。郑州国际文化创意产业园、焦作太极小镇、许昌三国文化产业园、济源王屋山文化产业园等重大文化产业项目加快推进。加大招商引资力度，积极组织我省文化企业参加深圳、厦门等文化产业博览会，不断拓展合作和交易渠道。省财政对省内 43 个文化产业重点项目进行扶持，郑州天人文化旅游有限公司等 9 家文化企业、尉氏县豫剧团等 26 家院团获中央财政扶持，洛阳市入选国家文化消费试点城市。

## 六、文化市场监管得到新提升

### （一）商事制度改革深入推进

取消了文化市场申办主体注册资金、验资证明、经营场所证明等限制，鼓励社会资本进入文化市场。会同省公安厅印发《关于进一步加强游戏游艺场所监管促进行业健康发展的实施意见》，有序放开游戏游艺市场。全年新增文化市场主体 2480 家。

### （二）文化市场转型升级成效显著

制定《河南省文化娱乐行业转型升级工作实施方案》，郑州、安阳、济源 3 个省辖市的转型升级试点工作取得阶段性成果，雒树刚部长对洛阳市上网服务行业与公共文化服务融合发展的经验给予充分肯定，要求在全国推广。

### （三）文化市场监管规范有序

制定行政许可和行政处罚双公示等 6 项制度，全面推行“双随机一公开”执法检查方法，开展全省县城乡镇互联网上网服务营业场所专项整治等，特别是会同省公安厅开展了公共娱乐场所消防安全专项治理，进一步净化了文化市场环境。

## 七、非物质文化遗产保护取得新成就

配合文化部，组织登封市文化馆和内乡县衙博物馆参与申报的“二十四节气”，于 11 月 30 日正式列入联合国教科文组织人类非物质文化遗产代表作名录。“太极拳”申遗各项准备工作加快推进。宝丰说唱文化生态保护区入选国家级文化生态保护实验区。开展了传统村落非遗资源调查，我省 34 个中国传统村落入选 2016 年中央财政支持范围。

## 八、对外及对港澳台文化交流亮点纷呈

服务国家“一带一路”战略，圆满完成 2016 年“欢乐春节”文化交流任务，我省 11 个艺术团组，赴 12 个国家和地区的 15 个城市，开展系列文化交流，取得了良好反响，我驻美国、加拿大、俄罗斯、乌克兰、丹麦、古巴、阿尔巴尼亚、厄瓜多尔等 8 个国家的大使馆和白俄罗斯文化部、乌克兰文化部、俄罗斯圣彼得堡市政府给省政府和我厅致函表彰。积极实施“央地合作”计划，承办“中国—马耳他文化年”系列文化活动。庆祝中国与巴基斯坦建交 65 周年，组织“丝绸之路上的中国穆斯林摄影展”赴巴基斯坦展出。组派河南少林功夫艺术团赴俄罗斯参加“圣彼得堡国际戏剧节”，豫剧《程婴救孤》赴美国参加“第三届一跨太平洋中国艺术节”，河南文化艺术团赴埃及、塞舌尔、津巴布韦、马拉维、加拿大、德国、新加坡开

展文化交流活动。成功举办第四届“非洲少林武术学员培训班”。与台北历史博物馆共同举办“盛世风华——两岸唐三彩交流展”，与台湾佛光山共同举办“全民三好两岸绘美”儿童画大赛，成功举办港澳视觉艺术双年展、港澳文化青年来豫采风等活动，增进了文化认同。

## 九、存在的问题

### （一）文化经费投入不足

1. 文化事业费虽然持续增长，但总量偏低。

2016 年，全省文化事业费 22.28 亿元，比上年增加 1.68 亿元。从全国各地情况看，文化事业费超过我省的地区有 10 个，我省总量排名 11 位，周边省份文化事业费比我省高的是山东、湖北。尽管我省近年来我省文化事业费总量持续增长，但作为全国人口大省，总量偏低。

2. 人均文化事业费水平低。

2016 年，全省人均文化事业费为 23.37 元，比上年提高 1.67 元。全国人均文化事业费为 55.74 元，我省人均文化事业费在全国排在第 31 位，还不及全国平均水平的一半。

**表 5　中部六省文化事业费情况**

| | 2016 年文化事业费（亿元） | 全国位次 | 2016 年人均文化事业费（元） | 全国位次 |
|---|---|---|---|---|
| 山 西 | 19.78 | 17 | 53.73 | 18 |
| 湖 北 | 29.04 | 8 | 49.35 | 19 |
| 湖 南 | 24.19 | 10 | 35.46 | 26 |
| 安 徽 | 17.56 | 20 | 28.34 | 28 |
| 江 西 | 12.89 | 27 | 28.08 | 29 |
| 河 南 | 22.28 | 11 | 23.37 | 31 |

### （二）现代公共文化服务体系有待完善

全省现代公共文化服务体系的框架已基本建立，呈现出加快推进的良好态势。但发展不均衡、服务效能不高、基层公共文化服务不足等问题仍然比较突出，距离到 2020 年基本建成现代公共文化服务体系的目标还有很大差距。

### （三）人才队伍建设亟待加强

专职文化管理人员缺乏。近年来基层文化机构特别是乡镇文化站建成后，大部分管理人员身兼数职，编制在乡政府，工作无积极性，从事文化活动组织开展方面的时间和精力也很有限。

## 十、今后工作重点

### （一）着力推进现代公共文化服务体系建设

近年来，中央和省委、省政府围绕加快文化改革发展，制定出台了关于加快构建现代公共文化服务体系、推进基层综合性文化服务中心建设、政府购买公共文化服务等系列重要文件，《公共文化服务保障法》

也将于2017年起施行。推进现代公共文化服务体系建设，重点要抓好“五个落实”。一是推动政策建设落实。各地文化部门加快各项政策落地，出台支持公共文化服务体系的具体措施，组织落实好重大政策、重大项目。二是推动政府购买公共文化服务落实。省政府出台了《关于做好政府向社会力量购买公共文化服务工作的实施意见》，下一步将研究出台实施细则，确保5个门类38项政府购买公共文化服务项目落到实处。三是推动基层综合性文化服务中心建设管理落实。从2017年开始五年，省财政每年将拿出1个亿资金，支持各地综合性文化服务中心建设。按照基层综合性文化服务中心“七个一”的要求，特别要贯彻落实国家和我省文化扶贫要求，使我省53个贫困县的基层公共文化设施有一个大的提升。四是推动公共文化服务效能落实。落实《公共文化服务保障法》，充分发挥基层公共文化单位的作用，繁荣发展群众文化。探索建立全省公共文化服务考评体系，出台公共文化服务体系建设绩效考核办法。五要推动公共文化培训落实。一方面要抓好公共文化服务从业人员的培训，另一方面要千方百计抓好基层文化能人、文化志愿者、文化协管员的培训，实现“自我提升、自我服务、自我发展”。

### （二）着力繁荣发展文艺事业

一是抓好文艺创作生产。要把创作作为中心任务，以社会主义核心价值观为引领，以中国梦为时代主题，以中原人文精神为根脉，坚持创作演出一批、加工提高一批、策划论证储备一批，不断推出体现中原特色、中原气派、中原风格的文艺精品。二是抓好文艺演出传播。要把文艺惠民演出纳入各地公共文化服务体系建设规划，加大政府购买力度，持续实施好“舞台艺术送农民”“中原文化大舞台”“高雅艺术进校园”等公益惠民演出。三是抓好群众文艺创作。鼓励支持民间文艺团体和文艺爱好者创作小戏、小品、音乐、舞蹈、曲艺、杂技等小型作品，开展民间业余文艺团队和文化能人评选活动。四是大力实施“全省戏曲进校园活动”。原则上，全省129所大专院校的“戏曲进校园”演出，以省直9家专业戏曲院团为主；全省6210所中学，以市级36个专业戏曲院团为主；全省24673所小学，以120个县级专业戏曲院团和15个优秀民营专业戏曲团体为主，上下努力，共同做好民族艺术传承普及工作。五是抓好文艺人才培养。要持续实施艺术名家推介工程、青年文艺人才培养计划等，教育引导全省广大文艺工作者把崇德尚艺作为一生的功课，加强思想积累、知识储备、艺术训练。

### （三）着力加快文化产业发展

一是大力推进文化产业示范园区、基地和重大项目建设。继续组织开展全省文化产业示范园区建设观摩活动，支持南阳市创建国家级文化产业示范区，支持郑州市创建国家文化消费试点城市，加快推进郑州国际文化创意产业园、洛阳河洛古镇等重大文化产业项目建设，推进登封华夏历史文明传承创新示范工程建设。二是积极搭建文化产业发展和招商平台。持续推进文银合作，构建多层次、宽领域的投融资体系，帮助文化企业解决融资难问题，特别要支持小微文化企业发展。三是大力推动新型文化业态发展。建立全省文化产业发展基金项目库和新型文化业态项目库，加快发展创意设计、文创产品开发、数字文化产业、动漫游戏、文化旅游、工艺美术、娱乐休闲等新型文化产业。

### （四）着力加强文化市场监管

一是推进文化市场综合执法改革。省委、省政府印发了《关于进一步深化文化市场综合执法改革的实施意见》，对进一步深化全省文化市场综合执法改革作出了具体部署。二要加快文化市场转型升级。要持续推进上网服务行业、文化娱乐行业转型升级，引导其更好地满足人民群众多样化、多层次的文化需求。三是规范引导艺术品市场健康发展。把艺术品经营单位纳入管理范畴，引导其规范诚信经营，促进艺术品市场健康发展。四要加大文化市场监管力度。加快推进文化市场技术监管与服务平台河南分中心建设。经常性组织开展文化市场综合执法行动，维护良好的文化市场秩序。

（河南省文化厅）

## 河南：稳步推进政府购买公共文化服务工作

政府购买公共文化服务工作全面实施。2016年，我厅按照国办发〔2015〕37号文件和文化部办公厅《关于贯彻落实＜关于做好政府向社会力量购买公共文化服务工作的意见＞有关事项的通知》要求，协调省财政厅、新闻出版广电局、体育局等部门，研究起草了《河南省关于做好政府向社会力量购买公共文化服务工作的实施意见》。省财政整合我厅6个项目设立1亿元政府购买公共文化服务专项资金。我们积极深入调研、多方论证，研究制定《政府购买公共文化服务专项资金管理办法》。6月中旬，我厅参加文化部政府向社会力量购买公共文化服务工作暨现场经验交流会，在会上作了交流发言。

按照文化部要求，我省开展督导全省各地市认真落实政府向社会力量购买公共文化服务有关工作。于11月下旬在平顶山市召开政府购买公共文化服务暨村级公共文化服务设施建设座谈会。会上有关市县作了交流发言，分别介绍开展购买公共文化服务工作和村级公共文化服务设施建设的相关经验做法。会议的召开，大力促进了我省政府购买公共文化服务工作的开展。

# 湖北省 2016 年文化发展情况分析

2016 年，全省文化系统深入贯彻落实党的十八大和十八届三中、四中、五中、六中全会精神和习近平总书记系列重要讲话精神，在文化部的正确指导下，认真落实省委、省政府各项决策部署，紧紧围绕文化强省建设，围绕中心、服务大局，奋力拼搏、创新实干，在推动文化改革发展各项工作中取得新的进展和成效，实现“十三五”良好开局。

## 一、提升文化强省、文化小康建设在经济社会发展大局中的贡献度实现新突破

协调推进文化事业和文化产业发展，努力实现文化小康，是湖北省委、省政府对“十三五”文化建设作出的明确定位，是统领文化改革发展各项工作之纲，也是进一步提升文化在全省经济社会发展大局中贡献度的根本所在。湖北省文化厅党组提出了奋力建设与湖北经济发展位次前移质量升级相适应的文化强省、全力实现与率先全面建成小康社会相衔接的文化小康两大战略目标任务，并在 2016 年全省市县文化局长培训班上进行了专题研讨、作出了安排部署。牢牢盯住文化小康 5 项监测指标，坚持以“第一力度”抓好“第一要务”，确保省委、省政府重大战略部署落到实处。结合湖北文化发展“十三五”规划实施，制定文化小康发展指标，明确目标任务、责任主体和进度安排，建立健全督导评估机制，公开发布全省各市州、直管市及神农架林区年度主要文化发展指标，对进度缓慢的市县实行挂牌跟踪督办，全力加快建设步伐。

## 二、公共文化服务机构规模稳中有增

截至 2016 年底，湖北纳入统计的全省文化文物部门机构数为 2274 个，同比增长 0.44%；从业人员

图1 2016年湖北省文化文物机构组成情况

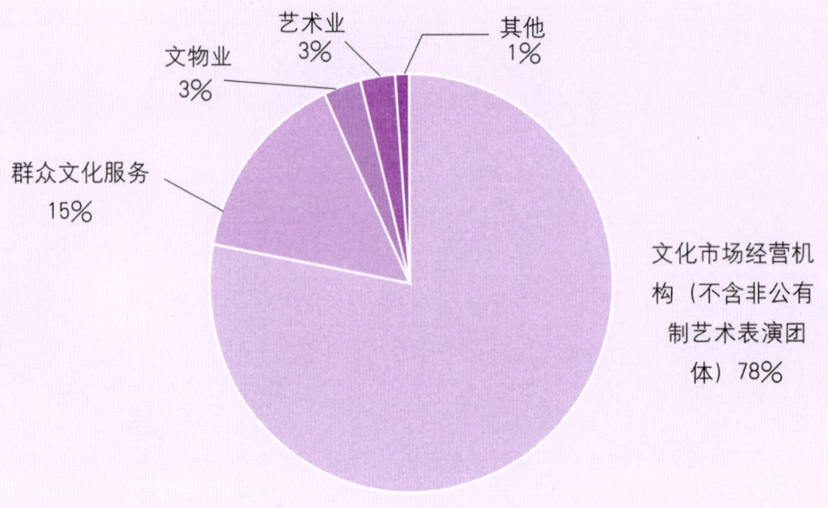

26513 人，同比增长 0.48%。其中，艺术业 138 个，公共图书馆 112 个，群众艺术馆（文化馆）等文化服务机构 1402 个，艺术教育业 6 个，文化科研机构 11 个，博物馆、文物保护管理机构、文物科研机构、文物商店及其他文物机构共计 310 个。公共图书馆、群艺（文化）馆、博物馆、综合文化站、美术馆等公共文化服务机构总数为 1708 个，从业人员 10876 人，公共文化服务机构和从业人员规模与本省文化事业发展比例较为协调，并保持稳中有升，稳中向好的趋势。

图2　近年来从业人数结构变化

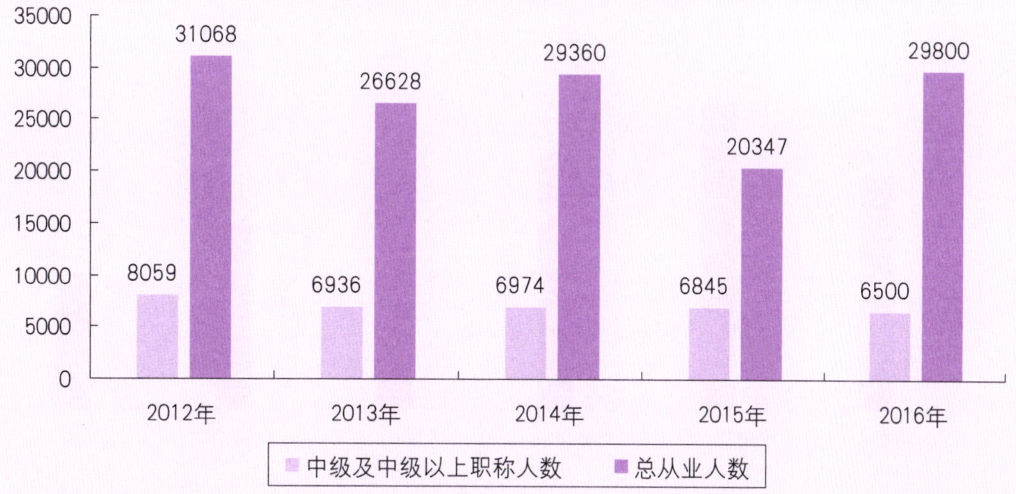


## 三、文化事业投入持续增长

### （一）总收入和财政补贴收入持续增长

2016 年湖北省文化文物单位实现总收入 58.92 亿元，比上年增长 12.35 亿元，同比增长 26.52%。其中，财政补助收入 41.79 亿元，比上年增长 7.98 亿，同比增长 23.60%；上级补助收入 2.16 亿元，比上年增长 0.59 亿元，同比增长 37.58%；事业收入 1.66 亿元，比上年增长 0.24 亿元，同比增长 16.90%；经营收入 0.61 亿元，比上年增长 0.16 亿元，同比增长 35.56%；其他收入 12.69 亿元，比上年增长 3.37 亿元，同比增长 36.16%。2016 年财政补助收入达到总收入的 70.93%，文化投入仍主要依赖财政拨款。

表 1　近五年财政补助收入情况表

| 年份 | 总收入（亿元） | 财政补贴收入（亿元） | 财政补贴收入占总收入比重（%） |
|---|---|---|---|
| 2012 | 28.81 | 19.63 | 68.00 |
| 2013 | 33.83 | 22.85 | 67.54 |
| 2014 | 36.46 | 24.18 | 66.32 |
| 2015 | 46.56 | 33.81 | 72.62 |
| 2016 | 58.92 | 41.79 | 70.93 |

### （二）文化事业费继续增长

2016 年，湖北省文化文物事业费 38.77 亿元，比上年增加 6.48 亿元，增长 20.07%。其中，文化事业费 29.04 亿元，比上年增加 5.48 亿元，增长 23.26%，全国排名第 8 位，与上年持平；在中部 6 省中，排名第一。文物事业费 9.73 亿元，比上年增加 1 亿元，增长 11.45%。全省人均文化事业费 49.35 元，全国排名 19 位，比上年提升 2 位。

图3　2016年中部6省文化事业经费情况

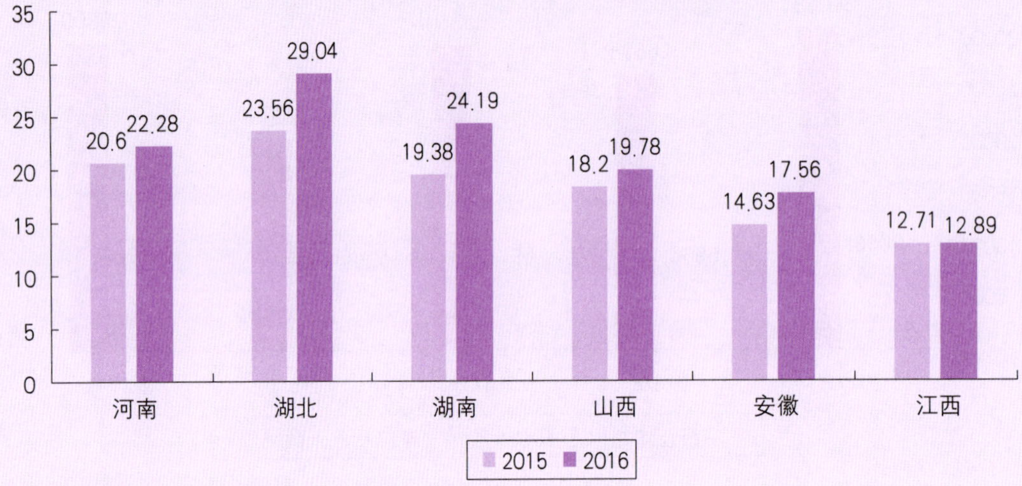


图4　2015年-2016年中部6省人均文化事业经费情况

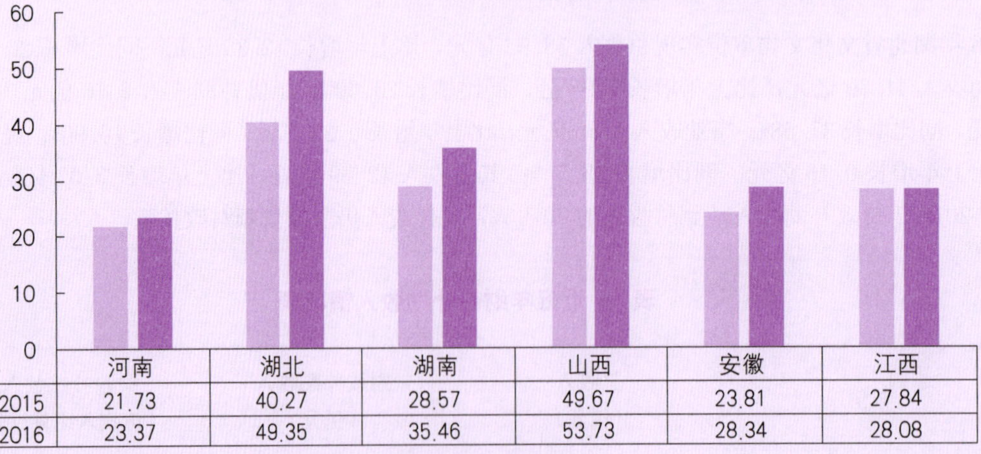


| | 河南 | 湖北 | 湖南 | 山西 | 安徽 | 江西 |
|---|---|---|---|---|---|---|
| 2015 | 21.73 | 40.27 | 28.57 | 49.67 | 23.81 | 27.84 |
| 2016 | 23.37 | 49.35 | 35.46 | 53.73 | 28.34 | 28.08 |

2015　2016

湖北省市、州按文化文物事业费总额排名，武汉市文化文物事业费 9.95 亿元，排名第一；宜昌市 3.19 亿元，排名第二；　襄阳市 2.84 亿元，排名第三。

湖北省市、州按文化事业费排名，武汉市 7.72 亿元，排名第一；宜昌市 2.70 亿元，排名第二；襄阳市 2.36

亿元，排名第三。（省本级不参加排名）

湖北省县（市、区）按文化事业费排名，名列前十的地区是：洪山区 6401 万元、潜江市 4656 万元、夷陵区 4443 万元、天门市 4436 万元、江夏区 4281 万元、大冶市 3991 万元、黄陂区 3964 万元、利川市 2727 万元、南漳县 2657 万元、秭归县 2532 万元。

### （三）公共文化设施投资持续推进

按照加快构建现代公共文化服务体系的总要求，湖北各级文化系统积极推进公共文化场馆设施建设。向文化部、国家发改委争取建设补助资金 6140 万元，安排了 6 个市级“三馆”建设。启动实施基层“四馆三场”建设工程，联合省财政厅出台了《湖北省“十三五”时期基层公共文化设施建设实施办法》，下达补助资金 5000 万元，新建了 15 个县级文化场馆，补助建设了一批基层文体广场。

图5　近年来全省公共文化设施面积情况

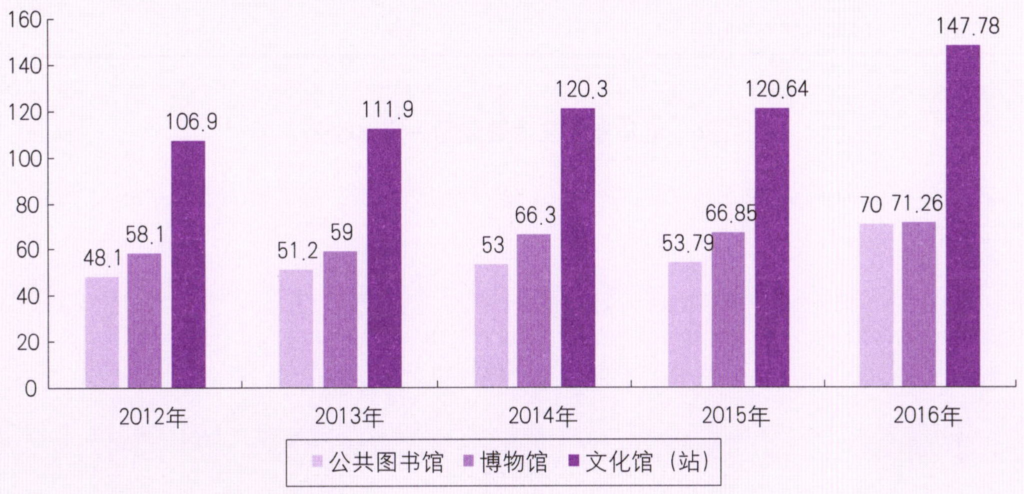


## 四、文化事业发展成果显著

### （一）艺术创作展演呈现新气象

2016 年，湖北文化建设取得新的进展和成效，实现“十三五”良好开局。围绕“中国梦”主题创作及加工修改现实题材优秀剧目 20 余部（台），《台北新娘》、《董必武》参评参演第十一届中国艺术节广受好评，26 件美术作品入选全国优秀美术作品展，《敲起琴鼓劲逮逮》荣获“群星奖”，成功承办第十一届全国优秀舞蹈节目展演，成功举办第九届湖北省黄梅戏艺术节、第二届湖北省荆州花鼓戏艺术节，完成戏曲进校园演出 8600 多场，戏曲进校园工作成为全国亮点，中共中央政治局委员、中宣部长刘奇葆在湖北调研时给予充分肯定。

### （二）艺术表演团体演出情况及收入总体平稳

截至 2016 年底，湖北省专业艺术表演团体共为社会提供各类演出 3.853 万场，平均每团演出场次 448 场。其中，农村演出 2.327 万场，农村观众 1884 万人。本省专业艺术表演团体共计收入 8.79 亿元，比上一年度增加 2.57 亿元。其中，演出收入为 1.64 亿，本年度专业艺术表演团体总支出为 7.40 亿，经费自给率为 21.3%，较去年的 17.96% 提高了 3.34 个百分点，排名全国第 13 位。

表 2　全省专业艺术表演团体全年演出场次情况（前十名）

| 序号 | 单位名称 | 演出场次（场） | 演出收入（万元） | 观众人数（万人） |
|---|---|---|---|---|
| 1 | 湖北省民族歌舞团 | 927 | 260 | 90 |
| 2 | 武汉杂技团 | 809 | 1563 | 58 |
| 3 | 长江人民艺术剧院 | 506 | 441 | 30 |
| 4 | 湖北省戏曲艺术剧院 | 493 | 278 | 35 |
| 5 | 武汉楚剧院 | 492 | 134 | 17 |
| 6 | 武汉京剧团 | 468 | 76 | 20 |
| 7 | 武汉汉剧院 | 450 | 214 | 73 |
| 8 | 武汉人民艺术剧院 | 446 | 304 | 48 |
| 9 | 南漳县文工团 | 412 | 70 | 12 |
| 10 | 襄阳市艺术剧院 | 380 | 78 | 34 |

图6　近年专业艺术表演团体演出收入

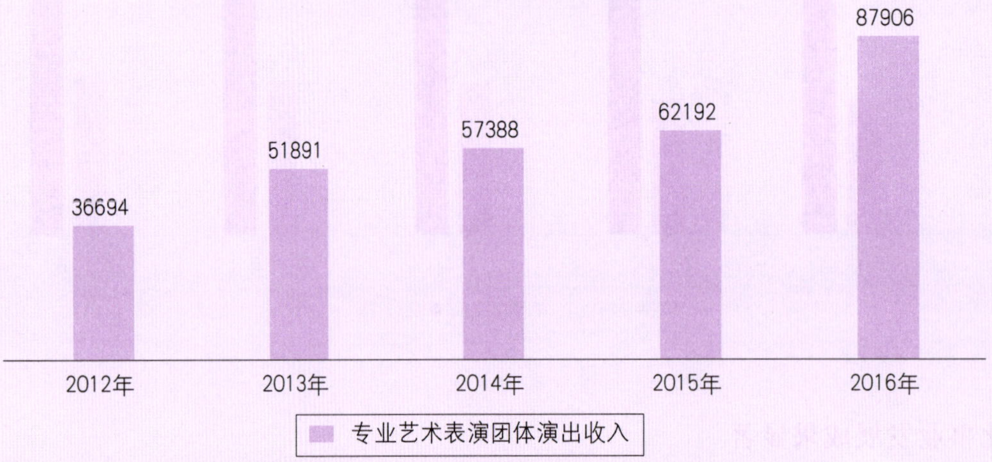


## （三）现代公共文化服务体系建设迈上新台阶

2016 年湖北省以贯彻落实鄂办发〔2015〕62 号文件精神为重点，省人大将现代公共文化服务体系建设纳入人大监督工作要点，省政府召开高规格的全省加快构建现代公共文化服务体系现场会，组织开展专项检查督导，推动公共文化服务体系建设取得新的突破。全省 17 个市（州）和 45 个县（市、区）出台贯彻落实 62 号文件精神的配套政策文件，大多数市县将公共文化服务体系建设纳入本地领导班子和领导干部政绩考核体系，34 个县（市、区）配备了乡镇综合文化站事业编制人员。省博物馆三期扩建工程等省级重点文化设施加快推进，基层“四馆三场”项目顺利实施，支持开工建设 6 个市级“三馆”、24 个县级文化场馆和 4085 个村级文化广场，为 851 个村级综合文化服务中心示范点配备文化器材，全省文化（群艺）馆上等级率达到 84%。文化精准扶贫成效显著，对口联系贫困县工作机制得到雒树刚部长充分肯定，竹溪县作为两个县级代表之一在全国会议上作交流发言。扎实推进公共文化服务体系示范区（项目）创建，打造“长江读书节”阅读推广品牌，实施“百团千队万能人”扶持工程，成功举办首届社会文艺团队展演，开展基层惠民演出活动 2 万多场次，省委书记蒋超良对全省春节期间丰富多彩的文化活动给予了批示表扬。

表 3　近年来人均拥有公共图书馆资源情况

| 年份 | 数值 / 位次 | 每万人均拥有公共图书馆建筑面积（平方米） | | 人均购书费（元） | |
|---|---|---|---|---|---|
| | | 全国 | 湖北省 | 全国 | 湖北省 |
| 2012 | 数值 | 78 | 83 | 1.09 | 0.73 |
| | 位次 | -- | 15 | -- | 13 |
| 2013 | 数值 | 85 | 88 | 1.22 | 1.10 |
| | 位次 | -- | 15 | -- | 12 |
| 2014 | 数值 | 90 | 91 | 1.24 | 1.27 |
| | 位次 | -- | 14 | -- | 11 |
| 2015 | 数值 | 94.7 | 91.9 | 1.43 | 1.50 |
| | 位次 | -- | 17 | -- | 11 |
| 2016 | 数值 | 103.01 | 118.95 | 1.56 | 1.47 |
| | 位次 | | 11 | | 10 |

### （四）文化市场工作实现新突破

坚持一手抓文化市场繁荣发展，一手抓文化市场执法监管，着力推动深化文化市场综合执法改革，积极培育文化市场主体，不断提升文化市场综合执法水平，文化市场发展内生动力进一步增强。在全国首家由省“两办”出台《关于进一步深化文化市场综合执法改革的实施意见》。文化市场转型升级工作受到文化部充分肯定，全省新设立文化市场主体 1081 家。积极推进文化市场“双随机一公开”监管和非现场监管，加大违法违规经营行为查处力度，全年共出动执法人员 31.93 万人次，检查文化市场经营单位 15.84 万家次，我省 1 个案件入选全国文化市场十大案件，实现多年“零”的突破；4 个案件入选全国文化市场重大案件，入围数量和质量位列全国前三位。

据统计，截至 2016 年底，湖北省共有文化经营单位（不含图书报刊、广播电影电视、音像）8907 家，比 2015 年减少 26 家，同比减少 0.29%；从业人员 49677 人，比 2015 年减少 2204 人；资产总计为 102.5380.25 亿，同比增长 50.19%，利润总额为 11.01 亿，较 2015 年下降了 26.70%。

图7　近年来文化市场经营机构资产和营业利润情况

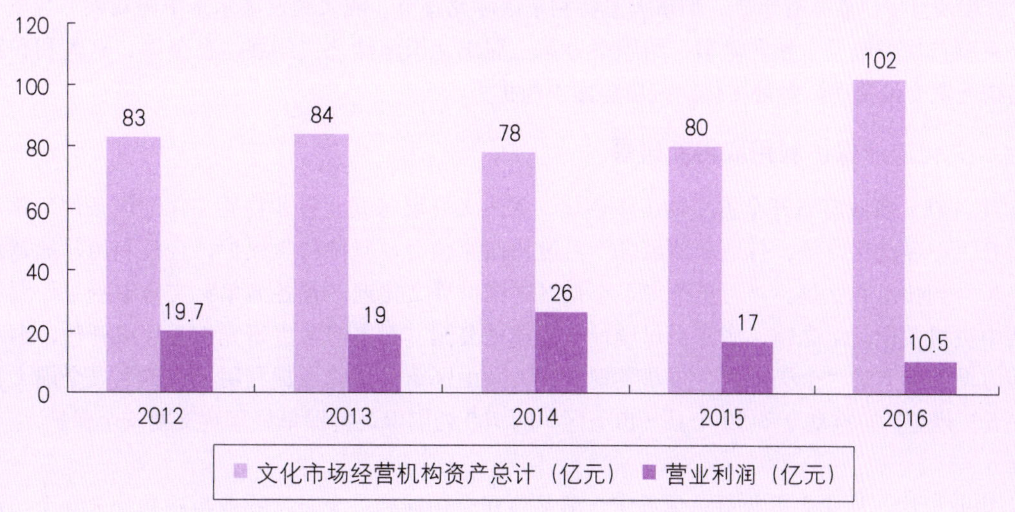

（五）文化产业发展彰显新活力

2016 年，湖北省组织开展文化产业发展专题调研，召开全省动漫产业发展工作会议。成功承办湖北组团参加第十二届深圳文博会活动，文化产业招商现场签约项目 20 个、总资金 209 亿元。成功举办湖北省第三届大学生文化创意设计大赛，征集参赛作品 7000 余件，16 件获奖作品获得文化企业和孵化机构签约。武汉市入选第一批国家文化消费试点城市，两个文化基础设施项目入选财政部政府和社会资本合作 PPP 示范项目，5 个文化产业项目获得中央财政文化产业发展专项资金资助，对 70 余个优秀省级文化产业示范园区（基地）予以了资金奖励和补助。文化部门归口管理的文化产业发展迅猛，全省文化创意产业营业收入增长 31%，利税总额增长 34.5%，领跑文化产业各大行业；文化专用设备生产、文化信息传输服务业、文化休闲娱乐服务业营业收入增速均超过 12%，分别位居行业第 2、3、4 位。

据统计，截至 2016 年底，湖北省的文化产业总产出值为 108.18 亿，较去年增加了 21.64 亿。从产业构成看，艺术业产业增加值比去年增加了 5425 万元，同比增长 8.43%；图书馆业产业增加值比去年增加了 3751.1 万元，同比增长 15.17%；群众文化产业增加值比去年增加了 6049 万元，同比增加 18.90%。与去年相比，艺术教育业产业增加值比去年增加了 1049.5 万元，同比增加了 10.67%；文化市场经营机构增加值比去年增加了 2.32 亿元，同比增加了 7.65%。

**表 4　近年来全省文化产业总产出值增长情况**

| 年份 | 文化产业总产出值 | 增长率（%） |
|---|---|---|
| 2012 | 73.22 | 14.63 |
| 2013 | 79.94 | 9.1 |
| 2014 | 93.51 | 9.1 |
| 2015 | 86.54 | -7.45 |
| 2016 | 108.18 | 25.01 |

（六）对外文化交流打开新局面

服务国家外交大局和全省对外开放战略，不断拓展对外文化交流方式和渠道，“荆楚文化走世界”品牌影响力进一步扩大。选送的编钟礼乐《金石和鸣》在习近平主席出席中埃文化年开幕式上作为开场节目精彩上演，与首尔中国文化中心对口合作开展文化交流活动 30 余场，组团参加哈萨克斯坦“感知中国·丝路明珠”、埃及开罗“欢乐春节”、加拿大蒙特利尔国际龙舟节、澳大利亚墨尔本中国戏剧节等重大活动，组织湖北京剧首次登陆爱丁堡艺术节，组织举办第三届湖北国际漆艺三年展，在美国、意大利和新加坡开展系列文物展览交流活动，对外文化交流覆盖面不断扩大。

（七）文化遗产保护利用取得新进展

2016 年，湖北省政府召开全省文物工作会议、省人大开展《湖北省非物质文化遗产条例》执法检查、省政协召开“彰显文化自信、打造非遗品牌”月度协商座谈会，坚持科学保护、合理利用，荆楚优秀传统文化进一步得到传承和弘扬。“万里茶道”申报《中国世界文化遗产预备名单》文本编制工作顺利推进。武汉中共中央机关旧址纪念馆、唐崖土司城址考古遗址公园、石家河考古研究中心建成开放，铜绿山古铜矿遗址四方塘墓葬入选“全国十大考古新发现”，大别山区革命文物保护利用工作纳入《全国文物事业发展“十三五”规划》。推动全省 79 个县（市、区）的 780 处国保、省保单位落实文物安全保护“一处一策”工作制度。

1. 文物业机构与从业人数数量总体稳定，藏品位居全国前列。全省文物业机构共计 310 个，比去年增加 8 个。其中博物馆 183 个，文物科研机构 3 个、文物保护管理机构 48 个、其他文物机构 75 个。

截至 2016 年底，湖北省文物机构从业人员共 5162 人，中级以上职称共占 26.95 %，比上年略有上升。文物藏品按等级分类，一级品、二级品、三级品的种类分别为 8079 件 / 套、13406 件 / 套和 135653 件 / 套。其中，本年新增藏品为 39126 件 / 套，比 2015 年增长 10299 件 / 套，同比增长 35.73%。

**图8　文物藏品分布情况**

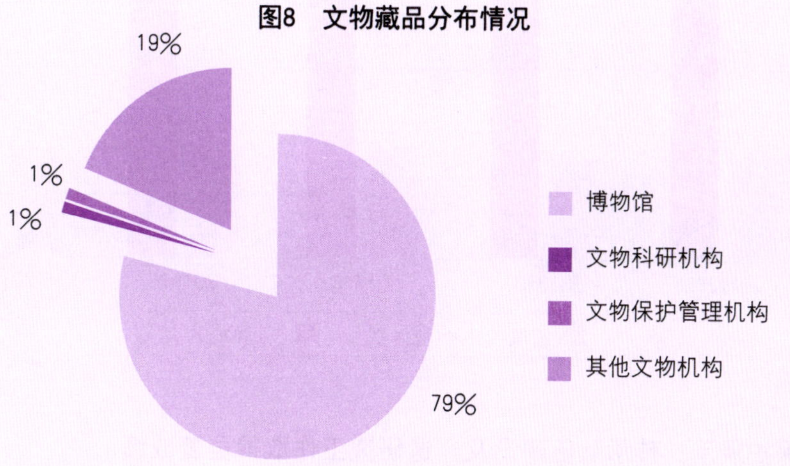


2. 博物馆事业蓬勃发展。有序推进湖北省博物馆三期扩建工程建设，扩建后的省博物馆面积将达到 11 万平方米。可移动文物普查采集登录藏品总量位居全国第五，辛亥革命武昌起义纪念馆、中山舰博物馆晋升国家一级博物馆，省博物馆、中山舰博物馆入选全国博物馆文化创意产品开发试点单位，“铸鼎镕金展”荣获全国博物馆十大陈列展览精品推介之“国际及港澳台合作奖”。

**图9　近年来文物业收入情况**

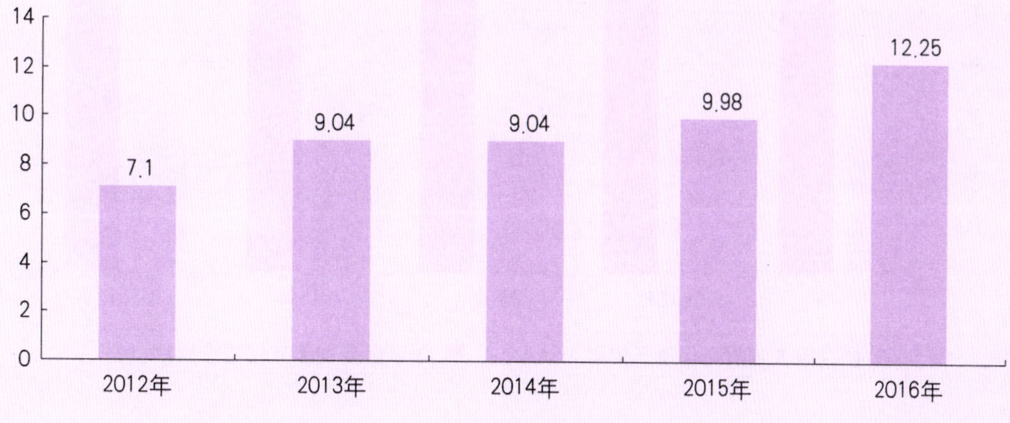


据统计数据显示，湖北省博物馆机构共 183 家，从业人数为 3556 人。其中，中级以上职称专业技术人员 1096 人，占博物馆从业人员总人数的 30.82%。2016 年，全省举办各类展览 447 余个，接待观众 2671 余万人次。

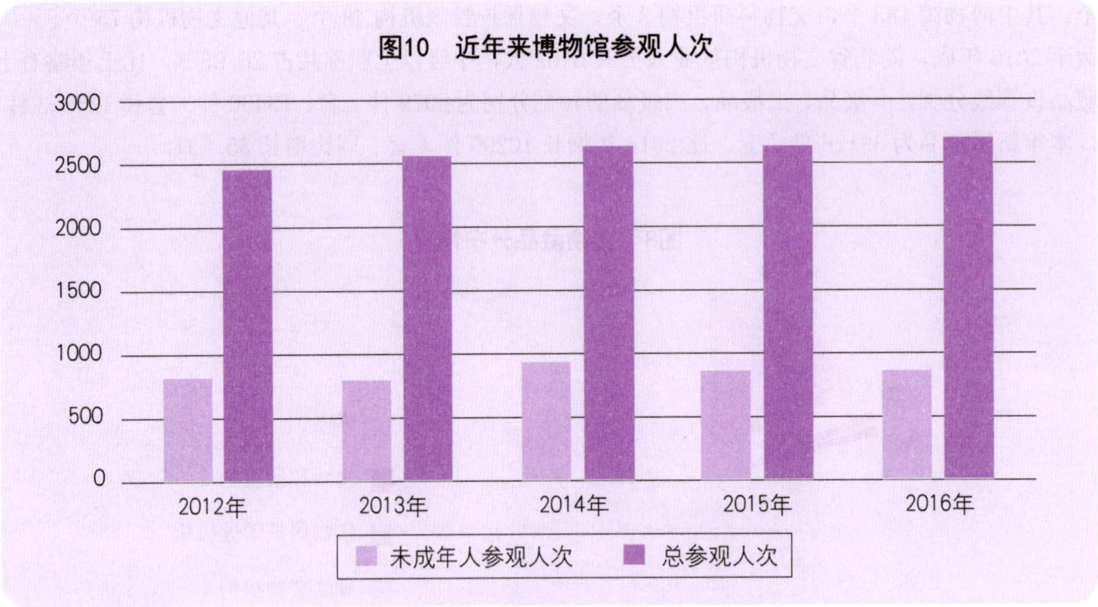


（八）非遗保护展示、传承队伍建设及非遗研究工作取得显著成绩

成功举办第四届屈原故里端午文化节，“武陵山区（鄂西南）土家族苗族文化生态保护试验区”规划编制工作正式启动。报请省政府公布第五批省级非遗代表性项目名录，与中南民大等高校联合举办全省非遗保护和传承人群培训班，开展国家、省级非遗代表性传承人抢救性记录工作，非遗保护基础条件不断改善。

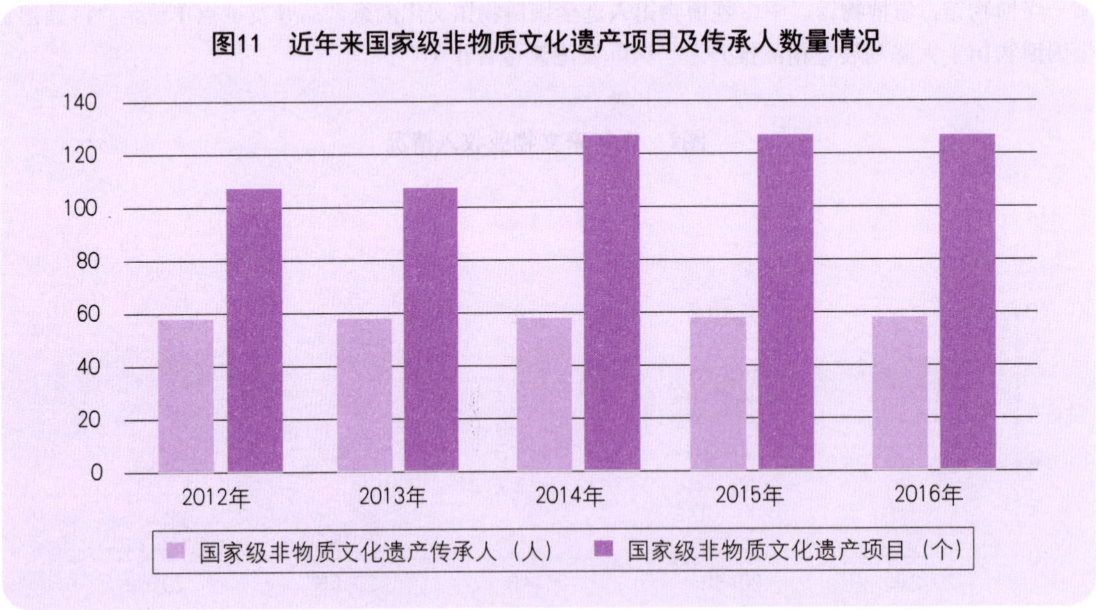


## 五、存在的主要问题及发展瓶颈

### （一）文化投入与经济发展水平不协调

2016年，湖北省文化事业费投入总量29.04亿元，同比增长26.55%。全省人均文化事业费49.35元，但与排名第11位的全省人均国内生产总值（5.52万元）相比，人均文化事业仍有较大提升空间。同时，地

区间文化事业投入也存在较大差距。2016 年，全省人均文化事业费为 49.35 元，17 个地市州中，仅有武汉、神农架林区和宜昌市人均文化事业费超过了平均水平；各县（市、区）中，仅有五峰县、保康县、夷陵区、秭归县、来凤县、兴山县、汉南区和咸丰县八县（区）高于全省平均水平。

表 5：近年来人均文化事业费排名情况

单位：元

| 年份 | 2012 | | 2013 | | 2014 | | 2015 | | 2016 | |
|---|---|---|---|---|---|---|---|---|---|---|
| | 人均经费 | 位次 | 人均经费 | 位次 | 人均经费 | 位次 | 人均经费 | 位次 | 人均经费 | 位次 |
| 全国 | 29.14 | -- | 35.46 | -- | 38.99 | -- | 49.68 | -- | 55.74 | -- |
| 湖北 | 24.00 | 25 | 26.58 | 24 | 28.89 | 25 | 40.32 | 21 | 49.35 | 19 |

### （二）群众文化机构建设仍有短板

群众文化机构主要是市、县级文化（群艺）馆和乡镇综合文化站，各市州人均群众文化业务活动经费达到全省平均水平的只有武汉市，接近全省平均水平的只有宜昌市、黄石市、恩施州、襄阳市，无市州达到全国平均水平。

### （三）文艺院团发展仍有提升空间

湖北省的文艺院团排除国有文艺院团后，非国有文艺院团即具有一定规模的文艺演出机构市场发育程度比较低，市场占有率和活跃程度皆处于低水平。国内年演出观众人次超过 150 万人次的仅有武汉市、黄冈市、孝感市、宜昌市和襄阳市。

## 六、2017 年文化发展目标

### （一）推动艺术精品创作实现新突破

一是加强艺术精品创作规划引导。二是抓好艺术精品创作“四大工程”。三是建设全国戏曲演出交流中心。四是深入推进戏曲进校园工作。五是办好第五届中国诗歌节。

### （二）提升公共文化服务效能实现新突破

一是推动各地全面制定实施贯彻落实鄂办发〔2015〕62 号文件的配套政策。二是大力推进基本公共文化服务标准化建设。三是扎实推进文化精准扶贫。四是积极推进基层综合性文化服务中心建设。五是加大政府购买公共文化服务力度。六是大力加强公共文化服务效能建设。七是组织举办文化惠民品牌活动。

### （三）加强文化遗产保护利用实现新突破

一是实施重大文物保护利用项目。牵头推进“万里茶道”申遗工作，力争列入《中国世界文化遗产预备名单》。二是加强非物质文化遗产保护传承。深入推进国家级、省级非遗项目代表性传承人抢救性记录和数字化保护工程。三是努力让文化遗产活起来。实施“互联网 + 中华文明”行动计划，建设省级文物大数据平台，推动省博物馆建设数字博物馆。

### （四）提高文化市场管理水平实现新突破

一是加快推进文化市场综合执法改革。二是深化文化市场行业转型升级。三是创新文化市场治理方式。

四是加大文化市场监督管理力度。

### （五）推动文化产业提速发展实现新突破

一是发挥重大项目带动作用。二是加强载体平台建设。三是培育引导文化消费。四是促进文化与金融、外贸等领域协同创新、融合发展。

### （六）开展对外文化交流平台实现新突破

一是高质量推进部省合作项目。精心组织实施与老挝中国文化中心对口合作项目，并将部分活动向柬埔寨、泰国等国家延伸。二是建设海外中国（湖北）文化中心。积极推动省政府与文化部合作共建海外中国文化中心，将其打造成为荆楚文化走出去的重要阵地。三是扩大对外文化交流覆盖面。配合湖北省宣传文化代表团赴俄罗斯、波兰、哈萨克斯坦开展系列文化交流活动。

（湖北省文化厅）

# 湖北：文化工作全面开花

围绕“中国梦”主题创作及加工修改现实题材优秀剧目20余部（台），《台北新娘》、《董必武》参评参演第十一届中国艺术节广受好评，26件美术作品入选全国优秀美术作品展，《敲起琴鼓劲逮逮》荣获“群星奖”，成功承办第十一届全国优秀舞蹈节目展演，成功举办第九届湖北省黄梅戏艺术节、第二届湖北省荆州花鼓戏艺术节，完成戏曲进校园演出8600多场，戏曲进校园工作成为全国亮点，中共中央政治局委员、中宣部长刘奇葆在湖北调研时给予充分肯定。

省直四大文化设施项目加快推进，支持开工建设6个市级“三馆”、24个县级文化场馆和4085个村级文化广场，文化精准扶贫成效显著，对口联系贫困县工作机制得到雒树刚部长充分肯定，竹溪县作为两个县级代表之一在全国会议上作交流发言。创办“长江读书节”阅读推广品牌，举办首届社会文艺团队展演，开展基层惠民演出活动2万多场次。

“万里茶道”申报《中国世界文化遗产预备名单》文本编制工作顺利推进。武汉中共中央机关旧址纪念馆、唐崖土司城址考古遗址公园、石家河考古研究中心建成开放，铜绿山古铜矿遗址四方塘墓葬入选“全国十大考古新发现”，大别山区革命文物保护利用工作纳入《全国文物事业发展“十三五”规划》。可移动文物普查采集登录藏品总量位居全国第五，辛亥革命武昌起义纪念馆、中山舰博物馆晋升国家一级博物馆，省博物馆、中山舰博物馆入选全国博物馆文化创意产品开发试点单位，“铸鼎镕金展”荣获全国博物馆十大陈列展览精品推介之“国际及港澳台合作奖”。

成功举办第四届屈原故里端午文化节，“武陵山区（鄂西南）土家族苗族文化生态保护试验区”规划编制工作正式启动。开展国家、省级非遗代表性传承人抢救性记录工作，非遗保护基础条件不断改善。

在全国首家出台深化文化市场综合执法改革的省级实施意见，成功举办全国文化娱乐行业转型升级高峰论坛和全省文化市场行业转型升级电子竞技大赛。

成功承办湖北组团参加第十二届深圳文博会活动，文化产业招商签约项目20个、总资金209亿元。成功举办湖北省第三届大学生文化创意设计大赛，征集参赛作品7000余件，16件获奖作品获得文化企业和孵化机构签约。武汉市入选第一批国家文化消费试点城市。全省文化创意产业营业收入增长31%，利税总额增长34.5%，领跑文化产业各大行业。

“荆楚文化走世界”品牌影响力进一步扩大。选送的编钟礼乐《金石和鸣》在习近平主席出席中埃文化年开幕式上作为开场节目精彩上演，与首尔中国文化中心对口合作开展文化交流活动30余场，组团参加哈萨克斯坦“感知中国　丝路明珠”、埃及开罗“欢乐春节”、加拿大蒙特利尔国际龙舟节、澳大利亚墨尔本中国戏剧节等重大活动，组织湖北京剧首次登陆爱丁堡艺术节，组织举办第三届湖北国际漆艺三年展，在美国、意大利和新加坡开展系列文物展览交流活动，对外文化交流覆盖面不断扩大。

# 湖南省 2016 年文化发展情况分析

2016 年，全省文化系统深入贯彻习总书记系列重要讲话精神，按照“贯穿一条主线，守住两条底线，夯实四大基础，实现五个突破”的工作思路，狠抓文化攻坚，文化改革发展不断取得新进展。

## 一、机构和人员

2016 年末，纳入统计范围的全省各类文化（文物）单位 2.01 万个，比上年末增加 0.44 万个，主要是文化市场经营机构增加 0.42 万个；从业人员 11.93 万人，增加 1.77 万人，主要是文化市场经营机构从业人员增加 1.3 万人。其中，各级文化（文物）部门所属单位 0.36 万个，增加 46 个；从业人员 2.98 万人，增加 0.22 万人。

图1　2011年-2016年全省文化（文物）单位机构数及从业人员数

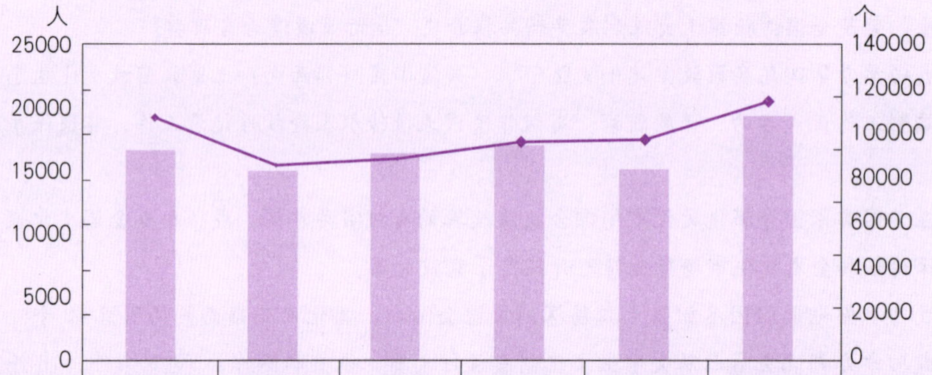


| | 2011年 | 2012年 | 2013年 | 2014 年 | 2015 年 | 2016 年 |
|---|---|---|---|---|---|---|
| 机构数 | 17293 | 15589 | 17034 | 17704 | 15755 | 20134 |
| 从业人数 | 112222 | 90043 | 93135 | 100644 | 101665 | 119350 |

## 二、艺术创作演出

2016 年，湘剧《月亮粑粑》、花鼓戏《我叫马翠花》分别入选 2016 年度国家舞台艺术精品创作工程重点扶持剧目和全国舞台艺术重点创作剧目。围绕“精准扶贫”主题，创作大型花鼓戏《桃花烟雨》、话剧《十八洞》，并实现首演。湘剧《月亮粑粑》、舞剧《桃花源记》参演“第十一届中国艺术节”，湘剧表演艺术家王阳娟荣获“文华表演奖”。首次组织省直艺术名家深入 24 个市县（区）巡演 35 场，完成“雅韵三湘”高雅艺术普及计划 230 场。完成“送戏曲进万村、送书画进万家”活动惠民演出 10069 场。戏曲动漫进校园活动模式被文化部总结推广到全国 9 个省市区。

全省共有艺术表演团体 439 个，比上年增加 166 个，从业人员 1.16 万人，增加 0.3 万人，其中，公有制艺术表演团体 100 个，占 22.8%，从业人员 0.42 万人，占 36.2%；非公有制艺术表演团体 339 个，占 77.5%，从业人员 0.74 万人，占 63.8%。全省文化部门所属艺术表演团体 99 个，从业人员 0.41 万人，其中，具有高级职称人员 442 人，占 10.7%；具有中级职称人员 0.12 万人，占 29.3%。

全年全省艺术表演团体共演出 5.55 万场，其中，赴农村演出 3.3 万场，增长 4.1%；赴农村演出场次占总演出场次的 59.5%，比重比上年提高 11.1 个百分点。国内观众 2443 万人次，比上年增长 27.8%，其中农村观众 1278 万人次，比上年增长 17.2%。总收入 11.29 亿元，比上年增长 60.4%，其中演出收入 4.22 亿元，比上年增长 41.1%。非公有制艺术表演团体共演出 4.12 万场，占 74.2%；演出观众人次 1345.5 万人，占 55.1%；演出收入 3.8 亿元，占 90%。

表 1　2011 年 –2016 年全省艺术表演团体基本情况

| 年　份 | 机构数（个） | 从业人员数（人） | 演出场次（万场） | 国内演出观众人次（万人次） | 总收入（万元） | |
|---|---|---|---|---|---|---|
| | | | | | | #演出收入 |
| 2011 年 | 114 | 5002 | 2.07 | 1442.9 | 2.51 | 0.58 |
| 2012 年 | 141 | 5431 | 2.72 | 1450.2 | 4.83 | 1.79 |
| 2013 年 | 227 | 7890 | 3.55 | 1774.9 | 8.24 | 2.46 |
| 2014 年 | 271 | 8156 | 4.97 | 1709.4 | 6.91 | 3.22 |
| 2015 年 | 273 | 8686 | 6.61 | 1911.4 | 7.04 | 2.99 |
| 2016 年 | 439 | 11631 | 5.55 | 2443 | 11.29 | 4.22 |

全省文化部门所属艺术表演团体共组织政府采购公益演出 0.6 万场，观众 449.8 万人次。利用流动舞台车演出 0.76 万场次，比上年减少 18.3%；观众 557.5 万人次，比上年减少 9.2%。

全省共有艺术表演场馆 86 个，比上年增长 21.1%；观众坐席数 6 万个，增长 1.8%；演出 2.2 万场次，观众 572.2 万人次。其中，各级文化部门所属艺术表演场馆 65 个，观众坐席数 4.87 万个，演出 1.38 万场次，演出观众 331.3 万人次。非公有制艺术表演场馆 20 个，观众坐席数 1.05 个，占全省总数的 17.5%；演出 0.78 万场次，占全省总量的 35.5%；演出观众 239.5 万人次，占全省总量的 41.9%。

## 三、公共文化服务

### （一）公共文化活动

2016 年，我省建立了省级现代公共文化服务体系专家库和省级文化生态研究中心。岳阳成功创建第二批国家公共文化服务体系示范区，株洲的“乡村大舞台”、郴州的“东江旅游摄影艺术惠民公益平台”入选国家示范项目。率先在全国出台《湖南省村（社区）综合文化服务中心管理办法》，建成首批 400 个贫困地区村级综合性文化服务中心示范点。衡南县文化馆被评为“2016 全国优秀文化馆”，涟源市图书馆被评为“2016 最美基层图书馆”。“春雨工程—湖南文化志愿者边疆行示范活动”入选全国最佳志愿服务项目，14 个基层文化志愿服务活动入选文化部典型案例，入选数全国第一。

### （二）图书馆

全省共有公共图书馆 137 个，其中，少儿图书馆 7 个。年末全省公共图书馆从业人员 2094 人，其中，具有高级职称人员 142 人，占 6.8%；具有中级职称人员 747 人，占 35.7%。

全省公共图书馆实际使用房屋建筑面积 43.1 万平方米，比上年末增长 4.1%；图书总藏量 2833.2 万册，比上年增长 10.9%，其中古籍 117.1 万册；电子图书 1131.1 万册，比上年增长 21.8%；阅览室座席数 3.57 万个，比上年增长 9.5%，其中少儿阅览室坐席数 1.1 万个；计算机 0.7 万台，比上年增长 7.7%，其中供读者使用的电子阅览终端 0.47 万台。

年末全省平均每万人公共图书馆建筑面积 63.1 平方米，比上年增加 2 平方米，增长 3.3%，全国排名第 31 位，中部六省排名第 6 位；全省人均图书藏量 0.42 册，比上年增加 0.04 册，增长 10.5%，全国排名第 27 位，中部六省排名第 4 位；全省人均购书费 0.73 元，比上年增加 0.15 元，全国排名第 23 位，中部六省排名第 4 位。

图2 2011年-2016年全省公共图书馆人均资源情况

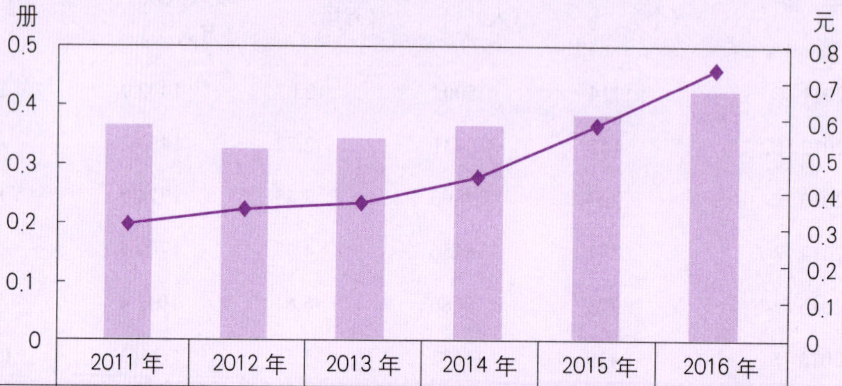


| | 2011 年 | 2012 年 | 2013 年 | 2014 年 | 2015 年 | 2016 年 |
|---|---|---|---|---|---|---|
| 人均图书藏量 | 0.36 | 0.32 | 0.34 | 0.36 | 0.38 | 0.42 |
| 人均购书费 | 0.31 | 0.35 | 0.37 | 0.44 | 0.58 | 0.73 |

**表 2 2015 年 -2016 年中部六省每万人公共图书馆建筑面积**

单位：平方米

| 地区 | 2015 年 | 2016 年 | 增长（%） |
|---|---|---|---|
| **全国** | **94.7** | **103.0** | **8.8** |
| 山西 | 114.3 | 129.9 | 13.6 |
| 安徽 | 65.0 | 71.7 | 10.3 |
| 江西 | 80.1 | 80.5 | 0.5 |
| 河南 | 57.9 | 64.1 | 10.7 |
| 湖北 | 91.9 | 118.9 | 29.4 |
| 湖南 | 61.1 | 63.1 | 3.3 |

表 3　2015 年 –2016 年全省各市州公共图书馆情况

| 地区 | 机构数（个） | | 每万人公共图书馆建筑面积（平方米） | | 人均图书藏量（册） | | 人均购书费（元） | |
|---|---|---|---|---|---|---|---|---|
| | 2015 年 | 2016 年 | 2015 年 | 2016 年 | 2015 年 | 2016 年 | 2015 年 | 2016 年 |
| **全　国** | **3139** | **3153** | **94.7** | **103.0** | **0.61** | **0.65** | **1.43** | **1.56** |
| 全　省 | 137 | 137 | 61.1 | 63.1 | 0.38 | 0.42 | 0.58 | 0.73 |
| 长沙市 | 10 | 10 | 134.1 | 148.4 | 1.07 | 1.24 | 2.53 | 3.47 |
| 株洲市 | 7 | 7 | 46.9 | 46.7 | 0.37 | 0.51 | 0.71 | 0.80 |
| 湘潭市 | 6 | 6 | 60.3 | 67.7 | 0.49 | 0.50 | 0.77 | 0.68 |
| 衡阳市 | 14 | 14 | 33.5 | 33.7 | 0.27 | 0.28 | 0.36 | 0.35 |
| 邵阳市 | 14 | 14 | 46.8 | 46.4 | 0.25 | 0.26 | 0.36 | 0.41 |
| 岳阳市 | 11 | 11 | 38.4 | 38.0 | 0.22 | 0.23 | 0.14 | 0.19 |
| 常德市 | 9 | 9 | 47.2 | 45.0 | 0.27 | 0.28 | 0.26 | 0.31 |
| 张家界市 | 4 | 4 | 41.3 | 48.9 | 0.15 | 0.20 | 0.10 | 0.23 |
| 益阳市 | 7 | 7 | 39.7 | 39.5 | 0.26 | 0.27 | 0.31 | 0.58 |
| 郴州市 | 11 | 11 | 54.8 | 55.0 | 0.32 | 0.34 | 0.37 | 0.35 |
| 永州市 | 12 | 12 | 72.0 | 72.0 | 0.31 | 0.31 | 0.32 | 0.33 |
| 怀化市 | 15 | 15 | 57.0 | 56.8 | 0.34 | 0.36 | 0.37 | 0.39 |
| 娄底市 | 6 | 6 | 58.1 | 57.8 | 0.24 | 0.25 | 0.18 | 0.15 |
| 湘西州 | 9 | 9 | 121.1 | 121.0 | 0.37 | 0.37 | 0.18 | 0.21 |

*按照区划归属地的原则，将省本级的省图书馆和省少儿馆面积、藏量、购书费等相关数据纳入到长沙市进行了合并计算

图3　2011年-2016年全省公共图书馆总流通人次及书刊外借册次

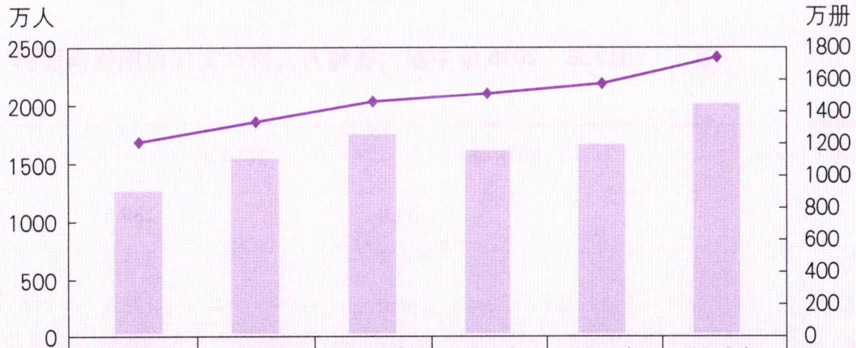


| | 2011 年 | 2012 年 | 2013 年 | 2014 年 | 2015 年 | 2016 年 |
|---|---|---|---|---|---|---|
| 流通人次 | 1215 | 1490 | 1694 | 1570 | 1617 | 1955 |
| 书刊外借册次 | 1173 | 1304 | 1424 | 1476 | 1539 | 1701 |

全省公共图书馆共发放借书证 145.9 万个，比上年增长 37.6%；总流通人次 1955 万，比上年增长 20.9%。书刊文献外借册次 1701 万，比上年增长 10.5%；外借人次 832.5 万，比上年增长 1.1%。全年共组织各类讲座 0.31 万次，比上年增长 1.8%；参加 54.8 万人次，比上年增长 4.3%。共举办展览 618 个，比上年增长 11.8%；参加 282.9 万人次，比上年增长 174.8%。共举办培训班 0.2 万个，比上年增长 38.3%；培训 19.7 万人次，比上年增长 3.6%。

### （三）文化馆

全省共有文化馆 143 个，街道文化站 301 个，乡镇综合文化站 2235 个。从业人员共 0.81 万人，比上年末增加 84 人，其中，具有高级职称人员 152 人，占 1.8%；具有中级职称人员 665 人，占 8.2%。

全省文化馆（站）实际使用房屋建筑面积 154.3 万平方米，比上年末增长 1.9%；对公众开放的阅览室 4.1 万平方米，藏书 1475.6，计算机 1.8 万台。

年末全省平均每万人群众文化设施建筑面积 226.1 平方米，比上年增加 2.71 平方米，增长 1.2%，全国排名第 23 位，中部六省排名第 4 位。

图4 2011年-2016年全省平均每万人群众文化设施建筑面积

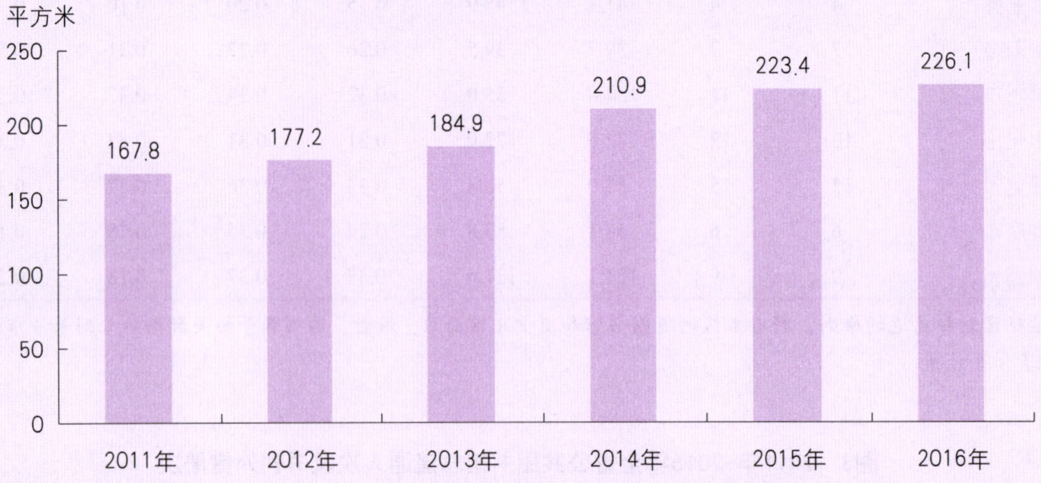


**表 4 2015 年 –2016 年中部六省每万人群众文化设施建筑面积**

单位：平方米

| 地区 | 2015 年 | 2016 年 | 增长（%） |
|---|---|---|---|
| **全国** | **280.0** | **288.6** | **3.1** |
| 山西 | 267.3 | 271.7 | 1.7 |
| 安徽 | 166.0 | 171.3 | 3.2 |
| 江西 | 235.3 | 243.1 | 3.3 |
| 河南 | 142.4 | 142.9 | 0.4 |
| 湖北 | 206.2 | 251.1 | 21.8 |
| 湖南 | 223.4 | 226.1 | 1.2 |

**表 5　2015 年 –2016 年全省各市州群众文化设施建筑面积和业务活动经费**

| 地区 | 机构数（个） | | 每万人群众文化设施建筑面积（平方米） | | 人均群众文化业务活动专项经费（元） | |
|---|---|---|---|---|---|---|
| | 2015 年 | 2016 年 | 2015 年 | 2016 年 | 2015 年 | 2016 年 |
| **全　国** | **44291** | **44497** | **279.95** | **288.64** | **4.47** | **5.29** |
| 全　省 | 2677 | 2679 | 223.4 | 226.1 | 2.45 | 3.13 |
| 省本级 | 1 | 1 | | | | |
| 长沙市 | 191 | 192 | 291.4 | 312.3 | 5.84 | 8.41 |
| 株洲市 | 148 | 148 | 215.7 | 216.9 | 1.36 | 2.29 |
| 湘潭市 | 88 | 88 | 247.1 | 230.0 | 2.18 | 3.04 |
| 衡阳市 | 233 | 233 | 156.0 | 158.0 | 1.42 | 1.57 |
| 邵阳市 | 235 | 235 | 182.9 | 174.8 | 0.97 | 1.30 |
| 岳阳市 | 226 | 226 | 227.8 | 237.1 | 1.47 | 1.89 |
| 常德市 | 235 | 235 | 234.2 | 234.1 | 3.19 | 3.82 |
| 张家界市 | 108 | 108 | 302.6 | 301.5 | 4.51 | 5.94 |
| 益阳市 | 106 | 107 | 155.5 | 156.1 | 1.46 | 2.06 |
| 郴州市 | 271 | 271 | 265.9 | 266.2 | 2.78 | 3.57 |
| 永州市 | 239 | 239 | 178.9 | 179.6 | 1.82 | 2.15 |
| 怀化市 | 317 | 317 | 258.5 | 256.4 | 2.23 | 2.30 |
| 娄底市 | 102 | 102 | 190.9 | 190.6 | 1.77 | 2.09 |
| 湘西州 | 177 | 177 | 350.4 | 370.6 | 4.76 | 4.12 |

*按照区划归属地的原则，将省本级的省文化馆面积、文化业务活动专项经费等相关数据纳入到长沙市进行了合并计算

全年全省文化馆（站）共组织开展各类文艺、训练班、展览、公益性讲座等活动 5.3 万场次，比上年增长 1.9%；服务惠及 2220.4 万人次，比上年增长 4.6%。全省各级群众文化服务活动逐渐向基层延伸，因此，各类文化服务活动的增长点主要集中在乡镇、街道等基层文化机构。

全省文化馆组织品牌节庆活动 224 个，比上年增长 14.8%；组织文艺活动 0.74 万次，比上年减少 1.7%，观众 916.4 万人次，比上年增长 6.4%；举办训练班 0.49 万个，比上年增长 4.5%，培训 39.8 万人次，比上年减少 1.7%；举办展览 0.09 万个，比上年减少 0.9%，参观 175.7 万人次，比上年减少 2.3%；组织公益性讲座 0.09 万次，比上年减少 31.4%，参加 16.5 万人次，比上年减少 23.9%。

全省文化站组织文艺活动 2.3 万次，比上年增长 4%，观众 695.1 万人次，比上年增长 4.7%；举办训练班 1.2 万个，比上年增长 5.9%，培训 86.7 万人次，比上年增长 3.9%；举办展览 0.45 万个，比上年增长 2.1%，参观 290.2 万人次，比上年增长 6.6%。

表 6　2016 年全省群众文化机构开展活动情况

| | 总量 | | 比上年增长（%） | |
|---|---|---|---|---|
| | 活动次数（万次） | 服务人数（万人次） | 活动次数 | 服务人次 |
| **各项活动总计** | **5.3** | **2220.4** | **1.9** | **4.6** |
| 其中：展览 | 0.54 | 465.9 | 1.9 | 3.1 |
| 文艺活动 | 3 | 1611.6 | 1.7 | 5.6 |
| 公益性讲座 | 0.09 | 16.5 | -25 | -23.9 |
| 训练班 | 1.67 | 126.5 | 4.4 | 3 |

全省文化馆共有馆办文艺团体 229 个，演出 0.58 万场，观众 279.1 万人次。由文化馆（站）指导的群众业余文艺团体 1.99 万个，馆办老年大学 49 个。

### （四）博物馆

全省共有博物馆 115 个，从业人员 0.3 万人，其中，具有高级职称人员 108 人，占博物馆总人数的 3.6%；具有中级职称人员 384 人，占博物馆总人数的 12.7%。博物馆文物藏品 57.6 万件，其中，一级文物 1550 件，占 0.27%；二级文物 5900 件，占 1.02%；三级文物 53795 件，占 9.34%。全年博物馆举办基本陈列 202 个，举办临时展览 222 个，接待观众 4783.9 万人次，比上年增长 0.53%；未成年人参观 1433.7 万人次，占博物馆参观总人数的 30%。

### （五）美术馆

全省文化系统所属的美术馆有 20 个，其中，地市级 7 个，县级 13 个；从业人员 98 人，藏品 0.6 万件（套）。全年共举办展览 154 个，比上年增长 10%，参观 89.5 万人次，比上年增长 18.2%。

## 四、文化市场

2016 年，省本级文化市场行政审批工作实现办结率、群众满意率两个 100%。举办了全省上网服务行业转型升级研讨会暨“竞游潇湘”电子竞技联盟大赛对接会、阳光文化娱乐节等活动，积极拓展居民文化消

表 7　2016 年按区域全省文化市场经营单位主要指标

| | | 机构数（个） | 从业人员数（人） | 营业总收入（万元） | 营业利润（万元） |
|---|---|---|---|---|---|
| 总量 | **总计** | **16496** | **89387** | **1378173** | **280208** |
| | 城市 | 5711 | 42217 | 952914 | 109525 |
| | 县城 | 5747 | 35498 | 334091 | 127366 |
| | 县以下 | 5038 | 11672 | 91169 | 43318 |
| 比重（%） | **总计** | **100.0** | **100.0** | **100.0** | **100.0** |
| | 城市 | 34.6 | 47.2 | 69.2 | 39.0 |
| | 县城 | 34.8 | 39.7 | 24.2 | 45.5 |
| | 县以下 | 30.6 | 13.1 | 6.6 | 15.5 |

费空间。全省立案调查案件4400余件，办结案件3700余件，停业整顿579家次。株洲市文化市场综合执法局被评为全国文化市场综合行政执法先进集体。

年末全省文化市场经营单位1.65万个，比上年末增长0.44万个；从业人员8.9万人，增加1.6万人；营业总收入137.8亿元，比上年增长68.3%；营业利润28.02亿元，比上年增长51.5%。

分区域看，年末城市文化市场经营单位5711个，占文化市场经营单位总量的34.6%；县城5745个，占34.8%；县以下地区5038个，占30.6%。

全省共有娱乐场所3041个，比上年增长743个；从业人员2.78万人，比上年减少0.04万人；全年营业总收入24.92亿元，比上年增长12.5%；营业利润8.21亿元，比上年增长27.1%。

全省共有互联网上网服务营业场所1.36万个，比上年减少0.05万个；从业人员3.98万人，比上年增长0.73万人；全年营业总收入44.45亿元，比上年增长44.8%；营业利润18.2亿元，比上年增长48.2%。

全省共有经营性互联网文化单位228个，其中，网络游戏单位163个、网络音乐单位68个、网络动漫单位43个（可兼营多项业务），营业总收入34.15亿元，营业利润-2.65亿元。艺术品经营机构327个，营业总收入3.63亿元，营业利润1.51亿元。演出经纪机构61个，营业总收入21.88亿元，营业利润-0.15亿元。

## 五、文化产业

2016年，开展了省级文化产业示范基地和园区评定工作，认定首批示范基地12个、园区3个。我省获得中央文化产业发展专项资金1.988亿元，位居全国第3位，6个项目入选中央PPP示范项目，位居各省市首位。88个文化类项目获得省级文化产业发展专项资金支持4980万元。长沙市跻身首批国家扩大文化消费试点城市。新增17家文化企业和4个项目入选国家文化出口重点企业（项目）。2016湖南（长沙）国际收藏产业博览会现场销售及意向成交金额达3.8亿元；创新举办2016湖湘动漫月系列活动，其中动漫游戏展现场交易额达8000万元；组织湖南动漫游戏展团参加第十二届深圳文博会，达成意向合同金额4亿余元。

全省共有1个国家级文化产业示范园区和12个国家文化产业示范基地，从业人员11.99万人，其中，具有大专以上学历10.1万人，占84.2%；具有中级职称以上1.8万人，占15%；全年营业收入284.96亿元，比上年减少3.9%；营业利润57.04亿元，比上年减少4%。

全省共有31个经国家认定的动漫企业，从业人员0.16万人，其中，具有大专以上学历0.15万人，占93.8%；全年营业总收入7.49亿元，利润总额0.82亿元；原创漫画作品746部，原创动画作品274部。

## 六、文物保护

2016年，永顺老司城、凤凰区域性防御体系等遗产园区建设、永顺双凤村等传统村落整体保护利用项目加快推进，澧县城头山国家考古遗址公园正式开园。永州市获批国家历史文化名城。完成全省古籍普查登记工作，23部古籍入选国务院颁布的第五批《国家珍贵古籍名录》，湖南图书馆入选全国古籍重点保护单位。截至2016年底，全省共有全国重点文物保护单位183处，省级文物保护单位862处。

全省共有文物机构268个，比上年增加3个，其中，文物保护管理机构85个，占31.7%。全省文物机构从业人员0.48万人，其中，具有高级职称150人，占3.1%；具有中级职称518人，占10.8%。

图5　2011年-2016年全省文物机构及从业人员情况

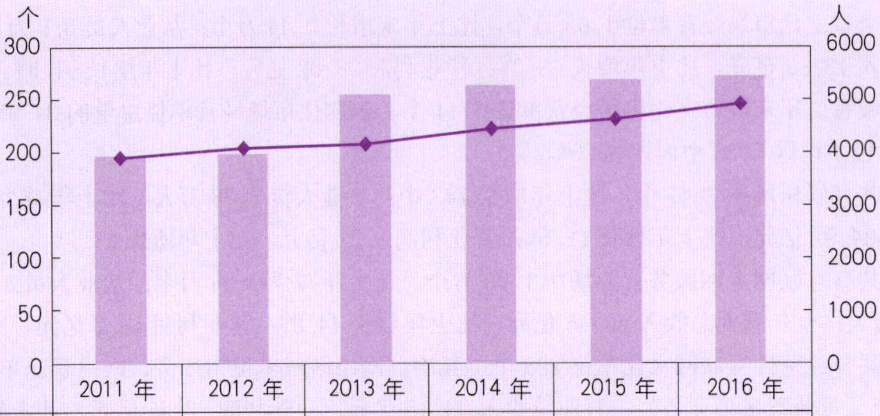


| | 2011 年 | 2012 年 | 2013 年 | 2014 年 | 2015 年 | 2016 年 |
|---|---|---|---|---|---|---|
| 机构数 | 193 | 196 | 250 | 259 | 265 | 268 |
| 从业人数 | 3821 | 3995 | 4074 | 4367 | 4533 | 4813 |

全省文物机构拥有文物藏品 97.7 万件（套），其中，博物馆文物藏品 57.6 万件，占文物藏品总量的 58.9%；文物商店文物藏品 21.9 万件，占 22.4%。文物藏品中，一级文物 1962 件，占 0.2%；二级文物 7102 件，占 0.7%；三级文物 65483 件，占 6.7%。全年修复藏品 0.69 万件（套），考古发掘面积 41 万平方米，编制文物保护规划和方案设计 190 个。

全年全省文物机构共举办基本陈列 249 个，举办临时展览 251 个，接待观众 5365.6 万人次，比上年增长 2.8%；未成年人参观 1640.5 万人次，比上年减少 13.1%，占参观总人数的 30.6%。

图6　2011年-2016年全省文物机构接待观众人次情况

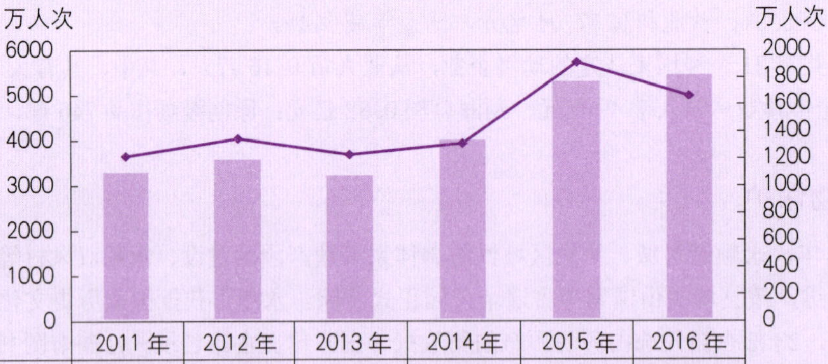


| | 2011 年 | 2012 年 | 2013 年 | 2014 年 | 2015 年 | 2016 年 |
|---|---|---|---|---|---|---|
| 参观人次 | 3217.9 | 3506.6 | 3150.5 | 3946 | 5218.4 | 5365.6 |
| 未成年人参观人次 | 1194.9 | 1319.2 | 1209.5 | 1286.4 | 1887.6 | 1640.5 |

## 七、非物质文化遗产保护

2016 年，《湖南省实施〈中华人民共和国非物质文化遗产法〉办法》颁布实施。花垣县的“苗族赶秋”和郴州的“安仁赶分社”作为二十四节气中的重要组成部分成功列入世界非遗名录。“女书习俗”走进联合国，湘绣、土家族织锦、花瑶挑花等项目赴美国参加第 37 届罗利艺术节。截至 2016 年底，全省共有国家级非物质文化遗产项目 118 个，省级非物质文化遗产项目 324 个；国家级代表性传承人 60 人，省级代表性传承人 247 人。

全省共有非物质文化遗产保护机构 131 个，从业人员 887 人，其中，非物质文化遗产保护中心 96 个，从业人员 727 人，中心下辖非物质文化遗产展示场所 82 个、传习场所 363 个。全年全省非物质文化遗产保护机构共举办展览 816 个，比上年增长 9.4%，接待观众 135.4 万人次，比上年增长 18.1%；举办演出 1846 场，比上年增长 2.9%，观众 190.4 万人次，比上年增长 64.1%；举办民俗活动 560 次，比上年增长 11.1%，观众 172.8 万人次，比上年增长 22.3%；举办培训班 490 次，比上年增长 115.9%，培训 1.2 万人次，比上年增长 50%。

## 八、对外和对港澳台文化交流

2016 年，“湘”字号文化品牌达 42 个，占全国文化品牌的 16.2%。春节期间，先后派出访演团队赴印度尼西亚、美国、伊拉克等 7 个国家，参加“欢乐春节·锦绣潇湘”演出 45 场。成功承办与巴基斯坦中国文化中心文化合作项目和 2016 中拉文化年——拉美客座艺术家交流、2016 中法文化之春、“艺海流金——感悟湘风楚韵”内地与港澳文化联谊、“驻华外交官中国行”来湘考察、“湘音流转”宝岛行等活动。长沙当选“东亚文化之都”。

全年经文化系统审批的对外、对港澳台文化交流演出团体机构 29 个，其中，出访 25 个、来访 4 个；共参与交流 407 人；演出（展览）69 场，比上年增长 25.5%。

## 九、文化资金投入

2016 年，全省争取中央补助地方“三馆一站”免费开放、非物质文化遗产保护、公共数字文化建设、文物保护等各类文化文物专项资金 11.5 亿元，省财政年中安排及配套各类专项资金 2.02 亿元。

全年全省文化事业费 24.19 亿元，全国排名第 10 位，中部六省排名第 2 位，比上年增加 4.81 亿元，增长 24.8%，增长幅度比上年提高 5.6 个百分点；全省人均文化事业费 35.46 元，全国排名第 26 位，中部六省排名第 3 位，比上年增加 6.89 元，增长 24.1%，增长幅度比上年提高 5.7 个百分点。

**表 8　2015 年 –2016 年中部六省文化事业费情况**

| 地区 | 文化事业费总量（亿元） | | 人均文化事业费（元） | |
|---|---|---|---|---|
| | 2015 年 | 2016 年 | 2015 年 | 2016 年 |
| **全国** | **682.97** | **770.69** | **49.68** | **55.74** |
| 山西 | 18.2 | 19.78 | 49.67 | 53.73 |
| 安徽 | 14.63 | 17.56 | 23.81 | 28.34 |
| 江西 | 12.71 | 12.89 | 27.84 | 28.08 |
| 河南 | 20.6 | 22.28 | 21.73 | 23.37 |
| 湖北 | 23.56 | 29.04 | 40.27 | 49.35 |
| 湖南 | 19.38 | 24.19 | 28.57 | 35.46 |

图7　2011年-2016年全省文化事业费及增速情况

| | 2011 年 | 2012 年 | 2013 年 | 2014 年 | 2015 年 | 2016 年 |
|---|---|---|---|---|---|---|
| 文化事业费 | 9.88 | 12.69 | 14.47 | 16.26 | 19.38 | 24.19 |
| 增长速度 | 14.8 | 28.4 | 14 | 12.4 | 19.2 | 24.8 |

图8　2009年-2016年全省文化事业费占财政总支出比重情况

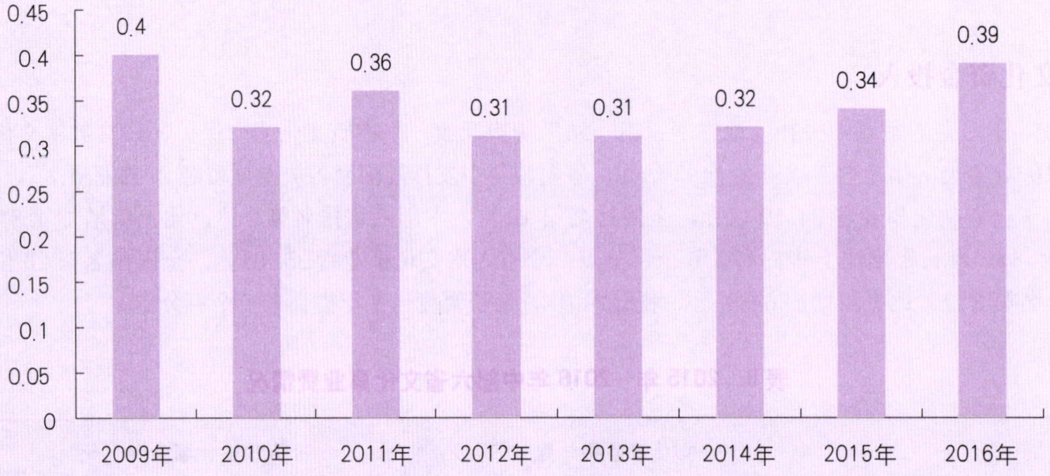


2016 年，全省大力推进精准扶贫工作，邵阳、常德、张家界、郴州、永州、怀化、娄底、湘西自治州等 8 个市州的文化事业费增幅加快。岳阳、郴州、怀化等 3 个市州文化事业费首次突破 1 亿元大关。株洲、湘潭、衡阳、岳阳、益阳、永州等 6 个市州文化事业费增幅低于全省平均增幅水平。

表 9　2014 年 –2016 年全省各市州文化事业费情况

| 市州 | 文化事业费（亿元） | | | 比上年增长（%） | |
|---|---|---|---|---|---|
| | 2014 年 | 2015 年 | 2016 年 | 2015 年 | 2016 年 |
| **全　国** | **583.44** | **682.97** | **770.69** | **17.06** | **12.84** |
| 全　省 | 16.26 | 19.38 | 24.19 | 19.18 | 24.82 |
| 省本级 | 3.18 | 3.67 | 4.5 | 15.42 | 22.62 |
| 长沙市 | 1.71 | 2.67 | 3.37 | 55.60 | 26.22 |
| 株洲市 | 0.94 | 1.27 | 1.34 | 34.72 | 5.51 |
| 湘潭市 | 0.88 | 0.77 | 0.73 | -12.00 | -5.19 |
| 衡阳市 | 1.06 | 1.34 | 1.57 | 26.45 | 17.16 |
| 邵阳市 | 1.20 | 1.51 | 1.98 | 26.42 | 31.13 |
| 岳阳市 | 0.74 | 0.96 | 1.02 | 31.09 | 6.25 |
| 常德市 | 1.47 | 1.55 | 2.11 | 5.04 | 36.13 |
| 张家界市 | 0.28 | 0.43 | 0.77 | 53.46 | 79.07 |
| 益阳市 | 0.67 | 0.67 | 0.82 | 0.57 | 22.39 |
| 郴州市 | 0.79 | 0.82 | 1.06 | 3.41 | 29.27 |
| 永州市 | 0.73 | 0.80 | 0.98 | 9.96 | 22.5 |
| 怀化市 | 0.87 | 0.95 | 1.28 | 9.05 | 34.74 |
| 娄底市 | 0.48 | 0.55 | 0.69 | 14.15 | 25.45 |
| 湘西州 | 1.27 | 1.42 | 1.98 | 12.21 | 39.44 |

表 10　2014 年 –2016 年全省各市州人均文化事业费情况

| 市州 | 文化事业费（亿元） | | | 比上年增长（%） | |
|---|---|---|---|---|---|
| | 2014 年 | 2015 年 | 2016 年 | 2015 年 | 2016 年 |
| **全　国** | **42.65** | **49.68** | **55.74** | **16.48** | **12.20** |
| 全　省 | 24.14 | 28.57 | 35.46 | 18.35 | 24.12 |
| 长沙市 | 23.44 | 35.89 | 44.03 | 53.11 | 22.68 |
| 株洲市 | 23.71 | 31.62 | 33.36 | 33.36 | 5.50 |
| 湘潭市 | 31.25 | 27.39 | 25.58 | -12.35 | -6.61 |
| 衡阳市 | 14.47 | 18.21 | 21.48 | 25.85 | 17.96 |
| 邵阳市 | 16.59 | 20.85 | 26.99 | 25.68 | 29.45 |
| 岳阳市 | 13.14 | 17.12 | 18.01 | 30.29 | 5.20 |
| 常德市 | 25.26 | 26.48 | 36.14 | 4.83 | 36.48 |
| 张家界市 | 18.62 | 28.49 | 50.23 | 53.01 | 76.31 |
| 益阳市 | 15.20 | 15.22 | 18.45 | 0.13 | 21.22 |
| 郴州市 | 16.83 | 17.29 | 22.60 | 2.73 | 30.71 |
| 永州市 | 13.48 | 14.71 | 17.86 | 9.12 | 21.41 |
| 怀化市 | 17.93 | 19.43 | 26.08 | 8.37 | 34.23 |
| 娄底市 | 12.48 | 14.18 | 17.67 | 13.62 | 24.61 |
| 湘西州 | 48.29 | 53.9 | 75.10 | 11.62 | 39.33 |

据省财政厅数据，2016 年全省财政一般公共预算支出 6337 亿元，比上年增长 10.6%，增长幅度比上年减少 2.7 个百分点，其中，文化体育传媒经费支出 154.99 亿元，比上年增长 38.7%，增长幅度比上年减少 1 个百分点；文化体育传媒经费占财政总支出的 2.4%，比重比上年增加 0.5 个百分点。

（湖南省文化厅）

# 湖南：湘戏晋京反响强烈

喧闹的锣鼓，悠扬的湘音，从盛夏到金秋，湖南戏剧组团晋京，湖南戏剧工作者北上献艺。7月26日至9月20日，“湘戏晋京”展演在北京举行，12台大型湘戏剧目陆续在首都各大剧院上演，让湘戏从湖南走向全国的艺术舞台，被更多的人熟悉和记住。这是湖南戏剧多年未有之盛事，规模大、持续时间长、各界评价高、吸引观众多，反响十分热烈。刘奇葆等多位中央领导同志到场观看。

本次“湘戏晋京”出演剧种有湘剧、舞剧、花鼓戏等7种类别。其中，反映山区教师坚守岗位、无私奉献的湘剧《月亮粑粑》、表现小人物行大仁义的花鼓戏《我叫马翠花》等入选了2016年国家重点创作剧目；京剧《辛追》、舞剧《桃花源记》和湘剧《烧车御史》等剧目则代表了近三年来湖南舞台艺术最高水平。这些独具特色、极具湘味的作品，受到首都观众的热情追捧，汉剧《孟姜女传奇》、花鼓戏《齐白石》等，都出现了排长队购票的盛况。湘戏的别样魅力在首都文艺界和观众中激起阵阵波澜，大家纷纷点赞：“音乐剧《天使合唱团》为中国的原创音乐剧开启了新的篇章”“汉剧《孟姜女传奇》给人带来了愉悦和感动，值得继续打磨，成为经典”“舞剧《桃花源记》既保持了古典的传统美感，又给人时尚创新的感觉，湖南艺术家的水准和风采值得称赞”。

湖湘文化源远流长，地方戏曲精彩纷呈。多少年来，湖南地方戏剧艺术汲取中华大地和湖湘文化的生命养分，逐渐形成了19个风格各异的剧种。富有地方特色的湘剧，曾经红遍全国的花鼓戏，源于江苏昆山、在郴州扎根的湘昆，一度“祁阳弟子遍天下”的祁剧，及汉剧、巴陵戏、阳戏、辰河戏、花灯戏、荆河戏、苗剧、侗戏、傩戏等，璀璨绽放于三湘大地。

近年来，湖南艺术工作者遵循习近平总书记在文艺座谈会上的讲话精神，在文化强省的征程中，唱响主旋律，传播正能量，在艺术创作上凝聚激情，燃烧青春，传承创新。创作推出了一大批切合当前时代主题、弘扬社会主义核心价值观的优秀剧目，产生了广泛社会影响。这次晋京展演的12台大型剧目，就是其中的优秀代表，鲜明地标示着湖南近年来戏剧创作的品牌。

随着电影电视、互联网的兴起，人们的休闲娱乐方式变得多元化，戏曲面临知音少、传承难等问题。值得欣慰的是，湖南文艺工作者克服困难、坚守阵地，投身艺术的境界和情怀一如往昔；一大批艺术家不计名利、不图回报，为戏曲的保护传承鞠躬尽瘁，奉献毕生。他们粉墨中青春常在，梨园行痴情不改，值得人们肃然起敬。我们相信，只要秉持这种执着和坚守，湖南戏剧将不断放射夺目的光彩！

# 广东省2016年文化发展情况分析

2016年，广东省文化系统全面贯彻党的十八大和十八届三中、四中、五中、六中全会精神，深入学习贯彻习近平总书记系列重要讲话精神，紧紧围绕中央和省委省政府关于文化建设的部署要求，面对文化工作的新形势新任务，全力以赴攻难点，把握关键抓重点、精心策划谋亮点，推动我省文化改革发展各项工作取得新进展新成效，实现了“十三五”良好开局。

## 一、机构和人员

2016年末，纳入统计范围的全省各类文化（文物）单位22757个，比上年末增加2760个；从业人员248946人，增加17059人。其中，各级文化文物部门所属单位2541个，增加6个；从业人员34414人，增加1142人。

图1 2012年-2016年全省文化单位机构数及从业人员数

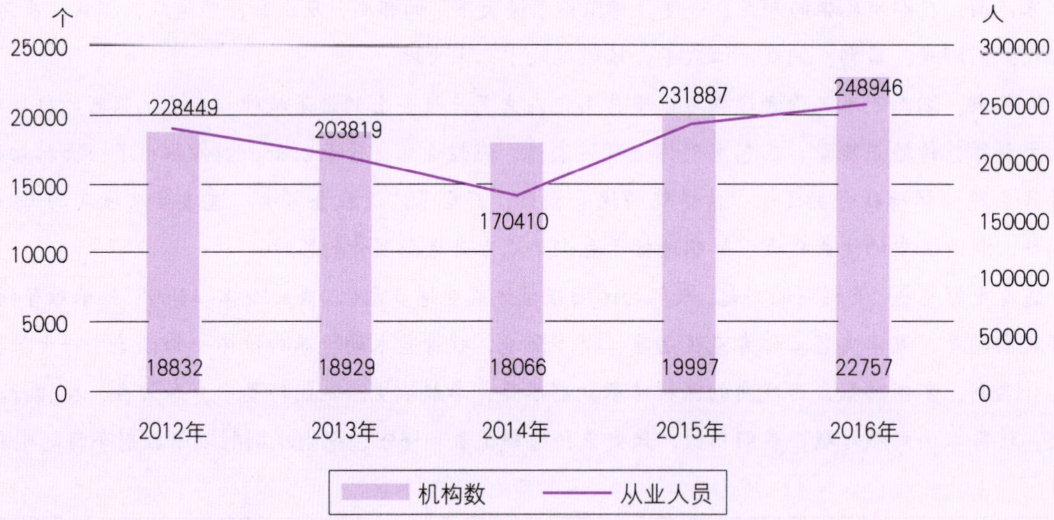


## 二、艺术创作演出

2016年，广东省艺术精品创作生产有新突破，呈现良好势头。树立以人民为中心的创作导向，开展“中国梦”主题创作，把省直和各市艺术院团的重要选题作为重点扶持对象。以广东本土历史文化题材、海上丝绸之路题材和近现代题材、改革开放题材和重大历史纪念节点为重要创作要素，鼓励和支持剧作家深入生活，加强策划论证把关，推出粤剧《还金记》《户部黎工》、《番薯县官》、话剧《韩文公》等一批优秀新作品。完成首届“青年创作计划”，《有多少爱可以重来》、《曹操与献帝》、《梦鲤记》等三个优秀剧本进由专家指导修改提高后，分别搬上舞台，观众、专家和媒体均给予好评。继续打磨舞剧《沙湾往事》、大型民族交响套曲《丝路粤韵》、话剧《康有为与梁启超》等一批精品力作并在省内外巡演，不断扩大我省优秀文艺作品的影响力。全省各类优秀艺术作品参加全国重大文艺活动喜获丰收。舞剧《沙湾往事》以昂扬向上的思想内涵、独具魅力的艺术创新和丰富的审美观赏价值，在高手如云的第十一届中国艺术节激烈竞争中脱颖而出夺得“文华大奖”，赢得了国家艺术领域的最高荣誉。少儿舞蹈《爸妈我想你》和曲艺《羊续悬鱼》2 部作品获得文化部“群星奖”，我省获奖数量并列全国第一。音乐剧《烽火·冼星海》被文化部评为2016 年度国家舞台艺术精品创作扶持工程十台重点扶持剧目之一。地方戏曲传承和发展工作稳步推进。继续实施“广东省百台地方戏发展扶持计划”，开展戏曲进农村工程试点工作；举办 2016 广东戏曲喜剧特邀展，在全国首创喜剧主题的地方戏曲展演活动。进一步打造艺术惠民品牌，成功举办首届南国音乐花会、2016 粤港澳台魔术交流展演、第十三届广东现代舞周、“纪念中国共产党建党 95 周年暨红军长征胜利 80 周年广东省美术与书法作品展”等重点活动，取得良好反响。

年末全省共有艺术表演团体 357 个，比上年末减少 34 个，从业人员 11532 人，比上年末增加 140 人。其中各级文化部门所属的艺术表演团体 67 个，占 10.36%，从业人员 4225 人，占 36.64%。

全年全省艺术表演团体共演出 3.875 万场，比上年末减少 6.17%，其中赴农村演出 2.749 万场，增长 14.10%，赴农村演出场次占总演出场次的 70.94%；国内观众 2427.276 万人次，比上年增长 13.32%，其中农村观众 1894.62 万人次，比上年增长 33.03%；总收入 11.52492 亿元，比上年末减少 20.64%，其中演出收入 3.89151 亿元，减少 48.90%。

**表 1　2012 年 –2016 年全省艺术表演团体基本情况**

| 年　份 | 机构数（个） | 从业人员数（人） | 演出场次（万场） | 国内演出观众人次（万人次） | 总收入（万元） | |
|---|---|---|---|---|---|---|
| | | | | | | #演出收入 |
| 2012 年 | 337 | 13712 | 4.996 | 9082 | 62668 | 27859 |
| 2013 年 | 405 | 13363 | 4.239 | 4601 | 102373 | 38840 |
| 2014 年 | 325 | 10759 | 4.698 | 2742 | 114276 | 31783 |
| 2015 年 | 391 | 11392 | 4 | 2142 | 145228 | 76154 |
| 2016 年 | 357 | 11532 | 4 | 2427 | 115249 | 38915 |

全省文化部门所属艺术表演团体共组织政府采购公益演出 0.122 万场，比上年末减少 15.28%；观众 128.391 万人次，减少 3.12%。利用流动舞台车演出 0.003 万场次，比上年末减少 78.57%；观众 1.661 万人次，减少 84.73%。

年末全省共有艺术表演场馆 75 个，观众坐席数 8.8004 万个；全年艺术演出 0.674 万场次，比上年末增长 45.89%；艺术演出观众人次 248.297 万人次，增长 63.85%。其中各级文化部门所属艺术表演场馆 44 个，观众坐席数 5.1153 万个，全年共举行艺术演出 0.376 万场次，比上年增加 43.51%；艺术演出观众人次 232.347 万人次，增长 77.84%。

年末全省国有美术馆 15 个，比上年末增加 1 个，从业人员 368 人，增加 24 人。全年共举办展览 459 次，比上年增长 29.30%，参观人次 200.269 万人次，比上年末增长 16.11%。

## 三、公共文化服务体系建设

2016年，我厅认真贯彻落实《中共广东省委办公厅广东省人民政府办公厅印发〈关于加快构建现代公共文化服务体系的实施意见〉的通知》，在基本完成全省基层公共文化设施建设全覆盖的前提下，着力推进公共文化建设提质增效，扩大文化惠民成果。办好省政府文化民生实事，支持粤东西北地区建设县（市、区）图书馆、文化馆总分馆20个（超省政府规定任务额33%），乡镇（街道）文体广场137个（超额37%）。积极推进国家级和省级公共文化服务体系示范区（项目）创建，深圳市福田区、惠州市“文化惠民卡制度”项目、广州市越秀区“中心城区公共文化服务体系创新工程”项目等第二批国家公共文化服务体系示范区（项目）创建顺利通过国家终期验收，确定4个县（市、区）和12个项目获第二批省级示范区（项目）创建资格。举办“同饮一江水”2016广东省打工者歌唱大赛、第十届少儿艺术花会、“粤读越精彩”全民阅读推广活动、第十二届“百歌颂中华”歌咏活动、首届广东民歌民乐大赛和承办第七届全国少年儿童合唱节，受到社会各界好评。组织群众文艺作品评选，聘任一批省业余剧作家、作曲家和编舞家，命名广州市荔湾文化艺术中心等7个全省群文作品试排试演基地，有效引导各地推出群众文艺精品。实施国家数字文化建设三大工程，推动公共数字文化服务。推动文化志愿服务活动常态化制度化，印发《广东省文化志愿服务规范指引》《广东省文化志愿服务事业发展“十三五”规划》，组织开展广东省文化志愿者云南行活动。深圳市和东莞市分别承办了“全国文化志愿服务工作现场经验交流会”和“2016年全国文化志愿服务机制建设培训班”，受到了文化部的肯定。

### （一）公共图书馆

年末全省共有公共图书馆142个，比上年末增加2个。其中少儿图书馆5个，与上年末持平。年末全省公共图书馆从业人员4360人，比上年末增加201人。其中具有高级职称的人员289人，占6.63%；具有中级职称的人员1362人，占31.24%。

年末全省公共图书馆实际使用房屋建筑面积128.876万平方米，比上年末增长2.48%；图书总藏量7899.847万册，增长12.73%，其中古籍81.425万册；电子图书5288.287万册，增长19.49%；阅览室座席数9.3915万个，增长4.51%；计算机1.6163万台，增长6.46%；供读者使用的电子阅览终端0.9723万台，增长7.63%。

年末全省平均每万人公共图书馆建筑面积117.17平方米，比上年末增加1.25平方米；全省人均图书藏量0.72册，增加0.07册；全年全省人均购书费2.70元，比上年末增加0.52元。

**图2 2012年-2016年全省公共图书馆人均资源情况**

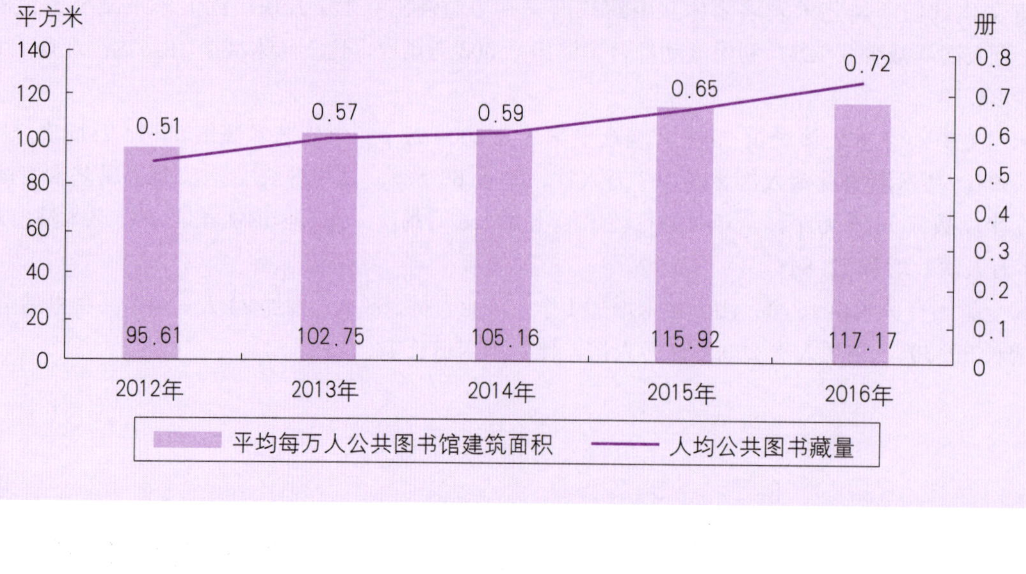

全年全省公共图书馆有效借书证数 6202406 个，比上年末增长 18.27%；总流通人次 8334.844 万，增长 6.11%。书刊文献外借册次 5218.651 万，增长 19.22%；外借人次 1954.110 万，增长 15.13%。全年共为读者举办各种活动 20277 次，增长 82.23%；参加人次 1241.552 万，增长 6.07%。

图3 2012年-2016年全省公共图书馆总流通人次及书刊外借册次

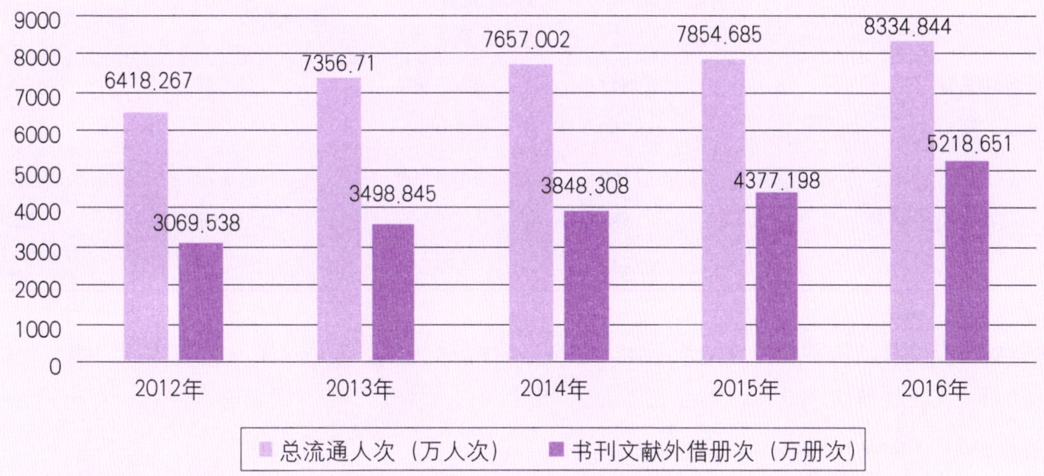


（二）群众文化机构

年末全省共有群众文化机构 1748 个，比上年末增加 6 个。其中乡镇综合文化站 1175 个，比上年末增加 4 个。年末全省群众文化机构从业人员 11723 人，比上年末增加 278 人。其中具有高级职称的人员 198 人，占 1.69%；具有中级职称的人员 637 人，占 5.43%。

年末全省群众文化机构实际使用房屋建筑面积 392.423 万平方米，比上年末增长 0.77%；藏书 2816.911 万册，增长 6.30%；计算机 21793 台，增长 13.92%；对公众开放的阅览室 9.299 万平方米，增长 18.13%。年末全省平均每万人群众文化设施建筑面积 356.78 平方米，比上年末减少 2.18 平方米。

图4 2012年-2016年全省平均每万人群众文化设施建筑面积

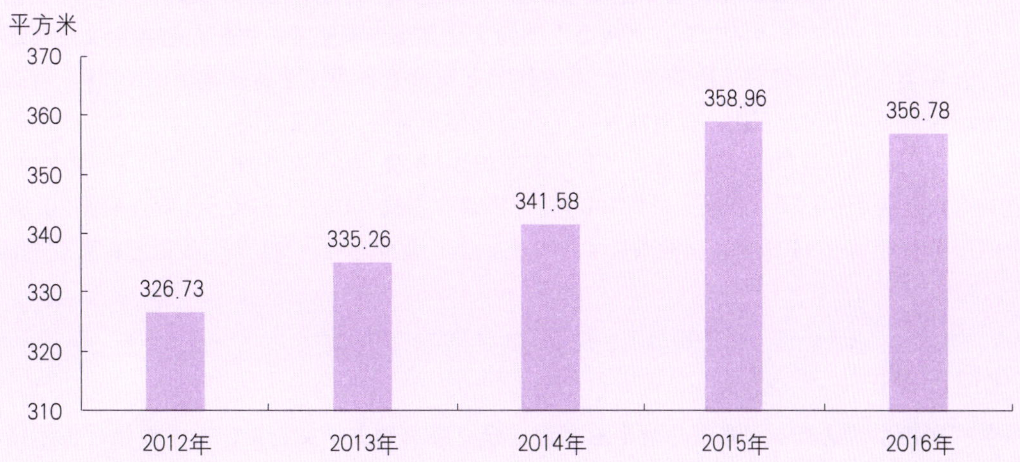

全年全省群众文化机构共组织开展各类文化活动 11.9841 万场次，比上年末增长 13.51%；服务人次 5862.908 万，减少 12.83%。

**表 2　2016 年全省群众文化机构开展活动情况**

| | 总量 | | 比上年增长（%） | |
|---|---|---|---|---|
| | 活动次数（万次） | 服务人数（万人次） | 活动次数 | 服务人次 |
| **各项活动总计** | **11.9841** | **5862.908** | **13.51** | **-12.83** |
| 其中：展览 | 0.8758 | 1079.981 | 6.82 | -30.03 |
| 文艺活动 | 5.7166 | 4329.609 | 13.72 | -7.97 |
| 公益性讲座 | 0.1584 | 25.107 | 10.92 | -2.99 |
| 训练班 | 5.2333 | 428.211 | 14.57 | -5.24 |

年末全省群众文化机构共有馆办文艺团体 341 个，演出 5429 场，观众 456.823 万人次。由文化馆（站）指导的群众业余文艺团体 14089 个，馆办老年大学 36 个。

## 四、文化市场与文化产业

我省是国内最重要的演出市场之一，网络文化经营单位设立也呈井喷态势。去年新审批设立经营性互联网文化单位达 1573 家，增幅高达 233%。动漫、网络游戏、网络音乐等新兴文化业态在全国领先态势明显。针对意识形态领域新情况新问题，制定了《演出内容监管要点（试行）》，牵头会同省直相关职能部门建立了涉外演出管理协调会商机制。全省 5 个试点地区试点上网服务场所已全部提前实现了转型升级目标。制定《广东省游戏行业排行榜发布规则》，指导开展 2016“金钻奖”评选工作。推动文化与金融合作发展，联合有关单位在深圳文博会期间举办“文化金融合作发展推进会”，成功促成 87 个文化项目共获得银行授信 498 亿元。推动文化与旅游融合发展，评出全省首批 8 个文化旅游融合发展示范区。积极做好深圳文博会广东团组展工作，连续三年实现全省各地级以上市组团参展“满堂红”，广东团总成交额达 2063.22 亿元，再创新高。积极扶持重点文化产业项目建设，推荐 4 个项目成功获得国家文化产业资金补助。修订印发了《广东省文化厅省级文化产业示范园区管理办法》。指导各地开展扩大文化消费试点工作，广州、深圳两市成功获文化部批准为第一批国家文化消费试点城市。指导各地和各试点单位推进文化文物单位文创产品开发工作。精心组织开展 2016 年“两节”、“两会”期间文化市场专项整治，去年全省各级文化市场行政执法部门组织检查各类文化市场经营场所约 28.8 万家次，立案调查各类违法违规案件 1669 件，行政处罚违法违规文化市场经营单位 1582 家次，有效地保障了我省文化市场持续健康发展。

年末全省文化市场经营单位 20128 家，比上年末增加 2760 家；从业人员 20.7591 万人，增加 2.105 万人。年末全省共有娱乐场所 6427 个，从业人员 92106 人，全年营业总收入 67.77461 亿元，营业利润 10.32790 亿元。互联网上网服务营业场所 9408 个，从业人员 42870 人，全年营业总收入 32.79554 亿元，营业利润 5.51832 亿元。

## 五、文化遗产保护

组织全省文物系统认真学习贯彻习近平总书记、李克强总理关于文物工作的重要指示批示精神，召开全省文物工作会议。落实省委主要领导和分管领导有关文物保护工作的重要批示要求，加快推进汕头小公园改造保护工程、饶平新彩楼保护修缮、全省名人故居和传统村落的保护利用等工作，取得初步成效。积极推进海上丝绸之路申遗工作，广东有多处遗迹进入我国海丝申遗之列。清远英德青塘遗址挖掘发现旧新石器时代过渡阶段古人类化石，这是目前广东发现的保存最为完整的古人类化石，是我省考古的又一次重大成果。完成全国第一次可移动文物普查数据采集登录工作，登录藏品总数 825430 件（套），居全国前列。国家文物局确定广东成为“2016 年度博物馆青少年教育功能提升项目”试点省份。省文化厅联合《南方日报》开展文物保护系列专题报道《“国保”的启示》，扩大文物保护利用宣传，策划举办一批廉政主题展览。组织“十三五”时期国家非遗保护利用设施建设项目储备库申报，积极推进非遗传承人群研修研习培训工作，加强非遗传承人抢救性记录保护，加快推进《广东省粤剧保护管理规定》立法进程。在少数民族地区连南举办第十一个中国文化遗产日广东主会场活动，传递文化遗产保护重心下移基层乡村的理念。

年末全省共有文物机构 269 个，比上年末减少 1 个。其中，文物保护管理机构 33 个，占 12.27%，博物馆 177 个，占 65.80%。年末全省文物机构从业人员 4546 人，比上年末增加 140 人。其中高级职称 214 人，占 4.71%，中级职称 791 人，占 17.40%。

图5　2012年-2016年全省文物机构及从业人员情况

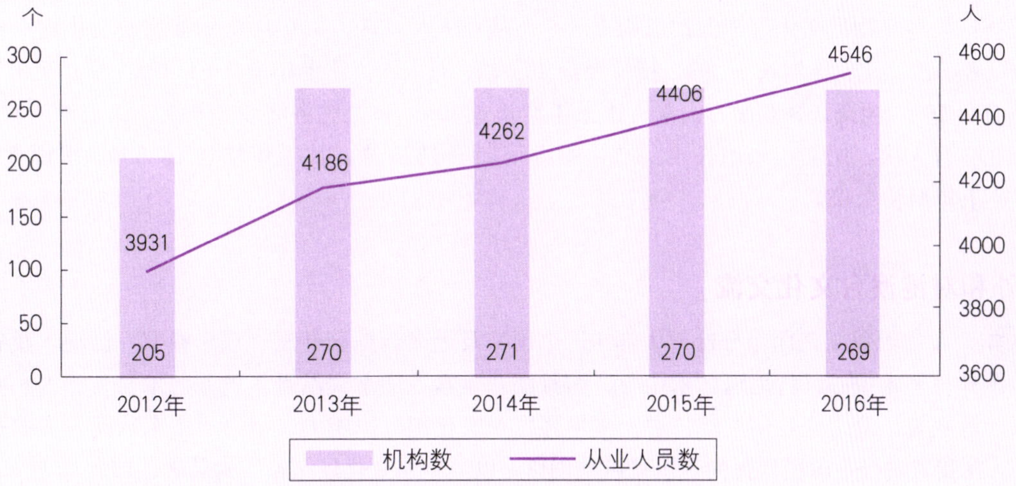


年末全省文物机构拥有文物藏品 1290857 件，比上年末增加 7620 件，增长 0.59%。其中，博物馆文物藏品 953330 件，占文物藏品总量的 73.85%；文物商店文物藏品 237089 件，占 18.37%。文物藏品中，一级文物 1399 件，占 0.11%；二级文物 15111 件，占 1.17%；三级文物 65133 件，占 5.05%。

全年全省文物机构共安排基本陈列 764 个，比上年增长 40.96%，举办临时展览 1060 个，比上年增长 4.95%，接待观众 5011.025 万人次，比上年增长 11.81%。其中未成年人 1127.76 万人次，增长 16.75%，占参观总人数的 22.51%。博物馆接待观众 4727.445 万人次，比上年末增长 11.19%，占文物机构接待观众 94.34%。

图6　2012年-2016年全省文物机构接待观众人次及未成年人观众人次

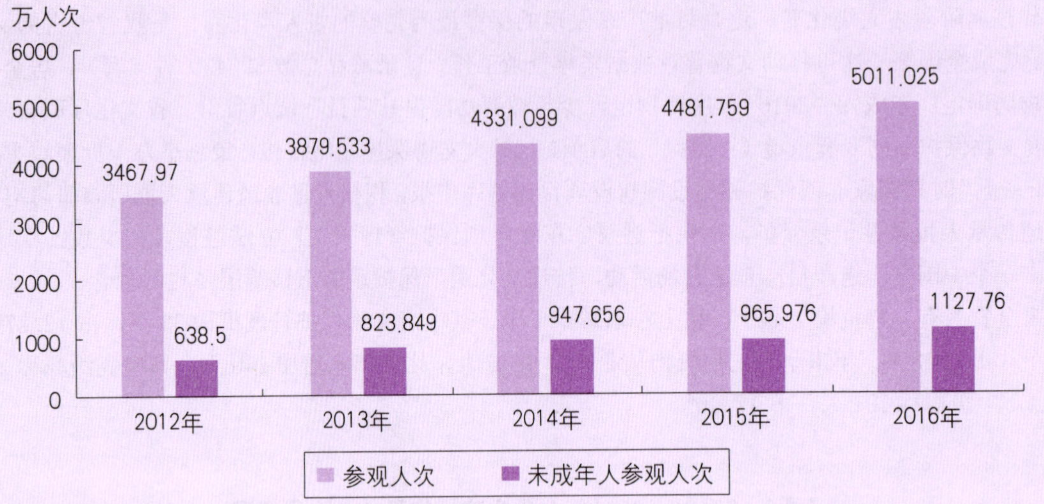


年末全省共有非物质文化遗产保护机构 126 个，从业人员 908 人。全年全省非物质文化遗产保护机构共举办展览 877 次，比上年增长 1.39%，接待观众 405.873 万人次，比上年增长 64.49%；举办演出 1505 场，比上年降低 8.45%，观众 218.689 万人次，比上年增长 6.56%；举办民俗活动 876 次，比上年增长 7.22%，观众 676.399 万人次，比上年末增长 47.84%；举办培训班 1778 次，比上年增长 16.59%，培训人数 9.219 万人次，比上年增长 7.95%。

## 六、对外和对港澳台文化交流

2016 年，我省组派文艺团组分赴五大洲 15　个国家及港澳台地区开展“欢乐春节”活动。我省的舞台精品在美国林肯艺术中心、肯尼迪艺术中心、西雅图音乐宫、加拿大温哥华奥芬艺术宫、意大利罗马音乐公园音乐厅等欧美主流文化场所上演，进一步增强广东文化国际影响力。举办“中东欧国家作曲家采风创作”活动，在我省进行中国民族民间音乐采风并创作。以“广东文化丝路行”为品牌，加大与“一带一路”沿线国家的文化交流力度，取得良好效果。与香港、澳门联合举行了粤港澳文化合作第十七次会议，商定并实施 70　个合作项目。启动“起势珠三角——粤港澳现代舞联盟”“粤港澳青年戏剧节合作计划”“非遗协同战略合作计划”“澳门拉丁城区幻彩大巡游”等合作项目，圆满完成第八届粤港澳青年文化之旅活动。赴台北、新竹等地举办“守望精神家园——第三届两岸非物质文化遗产月”系列活动，增进了台湾民众对中华民族的认同和岭南文化的认识。

全年省文化系统接待境外团体 774 批 11633 人次，其中，接待境外演出团 652 批 10115 人次、接待境外考察团 82 批 1371 人次、接待境外展览团 40 批 147 人次，含来自香港 103 批 1690 人次、来自澳门 12 批 304 人次、来自台湾 188 批 2344 人次；出访团组 375 批 6722 人次，其中，出访演出团体 282 批 6256 人次、出访考察交流团 61 批 284 人次、出访展览团 32 批 182 人次，含出访香港 150 批 2856 人次，出访澳门 83 批 1330 人次，出访台湾 18 批 222 人次。全年双向交流 1149 批 18355 人次。

## 七、文化资金投入

全年全省文化事业费 65.70 亿元，居全国首位，比上年增加 11.77 亿元，增长 21.82%；全省人均文化事业费 59.73 元，居全国第 12 位，比上年增加 10.02 元，增长 20.16%。

图7　2012年-2016年全省人均文化事业费及增速情况

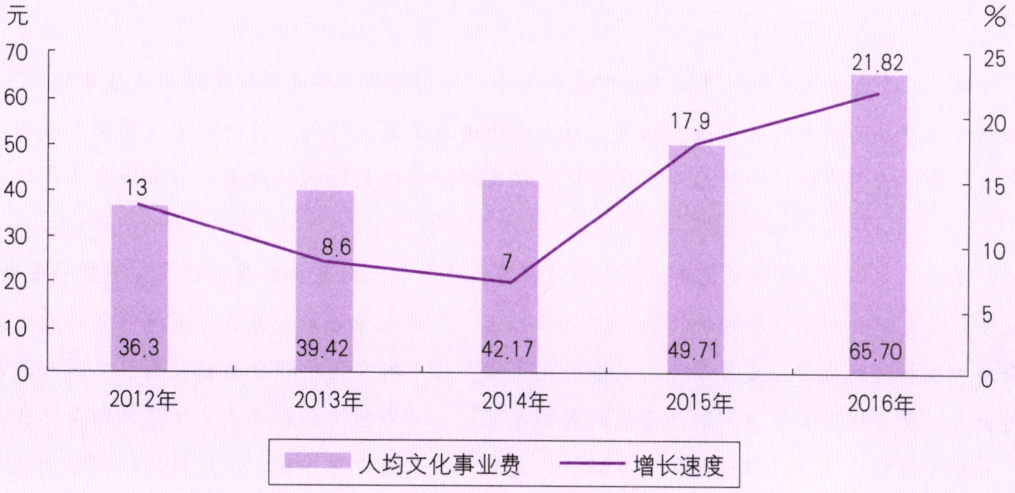


全年全省文物事业费 18.10 亿元，比上年增加 3.98 亿元，增长 28.19%。

2016 年，珠三角地区九市文化文物事业费（不含基建拨款）70.55745 亿元，占全省的 84.22%，比上年增加 22.17 个百分点；2016 年珠三角地区文化文物事业费是东西两翼及粤北山区总和的 5.34 倍。

（广东省文化厅）

## 广东：积极推进供给侧结构性改革多措并举引导扩大文化消费

近年来，广东省文化厅积极贯彻落实中央和省委、省政府关于推进供给侧结构性改革的决策部署，通过加强文化产品和服务有效供给、指导全省大力推进公共文化建设、引导文化消费试点城市建设、搭建交流交易平台等措施，积极推进广东文化及相关产业供给侧结构性改革，引导城乡居民扩大文化消费。

一是借力“文化+”推动文化新消费。新经济常态下，加大政策扶持是促进文化消费的重要推手，“文化+”成为推动文化消费的新引擎。2015年以来，广东从推进融合发展、发挥优势特色等方面，指导全省加快推进文化产业发展步伐，促进文化消费。广东省文化厅联合省旅游局、中国人民银行广州分行出台《关于促进文化旅游融合发展的实施意见》，与省旅游局推进省文化旅游融合发展示范区建设，并确定首批示范区；推进文化与金融合作发展，广东省文化厅联合人民银行广州分行连续三年举办文化金融合作发展对接活动，促成金融机构对文化（旅游）企业授信金额达1600亿元。同时，指导全省各地陆续出台一些扶持政策和措施，有力促进了文化产业发展，推动全省扩大文化消费。此外，广东通过强化演艺网上票务系统的建设，使互联网+票务进入良性发展轨道；开通《广东省非物质文化遗产电子地图》APP，使广大群众足不出户轻点手机屏幕就能了解和欣赏广东省的非物质文化遗产，有效促进群众提高文化消费需求。

二是加强文化单位创新创意能力建设。今年深圳文博会期间，广东省文化厅联合省旅游局举办“旅游文创产品创新设计高峰论坛暨项目对接会”，会议邀请了国内及台湾地区专家就文创旅游产品的研发进行经验分享和互动交流，并促成多个项目成功对接。同时，广东省文化厅落实国办发[2016]36号文件要求，在全省部署开展文化文物单位文化创意产品开发工作，确定了我省首批文创产品开发试点文化文物单位，并组织试点单位相关负责人赴北京、上海等地先进单位调研学习，力图通过推动文化文物单位用足国家政策，利用丰富的文化资源联合社会力量进行文化创意产品开发，促进民间资本投资，推进文化消费结构优化。

三是引导文化消费试点城市建设。今年上半年，按照文化部、财政部要求，广东省文化厅向文化部推荐广州市、深圳市（福田区）、惠州市申报引导城乡居民扩大文化消费试点城市。目前，广州市、深圳市（福田区）已经成功获批，并获得中央拨付的专项资金。在此基础上，广州市通过推动“文化产业交易季”、“文化消费补助工程”、“文化精品工程”等，加大惠民力度，鼓励市民文化消费，为广州市民提供延续4个月的文化消费、体验的盛宴，有近60万人次参与，有效促进市民群众的文化享受和文化消费。深圳市福田区通过实施“文化+移动互联网”、“文化+金融消费”、“文化+社会关爱”等工程、借助“文化深圳”、“福田文体通”等网络信息平台，积极发布各种文化优惠信息，提供免费门票，并以政府补贴票价的形式，鼓励市民走进文化殿堂。

# 广西壮族自治区2016年文化发展情况分析

2016年，在自治区党委、政府的正确领导下，广西文化系统深入贯彻党的十八大和十八届三中、四中、五中、六中全会精神，深入学习贯彻习近平总书记系列重要讲话精神，进一步贯彻落实自治区第十一次党代会精神，围绕自治区党委、政府中心工作，积极推动文化改革发展，为加快民族文化强区建设，为营造“三大生态”、实现“两个建成”奋斗目标夯实文化基础。

## 一、机构与人员

2016年，广西各类文化（文物）单位8571个，比上年减少437个；从业人员60590人，比上年减少1627人。其中，各级文化文物部门所属单位1977个，比上年增加4个；从业人员17923人，比上年增加966人；专业技术人员8885人，比上年增加73人。

图1　2010年-2016年广西文化单位机构及从业人员情况

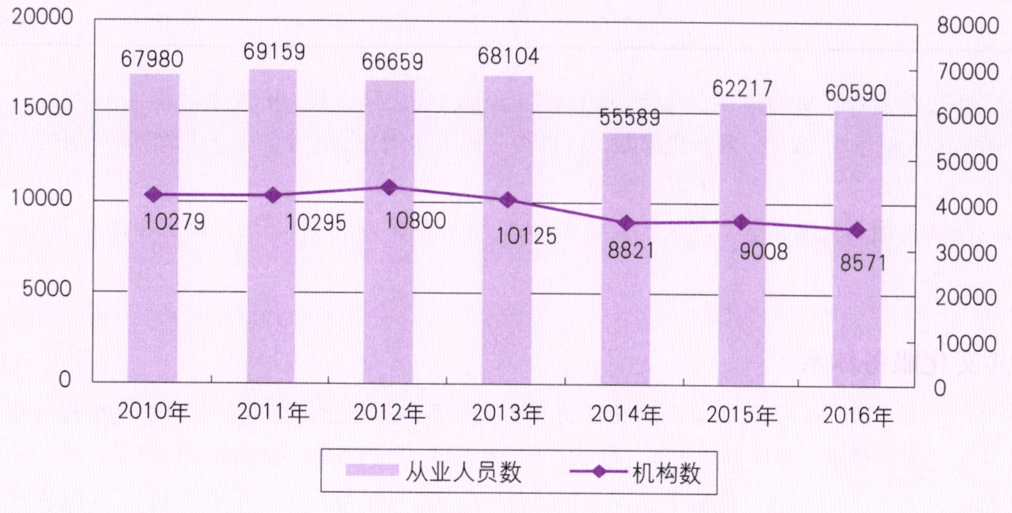


## 二、文艺创作演出

2016年，全区文艺工作者坚持以人民为中心的创作导向，把创作优秀作品作为中心环节，印发《广西舞台艺术三年创作规划》，确定了未来三年全区舞台艺术创作的导向和重点，推出了一批新品佳作，努力由高原向高峰攀登。

交响组曲《海上丝路》、彩调剧《苗寨红哥》、话剧《花桥荣记》等11部新创大型剧目、421个小型作品进行了首演。新编历史壮剧《冯子材》亮相国家新年戏曲晚会，为习近平总书记等党和国家领导人以及首都观众献演。壮剧岩画音乐舞蹈诗《花山》获得了第五届全国少数民族文艺会演银奖。

在2016年度国家艺术基金申报工作中，广西共有45个项目获得立项资助，较2015年增长42%，在全国排名第5位。

年末广西共有艺术表演团体100个，比上年增加8个；从业人员4716人，增加103人。其中，文化部门所属的艺术表演团体22个，占22%，从业人员1948人，占41.3%。

全年广西艺术表演团体共演出1.19万场，比上年下降13%，其中，赴农村演出0.46万场，与上年持平；国内观众848.44万人次，全国排名第22名，下降53%，其中，农村观众266.49万人次，比上年下降1%；总收入6.65亿元，比上年增长1.68%，其中，演出收入3.08亿元，全国排名第15名，下降11%。

全年广西文化部门所属艺术表演团体共组织政府采购公益演出0.21万场，比上年增长16%；观众268.8万人次，增长1%。利用流动舞台车演出500场次，观众55万人次。

**表1　2010年–2016年广西艺术表演团体基本情况**

| 年　份 | 机构数（个） | 从业人员数（人） | 演出场次（万场） | 国内演出观众人次（万人次） | 总收入（万元） | |
|---|---|---|---|---|---|---|
| | | | | | | 演出收入 |
| 2010年 | 141 | 4946 | 1.58 | 1507.60 | 21629.6 | 3678.8 |
| 2011年 | 148 | 5461 | 1.31 | 1207.25 | 26022.0 | 4176.6 |
| 2012年 | 68 | 2744 | 1.20 | 757.91 | 17340.0 | 4630.6 |
| 2013年 | 59 | 3777 | 1.54 | 881.79 | 35746.6 | 9108.5 |
| 2014年 | 67 | 3042 | 0.92 | 663.89 | 32238.3 | 5496.9 |
| 2015年 | 92 | 4613 | 1.37 | 1824.04 | 65364.8 | 34801.0 |
| 2016年 | 100 | 4716 | 1.19 | 848.43 | 66539.3 | 30884.6 |

年末广西共有艺术表演场馆34个，比上年增加5个，观众座席数16834个，增加1699个。其中，文化部门所属艺术表演场馆15个，观众坐席数10493个，比上年增加266个。全年共演（映）出2.31万场次，比上年增长3%；观众123.2万人，下降43%。

年末广西共有国有美术馆3个，从业人员35人。全年共举办展览63次，比上年增长50%，参观人次42万人次，增长82%。

## 三、公共文化服务体系

2016年，自治区党委、人民政府高度重视公共文化服务体系建设，来宾、玉林、防城港3市相继开展了国家公共文化服务体系示范区创建工作，为全区乃至全国公共文化服务体系建设提供了经验，树立了典范。

全区村级公共服务中心建设持续推进，全年新建1200个村级公共服务中心，截止2016年末已累计建成8279个，覆盖全区58%的行政村，初步形成了覆盖全区城乡的公共文化服务网络框架。

### （一）公共图书馆

年末广西共有公共图书馆114个，其中，省级图书馆3个，地市级图书馆15个，县区级图书馆96个。年末全区公共图书馆从业人员1589人，比上年增加80人，其中，具有高级职称的人员120人，占7.5%；具有中级职称的人员542人，占34%。

年末全区公共图书馆实际使用房屋建筑面积39.07万平方米，比上年增长13.18%；图书总藏量2719.55万册，增长4.3%，其中，古籍43.37万册；电子图书2114.3万册，增长66.8%；阅览室座席数29414个，增长5.6%；计算机6439台，增长6.2%；供读者使用的电子阅览终端4344台，增长6%。

年末全区平均每万人公共图书馆建筑面积 80.76 平方米，全国排名第 21 名，比上年末增加 8.78 平方米;全区人均图书藏量 0.56 册，全国排名第 15 名，增加 0.02 册；全区人均购书费 0.94 元，全国排名第 20 名，比上年减少 0.11 元。

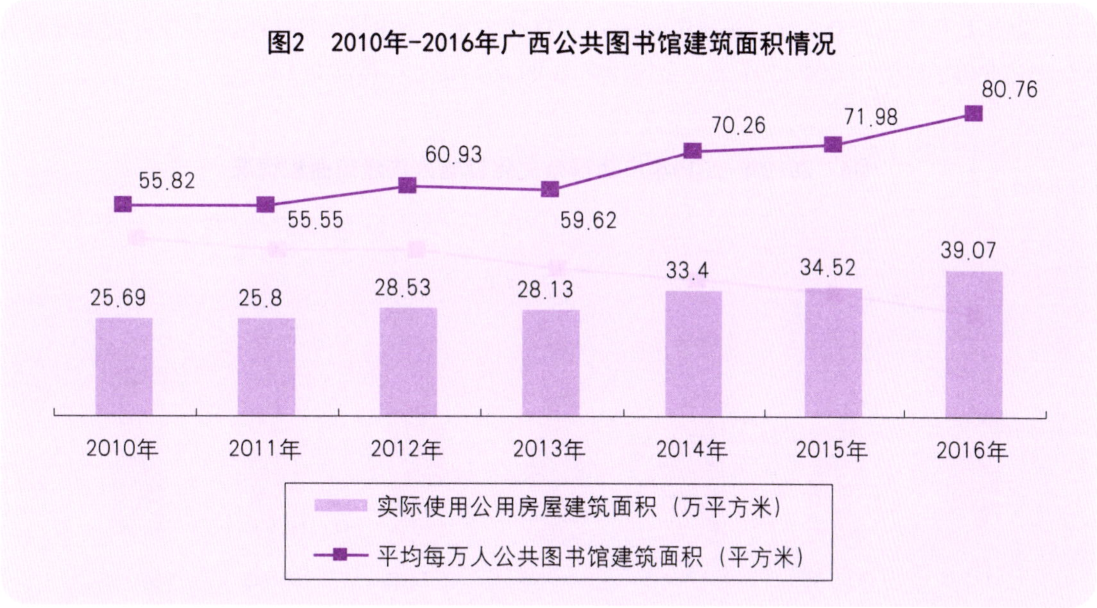


全年广西各级公共图书馆有效借书证 764540 个，比上年增加 30%；总流通人次 2067 万，与上年持平。书刊文献外借 1141.78 万册次，下降 1%；外借人次 526.8 万人，增长 1%。全年共为读者举办各种活动 4485 次，增长 9.8%；参加人次 199.06 万，下降 17%。

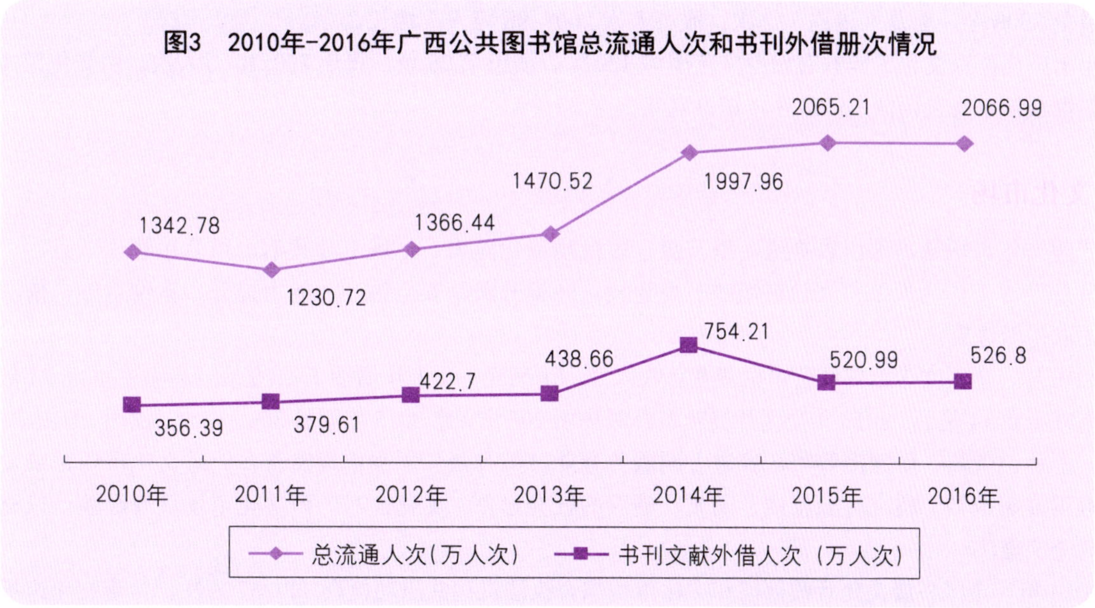


## （二）群众文化机构

年末广西共有群众文化机构 1292 个，其中，省级群众艺术馆 1 个，地市级群众艺术馆 14 个，县市级文化馆 109 个，文化站 1168 个。年末全区群众文化机构从业人员 5538 人，比上年增加 253 人。其中，具有高级职称的人员 129 人，占 2%；具有中级职称的人员 650 人，占 11.7%。

年末广西群众文化机构实际使用房屋建筑面积 79.21 万平方米，比上年末增长 4.7%；藏书 726.96 万册，增长 4%；计算机 16569 台，增长 1.5%；对公众开放的阅览室 2.74 万平方米，增长 1.8%。

年末广西平均每万人群众文化设施建筑面积 163.74 平方米，全国排名第 29 名，比上年提高 6 平方米；人均群众文化业务活动专项经费 2.17 元，全国排名第 29 名，比上年提高 0.18 元。

图4　2010年-2015年广西群众文化设施人均建筑面积情况

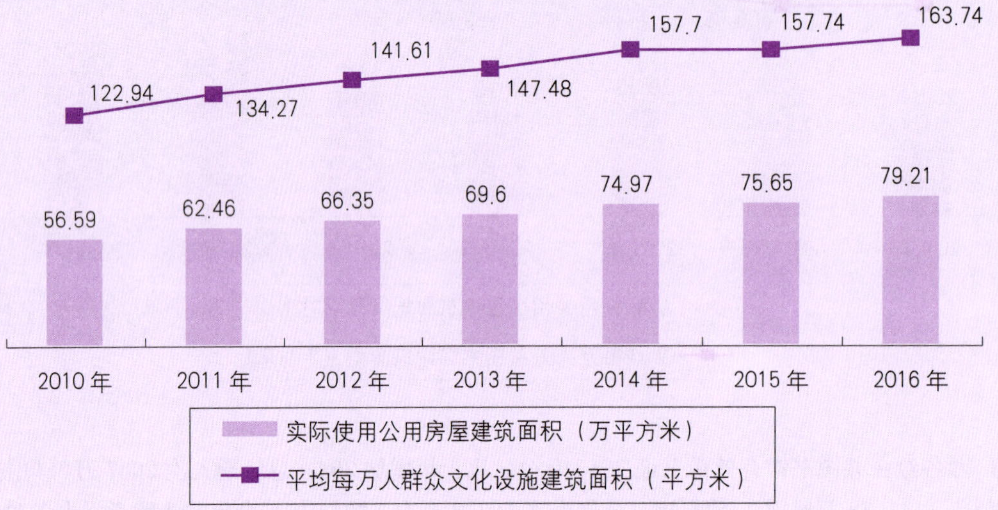


全年广西群众文化机构共组织开展各类文化活动 49392 场次，其中，文艺活动 29010 次，培训班 15862 次，展览 3808 个，公益性讲座 712 次；服务人次 2007.98 万人，增长 2.3%。

年末广西群众文化机构共有馆办文艺团体 429 个，演出 7528 场，观众 720.46 万人次。由文化馆（站）指导的群众业余文艺团队 16353 个，馆办老年大学 39 个。

## 四、文化市场

广西文化市场管理部门以推进转型升级、审批规范化建设、市场专项整治、黑名单管理试点、“双随机一公开”等工作为抓手，文化市场在制度建设、转型升级、安全生产、能力提升、案件查办、依法监管等方面取得新进展。

2016 年，全区文化市场经营单位营业总收入 36.31 亿元，比上年增加 1.18 亿元；营业利润 9.74 亿元，比上年减少 0.14 亿元。2016 年全区开展转型升级场所 205 家，比 2015 年增长 35%，南宁、钦州、桂林、柳州、百色、玉林、贺州、防城港等市在推进上网服务行业转型升级、加强市场监管、促进文化市场繁荣发展等方面取得显著成效，树立行业整洁、阳光、健康的社会形象，文化部对广西文化市场管理经验予以充分肯定并向全国推广。

2016 年，全区各级文化行政部门和文化市场综合执法机构共出动检查 309257 人次，检查文化市场经营单位 97806 家次，责令改正 1212 家次，立案调查 839 件，移交案件 36 件，办结案件 1427 件，罚款 212.2 万元，没收违法财政 61958 件，没收非法音像（电子）出版物 49856 张，加强文化市场安全监管，确保文化市场安全稳定，连续 5 年无一例重大安全责任事故发生。我区确定为全国 9 个试点文化市场经营主体黑名单管理省份之一，文化厅先后公布两批文化市场黑名单，逐步建立以信用监管为核心的文化市场事中事后监管制度，促进文化市场健康有序发展。

年末广西文化市场经营单位 6589 家，比上年减少 442 家；从业人员 42631 人，减少 2600 人。分区域看，年末城市文化市场经营单位 2006 家，占总量的 30.5%；县城 2290 家，占 34.7%；乡镇及社区 2293 家，占 34.8%。

图5 2010年-2015年广西文化市场经营机构城乡布局情况

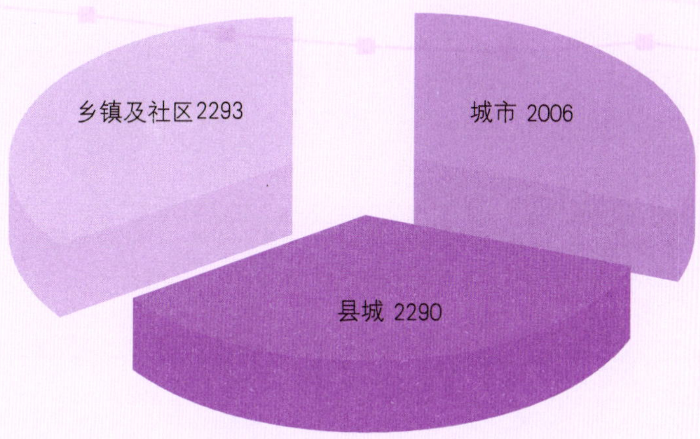


年末广西共有娱乐场所 2461 个，比上年减少 333 家；从业人员 21516 人，减少 3441 人；全年营业收入 14.97 亿元，比上年减少 2.67 亿元；营业利润 3.86 亿元，比上年减少 0.92 亿元。

年末广西共有互联网上网服务营业场所（网吧）3927 个，比上年减少 101 家；从业人员 14896 人，减少 383 人；全年营业收入 10.03 亿元，比上年增加 94007 万元；营业利润 2.43 亿元，比上年减少 1216 万元。

年末广西非国有艺术表演团体 78 个，比上年增加 8 个；从业人员 2768 人，比上年增加 25 人；全年营业收入 3.49 亿元，比上年增加 3300 万元；利润总额 1.87 亿元，比上年增加 7600 万元。

年末广西非公有制艺术表演场馆 18 个，经营性互联网文化单位 32 个，艺术品经营机构 29 个，演出经纪机构 44 个。

## 五、文化产业

2016 年，广西进一步扩大文化消费，大力推动特色文化产业提升，促进传统文化产业和新兴业态产业竞相发展。

评选扶持了 50 个自治区特色文化产业重点项目。成功举办了首届广西文化创意产品设计大赛。东方时代网络传媒股份有限公司等一批文化企业发展壮大，广西千年传说动漫影视股份有限公司等一批文化企业成功挂牌新三板。12 个文化企事业单位获得“第二届自治区服务业品牌”称号。自治区文化产业示范园区桂林创意产业园、北海文化产业园的入园企业已达 240 家，动画连续剧《漂移岛之天空历险记》等动漫作品在中央电视台播出并获奖。

年末广西共有国家级文化产业示范园区 2 个，国家文化产业示范基地 6 个，省级文化产业示范园区 4 个，省级文化产业示范基地 98 个，从业人员 26380 人。动漫企业 10 家，从业人员 302 人。

全年广西文化系统文化及相关产业总产出 71.17 亿元，与上年相比增长 8.8%；实现增加值 40 亿元，比上年增长 6.6%。

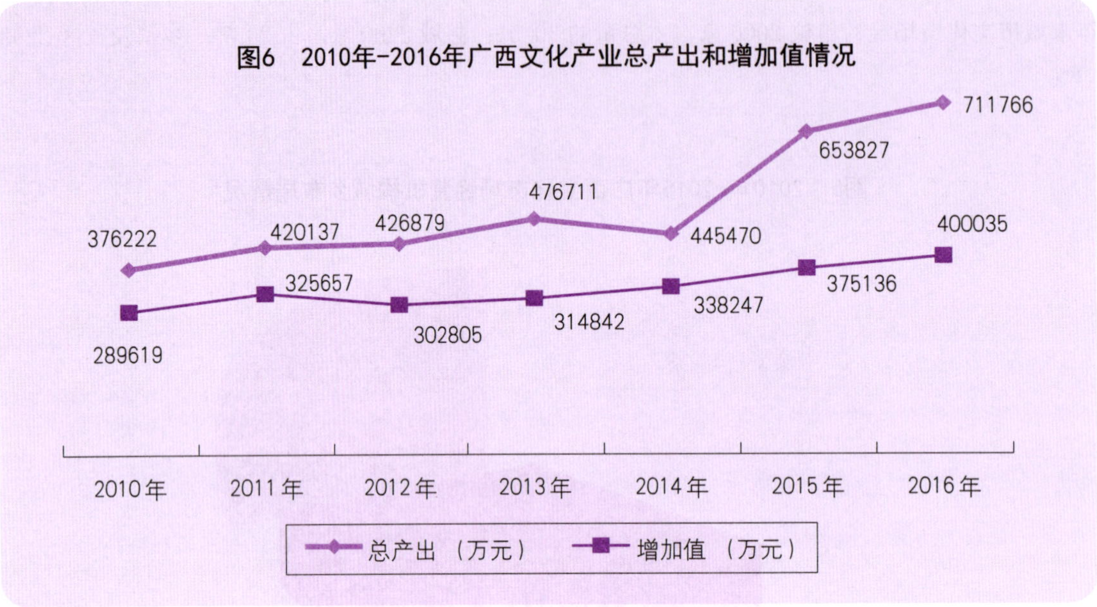


## 六、文物遗产保护

2016 年，广西抓住文化遗产保护传承工作重要发展机遇，文物保护和利用协同推进取得新突破。左江花山岩画文化景观于 2016 年 7 月 15 日成功列入《世界遗产名录》，实现了广西世界文化遗产和中国岩画类世界文化遗产两个“零”的突破。这是广西第一处世界文化遗产，是我区建设民族文化强区建设和文化事业发展中的一个重要里程碑。

通过全区第三次文物普查，全区不可移动文物从 4933 处增加到 10495 处。目前，全区已有世界文化遗产 1 处，全国重点文物保护单位 66 处，自治区文物保护单位 356 处，市县级文物保护单位 1937 处。甑皮岩遗址公布为华南地区唯一的国家考古遗址公园，靖江王府及王陵列入预备名单，合浦汉墓群、明清海防遗址等列入国家大遗址名录。贺州市临贺故城、钦州市灵山县大芦村古建筑群等 4 处全国重点文物保护单位列入全国“文物消防安全百项工程”名单。全区公布国家历史文化名城 3 个、名镇 7 个、名村 9 个、中国传统村落 89 个；自治区历史名镇 11 个、名村 28 个、自治区传统村落 208 个。

年末广西共有文物机构 208 个，比上年增加 2 个。其中，文物保护科研机构 4 个，占 2%；文物保护管理机构 68 个，占 33%；博物馆 125 个，占 60%；文物商店 4 个，占 2%；文物行政主管部门 7 个，占 3%。

年末广西文物机构从业人员 2575 人，比上年减少 20 人，其中，高级职称 129 人，占 5%，中级职称 426 人，占 16.5%。

年末广西文物机构拥有文物藏品 342356 件 / 套，其中，博物馆文物藏品 265803 件 / 套，占文物藏品总量的 77%；文物保护管理机构文物藏品 25748 件 / 套，占 7.5%；文物商店文物藏品 38031 件 / 套，占 11%。文物藏品中，一级文物 320 件 / 套，二级文物 5265 件，三级文物 27866 件。

全年广西文物机构共举办基本陈列 300 个，举办临时展览 277 个，接待观众 1951.57 万人次，比上年增长 6.9%，其中，未成年人 563.76 万人次，增长 1.9%，占参观总人数的 28.9%。博物馆接待观众 1773.49 万人次，增长 7.1%，占文物机构接待观众 90%。

图7　2010年-2016年广西文物机构陈列展览数与参观人次情况

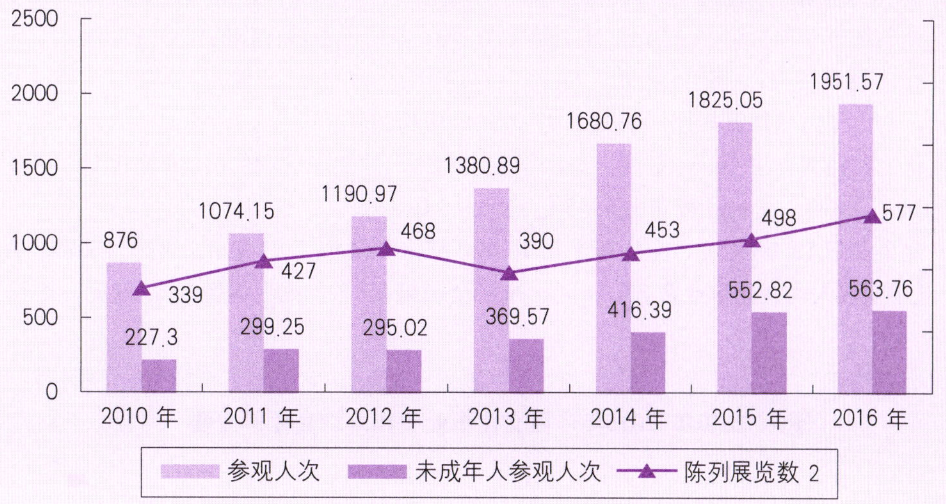


## 七、非物质文化遗产保护

2016 年，非物质文化遗产保护日趋完善，文化部正式批复实施《铜鼓文化（河池）生态保护实验区总体规划》。广西的非物质文化遗产项目“壮族霜降节”作为“二十四节气”的拓展名录项目，成功列入联合国教科文组织人类非物质文化遗产代表名录，广西成为该项世界非物质文化遗产在中国的 5 个保护省区之一，天等县成为国家十个保护单位之一，广西世界非物质文化遗产实现了“零”的突破。自治区公布了第六批自治区级非物质文化遗产代表性项目，第五批自治区级非物质文化遗产传承基地、展示中心、生产性保护示范基地、示范户和传承人示范户。

年末广西共有国家级非物质文化遗产代表性项目名录 52 项；自治区级非物质文化遗产代表性项目名录 479 项；市级非物质文化遗产代表性项目名录 737 项；县级非物质文化遗产代表性项目名录 1685 个。国家级非物质文化遗产代表性项目传承人 24 人；自治区级非物质文化遗产代表性项目代表性传承人 395 人。国家级非物质文化遗产生态保护区 1 个；自治区级非物质文化遗产生态保护区 7 个。

年末广西共有非物质文化遗产保护机构 121 个，从业人员 2353 人。全年各级非物质文化遗产保护机构共举办展览 430 次，接待观众 123.58 万人次；举办演出 2085 场，观众 262 万人次；举办民俗活动 507 次，观众 186.3 万人次；举办培训班 1654 次，培训人数 7.28 万人次。

## 八、文化交流

2016 年，以“交流与共享——中国—东盟艺术教育合作与发展”为主题，成功举办了第 11 届中国—东盟文化论坛，中国—东盟艺术教育校长圆桌会议、“红铜鼓”中国—东盟艺术教育成果展、中国—东盟戏剧周、中国—东盟戏曲演唱会等配套活动，呈现出活动丰富、参与度高、影响力扩大等显著特点，有效推动中国与东盟各国在艺术教育领域的合作交流，受到各界的广泛关注。

全年广西对外文化交流项目 39 项，959 人参与交流，参加活动 13.87 万人；对港澳文化交流项目 6 项，82 人参与交流；对台文化交流项目 5 项，42 人参与交流。柳州市的 3D 舞蹈诗《侗》在高雄、花莲、台北三地进行演出，桂林市组团赴越南参加第六届越南（顺化）国际马戏节，展示广西优秀的舞台艺术，取得优异成绩。

## 九、文化资金投入

2016 年，广西继续实施“三馆一站”免费开放、文化遗产保护、公共数字文化建设等文化项目，共落实中央和自治区补助地方专项资金 11 亿元，比上年增长 3%，提高了各项工作的资金保障度。

全年广西文化文物经费收入 45.36 亿元，与上年收入相比，增加 6.23 亿元，增长 15.9%。其中，财政拨款 26.78 亿元，与上年财政拨款相比，增加 4.48 亿元，增长 20%。

全年广西文化文物经费支出 40.64 亿元，与上年支出相比，增加 3.39 亿元，增长 9.1%。其中，文化经费支出 35.09 亿元，占 86%；文物经费支出 5.55 亿元，占 14%。

全年广西文化事业费 19.93 亿元，全国排名第 16 名，比上年增加 2.71 亿元，增长 15.7%。人均文化事业费 41.2 元，低于全国人均文化事业费 55.74 元，排名全国第 25 名，比上年增加 5.29 元，增长 14.7%。

图8 2010年-2016年广西文化事业费和人均文化事业费

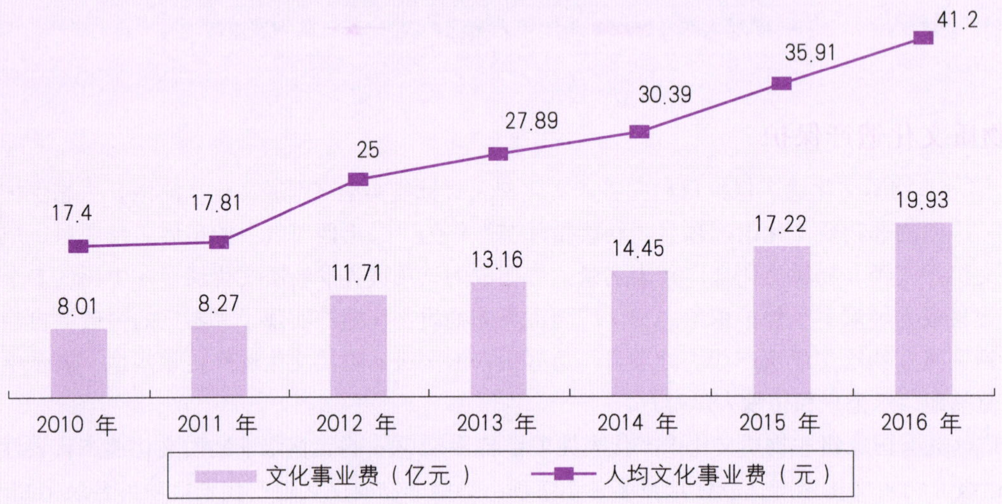


全年广西文物事业费 6.49 亿元，比上年增加 2.03 亿元，增长 45%；人均文物事业费 13.4 元，比上年增加 4.1 元，增长 44%。

## 十、公共文化基础设施建设

2016 年，自治区文化厅以加快文化项目建设特别是区直文化基础设施项目建设为抓手，构建体现时代发展趋势、符合文化发展规律、具有广西特点的文化发展格局。

围绕自治区党委书记彭清华在文化厅调研时指出“加强文化基础设施建设，完善公共文化服务网络，构建覆盖城乡、结构合理、功能健全、实用高效的公共文化服务体系，补齐短板，打通公共文化服务的‘最后一公里’”的要求，2016 年区直文化系统共有 6 个项目正在积极推进，广西图书馆民族文献中心、广西艺术学校综合楼、区直文化系统幼儿园顺利封顶，广西群众艺术馆改扩建项目进入拆迁阶段，广西博物馆改扩建、广西民族剧院项目获得自治区发改委立项。

各市也积极新建一批公共文化基础设施，南宁市群众艺术馆、来宾市群众艺术馆、贵港市群众艺术馆、柳东新区文化广场——柳州市群众艺术馆、玉林市图书馆、钦州坭兴陶烧制技艺传承展示中心等文化设施项目的建设，极大地提升当地公共文化水平。

全年广西计划总投资额20.11亿元，与上年相比增加8.3亿元，增长70%；本年到位资金7.19亿元，其中：国家预算内资金5.49亿元，占到位资金的76%。至年底累计完成投资额10.8亿元，本年完成投资额5.93亿元。

（广西壮族自治区文化厅）

## 广西：两大世界文化遗产绽放光彩

广西壮族自治区两项文化遗产成功申遗，两张世界级文化名片魅力凸显。

一是左江花山岩画文化景观于2016年7月15日经世界遗产委员会第40届会议审议通过，成功列入《世界遗产名录》，实现了广西世界文化遗产和中国岩画类世界文化遗产两个“零”的突破。这是广西壮族自治区第一处世界文化遗产，是全区建设民族文化强区建设和文化事业发展中的一个重要里程碑，对坚定文化自信、促进全区经济社会发展具有重要意义。

二是广西的非物质文化遗产项目“壮族霜降节”作为“二十四节气”的拓展名录项目，成功列入联合国教科文组织人类非物质文化遗产代表名录，广西成为该项世界非物质文化遗产在中国的5个保护省区之一，天等县成为国家十个保护单位之一，广西世界非物质文化遗产实现了“零”的突破。

广西将依托世界文化遗产和重要的不可移动文物资源，增强文化遗产传承保护力度，弘扬优秀传统文化。以左江花山岩画文化景观列入《世界文化遗产》为契机，保护好左江岩画、秀丽山水、美丽村庄和人文风情，发展好当地经济，提高群众生活水平，实现可持续发展。弘扬花山申遗精神，推动海上丝绸之路　北海史迹、灵渠、三江侗寨申报世界文化遗产。

# 海南省 2016 年文化发展情况分析

2016 年是“十三五”的开局之年，全省文化系统，在省委、省政府的正确领导下，深入贯彻习近平同志系列讲话精神，按照“深耕、高瞻、集聚、广拓”的工作思路，围绕主业抓重点，围绕产业抓突破，围绕发展抓改革，围绕党建抓管理，圆满完成了各项工作任务。

## 一、机构和人员

2016 年末，纳入统计范围的海南省各类文化（文物）单位共 1848 个，比上年末减少了 131 个；从业人员 17650 人，减少 2504 人。其中，各级文化文物部门所属单位 402 个，增加 20 个；从业人员 4237 人，增加 133 人。文化市场经营单位 1446 个，减少 151 个；文化市场从业人员 13413 人，减少 2637 人。

图1　2010年-2016年海南省文化（文物）机构数和从业人员数量

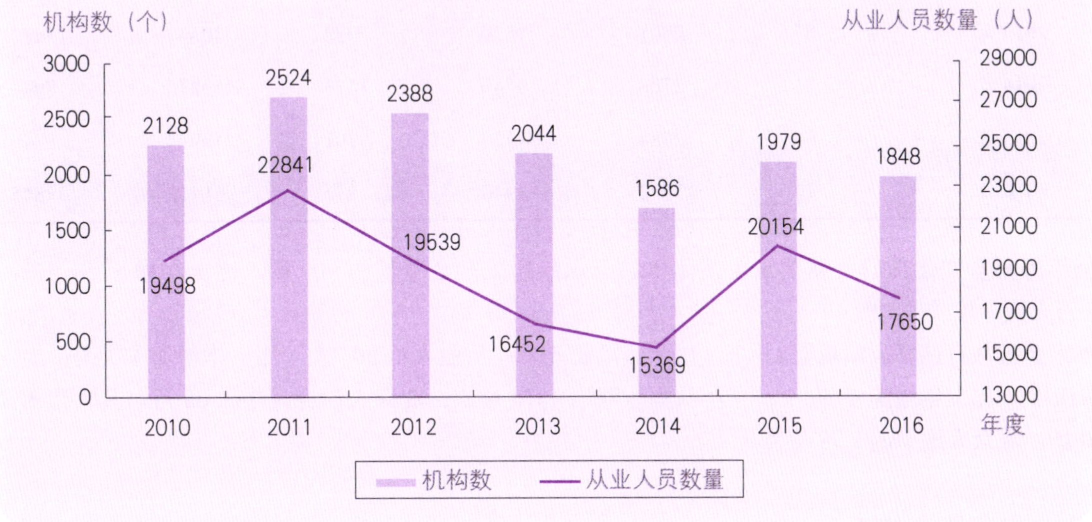


## 二、艺术创作演出

2016 年，文艺工作者遵循习总书记的讲话精神，在创作中“扎根人民、扎根生活”，坚持以人民为中心的创作导向，创作出一批突出“中国梦”主题，努力创作传播当代中国价值观念、体现中华文化精神、体现海南本土特色文化，思想性、艺术性、观赏性有机统一的优秀作品，文艺精品创作亮点频现。制定印发《琼剧传承发展五年规划纲要》，启动琼剧振兴工程。琼剧会馆项目确定选址，正在积极策划规划设计方案。海口市艺术团歌舞诗《黎族家园》获第五届全国少数民族文艺会演“剧目金奖”和“最佳舞台美术奖”，省歌舞团舞剧《东坡海南》赴京、津巡演广获好评，省琼剧院新版历史琼剧《海瑞》入选第 11 届中国艺术节文华奖参评剧目，省艺校舞剧《秋菊传奇》获第五届中国校园戏剧节优秀展演剧目，定安县琼剧团琼剧《定安娘》入选参加中宣部、文化部举办的全国基层院团戏曲会演。精心筹划、协调组织“澜沧江—湄公河合作首次领导人会议”文艺演出、第十四次上合组织成员国总检察长会议文艺演出，获得高度赞誉，展示了海南靓丽的文化形象。

2016年年末，海南省共有艺术表演团体74个，比上年末增加8个；从业人员3232人，比上年末增加748人。其中，公有制艺术表演团体20个，占27%；从业人员1145人，占35.4%。

全年省内艺术表演团体共演出8940场，比上年增加15.8%，其中赴农村演出5230场，占总演出场次的58.5%，比重比上年减少3.42个百分点；国内观众811.181万人次，增加15.68%，其中农村观众324.072万人次，比上年减少14.72%；总收入61412万元，其中演出收入37845万元，占比61.62%，比上年增长348%。

**表1　2009年–2016年全省艺术表演团体基本情况**

| 年　份 | 机构数（个） | 从业人员数（人） | 演出场次（万场） | 国内演出观众人次（万人次） | 总收入（万元） | |
|---|---|---|---|---|---|---|
| | | | | | | #演出收入 |
| 2009年 | 60 | 2247 | 8270 | 919.8 | 8774 | 4195 |
| 2010年 | 67 | 2465 | 8810 | 682.5 | 12175 | 6735 |
| 2011年 | 86 | 3067 | 8600 | 607 | 16939 | 11138 |
| 2012年 | 61 | 2342 | 8370 | 413 | 19004 | 10863 |
| 2013年 | 67 | 2801 | 9520 | 972 | 30343 | 15481 |
| 2014年 | 71 | 2708 | 9740 | 1673 | 19476 | 8946 |
| 2015年 | 66 | 2484 | 7720 | 701 | 18997 | 8849 |
| 2016年 | 74 | 3232 | 8940 | 811 | 61412 | 37845 |

全年海南省文化部门所属艺术表演团体共组织政府采购公益演出900场，比上年增长28.57%；观众86.78万人次，增长4.31%。

年末全省共有艺术表演场馆16个，比上年增长5个；从业人员905人，比上年增加477人；观众坐席数15679个，比上年增加4469个；全年共举行演出4370场次；观众人次合计384.65万。其中艺术演出场次970场，观众人次18.35万人次。

## 三、公共文化服务体系

2016年，围绕贯彻落实《关于加快构建海南省现代公共文化服务体系的实施意见》，积极指导督促各市县研究制订落实措施、实施标准和配套政策。三亚市、保亭县、琼中县创建第二批国家公共文化服务体系示范区（项目）顺利通过国家验收。省博物馆二期、省民族博物馆改扩建稳步推进。儋州市、澄迈县、保亭县博物馆开馆，结束了当地没有博物馆的历史。继续实行公共文化设施免费开放政策。省美术馆、音乐厅前期工作积极推进。532个行政村文体活动室全部完工。

### （一）公共图书馆

年末全省共有公共图书馆23个，比上年增加2个；年末从业人员323人，比上年末减少2人。其中具有高级职称的人员5人，具有中级职称的人员82人。

年末全省公共图书馆实际使用房屋建筑面积83040平方米，比上年末增加3.05%；图书总藏量458.414万册，增长8.21%，其中古籍1.23万册；电子图书925.48万册，增长6.81%；阅览室座席数5570个，增长0.23%；计算机1496台，增长2.6%，电子阅览室终端数949台，减少9.36%。

图2 2010年-2016年海南省公共图书馆拥有资源情况

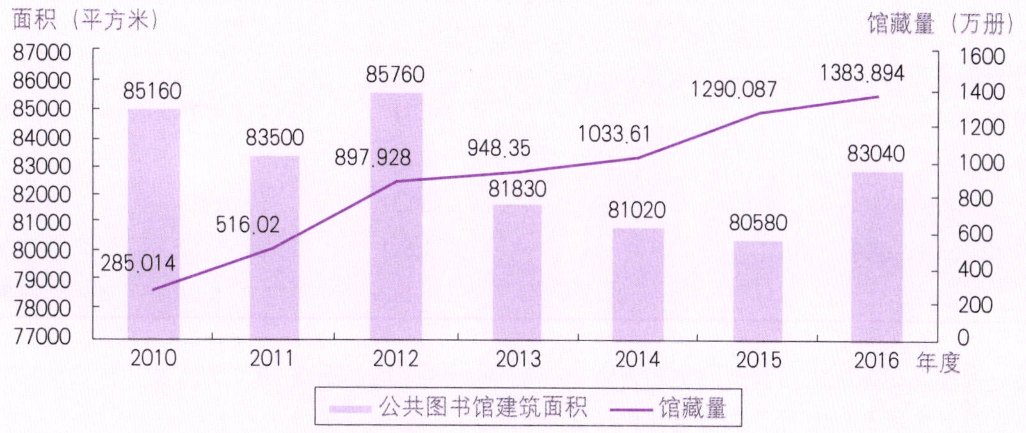


注：图书馆藏量中包含电子图书数量。

截止到2016年底，全省公共图书馆累计发放借书证16.65万个，年度流通人次377万，减少15.273%；书刊文献外借册次247.168万，增长11.34%；外借人次77.808万，减少4.52%。全年共为读者举办各种活动632次，增长25%；参加人次33.94万，增长68.27%。

### （二）群众文化服务机构

2016年末全省共有群众文化机构243个，其中文化馆23个，文化站220个，其中乡镇综合文化站199个；年末全省群众文化机构从业人员801人，比上年末增加81人。其中，专业技术人才268人，高级职称人员20人，占2.5%；中级职称人员57人，占7.12%。

年末全省群众文化机构实际使用房屋建筑面积10.941万平方米，比上年末增加1.99%；藏书100.993万册，增长14.79%；计算机2277台，增长7.46%。

图3 2010-2016年海南省群众文化设施建筑面积

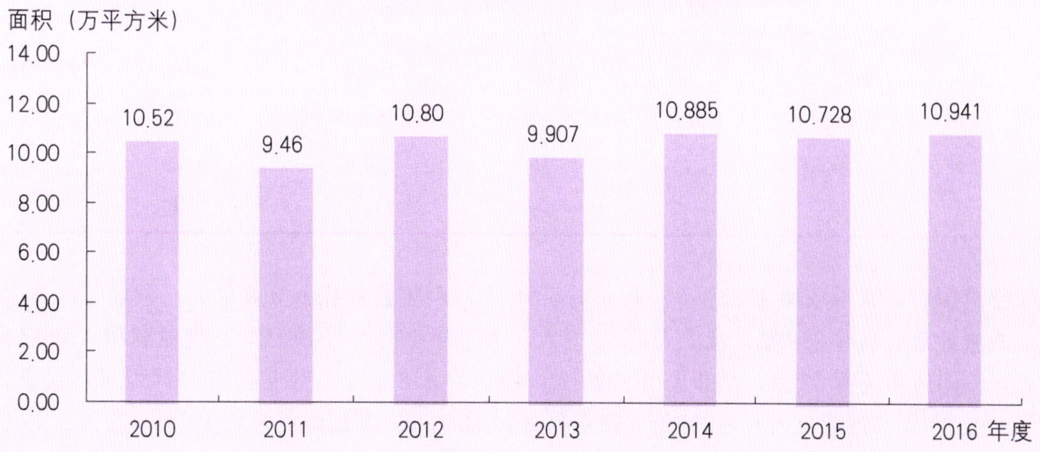

全年全省群众文化机构共组织开展各类文化活动 5737 场次，服务人次 230.717 万，分比上年增加 20.12% 和减少 9.67%。

**表 2　2016 年海南省群众文化机构开展活动情况比较**

| | 2016 年 | | 2015 年 | |
|---|---|---|---|---|
| | 活动次数（次） | 服务人数（万人次） | 活动次数（次） | 服务人数（万人次） |
| **各项活动总计** | **5737** | **230.717** | **4776** | **255.491** |
| 其中：展览 | 498 | 48.578 | 455 | 40.747 |
| 文艺活动 | 3132 | 160.31 | 2438 | 191.883 |
| 公益性讲座 | 94 | 1.681 | 82 | 3.137 |
| 训练班 | 2013 | 20.148 | 1801 | 19.724 |

年末全省群众文化机构共有馆办文艺团体 35 个，演出 331 场，观众 70.7 万人次。由文化馆（站）指导的群众业余文艺团体 2402 个，馆办老年大学 2 个。

## 四、文化市场

2016 年末全省文化市场经营单位 1446 家，比上年末减少 151 家；从业人员 13413 人，减少 2637 人。全年全省文化市场经营单位营业总收入 23.06 亿元，营业利润 7.74 亿元。

分城乡看，年末城市文化市场经营单位 422 个，占文化市场经营单位总量的 29%；县城 523 个，占 36%；县以下地区 501 个，占 35%。

**表 3　2016 年按区域全省文化市场经营单位主要指标**

| | | 机构数（个） | 从业人员数（人） | 营业总收入（亿元） | 营业利润（亿元） |
|---|---|---|---|---|---|
| 总量 | **总计** | **1446** | **13413** | **23.06** | **7.74** |
| | 城市 | 422 | 4812 | 6.74 | 1.28 |
| | 县城 | 523 | 6773 | 15.29 | 6.18 |
| | 县以下 | 501 | 1828 | 1.03 | 0.28 |
| 比重（%） | **总计** | **100.0** | **100.0** | **100.0** | **100.0** |
| | 城市 | 29 | 35.88 | 29.23 | 16.54 |
| | 县城 | 36 | 50.5 | 66.3 | 79.84 |
| | 县以下 | 35 | 13.62 | 4.47 | 3.62 |

按经营范围看，娱乐场所 470 家，从业人员 5580 人，全年营业收入 3.8 亿元，营业利润 0.79 亿元；网吧等上网服务营业场所 839 家，从业人员 3409 人，全年营业收入 2.19 亿元，营业利润 0.77 亿元；非公有制艺术表演团体和场所 62 家，从业人员 2829 人，营业收入 8 亿元，营业利润 4.74 亿元；经营性互联网文化服务企业 56 家，营业收入 6.88 亿元，营业利润 1.24 亿元；演出经纪机构 19 家，收入 2.18 亿元，营

业利润 0.21 亿元。

## 五、文化产业发展

强化文化产业示范园区、基地和文体产业重点项目建设，推进传统出版与新兴媒体、文化产业与旅游融合发展，推进海南文化产业博览会、海南书香节等重点文化产业展会转型升级。深耕产业培育，破解瓶颈提质升级。与云锋基金合作，率先设立海南文化体育产业发展基金，基金规模 3.5 亿元，充分发挥杠杆和引领作用，投向我省以动漫游戏、影视制作、旅游演艺、体育赛事为重点的文化体育产业项目，旨在打通助推文化体育产业发展的市场化金融通道。以中国游戏数码港为依托，打造中国游戏产业新高地。在国家新闻出版广电总局的支持下，中国游戏数码港落户生态软件园拓展区生态智慧新城，建设包括中国游戏研发中心、中国游戏科技馆、中国游戏进出口结算中心等相关配套设施，打造动漫游戏产业高地。以海口文化产业园为依托，打造新兴影视产业集聚区。2016 年 6 月，我厅与海口市合作共建的海口文化产业园正式挂牌，从概念提出到落地设立仅三个月时间。按照以平台型品牌企业带动上下游企业聚集的思路，引导园区充分整合资源，打造影视、旅游、产业三位一体，文态、形态、业态、生态四态合一的开放型影视产业集聚区。

2016 年末全省共有 12 个文化产业示范园区（基地），其中，国家级 5 个，省级 7 个；相关从业人员 5942 人，比去年增长 304 人，大专以上学历人员 2481 人，占 41.75%，实现营业收入 15.57 亿元，利润 4.63 亿元。2016 年列入统计文化产业增加值 19.29 亿元，比上年增长 53.83%。2015 年共获国家级文化奖项 1 个，获著作权、发明专利 61 项。

## 六、文化遗产保护

文化遗产保护成果丰硕。历时四年的第一次全国可移动文物普查工作顺利收官，全省确认国有收藏单位 51 家，采集文物信息 55482 条，摸清了全省可移动文物资源基本状况。完成蔡家宅、崖城学宫、东坡书院、儋州故城、临高文庙、东方感恩学宫、陵水农民协会旧址等重点文物保护单位保护修复方案的评审和资金申报。与中国社会科学院和国家博物馆合作，对三亚英墩遗址、陵水桥山遗址、昌江乌烈遗址开展考古发掘，海南东南沿海地区新石器时代遗存考古填补了海南史前考古诸多空白。建省以来首次以省政府名义召

图4　2010年-2016年海南省文物保护管理机构及从业人员数量

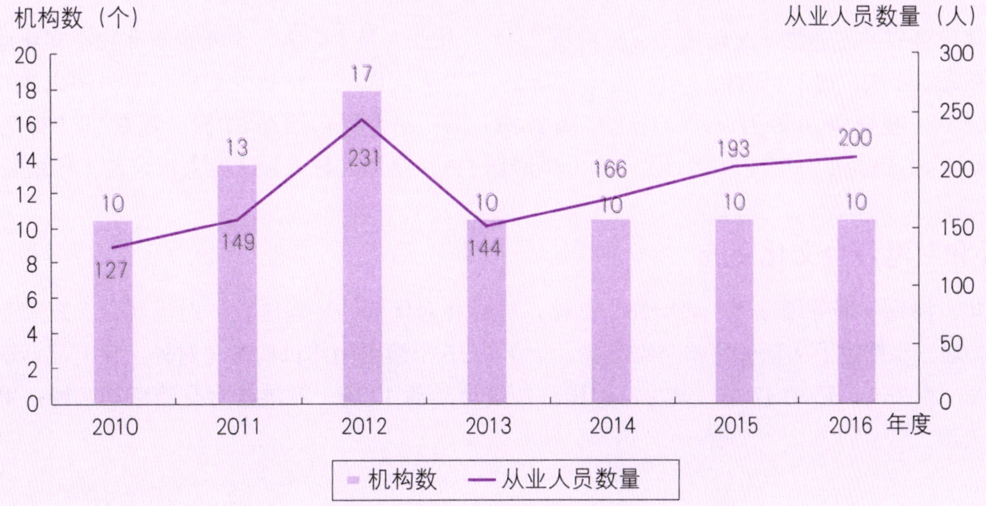

开全省文物工作电视电话会议，罗保铭书记、刘赐贵省长就做好文物工作专门作出重要批示。启动全省文物保护总体规划和文物保护单位的“四有”工作，安装完成178处国保和省保单位保护标志。海口五公祠、儋州东坡书院、澄迈罗驿村的历史文化内涵进一步彰显，带动了当地旅游业的发展。成功举办2016年“文化遗产日”非物质文化遗产系列活动50场，“海南非物质文化遗产”明信片公开发行。

2016年末全省共有文物机构44个，比上年末增加1个。其中，文物保护管理机构10个，占22.73%，博物馆18个，占40.91%。文物机构从业人员606人，比上年末增加27人。其中高级职称12人，占1.98%，中级职称38人，占6.27%。

2016年末全省文物机构拥有文物藏品75795件，比上年末增加30640件。其中，博物馆文物藏品73945件，占文物藏品总量的97.56%。文物藏品中，一级文物124件，占0.16%；二级文物459件，占0.61%；三级文物2400件，占3.17%。

全年全文省物机构共安排基本陈列59个，举办临时展览74个，接待观众248.49万人次。其中未成年人35.27万人次，减少27.77%，占参观总人数的14.19%。博物馆接待观众104.028万人次，减少24%，占文物机构接待观众41.86%。

**图5　2010年-2016年海南省文物机构接待观众及未成年观众人次**

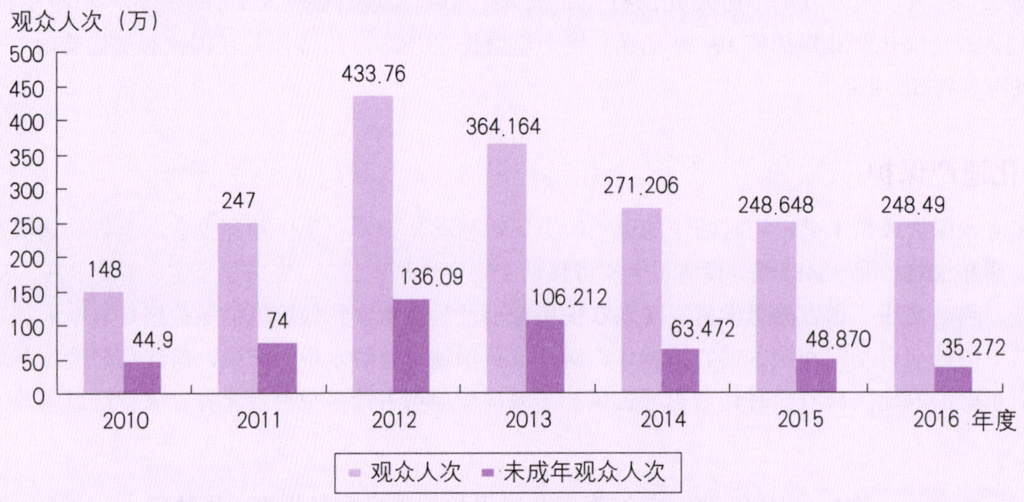


2016年末全省共有非物质文化遗产保护机构22个，从业人员145人。全年全省非物质文化遗产保护机构共举办展览164次，比上年增加3次，接待观众29.7万人次比，上年减少7.8%；举办演出370场，比上年增加53.53%，观众28.452万人次，比上年减少28.23%；举办民俗活动87次，观众25.939万人次，分别比上年减少10.5%；举办培训班221次，比上年增加11%，培训人数1.928万人次，比上年增长7.95%。

## 七、对外和对港澳台文化交流

2016年，海南省服务国家“一带一路”战略，凭借相对优势的地理区位，对港澳台、东南亚文化交流深耕厚植，进一步增进了文化认同和交流借鉴。全年共15个演出团体机构参与对外文化交流活动，参与人员达345人，相关交流活动47场。其中，对国外的交流活动40场，对港澳台交流活动7场；累计观众达到 60600人次。

## 八、文化资金投入

全年全省文化文物事业费90023.7万元，比上年增加8823.8万元，增长10.87%，增长速度比上年下降6.3个百分点，其中文化事业费，70204万元，文物事业费19819.7万元；全省人均文化事业费76.55元，比上年增加13.41元，增长21.24%。

图6　2010年-2016年海南省文化文物资金财政补助情况

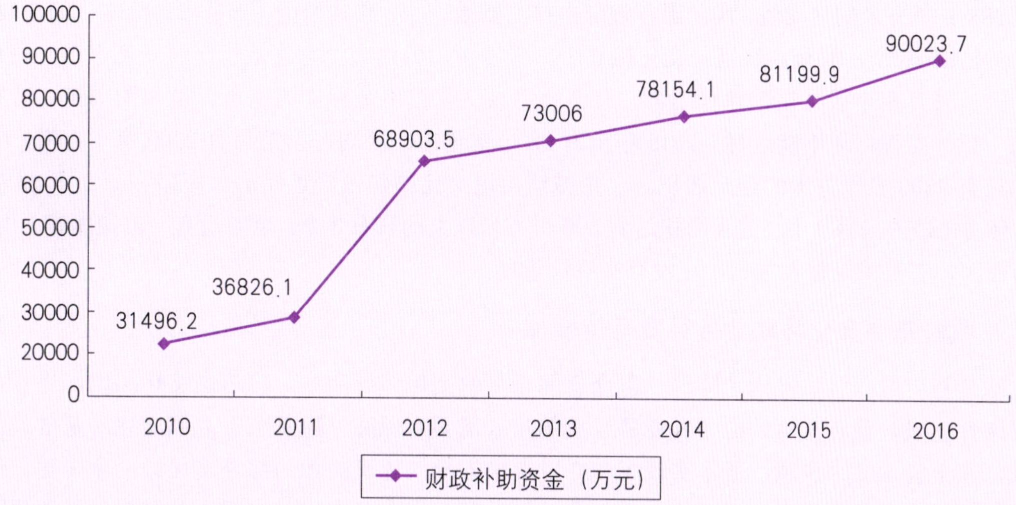


文化文物事业费占财政总支出的比重为0.65%，和上年持平。

图7　2010年-2016年海南省文化事业费占财政总支出比重

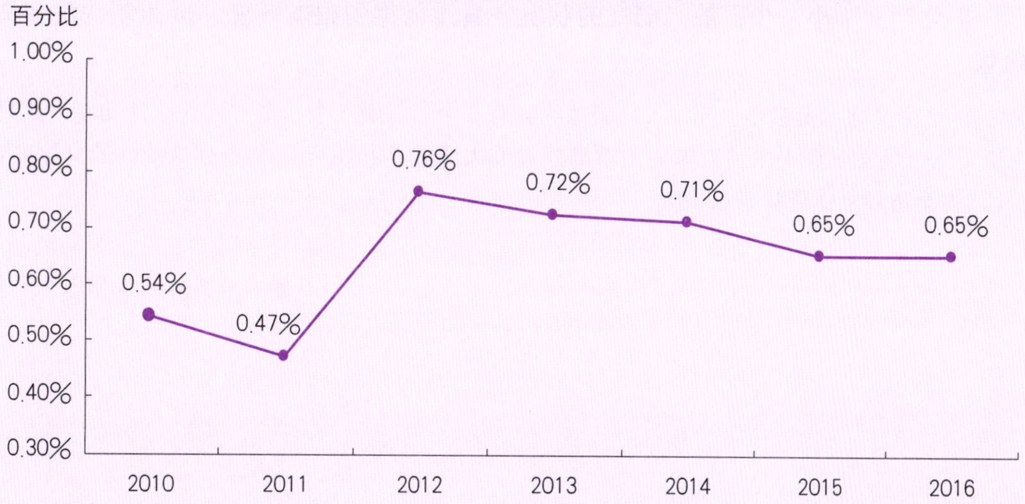


## 九、差距和不足

文化工作的成效与人民群众期待相比，仍存在较大差距，文化供给侧结构性改革等还存在不容忽视的困难和问题。一是市场发育不健全，各类资源和要素没有完全科学有效配置，文体产品和服务欠缺；二是由于市县财政收入不平衡，投入机制不健全、运行保障经费不充足，海南公共文体基础设施仍然薄弱；三是公共文体设施管理运营水平低，服务能力和利用效率有待提高，地区之间、城乡之间、东中西部之间发展不均衡，布局有待调整；四是文艺产品创作生产与供给还不能完全满足人民群众日益增长的文化需求；五是高素质、领军型专业文体人才比较缺乏。这些问题影响、制约了海南文体事业产业的发展。

### （一）公共文化基础设施建设任重道远

全省群众文化机构建筑面积 10.94 万平方米，每万人拥有群众文化机构建筑面积 119.3 平方米，远远低于全国 288.6 平方米的平均值，在全国各省市中排名倒数第一。究其原因，一是市县级文化馆建设标准底。全省各级文化馆 20 个，只有 3 级以上文化馆 6 个，三沙市、儋州市没有建地市级群众艺术馆，海口市、三亚市八个区，只有两个区文化馆建有馆舍。有部分市县文化馆不是独立的建筑，是和图书馆、博物馆等设施建设在一起，面积远远不能达标。2016 年全省 23 个文化馆，平均每个馆只有 2000 余平方米，省级群众艺术馆也只有 3000 多平方米的建筑面积。二是城镇街道文化站建设严重滞后。海口和三亚市 23 个街道办事处，建有文化站的只有 9 个，建设面积达到 300 平方米以上的只有 3 个。全省没有一家美术馆，由于场地、规划等等原因，省美术馆建设项目，还没有实质性进展。

### （二）我省基层文化活动业务经费有待增加

文化站是基层群众文化机构主阵地，群众喜闻乐见的文化体育活动，应该由文化站组织进行。文化站不仅需要硬件建设，业务人员的配备和业务经费的投入需要有保障。随着全省乡镇文化站基础设施建设的全面完成，在全省 199 个乡镇，基本实现了 300 以上平方米的建筑面积的综合文化站的全覆盖。但是，由于乡镇机构改革，文化站作为一个机构，大部分被撤并到社会服务中心，专职人员和专项经费保障成了问题，致使一部分文化站没有发挥作用，文化站房屋、人员、经费、设备仍然有被占用的现象。全省 199 个乡镇文化站，评定等级以上文化站只有 82 个，只占 41%。2016 年全省 199 个乡镇文化站的文化业务经费拨款 1426 万元，平均每个文化站 7.17 万元，基本靠国家和省级补助的免费开放经费维持，本级财政投入有限的状况没有改变。

### （三）文化产业“小、少、散、弱”的状况一直没能得到根本转变，成为制约我省文化产业发展的瓶颈

全省只有 12 个文化示范基地（园区），国家级只有 5 个，省级 7 个，全省列入统计动漫企业只有一个。文化产业和文化市场发展还不太适应国际旅游岛建设的大环境。2016 年，全省列入统计的文化产业增加值 19.29 亿元，占全省 GDP 比重只有 0.48%。

（海南省文化广电新闻出版体育厅）

# 海南：成立引导基金　助力海南文化体育产业发展

我省为创新财政投入方式，发挥财政资金引导作用，吸引更多社会资本投资我省文化体育产业领域，促进资本与管理融合，提升我省文化体育产业发展水平和竞争能力，2016 年 8 月 15 日，经省政府批准，成立了海南省文化体育产业发展基金。

该基金总规模为 35,000 万元。为充分发挥市场配置资源的决定性作用，同时保障省政府作为重要但非控股的出资方，省财政厅代表省政府出资 5000 万元，吸引社会资本 30000 万元。

基金按照“政府引导、市场运作、科学决策、防范风险”原则运作。对投资标的企业进行股权投资，实现资本增值，并助力我省文化体育产业长足发展。基金采取有限合伙制，在海口注册。经营存续期 7 年。根据基金经营需要，经合伙人会议同意可延长经营期限，每次延长 1 年，以连续延长 3 次为限。通过基金合伙人协议、委托管理协议等法律文件明确政策方向，约束投资行为，实现投资收益。

省政府授权省财政厅履行出资人职责，并由省财政厅委托省文体厅代为管理。省文体厅作为受托管理单位，向基金的投资决策机构－－投资决策委员会委派一名投委会成员，由其代表省文体厅根据合伙人协议履行有关职责，对基金有违反国家法律、法规、规章与《海南省创业投资引导基金管理办法》及海南省文化体育产业发展政策等相关规定的投资运作行使一票否决权。

基金主要投向海南省文化体育产业项目，包括但不限于游戏、动漫、影视制作、体育产业等；投资于海南上述产业的投资额占基金规模比例不低于 60%；投资于单个项目的资金比例原则上不超过基金规模的 20%。通过财政资金约 15% 的投入带动基金 60% 的资金投入海南文体产业，发挥了近 4 倍的杠杆作用。基金不从事融资担保以外的担保、抵押、委托贷款；不投资二级市场股票、期货、房地产等国家法律法规禁止从事的业务。

至 2106 年底，各出资人资金到位 50%，基金投资项目 2 外，投资金额 7360 万元。

# 重庆市2016年文化发展情况分析

重庆是中国著名的历史文化名城，有文字记载的历史达3000多年，是巴渝文化的发祥地。2016年是“十三五”开局之年。在市委、市政府的坚强领导下，全市文化系统深入贯彻落实党的十八大和十八届三中、四中、五中、六中全会精神，深入学习贯彻习近平总书记系列重要讲话和视察重庆重要讲话精神，围绕“五位一体”总体布局和“四个全面”战略布局，全面贯彻落实市委、市政府对文化工作的部署要求，面对文化改革发展新形势新任务，抢抓机遇、深谋发展，推动全市文化建设迈出了新步伐，取得了新成效。

以下根据文化文物统计资料（数据来源于2016年文化文物统计报表），从经费、机构、从业人员及业务活动开展情况等几个主要方面，对我市文化文物事业发展情况进行论述。

## 一、基本情况

截至2016年底，全市共有7927个文化文物机构（含文化市场），从业人员59236人。其中，行政事业机构1316个，从业人员11460人，全年行政事业机构实现总收入36.48亿元；企业机构6611个，从业人员47776人，营业收入362.22亿元。

全市现有群众艺术馆1个、文化馆40个，公共图书馆43个、文化站1021个（其中乡镇文化站819个），博物馆82个、区县文物保护管理所29个（文物保护管理机构数量少于全市38个区县数量原因为凡同时挂博物馆、文管所两个牌子的区县，只统计一个博物馆机构）。全市公共图书馆现有总藏量1441.83万册，另有电子图书1092.38万册，全市文物总藏品60.36万余件（套），其中三级以上珍贵文物31874件（套）。全市共有不可移动文物25908处，位列全国第13、西部第3。市级以上文物保护单位337处，其中全国重点文物保护单位55处（包括世界文化遗产1处，列入中国世界文化遗产预备名单2处），市级文物保护单位282处，区县级文物保护单位1999处。

### （一）行政事业机构、从业人员稳中有升，企业机构、从业人员略有下降

2016年全市共有各类文化文物机构7927个，比2015年减少264个，其中行政事业机构1316个，比2015年增加22个，企业机构6611个，比2015年减少286个；从业人员59236人，比2015年减少2794人，其中行政事业机构从业人员11460人，比2015年增加428人，企业机构从业人员47776人，比2015年减少3222人。分类型看，机构数减少的主要是文化市场经营机构。机构减少反映了我市文化市场在逐步规范和提档升级中健康发展，小、散、差的文化经营单位逐渐被淘汰出市场，规模大、经营能力强、有市场竞争力的文化经营单位得到了更好的发展，市场布局得到了进一步优化。

表 1　2015、2016 年重庆市文化文物机构及人员情况

| 单位 | 机构数（个） | | | 从业人员数（人） | | |
|---|---|---|---|---|---|---|
| | 2015 | 2016 | 同比增幅（%） | 2015 | 2016 | 同比增幅（%） |
| **总计** | **8191** | **7927** | **-3.22** | **62030** | **59236** | **-4.5** |
| 艺术业（文化部门） | 38 | 37 | -2.63 | 1741 | 1690 | -2.92 |
| 其中：艺术表演团体 | 22 | 21 | -4.54 | 1465 | 1549 | 5.73 |
| 艺术表演场馆 | 16 | 16 | - | 276 | 141 | -48.91 |
| 图书馆 | 43 | 43 | - | 874 | 920 | 5.26 |
| 群众文化服务 | 1045 | 1062 | 1.63 | 5021 | 5367 | 6.89 |
| 其中：文化站 | 1004 | 1021 | 2 | 4093 | 4428 | 8.18 |
| 艺术创作展览机构 | 8 | 9 | 12.5 | 84 | 100 | 19.05 |
| 艺术教育业 | 1 | 2 | 100 | 426 | 416 | -2.35 |
| 文化市场经营机构（含非公有制艺术表演团体） | 6863 | 6579 | -4.14 | 49197 | 46367 | -5.96 |
| 文化科研 | 1 | 1 | - | 37 | 36 | -2.7 |
| 文物业 | 113 | 117 | 3.54 | 2632 | 2681 | 1.86 |
| 行政主管部门 | 40 | 40 | - | 1065 | 1022 | -4.03 |
| 其他文化机构 | 39 | 37 | -5.13 | 953 | 737 | -22.66 |

## （二）文化（文物）事业投入增长明显，增幅较大

2016 文化（文物）部门财政投入 26.56 亿元，文化文物经费投入占财政支出的比重逐步提高。

表 2　2016 年文化文物经费投入占财政支出情况

| 年份 | 一般公共预算支出 | 文化事业费（亿元） | 占财政支出比重（%） | 文物业财政拨款（亿元） | 占财政支出比重（%） |
|---|---|---|---|---|---|
| 2011 年 | 2570.24 | 9.38 | 0.36 | 3.65 | 0.14 |
| 2012 年 | 2717.78 | 12.07 | 0.44 | 4.99 | 0.18 |
| 2013 年 | 3062.28 | 12.11 | 0.40 | 5.48 | 0.18 |
| 2014 年 | 3304.39 | 13.33 | 0.40 | 5.01 | 0.15 |
| 2015 年 | 3791.99 | 16.97 | 0.45 | 7.88 | 0.2 |
| 2016 年 | 4001.8 | 20.48 | 0.51 | 6.29 | 0.16 |

1. 文化经费增长迅速。全市文化部门 2016 总收入 29.81 亿元，其中文化事业费 20.48 亿元，分别比 2015 年的 26.56 亿元和 16.97 亿元增长了 12.23% 和 20.68%。

图1 2012-2016年文化部门经费情况

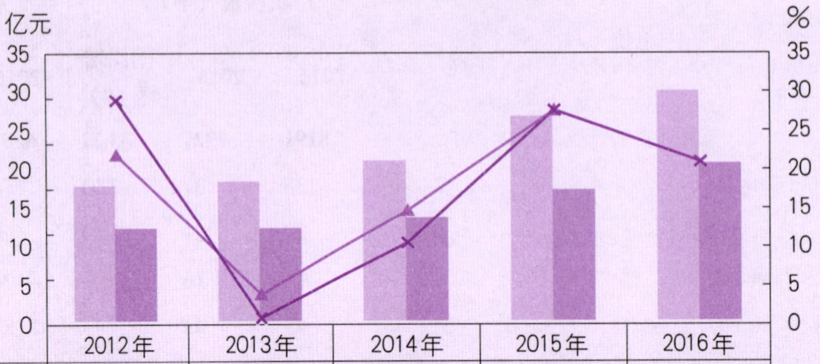


| | 2012年 | 2013年 | 2014年 | 2015年 | 2016年 |
|---|---|---|---|---|---|
| 总收入 | 17.6339 | 18.25 | 20.86 | 26.56 | 29.81 |
| 文化事业费 | 12.07 | 12.11 | 13.33 | 16.97 | 20.48 |
| 总收入增幅 | 21.59 | 3.49 | 14.30 | 27.33 | |
| 文化事业费增幅 | 28.68 | 0.33 | 10.07 | 27.31 | 20.68 |

从2012年到2016年的五年时间里，我市的文化事业费的平均增长15.5%。

2. 文物经费呈总体增长趋势。2016年全市文物业总收入8.92亿元，其中财政拨款6.29亿元，分别比2013、2014年有较大幅度增长，比2015年小幅下降。由于近年来对文物工作的重视，财政对文物事业发展在大幅增加后进入相对稳定状态。

图2 2012-2016年文物业收入情况

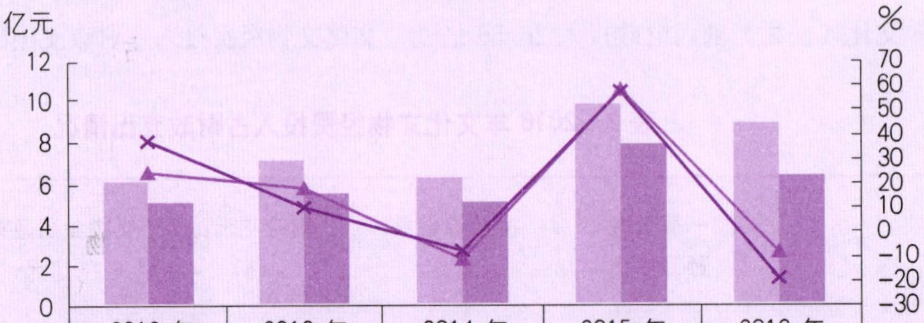


| | 2012 年 | 2013 年 | 2014 年 | 2015 年 | 2016 年 |
|---|---|---|---|---|---|
| 总收入 | 6.0271 | 7.1 | 6.24 | 9.84 | 8.92 |
| 财政拨款 | 4.99 | 5.48 | 5.01 | 7.88 | 6.29 |
| 总收入增幅 | 24.11 | 17.80 | -12.11 | 57.69 | -9.35 |
| 财政拨款增幅 | 36.57 | 9.82 | -8.58 | 57.29 | -20.18 |

### （四）公共文化服务不断提升

1. 公共图书馆服务能力进一步提高。全市公共图书馆现有总藏量1441.83万册，另有电子图书1092.38万册，分别比2015年增长10.59%和4.51%；全年总流通人次1308.5万人次，比2015年增长5.97%。2016年，全市公共图书馆为读者组织各类讲座1535次，27.19万人次参加；举办展览806个，221.91万人次参观；举办培训班2038个，8.91万人次参加。

表 3　公共图书馆活动场次

| | | 2015 年 | 2016 年 | 同比（%） |
|---|---|---|---|---|
| **展览** | 场次 | **578** | **806** | **39.45** |
| 培训班 | 场次 | 2093 | 2038 | -2.63 |
| 讲座 | 场次 | 1396 | 1535 | 9.96 |
| 总计 | 场次 | 4067 | 4379 | 7.67 |

2. 群众文化生活不断丰富。2016 年，全市 1062 个群众文化机构，共举办展览 5656 个，组织文艺活动 28157 次，组织公益性讲座 552 次，举办各类训练班 15526 次，文化服务惠馭人次达 2887.88 万人次。

表 4　文化馆站活动场次

| | | 2015 年 | 2016 年 | 同比（%） |
|---|---|---|---|---|
| **文艺活动** | 场次 | **25658** | **28157** | **9.74** |
| 展览 | 场次 | 4708 | 5656 | 20.14 |
| 培训班 | 场次 | 14827 | 15526 | 4.71 |
| 讲座 | 场次 | 620 | 552 | -10.97 |
| 总计 | 场次 | 45813 | 49891 | 8.9 |

坚持把发展公益性文化事业作为保障广大人民群众基本文化权益的重要途径，坚持政府主导、鼓励社会参与、优化资源配置、创新运行方式，更好地传播先进文化，提供精神食粮，体现人文关怀，不断满足广大人民群众的基本文化需求。公共文化服务效能不断提升。推动出台基层综合性文化服务中心建设实施方案，立足保基本、促公平、提效能，以重点带全局，以标准促均等，以建设促发展。建成 188 个贫困区县村级综合性文化服务中心示范点、147 个标准化社区文化室、480 个数字农家书屋建设。

（五）文艺创作生产持续发力。

深入贯彻习近平总书记和市委孙政才书记关于文艺工作的系列重要讲话精神，始终坚持以人民为中心的创作导向，立足规划一批、储备一批、创作一批、展演一批的工作思路，重点抓好历史题材、当代题材、现实题材的剧目创作，推出一批有高度、有温度、有深度的文艺精品，我市文艺正以前所未有的姿态走出重庆、走向全国。新创排演歌剧《辛夷公主》、京剧《大梦长歌》等 5 台重点原创剧目，舞剧《杜甫》获第十届中国舞蹈“荷花奖”舞剧奖，芭蕾舞剧《追寻香格里拉》获第五届全国少数民族文艺会演剧目银奖。

（六）文博事业蓬勃发展

截止 2016 年全市文物藏品 60.36 万余件。2016 年基本陈列 237 个，举办临时展览 230 个，接纳观众 2602.23 万人次，其中免费开放接待观众 2143.47 万人次。免费开放观众人次占 82.37%。非免费开放文物点门票销售收入 1.11 亿元，其中世界文化遗产大足石刻门票销售收入 0.7 亿元，占 63.06%。

表 5　2016 年重庆市文物业基本情况

| | 机构数（个） | 从业人员（人） | 文物藏品（件/套） | 基本陈列（个） | 临时展览（个） | 参观人次（万人次） | 年收入合计（万元） | 财政拨款（万元） |
|---|---|---|---|---|---|---|---|---|
| **总计** | **117** | **2681** | **603577** | **237** | **230** | **2602.232** | **89221.8** | **62892.1** |
| 文物科研机构 | 1 | 157 | 21217 | | | | 7055.6 | 4519.7 |
| 文物保护管理机构 | 29 | 235 | 36723 | 13 | 17 | 74.065 | 10960.5 | 9295.7 |
| 博物馆 | 82 | 2232 | 508431 | 224 | 213 | 2528.167 | 68063.7 | 46660.8 |
| 文物商店 | 2 | 18 | 37206 | | | | 446.1 | 27.4 |
| 其他文物机构 | 3 | 39 | | | | | 2695.9 | 2388.5 |

推动出台《关于进一步加强文物工作的实施意见》，坚持以普查为基础，以抢救为重点，以保护为根本，以项目为支撑，文化遗产传承、保护、利用和管理工作成效明显。争取文保专项资金 54294 万元，实施重点文物保护项目 218 个，5 条传统风貌街区和传统村落文物保护修缮利用、革命文物和抗战遗址保护、三峡后续文物保护、石窟寺及石刻保护、文物修复和预防性保护等工作取得突破性进展。全面完成第一次全国可移动文物普查，全市共登录不可移动文物 470234 件 / 套（实有 1482489 件 / 册）。市政府审定公布第五批市级非遗项目名录 123 项，总量达 511 项。市级以上文物保护单位火灾事故首次纳入市政府对区县社会治安综合治理考核内容。

博物馆建设快速健康发展，建成重庆三峡移民纪念馆（万州区博物馆新馆）并向社会试运行开放。重庆工业博物馆以及沙坪坝、巴南、江津、万盛等 15 个区县博物馆建设推进顺利。组织开展 2015 年度全市免费开放博物馆（纪念馆）绩效考核，首次将 23 家自行免费开放博物馆（包括 9 家非国有博物馆）纳入奖励范围。在全国率先出台文化文物单位文化创意产品开发实施意见，三家文博单位成功列入全国博物馆文化创意产品开发试点单位。三峡博物馆和市文化遗产研究院被国家文物局指定为全国第二批涉案文物鉴定评估机构。红岩革命历史博物馆挂牌全国首批研学旅游示范基地。组织开展第七届文化遗产宣传月活动，联合东京中国文化中心开展“重庆文化年”主题活动，重庆与世界文化交流合作日益加强。

### （七）文化产业发展提质增效

坚持把加快文化产业发展作为文化强市建设的硬支撑，强化政策引导、平台支撑、改革创新、集聚融合，加强统筹、协调、指导、服务，努力把文化产业培育成为支柱产业。一是政策推动。推动出台了《关于推动文化文物单位文化创意产品开发的实施意见》等重要文件，在政策、项目、资金等方面给予扶持和保障。二是项目促动。立足全国、放眼世界，成功引进华侨城集团、万达集团、美国六旗娱乐集团等国内外品牌企业投资建设华侨城山地欢乐谷、万达文旅城等重大文化产业项目，总投资超 1000 亿元。京渝文创园、荣昌陶文化产业园、九龙国际珠宝文化创意产业城等一批重大项目加快推进，文化产业集群、集聚发展格局逐渐形成，7 家企业获评国家级文化产业示范基地。助力区县利用废旧房产打造 N18 园区、京渝文创园、501 基地、喵儿石等文化产业集聚区，培育形成小剧场等新兴业态。三是主体带动。实施成长型企业培育计划，新增 186 家快速成长型文化企业。吸引社会资本投入 639 亿元。新增文化企业 17775 户，注册文化企业总数达 86056 户。四是消费拉动。重庆获批全国首批扩大文化消费试点城市，成功举办首届重庆文化惠民消费季，打造 1000 多家各类文化企业组成的“文化企业消费联盟”，以“一大战略联盟、三大板块活动、四十二个主题、双百佳文化消费新领地、百万现金红包、亿元消费礼包”的整体格局，为消费者奉上 100 余项文化产品和文化服务，吸引 700 多万人次群众参与本届消费季。三峡博物馆、红岩联线、重庆自然博物馆、重庆图书馆、重庆美术馆成功申报为全国文化创意产品开发试点单位，新开发文创产品 893 种。成功举办第五届重庆文化产业博览会、第八届西部动漫文化节，实现交易 10 亿元。《印象武隆》《烽烟三国》等一批文旅融合项目获得了经济效益和社会效益双丰收。预计 2016 年全市文化产业实现增加值 615 亿元，同比增长 13%，占 GDP 比重提升至 3.5% 左右。

### （八）文化市场规范有序发展

近年来经济新常态，经济呈 L 型结构，投机性资金对文化娱乐行业加大了投入。截止 2016 年底，全市有登记非公有制艺术表演团体 749 个，从业人员 8466 人；娱乐场所 2175 家，从业人员 17799 人；上网服务场所 3513 个，经营面积 101.07 万方，计算机终端 32.68 万台，从业人员 16211 人。总体看，文化场所向大型、多元、综合的方向转变，单体经营面积有一定上扬，但从业群体数量未见明显增长。

**表 6　重庆市文化市场经营机构基本情况**

| 指　标 | 机构数（个） | 从业人员（人） | 资产总计（万元） |
|---|---|---|---|
| **总计** | **6579** | **46267** | **1483944.8** |
| 娱乐场所 | 2175 | 17799 | 255412.3 |
| 互联网上网服务营业场所（网吧） | 3513 | 16211 | 232357.0 |
| 非公有制艺术表演团体 | 749 | 8466 | 77381.1 |
| 非公有制艺术表演场馆 | 6 | 310 | 27205.0 |
| 经营性互联网文化单位 | 36 | 1889 | 850908.8 |
| 艺术品经营机构 | 58 | 599 | 11947.2 |
| 演出经纪机构 | 42 | 993 | 28733.4 |

1. 演出市场逐步规范，发展有序。非国有艺术表演团体 749 个，比 2015 年的 708 个增长 5.79%，国内演出 8.73 万场，国内演出观众人次 2854.48 万人次，其中农村演出 6.98 万场，观众 1195.65 万人次。在很大程度上的缓解了国有艺术表演团体因机构少，人手不够而造成的覆盖面不广的影响，有效的满足了广大农民群众看演出的需求。

**表 7　娱乐场所两年对比情况**

| 指　标 | 2015 年度 | 2016 年度 | 变化幅度（%） |
|---|---|---|---|
| 机构数（个） | 2434 | 2175 | -10.64 |
| 从业人数（人） | 20930 | 17799 | -14.96 |
| 资产总计（亿元） | 34.59 | 25.54 | -26.16 |
| 营业收入（亿元） | 20.3 | 16.03 | -21.03 |

2. 娱乐业在困境中良性调整，逐渐朝着规模化、品牌化发展。娱乐业机构、人员、资产和营业收入全面下降。娱乐业逐步朝着规范和提档升级的方向健康发展，小、散、差的经营场所被逐渐淘汰出市场。

### （八）文化交流传播途径不断拓展。

积极配合国家外交战略，主动融入“一带一路”发展战略，推动文化交流传播由政府主导向政府与社会、市场相结合转变，充分发挥社会及市场的配置作用，扩大对外文化交流与贸易的规模和效益。加强“一带一路”文化交流，重庆文化代表团参加“伏尔加联欢”艺术节，开创中国长江中上游地区与俄罗斯伏尔加河沿岸联邦区人文交流合作新篇章，重庆图书馆与俄罗斯总统图书馆、萨马拉州立图书馆、白俄罗斯明斯克州立图书馆开展合作，重庆美术馆与白俄罗斯国家美术馆开展美术家互派交流活动，重庆文化艺术职业学院与俄罗斯柴科夫斯基音乐学院附中共同举办大师班和钢琴音乐会，全年完成对外和对港澳台交流项目 235 项 2159 人次。以文化交流推动文化外贸发展，支持重庆演艺集团西班牙欧亚拉文化公司拓展海外演出业务，协助并支持重庆保税港区、重庆港融文化产业有限公司打造平台，发展对外文化贸易。

## 二、主要问题

### （一）财政投入增幅有所提高但总量不足

虽然文化（文物）的总收入和财政投入在逐年有所提高，但基数太低、总量不足，重庆文化文物经费人均投入低排在全国各省市中间偏后，在四个直辖市中最低，在西部也仅处于中游水平。

**表 8　2016 年直辖市及西部文化文物财政拨款情况**

| | 文化事业费（万元） | 位次 | 人均文化事业费（元） | 位次 | 文物事业费（万元） | 位次 | 人均文物事业费（元） | 位次 |
|---|---|---|---|---|---|---|---|---|
| 重　庆 | 204828 | 3 | 67.2 | 4 | 62892 | 3 | 20.63 | 3 |
| 北　京 | 352798 | 2 | 162.36 | 2 | 249415 | 1 | 114.78 | 1 |
| 天　津 | 158048 | 4 | 101.18 | 3 | 24576 | 4 | 15.73 | 4 |
| 上　海 | 422148 | 1 | 174.44 | 1 | 117811 | 2 | 48.68 | 2 |
| 重　庆 | 204828 | 5 | 67.2 | 6 | 62892 | 7 | 20.63 | 7 |
| 四　川 | 403685 | 1 | 48.86 | 9 | 158238 | 2 | 19.15 | 8 |
| 贵　州 | 151128 | 8 | 42.51 | 11 | 37485 | 10 | 10.54 | 11 |
| 云　南 | 218728 | 3 | 45.85 | 10 | 40618 | 9 | 8.51 | 12 |
| 西　藏 | 72824 | 11 | 220.01 | 1 | 96879 | 4 | 292.69 | 1 |
| 陕　西 | 216685 | 4 | 56.83 | 7 | 298551 | 1 | 78.3 | 2 |
| 甘　肃 | 143170 | 9 | 54.85 | 8 | 140081 | 3 | 53.67 | 3 |
| 青　海 | 78467 | 10 | 132.32 | 2 | 23386 | 12 | 39.44 | 5 |
| 宁　夏 | 67681 | 12 | 100.27 | 4 | 33540 | 11 | 49.69 | 4 |
| 新　疆 | 165558 | 7 | 69.04 | 5 | 42006 | 8 | 17.52 | 9 |
| 内蒙古 | 259572 | 2 | 103 | 3 | 76679 | 5 | 30.43 | 6 |
| 广　西 | 199327 | 6 | 41.2 | 12 | 63665 | 6 | 13.16 | 10 |

### （二）专业技术人才匮乏，急需引进和培养高素质人才

目前，在我市 59236 名从业人员中，具有中高级专业技术职称的仅有 1978 人，所占比重仅占总人数的 3.34%。

表 9　2016 年从业人员表

| | 总计 | | | | |
|---|---|---|---|---|---|
| | 从业人员数（人） | | | | |
| | | 专业技术人才 | | | |
| | | | 正高级职称 | 副高级职称 | 中级职称 |
| **总　计** | **59236** | **7288** | **170** | **545** | **1263** |
| 一、文化合计 | 56555 | 6357 | 108 | 415 | 969 |
| 艺术表演团体 | 10015 | 3555 | 46 | 175 | 357 |
| 其中：公有制艺术表演团体 | 1549 | 1055 | 46 | 175 | 357 |
| 艺术表演场馆 | 451 | 114 | 1 | 4 | 7 |
| 其中：公有制艺术表演场馆 | 141 | 39 | 1 | 4 | 7 |
| 公共图书馆 | 920 | 582 | 24 | 86 | 234 |
| 文化馆 | 939 | 638 | 27 | 86 | 223 |
| 文化站 | 4428 | 969 | 0 | 0 | 0 |
| 其中：乡镇综合文化站 | 3349 | 782 | 0 | 0 | 0 |
| 艺术展览创作机构 | 100 | 68 | 5 | 18 | 24 |
| 其中：美术馆 | 78 | 60 | 4 | 16 | 21 |
| 艺术教育业 | 416 | 322 | 1 | 38 | 88 |
| 文化科研机构 | 36 | 28 | 2 | 6 | 15 |
| 文化市场经营机构（不包括非公有制院团和场馆） | 37491 | 0 | 0 | 0 | 0 |
| 文化行政主管部门 | 1022 | 0 | 0 | 0 | 0 |
| 其他文化机构 | 737 | 81 | 2 | 2 | 21 |
| 其中：文化市场执法机构 | 98 | 0 | 0 | 0 | 0 |
| 二、文物合计 | 2681 | 931 | 62 | 130 | 294 |
| 博物馆 | 2232 | 785 | 53 | 110 | 239 |
| 文物保护管理机构 | 235 | 98 | 2 | 10 | 37 |
| 文物科研机构 | 157 | 38 | 7 | 8 | 15 |
| 文物商店 | 18 | 0 | 0 | 0 | 0 |
| 其他文物机构 | 39 | 10 | 0 | 2 | 3 |

专业技术人才匮乏，制约着我市文化文物事业的进一步发展。专业技术人才多为系统内人员，且主要集中在国有专业艺术表演团体、图书馆、文化馆和博物馆，而在 5824 个文化市场经营机构，37491 个从业人员中，没有拥有中、高级职称的人员。文化市场经营队伍整体素质不高。国家相关法律法规在文化市场经营业主准入时没有对文化程度及业务素质提出要求，没有设明确的标准条件，导致我们在业主审核上无从把关，致使一些文化水平较低、业务素质较差的人员也开始从事文化市场经营活动，给文化市场发展带来消极影响。再者业主自身素质参差不齐，有的政治觉悟较差，利欲熏心，唯利是图，有的打政策查边球，甚至有的时不时从事一些违法乱纪经营活动，给社会造成不良影响，也严重败坏了行业形象。

## 三、下一步工作的建议

### （一）加大资金投入，建立和完善政策保障机制

积极争取国家资金对我市文化文物投入，要进一步强化政府投入的主体责任，加大投入力度，确保财政对文化文物建设投入的增长高于市级财政经常性收入增长幅度，提高文化文物支出占财政支出比例。同时，要积极引导社会力量参与对文化事业建设和活动，多渠道拓宽文化资金来源。推广政府和社会资本合作模式，探索拨改投方式，鼓励引导社会和民间投资进入文物保护维修、开发利用和博物馆建设等领域。

### （二）优化人才结构，加强人才队伍建设

队伍是基础，人才是关键。要注重中坚力量建设，努力造就一批高层次领军人物和高素质文化文物人才队伍；要大力加强基层文化队伍建设，夯实文化文物事业发展的基础；要建立人才培养、选拔任用等保障机制，努力开创和营造人才辈出、人尽其用的良好氛围和制度环境。支持市内教育机构强化文化文物事业学历教育、职业教育，通过学历教育、委托培养、“师承制”、学术带头人、赴外交流学习等途径，大力培养与引进复合型高层次人才，力争培养一支既懂文化、文物业务、又有管理知识，年龄梯次和专业结构基本合理的新型的文博专业人才队伍。探索文化、文物单位人事制度改革新路，合理配置并激活现有人力资源，加强事业单位人力资源管理和开发研究。加强部门协调，解决部分市直单位机构编制和专业人员结构方面存在的问题，为各类高级专业人才和管理人才引进创造条件。

### （三）继续确立对文化市场发展管理并重的工作方针，确保文化市场健康有序发展

对文化市场要认真规划，科学引导，强化教育，加强管理，不断提升我市文化市场总体经营管理水平。要把握文化市场发展新趋势，引导各类市场主体以娱乐市场主体创规模、创品牌，使文化市场各个门类无论是规模、档次，还是效益、服务，都有一个量的增长和品位的提升。

（重庆市文化委员会）

## 重庆：文化产业蓬勃发展

坚持把加快文化产业发展作为文化强市建设的硬支撑，强化政策引导、平台支撑、改革创新、集聚融合，加强统筹、协调、指导、服务，努力把文化产业培育成为支柱产业。一是政策推动。推动出台了《关于推动文化文物单位文化创意产品开发的实施意见》等重要文件，在政策、项目、资金等方面给予扶持和保障。二是项目促动。立足全国、放眼世界，成功引进华侨城集团、万达集团、美国六旗娱乐集团等国内外品牌企业投资建设华侨城山地欢乐谷、万达文旅城等重大文化产业项目，总投资超1000亿元。京渝文创园、荣昌陶文化产业园、九龙国际珠宝文化创意产业城等一批重大项目加快推进，文化产业集群、集聚发展格局逐渐形成，7家企业获评国家级文化产业示范基地。助力区县利用废旧房产打造N18园区、京渝文创园、501基地、喵儿石等文化产业集聚区，培育形成小剧场等新兴业态。三是主体带动。实施成长型企业培育计划，新增186家快速成长型文化企业。吸引社会资本投入639亿元。新增文化企业17775户，注册文化企业总数达86056户。四是消费拉动。重庆获批全国首批扩大文化消费试点城市，成功举办首届重庆文化惠民消费季，打造1000多家各类文化企业组成的“文化企业消费联盟”，以“一大战略联盟、三大板块活动、四十二个主题、双百佳文化消费新领地、百万现金红包、亿元消费礼包”的整体格局，为消费者奉上100余项文化产品和文化服务，吸引700多万人次群众参与本届消费季。三峡博物馆、红岩联线、重庆自然博物馆、重庆图书馆、重庆美术馆成功申报为全国文化创意产品开发试点单位，新开发文创产品893种。成功举办第五届重庆文化产业博览会、第八届西部动漫文化节，实现交易10亿元。《印象武隆》《烽烟三国》等一批文旅融合项目获得了经济效益和社会效益双丰收。预计2016年全市文化产业实现增加值615亿元，同比增长13%，占GDP比重提升至3.5%左右。

# 四川省 2016 年文化发展情况分析

四川省总人口 8262 万，辖 21 个市州、有 183 个县（市、区），4633 个街道办和乡镇，是全国第二大藏区，最大的彝族聚居区和唯一的羌族聚居区。2016 年是“十三五”开局之年，全省文化系统认真学习贯彻中央“四个全面”战略布局和习近平总书记系列重要讲话精神，坚持“五大发展理念”，全面深化文化体制改革，精心打造巴蜀文艺精品，加快构建现代公共文化服务体系和现代文化市场体系，不断增强文化遗产保护力度，努力扩大四川文化对外影响力，全省文化建设呈现出提质增效、跨越发展的良好局面。

## 一、2016 年四川省文化文物发展情况

### （一）全省文化文物机构人员有所增长

图1　2016年四川省文化产业机构情况

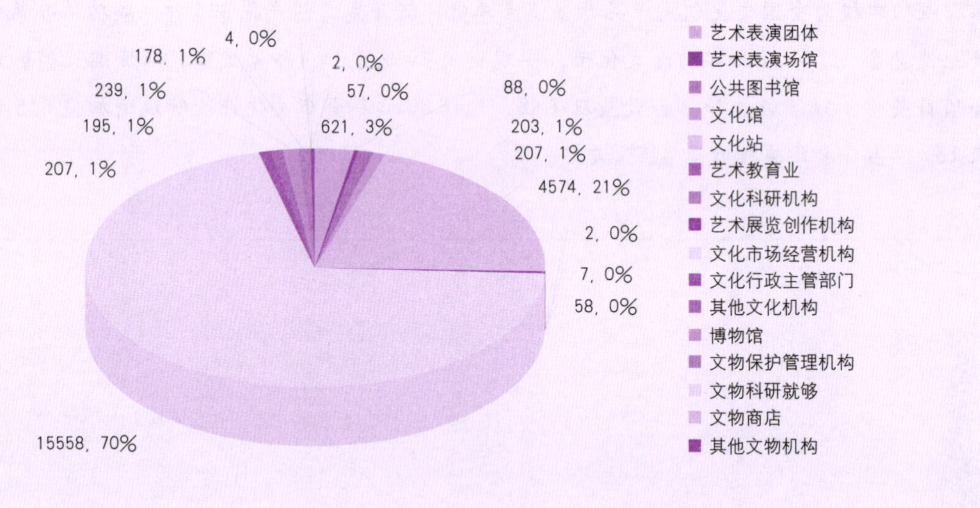


2016年末，由文化部门主管和由文化部门审批管理全省文化产业机构总计 22200 个，从业人员 126105 人。其中：文化部门单位机构数 5969 个，从业人员 35533 人；文化市场经营单位 15558 个，从业人员 78302 人。与 2015 年相比，全省文化产业机构数增加 192 个，增长了 0.87%；从业人员增加 3959 人，增长了 3.24%，我省文化产业机构数和从业人员都有所增加。

### （二）全省文化文物事业投入逐年增长

2016 年，全省文化部门总收入 67.40 亿元，比 2015 年相比增长 -0.16%，其中文化事业费 40.37 亿元，与 2015 年相比增长 1.99%，人均文化事业费 48.86 元，排名全国第 20 位，比 2015 年相比增长 1.28%，排

名下降 2 位。文物部门总收入 20.02 亿元，其中文物事业费 13.39 亿元，与 2015 年相比增长 5.59%。

**表 1　2011–2016 年四川省文化文物投入情况**

| 年份 | 文化部门 | | | 文物部门 | |
|---|---|---|---|---|---|
| | 总收入（亿元） | 文化事业费（亿元） | 人均文化事业费（元） | 总收入（亿元） | 文物事业经费（元） |
| 2011 年 | 31.86 | 20.58 | 25.56 | 11.75 | 7.75 |
| 2012 年 | 44.03 | 27.49 | 34.04 | 14.05 | 9.11 |
| 2013 年 | 53.33 | 30.46 | 37.58 | 15.59 | 11.89 |
| 2014 年 | 55.95 | 34.91 | 42.89 | 15.67 | 12.19 |
| 2015 年 | 69.29 | 39.58 | 48.24 | 17.58 | 12.68 |
| 2016 年 | 67.40 | 40.37 | 48.86 | 20.02 | 13.39 |

### （三）公共文化基础设施建设稳步推进

2016 年，省图书馆新馆、达州市文化馆、甘孜州民族博物馆等一批省、市（州）级文化工程项目相继建成并投入使用，省群众文化活动中心、四川大剧院、自贡市文化馆等一批省、市（州）级文化工程项目有序推进。藏区 22 个文化馆、图书馆建设项目已竣工并投入使用，23 个文化馆、图书馆建设项目主体工程完工。乌蒙山片区和秦巴山区的 152 个县级“两馆”建设积极推进。省级公共文化服务体系建设专项资金投入 2.75 亿元，建设 6155 个村级文化活动室。芦山地震灾后文化恢复重建 133 个建设项目完工，完成投资 1.26 亿元。

### （四）公共文化服务效能不断提升

1. 公共图书馆服务能力加强，综合服务水平大幅提升。2016 年末，全省公共图书馆机构数 203 个，从业人员 2,371 人，比 2015 年增加 110 人。全省公共图书馆实际使用房屋面积 59.76 万平方米，比 2015 年增加 3.53 万平方米，增长 6.28%。总藏量 3517 万册，比 2015 年增加 189 万册，增长 5.68%；电子阅览室终端数 7438 台，比 2015 年增加 502 台，增长 7.23%；阅览室面积 19.61 万平方米， 比 2015 年增加 2.06

**图2　2012–2016年公共图书馆人均面积及藏量**

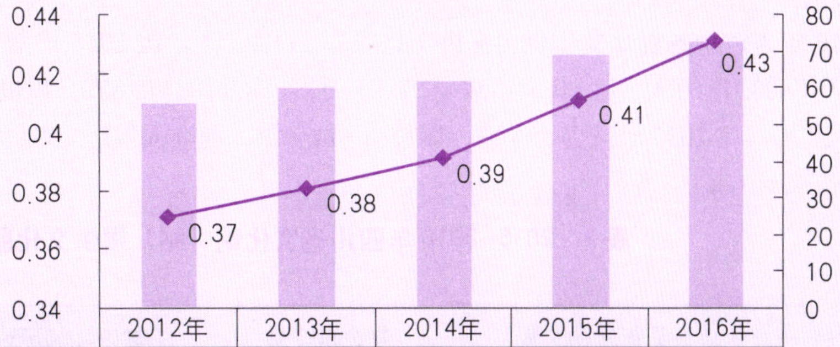


| | 2012年 | 2013年 | 2014年 | 2015年 | 2016年 |
|---|---|---|---|---|---|
| 每万人拥有公共图书馆面积(平方米) | 55.44 | 59.47 | 61.4 | 68.54 | 72.33 |
| 人均拥有公共图书馆藏书(册) | 0.37 | 0.38 | 0.39 | 0.41 | 0.43 |

万平方米，增长11.73%；阅览室坐席数49983个，比2015年增加4244个，增长9.27%。公共图书馆从业人员逐年增加，实际使用房屋面积、阅览室坐席数和电子阅览室终端数等设施设备条件不断改善，图书文献等资源日益丰富，公共图书馆的保障服务能力不断提升。

全省公共图书馆总流通人次达2358.03万人，比2015年增加347.95万人，增长17.31%；书刊文献外借册次1751.29万册，比2015年增加134.22万册，增长8.3%；外借人次995.34万人，比2015年增加104.99万人，增长11.79%。为读者举办各种活动6112次（个），比2015年增加582次（个），增长率10.52%；积极开展延伸服务，流动服务书刊借阅人次140.41万人，比2015年增加1.08万人，增长率0.78%，流动图书馆车书刊借阅册次达242.08万册，比2015年增加8.25万册，增长率3.52%。

图3 2015-2016年公共图书馆主要服务情况

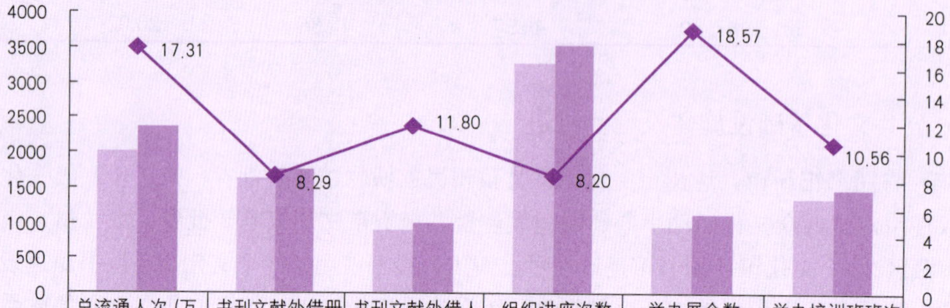


| | 总流通人次（万人） | 书刊文献外借册次（万册） | 书刊文献外借人次（万人） | 组织讲座次数（次） | 举办展个数（个） | 举办培训班班次（个） |
|---|---|---|---|---|---|---|
| 2015年 | 2010 | 1617 | 890 | 3258 | 937 | 1335 |
| 2016年 | 2358 | 1751 | 995 | 3525 | 1111 | 1476 |
| 增长率% | 17.3 | 8.3 | 11.8 | 8.2 | 18.6 | 10.6 |

2. 群众文化活动蓬勃开展。2016年末，全省群众文化机构4781个，比2015年减少4个，其中乡镇综合文化站4306个，比2015年减少12个。群众文化从业人员11023人，比2015年增加373人，其中具有高级职称的147人，占1.33%，中级职称的771人，占6.99%。

2016年末，全省群众文化机构实际使用房屋面积218.18万平方米，比2015年增加了2.72万平方米，增长1.26%；每万人拥有群众文化设施建筑面积264.08平方米，比2015年增加了1.45平方米，增长0.55%；对公众开放的阅览室6.9万平方米，比2015年增加2.2万平方米，增长46.8%，全省群众文化设施状况得到较大改善。

2016年末，全省群众文化机构提供文化服务114235次，比2015年增加2583次，增长率2.31%，文化服务惠及3803.42万人，比2015年减少27.91万人，增长率-0.83%。积极开展延伸服务，利用流动舞台车演出2020场，比2015年减少267场，增长率-11.67%；观众人次达139.42万人，比2015年减少37.41万人，增长-21.15%。

**表2 2015—2016年四川省文化馆（站）提供文化服务情况**

单位：次、个、万人次

| 年份 | 组织讲座次数 | | 举办展个数 | | 举办培训班班次 | | 组织文艺活动 | |
|---|---|---|---|---|---|---|---|---|
| | 次数 | 参加人次 | 个数 | 参观人次 | 班次 | 培训人次 | 次数 | 参加人次 |
| 2015年 | 1475 | 31 | 11226 | 765 | 32833 | 224 | 66118 | 2811 |
| 2016年 | 2033 | 25 | 11642 | 810 | 31736 | 172 | 68824 | 2802 |

3. 美术馆工作取得新成效。

2016 年末，全省有美术馆 40 个（含书画院挂牌），比 2015 年增加 4 个，增长率 11.11%；从业人员 185 人，比 2015 年增加 33 人，增长 21.71%。

全省美术馆实际使用房屋面积 2.92 万平方米，比 2015 年增加 0.5 万平方米，增长 19.84%，全省美术馆建筑规模呈逐渐扩大趋势。全省美术馆举办展览 311 个，比 2015 年增加 5 个，增长率为 1.63%；参观人次 347.14 万人次，比 2015 年增加 144.89 万人次，增长 71.64%。举办讲座 141 次，比 2015 年增长 -3.42%，举办教育活动 177 次，比 2015 年增长 63.8%，美术馆社会服务功能日趋完善和丰富。

**表 3　2015–2016 年四川美术馆开展活动情况**

| 年份 | 机构数（个） | 举办展览情况 | | 公共教育活动 | | |
|---|---|---|---|---|---|---|
| | | 展览总量（个） | 参观人次（万人次） | 讲座（次） | 教育活动（次） | 出版物（种） |
| 2015 年 | 36 | 306 | 202 | 146 | 108 | 31 |
| 2016 年 | 40 | 311 | 347 | 141 | 177 | 26 |

## （五）艺术创作生产日益繁荣

1. 艺术创作生产机构和人员总体情况。2015 年末，全省有艺术表演团体 621 个，比 2015 年增加 78 个，增长 14.36%；从业人员 12,406 人，比 2015 年增加 818 人，增长 7.06%；其中各级文化部门所属的艺术表演团体 50 个，占艺术表演团体总数 8.16%，占比与 2015 年相比有所下降。各级文化部门所属艺术表演场馆 44 个，与上年持平，从业人员 530 人，比 2015 年减少 65 人；观众坐席数 26699 个，比 2015 年减少 572 个。

2. 艺术表演团体演出市场平稳发展。2016 年末，全省艺术表演团体演出 8.423 万场，比 2015 年减少 1.84 万场，增长 -17.92%，赴农村演出 3.364 万场，比 2015 年减少 0.386 万场，增长 -10.29%；其中各级文化部门所属艺术表演团体演出场次 0.599 万场，比 2015 年减少 0.013 万场，增长 -2.12%；赴农村演出 0.191，比 2015 年减少 0.057 万场，增长 -22.98%。

**表 4　2015–2016 年四川省艺术表演团体基本情况**

| 主要指标 | 2015 年 | 2016 年 | 增长率 % |
|---|---|---|---|
| 机构数（个） | 543 | 621 | 14.36 |
| 演出场次（万场） | 10.263 | 8.423 | -17.93 |
| 农村演出场次（万场） | 3.754 | 3.364 | -10.39 |
| 文化部门机构数（个） | 52 | 50 | -3.85 |
| 所占比重 (%) | 9.58 | 8.05 | -15.92 |
| 演出场次（万场） | 0.612 | 0.599 | -2.12 |
| 所占比重 (%) | 5.96 | 7.11 | 19.26 |
| 农村演出场次（万场） | 0.248 | 0.191 | -22.98 |
| 所占比重 (%) | 6.61 | 5.68 | -14.06 |
| 其它部门机构数（个） | 491 | 571 | 16.29 |
| 所占比重（%） | 90.42 | 91.95 | 1.69 |
| 演出场次（万场） | 9.651 | 7.824 | -18.93 |
| 所占比重 (%) | 94.04 | 92.89 | -1.22 |
| 农村演出场次（万场） | 3.506 | 3.173 | -9.50 |
| 所占比重 (%) | 93.39 | 94.32 | 0.99 |

3. 地方特色艺术生产展演更加繁荣。2016年末，全省艺术表演团体原创首演剧目30个，新创、复排、提升重点剧目30余台，涌现出川剧《尘埃落定》、舞剧《家》、民族歌剧《彝红》等一批优秀重点剧（节）目。舞剧《家》入选 2016年国家舞台艺术精品创作工程重点扶持剧目，民族歌剧《彝红》获第五届全国少数民族文艺会演银奖，四川盘子《心如莲》、四川清音《莲花开》荣获第九届中国曲艺牡丹奖节目奖和文学奖。舞蹈《滚灯》和《永远的川军》获第十届“荷花奖”当代舞奖。

### （六）文化产业加快转型升级

1. 文化产业机构发展壮大。2016年末，全省有文化产业机构数22200个，与2015年相比增加192个，增长0.87%；从业人员126105人，与2015年相比增加3959人，增长3.24%。

2、文化产业结构加快转型升级。围绕“互联网+”，依托四川特色鲜明的文化产业基础，四川文化产业整体业态升级。一是依托重大项目，25个项目纳入国家重点文化产业项目库；二是挖掘特色资源，确定全省首批重点培育特色文化创意产品名单，推动传统音乐与多媒体、旅游产业等融合发展；三是扩大项目推介力度，组织超过100家文化企业和单位参加了义乌文化产品交易会，深圳国际文博会、西博会等文化产业相关会展平台，参展产品销售及意向性订单超5000万元；四是营造优质发展环境，建设“互联网+藏羌彝文化产业走廊（四川区域）”、“互联网+特色文化创意产品”等项目平台。

### （七）文化市场健康平稳发展

1. 文化市场经营单位结构有所变化。2016年全省有文化市场经营单位16172个，比2015年增加179个，增长1.12%，从业人员88734人，比2015年增加2664人，增长3.09%。其中娱乐场所5225个，占文化市场经营单位总数的32.31%，比2015年减少602个，增长-10.33%，从业人员35321人，比2015年减少744人，增长-2.06%；互联网上网服务营业场所（网吧）10,058，占文化市场经营单位总数的62.19%，比2015年增加657个，增长6.99%，从业人员37669人，比2015年增加288人，增长0.77%。

图4　2016年四川省文化市场经营机构构成情况

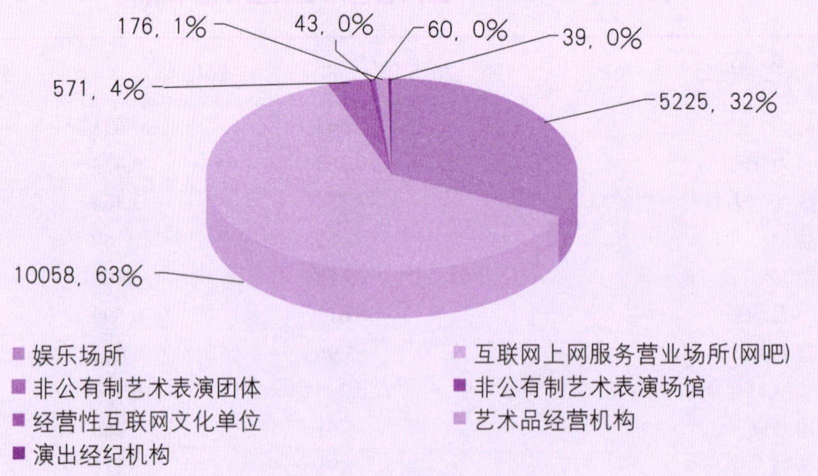


2. 演出市场全方位发展。2016年末，全省有非公有制艺术表演团体571个，比2015年增加80个，增长16.29%。演出市场主体和从业人员变化不大，较平稳的发展趋势。全省营业性演出市场发展迅速，举办各类演出7.82万场，比2015年减少1.83万场，增长-18.96%；国内演出观众1861.19万人，比2015年增加330.24万人，增长21.57%，演出收入5.43亿元，比2015年增加2.98亿元，增长121.63%。

3. 网络市场转型升级。2016年，全省经营性互联网文化单位蓬勃发展，设立经营性互联网文化单位审批237件，备案的经营性互联网文化单位356个；网络动漫游戏产业规模化发展，网络游戏成为网络文化对外贸易的生力军。

4. 优化环境激发市场主体活力。加强文化市场法制建设，启动《四川省娱乐场所管理办法》修订工作。深化文化市场信息化管理，加强综合执法指导监督和队伍建设，检查经营单位14万余家次，受理举报297件，办结案件2648件，获评全国文化市场十大案件1件，重大案件4件。

### （八）文化遗产保护科学规范

1. 文物业机构和从业人员稳定增长。2016年末，全省有文物机构480个，比2015年增加18个，增长3.89%，从业人员8782人，比2015年增加499人，增长6.02%。其中文物保护管理机构178个，占37.08%，博物馆239个，占48.79%。

2. 文物业公共服务能力进一步提高。2016年末，全省文物藏品445.59万件，比2015年增加77.63万件，增长21.09%，其中博物馆文物藏品419.99万件，占文物藏品总数的94.25%。文物藏品中一级品5651件，二级品14809件，三级品125645件。全省有文物点65231处，其中国家级文物保护单位229处，省级文物保护单位969处，市县级文物保护单位6565处。有世界自然和文化遗产5处，中国历史文化名城8座，225个村落列入中国传统村落名录，国家考古遗址公园2处。全省文物展览用房77.369万平方米，比2015年增长10.84%。

**表5　2016年四川省文物藏品、文物点和实际使用房屋面积情况**

单位：万件／套、件／套、个、平方米

| 年份 | 文物藏品 | | | | 文物点 | | | 使用房屋面积 | |
|---|---|---|---|---|---|---|---|---|---|
| | 合计 | 一级品 | 二级品 | 三级品 | 合计 | 国保单位 | 省保单位 | 合计 | 展览用房 |
| 2016年 | 445.59 | 5651 | 14809 | 125645 | 65231 | 229 | 969 | 170.56 | 77.37 |

3. 文物保护利用力度不断加强。2016年，我省相继完成了《四川省人民政府关于进一步加强文物工作的实施意见》、《四川省文物事业发展“十三五”规划》等一系列指导性文件。全省77处国家级、77处省级和70处市县级文物保护单位进行维修；完成203个文物保护规划和方案设计。配合基本建设的考古勘探、发掘及科研工作有序开展，组织开展了成都天府国际机场、乌东德水电站等基本建设中的文物抢救保护工作，开展文物考古调查勘探发掘项目40余项，考古发掘面积10.58万余平方米，出土器物15,693件。《邛窑遗址保护规划》项目荣获首届中国考古学大会“金尊奖”，四川省文物考古研究院“虚拟考古体验馆”和“全国系列公共考古论坛”两项目荣获首届中国考古学大会“金镈奖”。“理县桃坪羌寨保护与复原工程”荣获联合国教科文组织2016年度亚太地区文化遗产保护“杰出项目奖”。

**表6　2016年四川省文物保护维修和考古发掘情况**

| | 文物保护规划和方案设计（个） | 文物保护维修情况 | | | 进行考古发掘情况 | |
|---|---|---|---|---|---|---|
| | | 国保单位保护维修项目数（个） | 省保单位保护维项修目数（个） | 市、县保单位保护维修项目数（个） | 考古发掘面积（万平方米） | 出土器物（件／套） |
| 2016年 | 203 | 77 | 77 | 70 | 10.583 | 15693 |

4. 博物馆事业蓬勃发展。2016年末，全省有各类博物馆（纪念馆）239个，比2015年增加14个，增长6.22%，从业人员达6452人，比2015年增加345人，增长5.64%；其中文物部门博物馆193个，占博物馆总数的80.75%，文物部门博物馆在总数中所占比重大。

全省博物馆（纪念馆）基本陈列630个，比2015年增加89个，增长16.45%，举办展览531个，比2015年增加144个，增长37.2%，参观人次5975.94万人次，比2015年减少20.83万人，增长-0.35%，未成年人参观人次1590.74万人次，比2015年增加290.13万人，增长22.3%。其中免费开放博物馆188个，比2015年增加20个，增长11.9%，接待参观人次4437.35万人次，比2015年增加96.87万人次，增长2.23%，其中接待未成年人约1311.36万人次，博物馆服务水平不断提升，博物馆纪念馆的社会效益进一步增强。

图5 2015-2016年博物馆免费开放情况

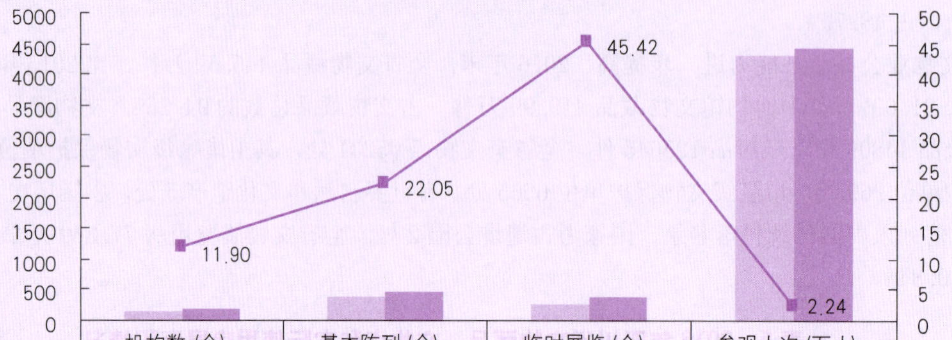


| | 机构数（个） | 基本陈列（个） | 临时展览（个） | 参观人次（万人） |
|---|---|---|---|---|
| 2015年 | 168 | 390 | 273 | 4340 |
| 2016年 | 188 | 476 | 397 | 4437 |
| 增长率% | 11.9047619 | 22.05128205 | 45.42124542 | 2.235023041 |

5. 非物质文化遗产保护水平不断提高。2016年末，我省共有国家级非遗项目139个，国家级非遗代表性传承人69人；省级非遗项目522个，省级非遗代表性传承人764人；市县级非遗项目4645个，市县级非遗代表性传承人4717人；国家级非遗生产性保护示范基地7个，省级非遗生产性保护示范基地23个，非遗遗保护名录体系得到进一步充实完善。

2016年末，全省有非物质文化遗产保护机构196个，从业人员914人，其中非物质文化遗产保护中心32个，占保护机构总数的16.32%。非遗博物馆115个，比2015年增长5.5%，演出和展示面积11.17万平方米；传习所538个，比2015年增长23.39%。我省非遗展示传习场所数量、面积等逐年增加，非物质文化遗产保护和展示能力大幅提升。

**表7 2016年四川省非物质文化遗产展示传习场所情况**

| 项目 / 年份 | 非物质文化遗产博物馆 | | | | 传习场所 | | |
|---|---|---|---|---|---|---|---|
| | 数量（个） | 收藏实物数（件/套） | 展示及演出面积（万平方米） | 培训学徒（人） | 数量（个） | 面积（万平方米） | 培训学徒（人） |
| 2016年 | 115 | 25876 | 11.173 | 13803 | 538 | 18.39 | 14893 |

2016 年非物质文化遗产宣传展示培训活动异彩纷呈，全省举办各类宣传展示培训活动 6,329 个，比 2015 年增加 1446 个，增长 29.61%；参与人次 711.4 万人，比 2015 年增加 17.13 万人，增长 2.46%。其中举办展览 1168 个，比上年增加 341 个，增长 41.23%；参观人次 246.71 万人，比上年减少 12.42%。开展传承人培训班次 391 次，培训人员 1.44 万人次。

图6　2015-2016年四川省非遗宣传展示培训活动情况

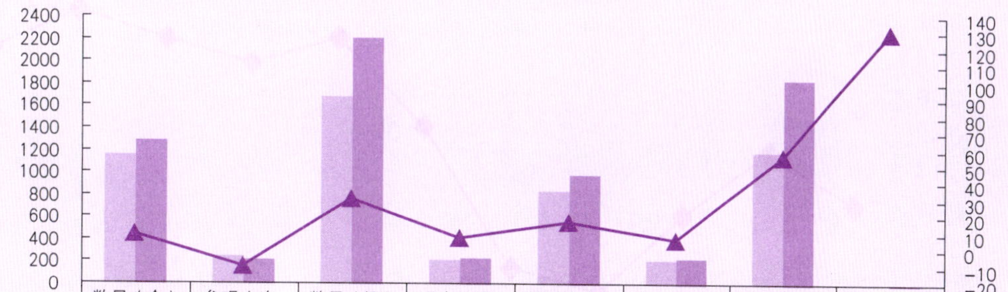


| | 数量（个）举办展览 | 参观人次（万人次） | 数量（场）举办演出 | 观众人次（万人次） | 数量（次）举办民俗 | 参与人次（万人次） | 数量（次）开展培训 | 参与人次（万人次） |
|---|---|---|---|---|---|---|---|---|
| 2015 年 | 1168 | 246.708 | 1689 | 218.383 | 838 | 222.76 | 1188 | 6.41 |
| 2016 年 | 1286 | 224.316 | 2212 | 235.335 | 980 | 236.998 | 1851 | 14.756 |
| 增长率 % | 10.10274 | -9.08 | 30.965068 | 7.762509 | 16.945107 | 6.3916322 | 55.808081 | 130.20281 |

### （九）对外文化交流影响力提升

1. 对外文化交流活动深度拓展。2016 年末，我厅审核审批对外和对港澳台文化项目 314 个，其中出访和非商业性来访对外文化交流项目 117 个，比上年增加 21 个，增长 21.87%，参与交流人员 1,996 人次，比上年增加 661 人次，增长 49.51%，演出（展览）1225 场，比上年增加 399 场次，增长 48.3%，演出观众（参观）人次达 229.29 万人，比上年增加 87.79 万人，增长 62.04%。境外来川营业性演出项目 197 个。

组织参加国际会议 5 个，向 140 余个国家展现巴蜀音乐独特风格和四川文化的开放性和包容性。结合“一带一路”国家战略，密切区域人文交流，组织四川艺术职业学院青年剧院、四川省博物院、省川剧院等单位开展区域性文化交流活动。推动“欢乐春节”、“中国文化年（节）”等对外文化交流活动，全省 21 个演出展览项目纳入文化部海外“欢乐春节”品牌项目框架，借助文化传播品牌效应，讲好中国故事四川篇章。

2. 对外文化贸易大力推进。出台《四川省关于进一步加强对外和对港澳台文化工作的实施意见》，助力文化企业拓展出口渠道，组织我省 60 余家文化机构和企业赴香港国际授权展、美国华人工商大展等专业展会参展。推动我省特色文化产业彩灯节会开拓海外市场，13 个彩灯展进入亚洲、北美和西欧文化娱乐市场。助力音乐产业发展，有 18 个国家和地区的音乐家来川参加 “夏至音乐节”、“成都国际友城青年音乐周”、“翁布里爵士音乐节”等音乐节（会、赛）的交流演出。

## 二、文化建设中存在的突出问题

在步入新阶段、面临新挑战、承担新任务方面，我省公共文化服务体系还存在投入不足，公共文化服务能力不足，区域及城乡文化发展不平衡等问题，公共文化服务体系建设有待进一步加强。

### （一）公共财政支持力度有待进一步加强

1. 纵向比较。全省公共财政对文化的投入逐年增加， 2016 年，我省文化事业费为 40.37 亿元，占地方财政支出的比重为 0.50%，比重比上年略有下降，近 10 年来，我省文化事业费在财政支出中比重始终处于 0.5% 左右较低水平。人均文化事业费 48.86 元，位于全国第 20 位，比上年下降 2 位，远低于全国平均水平 55.74 元。

图7　2006-2016年四川省文化事业费占财政支出比重（%）

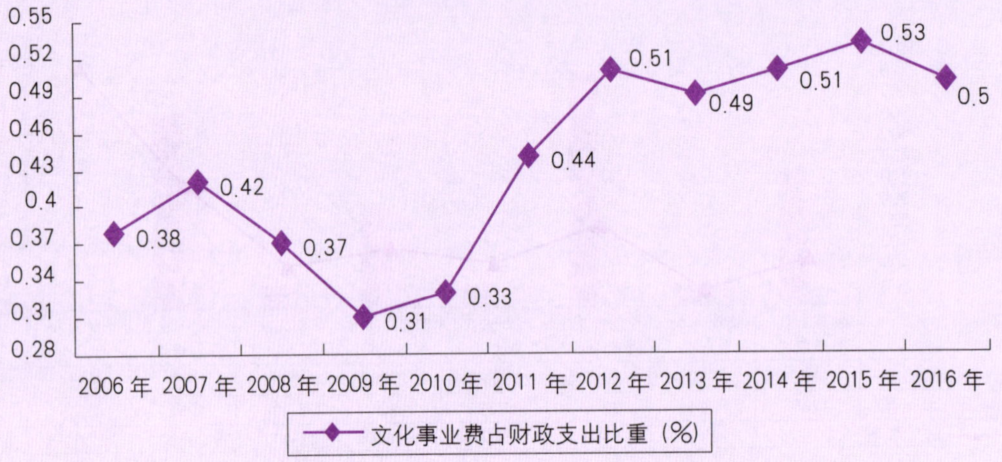


**表 9　2016 年西部地区文化事业费情况**

| 地区 | 文化事业费（亿元） | 全国位次 | 人均文化事业费（元） | 全国位次 |
|---|---|---|---|---|
| 重庆市 | 20.48 | 15 | 67.19 | 11 |
| 四　川 | 40.37 | 5 | 48.86 | 20 |
| 贵　州 | 15.11 | 25 | 42.51 | 24 |
| 云　南 | 21.87 | 12 | 45.85 | 22 |
| 西　藏 | 7.28 | 29 | 220.32 | 1 |
| 陕　西 | 21.67 | 13 | 56.83 | 15 |
| 甘　肃 | 14.32 | 26 | 54.86 | 17 |
| 青　海 | 7.85 | 28 | 132.22 | 4 |
| 宁　夏 | 6.77 | 31 | 100.28 | 7 |
| 新　疆 | 16.56 | 22 | 69.04 | 10 |
| 内蒙古 | 25.96 | 9 | 103.00 | 5 |
| 广　西 | 19.93 | 16 | 41.2 | 25 |

2. 横向比较。2016 年，四川省文化事业费 40.37 亿元，文化事业费总量居西部 12 个省（市、区）地区第一位；人均文化事业费 48.86 元，居全国第 20 位，在西部地区仅高于广西、云南省、贵州省居西部地区的第 9 位。我省文化事业费总量大，但人均文化事业费和西部地区其他省市还存在一定差距，在全国各省市中排名偏后，在西部也处于落后水平。

### （二）文化事业发展不均衡

1. 地区发展不均衡。文化投入地区间差异大。成都、德阳、绵阳等经济发达地区财政对文化的投入较多，其中成都地区文化事业费 14.49 亿元，占全省文化事业费的 35.89%，发达地区公共文化基础相对较好，其余大部分市州文化发展相对滞后。人均文化事业费差距大，排名前二名的甘孜州、阿坝州超过了 130 元，而排名后四位的资阳、德阳、遂宁和内江不足 25 元，文化投入差异直接影响力基层公共文化的均等化发展。

**图8　2016年四川省各市州文化事业费情况**

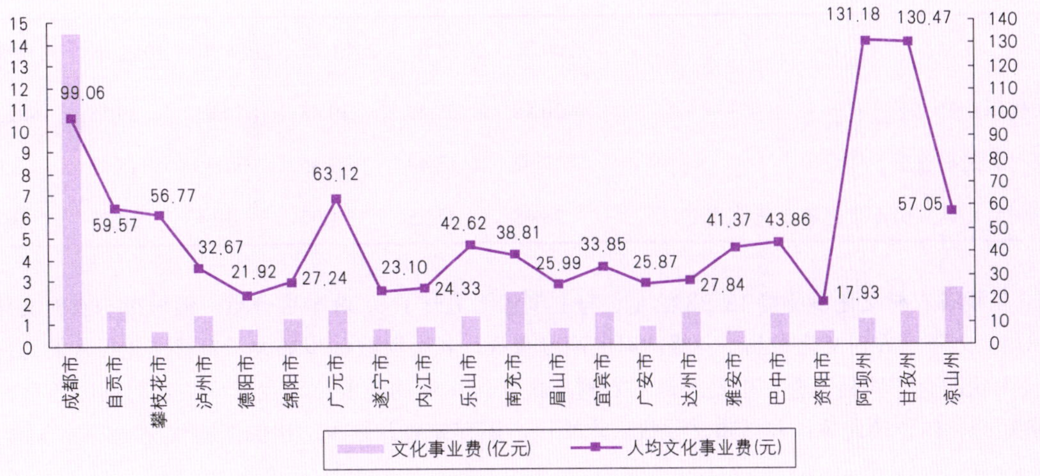


文化基础设施地区间差异大。我省各地文化基础设施在服务空间、服务设施设备、建筑设计标准等方面有较大差异，部分地区仍然存在建筑年代久远，建筑面积不足的现象，民族地区尤为突出。我省 3 个少数民族自治州，48 个少数民族县，拥有人口 677.5 万，公共文化设施建筑面积共计 39.278 万平方米，人均拥有公共文化设施面积 0.057 平方米，远低于全省人均水平。其中实际使用房屋建筑面积在 500 平方米及以下的县图书馆 28 个，占“三州”公共图书馆总数的 54.9%，尚有 2 个县公共图书馆租赁房屋；实际使用房屋建筑面积在 500 平方米及以下的县级文化馆有 9 个，占“三州”文化馆总数的 17.64%，尚有 1 个州级文化馆租赁房屋。

**表 10　2016 年四川省和三州地区公共文化设施状况**

单位：个、万平方米、平方米、万人

| | 四川省 | | | “三州”民族地区 | | |
|---|---|---|---|---|---|---|
| | 机构数 | 实际使用房屋建筑面积 | 平均房屋建筑面积 | 机构数 | 实际使用房屋建筑面积 | 平均房屋面建筑积 |
| 公共图书馆 | 203 | 59.761 | 2943.89 | 51 | 4.639 | 909.61 |
| 文 化 馆 | 207 | 52.444 | 2533.53 | 51 | 5.511 | 1080.59 |
| 文 化 站 | 4574 | 165.738 | 362.35 | 1114 | 23.19 | 208.17 |
| 博 物 馆 | 239 | 142.639 | 5968.16 | 21 | 5.883 | 2801.43 |
| 美 术 馆 | 36 | 2.921 | 811.39 | 6 | 0.055 | 91.67 |

2. 城乡发展不均衡。2016 年末，全省农村文化机构数 5066 个，占文化部门机构的 91.51%，其中乡镇综合文化站 4306 个，有 1179 个乡镇综合文化站实际使用房屋面积低于 300 平方米，占乡镇文化站总数的 27.38%，有 379 个乡镇文化站实际使用房屋面积低于（含）100 平方米，占乡镇文化站总数的 8.8%。全省 38,043 个村文化活动室，尚有 8,197 个村尚未设立村文化室没有活动阵地。

**表 11　2011—2016 年农村文化事业费情况**

| | 2011 年 | 2012 年 | 2013 年 | 2014 年 | 2015 年 | 2016 年 |
|---|---|---|---|---|---|---|
| 文化事业费（亿元） | 20.58 | 27.49 | 30.46 | 34.91 | 39.58 | 40.37 |
| 农村文化事业费（亿元） | 7.92 | 12.44 | 9.45 | 11.38 | 13.55 | 13.93 |
| 农村文化事业费占文化事业费的比重（%） | 38.48 | 45.25 | 31.02 | 32.6 | 34.23 | 34.5 |

2016 年我省农村文化事业费 13.93 亿元，与上年相比上升了 0.38 个百分点，但城市与农村文化投入比为 6.6:3.4，近年来农村文化得到了各级政府的高度重视，各级财政逐步加大了农村文化投入的力度，使农村文化投入状况有了明显改善，但是与满足农村居民文化生活的需要比，我省广大农村地区还存在着公共文化服务短缺、错位的现象；与城市文化投入水平比，还存在着总量少、比例低的状况。

### （三）公共文化设施设备有待完善

1. 人均拥有公共文化设施数量偏低。2016 年，全省常住人口 8262 万人，公共文化活动机构 5303 个，公共文化设施面积 423.50 万平方米，人均公共文化设施 0.051 平方米。虽然人均公共文化设施建筑面积逐年有所增加，但与全国平均水平相比，人均拥有公共文化设施面积仍然偏低。

2. 各类公共文化设施设备有待进一步改善。2016 年末，全省每万人拥有公共图书馆面积 72.33 平方米，位于全国第 25 位，也远远低于全国平均水平（103 平方米），仍有 3 个区无公共图书馆机构，公共图书馆实际使用房屋面积不足 500 平方米的有 40 个，占总数的 19.7%。平均每万人拥有群众文化设施建筑面积 264.1 平方米，位于全国第 14 位，低于全国平均水平（288.6 平方米），实际使用房屋面积不足 500 平方米的有 18 个，占总数的 8.69%。

**表 12　2016 年四川省公共图书馆和群众文化机构每万人拥有建筑面积情况**

单位：平方米、位

| 年份 | 每万人拥有公共图书馆建筑面积 | | | 每万人拥有群众文化机构建筑面积 | | |
|---|---|---|---|---|---|---|
| | 四川省 | 全国 | 全国位次 | 四川省 | 全国 | 全国位次 |
| 2016 年 | 72.33 | 103 | 25 | 264.1 | 288.6 | 14 |

### （四）文物保护有待加强

2016 全省有文物点 65231 个，藏品数 445.59 万件 /（套），我省文物点多，文物藏品数量大，文物保护和安全工作形势严峻。全省现有文物机构 480 个，实际使用房屋面积 170.56 万平方米，其中展览用房 77.37 万平方米，文物库房 15.64 万平方米，文物机构基础设施薄弱，展览和文物库房面积狭小，馆藏文物保管环境差，设施设备陈旧落后，“硬件”条件的缺失直接影响文物保护与管理。全省文物机构从业人员 8,782 人，专业技术人才 2,297 人，仅占总数的 26.15%，文物保护机构、人员数量以及相应的设施设备与我省文物资源大省所要求的文物保护工作不成正比，与经济社会发展水平和文物保护的需要相距甚远。

表 13　2016 年四川省文物机构基本情况表

| 机构数（个） | 从业人员（人） | | 使用房屋面积（万平方米） | | | 文物藏品（万件 / 套） | | | | 文物点（个） | | |
|---|---|---|---|---|---|---|---|---|---|---|---|---|
| | 合计 | 专业技术人才 | 合计 | 展览用房 | 库房 | 合计 | 一级品 | 二级品 | 三级品 | 合计 | 国保单位 | 省保单位 |
| 480 | 8782 | 2297 | 170.56 | 77.36 | 15.64 | 445 | 0.56 | 1.48 | 12.56 | 65231 | 229 | 969 |

（五）文化队伍整体素质有待提高

2016 年我省文化部门机构数 5969 个，从业人员 35533 人，其中专业技术人员 11516 个，占从业人员总数的 32.41%，其中高级职称 1248 人，占从业人员总数的 3.51%，中级职称 3902 人，占从业人员总数的 10.98%。专业技术人才比重居第一位的是艺术表演团体，占从业人员总数的 69.22%；专业技术人才最少的是文化站，仅占从业人员总数的 22.05%。我省文化部门机构专业技术人员总数少，所占比重偏低，各门类人才不够齐全。

表 14　2016 年文化文物部门从业人员及职称构成情况

| | 机构数（个） | 从业人员数（人） | | | | | | |
|---|---|---|---|---|---|---|---|---|
| | | 合计 | 专业技术人才 | | | | | |
| | | | 小计 | 所占比例 % | 高级职称 | | 中级职称 | |
| | | | | | | 所占比例 % | | 所占比例 % |
| **合计** | **5969** | **35533** | **11516** | **32.41** | **1248** | **3.51** | **3902** | **10.98** |
| 艺术表演团体 | 50 | 3005 | 2080 | 69.22 | 321 | 10.68 | 960 | 31.95 |
| 艺术表演场馆 | 44 | 530 | 281 | 53.02 | 52 | 9.81 | 153 | 28.87 |
| 公共图书馆 | 203 | 2371 | 1402 | 59.13 | 135 | 5.69 | 548 | 23.11 |
| 文化馆 | 207 | 3054 | 2060 | 67.45 | 147 | 4.81 | 771 | 25.25 |
| 文化站 | 4574 | 7969 | 1793 | 22.50 | | | | |
| 艺术展览创作机构 | 58 | 304 | 195 | 64.14 | 34 | 11.18 | 70 | 23.03 |
| 艺术教育业 | 2 | 857 | 578 | 67.44 | 141 | 16.45 | 210 | 24.50 |
| 文艺科研 | 7 | 404 | 262 | 64.85 | 71 | 17.57 | 109 | 26.98 |
| 其他文化机构 | 184 | 2607 | 797 | 30.57 | 114 | 4.37 | 378 | 14.50 |
| 文物业 | 433 | 7317 | 2066 | 28.24 | 233 | 3.18 | 703 | 9.61 |

## 三、有关对策和建议

### （一）下一步的对策和措施

1. 对照文化专规，认真梳理年度计划抓好贯彻落实。认真贯彻落实“十三五”文化发展规划，制定规划分工实施方案和年度执行计划。

2. 注重文化民生，推进现代公共文化服务标准化均等化。一是完善公共文化制度设计，将《四川省公共文化服务保障条例》纳入省政府立法调研计划。二是丰富公共文化产品供给，开展系列文化惠民活动。三是加强公共文化服务效能建设，推动四川省基本共文化服务保障标准全面落实。四是实施文化惠民工程，加大对民族地区、贫困地区的文化扶持力度。

3. 实施精品战略，不断繁荣文艺创作生产。继续实施舞台艺术精品战略和“滚动计划”，鼓励和引导社会资源广泛参与艺术创作生产。继承和弘扬中华优秀戏剧文化，加强川剧遗产保护工作，加强戏曲研究力度。加强巴蜀画派理论研究，为美术创作提供更多对外交流展示平台。

4. 优化产业布局，促进文化产业健康快速发展。优化“一核四区”的区域布局，打造成德绵文化创新示范带；加快特色文化产业发展，加强藏羌彝文化产业走廊、国家生态文化旅游融合发展试验区建设；推进文化消费试点，改造提升传统文化产业，加快发展新型文化业态，推动文化产业转型升级。

5. 加快完善体系，促进现代文化市场健康发展规范文化市场管理。营造文化市场良好发展环境，培植文化消费市场。规范文化市场管理，加大文化综合执法能力建设，推进文化市场综合执法信息化建设。

6. 加强中华优秀传统文化传承保护，切实提升文物保护利用水平和博物馆陈列展览水平；加快推进古籍保护工作；加强非物质文化遗产传承实践，增强非物质文化遗产传承活力。

7. 提升服务能力，加强人才队伍建设。加大干部交流和中青年干部培养，实施“三区计划”、“千人计划”，加大高层次人才引进力度，开展巴蜀文化英才培养支持工作。

### （二） 有关建议

1. 建议继续加大公共财政对文化事业的投入力度。中央财政要充分考虑地区差异，投入政策要继续向西部地区倾斜，尤其要向民族地区、贫困地区倾斜，重视民族地区、贫困地区公共文化设施建设和内容建设，减免或降低民族地区、贫困地区的地方配套资金比例。

2. 建议加强文化法规政策协调和实施效果监测评估。党中央和国务院出台了一系列政策，很多政策在实际工作中很难得到落实，建议文化部进一步加强文化法规政策协调力度，用文化立法保障对文化的投入。逐步完善绩效考评制度，加强政策的落实督促检查，防范化解财务风险，保障资金使用的安全有效。

3. 基层文化建设涉及多个部门，重复建设，多头投入，导致资金利用率不高，建议文化部、新闻出版广电总局等相关部门要加强部门协调，建立相应的机制，整合资源，凝聚部门合力，推动基层文化事业加快发展。

4. 建议文化部加大文化人才培养投入力度，建立健全全方位、多层次的公共文化服务人才培养机制，加强高层次人才、重点专业人才和基层文化骨干力量的培养。

（四川省文化厅）

# 四川：文化建设助力精准扶贫

四川省委、省政府高度重视文化脱贫攻坚工作，我省以加强贫困地区基层公共文化服务体系建设为重点，制定《四川省文化惠民扶贫专项方案》，作为四川省扶贫实施方案的重要内容之一。我省文化扶贫通过整合资源，着重推进贫困地区村文化活动室建设，补齐贫困地区文化基础设施“短板”，组织开展丰富多彩的文化惠民活动。使文化惠民扶贫专项方案落到实处，我省相关部门联合制订了《扶贫开发攻坚筹资平衡方案》，到2020年，投资5亿元建成1万个贫困地区村文化活动室，实现贫困地区村文化活动室全覆盖。

我省文化扶贫工作的特色亮点主要体现在两个方面：

（一）多措并举保证脱贫成效。

(1)凝聚工作合力，保障工作进度。各地成立脱贫攻坚领导小组，制定任务书、路线图和时间表，明确责任分工，形成文化脱贫攻坚上下联动、层层落实的良好格局。

(2) 整合资源，建管用一体发展。村文化活动室建设中，县级文化部门统筹文化、广电、体育等各个行业、系统的力量，实现基层公共文体设施设备统一政府采购，集中配置，集中管理，努力改善和提升贫困地区文化基础设施条件；

(3) 加强制度建设，完善管理机制。改善村文化活动室功能分区，落实专人管理，明确标识标牌，管理制度上墙，管理记录在册，提升基层改革文化设施服务水准，方便群众参与和享受公共文化服务。

（二）文化“造血”激活内生动力。

(1)发掘利用特色文化资源，大力发展文化旅游产业。我省乌蒙山区、秦巴山区、藏区和彝区等“老、少、边、穷” 贫困地区有较为丰富的历史文化、红色文化、民俗（民族）文化等特色文化资源，文化扶贫工作将扶持特色文化产业作为突破口，加大对贫困地区色达县格萨尔艺术中心、阆中川北皮影传习所、丝毯织造技艺展示中心、九寨沟非物质文化遗产保护中心、彝族火把节传习展示基地（布拖）等园区、场馆的建设扶持力度，抓紧申报“蜀道”等优势资源的世界申遗工作，推动文化和旅游的深度融合，着力发展集文化旅游、观光、演艺娱乐等于一体的文化旅游产业，打造文化旅游品牌，增强文化旅游吸引力。

(2) 发展培育文化旅游配套项目，增强文化旅游服务力。在发展乡村民俗旅游的通知，扶持农户打造文化旅游接待“示范户”，加大对贫困地区土特产品的开发力度，促进村民居家就业增收。

(3) 搭建演出展示平台，增强文化旅游影响力。为贫困地区特色文化资源创造并提供展示展演平台，将贫困地区的红色文化、民俗（民族）文化等“送出去”。

# 贵州省2016年文化发展情况分析

2016年来，贵州省文化厅紧紧围绕中央和省委、省政府工作部署，在文化部和省委宣传部的指导下，加强工作谋划，狠抓工作落实，努力推动多彩贵州民族特色文化强省建设，初步实现了“十三五”文化改革发展的良好开局。较好地完成了各项工作任务。

## 一、机构和人员

2016年末，纳入统计范围的全省各类文化（文物）单位8879个，比上年末增加1550个；从业人员5.8万人，增加0.6万人。

图1　2006年-2016年贵州省文化单位机构数及从业人员数

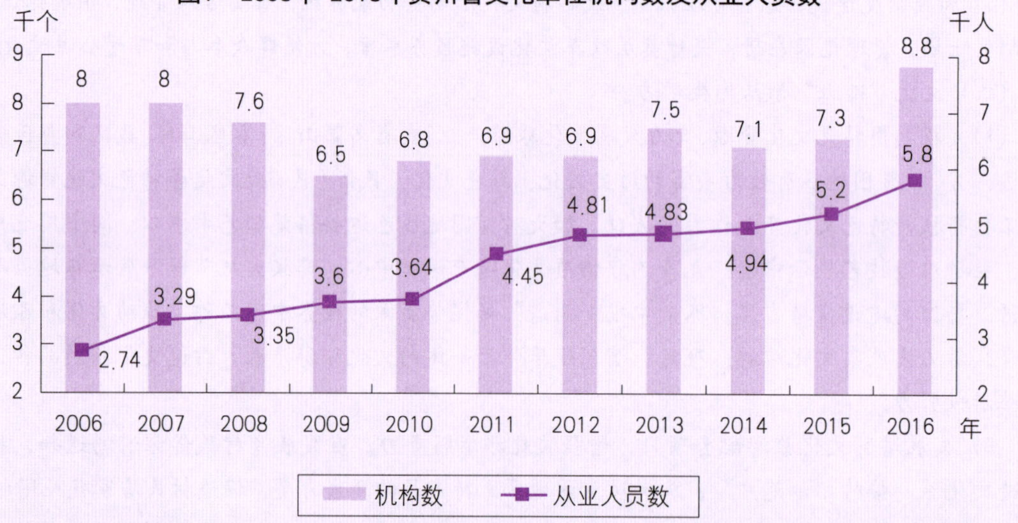


## 二、艺术创作演出

2016年贵州省文化厅一手抓精品打造，一手抓文化服务，全省获国家艺术基金资助项目9个，音乐剧《嘎老》和舞蹈诗《巫卡调恰》入选第五届少数民族文艺会演并分别斩获“最佳音乐创作奖”、“最佳导演奖”，花灯剧《盐道》、话剧《图云关》在国内高端平台进行了展演，京剧《黔人李端棻》入选第十一届中国艺术节，花灯剧《月照枫林渡》入选中国戏剧梅花奖数字电影工程；成功举办“迎国庆暨贵州省直院团六十周年团庆”汇报演出；新版舞剧《天禅地傩》登台亮相并开展驻场演出；贵州省话剧团与浙江省话剧团签约联袂打造大型话剧《王阳明》。在文化服务方面，配合文化部在遵义举办“文化迎春、艺术为民”新春慰问演出活动，省委宣传部、省文化厅先后在年初推出“走基层·送欢乐——多彩贵州大舞台展演季”，年中推出“2016首届多彩贵州文化艺术节艺术展演篇”，年末推出“我们的中国梦·文化进万家——多彩贵州大舞台展演”，以低票价公益惠民演出的方式，向群众推出 80 余部、150 多场次国内外舞台艺术精品。组织开展了“春雨工程”“大地情深”“阳光工程”等基层文化志愿服务活动。

年末全省共有艺术表演团体 113 个，比上年末增加 18 个，从业人员 3687 人，增加 534 人。其中各级文化部门所属的艺术表演团体 42 个，占 37%，从业人员 1646 人，占 45%。

全年全省艺术表演团体共演出 10680 场，其中赴农村演出 6810 场，赴农村演出场次占总演出场次的 64%，比重比上年提高 8 个百分点；国内观众 817.44 万人次，同比上年增长 20%，其中农村观众 398.45 万人次；总收入 3.48 亿元，较上年增长 47%，其中演出收入 1.06 亿元，较上年增长 42%。

全年全省文化部门所属艺术表演团体共组织政府采购公益演出 1580 场，比上年增长 6.76%；观众 131.98 万人次，增长 30.58%。利用流动舞台车演出 210 场次，较去年减少 25%；观众 27.71 万人次，同比去年增长 3.86%。

年末全省共有艺术表演场馆 12 个。其中各级文化部门所属艺术表演场馆 6 个。

## 三、公共文化服务体系

2016 年，贵州省文化厅狠抓大文化助推大扶贫，专门成立领导小组统筹推进文化扶贫工作。在公共文化扶贫方面，抓住中央出台构建现代公共文化服务体系政策的有利时机，加强贫困市（州）、县公共文化服务体系建设。使用“两馆一站”免费开放专项补助资金 9248 万元，补助公共图书馆 94 个、文化馆 97 个、乡镇综合文化站 1434 个、城市社区文化中心 154 个；使用农村文化建设专项补助资金 7553 万元，补助 16859 个行政村用于文化信息共享工程村级基层服务点建设；投入 2672 万元为 1336 个贫困村配置公共文化设备。在公共文化服务改革方面，积极发挥公共文化服务建设专题组办公室作用，牵头 26 家省直单位统筹推进现代公共文化服务体系建设，组织起草了《推进基层综合性文化服务中心建设的实施方案（送审稿）》等文件，整合各方资源加强公共文化硬件和软件建设，打通“公共文化服务群众最后一公里”的短板制约取得明显成效。贵阳市成功创建为第二批国家公共文化服务体系示范城市，惠水县好花红镇综合文化站被评为“2016 全国优秀文化站”。

### （一）公共图书馆

年末全省共有公共图书馆 98 个，从业人员 1078 人，比上年末增加 32 人。其中具有高级职称的人员 120 人，

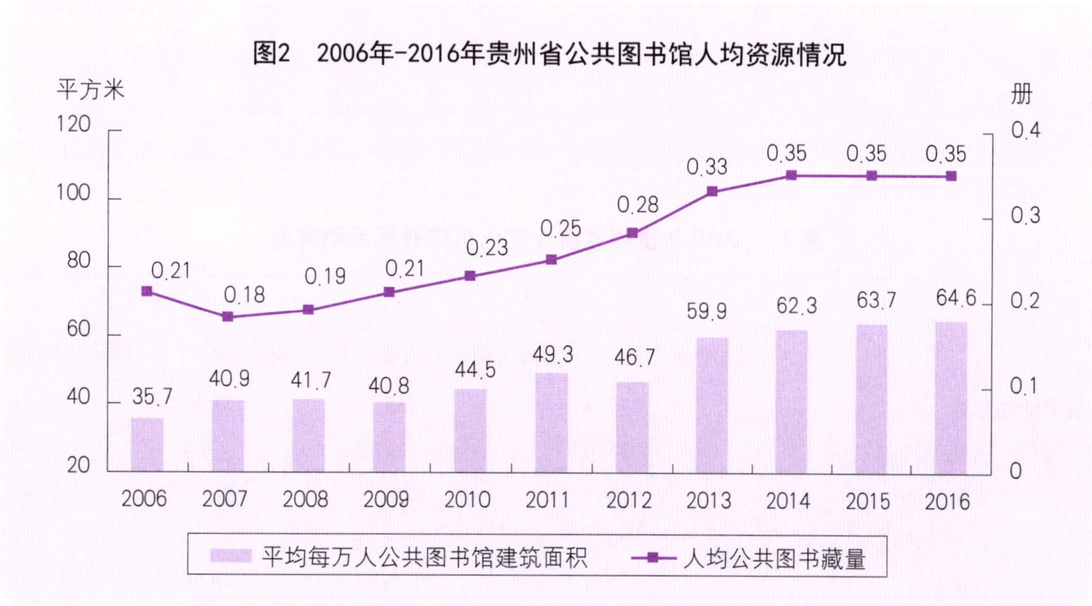

占 11.13%；具有中级职称的人员 292 人，占 27.09%，中高级职称人员占比双双得到提升。

年末全省公共图书馆实际使用房屋建筑面积 22.95 万平方米；图书总藏量 1258 万册，增长 0.3%，其中古籍 17.902 万册；电子图书 1092.30 万册，增长 18.92%；阅览室座席数 2.13 万个，增长 5%；供读者使用的电子阅览终端 3406 台，增长 5%。

年末全省平均每万人公共图书馆建筑面积 64.6 平方米，比上年末增加 0.9 平方米；全省人均图书藏量 0.35 册，与上年持平；全年全省人均购书费 0.55 元，比上年增加 0.14 元。

全年全省公共图书馆发放借书证 44 万个，比上年增长 4.2%；　　总流通人次 604 万，增长 1.7%。书刊文献外借册次 492.62 万，增长 3.4%；外借人次 314.29 万，增长 2%。全年共为读者举办各种讲座 1383 次，展览 416 次，培训班 601 次。

### （二）群众文化机构

年末全省共有群众文化机构 1666 个，比上年末增加 1 个。其中乡镇综合文化站 1567 个，较上年无变化。年末全省群众文化机构从业人员 6370 人，比上年末增加 413 人。其中具有高级职称的人员 173 人，占 2.72%；具有中级职称的人员 445 人，占 6.98%。

年末全省群众文化机构实际使用房屋建筑面积 81.61 万平方米，比上年末增加 4.721 万平方米；藏书 852.16 万册；计算机 1.49 万台；对公众开放的阅览室 3.92 万平方米。年末全省平均每万人群众文化设施建筑面积 229.56 平方米，比上年末增加 11.72 平方米。

图3　2006年-2016年贵州省平均每万人群众文化设施建筑面积

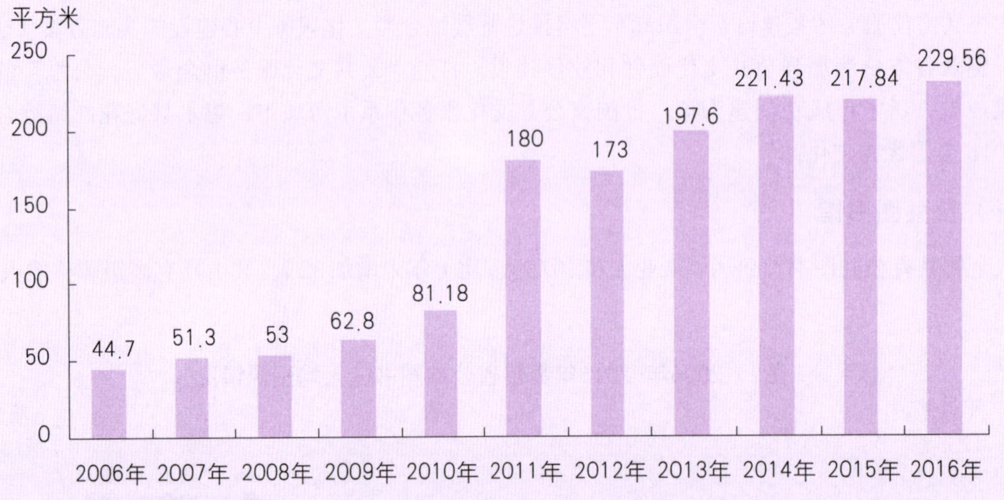


**表 1　2016 年贵州省群众文化机构开展活动情况**

| | 总量 | | 比上年增长（%） | |
|---|---|---|---|---|
| | 活动次数（次） | 服务人数（万人次） | 活动次数 | 服务人次 |
| **各项活动总计** | **37594** | **1435.78** | **21.36** | **9.76** |
| 其中：展览 | 3550 | 241.2 | 9.4 | -4 |
| 文艺活动 | 22249 | 1126.12 | 20.33 | 13.83 |
| 公益性讲座 | 2048 | 8.31 | 410 | 10 |
| 训练班 | 9747 | 60.15 | 10.26 | 0.79 |

全年全省群众文化机构共组织开展各类文化活动3.76万场次，比上年增长21%；服务人次1435.78万，增长9.8%。

年末全省群众文化机构共有馆办文艺团体359个，演出3723场，观众442万人次。由文化馆（站）指导的群众业余文艺团体1万个，馆办老年大学45个。

## 四、文化市场

年末全省文化市场经营单位6725个，比上年末增加1548个；从业人员4.12万人，增加0.53万人。全年全省文化市场经营单位营业总收入49.46亿元，营业利润10.95亿元。

分区域看，年末城市文化市场经营单位1202个，占文化市场经营单位总量的18%；县城3536个，占52.5%；县以下地区1982个，占29.5%。

**表2　2016年按区域贵州省文化市场经营单位主要指标**

| | | 机构数（个） | 从业人员数（人） | 营业总收入（万元） | 营业利润（万元） | 营业利润（万元） |
|---|---|---|---|---|---|---|
| 总量 | **总计** | **6725** | **41173** | **494621** | **109527** | |
| | 城市 | 1202 | 11828 | 237312 | 18600 | |
| | 县城 | 3536 | 23504 | 214369 | 71735 | |
| | 县以下 | 1987 | 5841 | 42940 | 19192 | |
| 比重（%） | 总计 | | | | | |
| | 城市 | 17.88 | 28.73 | 47.98 | 16.98 | |
| | 县城 | 52.57 | 57.08 | 43.34 | 65.50 | |
| | 县以下 | 29.55 | 14.19 | 8.68 | 17.52 | |

年末全省共有娱乐场所2422个，从业人员18434人，全年营业总收入16.27亿元，营业利润4.8亿元。

年末全省共有互联网上网服务营业场所4110个，从业人员1.7万人，全年营业总收入16.21亿元，营业利润5.84亿元。

## 五、文化产业与文化科技

2016年，为切实发挥我省彝族特色文化优势，弘扬彝族文化优良传统，支持全国《藏羌彝文化产业走廊总体规划》核心区的毕节市文化产业跨越发展。贵州省文化厅、毕节市人民政府共同主办的“藏羌彝走廊•彝族文化产业博览会”在毕节市大方县慕俄格古城举办。本届彝博会是国家藏羌彝文化产业走廊总体规划出台后首次举办的彝族文化专题盛会，以“彰显古彝雄风•助推文产繁荣”为主题，旨在整合国家藏羌彝文化产业走廊川、滇、黔、桂四省（区）彝族区域的彝族文化资源，聚焦热点、展示成果，弘扬创新合作精神，共同推动藏羌彝文化产业走廊彝族文化产业的融合发展。

2016年4月，贵州省文化厅和中国文化传媒集团暨中国文化报社共同主办了“藏羌彝文化产业走廊建设巡礼”之贵州采访活动，人民日报社、中国文化报社深入藏羌彝文化产业走廊贵州区域对文化产业重点项目和单位进行实地采访。对加快推进《藏羌彝文化产业走廊总体规划》在具体区域的实施进程，扩大贵州当地的影响力，提升社会各界对“藏羌彝文化产业走廊”的认知度，吸引社会资源和社会资本参与贵州文化项目建设，为当地文化产业项目招商引资提供了很好的舆论支撑。2016年7月，贵州省文化厅积极协调省直有关单位及各市（州）有关部门提供资料，并组织省彝学会的专家和各市（州）彝族文化企业开展座谈会，及时吸纳多方意见，为推动《贵州彝族文化产业走廊建设规划》编制工作顺利开展奠定了坚实基础。经过反复论证与评审，《贵州彝族文化产业走廊建设规划》顺利完成编制。

2016 年全省国家级文化产业示范基地共 6 个，其中单体企业 5 个，集聚类 1 个。国家级文化产业示范基地资产总额达到 55 亿元，共创造利润总额 1.15 亿元，获得国家级文化奖项数量 5 个，获得著作权、发明专利总数 12 个，向社会捐赠共计 732 万元。

年末经国家认定的动漫企业 4 个，其中漫画创作企业 1 个，动画创作、制作企业 3 个。拥有知识产权数量 8 个，原创漫画作品 7 部，动画作品 3 部，资产总额达 4040 万元。

## 六、文化遗产保护

2016 年，贵州省文化厅高度重视文物保护利用工作，年内两次召开全省文物保护工作专题会议，深入探索文化遗产保护和合理利用途径，让文化遗产活起来。围绕红色文化保护，推进红军长征在贵州的线性文化遗产展示，在建党 95 周年和红军长征胜利 80 周年之际推出了 10 余个精品展览。推进传统村落保护与生态博物馆建设，120 个村入选第四批中国传统村落名录，全省传统村落总计入选达到 546 个。全面完成第一批 3 个传统村落保护试点，正推进第二批试点和启动第三批试点，完成湄潭、乌当、印江等地一批文化主题鲜明的生态博物馆建设。

加强重点文物保护，大力推动黔东南侗族村寨申报世界文化遗产，加强对海龙屯世界文化遗产的监测管理，继续开展第七批全国重点文物保护单位、第五批省级文物保护单位的“四有”工作；认真编报全国重点文物保护单位保护方案、规划，争取中央文物保护支持资金 2 亿多元。全面完成第一次可移动文物普查，掌握了全省可移动文物“家底”；开展了全省免费开放博物馆、纪念馆工作绩效考评，着力提升博物馆建设和服务水平。深入反思、汲取独山、福泉等地文物违法案件教训，提出了加强文物保护的具体要求，在全省开展了文物法人违法案件专项治理。

年末全省共有文物机构 186 个。其中，文物保护管理机构 74 个，占 40%，博物馆 73 个，占 39%。年末全省文物机构从业人员 2161 人。其中高级职称 80 人，占 3.7%，中级职称 169 人，占 7.8%。

年末全省文物机构拥有文物藏品 14.95 万件。其中，博物馆文物藏品 10.6 万件，占文物藏品总量的 71%；文物商店文物藏品 1.97 万件，占 13%。文物藏品中，一级文物 741 件，占 0.5%；二级文物 2323 件，

图4　2006年-2016年全省文物机构接待观众人次及未成年人观众人次

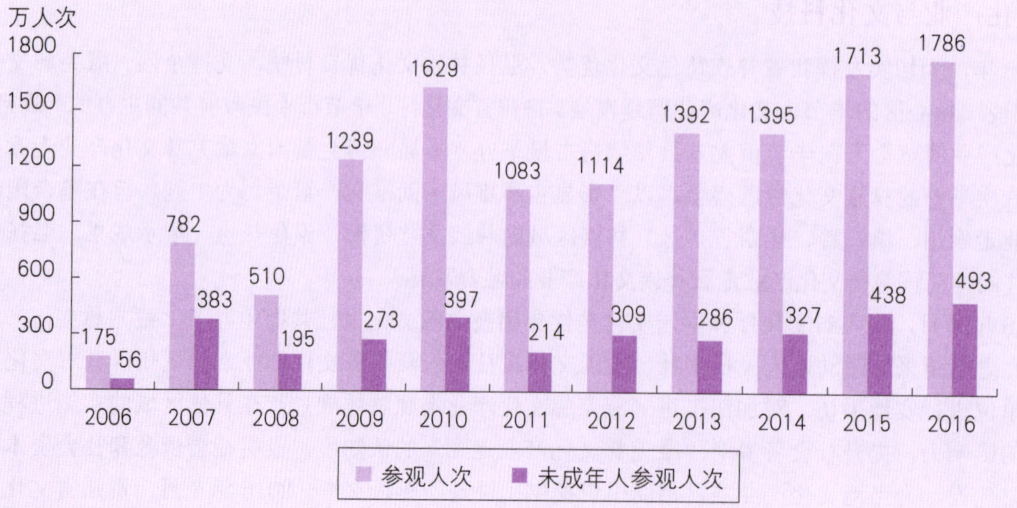

占 1.6%；三级文物 6098 件，占 4.1%。

全年全省文物机构共安排基本陈列 169 个，举办临时展览 121 个，接待观众 1786.18 万人次，比上年增长 4.3%。其中未成年人 493.4 万人次，增长 12.58%，占参观总人数的 27%。博物馆接待观众 1653.5 万人次，增长 4.6%，占文物机构接待观众 92%。

2016 年，贵州省文化厅加强非物质文化遗产保护传承与发展，“石阡说春”作为“二十四节气”扩展项目入选人类非物质文化遗产代表作名录，组织完成首批 10 个非遗传承培训基地的遴选公布，开展了第二届工艺美术大师评审、第三批“省级非物质文化遗产生产性保护示范基地”评审，省级工艺美术大师增加到 96 名，省级非遗生产性保护示范基地增加到 57 个。建立苏州工艺美术学院传统工艺贵州工作站，促进传统工艺走进现代生活和特色产品走进国内外市场。

截止 2016 年，全省共有人类非物质文化遗产代表作名录 2 项（侗族大歌与二十四节气石阡说春），国家级名录 85 项 140 处，省级名录 561 项 709 处，市、州级名录 1000 余项，县级名录 4000 余项。有国家级传承人 57 名，省级传承人 402 名。国家级文化生态保护区 2 个，省级文化生态保护区 2 个。

## 七、对外和对港澳台文化交流

2016 年，贵州省文化厅为向世界发出贵州好声音，积极搭建对外文化交流合作平台，充分利用现有平台传播贵州文化。牵头承办了生态文明贵阳国际论坛首次生态文化主题论坛。论坛由国家文化部、贵州省人民政府主办，主题是“走向生态文明新时代的大文化行动”。围绕主题，文化部部长雒树刚出席论坛并发表主旨演讲，国内外文化艺术届代表 160 余人参加论坛，有力地弘扬了生态文化、发出了贵州声音，得到文化部、省委省政府充分肯定。

与墨西哥中国文化中心共同承办的部省合作项目“2016 墨西哥·多彩贵州文化节暨贵州非物质文化遗产展”、京剧《魔侠吉诃德》参加塞万提斯国际艺术节等，首次将多彩贵州风吹到了拉美，推介宣传了多彩贵州民族特色文化。配合外交部与贵州省委、省政府共同主办的“外交部贵州全球推介活动”，展示推介了多彩贵州特色文化。举办了“情系多彩贵州——两岸文化联谊行活动”、非遗国际学术研讨、中东欧艺术家采风活动、均取得了很好的成效。尤其“情系多彩贵州——两岸文化联谊行活动”得到文化部和省委省政府充分肯定。此外，还主办首届彝族文化产业博览会，组团参加西部文博会、北京文博会、首届丝绸之路文博会、第四届中国非遗博览会等重点知名展会，推动了本土特色文化企业走出去。

## 八、文化资金投入

2016 年，中央财政继续实施“三馆一站”免费开放、非物质文化遗产保护、公共文化服务体系建设、国家重点文物保护等文化文物项目，我省积极向中央财政争取各类文化文物专项资金 7.1 亿元，与去年基本持平。

全年全省文化事业费 15.11 亿元，比上年增加 3.12 亿元，增长 26%；全省人均文化事业费 42.51 元，比上年增加 8.53 元，增长 25.1%。

图5　2006-2016年贵州省人均文化事业费

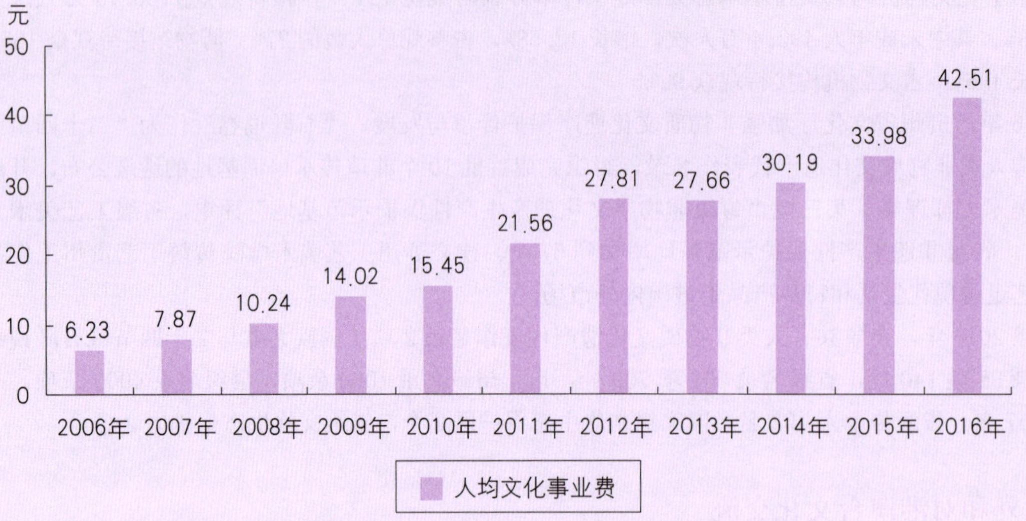


图6　2006-2016年贵州省文化事业费占当年财政支出比重

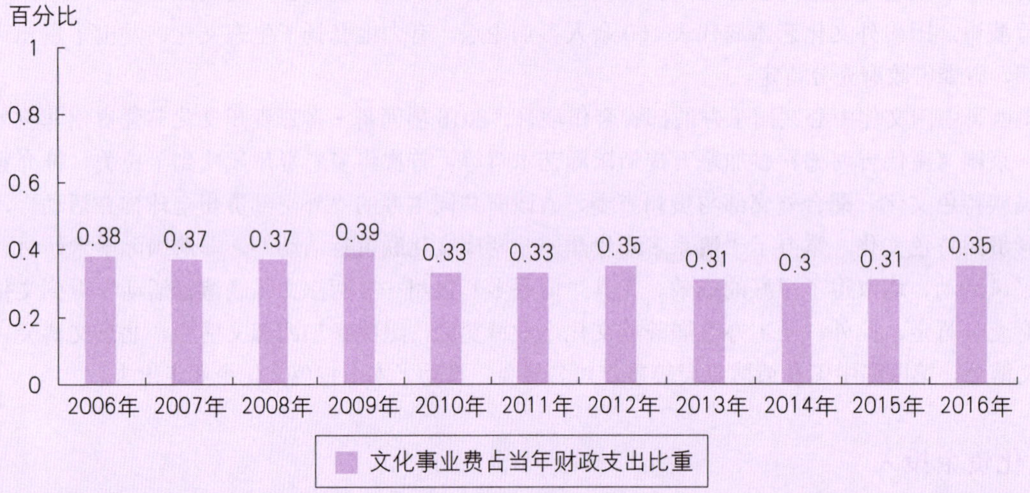


2016 年全省文化事业费占全省财政一般公共预算支出的比重为 0.35%，比重较上年增加 0.04%。2016 年全省财政支出中，文化体育传媒经费 67.64 亿元，比上年增长 10.5%，占财政支出的 1.58%，比重比上年提高了 0.01 个百分点。

（贵州省文化厅）

## 贵州：推进多彩贵州民族特色文化强省建设

“2016年首届多彩贵州文化艺术节”是今年贵州省启动的一项推进贵州民族文化、历史文化、民间文化保护和利用，为贵州经济社会发展提供坚实文化支撑和精神力量的精彩文化盛宴。贵州省委常委会在2016年初召开会议，专题研究部署多彩贵州民族特色文化强省建设工作。会议要求要深刻认识加强文化建设的重要意义，从协调推进“四个全面”战略布局，落实五大新发展理念的高度把握文化工作，切实为贵州经济社会发展提供坚实文化支撑和精神力量。要充分认清贵州文化资源优势，摸清搞准我省最为丰富、最有价值、最具特色的文化资源，进一步深入挖掘民族文化的价值。要正确认定文化建设的前进方向，始终坚持社会主义先进文化前进方向，坚持以人民为中心的工作导向，唱响时代主旋律，传递发展正能量。要科学认准文化发展的路径，从贵州发展的阶段性特征出发，走新走好多彩贵州民族特色文化强省这条发展之路。

根据贵州省委对多彩贵州民族特色文化强省战略的总体部署，省委宣传部、贵州省文化厅牵头主办了2016首届多彩贵州文化艺术节，以“多彩文化 共建共享”为主题，以演、展、论、训、赛为主要形式，汇聚了国内外、省内外文艺工作者，从2016年6月到10月份，集中推出艺术展演篇、非遗展示篇、阳明文化咏诵篇、长征文化传承篇四大版块，展演了28部41场优秀舞台剧目，展示了省内20余个县（市）的非物质文化遗产，举办了《我心光明——走进王阳明》咏诵会和阳明文化讲座，开展了“让遵义会议精神永放光芒”、纪念长征胜利80周年主题文艺活动等，总计举办系列活动近150场（次），直接参与群众达30余万人（次）。

多彩贵州少儿优秀节目展演、青年时尚文化表演赛、第三届广场舞大赛等，更是调动了数十万群众积极参与；纪念中国工农红军长征胜利80周年美术作品展在中国美术馆隆重开展，产生极大反响。活动得到中央电视台《新闻联播》《人民日报》《光明日报》《贵州电视台》《贵州日报》等主流媒体广泛报道。通过举办首届文化艺术节，一个具有鲜明特色的多彩贵州民族特色文化景观正在呈现，一批有筋骨、有道德、有温度的文艺作品正在涌现，为构筑“精神高地”添砖加瓦，为助推后发赶超、同步小康凝心聚力，为唱响“山地公园省　多彩贵州风”增光添彩。

# 云南省 2016 年文化发展情况分析

2016 年在省委、省政府的坚强领导和文化部的有力指导下，全省文化系统深入学习贯彻习近平总书记系列重要讲话和考察云南重要讲话精神，按照省委、省政府和文化部的决策部署，全省文化系统和广大文化工作者围绕中心、服务大局、抢抓机遇、积极作为、改革创新、务实为民，“十三五”时期各项工作开局良好，全省文化改革发展迈出新步伐、取得新成效，为全省经济社会发展作出了积极贡献。

## 一、机构和人员

2016 年末，纳入统计范围的全省各类文化（文物）单位 13676 个，比上年末减少 522 个，减少单位多为文化市场经营单位。从业人员 73635 人，减少 2897 人。其中，文化单位 2161 个，增加 36 个，增加单位为 18 个文化站、12 个文化市场执法机构等。文物单位 225 个，增加 6 个。

## 二、文艺创作生产持续繁荣发展

全省文化系统认真贯彻落实全省文艺工作座谈会精神， 全省一批优秀作品在全国获奖或受到好评，省花灯剧院创作的《郑喇叭外传》、省话剧院创作的《独龙天路》入选全国舞台艺术重点创作剧目，省花灯剧院创作的《郑喇叭外传》、《厨房》、省京剧创作的《辞官记》获文化部戏曲剧本孵化工程扶持。昆明少年儿童合唱团获得第四届中国少年儿童合唱节“小银雀奖”和“小黄鹂奖”，昭通市创作大型廉政话剧《生死倒计时》并在全市巡演 25 场，曲靖市麒麟区歌舞团创作的《女儿歌》入选第十一届全国优秀舞蹈节目展演，玉溪市滇剧院创作的《水蟒草》获得国家艺术基金滚动资助并入选第十一届中国艺术节。红河州全面推进文化建设“1046”春天工程取得实效，州歌舞团创作演出的舞剧《诺玛阿美》入选第十一届中国艺术节，普洱市引进云南剧院联盟优秀剧节目市场运作演出，德宏州傣剧团创作的傣剧《刀安仁》入选第五届全国少数民族文艺会演，州民族文化工作团创作的群舞《刀》入选第十一届全国优秀舞蹈节目展演。玉溪市组织参加第十四届中国西部民歌（花儿）歌会，获一金两银两铜，省民族艺术研究院扎实做好国家艺术基金申报管理工作，三年累计立项数量 64 项、获得资助 4,330 万元，立项数量居西南第一位、全国第 14 位。云南省艺术科学规划在全国率先单列由省文化厅管理，两年累计对 36 个课题项目资助 97 万元。云南文化艺术职业学院戏曲表演专业被教育部、文化部、国家民委列为“第二批全国职业院校民族海外传承与创新

**表 1　2015 年 –2016 年全省艺术表演团体基本情况**

| 年份 | 机构数（个） | 从业人员数（人） | 演出场次（万场） | 国内演出观众人次（万人次） | 总收入（万元） | |
|---|---|---|---|---|---|---|
| | | | | | | # 演出收入 |
| 2015 年 | 276 | 9243 | 4.57 | 1939.96 | 77334 | 32440 |
| 2016 年 | 221 | 8725 | 4.45 | 3883.17 | 141111 | 58455 |

示范专业点”，滇剧班 2 名学生荣获第 20 届中国戏曲“小梅花奖”金奖。《最后的遗产——云南 8 个人口较少民族原生音乐》荣获第六届中华优秀出版物奖。

全年全省文化部门所属艺术表演团体（事业）72 个共组织政府采购公益演出 0.25 万场，观众 298.60 万人次。利用流动舞台车演出 1,470 场次，观众 157.47 万人次。

年末全省共有艺术表演场馆 30 个，观众坐席数 21725 个。各级文化部门所属艺术表演场馆（事业）13 个拥有观众坐席数 6361 个，全年共举行艺术演出 290 场次，艺术演出观众人次 9.50 万人次。

年末全省共有国有美术馆 6 个，从业人员 45 人。

## 三、公共文化服务体系建设扎实推进

2016 年内制定并报省政府印发了《关于推进基层综合性文化服务中心的实施意见》、《关于做好政府向社会力量购买公共文化服务工作的实施意见》、《“十三五”时期云南贫困地区公共文化服务体系建设实施方案》等一系列政策文件。第二批国家公共文化服务体系示范区楚雄州和昭通市、开远市示范项目的

**表 2　2016 年地方公共文化服务体系建设情况表**

| 序号 | 州（市） | 各州市设施数量（个） | 各州市设施使用面积（万平方米） | 图书馆 | | 文化馆 | | 文化站 | | 博物馆 | | 美术馆 | |
|---|---|---|---|---|---|---|---|---|---|---|---|---|---|
| | | | | 设施数量（个） | 设施面积（万平方米） | 设施数量（个） | 设施面积（万平方米） | 设施数量（个） | 设施面积（万平方米） | 设施数量（个） | 设施面积（万平方米） | 设施数量（个） | 设施面积（万平方米） |
| | 合计 | 1827 | 190.2 | 149 | 36.77 | 149 | 33.46 | 1434 | 73.09 | 90 | 43.36 | 5 | 3.496 |
| 1 | 昆明市 | 188 | 26.45 | 15 | 5.92 | 15 | 5.479 | 133 | 7.868 | 25 | 7.187 | | |
| 2 | 曲靖市 | 127 | 14.15 | 10 | 2.269 | 9 | 2.689 | 101 | 5.733 | 5 | 2.776 | 2 | 0.68 |
| 3 | 玉溪市 | 100 | 14.18 | 10 | 3.041 | 10 | 2.185 | 75 | 7.094 | 5 | 1.862 | | |
| 4 | 保山市 | 73 | 5.927 | 5 | 1.036 | 5 | 0.62 | 61 | 3.8 | 2 | 0.471 | | |
| 5 | 昭通市 | 142 | 11.01 | 11 | 1.541 | 11 | 1.733 | 116 | 4.319 | 4 | 3.419 | | |
| 6 | 丽江市 | 83 | 8.071 | 6 | 1.905 | 6 | 1.314 | 65 | 2.525 | 6 | 2.327 | | |
| 7 | 楚雄州 | 129 | 12.85 | 11 | 2.311 | 11 | 2.479 | 103 | 5.781 | 4 | 2.283 | | |
| 8 | 红河州 | 177 | 18.65 | 14 | 4.101 | 14 | 3.405 | 139 | 8.148 | 10 | 3 | | |
| 9 | 文山州 | 127 | 8.429 | 9 | 2.024 | 9 | 1.294 | 106 | 3.788 | 3 | 1.323 | | |
| 10 | 普洱市 | 133 | 10.04 | 11 | 1.798 | 11 | 1.7 | 105 | 4.16 | 5 | 1.933 | 1 | 0.449 |
| 11 | 西双版纳州 | 54 | 4.502 | 4 | 0.742 | 4 | 0.361 | 44 | 1.799 | 1 | 1.6 | 1 | |
| 12 | 大理州 | 141 | 14.11 | 13 | 2.552 | 14 | 3.831 | 110 | 6.351 | 4 | 1.378 | | |
| 13 | 德宏州 | 72 | 4.46 | 7 | 0.801 | 7 | 1.081 | 58 | 2.578 | | | | |
| 14 | 怒江州 | 40 | 3.25 | 5 | 0.686 | 5 | 0.544 | 29 | 1.292 | 1 | 0.728 | | |
| 15 | 迪庆州 | 41 | 6.223 | 4 | 0.7 | 4 | 0.893 | 29 | 1.096 | 4 | 3.534 | | |
| 16 | 临沧市 | 106 | 6.509 | 9 | 1.252 | 10 | 1.148 | 84 | 2.786 | 3 | 1.323 | | |
| 17 | 宣威市 | 31 | 2.835 | 1 | 0.42 | 1 | 0.37 | 28 | 1.828 | 1 | 0.217 | | |
| 18 | 腾冲市 | 27 | 4.131 | 2 | 0.506 | 1 | 0.378 | 18 | 1.293 | 6 | 1.954 | | |
| 19 | 镇雄县 | 32 | 0.98 | 1 | 0.125 | 1 | | 30 | 0.855 | | | | |
| 20 | 省本级 | 4 | 13.41 | 1 | 3.041 | 1 | 1.958 | | | 1 | 6.048 | 1 | 2.367 |

备注：面积为实际使用公用房屋建筑面积。

无面积的单位为与其他单位合署办公，无独立办公地点。

创建工作取得重要成果，顺利通过国家验收。积极做好边疆万里数字文化长廊工程、数字图书馆推广工程，争取国家投入6330万元，提升边境地区公共文化数字化水平。各地基层公共文化服务投入方式日趋多样化：全面实施农村“小广场·大喇叭”文化惠民工程，文山州有效整合各方资源推进村级文体广场和边境自然村文化室建设，迪庆州新建343个农村文化活动小广场。昆明市出台《基本公共文化服务保障标准》，基层公共文化服务项目经费由人均10元增加到12元。保山市隆阳区图书馆被评为2016年“全国最美基层图书”、禄丰县金山镇综合文化站被文化部评为2016年“全国优秀文化站”。现代临沧文化中心项目（图书馆、文化馆、博物馆）全面竣工并交付使用。怒江州开展“流动图书车”进军营、进教室、进社区、进学校、进村寨活动，服务读者近万人次。昭通市大关县组建“背篼图书馆”暨“留守儿童流动图书馆”产生良好影响。省文化馆创新老年大学办学方式，被文化部列为老年大学试点。公共文化服务体系建设初具规模。

## （一）公共图书馆

年末全省共有公共图书馆151个，其中少儿图书馆4个。年末全省公共图书馆从业人员1874人，比上年末增加48人，其中具有高级职称的人员377人，占20.12%，具有中级职称的人员815人，占43.49%。

年末全省公共图书馆实际使用房屋建筑面积36.77万平方米，比上年末增长3.20%，图书总藏量2091.23万册，增长7.56%，其中古籍94.04万册，电子图书2115.85万册，增长24.61%，阅览室座席数27489个，增加4.7%；计算机7542台，增长207台；供读者使用的电子阅览终端5336台。

年末全省平均每万人拥有公共图书馆建筑面积77.08平方米；全省人均图书藏量0.44册；全年全省人均购书费0.63元。

全年全省公共图书馆有效借书证50.40万个，比上年增长13.39%；总流通人次1380.78万，增长12.94%。书刊文献外借人次534.04万，略有降低；外借册次972.72万，降低9.23%。全年共为读者举办各种活动4190次；参加人次215.27万人次。

## （二）群众文化机构

年末全省共有群众文化机构1583个，比上年末增加19个，其中文化站1434个。年末全省群众文化机构从业人员7423人，比上年末增加225人，其中具有高级职称的人员367人，占4.94%，具有中级职称的人员1133人，占15.26%。

年末全省群众文化机构实际使用房屋建筑面积106.55万平方米，比上年末增长0.94%；藏书653.65万册，增长6.99%；计算机17371台，增长5.44%；对公众开放的阅览室2.91万平方米增长7.8%。年末全省平均每万人群众文化设施建筑面积223.36平方米。

全年全省群众文化机构共组织开展各类文化活动53663场次，比上年增长3.06%；服务人次2204.66万人次，增长4.50%。

**表3　2016年全省群众文化机构开展活动情况**

| | 总量 | | 比上年增长（%） | |
|---|---|---|---|---|
| | 活动次数（次） | 服务人数（万人次） | 活动次数 | 服务人次 |
| **各项活动总计** | **52071** | **2109.75** | **5.19** | **6.63** |
| 其中：展览 | 5344 | 425.17 | 2.67 | 2.96 |
| 文艺活动 | 32221 | 1625.71 | 4.89 | 4.67 |
| 公益性讲座 | 629 | 9.75 | 2.61 | 16.35 |
| 训练班 | 15469 | 144.03 | -0.43 | 6.52 |

年末全省群众文化机构共有馆办文艺团体 364 个，演出 7293 场，观众 443.6 万人次。由文化馆（站）指导的群众业余文艺团体 28557 个，馆办老年大学 41 个。

## 四、文化市场管理能力得到提高

截至 2016 年底，全省共有文化市场经营单位 12053 家，其中，文艺表演团体 214 个，娱乐场所经营单位 6288 个，互联网文化单位 14 个，网吧 5370 个，艺术品经营机构 120 个；演出经纪机构 22 个，演出场所经营单位 25 个；从业人员 59527 人，资产总计 1070157 万元，营业收入 526952 万元，实现年营业利润总额 119536 万元，上缴税金总额 25170 万元。

### （一）文化市场不断繁荣

我省文化市场规模在不断扩大，机构数增加了 28.8%，文化市场企业已具备一定规模和档次，经济效益有所提升。

**表 4　2016 年文化市场与 2010 年相比较**

（单位：个、人、万元）

| 项目 | 2010 年 | 2014 年 | 2016 年 | 增减数 | 增减幅度 % |
|---|---|---|---|---|---|
| 机构数（个） | 8765 | 11429 | 11290 | 2525 | 28.8 |
| 从业人员（人） | 37248 | 56892 | 57131 | 19883 | 53.4 |
| 资产总计（万元） | 33687 | 988232 | 853361 | 819674 | 2433.2 |
| 营业总收入（万元） | 178062 | 462689 | 463093 | 285031 | 160.1 |
| 利润总额（万元） | 72041 | 146902 | 109471 | 37430 | 52.0 |

### （二）网吧市场规模实现增长

2016 年，全省共有网吧 5102 家，比 2015 年的 4724 家增加 378 家，从业人员和经济指标比上一年也有所增加，增加幅度不是很大。

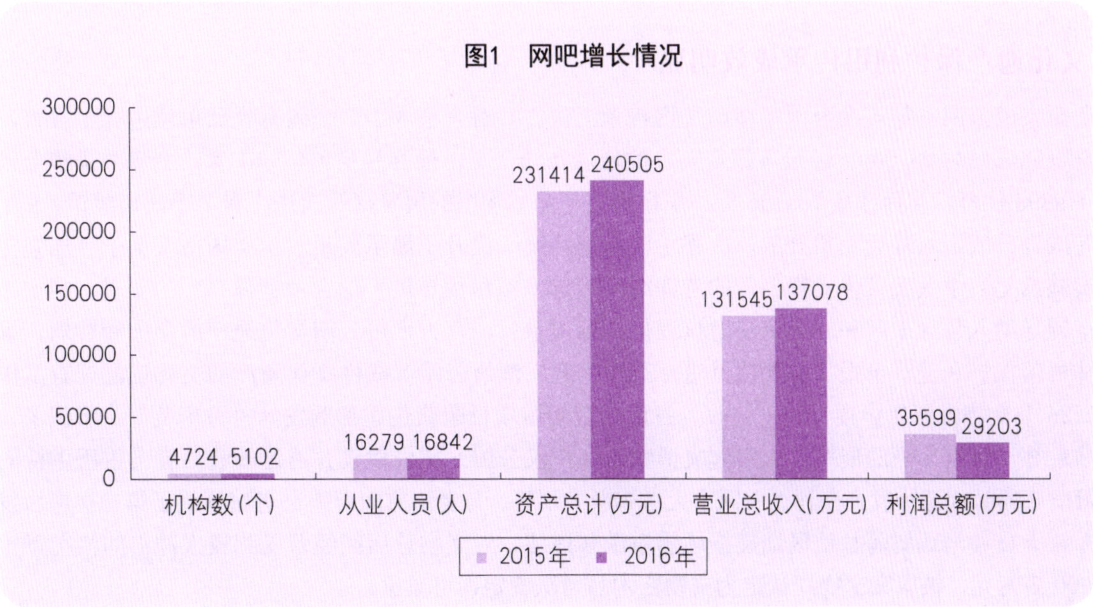

### （三）演出市场发展迅猛

1. 省管涉外、港澳台演出场次“井喷”式增长。2010 年，全省涉外和涉港澳台营业性演出 23 台 23 场（当年无驻场演出）。2016 年涉外和涉港澳台营业性演出 164 台，6717 场，占国内演出的 90.24%，分别比 2010 年增长了 7.1 倍和 292 倍；其中：驻场演出 52 台 6227 场，驻场演出平均每台 119.75 场；观众达 3957.7 万人次，营业收入 173886.6 万元，创利润 5411.5 万元。

2. 演出剧目品种多样，内容丰富。在 2016 年涉外及涉港澳台营业性演出中，音乐会 89 台，占总数的 55.9 %；歌舞表演 19 台，占总数的 11.9%；杂技马戏表演 19 台，占总数的 11.9%；话剧表演 3 台，占总数的 1.9 %；其他演出 31 台，占总数的 19.5 %。

3. 涉外和涉港澳台营业性演出由昆明向其他州市迅速拓展。2016 年，除文山州、迪庆州、楚雄州、怒江州外，其他州市均有涉外和涉港澳台营业性演出。2016 年，全省共审批涉外和涉港澳台营业性演出 164 台、9344 场（含部份 2017 年初审批的）。其中：昆明市 106 台、4496 场，分别总数占 64.6%、48.1%；其他州市 58 台、4848 场，分别占总数的 35.4%、51.9%；在演出场所经营单位、临时搭建场地进行的营业性演出 108 台，在歌舞娱乐场所等非演出场所经营单位进行的营业性演出 56 台。

## 五、文化产业发展取得新成绩

按照《文化部财政部关于引导城乡居民扩大消费试点工作的通知》（文产发〔2016〕6 号）要求，制定了《云南省关于开展引导城乡居民扩大文化消费试点工作方案》，丽江市被国家文化部、财政部批准命名为首批国家扩大文化消费试点城市。6 个 2016 年中央财政文化产业发展专项资金申报重点项目通过了文化部和财政部评审，获得中央财政扶持资金 8800 多万元。建水紫陶文化产业园申报国家级文化产业示范园区工作有序推进，香格里拉蓝月亮文化旅游项目、中柬文化创意园、腾冲和顺旅游文化小镇等 6 个项目获得中央财政扶持。《茶舞江山—小探马》《云南少数民族文字动漫故事系列一：东巴文》等 2 个动漫创意项目入选文化部“弘扬社会主义核心价值观动漫扶持计划”。制定《云南省文化进藏区三年行动计划》及《任务分解》并完成了年度工作，推动国家藏羌彝文化产业走廊建设。与省商务厅联合承办阿里巴巴“农村淘宝首届乡村文化艺术节”。推进云南省工艺美术行业协会脱钩试点。玉溪市红塔区文化演艺有限公司和曲靖市的宣威市花灯团获得文化部县级改制院团奖励资金。

年末纳入统计的动漫企业有 9 个，文化产业示范（试验）园区和产业示范基地有 8 个。

## 六、文化遗产保护利用传承成效明显

全面完成云南省第一次全国可移动文物普查工作。共对全省 33167 个国有收藏单位进行了普查，摸底单位普查完成率达 98.00%。经过各级普查办的现场实物认定，最终登录单位 361 家，全省共采集上报文物数据 419895 件套，实际件数 784196 件。积极推进部分博物馆的展览提升改造，有 7 个州市级馆、9 个县区级馆完成提升改造对社会免费开放，改善了博物馆环境，提升了展示效果。落实国务院关于《加强文物工作的实施意见》中关于“将文物工作的考评纳入领导干部和领导班子综合考评体系”的要求，制定《云南省州市领导纳入领导干部和领导班子考核评价指标体系》，有力推进云南文化遗产的保护和管理。景迈山古茶林村落保护和遗产申报工作加快推进，茶马古道、滇缅公路等线性文化遗产的文物资源调查工作顺利推进。26 个文物维修保护项目竣工验收。省博物馆新馆项目荣获住建部颁发的“鲁班奖”。组织了《永恒的罗马》等一批有影响的展览，云南起义博物馆（卢汉公馆）完成建设并通过验收。省考古所主持的江川甘棠箐旧石器时代遗址发掘获评“中国十大考古新发现”，与老挝方面合作在老挝开展了第二次考古发掘，派出专业人员参与缅甸蒲甘地区地震损坏佛塔勘察评估。省文物总店在经营受到较大冲击的情况下实现净利润 200 多万元，被国家文物局认定为文物艺术品司法鉴定许可单位。

非物质文化遗产保护传承得到加强。省委、省政府高度重视民族文化的传承与保护，坚持“保护为主、抢救第一、合理利用、传承发展” 的工作方针，遵循“政府主导，社会参与、长远规划、分步实施”的工作原则，围绕建设民族文化强省战略目标，把非物质文化遗产保护和利用作为云南文化建设的重要内容来部署和安排，建立了非遗项目和代表性传承人县（区）、州（市）、省和国家四级保护名录体系。截止2016年底，我省共有四级非遗保护名录8590项（其中国家级名录 105项），“傣族剪纸”、“藏族史诗格萨尔”两个项目入选联合国教科文组织认定的“人类非物质文化遗产代表作名录”。共评审认定非遗项目代表性传承人3908名（其中国家级项目代表性传承人69名）。2016年，全省有12个州（市）为本级传承人发放传习补助经费，截止2016年底，全省共命名云南民族民间传统文化之乡27个，公布省级民族传统文化生态保护区66个（涵盖21个民族），完成民族传统文化生态保护区保护规划编制26个。非遗进校园、进课堂、进教材等活动不断拓展，非遗传承人群研修研习培训班和非遗保护管理人员培训班连续举办。西双版纳州成立傣族竹编、造纸、慢轮制陶、织绵拉等7个乡村文化产业合作社。省非遗中心分别在广南县、富宁县、云龙县举办田野调查培训班，对全省300多名非遗保护工作人员进行培训，极大地提升了业务技能。

截止2016年末，全省共有文物机构225个。其中，文物保护管理机构127个，占56.44%，博物馆90个，占40.00%。年末全省文物机构从业人员1970人，比上年末增加115人。其中高级职称225人，占13.05%，中级职称656人，占33.30%。

年末全省文物机构拥有藏品1345420件，比上年末增加44377件，其中，博物馆藏品1227996件，占总藏品的91.27%；文物藏品中，一级文物1013件，占0.08%；二级文物2257件，占0.18%；三级文物18908件，占1.41%。全省文物机构基本陈列331个，举办临时展览272个，接待观众2383.66万人次，比上年增长8.07%。其中未成年人638.72万人次，增加12.05%，占参观总人数的26.79%。博物馆接待观众1912.32万人次，增长12.46%，占文物机构接待观众80.23%。

据初步统计，年末全省共有非物质文化遗产保护机构142个，从业人员600人。全年全省非物质文化遗产保护机构共举办展览648次，比上年增长8%，接待观众255.93万人次，比上年增长12.01%；举办演出1091场，观众196.56万人次，分别比上年增长5.00%和减少1.53%；举办民俗活动546次，比上年降低24.89%，观众290.98万人次，比上年降低0.57%；举办培训班1254次。

## 七、文化“走出去”步伐加快

我省参与建设的柬埔寨金边中国文化之家升格为中国文化中心，“部省合作”年度文化交流项目圆满完成，服务国家重要外交活动开展文化交流受到好评。全年共派出文化交流团组33起485人次分别前往27个国家和地区，其中派出文化交流团组13起191人次前往9个东南亚南亚国家，接待外来文化交流团组及个人9起295人次。

## 八、文化资金投入

全年全省文化（文物）事业费25.90亿元，比上年增加2.7亿元，增长11.64%；其中文化事业费21.87亿比上年增加2.7亿元，文物事业费4.03亿元，比上年减少0.05亿元。文化事业费占财政总支出的比重为0.44%，比重比上年增加0.03个百分点。

分地区看，文化事业费的投入保持了基本稳定，并进一步向基层倾斜。

**表 6　2015 年、2016 年各州市文化（文物）事业费财政拨款对比情况**

| 地区 | 2015 年度（千元） | 2016 年度（千元） | 本年比上年增减百分比（%） |
|---|---|---|---|
| 云南省 | 2320415 | 2590483 | 11.64 |
| 云南省本级 | 276181 | 282643 | 2.34 |
| 昆明市 | 317606 | 381869 | 20.23 |
| 曲靖市 | 142192 | 182253 | 28.17 |
| 玉溪市 | 148425 | 195225 | 31.53 |
| 保山市 | 88288 | 87232 | -1.20 |
| 昭通市 | 75558 | 101135 | 33.85 |
| 丽江市 | 77741 | 83547 | 7.47 |
| 普洱市 | 149293 | 140341 | -6.00 |
| 临沧市 | 58876 | 70093 | 19.05 |
| 楚雄彝族自治州 | 138684 | 164466 | 18.59 |
| 红河哈尼族彝族自治州 | 222673 | 269250 | 20.92 |
| 文山壮族苗族自治州 | 112738 | 139993 | 24.18 |
| 西双版纳傣族自治州 | 61209 | 81499 | 33.15 |
| 大理白族自治州 | 197773 | 199420 | 0.83 |
| 德宏傣族景颇族自治州 | 75003 | 78250 | 4.33 |
| 怒江傈僳族自治州 | 43813 | 45281 | 3.35 |
| 迪庆藏族自治州 | 134362 | 87986 | -34.52 |

**图2　2008年-2016年全省文化（文物）事业费财政投入情况**

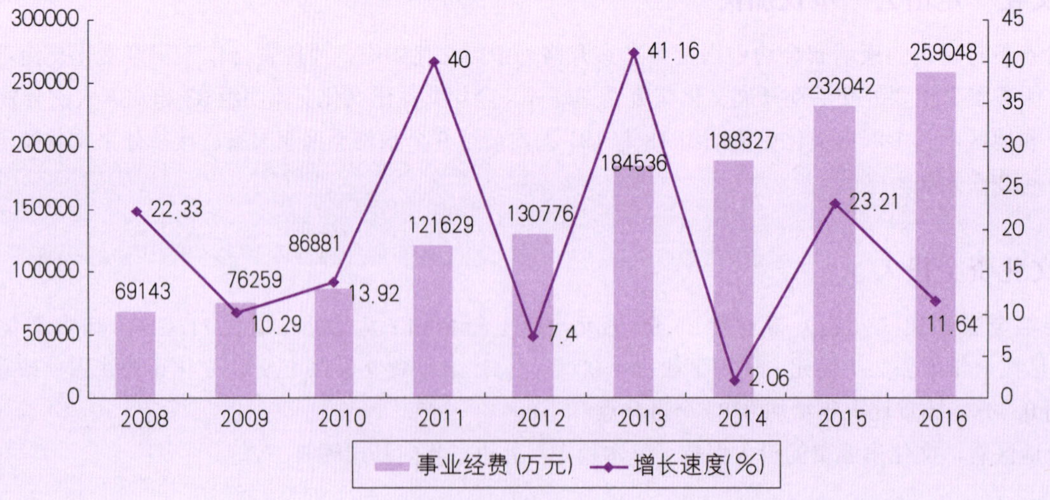


全省人均文化事业费 45.85 元，比上年增加 5.53 元，增长 13.72%，仍未达到全国 55.74 元的平均水平，在全国位列第 22 位。

**表 7　2016 年各州市人均文化事业费**

| 地区 | 人口（万人） | 财政拨款（万元） | 人均文化事业费 |
|---|---|---|---|
| 云南省 | 4770.5 | 218728 | 45.85 |
| 昆明市 | 672.8 | 33391 | 49.63 |
| 曲靖市 | 608.4 | 17171 | 28.22 |
| 玉溪市 | 237.5 | 17475 | 73.58 |
| 保山市 | 259.7 | 6601 | 25.42 |
| 昭通市 | 547.5 | 8662 | 15.82 |
| 丽江市 | 128.5 | 7153 | 55.66 |
| 普洱市 | 261.7 | 11505 | 43.96 |
| 临沧市 | 252.0 | 6521 | 25.88 |
| 楚雄彝族自治州 | 273.9 | 14801 | 54.04 |
| 红河哈尼族彝族自治州 | 468.1 | 19992 | 42.71 |
| 文山壮族苗族自治州 | 362.1 | 12409 | 34.27 |
| 西双版纳傣族自治州 | 117.2 | 7722 | 65.89 |
| 大理白族自治州 | 356.3 | 12879 | 36.15 |
| 德宏傣族景颇族自治州 | 129.4 | 7293 | 56.36 |
| 怒江傈僳族自治州 | 54.4 | 4021 | 73.92 |

（云南省文化厅）

## 云南：扩大文化交流增进民心相通

近几年来，云南在“一带一路”建设中，主动与世界各国特别是南亚东南亚国家开展文化交流与合作，文化走出去的步伐不断加快，一批具有云南特色、时代特征、国际水准的精品力作走上了世界舞台，在国家对外交往活动中留下了浓墨重彩的一笔。据不完全统计，“十二五”期间，云南省共派出对外对港澳台各类文化交流团组和个人124起、2001人次，前往43个国家和地区；接待外国和港澳台地区各类文化交流团组和人士42起、825人次，分别来自41个国家和地区。交流的文化艺术品种有歌舞、杂技、戏曲、文物、美术、书法、摄影、民族民间服饰、工艺美术、非物质文化遗产等，提高了云南在世界各国和我国港澳台地区的知名度和美誉度，增进了云南与世界各国的相互了解与友好合作。

一是配合国家领导人出访，参与国家重大对外文化交流活动。比如配合习近平总书记访问俄罗斯，选派红河州歌舞团在莫斯科克里姆林宫演出主题文艺晚会《美丽中国》；配合李克强总理访问非洲四国，组织云南艺术团赴加蓬、坦桑尼亚访问演出并参加中加建交40周年庆祝活动演出和中坦建交50周年庆祝活动演出；成功举办第十三届亚洲艺术节，彰显了“魅力亚洲、文化中国、七彩云南、美丽春城”的主题，受到亚洲各国政府与文化艺术界的高度关注。二是着力建设面向南亚东南亚辐射中心，与周边国家文化交流日趋紧密。以西双版纳、德宏、普洱、红河等沿边州市文化节庆活动为纽带，举办澜沧江　湄公河流域国家文化艺术节、中缅胞波狂欢节、中老越三国丢包狂欢节、目瑙纵歌节等跨境文化活动，积极邀请越老缅泰柬印等毗邻、周边国家派团参加。通过长期举办上述活动并形成机制，对增进各国人民之间的友谊和情感发挥了积极作用，成为云南对外文化工作的一大亮点。三是通过与海外中国文化中心的合作，主动服务和融入“一带一路”建设。连续四年分别与埃及开罗中国文化中心、墨西哥中国文化中心、马耳他中国文化中心和柏林中国文化中心开展年度合作，组派展览、讲座、培训、演出及人员交流等近30个展现云南文化多样性的团组赴上述海外中国文化中心开展文化交流，同时接待海外文化中心派出的合作伙伴、来华创作及“奖学之旅”等外国团组赴滇交流，有力地宣传了云南文化，增进了与海外中国文化中心所在国民众的相互了解和友谊。四是打造“文化中国　七彩云南”“七彩云南　周边行”对外文化交流品牌。近5年来，先后赴缅甸、老挝、越南、泰国、孟加拉等国举办“文化中国　七彩云南”和“七彩云南　周边行”对外文化交流系列活动，受到当地各界人士和民众的热烈欢迎，在进一步夯实与上述国家友好感情基础的同时，逐渐打响了“七彩云南”文化交流品牌。五是扶持优秀文化企业，促进对外文化贸易。近年来，以云南杨丽萍文化传播有限公司为代表的优秀文化企业多次组织《孔雀》、《云南映象》、《十面埋伏》等优秀剧目赴日本、马来西亚、英国、台湾、香港等地商演，在国（境）外演艺市场占有一席之地。

# 西藏自治区 2016 年文化发展情况分析

2016 年是“十三五”开局之年。一年来，文化系统广大干部职工认真学习贯彻落实党的十八大、十八届三中、四中、五中全会，中央第六次西藏工作座谈会和自治区党委八届七次、八次、九次全委会精神，坚持“高举旗帜，围绕中心，服务人民，改革创新”的总要求，按照年初确定工作目标，解放思想，与时俱进，积极作为，呈现出重大活动主题鲜明、重点工作成效突出、整体工作全面推进的良好态势。现将 2016 年度统计分析报告如下：

## 一、机构和人员

2016 年末，全区文化系统人员队伍建设有了较快发展，机构逐步健全，全区共有各类文化机构 2016 年底 1038 个，比上年增加 2 个。增长 0.2%；从业人员 7924 人；比上年增加 1643 增长 26.15% 。增长主要原因：2016 年全区部分地（市）乡镇综合文化站增加人员编制。

表 1　2014、2015、2016 机构人员情况

| | 艺术表演业 | | 艺术表演场馆 | | 图书馆 | | 群众文化服务机构 | | 文化行政管理部门 | | 艺术科研机构 | | 其他文化事业机构 | | 合计 | |
|---|---|---|---|---|---|---|---|---|---|---|---|---|---|---|---|---|
| | 机构 | 人员 | 机构 | 人员 | 机构 | 人员 | 机构 | 人员 | 机构 | 人员 | 机构 | 人员 | 机构 | 人员 | 机构 | 人员 |
| 2014 年 | 85 | 2365 | 14 | 55 | 78 | 113 | 772 | 2044 | 82 | 925 | 1 | 18 | 1 | 33 | 1033 | 5553 |
| 2015 年 | 85 | 2345 | 14 | 55 | 78 | 187 | 774 | 2824 | 82 | 802 | 1 | 15 | 1 | 35 | 1036 | 6281 |
| 2016 年 | 85 | 2370 | 14 | 28 | 81 | 189 | 774 | 4466 | 82 | 819 | 1 | 16 | 1 | 36 | 1038 | 7924 |

## 二、投入增幅较大

2016 年文化事业经费财政总投入 10.93 亿元，文化经费投入占财政支出的 0.6% 比重逐年提高。

表 2　2014—2015 年文化经费投入占财政支出情况

| 年份 | 财政支出（亿元） | 文化事业费（亿元） | 占财政支出 (%) |
|---|---|---|---|
| 2014 年 | 1185 | 7.24 | 0.4 |
| 2015 年 | 1427 | 9.65 | 0.6 |
| 2016 年 | 1730 | 10.98 | 0.6 |

从文化资金的投入情况可以看出，2016 年全区文化事业费 :10,98 亿元，其中：财政拨款 109,305 亿元，占全区文化事业费的 99.46%，事业收入 546 万元，其他收入 45 万元以此可以看出我区的文化投入基本是国家投入。（见下表）

**表 3　2016 年财政投入情况表**

单位：万元

| | 艺术表演业 | 艺术表演场馆 | 图书馆 | 群众文化服务机构 | | 文化行政管理部门 | 艺术科研机构 | 其他文化事业单位 | 合计 |
|---|---|---|---|---|---|---|---|---|---|
| | | | | 群艺馆＼文化馆 | 乡镇文化站 | | | | |
| 拉萨市 | 2650 | 105 | 170 | 811 | 480 | 4795 | | | 9011 |
| 林芝地区 | 1556 | | 1099 | 1155 | 1470 | 5386 | | | 10666 |
| 山南地区 | 2867 | 20 | 458 | 2526 | 2934 | 9003 | | | 17808 |
| 那曲地区 | 1584 | | 186 | 800 | 4858 | 2927 | | | 10355 |
| 阿里地区 | 1194 | | 184 | 800 | 335 | 4884 | | | 7397 |
| 日喀则地区 | 2590 | 186 | 348 | 1113 | 6580 | 4098 | | | 14915 |
| 昌都地区 | 2232 | | 603 | 800 | 9155 | 4619 | | | 17409 |
| 自治区本级 | 6562 | | 3450 | 1945 | | 9475 | 327 | 576 | 22335 |
| 合计 | 21235 | 311 | 6498 | 9950 | 25812 | 45187 | 327 | 576 | 109896 |
| 占全部投入的 % | 23.68 | 1.61 | 7.85 | 9.04 | 16.34 | 39.85 | 0.49 | 1.11 | |

| | 本年收入合计 | | | | | | 本年支出合计 | |
|---|---|---|---|---|---|---|---|---|
| | 财政拨款 | 事业收入 | 演出收入 | 经营收入 | 其他收入 | 合计 | 基本支出 | 项目支出 |
| 艺术表演团体 | 20931 | 304 | | | | 21235 | 18003 | 2114 |
| 艺术表演场馆 | 122 | 189 | | | | 311 | 316 | |
| 图书馆 | 6459 | 25 | | | 14 | 6498 | 4374 | 1800 |
| 群众文化服务机构 | 35703 | 28 | | | 31 | 35762 | 27173 | 2966 |
| 文化行政管理部门 | 45187 | | | | | 45187 | 22072 | 18182 |
| 艺术科研机构 | 327 | | | | | 327 | 279 | 20 |
| 其他文化事业单位 | 576 | | | | | 576 | 567 | 173 |
| 合计 | 95891 | 521 | | 68 | 45 | 109896 | 72784 | 25255 |

从文化事业费支出结构情况看：基本支出 7.27 万元，占全区文化事业费财政投入 66.2%，文化专项支出 2.5 万元，占全区文化事业费财政投入的 22.76%， 表明文化事业费主要用于支付人员费用，直接用于业务活动的经费仍然比较紧张。

## 三、加快推进文化设施项目建设实施工作

积极争取国家投资支持，先后协调落实建设资金 9600 万元。其中，已列入“十二五”规划但还未安排投资的昌都市图书馆、林芝市群艺馆、那曲地区群艺馆和阿里地区群艺馆等 4 个项目落实建设资金 5800 万

元，“十三五”非物质文化遗产保护利用设施拉萨囊玛保护利用传习所、定结县夏尔巴歌舞保护利用传习所、藏族唐卡保护利用传习所和山南藏族药浴法保护利用传习所等 4 个项目落实建设资金 3800 万元，及时督促各项目建设单位第一时间开工，力争尽快建成投入使用、尽早发挥效益。

## 四、公共文化服务体系不断健全，服务能力不断提升

全面贯彻《西藏自治区贯彻落实〈中办国办关于构建现代公共文化服务体系的意见〉的实施意见》，4 个地市出台本地市实施意见和标准。《关于政府向社会力量购买公共文化服务工作的实施意见》正式颁布。《西藏自治区人民政府＜关于推进基层综合性文化服务中心建设的意见＞的实施意见》、《西藏自治区公共文化机构管理规范和绩效考核办法》、《“十三五”时期西藏贫困地区公共文化服务体系建设实施方案》起草工作有序推进。各级公共文化设施累计开展免费活动 12000 余场次。

### （一）公共图书馆服务能力进一步提高

2016 年我区 81 个公共图书馆，从业人员 189 人。藏书总量 177.3 万册，较上年增加 15.2 万册，增长 9.4%，人均拥有公共图书馆藏书籍 0.59 册。当年购买报刊种类 5.502 种，读者总流通人次 25 万人次，人均图书购置经费 0.7 元。全区 78 个县配备流动图书车。

**表 4　2014—2016 年公共图书馆事业情况**

| 年份 | 机构数 | 总藏书量（万册） | 人均年购书费（元） | 新购图书（册） | 人均图书藏量（册） |
|---|---|---|---|---|---|
| 2014 年 | 78 | 125.2 | 0.4 | 36075 | 0.41 |
| 2015 年 | 79 | 162.1 | 0.7 | 39403 | 0.50 |
| 2016 年 | 81 | 177.3 | 0.7 | 70077 | 0.50 |

### （二）丰富群众文化

23 个“区域文化联动”项目全面展开。“春雨工程——全国文化志愿者边疆行”汉藏文化交流 10 个项目顺利实施。数字文化工程全面推进。落实资金 2982 万元、80 个乡镇文化站和 1128 个行政村公共数字文化设施提档升级项目。《西藏抗英历史文化多媒体资源库》通过审验。日喀则市拉孜县民间艺术团表演的舞蹈《妙音踏舞》和西藏公安边防总队政治部表演的《转移》分别入选第十七届群星奖决赛。组织参加第十八届中国老年合唱节，展示了我区老年人良好的精神风貌。

2016 年全区 774 个群众文化服务业，从业人员 4466 人。其中：自治区级 1 个，地市级 7 个，县级文化活动中心 74 个，乡镇文化站 692 个。组织文艺活动 6921 次，举办展览 1213 个、举办各类训练班 2630 班次，培训 15.3 万人。

**表 5　2016 年群众文化业情况主要指标**

| | 举办展览个数（个） | 组织文艺活动次数（次） | 举办训练班班次（次） | 培训人数（万次） |
|---|---|---|---|---|
| **总计** | **1213** | **6921** | **2630** | **15.3** |
| 群众文化馆 | 240 | 1635 | 716 | 7.9 |
| 乡镇文化站 | 973 | 5286 | 1914 | 7.4 |
| 乡镇文化站 | 494 | 3722 | 1222 | 5.1 |

## 五、非遗保护不断加强，传统优秀文化有效保护

非遗保护“十三五”专项规划编撰基本完成。藏医药申报世界非物质文化遗产项目有序推进，已向文化部上报请示，力争尽快列入申遗后备名录。首批国家级传承人抢救性记录试点验收工作全面完成。51 家第二批自治区级非遗项目传习基地正式颁布。

2016 年底，全区共有 323 项非物质文化遗产代表性名录， 其中：国家级 89 项代表性名录。全区共有非物质文化遗产代表性传承人 350 人，其中：国家级非物质文化遗产项目代表性传承人 68 人。藏戏、格萨尔 2 项入选联合国教科文组织“人类非物质文化遗产代表作名录”。

## 六、严把意识形态政治关，文化市场安全全力保障

2016 年，全区共有文化市场经营单位 847 家，比上年减少 24 家。从业人员 6382 人；比上年增加 327 人。其中娱乐场所 408 家，网吧经营机构 362 家，文艺表演团体 5 家。积极推进文化市场技术监管和服务平台建设，设置区、地、县三级平台用户 78 个。加强了文化娱乐市场演出人员管理和各类商业演出内容审查，监管水平进一步提高。制定实施《西藏自治区娱乐场所演出人员管理办法》，与全区 771 家娱乐场所、网吧签订了《政治安全责任书》，为 539 名社会演员办理了《上岗证》。基本建成了全区文化市场技术监管与服务平台，完成 775 家文化经营主体的录入工作，激活率达到 93.72%。

## 七、文艺创作深入推进，惠民演出广受好评

深入贯彻落实习近平总书记文艺座谈会重要讲话和中央《关于繁荣发展社会主义文艺的意见》，围绕建党 95 周年、西藏和平解放 65 周年、纪念红军长征胜利 80 周年等重大时间节点，大力开展爱国主义和现实题材文艺创作，以演出促繁荣促发展，不断活跃艺术舞台，丰富群众文化生活，唱响时代主旋律。全区 5 个艺术项目获得国家艺术基金资助 695 万元。“深入生活，扎根人民”和“我们的中国梦—文化进万家”主题活动有声有色，全区 10 个专业文艺团体累计开展送戏下乡演出 800 多场次。

**表 6　2014–2016 年艺术业情况主要指标**

| 项目 | 机构数（个） | 从业人员（人） | 新剧目首演（个） | 演出场次（万场） | 其中：到农村演出场次 | 到农村演出场次比重(%) | 观众人数（万人） |
|---|---|---|---|---|---|---|---|
| 2014 | 85 | 2365 | 26 | 0.5 | 0.3 | 60 | 410.7 |
| 2015 | 85 | 2345 | 16 | 0.5 | 0.4 | 60 | 389.8 |
| 2016 | 85 | 2370 | 39 | 0.5 | 0.4 | 60 | 390.7 |

## 八、依托资源优势，特色文化产业加快发展

出台了《西藏传统手绘唐卡地方标准》和《西藏自治区动漫企业认定管理办法》，启动了《西藏堆绣唐卡地方标准》制定工作。“西藏自治区特色文化产业发展部门联席会议”召开第一次全体会议，标志着我区特色文化产业发展部门联动长效机制正式建立。组织区内 10 家重点文化企业，召开动漫产业推进会，进一步推进我区动漫产业发展。首个藏民族音乐产业基地在拉萨正式挂牌。西藏雅江网络科技公司成功入选 2015 国家动漫企业，实现了我区国家动漫企业“零突破”。我区国家级、自治区级文化产业示范基地（园区）总量达到 41 家，形成四级评选命名管理体系。我区 18 个藏羌彝文化产业走廊项目全部启动。目前全

区共有各类文化企业 4680 家，从业人员近 3.2 万人，年产值 30 亿元，呈现出多门类、多渠道、多层次、多元化投资，多种所有制齐头并进、蓬勃发展的文化产业发展态势。

## 九、努力深化对外文化交流。

2016 年，我们把深化对外文化交流作为推动西藏文化“走出去”的重要抓手，积极配合国家总体外交，先后派出 3 个团组 30 余人次赴法国、台湾等国家和地区进行文艺演出等文化交流活动。深化与尼泊尔的交流合作，邀请尼泊尔中国文化中心优秀学员到我区开展文化交流活动。配合接待国外团组 30 多个。加强“中国西藏·扎西德勒”品牌建设，积极建立对外文化交流项目库。

（西藏自治区文化厅）

## 西藏：文化建设扎实有效

一是抓好《规划》出台和文化援藏会议筹备。协调国家有关部委和自治区相关单位，进一步落实“十三五”文化建设重点项目的落地工作。积极对接，全力筹备第五次全国文化援藏会议，确保会议取得实效。扎实推进文化扶贫。

二是全力提升公共文化服务水平。着力推进国家和自治区加快构建现代公共文化服务体系相关文件贯彻落实，实施一批新设置乡镇文化站和县民间艺术团排练场所等重点建设项目。推动县乡文化设施和管理服务逐步达到国家标准。加强公共数字文化建设，健全数字文化服务网络。继续加强以拉萨为重点的公共文化服务体系示范区创建工作。

三是集中资源打造文艺精品。以第十一届中国艺术节和第五届全国少数民族文艺调演为契机，重点打磨好精品艺术剧节目，力争拿大奖。围绕党的治藏方略在西藏成功实践，推出一批有筋骨、有道德、有温度的文化精品力作。借助“中国西藏文化周、欢乐春节”等重大外事平台，继续打造“中国西藏扎西德勒”对外文化交流品牌。

四是推进文化遗产保护。推动非遗专项规划的完善，深入推动藏医药申遗工作。实施非遗传统工艺振兴计划，启动第五批自治区级非遗项目申报，举办唐卡传承人群普及培训研习研修。加快古籍普查登记和珍贵古籍数字化建设。

五是加快特色文化产业发展。协助办好第三届“藏博会”，推进首届丝博会参展工作。促进文化与旅游、科技、金融产业等的有机融合。实施“藏羌彝文化产业走廊”等项目，加大骨干文化企业培育力度，推动国有文化企业把社会效益放在首位，实现社会效益和经济效益相统一。

六是持续加大文化市场监管。坚决抵御和打击十四世达赖集团的“反宣渗透”，抵制有害文化，绝对确保意识形态和国家文化安全。继续推动上网服务、歌舞娱乐行业转型升级。加快《西藏自治区娱乐场所管理条例》完善修订进度。完善市场准入和退出机制，推动审批便利化、规范化、透明化。

# 陕西省2016年文化发展情况分析

2016年，省文化厅以习近平总书记系列重要讲话精神，特别是文艺工作座谈会重要讲话和来陕视察重要讲话精神为指引，深入贯彻落实党的十八大和十八届三中、四中、五中、六中全会精神，在省委、省政府的正确领导下，紧紧围绕追赶超越目标要求，坚持五大发展理念绘就"十三五"文化发展蓝图，肩负"坚定文化自信建设文化陕西"使命强化责任担当，秉承"一带一路文化先行"发展理念扎实加强文化建设，以筹备举办第十一届中国艺术节为契机，改革创新，锐意进取，正风肃纪，真抓实干，在推进文化强省建设上体现新作为，助力经济社会发展营造好氛围。

## 一、基本情况

### （一）人员情况

2016年末，纳入统计范围的全省各类文化单位7045个，比上年末增加856个；从业人员5.6623万人，增加5181人。其中，各级文化部门所属单位2130个，减少4个；从业人员2.1071万人，减少452人。

图1　2010-2016年文化部门机构数和从业人员数

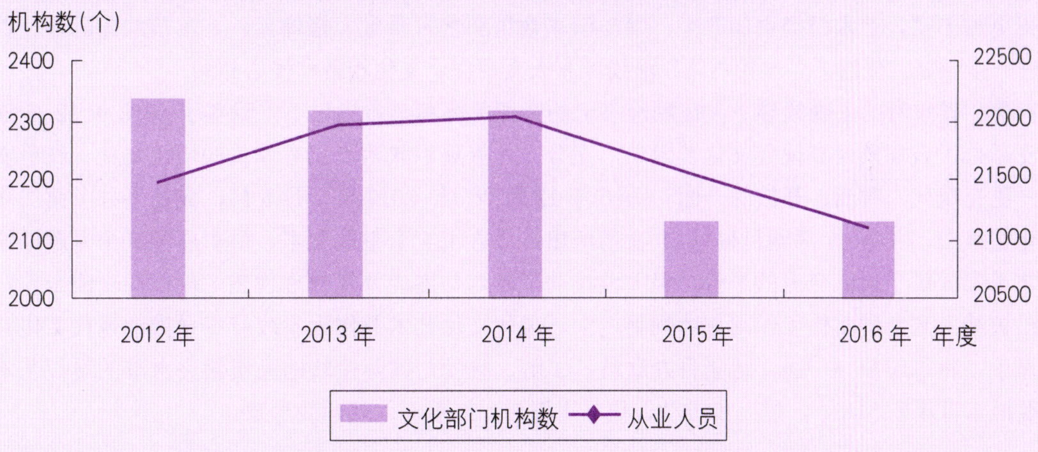


### （二）机构、场馆情况

年末全省共有群众文化机构1581个，比上年末减少10个。其中乡镇综合文化站1298个，减少23个。年末全省群众文化机构从业人员7254人，比上年末减少130人。其中具有高级职称的人员165人，占2.3%；具有中级职称的人员685人，占9.4%。

年末全省共有公共图书馆110个。其中少儿图书馆3个。年末全省公共图书馆从业人员2123人，比上年末增加 2 人。其中具有高级职称的人员 83 人，占 3.9%；具有中级职称的人员 565 人，占 26.6%。

年末全省共有艺术表演场馆 92 个，观众坐席数 5.2002 万个。各级文化部门所属艺术表演场馆 80 个，比上年减少 1 个，观众坐席数 4.61 万个，比上年减少 0.14 万个；全年共举行艺术演出 0.42 万场次，比上年增长 90%；艺术演出观众人次 138 万人次，增长 22.1%。

年末全省共有国有美术馆 4 个，从业人员 123 人，增加 2 人。全年共举办展览 72 次，比上年增加 4.3%，参观人次 24.56 万人次。

（三）文艺团体情况：

年末全省共有艺术表演团体 281 个，比上年末增加 104 个，从业人员 1.2516 万人，增加 0.31 万人。其中各级文化部门所属的艺术表演团体 90 个，占 32%，从业人员 0.61 万人，占 49%。

（四）文化产业情况：

年末全省共有 1 个国家级文化产业示范园区，11 个国家级文化产业示范基地，8 个国家动漫认定企业。

## 二、艺术创作与演出

### （一）丝绸之路国际艺术节、现代文化艺术节品牌效应日益彰显

2014 年 9 月，党中央、国务院正式批准同意设立丝绸之路国际艺术节，由文化部、省政府共同主办，省文化厅承办，每年举办一届，永久落户陕西。丝绸之路国际艺术节是全国首个有关丝路文化的国家级综合性艺术盛会，也是全国唯一以丝路文化为主题的设立国家级奖项的综合性国际艺术节。2014 年 -2016 年我省已经成功举办了三届丝绸之路国际艺术节，参与国家和地区从首届的 32 个、第二届的 60 个，提升到第三届的 80 个。艺术节包括文艺演出、美术展览、文化论坛、惠民巡演等板块，同时举办了文化部青年汉学家研修计划培训班、国际现代艺术周、国际儿童戏剧周、动漫创意文化周、长安诗歌周等多项专题活动。经过 3 年探索创新，丝绸之路国际艺术节已成为弘扬丝路精神、增进文化交往的重要国际文化交流平台，活动形式更加丰富，艺术门类更加齐全，参与国家数量和艺术质量大幅增长，艺术节的国际性、持续性和唯一性进一步彰显，促进了“一带一路”沿线国家人文合作、文化相融和民心相通。

在省委、省政府的正确领导下，在勤俭书记的亲切关怀和亲自指导下，我省于 2015 年 12 月 26 日 -31 日在西安举办了首届陕西省现代文化艺术节，充分向外界展示陕西不仅有厚重的历史文化、红色文化、民俗文化，更有现代、时尚、开放的一面。2016 年 12 月 26 日 -2017 年 1 月 5 日，成功举办了第二届陕西省现代文化艺术节，共有 15 部剧目进行 30 余场演出，举办了 8 个主题美术、摄影展和 7 个专题论坛，为陕西青年艺术家提供了展示交流的平台，极大地推动了陕西与国内外优秀现代艺术创作的交流合作。现代文化艺术已被纳入到全省文化工作的总体规划之中，现代文化艺术节作为省政府主导推动现代文化艺术发展的重要抓手，将每年举办一届，让老百姓欣赏、了解、接受与国际接轨的高质量高水准的现代艺术形态，同时发现推出青年艺术人才，进一步推动现代艺术发展，展示现代陕西新形象。

### （二）"国风　秦韵"传统文化工程建设影响深远

“国风·秦韵”传统文化工程以“传递陕西声音、讲好陕西故事”为主题，包括秦腔等地方戏曲、陕西民乐（陕北民歌、陕南民歌、关中道情）、西安鼓乐、陕西民间艺术、民间手工技艺、（歌、话、舞、杂技）剧、书法绘画等，涵盖了陕西传统文化诸多艺术门类。我省已经组织“国风·秦韵”在西安、北京、上海、福建、浙江和丝绸之路沿线国家，以及英国、德国、法国、奥地利、意大利等国家展演巡演。与陕西卫视合办《国风·秦韵》电视栏目，收视率稳居前列，荣获第十三届陕西电视金鹰奖唯一的电视栏目一等奖。2016 年，我省多次受中央党校邀请，组织“国风·秦韵”走进中央党校，先后成功举办了“国风·

秦韵——中国传统音乐赏析会”、话剧《白鹿原》《麻醉师》、民歌情境剧《陕北歌行》等专场演出。勤俭书记对“国风·秦韵”传统文化工程给予高度肯定，并专门作出批示，对下一步工作提出了新的要求。

### （三）艺术精品创作全面繁荣

以举办十一艺节为契机，我省努力推动全省艺术精品创作全面繁荣。2016 年陆续召开了十一艺节筹备工作推进会、精品创作推进会、文艺界专家座谈会等专题工作会议，继续实施“一市一精品”“从长安到罗马”舞台艺术精品及“今日丝绸之路”美术创作工程，推动全省各市各单位精品创作繁荣发展。在精品创作工作中，采取项目制的管理方式，对重点题材和有潜力的优秀作品，整合优势资源，打破体制机制瓶颈，集全省之力，推出精品力作，同时建立责任追究制度，确保剧目创作任务高质量完成。聘请省内外各艺术门类德才兼备的专家，通过现场观看、剧本指导、剧目研讨等多种形式进行指导，不断提升艺术质量。组织我省重点剧目开展省内外巡演，渭南市 3 家基层院团演出的秦腔《家园》、省歌舞剧院的歌剧《大汉苏武》、西安市话剧院的话剧《麻醉师》、省人民艺术剧院的话剧《白鹿原》、民歌情境剧《陕北歌行》等一批优秀剧目体现出的深厚的文化底蕴和强烈的时代精神，提升了陕西文化品牌在全国的影响力。

一年来，全省共推出新创作优秀剧目 100 余部，备战十一艺节优秀作品 50 多部，5 部入选参加文华大奖决终评，《大汉苏武》、《麻醉师》获文华大奖，惠敏丽、李军梅获文华表演奖，《家园》被授予特别贡献剧组称号，我省获奖数量占全国奖项的五分之一，位居全国第一，全省原创剧目艺术质量和水平实现了突破，达到了艺术质量和获奖数量的历史最高水平。

为了保证全国优秀美术书法篆刻摄影作品展我省入选作品质量和水平，充分调动全省各级美术创作机构、高校的创作力量，通过每年一度的今日丝绸之路国际美术邀请展、现代美术展等，发现储备了一批优秀作品。十一艺节我省投稿质量和数量均剧全国前列，入选作品均占各门类总数的 10% 以上。

为贯彻落实文化部和省委、省政府办一届“永不落幕的艺术节”的工作要求，提升全省精品创作水平，通过政府购买演出等多种形式，让老百姓以最低的票价看到精彩的演出，同时将《白鹿原》《陕北歌行》等 10 部优秀剧目下基层、进学校，进行国内外巡回演出，用艺术语言讲好“陕西故事”，让老百姓共享我省文艺创作最新成果。

启动实施陕西文学艺术创作人才百人计划项目，继续开展好青年拔尖人才扶持计划、终身成就艺术家系列工程。“百人计划”首期入选 100 余位文学家和剧作家，为我省文学艺术创作人才营造更加良好的创作环境和艺术氛围，形成出精品、出人才的生动局面，为陕西文艺人才的培养和发展打下坚实基础。

全年全省艺术表演团体共演出 3.878 万场，比上年增长 15.3%，其中赴农村演出 2.771 万场，增长 22.2%，赴农村演出场次占总演出场次的 71.5%，国内观众 3241 万人次，其中农村观众 2139 万人次，总收入 9.13 亿元，比上年增长 46.8%，其中演出收入 2.91 亿元，增长 109.4%。

**表 1　2012 年 –2016 年全省艺术表演团体基本情况**

| 年　份 | 机构数（个） | 从业人员数（人） | 演出场次（万场） | 国内演出观众人次（万人次） | 演出收入（万元） |
|---|---|---|---|---|---|
| 2012 年 | 116 | 7161 | 2.332 | 2418.3 | 13006.3 |
| 2013 年 | 119 | 7037 | 2.484 | 2681.2 | 8613.4 |
| 2014 年 | 143 | 7745 | 2.399 | 2110.1 | 11233.4 |
| 2015 年 | 177 | 9411 | 3.363 | 4322.4 | 13926.8 |
| 2016 年 | 281 | 12516 | 3.878 | 3241.3 | 29058.6 |

全年全省文化部门所属艺术表演团体共组织政府采购公益演出 0.652 万场，比上年增长 5.2%；观众 462.9 万人次。利用流动舞台车演出 0.396 万场次，观众 339.4 万人次。

## 三、公共文化服务体系建设情况

公共文化服务体系建设跃上新台阶。认真贯彻落实中省加快构建现代公共文化服务体系的意见精神，出台《陕西省基层综合性文化服务中心建设实施方案》《“十三五”时期陕西贫困地区公共文化服务体系建设实施方案》。充分发挥十一艺节带动作用，维修新建延安大剧院、易俗大剧院等场馆近百个，十一艺节使用场馆 51 个，有力推动了我省剧场和美术展馆建设。在艺术节带动下，省图书馆新馆和省群众文化艺术中心建设加快推进，我省公共文化基础设施布局更加合理，建设水平跃上了新台阶。

加强基层文化建设，在 27 个村（社区）开展基层综合性文化服务中心建设试点，为 78 个乡镇、2918 个村（社区）配送各类文化活动器材，为 13 个县级公共图书馆配送流动图书车，在 4 个县（区）开展县级公共图书馆总分馆制建设试点。渭南市创建第二批国家公共文化服务体系示范区以及安康市“汉剧兴市”、西安市高陵区“公共文化服务 110”两个示范项目成功通过文化部、财政部验收。

加强群众文艺创作，新创各类作品 318 件，其中，7 件作品参加十一艺节群星奖决赛，省艺术馆、榆林市府谷县文化馆的《丝路欢歌》、渭南市临渭区文化馆的《哎呀呀》获群星奖，入选及获奖数量居全国第一。丰富群众文化生活，参加第七届中国少年儿童合唱节、第十八届中国老年合唱节，西安小天鹅艺术团童声合唱团、省艺术馆老三届知青合唱团分别入选全国十大示范合唱团。开展“春雨工程”文化志愿者边疆行活动，“大河风 黄土情”渭南文化志愿者新疆行等 3 项活动被文化部评为“2016 年文化志愿服务示范活动典型案例”。

### （一）公共图书馆使用情况

年末全省公共图书馆实际使用房屋建筑面积 27.331 万平方米，比上年末增加 2.897 万平方米；图书总藏量 1626 万册，增加 8%，其中古籍 57 万册；电子图书 3829 万册，增长 11.1%；阅览室座席数 2.1703 万个，增长 8.4%；计算机 0.5836 万台，增长 3.4%；供读者使用的电子阅览终端 0.4129 万台，增长 5.3%。

年末全省平均每万人公共图书馆建筑面积 71.68 平方米，比上年末增加 6.98 平方米；全省人均图书藏量 0.426 册，增加 0.027 册；全年全省人均购书费 0.98 元，比上年增加 0.12 元。

图2　2010年-2016年图书馆总流通人次和书刊文献外借册次

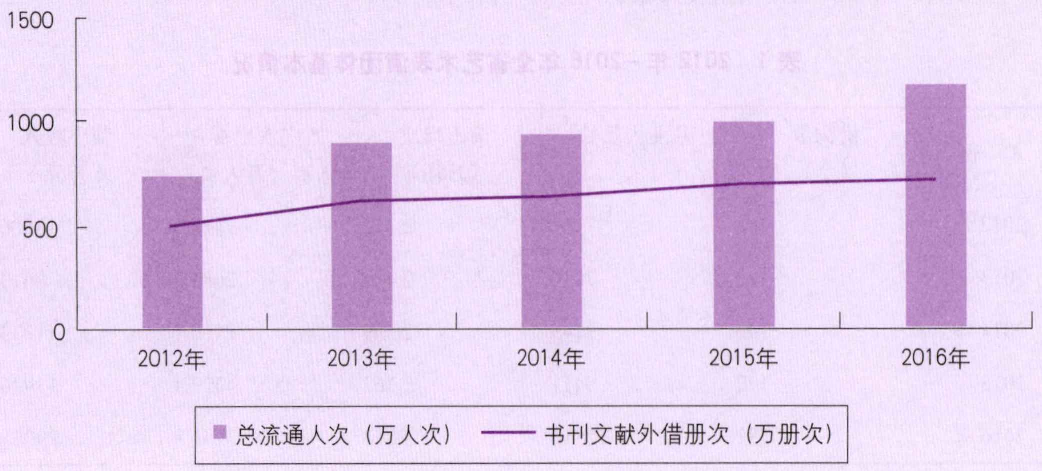

全年全省公共图书馆发放借书证 39.436 万个，比上年增长 10.4%；总流通人次 1155.634 万人次，增长 17.6%。书刊文献外借册次 707.5 万，增长 3.9%；外借人次 411.1 万，增长 5.7%。全年共为读者举办各种活动 3871 次，增长 17.1%；参加人次 146 万，增长 0.3%。

### （二）文化机构活动开展情况

年末全省群众文化机构实际使用房屋建筑面积 89.733 万平方米，比上年末增加 1.819 万平方米；藏书 501 万册，增加 1.6%；计算机 1.0978 万台，增长 5.6%；对公众开放的阅览室 4.364 万平方米，减少 0.76%。年末全省平均每万人群众文化设施建筑面积 235.36.88 平方米，比上年末增加 3.58 平方米。

全年全省群众文化机构共组织开展各类文化活动 4.3631 万场次，比上年增长 10.7%；服务人次 1412 万，增长 7.6%。

**表 2　2016 年全省群众文化机构开展活动情况**

| | 总量 | | 比上年增长（%） | |
|---|---|---|---|---|
| | 活动次数（万次） | 服务人数（万人次） | 活动次数 | 服务人次 |
| **各项活动总计** | **4.3631** | **1411.812** | **10.7** | **7.6** |
| 其中：展览 | 0.6251 | 249.277 | 19.5 | -3.2 |
| 文艺活动 | 2.3904 | 1047.646 | 11 | 11.5 |
| 公益性讲座 | 0.0817 | 15.534 | -5.2 | 4.1 |
| 训练班 | 1.2659 | 99.355 | 7.3 | -0.07 |

年末全省群众文化机构共有馆办文艺团体 273 个，演出 7649 场，观众 263 万人次。由文化馆（站）指导的群众业余文艺团体 1.2767 万个，馆办老年大学 38 个。

## 四、文化市场

文化市场监管服务发展有序。有效落实属地监管职责，支持市县两级执法装备配备，强化全省文化市场综合执法机构和队伍建设。加强队伍培训，圆满完成中西部地区文化市场综合执法能力提升三年行动计划，与浙江省对口交流行动取得显著成效，综合执法能力得到有效提升。引导上网服务企业拓展经营范围，

**表 3　2016 年按区域全省文化市场经营单位主要指标**

| | | 机构数（个） | 从业人员数（人） | 营业总收入（万元） | 营业利润（万元） |
|---|---|---|---|---|---|
| 总量 | **总计** | **4915** | **35552** | **269841** | **66225** |
| | 城市 | 1640 | 14270 | 145113 | 25902 |
| | 县城 | 2100 | 17491 | 101666 | 32826 |
| | 县以下 | 1175 | 3791 | 23062 | 7498 |
| 比重（%） | **总计** | **100.0** | **100.0** | **100.0** | **100.0** |
| | 城市 | 33 | 40 | 54 | 39 |
| | 县城 | 43 | 49 | 38 | 50 |
| | 县以下 | 24 | 11 | 8 | 11 |

创新业态，转型升级。全面完成全国文化市场技术监管与服务平台的建设和应用工作任务，平台上线率达到100%，文化市场审批、执法、信息报送等业务通过平台办理。建立科学考评机制，开展2016年全省文化市场综合执法考评工作。在全省组织开展了暗访抽查，案件督查、案卷评查、举报核查等专项活动。加大文化市场集中整治， 2016年全省文化市场综合执法机构共出动检查152882（人次），检查经营单位49848（家次），责令改正1308（家次），受理举报112（件），办结案件1308（件），警告922（家次），责令停业整顿81（家次），吊销许可证3家，营造了良好的社会文化环境。

年末全省文化市场经营单位 4915家，比上年末增加860家；从业人员3.56万人，增加0.56万人。全年全省文化市场经营单位营业总收入26.98亿元，营业利润6.62亿元。

分区域看，年末城市文化市场经营单位1640个，占文化市场经营单位总量的33%；县城2100个，占43%；县以下地区1175个，占24%。

年末全省共有娱乐场所1004个，从业人员1.1万人，全年营业总收入8.37亿元，营业利润2.55亿元。

年末全省共有互联网上网服务营业场所3528个，从业人员1.53万人，全年营业总收入10.63亿元，营业利润3.04亿元。

## 五、文化产业与文化科技

文化产业转型升级快速发展。以西安成功获批国家自由贸易区为发展机遇，我省文化建设获得国家层面多项政策支持，文化产业正借力自贸区建设精耕细作。推进文化金融改革创新，营造良好投融资环境，建立文化企业、文化项目众筹平台；依托海关特殊监管区域政策功能，发展对外文化贸易，推动国家级对外文化贸易基地建设，开展文化产品跨境电子商务试点，积极推动文化产品和服务出口；支持民营文化企业健康快速发展，试点开展以政府和社会资本合作（PPP）等方式，推动文化对外投资。搭建服务平台，建设小微文化企业孵化基地，推进西安对外文化贸易基地建设，推动文化与科技、旅游、资本市场对接。认真谋划制定我省“十三五”文化产业发展规划，孵化培育文化科技企业，促进文创成果转化。开展了陕西省动漫创意产业专题调研，起草《关于扶持动漫创意产业发展的指导意见》。继续实施重大项目带动战略，会同有关部门督办30个重大项目建设，做好陕西动漫创意产业基地建设工作。以西安高新区为依托，曲江新区、碑林科技产业园共同打造陕西动漫创意产业基地，西安高新区1.8万平方米动漫创意基地已建成。指导各地文化产业项目建设，西安市对外文化贸易基地线上交易平台建成启动、宝鸡市和汉中市所属的藏羌彝文化产业走廊项目建设步伐进一步加快，取得了良好成效。推动文化金融融合，建立政府、企业、金融机构文化合作会商机制，文化金融综合实验区建设方案报国务院审批。组织参加第十二届中国（深圳）国际文化产业博览交易会，策划推出了179项重点项目，项目总投资1660亿元。指导组织第八届中国西部文化产业博览会，共有来自国内外623家参展商参展，举办了中小企业投融资路演、文化产业投融资项目推介等10多个系列活动，征集了522个项目，有19个重点项目在推介会上进行了重点推介。

## 六、非物质文化遗产保护

依法传承保护非遗能力水平大幅提升。深入贯彻落实《非遗法》和《陕西省非物质文化遗产条例》，围绕纪念第十一个国家“文化遗产日”，在全省各地市举办非遗法规宣讲、成果保护展演展示活动。创新非遗传承保护模式，全面推动秦腔振兴十大工程、西安鼓乐传承十大工程、陕北民歌创新十大工程建设。组织开展第五批省级代表性传承人申报工作，对223名推荐人选进行评审并按程序公示复议、命名公布。与陕西师范大学联办剪纸、刺绣等多期非遗传承人群培训班，建立西安鼓乐何家营，周至南集贤东村、西村鼓乐社等多个传习所。推进国家级陕北文化生态保护试验区建设，抓好陕北民歌、剪纸、安塞腰鼓等非遗项目的保护。召开了全省戏曲剧种普查工作会议，成立普查工作小组，在全省各市、县实地进行普查培训和指导，督促各市县按时完成普查工作。举办了秦腔传统剧目展演和陕西传统戏曲音乐会，保护继承优秀传统，宣传普及秦腔等地方戏曲艺术成就的精品佳作，进一步加强对陕西地方戏曲传承保护工作的引领。组织参加第四届中国非物质文化遗产博览会，我省参展项目作品种类多、质量高、影响大、成绩好，共获得 20 多个奖项，其中 1 人荣获民歌大赛一等奖，3 人（全国共 9 人）荣获剪纸大赛金剪子奖，省文化厅获组织奖，展现了陕西非遗魅力和传承保护实力，有力推进了全省非遗保护工作依法科学健康发展。

据初步统计，年末全省共有非物质文化遗产保护机构 107 个，从业人员 759 人。全年全省非物质文化遗产保护机构共举办展览 800 次，比上年减少 7.8%，接待观众 71.909 万人次，比上年降低 16.1%；举办演出 1256 场，观众 172.629 万人次，分别比上年减少 2.1% 和减少 5.3%；举办民俗活动 565 次，比上年增长 4.8%，观众 115.505 万人次，比上年降低 4.5%。

## 七、对外和对港澳台文化交流

对外文化交流助力陕西文化走出去。根据文化部海外“欢乐春节”活动部署，按照“文化先行”的工作思路，组织多个艺术团分赴澳大利亚、意大利、日本和台湾举办形式多样、内容丰富的文化交流活动，是我省连续第 12 年在境外开展的陕西春节文化品牌的宣传活动。承接文化部中东欧国家作曲家采风团项目、中东欧国际戏剧节总监访华团文化交流活动，来自中东欧 16 国的 27 位国外戏剧节负责人来陕观摩交流，加强了与中东欧国家间的文化合作。承办 2016“青年汉学家研修计划”相关活动，为海外青年、研究人员和智库学者搭建一个交流研究平台，为其学术研究及创作提供便利和切实帮助，支持其与中国本土优秀的学术、文化、教育领域的机构、团体、企业和学者开展交流和合作研究项目，帮助其提升学术水平和国际影响力。在哈萨克斯坦陕西村挂牌成立“陕西文化之家”，成为集展厅、剧场、电子阅览室等于一体的多功能文化艺术中心，为陕西与哈萨克斯坦文化交流发挥积极的作用。

全年经文化系统审批的对外文化交流项目 10 起，378 人次参加；对台文化交流项目 4 项，115 人次参加。

## 八、文物保护工作

2016 年是“十三五”规划的开局之年，一年来，全省文物系统以习近平总书记的重要指示为根本指引，紧紧围绕贯彻落实党的十八届三中、四中、五中、六中全会精神和省委、省政府的决策部署，认真贯彻《文物保护法》，坚持文物工作方针，以高度的文化自信和文化自觉，科学推进各项工作，全面完成年度任务，各项工作取得新进展，在服务我省经济和社会发展等方面发挥了独有作用，为陕西进一步追赶超越做出了积极贡献。

### （一）文物资源调查工作成果显著

我省第一次国有可移动文物普查工作完美收官。经过三年的艰辛努力，在各市文物行政部门的大力配合下，全省共统计登录文物 298.69 万件（套），总件数达 680 多万件，处于全国领先地位，待国家文物局审核后将向社会公布。

精心实施专项文物资源调查。先后完成全省 4000 多处文物保护单位开放情况调查、341 处文物保护单位石窟寺及石刻类文物的健康评估调查，以及陕西古塔、秦蜀古道和涉及 10 处国保单位、27 处省保单位的儒家文化遗产基本情况调查。西安市、韩城市分别开展了教堂、古建筑普查的信息记录和草图绘制。

### （二）法规体系建设取得重大突破

我省文物工作法规制度体系不断充实完善。《陕西省石峁遗址保护条例》经省政府常务会讨论通过并提交省人大常委会审议，石峁遗址立法保护取得实质性突破。积极推动省政府出台《陕西省人民政府关于进一步加强文物工作的实施意见》，制定下发《关于推动全省文博单位文化创意产品开发的实施意见》、《关于加强全省文博专业人才队伍建设的实施意见》，编制完成《陕西省文物保护总体规划（2016-2030）》和独立的1046处《省级以上文物保护单位保护管理规划》，研究制定《陕西省文物局“追赶超越”实施方案》。

### （三）大遗址保护卓有成效

深入开展凤翔秦雍城、神木石峁、南郑龙岗寺、高陵杨官寨等10余处大遗址的考古勘探、发掘和研究。秦雍城血池遗址的重要发现，在社会和学界均引起强烈反响，入围中国社科院“2016年度六大考古新发现”。杨官寨遗址发现国内首次确认的大型庙底沟文化成人墓地。石峁遗址皇城台门址的考古发掘取得重要进展，获得中国社科院“2016年度六大考古新发现”和“2011～2015年度中国田野考古一等奖”。依托宝鸡周原遗址建成国内首座国际化考古研究机构——周原国际考古研究基地。

重点推动革命旧址和长城保护。2016年时值纪念红军长征胜利80周年和《长城保护条例》颁布10周年。全面完成672处革命旧址的保存管理情况调查，编制《陕西省长征遗迹保护总体规划》。实施鲁艺文化园区东、西山旧址保护维修工程，顺利完成照金陈家坡会议、延安县委县政府、陕甘宁边区政府、西安事变旧址新城黄楼等旧址的保护维修工程，实施明长城榆阳建安堡保护加固工程、明长城镇靖堡抢险加固工程。

积极提升文保工程质量。完成西安城墙部分马面海墁保护修缮工程。完成延川梁家河壁画保护修复项目移交工作。实施茂陵石刻廊房保护设施工程。明德门、茂陵、唐桥陵、汉阳陵等有关保护展示工程方案已经国家文物局批准。编制完成《唐代帝陵石刻扶正保护方案》并实施唐定陵、唐元陵、唐丰陵等石刻扶正保护工程。

### （四）博物馆公众服务能力大幅提升

博物馆数量不断提升。今年全省新增博物馆17家，博物馆总数达到270家，其中文物系统148家，国有行业博物馆50家，非国有博物馆72家。位居全国前列。宝鸡青铜器博物院和西安大唐西市博物馆2家入选国家一级博物馆，我省国家一级博物馆数量位列首都北京之后，居全国第二。全省平均14万人口拥有一座博物馆，远超全国平均水平。

博物馆体系逐步优化。省文化重点工程陕西考古博物馆建设取得实质性进展。地市博物馆建设步伐加快，渭南市博物馆正式开放，咸阳博物院7个区的主体建设已经完成，铜川市博物馆开工建设，杨凌中国农业历史博物馆完成初设审批和古邰国遗址公园项目的环境影响评价。凤县、子洲、山阳、宜君、孙思邈纪念馆等多家县级博物馆和专题馆建成对外开放，以国有博物馆为主体，非国有博物馆为补充，体制多元，门类丰富的博物馆体系已具规模。

展览主题精彩纷呈。全省各博物馆丰富展览内容，诠释文物内涵，举办各种展览638个。围绕纪念建党95周年和长征胜利80周年指导举办63个主题展览。省文物局与延安革命纪念地管理局联合主办的“伟大历史、英雄史诗—纪念中国工农红军长征胜利80周年展览”为国家文物局集中推介的10个主题展览项目之一。“黄帝文化追踪”、“秦与戎文化展”、 “陕西古长城、秦直道遗址保护特展”、“秦晋豫冀两周诸侯国青铜文化展”等大型展览引起热烈的社会反响。安康博物馆基本陈列获得全国博物馆十大陈列精品奖，我省连续九届获得该奖，彰显出我省市县级博物馆建设和展陈水的领先新水平。全年全省免费开放博物馆接待观众超过2500万人次，全省博物馆参观总数突破3650万人次。其中，秦始皇帝陵博物院全年接待观众598万人次，“十一”期间接待观众46.83万人次，再创历史新高，再次登上全球领先的旅游规划网猫途鹰（TripAdvisor）2016年“旅行者之选”全球最佳博物馆榜单前25位，并蝉联中国及亚洲第一。

### （五）科技支撑和人才培训全面加强

积极构建科技保护平台。成功召开省文物系统科技保护工作会议，与西安交通大学等8所高校签约组建业内第一个“陕西省文物保护科技创新联盟”。在国家文物局组织的“十二五”文物保护科学和技术创新奖评选中，我省获奖等级及数量均居全国第一，并在全国文物科技工作会议上经验介绍。陕西历史博物馆与西北工业大学“馆藏壁画保护修复与材料科学研究国家文物局重点科研基地”被批准为第六批国家文物局重点科研基地。至此，我省已有 5 家国家级重点科研基地，以及 1 个博士后流动站、1 个博士后创新基地，科研创新平台数量居全国第一。

悉心实施科技项目。继续推进国家科技部科技惠民项目——“博物馆公共安全管理与服务物联网技术集成应用示范”项目，组织实施智慧文博云平台系统研发工作。数字博物馆建设取得新进展，总数达到 140 座。数字博物馆口袋版新增 20 个，总数达到 25 个。开展陕北石窟数字化保护研究展示项目。启动我省珍贵文物 3D 建模项目，完成建模一级文物 366 件。开展文物科技鉴定项目，完成 300 余件青铜器文物样品的分析检测及数据采集。延安革命旧址、陕西历史博物馆等 10 家文博单位被国家文物局纳入“互联网 + 中华文明”行动项目。

### （六）博物馆社会教育与文创工作取得新成就

博物馆与国民教育深度融合。成立全国首家“陕西省博物馆教育联盟”，吸纳 101 所学校、45 家博物馆成为会员；开展进校园活动 36 场次、受众人数达 17000 余人；向全省 8122 所中小学 10.2 万个班级赠送《陕西历史文化遗产读本》28.4 万册。

聚焦扶贫发挥文物引领作用。召开扶贫工作专题会议，编制完成《扶贫攻坚“十三五”文物专项实施规划》。全年共支持 8 个地市的 18 个“国家扶贫开发工作重点县”文物保护项目 33 个，投入资金 2300 万元。汉阴凤堰古梯田移民生态博物馆、宜君旱作梯田农业生态博物馆两处博物馆成为陕西文物扶贫示范项目。《人民日报》头版刊登文章，介绍凤堰古梯田生态博物馆，大型纪录片《航拍中国》在汉阴凤堰古梯田和宜君哭泉旱作梯田取景，并在央视 9 套（纪录片频道）播出，我省推动文化遗产保护利用与扶贫攻坚融合发展的理念与做法得到广泛认可。

（陕西省文化厅 陕西省文物局）

## 陕西：第十一届中华人民共和国艺术节成功举办

自2013年2月8日省文化厅厅长办公会议提出我省申办第十一届中华人民共和国艺术节（以下简称十一艺节）以来，在文化部的大力支持下，在省委省政府坚强领导下，在全省各级各部门共同努力下，经过三年多的精心筹备，十一艺节于10月15日–31日在我省成功举办。我省筹备工作着力抓好艺术精品创作，大力提升群众文化工作水平，保障场馆建设进度，创新形式做好文化惠民和宣传工作，全省各市形成合力，各相关单位全力配合，营造了全省办节、全民参与的良好氛围，得到了社会各界的好评。

十一艺节是习近平总书记文艺工作座谈会讲话后举办的第一届国家级艺术节，是全国艺术界认真学习贯彻习近平总书记在文艺工作座谈会上的重要讲话精神，全面落实《中共中央关于繁荣发展社会主义文艺的意见》艺术创作成果的一次大展示，也是广大人民群众对艺术工作的一次大检阅。十一艺节以“艺术的盛会、人民的节日”为办节宗旨，坚持“精品、惠民、节俭、可持续”的办节原则，充分展示了全国文艺工作者扎根人民、书写时代、潜心创作、勇攀“高峰”的新气象和新风貌，确保了十一艺节的精彩圆满，体现了“搭好台、唱好戏、办好节”和“办一届永不落幕的艺术节”的办节要求，实现了“创作一批艺术精品，建设一批文化设施，培养一批优秀人才，形成一批文化品牌，建立一套良好机制”的目标任务。刘延东副总理、雒树刚部长对我省筹办工作给予了高度肯定，省文化厅获优秀组织工作奖。

十一艺节先后进行了第十五届文华奖、第十七届群星奖评奖，全国美术、书法篆刻、摄影展览，演艺产品交易活动，并举办第十一届全国优秀舞蹈节目展演十一艺节专场演出、中国民族器乐系列音乐会及文化惠民活动等，覆盖全省12个市，充分展示了近年来全国艺术创作的成果。57台文华大奖终评剧目涵盖了京昆、地方戏、话剧、儿童剧、歌剧、舞剧、音乐剧、杂技剧等多种艺术形式，全国31个省区市、新疆生产建设兵团和文化部中直院团均有剧目入选。群星奖参赛作品来自全国各地及部队、武警和工会系统，题材广泛，紧扣时代脉搏，群文特色突出。十一艺节首次将书法、篆刻、摄影作品纳入展览框架之中，与全国优秀舞蹈节目展演一起，进一步丰富了中国艺术节的品种类型。十一艺节举办的全国部分省区及港澳台地区10台优秀剧目参演、全省30台优秀剧目百场惠民展演、中国农民画精品展、全国百姓广场舞优秀作品展演等活动，使艺术节真正来到百姓身边、走到群众中去。艺术节期间，共有全国32个政府代表团以及数十个文化系统观摩团和港澳台表演团体参加、观摩艺术节，全国艺术家和群文工作者数万人赴陕西参与各项活动，近千名陕西高校大学生志愿者积极服务十一艺节，全省各地各项活动观众总计达1000万人次。

十一艺节是中央实行文艺评奖改革之后第一次评奖，首次增加了群众评委，设文华奖20个，其中文华大奖10个、文华表演奖10个，设群星奖4个门类共20个奖项。本届艺术节进一步加强纪律监督，首次设立监督委员会，由中央纪委驻文化部纪检组和各省（区、市）文化厅（局）纪检组（纪委）组成。筹备过程中，我省对场馆的新建改建工作坚持节俭务实、厉行节约的原则，不搞铺张浪费、不搞重复建设，共提供51个场馆保障艺术节各项活动顺利进行，实现了中国艺术节史上少有的场馆保障“零事故、零差错、零投诉”的目标。本届艺术节坚持惠民原则，票价最低20元，100元以下的低价票占到总票数的65%，同时还邀请老战士、农民工、环卫工人、留守儿童、场馆建设者等特殊群体免费观看演出，使老百姓实实在在享受到文化事业发展带来的实惠。按照“可持续”原则，我省于2016年12月正式启动精品剧目驻场演出，2月19日话剧《白鹿原》正式进驻西安人民剧院开始常态化驻场演出，其他优秀剧目也将陆续启动巡演及驻场演出，我们将努力使中国艺术节在陕西落地生根，真正成为人民满意的永不落幕的艺术节。

# 甘肃省 2016 年文化发展情况分析

2016 年是“十三五”开局之年，全省文化系统全面贯彻落实党的十八大和十八届三中、四中、五中、六中全会精神，深入学习贯彻习近平总书记系列重要讲话精神，扎实开展新理念新思想新战略学习宣传，按照省委、省政府决策部署，坚持围绕中心、服务大局，紧盯“七个紧紧围绕、七个着力推进”工作部署，靠实责任、狠抓落实，各项工作取得了明显成效。

## 一、2016 年全省文化发展总体情况

### （一）文化文物单位机构和人员基本情况

2016 年末，全省各类文化（文物）单位 5752 个，比上年末增加 318 个；从业人 47868 人，增加 30 人。其中，各级文化文物部门所属单位 2219 个，增加 9 个；从业人员 26291 人，增加 150 人。

图1　2006年-2016年甘肃省文化单位机构数及从业人员数

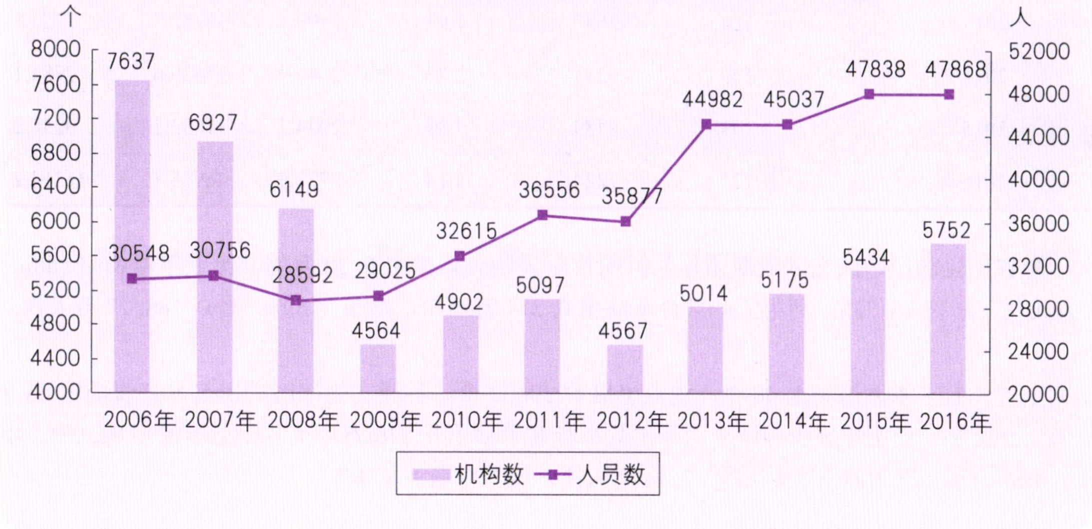


### （二）艺术创作演出

2016 年，我省在艺术创作上转变观念，面向全国征集舞台剧本 176 个，形成了我省舞台艺术剧本库。修排了 2016 版舞剧《丝路花雨》，在首届丝绸之路（敦煌）国际文化博览会开幕式上演出广受好评；创作了秦腔《八月十五月儿圆》、话剧《小吉普・变变变》等剧目，移植创作大型现代反腐倡廉题材陇剧《全家福》。话剧《天下第一桥》入围第十一届中国艺术节参评文华大奖，主角朱衡荣获文华表演奖。组织开展了“舞台精品惠百姓演出年”、“送戏下乡共筑中国梦”、“纪念建党 95 周年”和“纪念红军长征胜利 80 周年”等文艺演出活动。歌剧《貂蝉》、陇剧《官鹅情歌》、话剧《天下第一桥》、儿童剧《木偶奇遇记》

及大型音乐会《甘声肃韵》《陇上行》等分别在国家大剧院、西安、乌鲁木齐、兰州等地演出。

年末全省共有艺术表演团体 227 个，比上年末增加 36 个，从业人员 7224 人，增加 485 人。其中各级文化部门所属的艺术表演团体 66 个，占艺术表演团体总数的 29.07%，从业人员 3571 人，占从业人员总数的 49.43%。

全年全省艺术表演团体中，原创首演剧目 31 个，拥有知识产权剧目 17 个，全年演出 3.14 万场，比上年增长 35.56%，其中赴农村演出 2.27 万场，增长 37.58%，赴农村演出场次占总演出场次的 72.29%，比重比上年增加 0.89 个百分点；国内观众 2774.92 万人次，比去年增加 36.41%，其中农村观众 1394.49 万人次，比上年减少 4.56%；总收入 4.69 亿，比上年增长 12.2%，其中演出收入 1.17 亿元，增长 27.17%。

**表 1　2007 年 –2016 年全国艺术表演团体基本情况**

| 年　份 | 机构数（个） | 从业人员数（人） | 演出场次（万场） | 国内演出观众人次（万人次） | 总收入（万元） | |
|---|---|---|---|---|---|---|
| | | | | | | 演出收入 |
| 2007 年 | 77 | 4197 | 1.55 | 2256.4 | 12891.8 | 2021.7 |
| 2008 年 | 82 | 4401 | 1.54 | 2394.9 | 16979.2 | 2290.5 |
| 2009 年 | 81 | 4450 | 1.61 | 2043.2 | 19702.6 | 2707.2 |
| 2010 年 | 81 | 4421 | 1.65 | 2267.7 | 20200.6 | 4025.8 |
| 2011 年 | 84 | 4398 | 1.65 | 2019.8 | 25698.1 | 4808.3 |
| 2012 年 | 103 | 4788 | 1.97 | 1908.9 | 26860.2 | 5954.4 |
| 2013 年 | 124 | 5647 | 1.93 | 2190.1 | 38252.8 | 5727.8 |
| 2014 年 | 190 | 6211 | 2.23 | 2149.9 | 37430.6 | 7784.1 |
| 2015 年 | 191 | 6739 | 2.31 | 2034.2 | 41832.2 | 9258.2 |
| 2016 年 | 227 | 7224 | 3.14 | 2772.9 | 46945.1 | 11714.2 |

全年全省文化部门所属艺术表演团体共组织政府采购公益演出 0.32 万场，比上年增长 16.55%；观众 301.4 万人次，增长 16.23%。利用流动舞台车演出 0.214 万场次，增长 2.39%；观众 188.77 万人次，减少 18.31%。

年末全省共有艺术表演场馆 48 个，观众坐席数 20602 个。各级文化部门所属艺术表演场馆 23 个，观众坐席数 12922 个，比上年减少 304 个；全年共举行艺术演出 0.246 万场次，比上年增加 84.96%，其中惠民演出 0.046 万场；艺术演出观众人次 37.44 万人次，比上年增加 1.46%。

### （三）公共文化服务体系建设

2016 年，我省印发实施了《关于推进基层综合性文化服务中心实施方案》《甘肃省“十三五”公共文化服务体系建设规划》。扎实开展文化志愿服务活动，对招募的基层文化志愿者进行了培训。开展了 2016 年公共图书馆阅读推广活动，举办了甘肃省第三届图书馆学情报学学术成果评奖，评选出学术成果奖 37 项。遴选优秀作品、团组、选手参加各类节会赛事，1 个作品进入第十七届群星奖决赛并现场展演，组团参加“第十八届中国老年合唱艺术节”并获奖。

先后两次召开“乡村舞台”建设推进会，启动实施了全省城市街道、社区综合文化服务中心建设。全省各级共投入资金 10 亿多元，完成了 3500 个“乡村舞台”（其中建成精准扶贫精准脱贫贫困村　“乡村舞台”3000个）、302个未达标乡镇综合文化站达标建设、56个城市街道和523个城市社区综合文化服务中心建设任务。

1. 公共图书馆

年末全省共有公共图书馆103个，其中少儿图书馆6个。公共图书馆从业人员1450人，比上年增加7人。其中具有高级职称的人员94人，占从业人员总数的6.48%；具有中级职称的人员358人，占从业人员总数的24.69%。

年末全省公共图书馆实际使用房屋建筑面积26.76万平方米，比上年末增长23%；图书总藏量1393.95万册，增长4.06%，其中古籍52.08万册；电子图书243.03万册，增长25.01%；阅览室座席数20158个，增加6.81%；计算机0.51万台，增长4.08%；供读者使用的电子阅览终端0.33万台，增长6.45%。

图2 2006年-2016年全省公共图书馆人均资源情况

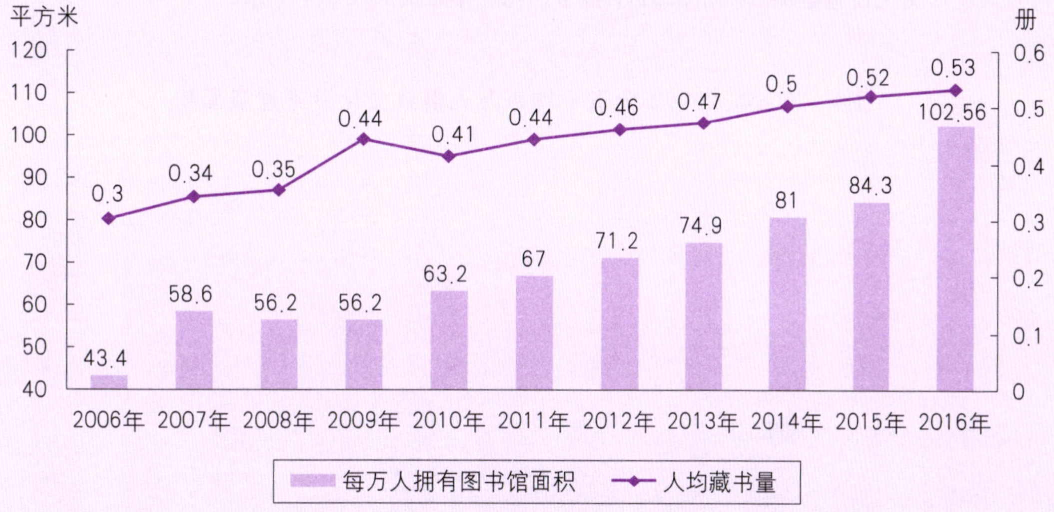


图3 2006年-2016年全省公共图书馆总流通人次及书刊外借册次

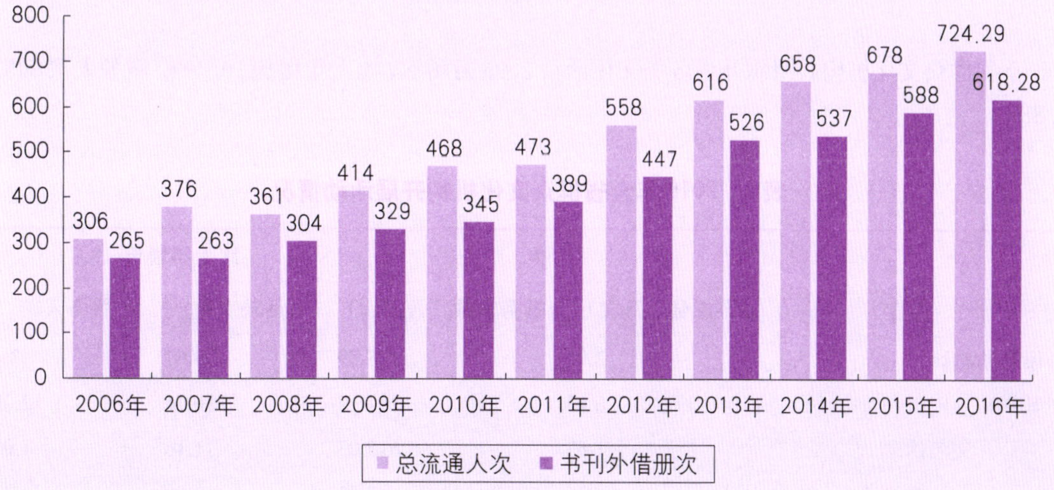


年末全省平均每万人公共图书馆建筑面积102.56平方米，比上年末增加18.28平方米；全省人均图书

藏量 0.53 册，增加 0.01 册；全年全省人均购书费 1 元，比上年增加 0.08 元。

全年全省公共图书馆发放借书证 35.97 万个，比上年增长 14.37%；总流通人次 724.29 万，增长 6.81%。书刊文献外借册次 618.82 万，增长 5.16%；外借人次 352.61 万，增长 2.53%。全年共为读者举办各类讲座 1118 次，参加人次 22.02 万人；举办展览 387 次，参加人次 50.67 万人；举办培训班 376 次，参加人次 2.92 万人次。

2. 群众文化机构

年末全省共有群众文化机构 1458 个，比上年末增加 3 个。其中各级文化馆 103 个，乡镇综合文化站 1229 个，城市社区文化站 126 个。年末全省群众文化机构从业人员 6342 人，比上年末减少 58 人。其中具有高级职称的人员 128 人，占 2.02%；具有中级职称的人员 442 人，占 6.97%。

年末全省群众文化机构实际使用房屋建筑面积 74.09 万平方米，比上年末增长 2.12%；藏书 454 万册，增长 4.97%；计算机 10617 台，增长 6.05%；对公众开放的阅览室面积 3.22 万平方米，增长 8.05%。年末全省平均每万人群众文化设施建筑面积 283.91 平方米，比上年末提高 4.8 平方米。

图4 2006年-2016年全省平均每万人群众文化设施建筑面积

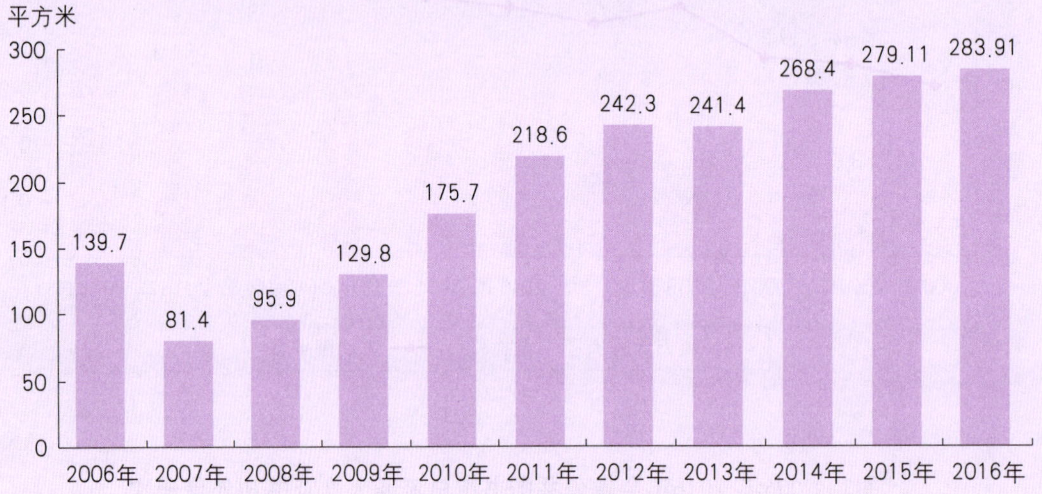


全年全省群众文化机构共组织开展各类文化活动 2.95 万场次，比上年增加 10.49%；服务人次 945.89 万，增长 2.88%。

**表 2 2016 年全省群众文化机构开展活动情况**

| | 总量 | | 比上年增长（%） | |
|---|---|---|---|---|
| | 活动次数（万次） | 服务人数（万人次） | 活动次数 | 服务人次 |
| **各项活动总计** | **2.95** | **945.89** | **9.67** | **2.8** |
| 其中：展览 | 0.43 | 257.17 | 10.26 | 12.30 |
| 文艺活动 | 1.63 | 615.03 | 11.16 | -1.03 |
| 公益性讲座 | 0.036 | 7.33 | -10.00 | 6.23 |
| 训练班 | 0.84 | 66.35 | 10.07 | 7.96 |

年末全省群众文化机构共有馆办文艺团体 203 个，演出 3018 场，观众 154.95 万人次。由文化馆（站）指导的群众业余文艺团体 9674 个，参加人数 16.35 万人，馆办老年大学 20 个。

3. 美术馆

年末全省共有国有美术馆 51 个，从业人员 322 人，增加 2 人，具有高级职称人员 54 人，占从业人员总数的 16.77%，中级职称人员 84 人，占从业人员总数 26.09%。藏品 1.97 万件，其中文物藏品 877 件。全年共举办展览 644 次，比上年增加 24.32%，参观人次 120.43 万人次，减少 18.97%。

## （四）文化市场

进一步落实和完善“放管服”政策措施，对演出、娱乐、网络文化市场准入政策进行大幅度调整，新增市场主体 1082 家。全省 1286 家上网服务场所完成了转型升级，占全省上网服务营业场所总数的 66%。加大文化市场巡查、执法力度，扎实开展专项整治行动，全年出动执法人员 17.6 万人次，检查经营单位 7.6 万家次，责令整改 2402 家次，警告 969 家次，受理举报 336 件，责令停业整顿 119 家，吊销许可证 5 家。

年末全省文化市场经营单位 3503 家，比上年末增加 309 家；从业人员 2.06 万人。全年全省文化市场经营单位营业总收入 16.82 亿元，营业利润 -4.01 亿元。

分区域看，年末城市文化市场经营单位 1076 个，占文化市场经营单位总量的 30.69%；县城 1946 个，占 55.5%；县以下地区 481 个，占 13.72%。

**表 3　2016 年按区域全省文化市场经营单位主要指标**

| | | 机构数（个） | 从业人员数（人） | 营业总收入（万元） | 营业利润（万元） |
|---|---|---|---|---|---|
| 总量 | 总计 | **3503** | **20648** | **168210** | **-40101** |
| | 城市 | 1076 | 7500 | 88551 | -70010 |
| | 县城 | 1946 | 11651 | 67489 | 24993 |
| | 县以下 | 481 | 1497 | 12170 | 4916 |
| 比重（%） | 总计 | **100.0** | **100.0** | **100.0** | **100.0** |
| | 城市 | 30.69 | 36.32 | 52.64 | 1.74 |
| | 县城 | 55.50 | 56.43 | 40.12 | -62.33 |
| | 县以下 | 13.72 | 7.25 | 7.24 | -12.26 |

年末全省共有娱乐场所 1327 个，从业人员 0.88 万人，全年营业总收入 7.05 亿元，营业利润 2.17 亿元。

年末全省共有互联网上网服务营业场所 1556 个，从业人员 0.55 万人，全年营业总收入 5.12 亿元，营业利润 1.87 亿元。

年末演出经纪构 48 个，全年营业总收入 1.31 亿元，营业利润 -8.73 亿元。

## （五）文化产业与文化科技

通过推荐申报，2016 年，我省 5 个文化产业重大项目和 15 个院团改革项目获 1890 万元中央文化产业专项资金支持，兰州市列入全国首批城乡居民扩大文化消费试点城市，南特科技数码动漫作品《敦煌传奇》入选文化部动漫品牌建设和保护计划项目产品类名单。加快实施“互联网 +”、“双创”项目，敦煌研究院、省博物馆被确定为全国文创产品开发试点单位。扎实推进藏羌彝文化产业走廊建设，甘南夏河创意文化产业园全面完工并投入使用，临夏砖雕文化产业基地建设形成规模，陇南文县氐羌和白马藏族文化旅游园已对游人开放。2016年，省文化厅监控的全省服务业规模以上企业增加到了21家，同比增长31%，营业收入2.21亿元，较上年增长68.6%。

年末全省共有2个国家级文化产业示范园区和6个国家文化产业示范基地，5个省级文化产业示范园区，8个省级文化产业示范基地。从业人员1805人，其中具有技术研发岗位人员72人。利润总额5319万元，获得国家级文化奖项21项，辖区内单位企业数量146个。

2016年，全省共有9家国家认定的动漫企业，从业人员284人，主营业收入4564万元，研发经费594.5万元，营业利润711.9万元，本单位拥有自主知识产权525个，其中自主知识产权动漫软件32个，原创漫画作品26部，原创动画作品51部。

### （六）文化遗产保护

全省“历史再现”工程博物馆总数达490个，市、县（区）国有博物馆实现了全覆盖。全省第一次可移动文物普查工作基本完成，共采集登录41.7万件（套）文物数据。“互联网+中华文明”行动初显成效，“数字敦煌”资源库上线运行。《敦煌莫高窟风沙灾害预防性保护体系构建与示范》《中国古代车舆价值挖掘及复原研究》获得全国“十二五”文物保护科学和技术创新奖。

全省共有文物机构319个，比上年末增加3个。其中，文物保护管理机构60个，占18.81%，博物馆152个，占47.65%。年末全省文物机构从业人员6867人，比上年末增加12人。其中高级职称214人，占从业人员总数的3.12%，中级职称516人，占7.51%。

图5　2006年-2016年全省文物机构及从业人员情况

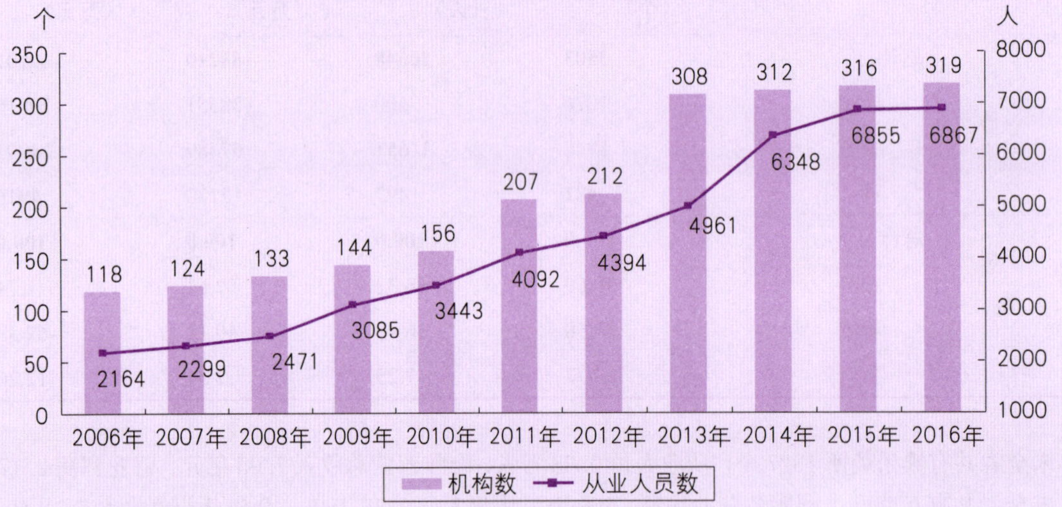


年末全省文物机构拥有文物藏品573857件，比上年末减少36038件，减少5.9%。其中，文物科研机构文物藏品27042件，占文物总藏量的4.71%；博物馆文物藏品522853件，占文物藏品总量的91.11%；文物商店文物藏品20984件，占3.64%。文物藏品中，一级文物4751件，占0.83%；二级文物12922件，占2.25%；三级文物106613件，占18.58%。年末全省不可移动文物共有16895处，其中全国重点文物保护单位131处。

全年全省文物机构共安排基本陈列357个，举办临时展览361个，接待观众2876.94万人次，比上年增长6.57%。其中未成年人729.74万人次，增长4.59%，占参观总人数的25.37%。博物馆接待观众2317.25万人次，增长5.77%，占文物机构接待观众80.55%。

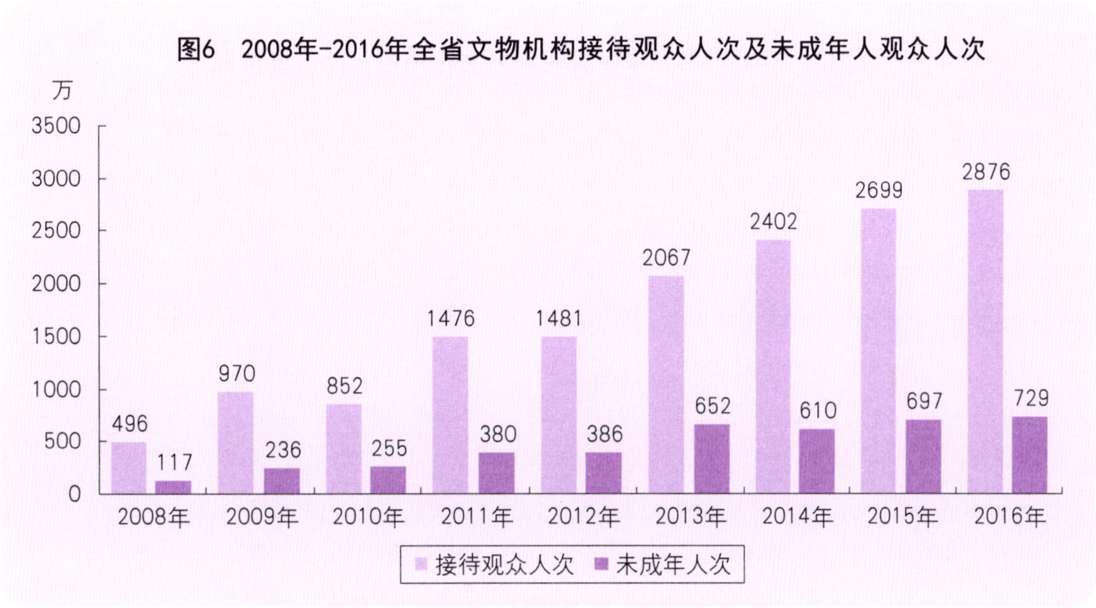


2016年，积极争取中央财政国家级非遗保护专项资金，扎实开展非遗传承人群研修培训，实施国家级代表性传承人抢救性记录工程等。组织唐卡、洮砚等多个项目传承人参加了第四届中国非物质文化遗产博览会，39种、78本全省非遗保护学术出版物进行了展示；组织香包、唢呐艺术、环县皮影等多个非遗项目和传承人参加了首届敦煌文博会。

年末全省共有非物质文化遗产保护机构128个，从业人员841人。全年全省非物质文化遗产保护机构共举办展览829次，比上年增长18.43%，接待观众88.72万人次，比上年减少14.11%；举办演出1811场，比上年增长12.14%，观众147.72万人次，比去年减少7.55%；举办民俗活动611次，比上年增加13.15%，观众122.5万人次，比上年减少25.96%；举办传承人培训班225次，比上年增加70.45%，培训人数1.33万人次，比上年增长77.42%。

### （七）对外和对港澳台文化交流

2016年，组派艺术团组分别赴印度、不丹、埃及等国参加文化部"欢乐春节"访演，举办了"春节大庙会"、"丝路书艺——阿拉伯文书法展"和"第九届国际心灵音乐节"等演展活动。舞剧《丝路花雨》赴新加坡、香港、台湾进行交流演出，在美国、俄罗斯、印度等国家和地区举办"敦煌石窟寺——中国丝绸之路上的佛教艺术展"、"数字敦煌成果展"、"大秦文化特展"及相关学术交流活动。在"走出去"的同时，加大"请进来"工作力度，邀请斯里兰卡美术家采风团、埃及摄影家采风团、中东欧16国作曲家采风团等国外团组来甘开展交流，邀请丝路沿线8个国家200多名艺术家和文化界人士参加了第四届兰州国际鼓文化艺术周暨第五届兰州国际民间艺术周。

全年全省组团的对外文化交流项目共54起，参与交流人员412人，演出展览天数1951天，演出展览22场（次），观众人数3.3万人次。

### （八）文化资金投入

2016年，中央财政通过继续实施"三馆一站"免费开放、非物质文化遗产保护、公共数字文化建设、"三区人才"文化工作者专项经费，共落实中央补助地方专项资金2.71亿元，比上年增加26.05%。

图7 2011年-2016年中央对地方文化项目补助资金情况

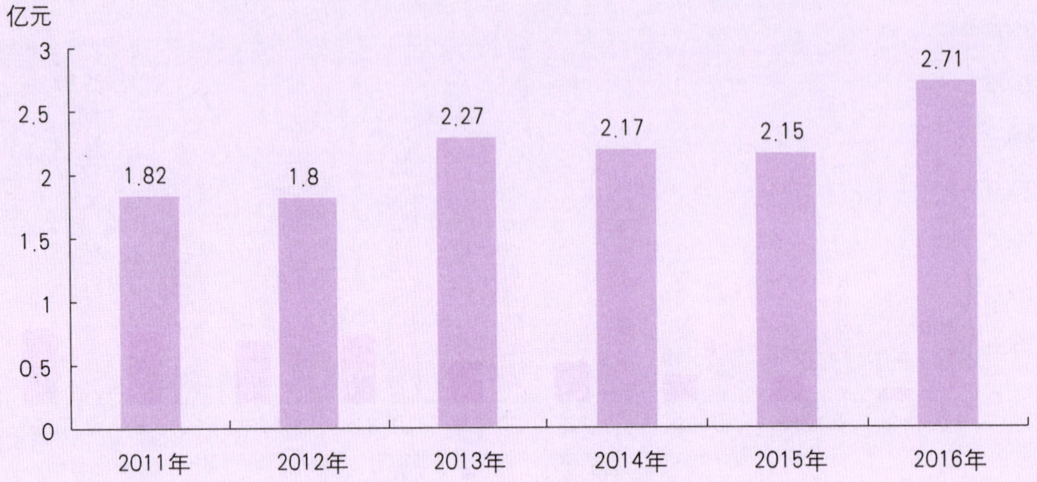


2015 年全省文化事业费占财政支出比重是 0.38，比上年下降 0.06 点。

全年全省文化文物事业费 29.95 亿元，比上年增加 6.49 亿元，增长 27.66%；全省人均文化事业费 54.86 元，比上年增加 11.08 元，增长 25.31%。

图8 全省文化事业费占财政总支出比重

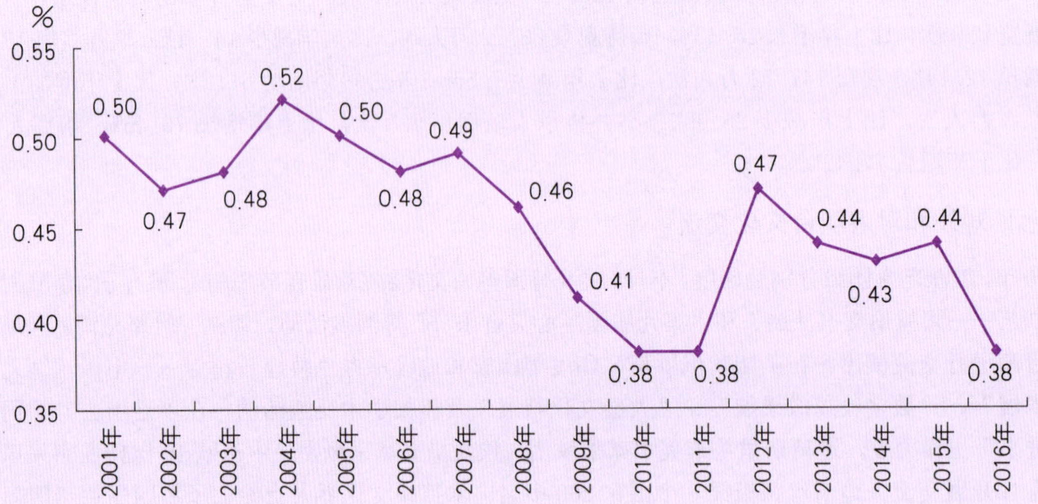


2016 年全省文化事业费 14.32 亿元，比去年增加 2.94 亿元，增加 25.83%；全省文物事业费 15. 63 亿元，比上年增加 3.55 亿元，增长 29.39%。

据省财政厅 2016 年全省财政预算执行情况和 2017 年全省及省级财政预算草案的报告（摘要）提供的数据，2016 年全省财政预算支出中，文化体育传媒经费 63.4 亿元，占财政预算支出的 2.01%。

图9　2006年-2016年全省人均文化事业费及增速情况

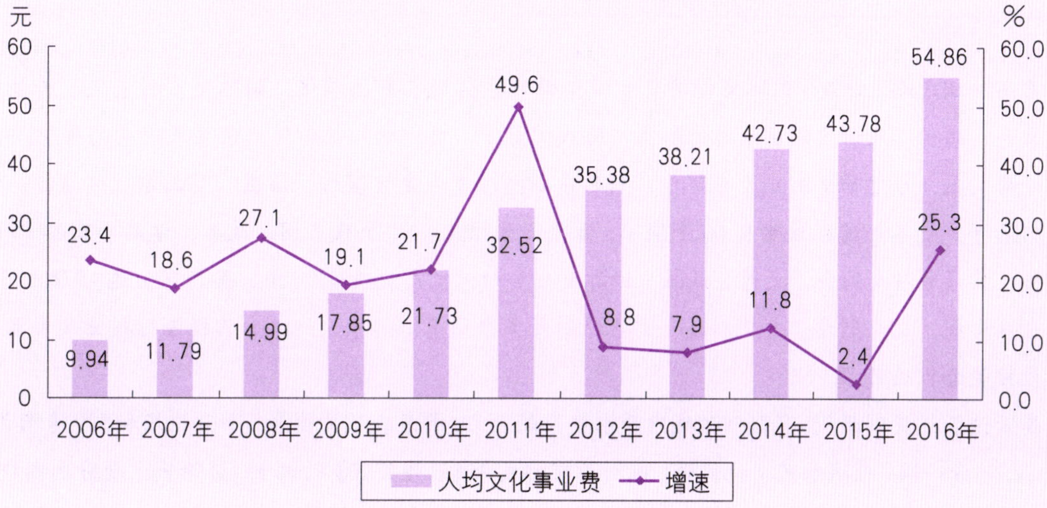


## 二、甘肃文化在发展中存在的问题

2016 年，我省文化工作虽然取得了比较好的成效，迈上了新的台阶，但我们也深深感受到，工作中还存在一些薄弱环节和发展的短板。经认真梳理归纳，主要在以下五个方面有差距：一是华夏文明传承创新区建设文化系统承担的任务在创新突破方面有差距；二是文化部为甘肃量身打造的政策在落地见效上有差距；三是在推进文化创意设计、谋划“文化 +”的手段和举措上有差距；四是在推进文化体制改革，特别是省直转企院团遗留问题的解决上有差距；五是在文化人才培养的力度上有差距。对这些差距和问题，需要我们在今年和今后一段时间里认真研究，采取有效措施加以解决。

## 三、2017 年甘肃文化重点工作展望

2017 年是实施“十三五”规划、决胜全面小康的重要一年，是供给侧结构性改革的深化之年，全省文化工作的总体思路是：全面贯彻党的十八大和十八届三中、四中、五中、六中全会精神，深入学习贯彻习近平总书记系列重要讲话精神和治国理政新理念新思想新战略，适应和把握经济发展新常态，抢抓全省文化发展有利契机，切实增强文化自信，传承弘扬社会正能量，围绕“1224”工作思路（即：围绕一个中心，充分发挥两大平台重要作用，努力构建完善两个体系，着力推进四项工作），改革创新、攻坚克难，推动全省文化工作全面发展，为促进全省经济平稳健康发展、社会和谐稳定、建设幸福美好新甘肃提供强大精神动力和有力文化支撑，以优异成绩迎接党的十九大和省第十三次党代会胜利召开。

（甘肃省文化厅）

## 甘肃：首届敦煌文博会成功举办

首届丝绸之路（敦煌）国际文化博览会举世瞩目。这场具有高端化、国际化、特色化、专业化的文化盛会，向世界展示了绚丽甘肃的形象，给我们留下了美好的回忆和对未来发展前景的展望。

开幕式上，习近平总书记发来贺信，刘延东副总理发表主旨演讲，法国、尼泊尔、阿富汗、柬埔寨、摩洛哥、日本等国家政要及85个国家、5个国际组织、95个代表团，政界、学界、商界1500多人参加了首届敦煌文博会。文博会期间，甘肃省共签约文化产业项目89个，签约资金达1078亿余元。项目包括影视、文化创意、文化科技、文化旅游等多个门类。其中，战略合作框架性投资项目6个，实质性投资合作项目82个。

高峰论坛设置创新，具有引领领域内学术水准的能力。首届敦煌文博会5个分论坛和5个专项论坛，覆盖了"一带一路"领域相关文化议题，推动了重要成果《敦煌宣言》的诞生；分论坛主题分别围绕"和平合作、开放包容、互学互鉴、互利共赢"的丝路精神设立；由地方政府、相关部门和有关专业学会举办的5个专项论坛，分别围绕陆上丝绸之路的历史、今天和未来，丝绸之路文化遗产保护与传承，优秀传统文化资源数字化等议题进行了探讨。

文化年展紧扣主题，是一次具有高端化、国际化、特色化、专业化的文化盛会。首届敦煌文博会文化年展征集借展的展品约8000余件（包括甘肃省展品），涉及到国内外31家送展单位（企业），涵盖了61个国家和国内15个省区市，分中国展区、国际展区、甘肃展区、专题展区4个展区，33个专题进行了布展，总陈展面积达3.6万平方米。涵盖了历史文物、美术摄影、创意设计、动漫制作、非遗保护、图书发行、丝织印染、瓷器烧制以及我国航空航天技术成果等十余种品类。

文艺展演精彩纷呈，为参会嘉宾呈现了一场美轮美奂的文化盛宴。文博会期间包括《丝路花雨》、《相约敦煌》在内的13台中外优秀剧目集中亮相，数量之多在甘肃历史上是少有的。13台演出既有舞剧、杂技剧、实景演出，又有音乐会、综艺晚会、时装和马戏表演，内容丰富、门类齐全，国内演员总数达到了1200多人。7月15日到10月15日期间，由省直文化单位、各市州宣传部及文化部门组织的88台地方优秀剧目，也在14个市州进行了展演，为文博会营造了祥和喜庆的文化氛围。

"国之交在于民相亲，民相亲在于心相通。文化的对话、交流与合作，是不同国家、不同民族的人民之间促进了解、增进友谊的基础。"如《敦煌宣言》所预见的，"深化人文交流，共建'一带一路'，必将为推动各国共同发展、人类社会进步、维护世界和平作出重大贡献。"也将在"一带一路"建设过程中，尤其是在推动丝路沿线民心相通方面扮演关键角色、发挥不可或缺的作用。

# 青海省2016年文化发展情况分析

2016年，青海文化以党的十八届历次全会和省委十二届历次全会精神为指导，深入学习贯彻习近平总书记系列重要讲话及视察青海时的重要讲话精神，深入开展“两学一做”学习教育，全力以赴推动“四个扎扎实实”，文化工作取得了显著成效，为全省国民经济和社会发展营造了良好的社会环境。

## 一、机构和人员情况

2016年末，全省纳入统计范围的文化部门机构共有689个，较上年同期减少1个，从业人员4719人，较上年同期增加170人，增长3.74%（机构、人员均不包括文化市场经营机构）。文化机构较上年减少1个，主要是艺术表演场馆减少，从业人员较上年增加133人，表明通过实施边远贫困地区、边疆民族地区和革命老区人才支持计划，为青海贫困、民族地区培养了文化领域急需的民族民间舞、声乐、器乐、美术、社火、音响和摄影人才，充分发挥了政府主导作用，为促进实现基本公共服务均等化目标、推动区域协调发展提供了人才支持和智力服务。全省已基本形成覆盖城乡、农牧区的公共文化服务网络体系，各项文化事业发展稳中有升，呈现繁荣发展的良好趋势。

表1　2015年—2016年机构、人员情况

| | 机构数（个） | | 从业人员数（人） | |
|---|---|---|---|---|
| | 2015年 | 2016年 | 2015年 | 2016年 |
| 总　计 | 690 | 689 | 4549 | 4719 |
| 一、文化合计 | 582 | 581 | 3895 | 4028 |
| 公有制艺术表演团体 | 30 | 30 | 1003 | 1000 |
| 公有制艺术表演场馆 | 16 | 15 | 86 | 60 |
| 公共图书馆 | 49 | 49 | 411 | 425 |
| 文化馆 | 55 | 55 | 727 | 668 |
| 文化站 | 359 | 359 | 470 | 489 |
| 其中：乡镇综合文化站 | 359 | 359 | 470 | 489 |
| 艺术教育业 | 1 | 1 | 96 | 93 |
| 文化科研机构 | 1 | 1 | 15 | 17 |
| 文化行政主管部门 | 55 | 55 | 703 | 700 |
| 其他文化机构 | 16 | 16 | 384 | 576 |
| 二、文物合计 | 108 | 108 | 654 | 691 |
| 博物馆 | 23 | 23 | 262 | 281 |
| 文物保护管理机构 | 29 | 29 | 49 | 65 |
| 文物科研机构 | 1 | 1 | 48 | 44 |
| 文物商店 | 1 | 1 | 8 | 10 |
| 其他文物机构 | 54 | 54 | 287 | 291 |

文化、文物各行业具体分布如上图所示：艺术表演团体 30 个，从业人员 1000 人（其中：艺术表演团体事业单位 11 家，从业人员 467 人）；艺术表演场馆 15 个、从业人员 60 人；公共图书馆 49 个、机构数与上年持平，从业人员 425 人、人员较上年同期增加 14 人；群众艺术馆、文化馆 55 个、机构数与上年持平，从业人员 668 人；乡镇综合文化站 359 个、机构数较上年持平，从业人员 489 人、人员较上年同期增加 19 人。

## 二、文艺创作演出情况

2016 年，本团原创首演剧目 27 个，较上年增加 8 个；共演出 1.75 万场，较上年增加 0.75 万场，增加 75%，说明文艺创作能力在逐年提高，演出活动有了较大的增加；创作剧目儿童杂技剧《精灵战队》、歌舞《花漫四季》、秦腔《尕布龙》、藏戏《松赞干布》、歌舞剧《音画玉树》、《彩虹儿女》演出受到广泛欢迎。京剧《七个月零四天》、舞剧《唐卡》、平弦戏《魂系金银滩》、小戏曲《土乡趣事》、安多藏戏培训项目入选 2016 年度国家艺术基金资助项目。《松赞干布》《彩虹儿女》分别荣获第五届少数民族文艺会演剧目金奖和最佳编剧奖。

全省各专业艺术院团积极开展送戏下乡活动，各专业艺术表演团体共演出 1.75 万场，观众人次 731.88 万人次，其中送戏下乡、下基层 0.92 万场，农村观众人数达 283.89 万人次。

**表 2　艺术表演主要业务活动情况**

| 指　　标 | 单位 | 2015 年 | 2016 年 | 增减值 | 增减（比例） |
|---|---|---|---|---|---|
| 一、艺术表演团体 | 个 | 159 | 174 | 15 | 9.43 |
| 本团原首演剧目 | 个 | 19 | 27 | 8 | 42.11 |
| 演出场次 | 万场 | 1.001 | 1.752 | 0.751 | 75.02 |
| 其中：国内演出场次 | 万场 | 0.929 | 1.701 | 0.772 | 83.1 |
| 其中：农村演出场次 | 万场 | 0.591 | 0.916 | 0.325 | 54.99 |
| 国内观众人次 | 万人次 | 899.546 | 731.867 | -167.679 | -18.64 |
| 其中：农村观众人次 | 万人次 | 621.349 | 283.893 | -337.456 | -54.31 |
| 二、艺术表演场馆 | 个 | 47 | 59 | 12 | 25.53 |
| 坐席数 | 个 | 22422 | 26172 | 3750 | 16.72 |
| 演（映）出场次 | 万场 | 0.61 | 0.842 | 0.232 | 38.03 |
| 观众人次 | 万人次 | 175.854 | 205.788 | 29.934 | 17.02 |
| 其中：艺术演出场次 | 万场 | 0.129 | 0.26 | 0.131 | 101.55 |
| 观众人次 | 万人次 | 21.006 | 31.254 | 10.248 | 48.79 |

## 三、公共文化服务情况

2016 年全年投入公共文化建设资金 4.4 亿元，省文化馆、图书馆（二期）全面建成并开馆运营。投入 1.24 亿元，建成 151 个基层综合性文化服务中心，实现了建一处文化中心，方便一方群众，凝聚一村人心，活跃一片文化生活的目标。投资 1.46 亿元，实施了州级 8 个图书馆、博物馆、文化馆建设项目。完成藏区 9 个县级“两馆”和 118 个村级文化活动室续建项目。全国藏文图书批销中心及省新华发行集团仓储配送中心开工建设，完成投资 0.3 亿元。落实“十三五”全国文化信息资源共享工程汉藏文化交流项目。西宁市被授予“国家公共文化服务体系示范区”。“文化进村入户”工程、农（牧）家书屋、寺庙书屋、卫星数字书屋等文化惠民工程取得实效。“不忘初心，以文化人”、春雨工程、文艺汇演巡演、全民阅读活动等系列文化活动丰富多彩。中央电视台《新闻联播》《人民日报》《中国新闻出版广电报》《文化报》及有关网络媒体对“书香青海·书屋照亮乡村”活动进行报道。

### （一）公共图书馆业发展情况

2016 年，图书总藏量 451 万册件，较上年增长了 3.4%，外借册次 81 万册件，较上年下降 10.99%，主要是省图书馆（二期）建设期间闭馆，表明全省图书公共服务资源主要集中在省级，服务人口在西宁地区较为集中。实施了州级图书馆、文化馆建设项目，更新补充全省 4169 个行政村“农（牧）家书屋”图书，探索新建藏区卫星数字“农（牧）家书屋”试点，为贫困地区州、县级公共图书馆、文化馆配发流动图书车、文化车，方便基层服务广大农村社区，实施藏区县级图书馆建设改造项目及藏区行政村文化活动室建设项目，农牧区书报刊、音像制品发行网点建设进一步加强。

**表 3　2011—2016 年度公共图书馆主要指标**

单位：个、人、万册件、米、个、千册次、次

| 项目/年份 | 机构数 | 从业人员 | 总藏量 | 当年新购藏量 | 书架单层总长度 | 累计发放有效借书证 | 外借册次 | 举办的各类培训班 |
|---|---|---|---|---|---|---|---|---|
| 2011 年 | 49 | 406 | 368 | 4.38 | 84017 | 125852 | 426 | 168 |
| 2012 年 | 49 | 394 | 380 | 7.63 | 84397 | 134560 | 447 | 178 |
| 2013 年 | 49 | 393 | 379 | 17.19 | 87480 | 105806 | 889 | 179 |
| 2014 年 | 49 | 370 | 394 | 18.12 | 77549 | 122632 | 105 | 157 |
| 2015 年 | 49 | 411 | 414 | 19.08 | 75912 | 133899 | 91 | 149 |
| 2016 年 | 49 | 425 | 451 | 16.43 | 85458 | 140020 | 81 | 142 |

### （二）群众文化业发展情况

2016 年，全省群众文化事业单位总收入 2.09 亿元，组织文艺活动 5451 场次，服务群众惠及 399.84 万人次。其中：县市级文化馆组织文艺活动 2127 场次，文化服务群众惠及 156.8 万人次；乡镇综合文化站组织文艺活动 2700 次，文化服务群众惠及 66.96 万人次，以上数据表明县市级文化活动服务能力较强，乡镇基层文化服务覆盖面较广，全省公共文化服务能力进一步得到提升。

2016 年与广西、海南、山东、陕西、河南、湖北、天津、厦门等 8 省市合作开展“春雨工程”文化志愿者青海行活动；与中国交响乐团、中国煤炭文工团合作开展“大地情深”国家艺术院团志愿服务走基层活动。在我省西宁、海西、海北、海南、玉树等市州举办了文艺演出、摄影展览、艺术讲座等不同形式的群众文化活动。

积极融入“一带一路”建设，组织举办青海首届丝路花儿艺术节。艺术节由开幕式大型广场文艺演出、花儿风情诗《阿哥的白牡丹》演出、第十三届西北五省区花儿演唱会、青海电视台花儿大擂台、民间花儿会系列演唱活动、青海花儿大家唱、青海国际水与生命音乐之旅演唱会、花儿艺术论坛等板块组成，充分展示了青海花儿独特魅力，进一步提升了我省“花儿”艺术影响力。

## 四、文化产业与科技情况

2016年，召开全省文化产业促进大会，出台《关于加快发展文化产业的意见》，制定了《文化产业项目申报评审管理细则》、《青海省文化产业发展专项引导资金项目绩效评价办法》（代拟稿）、《文化节庆会展参展参会组织实施工作方案（试行）》，建立了青海省文化产业专家库，制定了《青海省文化产业专家库管理暂行办法》，为持续推进文化产业发展夯实基础。全省12个项目获得中央专项资金2190万元。“十三五”规划的25个重点项目已有19个开工建设，完成投资25亿元。积极组团参加国内文化展会，产品销售额近400万元，订货金额超过千万元。会同省委宣传部、省财政厅在浙江杭州举办文化产业经营管理人员培训班，培训80人，首次在省外办班，效果明显。选派47名文化产业行政管理人员、企业负责人参加文化部举办的各类培训班、研修班，开阔了眼界，增长了见识，提升了能力，有效的提高了从业人员的理论业务能力。

## 五、文化市场整治和“扫黄打非”情况

2016年，出台《青海省关于进一步深化文化市场综合执法改革的实施意见》，文化市场综合执法改革步伐加快。不断强化文化市场监管，部署开展了“两节”“两会”文化市场治理等八个专项治理行动，全年共出动文化市场综合执法人员4.7万人（次），检查文化市场经营单位2.9万家（次），查处违法违规经营单位300家（次）。全省上网服务场所转型升级成效显著，全省已有162家上网服务场所实现了转型升级，升级率达到31.6%，通过转型升级实现了场所的“敞亮、开放、整洁”。推进文化市场技术监管与服务平台建设，完成全省7个市（州）本级和25个县（区）的平台上线工作，市（州）级、县（区）级上线率分别达到88%和54%。

紧紧围绕封堵打击涉藏、涉疆等政治性非法出版物、反宣品及有害信息等重点，扎实开展“固边”“清源”“净网”“秋风”“护苗”五大专项行动，查缴各类非法出版物及宣传品共5.6万件，删除各类网络有害信息2.2万条、处理违规经营单位62家、取缔游商摊点78个。不断加大案件查办力度，查办“扫黄打非”案件27起，处理违法犯罪人员241名。充分利用“4•21”侵权盗版及非法出版物集中销毁、“绿书签行动”“扫黄打非”知识进校园等活动发放宣传材料1万余份。积极配合西藏、新疆“扫黄打非”办公室认真做好“珠峰工程”“天山工程”的联防协作。深入开展打击侵犯知识产权和制售假冒伪劣商品专项整治行动，加强版权执法监管工作，严厉打击各类侵权盗版行为，版权保护、管理能力不断增强，版权社会服务水平逐步提升。

## 六、文化遗产传承保护

2016年，文物保护利用成效显著，争取国家专项补助资金3.04亿元，省级专项补助资金0.2亿元。《青海省文物事业发展“十三五”规划》印发实施。喇家国家考古遗址公园建设按照《青海喇家国家考古遗址公园年度建设工作任务及进度安排》稳步推进。省博物馆以馆舍基础建设及配套设施建设，展陈创新设计，馆藏资源共享，文创产品开发等为重点的提升改造前期工作进展顺利。“丝绸之路”申遗名录拓展，“唐蕃古道”、“茶马古道”申遗前期工作取得进展。文物“四有”工作、文物安全执法扎实有效。“非遗”保护工作争取中央保护资金1933万元，省级保护资金400万元。16个国家级非遗项目和热贡、格萨尔（果洛）文化生态保护实验区建设获得资金支持。格萨尔（果洛）文化生态保护实验区总规获批，果洛格萨尔童声合唱艺术团赴京汇报演出得到文化部肯定，藏族文化（玉树）申报国家级文化生态保护实验区工作进展顺利。省级德都蒙古（海西）、土族文化（互助）文化生态保护实验区已批准设立。启动了“青海文化记忆”工程、国家级代表性传承人抢救性记录工程。

## 七、对外文化交流情况

2016年，积极创新“部省合作”项目，实施“欢乐春节”项目，不断推进青海对外文化交流工作，积极融入“一带一路”国家战略，扩大“大美青海”影响力。

在乌兰巴托举办了“大美青海”图片展、“大美青海”专场演出、唐卡艺术精品展、德都蒙古族图书展、青海特色民族民间手工艺品展、青海传统手工技艺培训等文化交流活动。在来访项目中，安排学员们多走多看，并亲身体验青海的民俗、饮食文化和民族歌舞。通过进企业、进广场、进商场，与艺术家开展座谈交流等方式，先后赴海北州、海西州参观、赴互助故土园体验婚俗，品尝青稞酒，参观青海文化产业大厦、工艺美术厂、青海省图书馆、博物馆、藏文化博物院等企业和文化设施。“蒙古艺术家赴华采风创作”团组赴省演艺集团、省艺校与艺术家、艺术教育工作者召开座谈并现场观摩了我省极富少数民族特色的歌舞表演。艺术家们以歌舞的形式架起了蒙古国和青海艺术交流的桥梁，更是为增进两国人民间的友谊添砖加瓦。

“2016欢乐春节暨庆祝中国与尼日利亚建交45周年”演出活动受到好评。青海歌舞团在尼日利亚进行了5天的访问演出，共演出3场。先后在尼日利亚首都阿布贾、尼日利亚中国文化中心，以及在尼的中资企业开展演出、慰问活动。中国驻尼使馆部分馆员、尼中国文化中心，尼政府官员、议员、各界友好人士、华侨华人等近1000人观看了演出，并对演员们精彩的表演给予了相当高的赞誉。

## 八、文化改革和建设

2016年，完成2项年度销号改革任务、8项具体任务。《青海省出版物市场管理条例》正式实施。依法规范行政职权，5次清理行政审批事项。完成《青海省非物质文化遗产保护办法》立法调研。积极开展了依法行政建设法治政府示范创建活动。完成行业行政执法人员资格清理工作。

培训全省各级各类文化人才5000余人次。文化部在我省举办全国“三区”人才支持计划文化工作者专项实施能力建设培训班，对我省工作给予充分肯定和高度评价。深入开展“两学一做”学习教育，强化“四个意识”，创新开展“一抓二建三创”活动。建立健全各项规章制度。推动机关效能建设常态落实，深入推进精神文明创建。

**表4　2016年青海省文化部门经费收支情况**

| | 收　入（亿元） | 占总收入比重（%） | 上年收入（亿元） | 与上年比较 | |
|---|---|---|---|---|---|
| | | | | 绝对值 | 增长率（%） |
| 总收入 | 16.72 | 100.00 | 13.99 | 2.73 | 19.51 |
| 其中：财政补贴收入 | 11.09 | 66.33 | 8.29 | 2.80 | 33.78 |
| 上级补助收入 | 0.32 | 2.89 | | | |
| 事业收入 | 0.28 | 1.67 | 0.33 | 0.01 | 3.03 |
| 经营收入 | 0.00 | 0.01 | 0.06 | -0.06 | |
| 其他收入 | 5.03 | 30.08 | 5.31 | -0.28 | -5.27 |
| | 支　出（亿元） | 占总收入比重（%） | 上年支出（亿元） | 与上年比较 | |
| | | | | 绝对值 | 增长率（%） |
| 总支出 | 13.77 | 100.00 | 13.57 | 0.20 | 1.47 |
| 其中：基本支出 | 5.29 | 38.42 | 5.86 | -0.57 | -9.73 |
| 项目支出 | 7.55 | 54.83 | 7.27 | 0.28 | 3.85 |
| 经营支出 | 0.02 | 0.15 | 0.02 | 0.00 | 0.00 |
| 费用中：工资福利支出 | 2.77 | 20.12 | 2.40 | 0.37 | 15.42 |

## 九、文化事业费投入

2016年，文化事业投入实现新增长，全年共争取各类专项资金10.5亿元，其中中央6.7亿元，省级3.8亿元，为文化建设提供了有力的资金支撑。

2016年文化部门所属文化部门机构总收入16.72亿元，总支出13.77亿元，分别比上年增长19.51%和1.47%，具体情况如下表所示：

如上图所示：财政拨款占总收入的66.33%，表明全省文化事业特别是公益文化事业单位的发展主要依靠各级政府的投入；事业收入基本保持稳定，表明文化工作在适应市场发展规律、积极开拓市场方面取得了一定的成绩。在总支出中，基本支出占总支出的38.42%，较上年小幅下降；项目支出占总支出的54.83%，较上年小幅上升，主要是省级“三馆”、城南文化产业集聚区、文化“进村入户”工程、基层综合性文化中心建设等项目的实施；人员工资福利支出占总支出的20.12%，全省人均文化事业费达到132.22元，全国排名第4位，排名与上年持平，人均费用增长了18.98%，表明全省文化工作财政投入较上年有了一定的提升，为文化从业人员服务人民群众日益提高的文化需要及全省文化发展与繁荣打下了坚实的物质基础。

（青海省文化和新闻出版厅）

## 青海：公共文化服务体系建设取得新进展

扎实推进基层综合性文化服务中心试点建设。按照《青海省关于推进基层综合性文化服务中心建设的实施意见》，结合我省实际，省财政共投入资金 11,319 万元，在海东、西宁市确定 139 个村，六州藏区确定 12 个村，共计 151 个村开展了基层综合性文化服务中心试点建设工作。各试点建设村按照“十个一”建设标准（一个文化活动室、一个文体活动广场、一座乡村小舞台、一个书屋、一个广播室、一个宣传栏、一套文化器材、一套体育器材、一名文化管理员、一支文体活动团队），广泛征求乡镇政府、村“两委”和群众的意见建议，坚决防止“一刀切”，依托每个建设村现有的村级服务设施，按照“缺啥补啥”的原则，突出因地制宜，强化资源整合，重点将基层政权、美丽乡村、整体搬迁、公共卫生、宣传文化、体育广电等各类惠民建设项目统筹整合，打包捆绑，集中发力，整体推进，共建共享，得到了基层群众的认可和欢迎，调动了基层群众开展文化活动的热情，实现了建一处文化中心，方便一方群众，凝聚一村人心，活跃一片文化生活的目标。

认真开展西宁市公共文化服务体系示范区创建工作。按照文化部关于公共文化服务体系建设示范区创建标准，在西宁市扎实开展了示范区创建工作。从示范区创建规划的制定、文化基础设施的建设、制度课题的设计研究等各个环节，精心部署、狠抓落实，取得了较好成果。2016 年 4 月份，文化部验收组对西宁市开展第二批国家公共文化服务体系示范区进行了实地验收，深入西宁市群艺馆，城西区文化艺术中心，湟中县文化馆、图书馆、乡镇文化站等公共文化场所，实地查看了西宁市各级公共文化设施建设、公共文化服务、群众文化活动开展等实际情况。通过听取汇报、审阅资料、深入基层、实地查看等方式，对我省西宁市创建国家公共文化服务体系示范区工作进行了实地检查验收。10 月 26 日，被文化部、财政部授予“国家公共文化服务体系示范区”。

# 宁夏回族自治区 2016 年文化发展情况分析

## 一、基本情况

### （一）经费投入现状

1. 文化事业费投入逐年增加。近年来，各级财政继续加大对宁夏文化事业的经费投入，财政拨款逐年增加，但在全国排名仍靠后。

表 1 文化事业费投入情况

| 指标 | 单位 | 2010 年度 | | 2015 年度 | | 2016 年度 | |
|---|---|---|---|---|---|---|---|
| | | 数值 | 全国排名 | 数值 | 全国排名 | 数值 | 全国排名 |
| 文化事业费 | 亿元 | 2.45 | 30 | 5.86 | 29 | 6.77 | 31 |
| 人均文化事业费 | 元 | 38.85 | 8 | 87.76 | 8 | 100.28 | 7 |

从全区五市文化事业费投入的绝对量来看，银川市、吴忠市居前，分别达到 2.03 亿元、0.92 亿元；从投入增速来看，银川市、固原市居前，分别比上年增长 55.8%、52.5%；但石嘴山市、中卫市呈负增长。

2. 项目建设投资稳步推进。2016 年全区文化文物基本建设项目共 33 个，计划总投资 16.8 亿元，建筑面积 31.35 万平米；本年完成投资 5.49 亿元，竣工项目 12 个，竣工面积 1.83 万平米，新增固定资产 0.49 亿元。

图1 全区文化机构从业人员情况

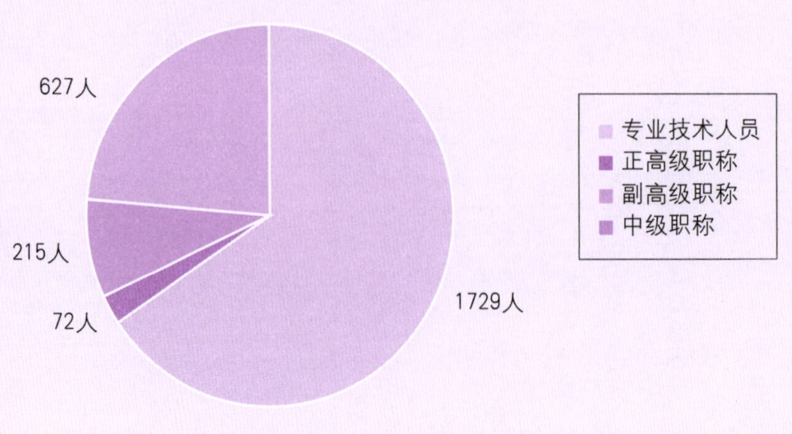

### （二）机构、人员现状

全区各级文化行政事业单位机构共 357 个，从业人员 3876 个，文化站机构数较上年增加 4 个。专业技术人才队伍中，正高级、副高级、中级职称人员分别比上年增加 4.3%、6.4%、6.5%，专业人员素质不断提高。

## 二、文化事业发展情况

2016 年，宁夏文化事业稳步推进，呈现出文艺精品创作演出异彩纷呈、公共文化服务体系日趋完善、文化产业发展加快发展、文化遗产保护传承不断加强、对外文化交流异常活跃的良好局面。

### （一）公共服务能力不断增强

我区全力推进公共文化服务体系建设，开展了宁夏美术馆建设前期工作，完成宁夏图书馆改造提升工程，有序推进固原市文化馆、图书馆、丝路文化展览馆建设，建成大武口区图书馆、文化馆和 8 个标准化乡镇文化站，扶持了 150 个村示范文化室、文化大院、民间文艺团队；公共文化场馆服务群众 68 万人次以上，送戏下乡演出 1876 场，广场文化演出 1752 场，城乡群众文化活动丰富多彩。石嘴山市被国家公共文化服务体系示范区（项目）创建工作领导小组验收评审位列西部地区十三个创建城市第二名。

**表 2　全区群众文化活动场所发展情况**

| 指　标 | 单位 | 2010 年 | | 2015 年 | | 2016 年 | |
|---|---|---|---|---|---|---|---|
| | | 数值 | 全国排名 | 数值 | 全国排名 | 数值 | 全国排名 |
| 平均每万人拥有公共图书馆建筑面积 | 平方米 | 133.92 | 2 | 158.83 | 4 | 183.06 | 2 |
| 人均拥有公共图书馆藏量 | 册 | 0.73 | 4 | 1.06 | 5 | 1.02 | 5 |
| 人均购书费 | 元 | 0.8 | 9 | 2.03 | 7 | 1.58 | 9 |
| 平均每万人拥有群众文化设施建筑面积 | 平方米 | 188.86 | 13 | 391.66 | 6 | 427.74 | 6 |
| 人均群众文化业务活动专项经费 | 元 | 0.77 | 13 | 4.69 | 12 | 7.02 | 6 |

**图2　全区2013年-2016年公共图书馆发展情况**

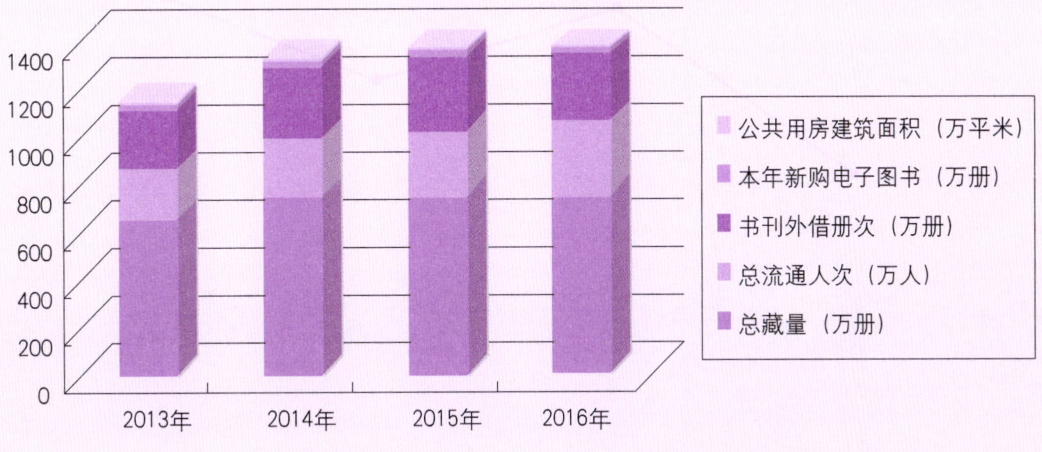

### （二）艺术事业及对外文化交流蓬勃发展

1. 艺术创作方面。2016 年全区共原创首演剧目 6 个，创排了舞剧《西夏轶事》等 5 部剧目；复排了秦腔《卧虎令》等 2 部剧目。举办了庆祝建党 95 周年、纪念红军长征胜利 80 周年系列主题创作展览展示活动，实施了“中国梦・宁夏情”主题美术创作项目，与中国国家画院签订了合作创作美术作品协议。我区 18 个项目入选国家艺术基金 2016 年度资助名单，获资助资金 1568 万元，立项数量和扶持资金为历年新高。

2. 院团演出方面。全区各院团共演出 0.53 万场，国内观众 359.92 万人次。其中农村演出 0.2 万场，观众 157.18 万人次；政府采购公益演出 0.17 万场，观众 114.9 万人次。

3. 文艺人才方面。全区艺术表演团体专业技术人才队伍逐步壮大，较上年增加 33.3%。其中正高级、副高级、中级职称人员分别比上年增加 7.%、25%、6.6%。宁夏演艺集团柳萍、李小雄分获第 26 届上海白玉兰戏剧表演艺术奖主角奖和主角提名奖。

4. 对外文化交流方面。2016 年全区对外文化交流演出（展览）场次较上年增加 30 场，增长 27.3%；观众（参观）人次较上年增加 1.3 万人次，增长 8.1%。实施与莫斯科中国文化中心年度合作项目，宁夏组团赴莫斯科举办“东方神韵・魅力宁夏”文艺表演、“远古记忆”宁夏岩画特展、“东方神韵”宁夏美术作品展、“丝路意匠”中国宁夏非遗作品展等 5 项活动，并承接文化中心合作伙伴、奖学之旅等 3 个莫斯科文化中心团组来宁访问交流，促进了中俄文明交流互鉴。

### （三）文物事业全面健康发展

全力推进西夏陵申遗和丝绸之路宁夏（固原）段申遗扩展项目，登录可移动文物普查文物信息 6.9 万件 / 套，开展长城保护立法调研，建立长城保护员制度，启动长城梁段、姚滩段等长城段落保护工程。完成贺兰山岩画抢救加固保护工程、固原古城加固修缮工程（一期）；开展鸽子山遗址考古发掘、须弥山石窟调查测绘工作。引进和推出特色展览 12 个。启动国家级非遗代表性传承人技艺抢救性记录工作。组织我区非遗项目参加了宁夏在外交部举办的首场省区市全球推介活动，成为推介活动的亮点和关注的焦点。

2016 年文物业总收入（不含项目）合计 3.78 亿元、支出 2.35 亿元，分别比上年增长 38.69%、2.9%。文物保护资金支持项目 43 个，项目总预算 7.15 亿元，比上年增长 96.83%。文物维修项目中国保单位占 79.1%，区级及市、县（区）保护单位维修项目少。

图3　全区2013年-2016年文物事业费投入情况

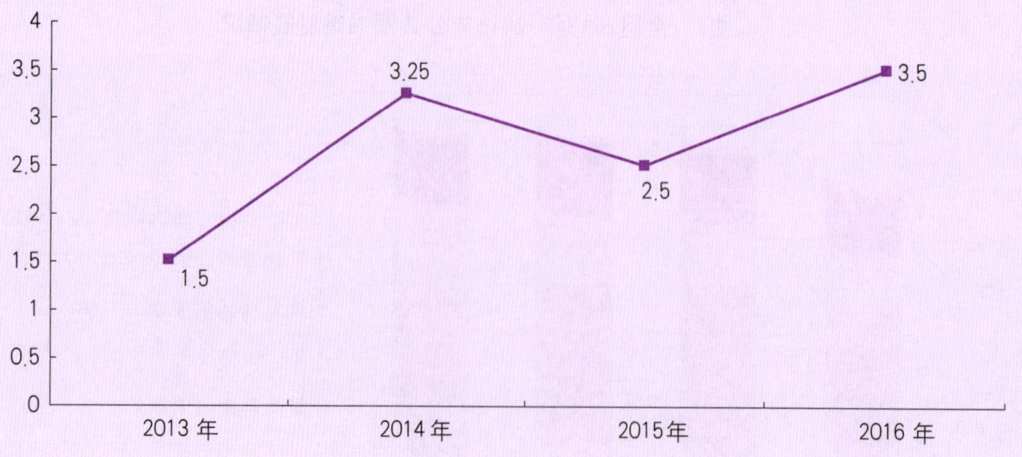

截止 2016 年年底，文物藏品数总数 75362 件 / 套，一级品 367 件 / 套，二级品 3756 件 / 套，三级品 6962 件 / 套。新增藏品 5557 件 / 套，其中征集文物藏品 4081 件 / 套，共修复文物 233 件 / 套。

### （四）文化产业加快发展

编制《“十三五”宁夏文化产业发展规划》，建立了文化产业重点项目库。推进园区建设，中阿文化园完成 2016 年节点工作，吴忠中阿文化创意园电商文化基地建成投入使用；推动海原县与上海牡丹缘航空服务有限公司合作成立宁夏牡丹缘非遗文化公司，与江苏苏州刺绣研究院合作挂牌成立“苏绣研究所结对帮扶海原回绣基地”。壮大文化产业主体，争取文化部支持，将沙湖景区演出等 10 个项目列入国家金融合作扶持项目，确定宁夏银川黄金珠宝产业园有限公司等 5 家出口文化企业为文化部重点扶持企业，801 文化创意产业园等 4 个项目获得中央文产资金支持；支持宁夏盛天彩数字科技有限公司成立宁夏文化创意产品研发中心，引入创意企业成立东道•宁创品牌创意创新中心，促进文化创新成果产品化、品牌化、产业化。推进文化与旅游融合，组织创排《千寻宁夏》《西夏盛典》《梦回•一千零一夜》等旅游演艺剧目。推动新兴文化产业发展，承办了文化部原创动漫推广计划展会，成功举办 2016 中国•宁夏“锦绣杯”国际标准舞（文化）艺术节、首届中阿动漫节，扶持发展动漫游戏、软件开发、文化创意、网络传媒等新兴产业。积极组织文化企业参加了首届丝绸之路（敦煌）文博会、深圳文博会、西安文博会、厦门文博会等国家层面展会。银川市入选首批国家文化消费试点城市。

### （五）文化市场管理有序开展

全区共出动执法人员 10254 人次，检查经营单位 9230 家次，受理群众举报 78 件，立案调查 136 件，结案 97 件，移交案件 16 件，警告 196 家次，责令改正 252 家次，责令停业整顿 34 家次，罚款金额 42 万元，取缔非法出版物经营单位 18 家，收缴非法出版物 7000 余册（张）。

## 三、存在问题

2016 年，宁夏文化工作在文化部、国家文物局的支持下，在自治区党委、政府的领导下，取得了一些可喜的成绩，但也存在着一些短板，急需逐步加强改进，主要表现在以下几个方面：

### （一）基层公共文化设施建设仍存在短板

基层公共文化设施建设相对滞后，部分基层文化设施老化不达标，农民文化大院、农村文艺团队设备器材短缺；面向基层的优秀公共文化产品种类和数量较少，服务质量参差不齐；公益性文化事业投入仍不足，虽然文化事业费投入逐年增加，但投入比重仍低于全国平均水平，2016 年文化事业投入在全国排名第 31 位，比上年排名下降 2 位。

### （二）文艺精品创作存在短板

文艺精品创作投入不足，在全国处于较低水平；全区专业文艺院团偏少，能够创作优秀作品的院团数量更少；文艺精品较少，反映现实题材的优秀作品不多；标志性的文化符号和文化形象还不鲜明，具有全国影响力的文化流派和文化群体还不突出；艺术传播手段相对单一，优秀作品在国内外知名度还不高。

### （三）文化产业发展存在短板

文化企业规模普遍偏小、水平不高，“小、散、弱”的问题相对突出，规模以上文化企业只有 98 家，文化产业占 GDP 的比重比较小，低于全国平均水平；文化产品科技含量相对较低，产业链条短，种类单一，市场竞争力不强；文化产业融合度低，新兴文化产业比重偏小，还没有形成在国内外有影响的大型文化企业集团。我区文化产业发展专项资金仅有 1500 万元，与我区文化产业发展的目标任务不相匹配。

### （四）优秀传统文化传承存在短板

对“四大文化”研究挖掘深度不够，让文物“活起来”的办法不多；文物保护基础相对薄弱，专业人才匮乏，文物保护管理能力水平有待提高；田野文物盗掘事件尚未得到有效遏制，文物违法犯罪时有发生，防范能力亟待加强；文物保护经费相对不足，正常文物养护、巡查经费短缺。

（宁夏回族自治区文化厅）

## 宁夏："四下放""三取消""一便利"助力民间投资投入文化领域

近年来，文化厅按照国务院和自治区政府关于简政放权、放管结合、优化服务的部署要求，加大简政放权力度，实现了文化市场领域的"四下放"、"三取消"、"一便利"，有力推动了文化领域民间投资。"四下放"：2013 年将"营业性演出内容核准"下放至县级人民政府文化行政主管部门；将"博物馆处理不够入藏标准、无保存价值的文物或标本审批"下放到设区的市和县级人民政府文化行政主管部门；2014 年将"设立互联网上网服务营业场所的许可"下放至设区的市级人民政府文化行政主管部门；2015 年将"游艺娱乐场所设立审批"事项下放至县级人民政府文化主管部门。"三取消"：取消"民办博物馆设立"非行政许可事项；取消网吧、游艺娱乐场所设立的总量控制，降低最低营业面积和设置机器数量；取消设立经营性互联网文化单位最低注册资本 100 万元，从事网络游戏经营活动最低注册资本 1000 万元的限制，放宽市场准入。"一便利"：落实工商注册制度便利化，将"设立互联网上网服务营业场所经营单位审批"、"设立内资文艺表演团体审批"等 8 个审批事项由前置审批改为后置审批，实行"先照后证"，让投资主体更加便利地进入市场。2013 年以来，全区各类文化企业共举办营业性演出 200 场次，各地新增互联网上网服务营业场所经营单位 235 家、游艺娱乐场所 20 家。

# 新疆维吾尔自治区 2016 年文化发展情况分析

2016年在自治区党委、政府的正确领导下，全区文化系统深入贯彻落实党的十八大和十八届三中、四中、五中、六中全会精神，深入学习贯彻习近平总书记系列重要讲话精神，全面贯彻落实自治区党委、政府决策部署，聚焦总目标，用总目标统领各项文化工作，面对文化改革发展新形势新任务，紧紧抓住打造丝绸之路经济带核心区文化中心的历史机遇，推动文化建设迈出了新步伐，取得了新成效。

## 一、新疆行政区划、人口增减变化分析

新疆总人口 2398 万人，辖有 14 个地州市（包括 5 个自治州、5 个地区、4 个地级市）、92 个县市（其中 6 个民族自治县、7 个县级直辖市）、867 个乡镇（其中民族乡 42 个），较“十二五”初期人口数 2181 万，增加 179 万人，增幅 8.2%。

## 二、新疆文化文物事业基本情况分析

### （一）公共文化服务网络日益健全

截止 2016 年底，我区已建成各级公共图书馆 107 个、文化馆 119 个、文化站 1170 个（其中乡镇文化站 1020 个、街道文化站 150 个）、各类艺术表演团体 131 个（含非公有制企业）、艺术展览创作机构 55 个（美术馆 53 个），南疆喀什、和田、克州三地 4151 个行政村（社区）文化室覆盖建成，其他地州通过自筹建设、资源整合等方式有效推进村级（社区）文化室建设，区、地、县、乡、村五级公共文化服务网络基本建成。

**表 1　三年期间新疆文化机构发展变化分析表**

| 名称 / 年度 | 2014 年 | 2015 年 | 2016 年 |
|---|---|---|---|
| 图书馆 | 107 | 107 | 107 |
| 文化馆 | 117 | 118 | 119 |
| 文化站 | 1147 | 1168 | 1170 |
| 艺术表演团体（含企业） | 138 | 132 | 131 |
| 艺术展览创作机构（含美术馆） | 42 | 50 | 55 |

2014-2016 年期间，新疆各级公共图书馆没有增加，文化馆由 117 个增加至 119 个；文化站由 1147 个增加至 1170 个；艺术展览创作机构（含美术馆）由 42 个增加至 55 个，增幅 30.95%，覆盖我区 106 个地州、县市的 51.8%。在美术馆免费开放经费的保障机制下，其馆藏能力、布展服务、展陈能力、服务保障能力等

各方面均实现大幅提升。

### （二）文化、文物经费稳定可持续

2016年度全疆文化部门经费收入30.8亿元，其中：财政补贴收入17.5亿元（含基建拨款）、事业收入0.17亿元、上级补助收入0.49亿元、其他收入12.49亿元，文化事业费16.56亿元、人均文化事业费69.04元。对比“十二五”初期，文化部门经费收入较2010年度的 11.2亿元增加了19.6亿元，增幅175%；文化事业费较2010年的7.12亿元增加了9.44亿元，增幅132.5%；人均文化事业费较2010年的32元增加了37.04元，增幅116%。对比“十二五”中期，文化部门经费较2013年度22.3亿元增加了8.5亿元，增幅38.12%；文化事业费较2013年的13.9亿元增加了2.66亿元，增幅19.1%；人均文化事业费较2013年的61.43元增加了7.61元，增幅12.4%。

2016年度全疆文物部门经费收入5.62亿元，其中：财政补贴收入4.35亿元（含基建拨款）、事业收入0.05亿元、上级补助收入0.36亿元、其他收入0.86亿元，文物事业费4.2亿元、人均文物事业费17.51元。对比“十二五”初期，文物部门经费投入较2010年度的 3.69亿元增加了1.93亿元，增幅52.3%；文物事业费较2010年的2.41亿元增加了1.79亿元，增幅74.3%；人均文物事业费较2010年的11.05元增加了6.46元，增幅58.5%。对比“十二五”中期，文物部门经费较2013年度8.74亿元减少了3.12亿元，减幅35.7%；文物事业费较2013年的6.57亿元减少了2.37亿元，减幅36%；人均文物事业费较2013年的29.55元减少了12.04元，减幅40.7%。

### （三）文化经费构成分析

从2016年文化部门经费构成分项来看，艺术业经费7.35亿元占总经费的24%、图书馆经费3.12亿元占10.1%，群众文化经费5.09亿元占16.5%，艺术创作展览机构经费0.27亿元占0.9%，其他文化经费48.5%。

艺术业2016年经费7.35亿元与2015年的7.42亿元基本保持不变稍有减少，主要是由于自治区财政政府购买演出、“四个一批”文化惠民活动专项补助的延续，自治区财政面对一般公共预算收入2.4%负增长经济下行压力下，依然努力保障其稳步可持续；图书馆2016年经费3.12亿元较2015年2.42亿元增加0.7亿元，群众文化投入2016年经费5.09亿元较2015年5.21亿元减少0.12亿元。公共图书馆、群众文化经费分别出现增减变化但其综合保障经费依然保持稳定，源于新疆“访惠聚”驻村工作长效开展，文化工作重心向基层倾斜。

### （四）定向培养、定向培训，助力新疆文化人才储备

自2010年中宣部、教育部、财政部启动新疆文化艺术人才定向就业培养和定向培训计划以来，新疆已经先后五批输送各类文化人才到中央音乐学院、上海戏剧学院等20多所高校进行培养、培训。通过“十二五”

**表2　三年期间新疆文化领域从业人员发展分析（含文物、文化市场）**

| | 2014年度 | 2015年度 | 2016年度 |
|---|---|---|---|
| 从业人员数（人） | 32263 | 33599 | 34531 |
| 专业技术人才（人） | 7786 | 7813 | 8081 |
| 正高职称（人） | 150 | 154 | 170 |
| 副高职称（人） | 693 | 748 | 764 |
| 中级职称（人） | 2002 | 2134 | 2207 |

期间的贯彻实施，人才培养和培训进入到收获成果的阶段，前三批次学员已参与到工作实践中，将逐步缓解文化队伍人才短缺、水平不高、青黄不接的局面，极大地促进新疆文化事业的发展。

## 三、文化服务能力统计分析

### （一）艺术创作生产繁荣发展

全区艺术创作推出了歌舞剧《情暖天山》、大型音舞诗画《木卡姆印象》、大型情景歌舞晚会《驻村故事》等一批优秀作品，小品、器乐、木卡姆演唱大赛及戏曲普查等紧扣社会稳定和长治久安的总目标，把“四个一批”文化惠民活动打造为名片、品牌，切实将丰富群众文化生活与“去极端化”同步深入推进。

### （二）公共文化服务体系建设取得新突破

2016 年，自治区出台《关于加快构建现代公共文化服务体系的实施意见》《关于推进基层综合性文化服务中心建设的实施意见》等政策文件，推动公共文化服务体系和运行机制的进一步完善；文化阵地建设扎实推进，新疆艺术中心、自治区图书馆改扩建，地州市级公共文化设施（“三馆”），县市级基层综合性文化服务中心等项目建设启动实施。贫困村文化室、城市街道社区文化活动中心、公共文化数字提档升级等专项设备配置有序。“四馆一站”免费开放提质增效，服务各族群众近 2000 万人次，“流动博物馆”开展基层巡展 500 余场，参观群众达 150 余万人次。群众文化活动丰富多彩，举办了自治区“群星耀天山”戏剧、曲艺大赛，“书香新疆 全民阅读”，农民画巡展等群众文化活动，全年举办“百日广场文化活动竞赛”“乡村百日文体活动竞赛”2.7 万余场次，参与群众 200 余万人次。积极对接开展“春雨工程”全国文化志愿者边疆行活动，促进了各民族交往交流交融。

### （三）文化市场安全有序

严格依法行政，强化涉外营业性演出审批，全年共准予设立互联网文化经营单位 23 家、演出经纪机构 26 家，审批涉外及港澳台营业性演出 107 件；推进上网服务行业转型升级，修订完善了自治区游艺娱乐场所管理规定，推进其法治化建设。通过文化市场技术监管与服务平台实现业务审批率 100%。全疆互联网监管平台升级工作全面完成，实现了对网吧终端的实时监控。

### （四）落实“访惠聚”、民族团结“一家亲”、干部支教等重点工作

全区文化系统高度重视“访惠聚”驻村工作和集中整治工作，把所驻乡村稳定发展作为文化工作的重要内容，筹集资金 5200 多万元支持当地经济社会发展和民生改善，开展“去极端化”宣传教育。积极响应自治区“民族团结一家亲”活动号召，系统 1400 余人赴南疆结对子认亲戚。选调 20 名干部赴阿瓦提县支持乡村学前双语教育。充分发挥文化行业优势，弘扬民族团结大爱，以文化人、润物无声，所驻乡村稳定形势持续向好，群众认识不断提升，思想教育深入人心，基层基础不断稳固。

### （五）人才队伍建设力度不断加大

组织举办行业综合培训、文化工作者专项培养项目 12 个，培训培养 900 人次；举办文物培训班 12 个，培训 461 人次。

### （六）文物事业发展有序

全区文物机构总数 193 个，从业人员 1987 人，其中专业人员 468 个（正高 16 人、副高 50 人）。

文物保护业：2016 年底全疆文物点 9804 处，全国重点文物保护单位 113 处、自治区级文物保护单位 559 处、县市级文物保护单位 4317 处。实施“丝绸之路天山道枢纽路网大型综合实地考察”活动，实施国

家批准的主动性考古发掘项目17个，完成12项考古发掘和调查工作（涉及发掘或调查面积约2300余平方米、发掘墓葬约357座）。

博物馆业：建立明确的免费开放绩效考评标准，2016年对14个地州市58家地、县级博物馆、纪念馆开展实地复核。全面完成可移动文物普查工作，全区馆藏品241，046件（套），近45万件，其中一级文物717件、二级文物1353件、三级文物4092件。

### （七）文化市场规范有序

2016年，全区共有文化市场经营单位3330家，其中，非公有制文艺表演团体21个、演出场所经营单位2个，演出经纪机构78个，娱乐场所经营单位1284个，经营性互联网文化单位42个，互联网上网服务营业场所1903个；从业人员16145人，资产总计579561万元，营业收入309897万元，营业利润总额128466万元。

2016年全区娱乐场所经营单位1284个较2015年1443个减少159个，减幅11%；2016年全区经营性互联网文化单位42个较2015年26个增加16个，增幅61.5%；2016年全区互联网上网服务营业场所1903个较2015年2210个减少307个，减幅13.9%；2016年全区文化市场从业人员16145人较2015年减少1955人、资产总计579561万元较2015年增加了216217万元、营业利润总额128466万元较2015年增加95000万元。

总体来看，新疆文化市场发展总体平稳，网络音乐市场发展势头良好。

## 四、存在问题

1.“十三五”开局之年全疆文化事业依据十三五总体规划、行业规划以及丝绸之路经济带核心区规划等，确立了未来5-10年的中长期发展方向；加快构建现代公共文化服务体系建设，在充分认识现有文化基础设施依然不足、地县两级公共文化阵地不达标等突出问题的同时，扎实推进公共文化服务能力和内容建设。

2. 文物行业存在：1. 人才配备不足，尤其是专业技术领域中的科研人员、工程技术人员严重缺乏；2. 县市级的文物机构设置多为挂牌的非独立机构，不利于文物保护工作的推进。

（新疆维吾尔自治区文化厅）

## 新疆：积极发挥文化促进民族团结的作用

2016年自治区文化事业紧紧围绕总目标，推动自治区重要决策部署在文化厅系统落地生根、开花结果。

（一）扎实开展“访惠聚”驻村和集中整治工作。全年协调筹集资金5200多万元用于“访惠聚”驻村工作；切实加强基层组织建设，充分发挥文化优势深入开展“去极端化”宣传教育；筹集资金近千万元在苏盖特艾日克村建成2000多平米的乡文化活动中心，打造了全疆乡级文化设施的样板；协调引进除自治区村级惠民生工程外的项目27个，所驻村稳定形势持续向好，群众认识不断提升，思想教育深入人心，基层基础不断稳固。

（二）切实加强民族团结，深入推进“民族团结一家亲”活动。举办了“融情聚力 共圆梦想”自治区民族团结进步主题晚会。以“访惠聚”为主题创排了大型情景歌舞晚会《驻村故事》，在南疆四地州10余个县市巡演19场次，反响强烈。成立了文化厅“民族团结一家亲”活动领导小组，厅党组成员、厅系统各族干部群众分批次赴阿瓦提县英艾日克乡结对认亲。举办了形式多样、内容丰富、寓教于乐的“民族团结一家亲”联谊活动，促进了各族干部职工交往交流交融。

（三）认真做好南疆学前双语教育支教工作。按照自治区党委关于南疆学前双语教育干部支教工作部署，选派20名干部赴南疆投入到学前双语教育工作之中，为加强南疆学前双语教育工作，造福各族人民贡献智慧和力量。

2017 Statistical Analysis Report on Cultural Development

# 2017文化发展统计分析报告

# 背景篇

# 2016年国民经济运行情况分析

2016年，面对错综复杂的国内外经济环境，在以习近平同志为核心的党中央坚强领导下，全国上下统筹推进"五位一体"总体布局和协调推进"四个全面"战略布局，坚持稳中求进工作总基调，坚持新发展理念，以推进供给侧结构性改革为主线，适度扩大总需求，坚定推进改革，妥善应对风险挑战，经济运行缓中趋稳、稳中向好，实现了"十三五"良好开局。但经济增长中长期积累的矛盾凸显，外部不确定性和风险增加，经济稳中向好的基础尚不牢固。2017年，我们要认真贯彻落实党中央国务院重大决策部署，坚持以新发展理念引领新常态，坚持稳中求进工作总基调，围绕推进供给侧结构性改革这条主线，着力提高经济发展质量效益，聚焦体制机制深化关键改革，聚焦有效需求稳定经济增长，聚焦创新驱动培育新动能，聚焦重点领域防范化解风险，促进经济平稳健康发展和社会和谐稳定，以优异成绩迎接党的十九大胜利召开。

## 一、国民经济缓中趋稳，经济运行保持在合理区间

初步核算，2016年国内生产总值744127亿元，比上年增长6.7%，增速比上年降低0.2个百分点。其中，第一产业增加值63671亿元，增长3.3%，增速降低0.6个百分点；第二产业增加值296236亿元，增长6.1%，降低0.1个百分点；第三产业增加值384221亿元，增长7.8%，降低0.4个百分点。分季度看，一、二、三、四季度同比分别增长6.7%、6.7%、6.7%、6.8%，环比分别增长1.3%、1.9%、1.8%、1.7%。

初步测算，按2010年美元不变价计算，2016年我国对世界经济增长的贡献达到33.2%，继续成为世界经济增长第一大引擎，是世界经济的稳定之锚、增长之源。

图1 国内生产总值当季增长速度

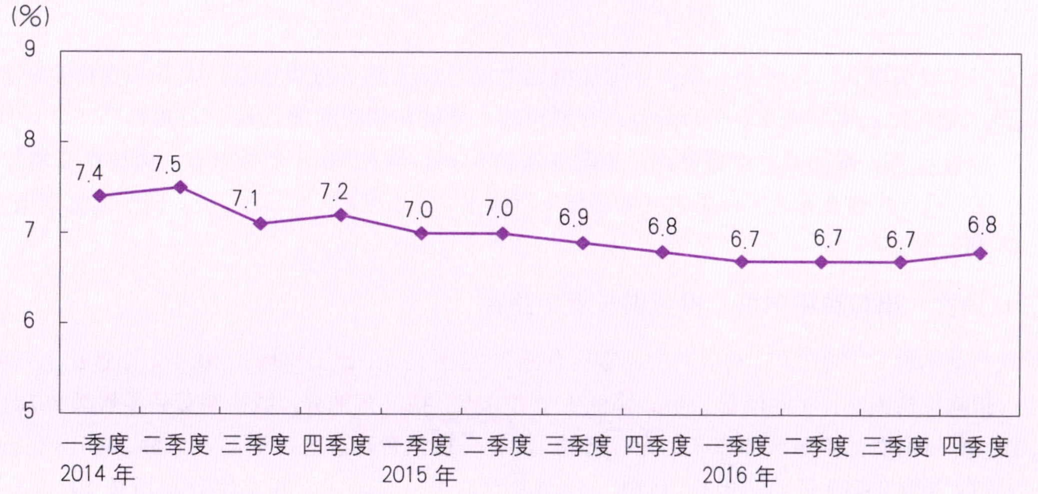

### （一）农业、工业稳定增长，服务业增长较快

农业生产再获丰收。2016 年，全国粮食总产量 12325 亿斤，虽然比上年下降 0.8%，但仍属于历史上第二个高产年。其中，夏粮产量 2784 亿斤，下降 1.2%；早稻产量 656 亿斤，下降 2.7%；秋粮产量 8885 亿斤，下降 0.6%。畜牧业生产形势基本稳定。2016 年，猪牛羊禽肉产量 8364 万吨，比上年下降 1.1%。其中猪肉产量下降 3.4%，牛肉产量增长 2.4%，羊肉产量增长 4.2%，禽肉产量增长 3.4%。生猪出栏 68502 万头，下降 3.3%；生猪存栏 43504 万头，下降 3.6%。

工业生产平稳增长。2016 年，规模以上工业增加值比上年增长 6.0%，增速比上年降低 0.1 个百分点。从三大门类看，采矿业增加值下降 1%，上年为增长 2.7%；制造业增长 6.8%，增速比上年降低 0.2 个百分点；电力、热力、燃气及水生产和供应业增长 5.5%，提高 4.1 个百分点。分季度看，一、二、三、四季度分别增长 5.8%、6.1%、6.1%、6.1%。分月度看，4 月份以来同比增速均保持在 6.0%-6.3% 的区间，其中 12 月份同比增长 6%，增速比上月降低 0.2 个百分点。从相关指标看，工业用电量比上年增长 2.9%，上年为下降 1.4%；铁路货运量同比下降 0.8%，降幅比上年收窄 11.1 个百分点。

图2　规模以上工业增加值当月增长速度

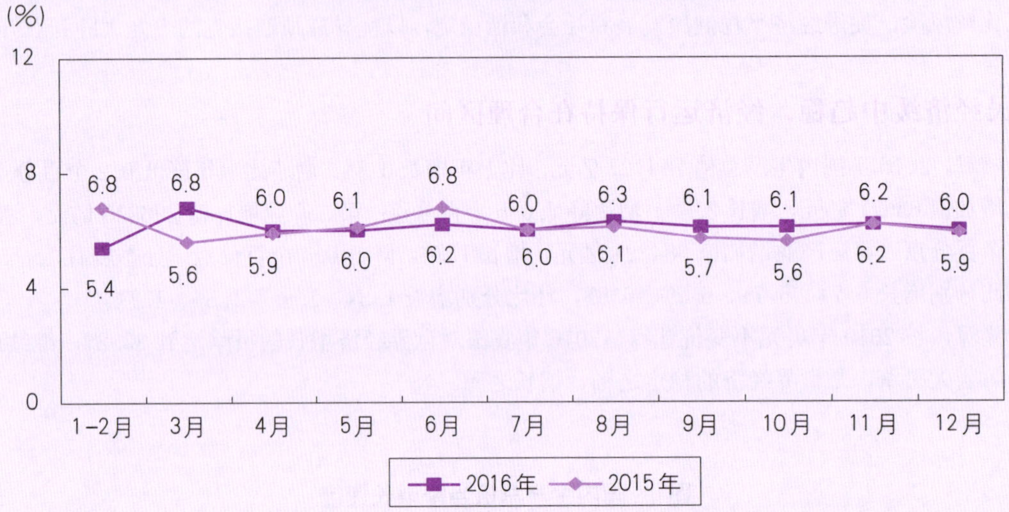


服务业保持较快增长。2016 年，服务业增加值比上年增长 7.8%。分类别看，批发和零售业增加值比上年增长 6.7%，增速比上年提高 0.6 个百分点；交通运输、仓储和邮政业增长 6.5%，提高 2.4 个百分点；住宿和餐饮业增长 6.9%，提高 0.7 个百分点；金融业增长 5.7%，降低 10.3 个百分点；房地产业增长 8.6%，提高 5.4 个百分点；其他服务业增长 9.3%，增速与上年持平。分季度看，一、二、三、四季度分别增长 7.6%、7.5%、7.6% 和 8.3%。

### （二）消费、出口稳中向好，投资增长缓中趋稳

市场销售基本稳定。2016 年，社会消费品零售总额 332316 亿元，比上年增长 10.4%，增速比上年降低 0.3 个百分点；扣除价格因素，实际增长 9.6%，降低 1 个百分点。按经营地分，城镇消费品零售额 285814 亿元，增长 10.4%；乡村消费品零售额 46503 亿元，增长 10.9%。按消费形态分，商品零售额 296518 亿元，增长 10.4%；餐饮收入额 35799 亿元，增长 10.8%。分季度看，一、二、三、四季度分别增长 10.3%、10.2%、10.5%、10.6%。12 月份，社会消费品零售总额同比增长 10.9%，增速比上月提高 0.1 个百分点。全年限额以上汽车类零售额比上年增长 10.1%，增速比上年提高 4.8 个百分点，拉动社会消费品零售总额增长约 1 个

百分点。

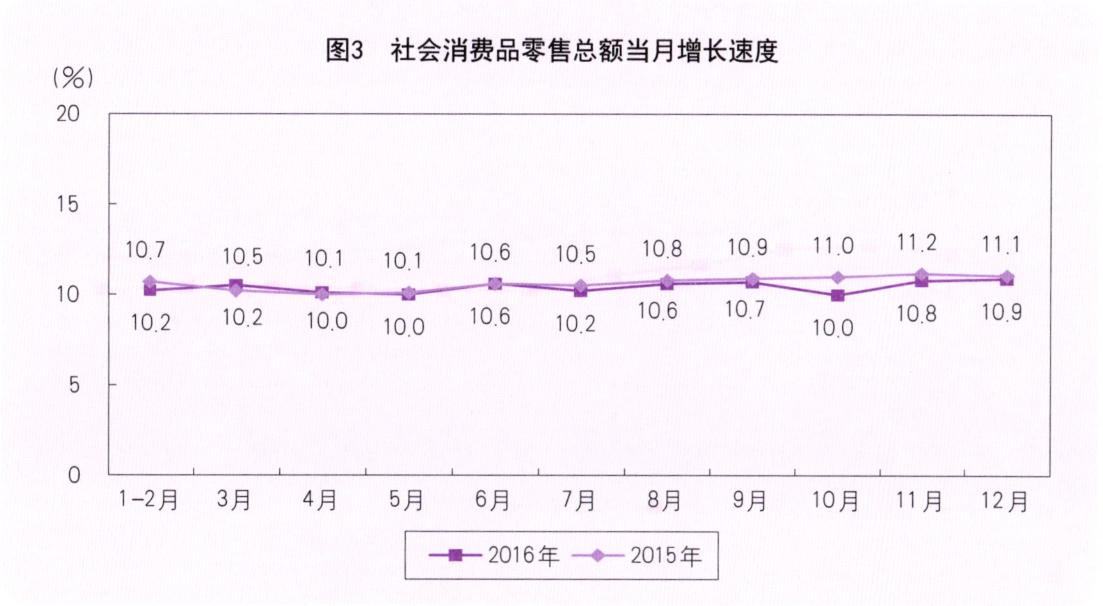


进出口降幅收窄。2016年，全国进出口总额243344亿元，比上年下降0.9%，降幅比上年收窄6.1个百分点。其中，出口额138409亿元，下降2.0%，降幅比上年扩大0.1个百分点；进口104936亿元，增长0.6%，上年为下降13.2%。分季度看，一、二、三季度出口分别下降7.9%、0.8%、0.3%，四季度增长0.3%。12月份出口同比增长0.6%，增速比上月降低3.5个百分点。我局统计的工业企业出口交货值全年增长0.4%，其中12月份同比增长3.9%。

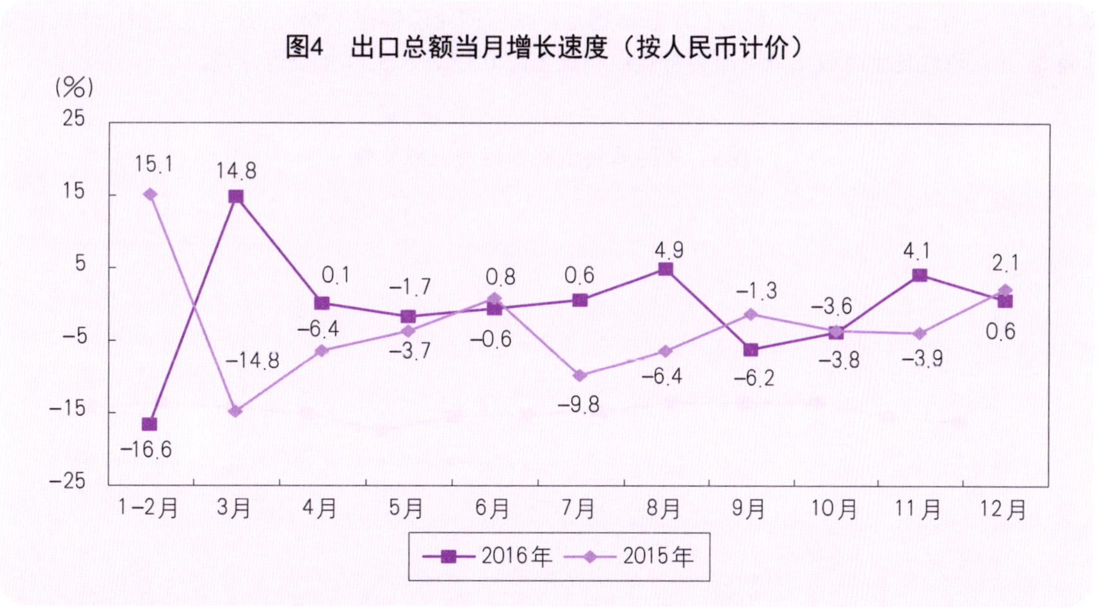


固定资产投资缓中趋稳。2016年，固定资产投资（不含农户）596501亿元，比上年增长8.1%，增速比上年降低1.9个百分点。分三大领域看，制造业投资187836亿元，比上年增长4.2%，增速比上年降低3.9个百分点；房地产开发投资102581亿元，增长6.9%，提高5.9个百分点；基础设施投资118878亿元，增长17.4%，提高0.2个百分点。分季度看，一季度、上半年、前三季度分别增长10.7%、9%和8.2%。

图5　固定资产投资（不含农户）累计增长速度

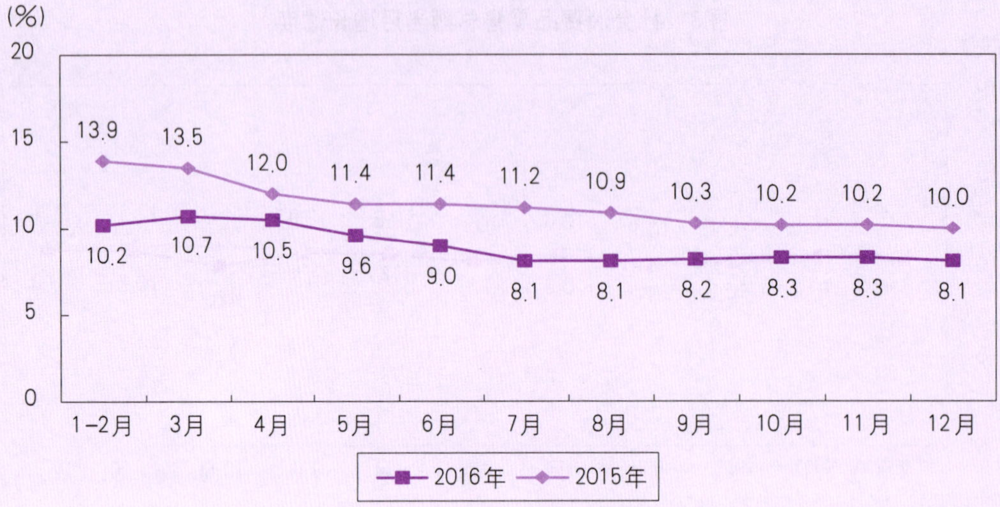


（三）居民消费价格涨势温和，工业生产者出厂价格由降转升

居民消费价格基本平稳。2016年，居民消费价格总水平比上年上涨2.0%，涨幅比上年扩大0.6个百分点。分类别看，食品烟酒价格上涨3.8%。其中鲜菜价格上涨11.7%，畜肉价格上涨11%，水产品价格上涨4.6%。非食品价格上涨1.4%，涨幅比上年扩大0.4个百分点。其中，医疗保健价格上涨3.8%，衣着价格上涨1.4%，居住价格上涨1.6%，教育文化和娱乐价格上涨1.6%，生活用品及服务价格上涨0.5%，交通和通信价格下降1.3%。分季度看，一、二、三、四季度分别上涨2.1%、2.1%、1.7%和2.2%。分月看，居民消费价格月度同比涨幅保持在1.3%-2.3%区间内；核心CPI基本稳定，月度同比涨幅在1.6%左右。12月份，居民消费价格同比上涨2.1%，涨幅比上月收窄0.2个百分点；环比上涨0.2%，扩大0.1个百分点。

图6　居民消费价格当月涨（跌）幅

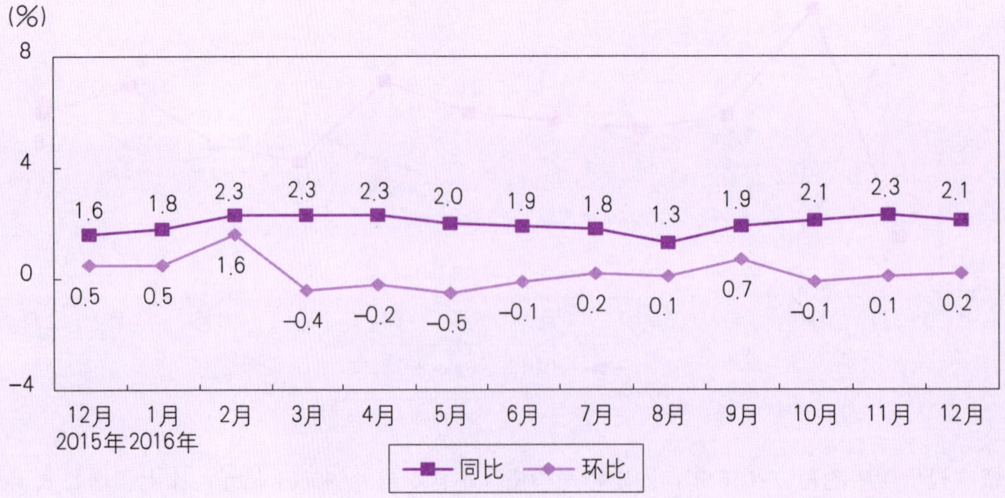


工业生产者出厂价格月度同比由降转升。2016年，工业生产者出厂价格比上年下降1.4%，降幅比上年收窄3.8个百分点。分类别看，生产资料价格比上年下降1.8%，其中采掘工业价格下降4.6%，原材料工业价格下降3.3%，加工工业价格下降1.0%；生活资料价格与上年持平。分季度看，一、二、三季度分别下降4.8%、2.9%和0.8%，四季度上涨3.3%。分月度看，自9月份工业生产者出厂价格结束连续54个月同比下降态势后，同比涨幅不断扩大。12月份，工业生产者出厂价格同比上涨5.5%，涨幅比上月扩大2.2个百分点；环比上涨1.6%，扩大0.1个百分点。

图7　工业生产者出厂价格当月涨（跌）幅

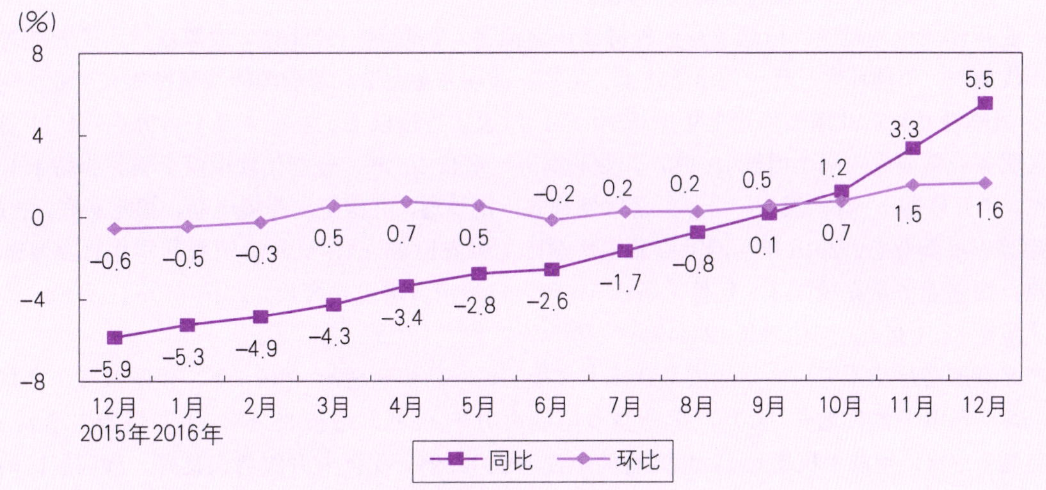


（四）新增就业超额完成目标，就业形势好于预期

2016年，城镇新增就业1314万人，比上年增加2万人，超额完成全年目标任务。全年农民工总量为28171万人，比上年增加424万人，增长1.5%。其中，本地农民工11237万人，增加374万人，增长3.4%；外出农民工16934万人，增加50万人，增长0.3%。登记失业率有所下降。2016年末，全国城镇登记失业率为4.02%，比上年末下降0.03个百分点。

（五）经常项目保持顺差，对外投资快速增长

货物和服务贸易保持顺差。2016年，货物贸易顺差33473亿元，比上年收窄9.1%，服务贸易将继续保持逆差。货物和服务贸易合计保持顺差，且顺差规模与国内生产总值之比低于3%，处于国际公认合理标准（4%）以内。

对外投资快速增长。2016年，我国实际使用外资8132亿元人民币，同比增长4.1%，增速比上年降低2.3个百分点；非金融类对外直接投资11299亿元人民币，折合1701亿美元，同比增长44.1%，提高29.4个百分点。直接投资逆差3167亿元，上年同期为顺差463亿元。过去持续多年的“双顺差”格局发生根本改变。

## 二、新理念指导新实践，经济运行稳中有进稳中向好

2016年是“十三五”规划的开局之年，在新发展理念的指引下，各地区各部门崇尚创新、注重协调、倡导绿色、厚植开放、推进共享，经济结构不断优化，新兴动力加速成长，质量效益继续提升，人民生活进一步改善，转型升级稳中有进、稳中向好。

（一）新旧动能加快转换，创新驱动势头良好

创业创新引领发展。“放管服”不断深化，市场主体活力持续激发，“大众创业、万众创新”蓬勃发展。

到2016年末，国务院部门的各类审批事项已取消了620项左右，不少地方非行政许可的审批已完全取消。科技部备案的众创空间达到1337个，28家双创示范基地建设全面铺开，经济发展新动能加快成长。2016年，全国新登记企业553万户，同比增长24.5%，平均每天新登记企业1.5万户，活跃度保持在70%左右。出台《国家创新驱动发展战略纲要》，推进全面创新改革试验，创新动力不断增强。2016年，国内有效发明专利拥有量突破100万件。一批具有标志性意义的重大科技成果涌现，天宫二号和神州十一号载人飞行任务圆满成功，深海科考进入万米时代，世界最大单口径射电望远镜落成启用，“神威·太湖之光”蝉联世界超算冠军，世界首颗量子科学实验卫星发射成功。

新产业新模式快速发展。信息革命进程持续快速演进，物联网、云计算、大数据、人工智能等新技术产业化步伐加快，节能环保、新一代信息技术、生物、高端装备制造、新能源等战略性新兴产业快速发展。2016年，战略性新兴产业增加值比上年增长10.5%，增速比规模以上工业高4.5个百分点；1-11月份，战略性新兴服务业营业收入同比增长15.5%，营业利润同比增长16.9%，分别比规模以上服务业高4.1和14.7个百分点。“互联网+”深入发展，分享经济等新模式广泛渗透，并催生出跨境电商、智能家庭、智能交通、移动医疗等一批新业态。2016年，网上商品零售额比上年增长25.6%，比社会消费品零售总额增速快15.2个百分点；快递业务量完成313.5亿件，增长51.7%。信息消费爆发式增长。2016年1-11月份，移动互联网接入流量达82.1亿G，同比增长124.1%。

新产品新服务层出不穷。高附加值、高技术含量的新产品快速增长。2016年，新能源汽车产量比上年增长58.5%，光电子器件增长38.7%，运动型多用途乘用车（SUV）增长38.6%，工业机器人增长34.3%，集成电路增长21%，智能手机增长12.1%，智能电视增长11.9%。服务业升级势头良好。顺应居民消费结构升级的大趋势，旅游、文化、体育、健康、养老等“幸福产业”快速发展。2016年1-11月份，规模以上文化及相关产业服务业营业收入同比增长15.5%，科技服务业增长11.9%，高技术服务业增长10.8%。2016年，我国新增影院1612家，电影总票房收入达457亿元；预计全年国内旅游总收入3.9万亿元，同比增长14%。

### （二）结构调整深入推进，经济发展协调性增强

“三去一降一补”成效初显。年度去产能任务完成。钢铁煤炭等行业超额完成全年化解过剩落后产能目标任务。产能压减使得相关产品产量也有所下降，全年规模以上工业企业原煤产量比上年下降9.4%。商品房库存水平持续下降。12月末，商品房待售面积69539万平方米，比上年末减少2314万平方米。工业企业杠杆率不断降低。11月末，规模以上工业企业资产负债率为56.1%，比上年同期下降0.6个百分点，微观杠杆率自4月以来连续8个月下降。企业成本继续下降。1-11月份，规模以上工业企业每百元主营业务收入中的成本为85.76元，比上年同期减少0.14元。短板领域投资加快。全年生态保护和环境治理业、水利管理业、农林牧渔业投资分别比上年增长39.9%、20.4%和19.5%，分别快于全部投资31.8、12.3和11.4个百分点。供给侧结构性改革还产生了比较明显的外溢正效应，引起了从供给到需求、从宏观到微观的连锁反应，使经济运行中的积极变化累积增多。市场供求关系有所改善。9月份PPI同比上涨0.1%，结束了连续54个月同比下降态势，部分行业供求关系持续改善。企业效益明显好转。1-11月份，规模以上工业企业实现利润总额同比增长9.4%，上年同期为下降1.9%。市场信心不断改善。2016年3月以来，制造业采购经理指数（PMI）基本位于临界点以上，非制造业商务活动指数持续位于53%以上的较高景气区间。

产业结构不断优化。服务业主导特征更加突出。2016年，第三产业增加值比上年增长7.8%，比第二产业快1.7个百分点；占国内生产总值的比重达到51.6%，比上年提高1.4个百分点，比第二产业高11.8个百分点；对经济增长贡献率为58.2%，比上年提高5.3个百分点。农业生产结构优化。适当调低非优势区玉米种植面积，采取“玉米改大豆”、“粮改饲”等措施调整农业种植结构。2016年，按可食用的籽玉米统计，玉米播种面积比上年减少3.6%，大豆播种面积增加10.7%。工业升级态势明显。2016年，高技术产业和装

备制造业增加值比上年分别增长 10.8% 和 9.5%，增速分别比规模以上工业快 4.8 和 3.5 个百分点；占规模以上工业比重分别为 12.4% 和 32.9%，分别比上年提高 0.6 和 1.1 个百分点。

需求结构继续改善。消费对经济增长贡献进一步上升。2016 年，最终消费对经济增长的贡献率为 64.6%，比上年提高 4.9 个百分点，比资本形成总额高 22.4 个百分点。投资结构不断优化。2016 年，高技术产业投资增长 15.8%，增速快于全部投资 7.7 个百分点。其中，高技术制造业投资增长 14.2%，比全部制造业增速高 10 个百分点；高技术服务业投资增长 18.3%，比全部服务业投资高 7.4 个百分点。

区域协调成效突出。城镇化稳步推进。2016 年，我国常住人口城镇化率为 57.35%，比上年提高 1.25 个百分点。中西部地区后发优势继续显现。2016 年，中部、西部地区规模以上工业增加值比上年分别增长 7.5% 和 7.3%，增速分别快于东部地区 1.2 和 1 个百分点；中部、西部地区固定资产投资（不含农户）分别快于东部地区 2.9 和 3.1 个百分点。城市群辐射力增强。京津冀三地立体交通网加速构建，协同发展有序推进。重庆、成都、武汉、郑州等一批国家中心城市快速发展，泛珠三角、长三角、成渝等重点城市群良性互动加强。长江经济带发展步伐加快。长江经济带加快了长江沿线地区与国际经济发展的互联互通，沿线东中西部省市均保持较快增长。

### （三）节能降耗成效突出，绿色发展取得新进展

单位 GDP 能耗继续下降。产业结构优化调整和技术进步加快，促进了能源资源利用效率的整体提升。2016 年，万元国内生产总值（2015 年不变价）能耗比上年下降 5.0%。主要耗能产品综合能耗继续下降。

清洁能源消费比重上升。能源生产与消费结构发生深刻变化。2016 年，在能源生产总量中，原煤所占比重比上年下降 2.6 个百分点，水电、风电、核电、天然气等清洁能源所占比重提高 2.8 个百分点。在能源消费总量中，煤炭所占比重比上年下降 2.0 个百分点；清洁能源所占比重提高 1.6 个百分点。

高耗能行业生产和投资增长放缓。2016 年，六大高耗能行业增加值比上年增长 5.2%，增速比上年降低 1.1 个百分点，比规模以上工业增加值增速低 0.8 个百分点；高耗能行业投资增长 3.1%，降低 1.4 个百分点，比全部投资增速低 5 个百分点。

生态环境质量改善。2016 年，全国地表水国控监测断面Ⅰ－Ⅲ类水体比例比上年增加 5.7 个百分点，劣Ⅴ类断面比例减少 2.3 个百分点；338 个地级及以上城市细颗粒物（PM2.5）平均浓度下降 6.0%，空气平均优良天数比例提高 2.1 个百分点。2016 年，京津冀、长三角和珠三角区域 PM2.5 平均浓度分别为 71、46 和 32 微克／立方米，分别比上年下降 6、7、2 微克／立方米。

### （四）对外开放纵深推进，开放型经济迈出新步伐

“一带一路”战略取得积极进展。我国与沿线国家经贸合作的步伐不断加快，“一带一路”建设成果好于预期。2016 年 1-11 月，我国与沿线国家进出口总值达 8489 亿美元，占同期我国外贸总额的 25.7%。2016 年，我国企业对“一带一路”沿线国家直接投资 145 亿美元，与沿线国家新签对外承包工程合同额 1260 亿美元，占同期我国对外承包工程新签合同额的 51.6%。不少企业觅机抱团出海，赢得了新的发展机遇。目前，我国企业共在沿线 20 多个国家建设 50 多个境外经贸合作区，累积投资超过 180 亿美元，为东道国创造了 10.7 亿美元的税收和 17.7 万个就业岗位。

开放格局进一步优化。自贸区试验区试点扩大到辽宁、浙江、河南、湖北、重庆、四川和陕西 7 省市，设立贵州内陆开放型经济试验区和广西凭祥、黑龙江绥芬河－东宁 2 个重点开发开放试验区。2016 年，上海、广东、天津、福建自贸试验区实际使用外资达 880 亿元人民币，同比增长 81.3%，占全国实际使用外资的 10.8%。外商投资便利化程度进一步提高。2016 年，我国修订了《外商投资产业指导目录》和《中西部地区外商投资优势产业目录》，提出外商投资准入负面清单，推进建立外资安全审查新机制。2016 年，全国新设立外商投资企业 27900 家，同比增长 5%。服务贸易创新扎实推进。2016 年，天津等 15 个省市（区

域）开展服务贸易创新发展试点，沈阳等10个城市确定为中国服务外包示范城市，示范城市数量从21个增加至31个。2016年1-10月，我国服务进出口总额42915亿元，同比增长16%。人民币国际化稳步推进。人民币加入特别提款权（SDR）货币篮子顺利生效，推动扩大SDR的使用。进一步优化人民币国际使用政策，强化跨境资金流动本外币一体化管理。

开放市场规模继续扩大。我国市场容量巨大，为稳定国际市场做出了重要贡献。2016年，我国铜矿砂及其精矿进口量比上年增长28.2%，煤及褐煤增长25.2%，天然气增长22%，原油增长13.6%，集成电路增长9.1%，铁矿砂及其精矿增长7.5%。2016年，我国出境旅游人数预计达1.22亿人次，比上年增长4.3%，出境旅游消费增长强劲。

### （五）民生事业持续改善，发展成果全民共享

居民收入与经济增长同步。2016年，全国居民人均可支配收入23821元，比上年增长8.4%，扣除价格因素，实际增长6.3%，高于人均GDP增速0.2个百分点。其中，农村居民人均可支配收入12363元，增长8.2%，扣除价格因素，实际增长6.2%；城镇居民人均可支配收入33616元，增长7.8%，扣除价格因素，实际增长5.6%。2016年，农村外出务工劳动力月均收入3275元，增长6.6%。

居民消费升级明显。基本生存类消费占比下降。2016年，全国居民恩格尔系数为30.1%，比上年下降0.5个百分点。其中，农村居民为32.2%，下降0.8个百分点；城镇居民为29.3%，下降0.4个百分点。发展享受型消费支出增长较快。在人均消费支出中，家政服务支出比上年增长24.7%，汽车等交通工具支出增长19.6%，景点门票支出增长17.4%，体育健身活动支出增长13.7%，均明显快于人均消费支出9.8%的平均水平。居民拥有的各类耐用消费品数量稳定增加。2016年，全国居民百户家用汽车拥有量达到27.7辆，比上年增长21.9%。其中农村居民达到17.4辆，增长31.3%。

民生支出保持快速增长。2016年1-11月份，财政支出中城乡社区、医疗卫生与计划生育、社会保障和就业、教育和住房保障同比分别增长29.6%、18.9%、16.0%、13.3%和11.0%，快于全部财政支出增速。600万套棚户区改造任务提前完成，各类社会保障和救助范围进一步扩大。

脱贫攻坚取得积极进展。产业扶贫、交通扶贫、网络扶贫、光伏扶贫等深入推进，1000万人以上农村贫困人口实现脱贫，贫困地区交通、教育、卫生、文化、社会保障等软硬件有所改善。22个省区市全面启动易地扶贫搬迁项目，249万人易地扶贫搬迁任务如期完成。2016年农村居民人均转移性收入中，社会救济和补助比上年增长24%，政策性生活补贴增长22.9%，均高于转移净收入12.7%的平均增长水平。

## 三、新情况老问题交织叠加，经济向好基础仍需巩固

尽管我国经济运行保持在合理区间，呈现稳中有进稳中向好的发展态势，但也必须看到，当前我国经济正处于从中等收入向高收入跨越的转型期，处于爬坡过坎和提质增效升级的关键期，老问题和新情况并存，总量性问题和结构性矛盾交织，长期性问题和周期性因素叠加，外部风险和内部矛盾相互影响，经济企稳向好基础不牢。

### （一）国际环境更趋复杂，出口稳定增长面临新挑战

世界经济复苏缓慢。世界经济仍处于危机后的深度调整期，总体增长乏力且分化明显。美国经济复苏有所加快，但企业投资和工业生产较为低迷；英国脱欧、难民问题和地缘政治风险等使欧元区经济复苏步履蹒跚；日本经济沉闷，工业生产下滑，对外贸易萎缩；新兴经济体增长仍面临许多困难，资本外流风险加大，结构性改革进展缓慢。世界银行最新一期《全球经济展望》预计，2016年全球经济增速仅为2.3%，为2008年金融危机以来的最低增速。全球贸易萎靡不振，“逆全球化”趋势愈发明显。2016年波罗的海干散货运指数虽然较上年有所回升，但仍大幅低于盈亏平衡点。进入2017年，该指数又现回落态势，1月9

日仅为949点，比2016年高点降低近25%。世界贸易组织预测，2017年全球贸易量增长1.8%-3.1%，这意味着全球贸易增速将连续六年低于世界经济增速。在这种情况下，贸易保护主义愈演愈烈，2016年我国共遭遇来自27个国家（地区）发起的119起贸易救济调查，案件数量达到历史高点，涉案金额143.4亿美元，同比上升76%。主要经济体货币政策分化，国际金融市场动荡加剧。世界经济持续低迷，主要经济体宏观政策手段捉襟见肘，美国加息“靴子”落地，日本、欧洲继续实施量化宽松，各国政策协调难度加大，副作用及溢出效应不断显现。国际大宗商品价格震荡，跨境资本异常流动风险增加，新兴经济体货币贬值以及外债负担变重，我国人民币贬值和资本外流压力也不断增加。2016年12月末，我国外汇储备余额30105亿美元，连续6个月下降；全年人民币兑美元累计贬值幅度达到6.8%。不稳定不确定因素较多，世界经济仍存在诸多“变数”。美国加息的力度和节奏不定，特朗普正式入主白宫后采取的内外政策动向不明，对我汇率、贸易等产生的不确定性加大。法国德国今年大选、韩国政局动荡、英国脱欧影响持续发酵等也可能对世界政治经济产生新的变数。与此同时，我国出口传统竞争优势正在减弱，新的竞争优势尚未完全形成，正处于“青黄不接”阶段，2017年外贸出口形势依然不容乐观。

### （二）需求内生增长动力仍然偏弱，进一步企稳回升尚缺乏有力支撑

在党中央、国务院一系列政策措施的作用下，三季度以来国内市场需求有所改善，特别是固定资产投资缓中趋稳，止住了上半年的下滑势头，但总体上看，需求不振的态势仍在延续。2016年，固定资产投资增长8.1%，增速比上年降低1.9个百分点；社会消费品零售总额增长10.4%，降低0.3个百分点。从后期来看，国内需求进一步企稳回升缺乏有力支撑。一是民间投资仍然面临诸多因素制约。受投资回报率低、融资渠道不畅、公共服务领域开放程度不够等因素制约，民营企业仍然面临着“不愿投、不敢投、没地投”等问题，民间投资增速仍处低位。2016年，民间投资增长3.2%，虽然从月度走势来看有企稳迹象，但增速比全部投资低4.9个百分点，比上年降低6.9个百分点。二是基础设施投资保持较快增长的难度较大。2016年，尽管财政支持力度不减，全年共发行地方债6.04万亿元，但由于地方财力增长放缓，同时基数也在增大，基础设施投资增长17.4%，增速比上半年20.9%的高点降低3.5个百分点。目前，地方政府财政收支缺口加大，地方债发行规模进一步大幅提高的空间收窄，基础设施投资资金来源受限。三是房地产开发投资走势存在较大不确定性。虽然房地产调控取得积极成效，热点城市房地产市场降温，房价回稳，但商品房成交面积和成交额也回落明显。2016年，重点城市商品房销售面积同比增长23.4%，增速比1-11月份降低3.2个百分点，连续3个月降低。尤其是，三四线城市库存水平仍然较高，去库存压力依然较大。受此影响，房地产开发投资后期走势不容乐观。从先行指标看，2016年房地产开发企业新开工面积同比增长8.1%，增速比上半年降低6.8个百分点。四是汽车消费短期放缓的可能性较大。2016年，受小排量汽车购置税减半政策利好影响，在限额以上单位商品零售中，汽车类销售增速比上年提高4.8个百分点，成为支撑当年消费较快增长的重要因素。但随着政策边际效应递减和基数较大的影响，同时2017年优惠政策力度有所减弱，今年汽车消费增速可能放缓，对经济增长的带动作用减弱。

### （三）部分行业产能过剩仍较突出，供需矛盾没有明显缓解

尽管供给侧结构性改革取得了积极进展，工业领域供需矛盾得到一定程度的缓解，但这种缓解只是初步的，供需不平衡、不协调的结构性问题依然突出。一是部分行业产能过剩问题依然严重，产能利用率偏低状况尚未扭转。2016年四季度，分工业行业看，很多行业产能利用率不到70%。如果将庞大的在建和拟建生产能力计算在内，我国的产能过剩情况更为严重。以煤炭市场为例，根据国家发改委数据，目前全国各类煤矿产能总规模全部形成有可能超过60亿吨，而国内煤炭市场空间仅在34-36亿吨，煤炭等行业去产能任务仍然十分艰巨。四季度，规模以上工业企业产能利用率虽比上季度回升，但比上年同期下降，总体仍处于历史较低水平。二是高质量的产品和服务供给不足，不适应居民消费升级需要。随着居民消费结构

升级，人民对质优、安全、环保的高品质商品和服务的需求明显增加，但我们对质量、对标准、对品牌、对知识产权的关注还很不够，中高端供给严重不足。三是新旧动能转换面临较多体制机制障碍。调查和企业座谈会反映，企业在新产业新业态准入和产品服务创新方面仍存在不少限制，审批慢推广难，融资渠道不畅，产权保护不力，优惠政策落实不到位，阻碍了新动能培育。有关数据显示，我国科技成果转化率不足 30%，远低于先进国家水平。

### （四）企业面临困难仍然较多，中小企业景气度持续较低

2016 年，在一系列去产能、去库存、降成本政策措施的共同作用下，市场供求关系有所改善，企业效益恢复性增长，但市场需求总体偏弱、企业负担仍然较重、部分企业生产经营比较困难的局面没有根本改变。一是资金周转依然不畅。11 月末，规模以上工业企业应收账款同比增长 9%，增速比 1-11 月份主营业务收入高 4.6 个百分点；1-11 月份，应收账款平均回收期为 37.9 天，比上年同期增加 1.4 天。企业之间资金拖欠的问题仍比较严重。二是原材料成本和物流成本上涨较多。随着上游原材料价格上涨，下游企业生产成本压力加大，同时治理超限运输的新规客观上也导致企业物流成本上升。12 月份，工业生产者购进价格同比上涨 6.3%，涨幅比 11 月份扩大 2.8 个百分点。在制造业采购经理调查中，反映原材料价格和运输成本上涨的企业比重超过三成，为近三年的高位。三是融资难融资贵尚未明显缓解。金融传导机制不畅，资金“脱实向虚”现象明显，融资难融资贵问题突出。中小企业受资产规模、竞争实力、自有资金、经营风险、有效抵押等的约束，更难获得银行信贷支持。根据我局调查，四季度，小微企业获得民间借款的平均月利率约为 1.55%，年化利率约为 18.55%，仍处高位。四是中小企业发展信心依然不足。12 月份，中型企业 PMI 为 49.6%，比上月下降 0.5 个百分点，跌至临界点以下；小企业 PMI 为 47.2%，比上月下降 0.2 个百分点，持续处于荣枯线以下。

### （五）分化调整仍在持续，部分领域潜在风险不容忽视

一是财政收支矛盾日趋突出。由于经济增速放缓以及营改增等政策性减收效应进一步显现，我国财政收入增速回落，而稳增长、促改革、调结构、惠民生都需要增加财政投入，财政支出压力较大。1-11 月份，全国一般公共预算收入同比增长 5.7%，增速比一般公共预算支出低 4.5 个百分点，财政支大于收 17588 亿元，比上年同期增加 7348 亿元。部分县级财政财力缺口较大，保工资、保运转、保民生压力较大。二是金融风险仍在累积。资金脱实向虚问题突出，去年热点城市房价快速上涨，信贷集中流向房地产领域，目前热点城市房地产市场回调，三四线城市商品房库存高企，积聚的潜在风险不容忽视。我国非金融企业杠杆率偏高，大概在 150% 左右，高于一些主要经济体。截至 2016 年三季度末，商业银行不良贷款率连续 13 个季度上升，一些农村信用社不良贷款率居高不下，资产质量明显下降，运营风险上升。三是东北一些地区经济困难仍在持续。东北一些地区工业和投资仍在下降，与其他地区之间的差距还在扩大，由此引发的养老、就业、财政风险不容忽视。2016 年，东北三省规模以上工业增加值比上年下降 3.1%，降幅比上年扩大 0.8 个百分点；东北三省固定资产投资（不含农户）下降 23.5%，扩大 12.3 个百分点。由于东北一些地区国有企业比重大，离退休人员多，养老金开支逐年增加，养老基金统筹部分入不敷出。由于培育新增长点、调整产业结构还需要一个过程，东北地区经济困难还将持续一段时间，要防止风险的交叉传导。

此外，2016 年下半年以来大宗商品价格快速大幅上涨的现象，也需要继续观察，防止部分产业因价格大幅上涨，导致本应淘汰的产能死灰复燃；防止搭车涨价，而加大通胀压力。

## 四、全面贯彻落实中央决策部署，巩固稳中向好发展势头

2017 年是夯实全面建成小康社会基础承上启下的重要之年，是供给侧结构性改革的深化之年，全面做好改革发展稳定各项工作意义重大。总的来看，我国发展仍有较多有利条件，市场活力持续释放，经济结

构不断优化，新动能茁壮成长，发展的空间进一步拓展，尤其是第四季度一些指标出现了积极变化；但外部环境仍然复杂严峻，国内结构性矛盾仍比较突出，一些领域潜在风险有所显现，对体制机制创新和宏观政策制定提出了更高要求。我们要更加紧密地团结在以习近平同志为核心的党中央周围，认真贯彻落实党中央国务院重大决策部署，坚持适应把握引领经济发展新常态这个大逻辑，坚持贯彻新发展理念，坚持稳中求进的工作总基调，坚持深化供给侧结构性改革主线，坚持以提高发展质量和效益为中心，坚持宏观政策要稳、产业政策要准、微观政策要活、改革政策要实、社会政策要托底，适度扩大总需求，统筹协调，精准发力，撸起袖子抓落实，甩开膀子加油干，夯实经济稳中有进稳中向好基础，以优异成绩迎接党的十九大胜利召开。

### （一）以新发展理念为统领，深入推进供给侧结构性改革

供给侧结构性改革要在“三去一降一补”同时深化改革推动创新，去产能去库存要通过企业行业的结构调整实现资源要素的优化组合和产业的转型升级。为此，要牢固树立和深入贯彻五大发展理念，自觉地用新理念指导供给侧结构性改革。要坚持用市场化、法制化办法去产能，因地制宜、因城施策去库存，通过债转股、资产证券化等积极稳妥去杠杆，多措并举降成本，继续加大对扶贫、农业、水利、环保等硬短板领域投入，加快推进制度机制、创新能力等软短板领域建设。与此同时，要进一步深化国企国资、财税金融、产权保护、养老保险、对外开放等关键领域、重点环节的改革，为深入推进供给侧结构性改革提供体制机制保障。

### （二）坚持稳中求进工作总基调，处理好“稳”与“进”的关系

稳中求进，稳字当头，贵在有进。稳是基础和前提，只有稳才能更好地进。进是动力和目的，只有进才能持久牢固地稳。深入推进供给侧改革，需要一个稳定的经济社会环境，关键是稳增长、稳政策、稳预期。稳增长就是要着力扩大有效需求，增强经济增长的内生动力，保持经济运行在合理区间，确保就业和物价稳定。扩大有效需求必须充分调动民间投资积极性，降低民间投资准入门槛，推动 PPP 尽快取得实质性进展。创新 PPP 项目收益和分配机制，用好引导基金，完善法规制度，激发社会资本参与热情。顺应消费升级趋势，推动旅游、文化、体育、健康、养老以及教育培训等幸福产业发展，进一步释放居民消费潜力。稳政策就是要保持政策的连续性和稳定性，财政政策要更加积极有效，货币政策要保持稳健中性。鉴于财政收支压力不断加大的新情况，可适当扩大财政赤字和增加发债规模，继续加大对实体经济减负的力度和对企业创新的支持。货币政策也不能收得太紧，要积极采用借贷便利等多种手段实现精准调控，将资金导入实体经济。稳预期就是要用稳定的宏观经济政策稳定社会预期，用重大改革举措落地增强发展信心。在当前情况下，有关部门要加大预期引导，防止汇率贬值的“羊群效应”持续发酵，加大资金外流压力。

### （三）以提高质量和效益为中心，推动新旧动能加快接续转换

面对经济发展进入新常态后出现的一系列困难矛盾、风险挑战，必须把思维方式、工作方法、政策措施切实转到以提高质量和效益为中心上来，全面实施创新驱动发展战略，促进发展动能平顺转换。要持续深入推进简政放权，加快转变政府职能，放手让各类市场主体“唱戏”，使创业创新“轻装”前行。要以科技创新带动“大众创业、万众创新”，推进“中国制造 2025”与“互联网 +”融合发展，促进新技术、新产业、新业态茁壮成长。要深化科技体制和教育体制改革，建立健全科技成果应用、转化、交易、产权保护、利益分享等环节的制度机制，营造人尽其才、物尽其用的良好环境。要大力推动制造业升级改造。鼓励各地区、各部门以贴息、事后奖补、股权投资等方式支持企业开展智能化、绿色化等技术改造，提高核心技术国产化水平。

### （四）多措并举降低企业负担，大力振兴实体经济

过去一年，各级政府在降本、提质、增效等方面出台了一系列改革措施，取得了显著成效，必须在此基础上继续深入推进。纾解实体经济困难，需要进一步减税降费，加大放管服、国企、价格等改革力度。引导企业用好用足各项财税优惠政策，降低企业税费负担。提高政府审批、验收等环节行政效率，进一步降低企业制度性交易成本。加大金融服务实体经济力度，减少资金周转环节，有效降低融资成本。继续对小微企业实施税收优惠，发挥创业投资基金引导作用，支持地方创设风险投资基金，鼓励社会增加投入，支持小微企业发展。

### （五）推进更深层次更高水平的双向开放，培育国际竞争新优势

坚持引进来和走出去并重，是开放型经济发展到较高阶段的重要特征，也是更好统筹国际国内两个市场、两种资源、两类规则的有效途径。要加强对多国政坛交替尤其是美国新政府上台后的贸易政策变化研究，积极应对，主动沟通，尽量减轻不确定性带来的负面影响。要统筹运用财政、社保、政策性金融等政策促进加工贸易梯度转移和创新发展，促进对外贸易优化升级。要优化外商投资环境，着力提高引资的质量，注重吸收国际投资搭载的技术创新能力、先进管理经验以及高素质人才。要扎实推进“一带一路”建设和国际产能合作，以基础设施互联互通、产能合作、境外产业集聚区为重点，实施好一批重大关键项目。要加强对外投资活动的分类指导，健全对外投资促进政策和服务体系，引导对外投资健康有序发展。

### （六）用好五大政策组合，有效防范化解重点领域风险

全面做好稳增长、促改革、调结构、惠民生、防风险各项工作，必须坚持“稳、准、活、实、底”的政策思路组合，并根据形势变化适时适度调整侧重点，尤其要强化底线思维，做好兜底工作。要密切关注国际经济金融形势，加强对股市、汇市、债市的风险监测和评估，尤其是加强对发达国家制造业回归引起的资金回流等现象的研究，做好应对预案，稳妥化解金融领域风险。要强化地方政府债务限额管理和预算管理，建立健全风险评估、预警和应急处置机制，规范政府举债行为，有效防范地方政府性债务风险。要密切监测热点城市房地产市场走势，通过严格限购限贷、大力整顿市场秩序等措施，避免房地产市场大起大落，妥善应对房地产市场风险。要进一步拓宽去产能职工分流安置渠道，加强职业培训和就业援助，切实做好就业托底工作。要发挥失业保险援企稳岗作用，扎实做好社会保障兜底工作。要加快研究构建扶贫长效机制，加大财政对贫困地区交通、教育、卫生、文化、社会保障等软硬件建设的投入力度，加大精准扶贫精准脱贫推进力度。

（国家统计局综合统计司）

# 十八大以来文化产业发展情况分析

党的十八大以来，在以习近平同志为核心的党中央坚强领导下，各地区各部门紧紧围绕全面建成小康社会的目标和“五位一体”总体布局，坚持社会主义先进文化前进方向，积极培育和践行社会主义核心价值观，进一步深化文化体制改革，完善文化管理体制，建立健全现代文化市场体系，构建现代公共文化服务体系，文化建设取得长足进展。文化改革发展成绩显著，为稳步推进文化强国建设、实现全面建成小康社会目标提供了有力支撑。

## 一、积极培育和践行社会主义核心价值观，文化自信显著增强

党的十八大以来，各地区各部门认真贯彻落实意识形态责任制，坚持正确舆论导向，牢牢掌握文化改革发展主导权，扎实推进社会主义核心价值观建设，取得显著成效。大力推进马克思主义理论研究，深化党中央治国理政新理念新思想新战略的研究阐释。十八大以来的创新理论，作为马克思主义中国化最新成果和中国特色社会主义理论体系最新发展，彰显了时代性和实践性，丰富了中国特色社会主义文化理论。不断加强对传统文化的保护和研究，努力构建中华优秀传统文化传承体系，推动传统文化创造性转化和创新性发展，有力传承和弘扬了我国优秀传统文化。广泛开展爱国主义、革命传统、法制、诚信等主题教育，持续开展公民道德建设工程、精神文明创建工程和专项行动，努力营造全民参与核心价值观体系建设的良好环境，不断增强人民群众的核心价值观意识。凝结着全社会广泛共识的社会主义核心价值观逐步深入人心，在实践中显示出强大的生命力。中华民族建立在源远流长的中华优秀传统文化、孕育在党和人民伟大斗争中的革命文化和社会主义先进文化基础上的文化自信显著增强，新的成就既充实了中国特色社会主义文化理论，也为文化改革发展提供了源源不断的新动力，为文化强国建设奠定了坚实基础。

## 二、文化体制改革不断深入，政策环境得以优化

党的十八大以来，以习近平同志为核心的党中央坚持走中国特色社会主义文化发展道路，弘扬社会主义先进文化，针对我国文化建设做出了一系列重大决策部署。2013 年，党的十八届三中全会提出要紧紧围绕建设社会主义核心价值体系推进文化体制机制创新，建立健全现代文化市场体系，提高文化产业规模化、集约化、专业化水平。2014 年，党的十八届四中全会将文化法治建设作为全面依法治国的重要方面，提出要制定公共文化服务保障法，促进基本公共文化服务标准化、均等化，制定文化产业促进法，把行之有效的文化经济政策法定化，健全促进社会效益和经济效益有机统一的制度规范。2015 年，党的十八届五中全会针对文化改革和发展提出了更为明确的目标，要求深化文化体制改革，完善公共文化服务体系、文化产业体系、文化市场体系；推动基本公共文化服务标准化、均等化发展，创新公共文化服务方式；推动文化产业结构优化升级，发展骨干文化企业和创意文化产业，培育新型文化业态，扩大和引导文化消费，到 2020 年公共文化服务体系基本建成，文化产业成为国民经济支柱性产业。

在党中央系列决策部署指引下，2016 年，《公共文化服务保障法》审议通过，为完善我国文化法律体系、推进政府文化治理能力现代化、维护人民群众的基本文化权益提供了法律依据和保障；国务院及有关部门

也出台了一批有力度、有分量的文化产业发展政策，强有力地推动了文化体制改革和文化产业的发展。其中，国务院印发的《关于推进文化创意和设计服务与相关产业融合发展的若干意见》，要求推进文化创意和设计服务等新型、高端服务业发展，促进与实体经济的深度融合，来培育国民经济新的增长点，提升国家文化软实力和产业竞争力；中共中央办公厅、国务院办公厅印发的《关于推动国有文化企业把社会效益放在首位、实现社会效益和经济效益相统一的指导意见》，充分体现了文化例外原则，提出国有文化企业必须着力建立有文化特色的现代企业制度，充分发挥示范引领和表率带动作用，在推动两个效益相统一中走在前列。与此同时，各有关部门和地方政府制定了相应的配套政策和措施，促进了重要政策的“落地生根”。

在不断完善文化发展政策体系的同时，国家进一步加大对文化发展的投入力度。2016 年，全国一般公共预算文化体育与传媒支出达 3163 亿元，比 2012 年增长 39.4%，2013-2016 年年平均增长 8.7%。其中，中央级一般公共预算文化体育与传媒支出为 248 亿元，比 2012 年增长 28.1%，年平均增长 6.4%。财政资金的有力支持，为构建现代公共文化服务体系、扶持文化产业发展奠定了重要基础。

## 三、公共文化服务能力和均等化水平提高，社会效益逐渐显现

党的十八大以来，我国公共文化设施不断完善，覆盖城乡的公共文化服务网络初步建立；各地区高度重视公共文化服务建设，东、中、西部和东北地区公共文化投入均实现较快增长；文化产业投资向发展水平较低的中西部地区倾斜，区域投资布局更趋合理；城乡居民收入和消费支出不断提高，文化消费差距逐步缩小，公共文化服务能力和均等化水平得以提高，文化产业社会效益逐渐显现。

### （一）公共文化设施逐步完善，服务能力不断增强

各级政府切实履行在文化领域的公共服务职能，不断加强现代公共文化服务体系建设，着力补齐文化民生短板，努力保障人民群众基本文化权益，初步建立了覆盖城乡的公共文化服务体系。“三馆一站”公共文化服务设施全部免费开放，基本实现了“县有公共图书馆、文化馆，乡有综合文化站”的建设目标；深入实施广播电视村村通、文化信息资源共享、农家书屋等重大文化惠民工程，公共文化服务能力和普惠水平不断提高。

基本公共文化设施逐渐完善。2016 年，全国共有群众文化机构 44497 个，比 2012 年增加 621 个，增长 1.4%；公共图书馆 3153 个，比 2012 年增加 77 个，增长 2.5%；博物馆 4109 个，比 2012 年增加 1040 个，增长 33.9%；文物保护管理机构 3318 个，比 2012 年增加 613 个，增长 22.7%。

广播电视覆盖面持续扩大。截至 2016 年底，全国广播综合人口覆盖率为 98.4%，比 2012 年提高 0.9 个百分点；全国电视综合人口覆盖率 98.9%，比 2012 年提高 0.7 个百分点。2016 年，全国有线电视实际用户达 2.3 亿户，比 2012 年增加 1321 万户，增长 6.1%。其中，数字电视实际用户 2.0 亿户，比 2012 年增加 5854 万户，增长 40.9%，年平均增速 9.0%，远高于有线电视实际用户 1.5% 的增速；数字电视实际用户占有线电视实际用户的比重已达 88.3%，比 2012 年提高 21.8 个百分点。

出版事业蓬勃发展。2016 年，全国图书总印数 90.4 亿册（张）、电子出版物出版数量 28839 万张，分别比 2012 年增长 14.0% 和 9.5%。2016 年我国成年国民各媒介综合阅读率为 79.9%，较 2012 年提升 3.6 个百分点；我国成年国民人均图书阅读量为 7.86 本，较 2012 年增加 1.12 本。

### （二）公共文化投入加大，各地区均实现较快增长

以政府为主导，以公共财政为支撑，把公共文化产品和服务项目、公益性文化活动纳入公共财政经常性支出预算是公共文化服务体系建设的重要原则。十八大以来，各地区高度重视公共文化服务建设，地方一般公共预算文化体育与传媒支出持续增加，东、中、西部和东北地区公共文化投入均实现较快增长，中部地区增幅居于首位。2016 年，我国地方一般公共预算文化体育与传媒支出 2915 亿元，比 2012 年增长

40.5%；其中：东部地区 1284 亿元，增长 47.2%；中部地区 562 亿元，增长 54.8%；西部地区 859 亿元，增长 29.1%；东北地区 210 亿元，增长 20.7%。

### （三）文化投资逐渐向中西部倾斜，地区分布更趋合理

在国家政策的引导和各级政府的努力下，我国文化产业投资向发展水平较低的地区倾斜，区域投资布局更趋合理。文化产业固定资产投资中，中西部尤其是西部地区占比提高较快，2016 年西部地区文化产业固定资产投资所占比重达 25.1%，比 2012 年提高 8.6 个百分点；中部地区为 29.6%，比 2012 年提高 3.5 个百分点。

图1 文化产业固定资产投资区域分布

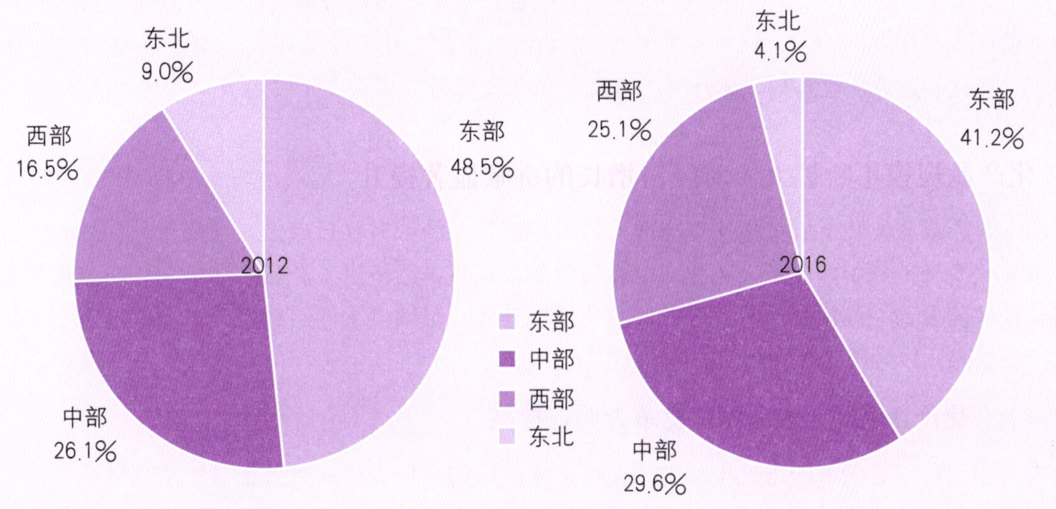


### （四）居民文化消费水平持续提高，城乡差距逐步缩小

随着新型城镇化的推进尤其是城乡一体化进程的加快，我国城乡居民收入和消费支出不断提高，城乡居民在文化消费上的差距逐步缩小。分城乡看，2016 年城镇居民人均文化娱乐消费支出 1269 元，比 2013

图2 城乡居民人均文化娱乐支出

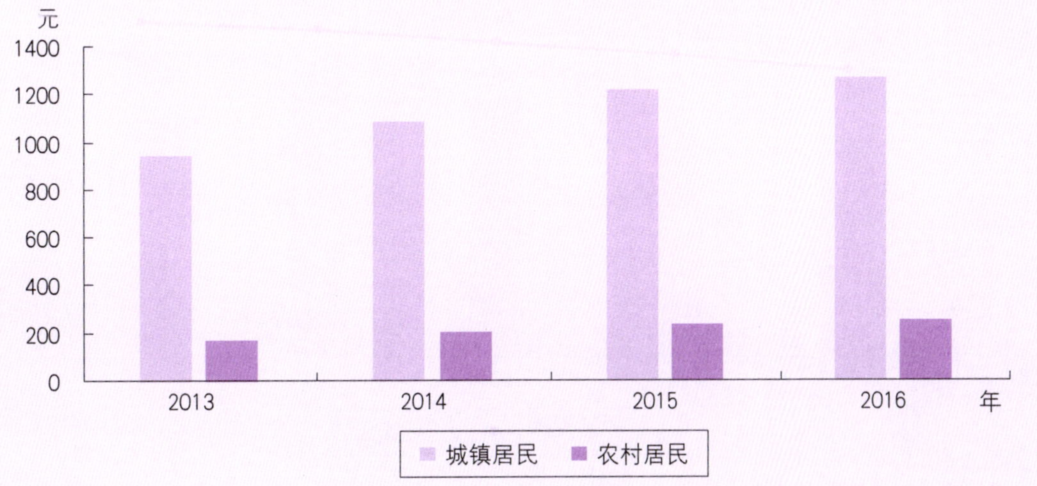

年增长 34.2%，2014-2016 年年均增速 10.3%，比同期城镇居民人均消费支出年均增速高 2.6 个百分点；占城镇居民人均消费支出 5.5%，比 2013 年 5.1% 的水平提高 0.4 个百分点。农村居民人均文化娱乐消费支出 252 元，比 2013 年增长 44.0%，年均增速 12.9%，比同期农村居民人均消费支出年均增速高 2.3 个百分点；占农村居民人均消费支出 2.5%，比 2013 年 2.3% 的水平提高 0.2 个百分点。由于农村居民文化娱乐消费支出的增速高于城镇居民，城乡居民文化娱乐消费支出之比由 2013 年的 5.4 ∶ 1，降低到 2016 年的 5.0 ∶ 1。

### （五）文化产业就业拉动作用明显，服务业吸纳能力最强

文化产业是文化与经济相互交融的集中体现，文化的经济功能很大程度上通过文化产业体现，而文化产业所具有的增加就业的特性也在一定程度上实现了文化产业经济效益和社会效益的双效统一。截至 2016 年底，我国文化产业法人单位共吸纳就业人员 2178 万人，比 2013 年增长 23.8%，占全社会就业人员的比重为 2.8%，比 2013 年提高 0.5 个百分点。分产业类型看，文化服务业吸纳就业能力最强。2016 年，文化服务业吸纳就业人员 1143 万人，比 2013 年增长 41.4%；占全部文化产业从业人员的比重为 52.5%，提高 6.5 个百分点。文化制造业从业人员 859 万人，增长 6.6%；文化批发零售业 175 万人，增长 19.8%。

## 四、文化产业规模不断扩大，对经济增长的贡献显著提升

党的十八大以来，我国放宽文化市场准入，市场主体、经营方式日趋多元。文化与科技融合发展，促进了传统文化企业的转型和新兴文化业态的迅猛崛起。在我国经济进入新常态的情况下，文化产业保持较快发展，产业竞争力明显增强，对促进经济结构调整升级、推动供给侧结构性改革发挥着重要作用，突显了文化产业成为国民经济支柱性产业的巨大潜力。

### （一）文化产业增长较快，整体竞争力明显提高

党中央和国务院有关部门进一步加大了文化产业政策的扶持力度，有效推进了文化领域供给侧结构性改革。我国文化产业实现较快增长，文化产业规模不断壮大，整体竞争力明显提高；产业结构不断优化，文化服务业成为推动文化产业发展的主体力量，文化产业对国民经济增长的贡献逐年增大。初步测算，2016 年我国文化产业实现增加值 30254 亿元，比 2012 年增长 67.4%，2013-2016 年年均增速 13.7%（未扣除价格因素影响，下同），比同期 GDP 现价增速高 5.4 个百分点，文化产业呈现出快速增长的态势。

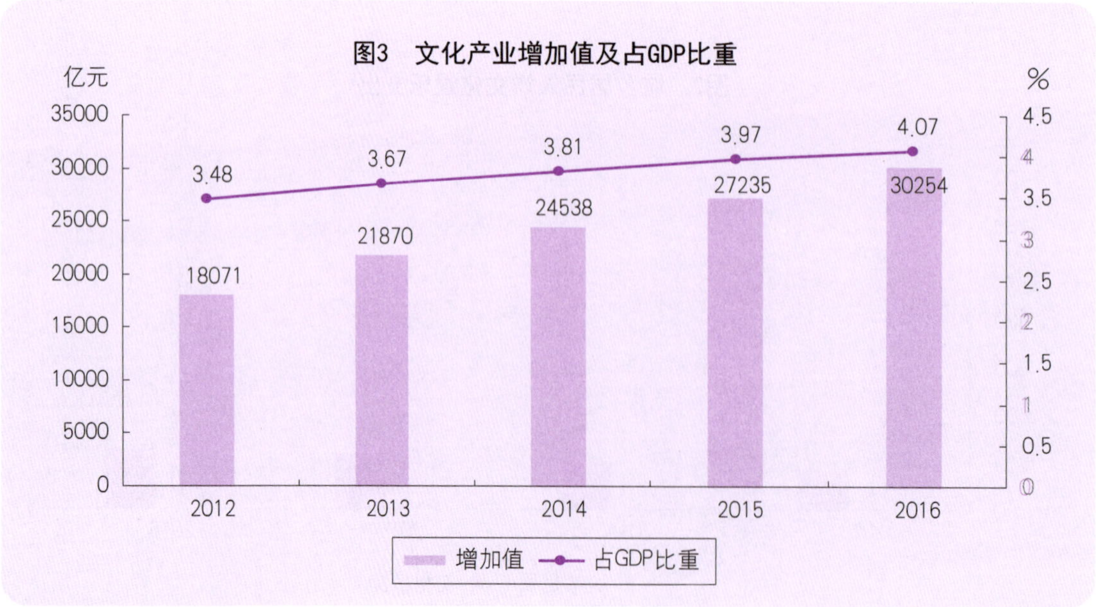


注：2016 年为初步测算数据。

分产业类型看，2015 年文化服务业实现增加值 13640 亿元，比 2013 年增长 32.3%，2014-2015 年年均增速 15.0%，占文化产业增加值的比重为 50.1%，比 2013 年增加 3 个百分点。文化制造业增加值 11053 亿元，比 2013 年增长 17.4%，年均增速 8.3%，占比为 40.6%。文化批发零售业增加值 2542 亿元，增长 18.5%，年均增速 8.8%，占比为 9.3%。文化服务业快速增长，已成为推动文化产业发展的主体力量，文化产业结构进一步优化和升级。

从对国民经济增长的贡献看，文化产业增加值占 GDP 的比重由 2012 年的 3.48% 提高到 2016 年的 4.07%，增加了 0.6 个百分点，占比呈逐年提高的态势，对 GDP 增量的贡献年平均达到 6.0%，表明文化产业对推动国民经济保持中高速发展正发挥越来越重要的作用。同时，文化产业因资源消耗低、环境污染少、科技含量高，具有低碳经济、绿色经济的特点，为国民经济转型升级和提质增效提供了有力支撑。

### （二）“互联网 + 文化”优势明显，文化新业态发展强劲

文化与国民经济相关产业加速融合发展，跨界融合已成为文化产业发展最突出的特点。文化产品和服务的生产、传播、消费的数字化、网络化进程加快，基于互联网和移动互联网的新型文化业态成为文化产业发展的新动能和新增长点，“互联网 + 文化”优势明显，文化创意和设计服务业蓬勃发展。

分行业看，在文化产业的 10 个行业类别中，以“互联网 +”为主要形式的文化信息传输服务业发展迅猛，2015 年实现增加值 2858 亿元，比 2013 年增加 1055 亿元，年均增速为 25.9%；占文化产业增加值的比重为 10.5%，比 2013 年提高 2.3 个百分点。文化创意和设计服务业呈现蓬勃发展势头，2015 年实现增加值 4953 亿元，比 2013 年增加 1237 亿元，年均增速为 15.4%；所占比重为 18.2%，比 2013 年提高 1.2 个百分点。从营业收入看，2016 年全国规模以上文化信息传输服务业的营业收入为 6053 亿元、比上年增长 33.4%，2017 年上半年同比继续保持 32.7% 的高速增长，文化新业态发展势头强劲。

### （三）文化骨干企业不断壮大，整体实力稳步提升

各地区和有关部门加强文化产业园区和基地规划建设，大力促进区域文化产业协调发展，推进资源整合、优化布局和结构调整，我国文化骨干企业 数量逐年增加，企业规模持续扩大，规模化、集约化、专业化水平进一步提升，增强了文化产业的发展动力，对文化产业发展的贡献不断提高。

2016 年，全国共有文化骨干企业 5.5 万家，比 2012 年增长 50.1%，2013-2016 年年均增长 10.7%；企业从业人员为 872 万人，比 2012 年增长 24.6%，年均增长 5.7%；实现营业收入 94051 亿元，比 2012 年增长 67.2%，年均增长 13.7%。这些骨干企业已经成为文化产业实现较快发展的主体力量，以 2015 年为例，文化骨干企业数仅占全部文化产业法人单位的 4.3%，但实现增加值 17796 亿元，占文化产业增加值的比重达 65.3%，比 2013 年提高 0.5 个百分点，有力支撑我国文化产业发展。

## 五、文化需求快速增长，文化发展空间不断扩大

党的十八大以来，在国家政策的鼓励和指引下，我国文化产业投资主体呈现多元化格局，固定资产投资规模持续扩大；居民文化消费水平不断提高，为文化消费提供巨大发展空间；文化产品进出口连续多年保持顺差，与“一带一路”沿线国家的文化贸易取得积极进展。文化需求的快速增长是保证文化发展、实现文化强国目标的有力保障。

### （一）文化产业投资主体多元化，投资规模持续扩大

在国家文化产业政策引导下，我国文化产业投资主体呈多元化格局，固定资产投资规模持续扩大，社会资本进入文化产业领域的步伐不断加快。2016 年，我国文化产业固定资产投资额 达 33713 亿元，比 2012 年增长 115.5%，2013-2016 年年均增速 21.2%，高于同期全社会固定资产投资年均增速 8.1 个百分点。

文化产业固定资产投资占全社会固定资产投资的比重为5.7%，比2012年提高1.4个百分点。在2016年文化产业固定资产投资实际到位资金中，国家预算资金所占比重为4.8%、国内贷款占8.0%、利用外资占0.5%、自筹资金占82.1%、其他资金占4.6%。与2012年相比，自筹资金所占比重提高1.5个百分点，国内贷款和其他资金所占比重提高0.1个百分点。

图4 文化产业固定资产投资及占比

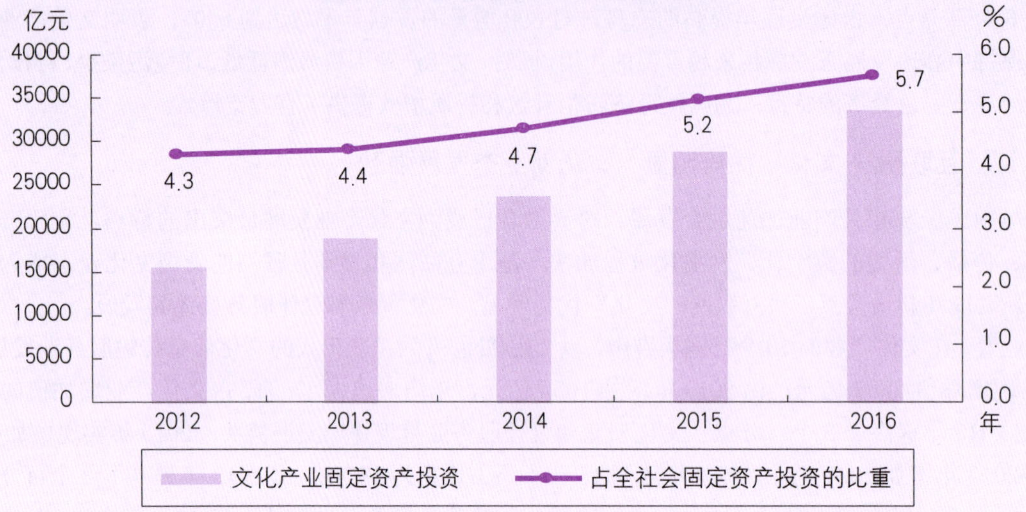


### （二）居民文化消费水平逐年提高，有力拉动文化发展

文化消费是文化发展的基础，也是文化发展的目的，更是扩大内需的重要组成部分。十八大以来，我国城镇化的持续推进和城市人口不断增加带动了文化消费需求增长，同时，随着居民生活质量逐步提高，人民群众多样化、多层次的精神需求快速增长，为文化消费提供巨大的发展空间和市场。2016年，全国居民用于文化娱乐的人均消费支出为800元，比2013年增长38.7%；2014-2016年年均增长11.5%，增速比同期全部人均消费支出高2.5个百分点；文化娱乐支出占全部消费支出4.7%，高于2013年4.4%的水平。2016年全国电影票房收入493亿元，是2012年的2.4倍，2013-2016年年均增速达到24.0%，推动了电影市场快速增长。居民文化消费水平不断提高，对文化产品和服务的更高需求有力地拉动了文化产业的发展。

### （三）文化产品贸易保持顺差，“一带一路”合作成效显著

我国加快发展对外文化贸易，尤其是国务院《关于加快发展对外文化贸易的意见》出台后，我国文化贸易迈上新台阶：文化产品进出口连续多年保持顺差，与“一带一路”沿线国家的文化贸易取得积极进展，文化交流、文化贸易和文化投资并举的“走出去”新格局逐渐形成，文化走出去步伐加快，国家文化软实力得到提升。

2013-2015年，我国文化产品进出口总额均保持1千亿美元以上的规模，文化产品贸易连续实现顺差。2016年，我国文化产品进出口总额为885亿美元，占全国货物进出口总额的2.4%，比2012年提高0.1个百分点，文化产品贸易顺差为688亿美元。2016年，我国对“一带一路”沿线国家文化产品进出口总额达149亿美元，比2012年增长15.4%；占文化产品进出口总额的16.8%，比2012年提高2.3个百分点。其中，出口126亿美元，增长21.6%。

党的十八大以来，我国文化改革发展取得重大进展和显著成效，文化事业繁荣发展，公共文化服务能力不断提高；文化产业快速发展，传统文化产业持续壮大，新兴文化产业迅速崛起。文化建设呈现新面貌

新气象，文化整体实力和国家文化软实力明显提高。但随着经济发展进入新常态，我国文化建设步入新阶段，在文化软实力、产业竞争力和世界影响力方面与建设文化强国的宏伟目标还有不小差距，仍需付出巨大努力。

“十三五”时期是全面建成小康社会决胜阶段，也是促进文化繁荣发展的关键时期。我们必须坚定文化自信，贯穿创新、协调、绿色、开放、共享的新发展理念，坚持以社会主义核心价值观为引领，坚持正确的舆论导向，充分展示文化魅力，不断增强文化吸引力和感召力；继续推进文化体制改革，激发文化创造活力；精心打造文化品牌，将文化资源转化为文化软实力；加快网络文化发展，掌握网络文化领导权。我们要立足我国文化发展改革实际，努力推动文化建设适应新形势、形成新机制、实现新进展，确保2020年文化小康各项任务的实现，持续推进社会主义文化强国建设，进一步开创文化繁荣发展的新局面。

（国家统计局社会科技与文化产业统计司）

2017 Statistical Analysis Report on Cultural Development

# 2017文化发展统计分析报告

# 附　录

表 1 2016 年全国文化发展主要统计数据

| 指标 | 单位 | 总量指标 | | 增长速度（%） |
|---|---|---|---|---|
| | | 2015 年 | 2016 年 | |
| **机构和人员** | | | | |
| 机构数 | 个 | 299149 | 310641 | 3.8 |
| 从业人员数 | 人 | 2294445 | 2348078 | 2.3 |
| **文化投入** | | | | |
| 文化事业费 | 亿元 | 682.97 | 770.69 | 12.8 |
| 人均文化事业费 | 元 | 49.68 | 55.74 | 12.2 |
| **公共图书馆** | | | | |
| 机构数 | 个 | 3139 | 3153 | 0.4 |
| 总藏量 | 万册 | 83844 | 90163 | 7.5 |
| 总流通人次 | 万人次 | 58892 | 66037 | 12.1 |
| **群众文化** | | | | |
| 机构数 | 个 | 44291 | 44497 | 0.5 |
| # 文化站 | 个 | 40976 | 41175 | 0.5 |
| 提供文化服务次数 | 万次 | 166.39 | 183.97 | 10.6 |
| 举办展览 | 万次 | 13.98 | 15.01 | 7.4 |
| 组织文艺活动 | 万次 | 95.99 | 106.53 | 11.0 |
| 组织公益性讲座 | 万次 | 2.79 | 3.38 | 21.1 |
| 举办训练班 | 万次 | 53.63 | 59.05 | 10.1 |
| 文化服务惠及人次 | 万人次 | 54826 | 57896 | 5.6 |
| **艺术表演团体** | | | | |
| 机构数 | 个 | 10787 | 12301 | 14.0 |
| 演出场次 | 万场次 | 210.78 | 230.60 | 9.4 |
| # 农村演出场次 | 万场次 | 139.08 | 151.60 | 9.0 |
| 国内演出观众人次 | 万人次 | 95798.99 | 118137.67 | 23.3 |
| # 农村观众人次 | 万人次 | 58453.69 | 62052 | 6.2 |
| 演出收入 | 万元 | 939310 | 1308590 | 39.3 |
| **艺术表演场馆** | | | | |
| 机构数 | 个 | 2143 | 2285 | 6.6 |
| 艺术演出场次 | 万场次 | 13.68 | 19.09 | 39.5 |
| 艺术演出观众人次 | 万人次 | 2853.63 | 3098.05 | 8.6 |
| 艺术演出收入 | 万元 | 277653 | 273060 | -1.7 |
| **文化市场** | | | | |
| 机构数 | 个 | 231709 | 242653 | 4.7 |
| 从业人员数 | 个 | 1564660 | 1609834 | 2.9 |
| 营业收入 | | | | |
| 营业利润 | 个 | 8676 | 8954 | 3.2 |
| **文物业** | 万件 / 套 | 4139.19 | 4455.91 | 7.7 |
| 机构数 | 万人次 | 92508 | 101269 | 9.5 |
| 总藏品 | 万件 / 套 | 4063.58 | 4138.86 | 1.9 |
| 参观人次 | 万人次 | 84256 | 92508 | 9.8 |

**表 2 按年份全国主要文化机构数**

单位：个

| 年 份 | 公共图书馆 | 文化馆 | 文化站 | 博物馆 | 艺术表演团体 | 公有制艺术表演场馆 |
|---|---|---|---|---|---|---|
| 1949 年 | 55 | 896 | | 21 | 1000 | 891 |
| 1952 年 | 83 | 2430 | | 35 | 2084 | 1510 |
| 1957 年 | 400 | 2748 | | 72 | 2884 | 2296 |
| 1962 年 | 541 | 2575 | 1192 | 230 | 3320 | 2249 |
| 1965 年 | 562 | 2660 | 2125 | 214 | 3458 | 2943 |
| 1970 年 | 323 | 2332 | 1794 | 182 | 2541 | 1432 |
| 1975 年 | 629 | 2670 | 2717 | 242 | 2836 | 1464 |
| 1978 年 | 1218 | 2840 | 4053 | 349 | 3150 | 1095 |
| 1980 年 | 1732 | 3130 | 5609 | 365 | 3533 | 1444 |
| 1985 年 | 2344 | 3295 | 5281 | 711 | 3317 | 1377 |
| 1986 年 | 2406 | 3330 | 5583 | 777 | 3195 | 2058 |
| 1987 年 | 2440 | 3321 | 5653 | 827 | 3094 | 2148 |
| 1988 年 | 2485 | 3333 | 5712 | 903 | 2985 | 2081 |
| 1989 年 | 2512 | 3321 | 5716 | 967 | 2850 | 2050 |
| 1990 年 | 2527 | 3321 | 5895 | 1013 | 2805 | 1955 |
| 1991 年 | 2535 | 3265 | 7242 | 1075 | 2772 | 2068 |
| 1992 年 | 2558 | 3272 | 6292 | 1106 | 2753 | 2037 |
| 1993 年 | 2572 | 3256 | 6899 | 1130 | 2707 | 2024 |
| 1994 年 | 2589 | 3261 | 8015 | 1161 | 2698 | 1998 |
| 1995 年 | 2615 | 3259 | 10228 | 1194 | 2682 | 1958 |
| 1996 年 | 2620 | 3284 | 41969 | 1219 | 2664 | 1934 |
| 1997 年 | 2628 | 3286 | 42163 | 1282 | 2663 | 1947 |
| 1998 年 | 2662 | 3287 | 42547 | 1339 | 2652 | 1929 |
| 1999 年 | 2669 | 3294 | 42543 | 1363 | 2632 | 1911 |
| 2000 年 | 2675 | 3297 | 42024 | 1392 | 2619 | 1900 |
| 2001 年 | 2696 | 3241 | 40138 | 1461 | 2605 | 1854 |
| 2002 年 | 2697 | 3243 | 39273 | 1511 | 2587 | 1829 |
| 2003 年 | 2709 | 3228 | 38588 | 1515 | 2601 | 1900 |
| 2004 年 | 2720 | 3221 | 38181 | 1548 | 2759 | 1928 |
| 2005 年 | 2762 | 3226 | 38362 | 1581 | 2805 | 1759 |
| 2006 年 | 2778 | 3214 | 36874 | 1617 | 2866 | 1724 |
| 2007 年 | 2799 | 3217 | 37384 | 1722 | 4512 | 1732 |
| 2008 年 | 2820 | 3218 | 37938 | 1893 | 5114 | 1662 |
| 2009 年 | 2850 | 3223 | 38736 | 2252 | 6139 | 1499 |
| 2010 年 | 2884 | 3264 | 40118 | 2435 | 6864 | 1461 |
| 2011 年 | 2952 | 3285 | 40390 | 2650 | 7055 | 1429 |
| 2012 年 | 3076 | 3301 | 40575 | 3069 | 7321 | 1279 |
| 2013 年 | 3112 | 3315 | 40945 | 3473 | 8180 | 1253 |
| 2014 年 | 3117 | 3313 | 41110 | 3658 | 8769 | 1248 |
| 2015 年 | 3139 | 3315 | 40976 | 3852 | 10787 | 1264 |
| 2016 年 | 3153 | 3322 | 41175 | 4109 | 12301 | 1265 |

注：2007 年以前艺术表演团体为文化部门系统内数据，2007 年起含非文化部门单位。1996 年以前文化站数据未包括其他部门所属乡镇综合文化站，1996—1998 年文化站数据包括其他部门所属单位，1999 年以后，其他部门所属文化站归文化部门管理。

## 表 3 按年份全国文化事业费基本情况

单位：亿元、%

| | 文化事业费 | 国家财政总支出 | 文化事业费总支出占国家财政比重 |
|---|---|---|---|
| 1978 年 | 4.44 | 1122.09 | 0.40 |
| 1979 年 | 5.84 | 1281.79 | 0.46 |
| 1980 年 | 5.61 | 1228.83 | 0.46 |
| **六五时期** | **36.03** | **7483.18** | **0.48** |
| 1985 年 | 9.32 | 2004.25 | 0.47 |
| **七五时期** | **62.45** | **12865.67** | **0.49** |
| 1986 年 | 10.74 | 2204.91 | 0.49 |
| 1987 年 | 10.77 | 2262.18 | 0.48 |
| 1988 年 | 12.18 | 2491.21 | 0.49 |
| 1989 年 | 13.57 | 2823.78 | 0.48 |
| 1990 年 | 15.19 | 3083.59 | 0.49 |
| **八五时期** | **121.33** | **24387.46** | **0.50** |
| 1991 年 | 17.28 | 3386.62 | 0.51 |
| 1992 年 | 19.46 | 3742.20 | 0.52 |
| 1993 年 | 22.37 | 4642.30 | 0.48 |
| 1994 年 | 28.83 | 5792.62 | 0.50 |
| 1995 年 | 33.39 | 6823.72 | 0.49 |
| **九五时期** | **254.51** | **57043.46** | **0.45** |
| 1996 年 | 38.77 | 7937.55 | 0.49 |
| 1997 年 | 46.19 | 9233.56 | 0.50 |
| 1998 年 | 50.78 | 10798.18 | 0.47 |
| 1999 年 | 55.61 | 13187.67 | 0.42 |
| 2000 年 | 63.16 | 15886.50 | 0.40 |
| **十五时期** | **496.13** | **128022.85** | **0.39** |
| 2001 年 | 70.99 | 18902.58 | 0.38 |
| 2002 年 | 83.66 | 22053.15 | 0.38 |
| 2003 年 | 94.03 | 24649.95 | 0.38 |
| 2004 年 | 113.63 | 28486.89 | 0.40 |
| 2005 年 | 133.82 | 33930.28 | 0.39 |
| **十一五时期** | **1220.40** | **318970.83** | **0.38** |
| 2006 年 | 158.03 | 40422.73 | 0.39 |
| 2007 年 | 198.96 | 49781.35 | 0.40 |
| 2008 年 | 248.04 | 62592.66 | 0.40 |
| 2009 年 | 292.31 | 76299.93 | 0.38 |
| 2010 年 | 323.06 | 89874.16 | 0.36 |
| **十二五时期** | **2669.62** | **703076.19** | **0.38** |
| 2011 年 | 392.62 | 109247.79 | 0.36 |
| 2012 年 | 480.10 | 125952.97 | 0.38 |
| 2013 年 | 530.49 | 140212.10 | 0.38 |
| 2014 年 | 583.44 | 151785.56 | 0.38 |
| 2015 年 | 682.97 | 175877.77 | 0.39 |
| 2016 年 | 770.69 | 187841.12 | 0.41 |

注：①国家财政总支出系国家财政决算数。
②文化事业费：1953 年~1980 年系国家财政决算数（“一五”至“四五”时期含文物、出版经费，“五五”时期不含文物、出版经费）；1981 年以后系文化事业统计年报数（不含文物、出版及科学研究费；不含基本建设的财政拨款和行政运行经费，以下各表同）。

**表 4　按年份各地区文化事业费**

单位：万元

| 地　区 | 1995 年 | 2000 年 | 2005 年 | 2010 年 | 2014 年 | 2015 年 |
|---|---|---|---|---|---|---|
| **全　国** | **333853** | **631591** | **1338193** | **3230646** | **6829708** | **7706876** |
| 中　央 | 20973 | 55498 | 113028 | 152787 | 369620 | 341006 |
| 北　京 | 8427 | 24008 | 64587 | 161693 | 275832 | 352798 |
| 天　津 | 5098 | 9796 | 31592 | 56348 | 153744 | 158048 |
| 河　北 | 11393 | 18984 | 39626 | 70307 | 185348 | 184922 |
| 山　西 | 9215 | 12347 | 29832 | 78000 | 182007 | 197818 |
| 内蒙古 | 8624 | 14515 | 30543 | 112982 | 228905 | 259572 |
| 辽　宁 | 17525 | 26790 | 47578 | 113430 | 165405 | 194196 |
| 吉　林 | 10613 | 15711 | 26566 | 90327 | 156425 | 159929 |
| 黑龙江 | 10722 | 16598 | 33742 | 74631 | 152601 | 175482 |
| 上　海 | 15431 | 42608 | 79201 | 186266 | 365523 | 422148 |
| 江　苏 | 18234 | 38527 | 77658 | 163123 | 403417 | 470804 |
| 浙　江 | 14764 | 35334 | 110397 | 242002 | 488225 | 544516 |
| 安　徽 | 8836 | 15849 | 30541 | 76813 | 146252 | 175603 |
| 福　建 | 11023 | 22174 | 42949 | 101855 | 187522 | 215770 |
| 江　西 | 7404 | 10696 | 23398 | 73401 | 127094 | 128944 |
| 山　东 | 16315 | 30944 | 61687 | 138876 | 299770 | 320980 |
| 河　南 | 12447 | 20948 | 37708 | 95143 | 206034 | 222776 |
| 湖　北 | 11268 | 19367 | 43585 | 114389 | 235648 | 290408 |
| 湖　南 | 10525 | 16564 | 34771 | 86133 | 193798 | 241901 |
| 广　东 | 27486 | 58321 | 128095 | 269940 | 539257 | 656969 |
| 广　西 | 8617 | 14608 | 28089 | 80097 | 172230 | 199327 |
| 海　南 | 2965 | 3468 | 6007 | 27356 | 57512 | 70204 |
| 重　庆 |  | 9151 | 17505 | 77350 | 169727 | 204828 |
| 四　川 | 16905 | 20500 | 44523 | 143902 | 395788 | 403685 |
| 贵　州 | 4785 | 9131 | 18731 | 53676 | 119936 | 151128 |
| 云　南 | 14563 | 23945 | 42036 | 86881 | 191211 | 218728 |
| 西　藏 | 2124 | 4264 | 8003 | 21050 | 57816 | 72824 |
| 陕　西 | 8583 | 13976 | 23462 | 89457 | 205168 | 216685 |
| 甘　肃 | 6935 | 9130 | 20882 | 55563 | 113802 | 143170 |
| 青　海 | 2574 | 3696 | 7349 | 41114 | 65393 | 78467 |
| 宁　夏 | 2108 | 3625 | 9646 | 24483 | 58611 | 67681 |
| 新　疆 | 7371 | 10518 | 24877 | 71273 | 160088 | 165558 |

## 表 5 按年份各地区人均文化事业费及位次

单位：元

| 地区 | 1995年 | | 2000年 | | 2005年 | | 2010年 | | 2015年 | | 2016年 | |
|---|---|---|---|---|---|---|---|---|---|---|---|---|
| | 人均经费 | 位次 | 人均经费 | 位次 | 人均经费 | 位次 | 人均经费 | 位次 | 人均经费 | 位次 | 人均经费 | 位次 |
| **全 国** | **2.75** | | **4.99** | | **10.23** | | **24.11** | | **49.68** | | **55.74** | |
| 北 京 | 8.74 | 2 | 17.37 | 2 | 41.99 | 2 | 82.44 | 1 | 127.08 | 3 | 162.36 | 3 |
| 天 津 | 7.56 | 3 | 9.79 | 4 | 30.29 | 3 | 43.55 | 7 | 99.39 | 5 | 101.18 | 6 |
| 河 北 | 1.78 | 25 | 2.81 | 25 | 5.78 | 25 | 9.78 | 31 | 24.96 | 29 | 24.76 | 30 |
| 山 西 | 3.12 | 15 | 3.74 | 19 | 8.89 | 16 | 21.84 | 17 | 49.67 | 16 | 53.73 | 18 |
| 内蒙古 | 4.13 | 9 | 6.11 | 11 | 12.80 | 9 | 45.73 | 5 | 91.16 | 6 | 103.00 | 5 |
| 辽 宁 | 4.31 | 6 | 6.32 | 10 | 11.27 | 12 | 25.93 | 14 | 37.74 | 23 | 44.36 | 23 |
| 吉 林 | 4.21 | 8 | 5.76 | 12 | 9.78 | 14 | 32.89 | 9 | 56.81 | 11 | 58.52 | 14 |
| 黑龙江 | 2.95 | 16 | 4.50 | 16 | 8.83 | 17 | 19.48 | 21 | 40.03 | 22 | 46.19 | 21 |
| 上 海 | 13.10 | 1 | 25.45 | 1 | 44.54 | 1 | 80.92 | 2 | 151.34 | 2 | 174.44 | 2 |
| 江 苏 | 2.62 | 8 | 5.18 | 15 | 10.39 | 13 | 20.74 | 19 | 50.58 | 14 | 58.86 | 13 |
| 浙 江 | 3.26 | 13 | 7.55 | 5 | 22.54 | 5 | 44.46 | 6 | 88.14 | 7 | 97.41 | 8 |
| 安 徽 | 1.48 | 28 | 2.65 | 26 | 4.99 | 30 | 12.91 | 29 | 23.81 | 30 | 28.34 | 28 |
| 福 建 | 3.27 | 12 | 6.39 | 9 | 12.15 | 11 | 27.61 | 12 | 48.85 | 17 | 55.70 | 16 |
| 江 西 | 1.94 | 22 | 2.58 | 28 | 5.43 | 27 | 16.47 | 25 | 27.84 | 28 | 28.08 | 29 |
| 山 东 | 1.93 | 23 | 3.41 | 21 | 6.67 | 21 | 14.50 | 27 | 30.44 | 26 | 32.27 | 27 |
| 河 南 | 1.34 | 30 | 2.26 | 31 | 4.02 | 31 | 10.12 | 30 | 21.73 | 31 | 23.37 | 31 |
| 湖 北 | 2.04 | 21 | 3.21 | 23 | 7.63 | 19 | 19.98 | 20 | 40.27 | 21 | 49.35 | 19 |
| 湖 南 | 1.67 | 26 | 2.57 | 29 | 5.50 | 26 | 13.11 | 28 | 28.57 | 27 | 35.46 | 26 |
| 广 东 | 3.93 | 10 | 6.75 | 7 | 13.93 | 7 | 25.88 | 15 | 49.71 | 15 | 59.73 | 12 |
| 广 西 | 1.93 | 24 | 3.25 | 22 | 6.03 | 24 | 17.40 | 24 | 35.91 | 24 | 41.20 | 25 |
| 海 南 | 2.50 | 19 | 4.41 | 17 | 7.25 | 20 | 31.55 | 11 | 63.14 | 10 | 76.56 | 9 |
| 重 庆 | | | 2.96 | 24 | 6.09 | 23 | 26.81 | 13 | 56.27 | 12 | 67.20 | 11 |
| 四 川 | 1.56 | 27 | 2.46 | 30 | 5.42 | 28 | 17.89 | 23 | 48.24 | 18 | 48.86 | 20 |
| 贵 州 | 1.36 | 29 | 2.59 | 27 | 5.02 | 29 | 15.45 | 26 | 33.98 | 25 | 42.51 | 24 |
| 云 南 | 3.47 | 11 | 5.58 | 13 | 9.45 | 15 | 18.90 | 22 | 40.32 | 20 | 45.85 | 22 |
| 西 藏 | 3.22 | 14 | 16.27 | 3 | 28.89 | 4 | 70.12 | 4 | 178.46 | 1 | 220.01 | 1 |
| 陕 西 | 2.42 | 20 | 3.88 | 18 | 6.31 | 22 | 23.97 | 16 | 54.09 | 13 | 56.83 | 15 |
| 甘 肃 | 2.93 | 17 | 3.56 | 20 | 8.05 | 18 | 21.73 | 18 | 43.78 | 19 | 54.85 | 17 |
| 青 海 | 5.30 | 5 | 7.14 | 6 | 13.53 | 8 | 73.07 | 3 | 111.13 | 4 | 132.32 | 4 |
| 宁 夏 | 4.23 | 7 | 6.45 | 8 | 16.18 | 6 | 38.85 | 8 | 87.76 | 8 | 100.27 | 7 |
| 新 疆 | 5.39 | 4 | 5.46 | 14 | 12.38 | 10 | 32.67 | 10 | 67.84 | 9 | 69.04 | 10 |

**表 6　按年份各地区文化事业费占财政支出比重**

单位：%

| 地区 | 1995 年 | | 2000 年 | | 2005 年 | | 2010 年 | | 2014 年 | | 2015 年 | |
|---|---|---|---|---|---|---|---|---|---|---|---|---|
| | 比重 | 位次 | 比重 | 位次 | 比重 | 位次 | 比重 | 位次 | 比重 | 位次 | 比重 | 位次 |
| **全　国** | **0.49** | | **0.40** | | **0.39** | | **0.36** | | **0.38** | | **0.41** | |
| 北　京 | 0.55 | 28 | 0.54 | 14 | 0.61 | 4 | 0.60 | 2 | 0.55 | 3 | 0.48 | 8 |
| 天　津 | 0.55 | 28 | 0.53 | 15 | 0.71 | 3 | 0.41 | 14 | 0.43 | 16 | 0.48 | 9 |
| 河　北 | 0.60 | 23 | 0.46 | 28 | 0.40 | 24 | 0.25 | 31 | 0.31 | 26 | 0.33 | 27 |
| 山　西 | 0.82 | 7 | 0.55 | 11 | 0.44 | 14 | 0.40 | 15 | 0.46 | 12 | 0.53 | 4 |
| 内蒙古 | 0.84 | 5 | 0.59 | 8 | 0.44 | 15 | 0.50 | 7 | 0.49 | 6 | 0.54 | 3 |
| 辽　宁 | 0.64 | 15 | 0.52 | 17 | 0.39 | 25 | 0.35 | 22 | 0.29 | 28 | 0.37 | 24 |
| 吉　林 | 0.88 | 3 | 0.90 | 1 | 0.42 | 18 | 0.51 | 6 | 0.47 | 9 | 0.49 | 7 |
| 黑龙江 | 0.61 | 18 | 0.45 | 30 | 0.42 | 19 | 0.33 | 25 | 0.36 | 22 | 0.38 | 21 |
| 上　海 | 0.59 | 25 | 0.68 | 5 | 0.48 | 9 | 0.56 | 4 | 0.68 | 2 | 0.59 | 2 |
| 江　苏 | 0.72 | 10 | 0.61 | 6 | 0.46 | 12 | 0.33 | 26 | 0.41 | 19 | 0.42 | 15 |
| 浙　江 | 0.82 | 7 | 0.82 | 2 | 0.87 | 1 | 0.75 | 1 | 0.73 | 1 | 0.73 | 1 |
| 安　徽 | 0.65 | 14 | 0.49 | 23 | 0.42 | 20 | 0.30 | 29 | 0.26 | 31 | 0.28 | 31 |
| 福　建 | 0.64 | 15 | 0.69 | 4 | 0.72 | 2 | 0.60 | 3 | 0.45 | 13 | 0.47 | 10 |
| 江　西 | 0.67 | 13 | 0.48 | 26 | 0.41 | 22 | 0.38 | 18 | 0.27 | 30 | 0.29 | 30 |
| 山　东 | 0.59 | 25 | 0.51 | 18 | 0.42 | 21 | 0.34 | 23 | 0.35 | 23 | 0.36 | 25 |
| 河　南 | 0.60 | 23 | 0.47 | 27 | 0.33 | 31 | 0.28 | 30 | 0.29 | 29 | 0.30 | 28 |
| 湖　北 | 0.69 | 12 | 0.53 | 15 | 0.55 | 6 | 0.46 | 10 | 0.34 | 24 | 0.38 | 22 |
| 湖　南 | 0.61 | 18 | 0.49 | 23 | 0.39 | 26 | 0.32 | 28 | 0.32 | 25 | 0.34 | 26 |
| 广　东 | 0.52 | 30 | 0.55 | 11 | 0.55 | 7 | 0.50 | 8 | 0.49 | 7 | 0.42 | 16 |
| 广　西 | 0.61 | 18 | 0.57 | 10 | 0.45 | 13 | 0.40 | 16 | 0.42 | 18 | 0.42 | 17 |
| 海　南 | 0.70 | 11 | 0.51 | 18 | 0.39 | 27 | 0.47 | 9 | 0.55 | 4 | 0.46 | 12 |
| 重　庆 | | | 0.49 | 23 | 0.35 | 29 | 0.45 | 11 | 0.40 | 20 | 0.45 | 13 |
| 四　川 | 0.61 | 18 | 0.45 | 30 | 0.41 | 23 | 0.34 | 24 | 0.51 | 5 | 0.53 | 5 |
| 贵　州 | 0.56 | 27 | 0.46 | 28 | 0.35 | 30 | 0.33 | 27 | 0.30 | 27 | 0.30 | 29 |
| 云　南 | 0.62 | 17 | 0.58 | 9 | 0.54 | 8 | 0.38 | 19 | 0.39 | 21 | 0.41 | 20 |
| 西　藏 | 0.61 | 18 | 0.71 | 3 | 0.43 | 16 | 0.38 | 20 | 0.43 | 17 | 0.42 | 18 |
| 陕　西 | 0.84 | 5 | 0.51 | 18 | 0.36 | 28 | 0.40 | 17 | 0.49 | 8 | 0.47 | 11 |
| 甘　肃 | 0.85 | 4 | 0.50 | 22 | 0.48 | 10 | 0.38 | 21 | 0.44 | 15 | 0.38 | 23 |
| 青　海 | 0.89 | 2 | 0.55 | 11 | 0.43 | 17 | 0.55 | 5 | 0.47 | 10 | 0.43 | 14 |
| 宁　夏 | 0.92 | 1 | 0.60 | 7 | 0.60 | 5 | 0.44 | 12 | 0.47 | 11 | 0.51 | 6 |
| 新　疆 | 0.76 | 9 | 0.51 | 18 | 0.47 | 11 | 0.42 | 13 | 0.45 | 12 | 0.42 | 19 |

表 7 历年全国公共图书馆主要指标

| 年 份 | 机构数（个） | 从业人员（人） | 总藏量（万册、件） | 总流通人次（万人次） | 书刊、文献外借册次（万册次） | 本年新购藏量（万册） | 实际使用房屋建筑面积（万平方米） | 阅览座席数（万个） |
|---|---|---|---|---|---|---|---|---|
| 1979 年 | 1651 | | 18353 | 7787 | 9625 | | 86.6 | |
| 1980 年 | 1732 | | 19904 | 9045 | 11830 | | 92.0 | |
| 1985 年 | 2344 | 29350 | 25573 | 11614 | 18942 | 1343 | 172.0 | 23.1 |
| 1986 年 | 2406 | 31849 | 26133 | 11722 | 16205 | 1359 | 210.2 | 33.7 |
| 1990 年 | 2527 | 40247 | 29064 | 12435 | 20242 | 895 | 326.0 | 32.1 |
| 1991 年 | 2535 | 42037 | 30614 | 20496 | 13325 | 771 | 349.1 | 34.0 |
| 1992 年 | 2558 | 43051 | 31175 | 18495 | 12625 | 740 | 363.6 | 34.4 |
| 1993 年 | 2572 | 44656 | 31410 | 16973 | 11685 | 631 | 368.0 | 34.3 |
| 1994 年 | 2589 | 44367 | 32332 | 14451 | 11852 | 556 | 409.1 | 34.8 |
| 1995 年 | 2615 | 45323 | 32850 | 14142 | 11814 | 551 | 415.5 | 35.2 |
| 1996 年 | 2620 | 46457 | 33686 | 14793 | 13544 | 577 | 441.4 | 35.6 |
| 1997 年 | 2628 | 47882 | 37549 | 16114 | 15685 | 680 | 471.5 | 37.4 |
| 1998 年 | 2662 | 48313 | 38514 | 17058 | 15422 | 700 | 492.5 | 39.9 |
| 1999 年 | 2669 | 48792 | 39539 | 18040 | 16290 | 678 | 506.0 | 41.6 |
| 2000 年 | 2675 | 51342 | 40953 | 18854 | 16913 | 692 | 598.2 | 41.6 |
| 2001 年 | 2696 | 48579 | 42130 | 20757 | 17559 | 819 | 561.8 | 43.7 |
| 2002 年 | 2697 | 48447 | 42683 | 21950 | 20021 | 946 | 582.8 | 43.9 |
| 2003 年 | 2709 | 49646 | 43776 | 21440 | 18775 | 1049 | 588.6 | 46.1 |
| 2004 年 | 2720 | 49069 | 46152 | 22095 | 18536 | 1228 | 625.1 | 47.2 |
| 2005 年 | 2762 | 50423 | 48056 | 23332 | 20269 | 1535 | 677.0 | 48.0 |
| 2006 年 | 2778 | 51311 | 50024 | 25218 | 21039 | 1686 | 718.9 | 50.0 |
| 2007 年 | 2799 | 51650 | 52053 | 26103 | 21319 | 1871 | 741.4 | 52.7 |
| 2008 年 | 2820 | 52021 | 55064 | 28141 | 23129 | 2071 | 780.0 | 55.4 |
| 2009 年 | 2850 | 52688 | 58521 | 32167 | 25857 | 2939 | 850.3 | 60.2 |
| 2010 年 | 2884 | 53564 | 61726 | 32823 | 26392 | 2956 | 900.4 | 63.1 |
| 2011 年 | 2952 | 54475 | 63896 | 37423 | 28452 | 3985 | 994.8 | 68.1 |
| 2012 年 | 3076 | 54997 | 68827 | 43437 | 33191 | 5826 | 1058.4 | 73.5 |
| 2013 年 | 3112 | 56320 | 74896 | 49232 | 40868 | 4865 | 1158.5 | 81.0 |
| 2014 年 | 3117 | 56071 | 79092 | 53036 | 46734 | 4742 | 1231.6 | 85.6 |
| 2015 年 | 3139 | 56422 | 83844 | 58892 | 50896 | 5151 | 1301.5 | 91.1 |
| 2016 年 | 3153 | 57208 | 90163 | 66037 | 54725 | 6275 | 1424.3 | 98.6 |

**表 8　按年份各地区人均拥有公共图书馆藏量**

单位：册/件

| 地　区 | 1995 年 | 2000 年 | 2005 年 | 2010 年 | 2015 年 | 2016 年 |
|---|---|---|---|---|---|---|
| **全　国** | **0.27** | **0.32** | **0.37** | **0.46** | **0.61** | **0.65** |
| 北　京 | 0.54 | 0.55 | 0.73 | 0.87 | 1.12 | 1.19 |
| 天　津 | 0.72 | 0.79 | 0.83 | 0.97 | 1.10 | 1.16 |
| 河　北 | 0.13 | 0.16 | 0.19 | 0.22 | 0.30 | 0.31 |
| 山　西 | 0.25 | 0.26 | 0.29 | 0.34 | 0.42 | 0.47 |
| 内蒙古 | 0.27 | 0.29 | 0.31 | 0.38 | 0.60 | 0.68 |
| 辽　宁 | 0.44 | 0.46 | 0.55 | 0.68 | 0.85 | 0.90 |
| 吉　林 | 0.36 | 0.38 | 0.44 | 0.50 | 0.64 | 0.68 |
| 黑龙江 | 0.30 | 0.32 | 0.34 | 0.43 | 0.48 | 0.51 |
| 上　海 | 1.12 | 3.29 | 3.40 | 2.96 | 3.13 | 3.17 |
| 江　苏 | 0.34 | 0.36 | 0.43 | 0.56 | 0.86 | 0.95 |
| 浙　江 | 0.35 | 0.37 | 0.47 | 0.69 | 1.13 | 1.25 |
| 安　徽 | 0.13 | 0.13 | 0.14 | 0.21 | 0.32 | 0.35 |
| 福　建 | 0.28 | 0.28 | 0.36 | 0.46 | 0.73 | 0.79 |
| 江　西 | 0.26 | 0.27 | 0.30 | 0.34 | 0.47 | 0.47 |
| 山　东 | 0.20 | 0.22 | 0.30 | 0.38 | 0.48 | 0.51 |
| 河　南 | 0.12 | 0.13 | 0.15 | 0.20 | 0.26 | 0.28 |
| 湖　北 | 0.25 | 0.28 | 0.34 | 0.41 | 0.51 | 0.56 |
| 湖　南 | 0.21 | 0.24 | 0.26 | 0.30 | 0.38 | 0.42 |
| 广　东 | 0.24 | 0.27 | 0.34 | 0.44 | 0.65 | 0.72 |
| 广　西 | 0.27 | 0.29 | 0.32 | 0.41 | 0.54 | 0.56 |
| 海　南 | 0.19 | 0.20 | 0.22 | 0.33 | 0.47 | 0.50 |
| 重　庆 |  | 0.26 | 0.27 | 0.36 | 0.43 | 0.47 |
| 四　川 | 0.21 | 0.21 | 0.24 | 0.32 | 0.41 | 0.43 |
| 贵　州 | 0.18 | 0.19 | 0.20 | 0.23 | 0.35 | 0.35 |
| 云　南 | 0.28 | 0.29 | 0.31 | 0.34 | 0.41 | 0.44 |
| 西　藏 | 0.21 | 0.23 | 0.15 | 0.18 | 0.50 | 0.53 |
| 陕　西 | 0.21 | 0.23 | 0.24 | 0.30 | 0.40 | 0.43 |
| 甘　肃 | 0.27 | 0.29 | 0.33 | 0.41 | 0.52 | 0.53 |
| 青　海 | 0.58 | 0.55 | 0.60 | 0.64 | 0.70 | 0.76 |
| 宁　夏 | 0.66 | 0.68 | 0.63 | 0.73 | 1.06 | 1.02 |
| 新　疆 | 0.29 | 0.30 | 0.41 | 0.51 | 0.55 | 0.59 |

表 9　按年份各地区公共图书馆人均购书费

单位：元

| 地　区 | 1995 年 | 2000 年 | 2005 年 | 2010 年 | 2015 年 | 2016 年 |
|---|---|---|---|---|---|---|
| **全　国** | **0.139** | **0.293** | **0.457** | **0.828** | **1.434** | **1.562** |
| 北　京 | 0.201 | 0.661 | 2.219 | 2.286 | 3.866 | 4.091 |
| 天　津 | 0.338 | 0.562 | 1.464 | 2.525 | 3.148 | 3.001 |
| 河　北 | 0.047 | 0.063 | 0.099 | 0.212 | 0.547 | 0.487 |
| 山　西 | 0.043 | 0.089 | 0.115 | 0.415 | 0.673 | 1.306 |
| 内蒙古 | 0.039 | 0.070 | 0.071 | 0.380 | 1.278 | 1.294 |
| 辽　宁 | 0.188 | 0.224 | 0.480 | 1.181 | 1.552 | 1.159 |
| 吉　林 | 0.096 | 0.168 | 0.286 | 0.478 | 1.408 | 1.364 |
| 黑龙江 | 0.063 | 0.107 | 0.107 | 0.414 | 0.639 | 0.594 |
| 上　海 | 1.558 | 6.697 | 5.817 | 6.494 | 7.919 | 7.684 |
| 江　苏 | 0.104 | 0.239 | 0.500 | 1.052 | 1.933 | 2.286 |
| 浙　江 | 0.134 | 0.337 | 0.815 | 2.004 | 3.210 | 3.517 |
| 安　徽 | 0.044 | 0.050 | 0.101 | 0.244 | 0.754 | 0.778 |
| 福　建 | 0.096 | 0.206 | 0.452 | 0.759 | 1.623 | 2.009 |
| 江　西 | 0.024 | 0.073 | 0.150 | 0.291 | 0.575 | 0.705 |
| 山　东 | 0.058 | 0.108 | 0.202 | 0.418 | 0.778 | 1.030 |
| 河　南 | 0.028 | 0.045 | 0.070 | 0.154 | 0.439 | 0.456 |
| 湖　北 | 0.052 | 0.116 | 0.227 | 0.323 | 1.496 | 1.467 |
| 湖　南 | 0.032 | 0.064 | 0.142 | 0.254 | 0.580 | 0.726 |
| 广　东 | 0.173 | 0.328 | 0.804 | 1.199 | 2.182 | 2.696 |
| 广　西 | 0.064 | 0.116 | 0.145 | 0.405 | 1.051 | 0.938 |
| 海　南 | 0.081 | 0.052 | 0.111 | 1.008 | 0.538 | 0.716 |
| 重　庆 |  | 0.107 | 0.203 | 0.564 | 1.071 | 1.299 |
| 四　川 | 0.038 | 0.058 | 0.133 | 0.265 | 0.599 | 0.630 |
| 贵　州 | 0.029 | 0.047 | 0.081 | 0.196 | 0.410 | 0.552 |
| 云　南 | 0.111 | 0.125 | 0.162 | 0.370 | 0.569 | 0.629 |
| 西　藏 | 0.058 | 0.061 | 0.155 | 0.369 | 3.629 | 0.802 |
| 陕　西 | 0.030 | 0.032 | 0.188 | 0.409 | 0.862 | 0.983 |
| 甘　肃 | 0.070 | 0.113 | 0.229 | 0.460 | 0.916 | 0.996 |
| 青　海 | 0.069 | 0.104 | 0.133 | 0.271 | 1.334 | 2.188 |
| 宁　夏 | 0.080 | 0.121 | 0.228 | 0.796 | 2.029 | 1.582 |
| 新　疆 | 0.055 | 0.071 | 0.173 | 0.424 | 0.627 | 1.445 |

**表 10　按年份各地区公共图书馆总流通人次**

单位：万人次

| 地　区 | 1995 年 | 2000 年 | 2005 年 | 2010 年 | 2015 年 | 2016 年 |
|---|---|---|---|---|---|---|
| **全　国** | **14142** | **18854** | **23332** | **32823** | **58892** | **66037** |
| 中　央 | 133 | 380 | 459 | 533 | 388 | 398 |
| 北　京 | 272 | 320 | 715 | 775 | 1264 | 1402 |
| 天　津 | 265 | 461 | 483 | 606 | 789 | 851 |
| 河　北 | 473 | 736 | 635 | 736 | 1428 | 1622 |
| 山　西 | 227 | 261 | 256 | 374 | 830 | 981 |
| 内蒙古 | 282 | 270 | 380 | 312 | 649 | 743 |
| 辽　宁 | 829 | 1184 | 1133 | 1457 | 2068 | 2313 |
| 吉　林 | 385 | 409 | 505 | 503 | 732 | 806 |
| 黑龙江 | 631 | 608 | 505 | 622 | 968 | 986 |
| 上　海 | 687 | 1225 | 1249 | 1853 | 3931 | 4170 |
| 江　苏 | 883 | 1227 | 1735 | 3006 | 6001 | 6489 |
| 浙　江 | 555 | 1140 | 1398 | 3454 | 7942 | 9788 |
| 安　徽 | 372 | 561 | 461 | 760 | 1739 | 1994 |
| 福　建 | 466 | 647 | 734 | 1193 | 2396 | 2604 |
| 江　西 | 413 | 485 | 534 | 639 | 1258 | 1375 |
| 山　东 | 509 | 795 | 1422 | 1717 | 2729 | 3644 |
| 河　南 | 650 | 713 | 828 | 1026 | 2233 | 2539 |
| 湖　北 | 559 | 714 | 1145 | 1516 | 1955 | 2082 |
| 湖　南 | 618 | 808 | 787 | 1028 | 1617 | 1955 |
| 广　东 | 1447 | 2235 | 3543 | 4540 | 7855 | 8335 |
| 广　西 | 809 | 927 | 896 | 1343 | 2065 | 2067 |
| 海　南 | 94 | 121 | 115 | 172 | 445 | 377 |
| 重　庆 |  | 266 | 595 | 621 | 1235 | 1309 |
| 四　川 | 776 | 554 | 766 | 1168 | 2010 | 2358 |
| 贵　州 | 462 | 228 | 187 | 369 | 594 | 604 |
| 云　南 | 559 | 654 | 735 | 907 | 1223 | 1381 |
| 西　藏 |  | 2 | 2 | 3 | 20 | 25 |
| 陕　西 | 242 | 275 | 365 | 519 | 982 | 1156 |
| 甘　肃 | 225 | 185 | 317 | 468 | 678 | 724 |
| 青　海 | 39 | 58 | 68 | 89 | 112 | 111 |
| 宁　夏 | 140 | 142 | 167 | 163 | 282 | 319 |
| 新　疆 | 140 | 263 | 212 | 350 | 474 | 529 |

## 表 11　按年份各地区平均每万人公共图书馆建筑面积

单位：平方米

| 地区 | 1995 年 | 2000 年 | 2005 年 | 2010 年 | 2015 年 | 2016 年 |
|---|---|---|---|---|---|---|
| **全国** | **34.3** | **47.3** | **51.8** | **67.1** | **94.7** | **103.0** |
| 北京 | 56.7 | 75.3 | 99.5 | 86.6 | 113.6 | 126.4 |
| 天津 | 81.6 | 99.9 | 162.0 | 103.1 | 167.4 | 168.8 |
| 河北 | 26.9 | 33.5 | 38.5 | 34.6 | 59.2 | 63.2 |
| 山西 | 27.6 | 34.3 | 45.0 | 67.8 | 114.3 | 129.9 |
| 内蒙古 | 46.0 | 53.0 | 65.8 | 90.4 | 135.5 | 154.3 |
| 辽宁 | 53.8 | 61.6 | 81.3 | 100.8 | 126.7 | 128.3 |
| 吉林 | 35.5 | 39.6 | 50.1 | 53.3 | 98.9 | 101.6 |
| 黑龙江 | 33.6 | 36.6 | 48.2 | 65.0 | 76.6 | 78.0 |
| 上海 | 85.8 | 132.6 | 137.2 | 160.9 | 173.2 | 173.2 |
| 江苏 | 30.3 | 35.5 | 57.9 | 83.1 | 129.3 | 145.2 |
| 浙江 | 34.8 | 57.7 | 83.7 | 106.7 | 171.7 | 189.0 |
| 安徽 | 14.6 | 15.9 | 23.9 | 37.0 | 65.0 | 71.7 |
| 福建 | 42.2 | 47.5 | 65.9 | 117.1 | 99.1 | 102.6 |
| 江西 | 38.6 | 39.9 | 47.6 | 61.1 | 80.1 | 80.5 |
| 山东 | 22.6 | 26.9 | 42.3 | 49.7 | 83.8 | 106.6 |
| 河南 | 21.6 | 25.9 | 27.2 | 34.5 | 57.9 | 64.1 |
| 湖北 | 35.1 | 39.3 | 49.9 | 57.3 | 91.9 | 118.9 |
| 湖南 | 33.6 | 38.7 | 39.7 | 54.9 | 61.1 | 63.1 |
| 广东 | 43.2 | 132.1 | 57.8 | 80.6 | 115.9 | 117.2 |
| 广西 | 38.1 | 46.8 | 45.1 | 55.8 | 72.0 | 80.8 |
| 海南 | 36.0 | 41.9 | 53.1 | 98.2 | 88.5 | 90.6 |
| 重庆 |  | 37.5 | 47.2 | 70.8 | 97.6 | 101.6 |
| 四川 | 22.6 | 27.3 | 34.2 | 42.1 | 68.5 | 72.3 |
| 贵州 | 23.9 | 39.7 | 35.7 | 44.5 | 63.7 | 64.6 |
| 云南 | 44.6 | 48.5 | 78.4 | 65.5 | 75.1 | 77.1 |
| 西藏 | 52.1 | 61.1 | 104.7 | 89.6 | 156.2 | 163.1 |
| 陕西 | 32.8 | 33.8 | 52.7 | 53.5 | 64.4 | 71.7 |
| 甘肃 | 34.5 | 43.7 | 41.6 | 63.2 | 84.3 | 102.6 |
| 青海 | 60.5 | 73.4 | 68.1 | 78.9 | 105.9 | 107.8 |
| 宁夏 | 78.2 | 78.3 | 68.8 | 133.9 | 158.8 | 183.0 |
| 新疆 | 43.1 | 44.7 | 54.7 | 82.0 | 100.6 | 105.2 |

**表 12　按年份全国群众文化机构基本情况**

| 年　份 | 机构数（个） | 从业人员（人） | 举办展览个数（个） | 组织文艺活动次数（次） | 举办训练班次（次） | 实际使用房屋建筑面积（万平方米） |
|---|---|---|---|---|---|---|
| 1979 年 | 3965 | | 13001 | 114307 | | |
| 1980 年 | 7723 | | 23553 | 202828 | 20359 | |
| 1985 年 | 8746 | 59599 | 30998 | 118888 | 31842 | 308.5 |
| 1986 年 | 8906 | 67501 | 32803 | 106726 | 30576 | 354.8 |
| 1990 年 | 9087 | 67817 | 34292 | 99068 | 37017 | 457.8 |
| 1991 年 | 10507 | 70319 | 35498 | 116618 | 39568 | 484.5 |
| 1992 年 | 9564 | 66938 | 32095 | 96481 | 40707 | 496.1 |
| 1993 年 | 10155 | 68097 | 29636 | 86680 | 34279 | 538.6 |
| 1994 年 | 11276 | 70489 | 30224 | 92167 | 39296 | 560.3 |
| 1995 年 | 13487 | 75263 | 31070 | 110509 | 46023 | 614.1 |
| 1996 年 | 45253 | 127742 | 76397 | 247357 | 130592 | 1110.0 |
| 1997 年 | 43738 | 129194 | 87795 | 278782 | 119873 | 1176.0 |
| 1998 年 | 45834 | 129842 | 86960 | 267351 | 125872 | 1195.3 |
| 1999 年 | 45837 | 128216 | 94270 | 280373 | 138195 | 1195.2 |
| 2000 年 | 45321 | 128420 | 91670 | 276574 | 143370 | 1229.9 |
| 2001 年 | 43397 | 120156 | 89392 | 284316 | 156089 | 1213.8 |
| 2002 年 | 42516 | 119072 | 92917 | 301792 | 137350 | 1203.6 |
| 2003 年 | 41816 | 123458 | 93514 | 327306 | 154502 | 1431.3 |
| 2004 年 | 41402 | 121441 | 116639 | 401818 | 165823 | 1408.4 |
| 2005 年 | 41588 | 122500 | 111300 | 391439 | 190194 | 1507.0 |
| 2006 年 | 40088 | 123465 | 141150 | 497779 | 218696 | 1622.8 |
| 2007 年 | 40601 | 128096 | 90900 | 546477 | 242055 | 1667.4 |
| 2008 年 | 41156 | 131142 | 100877 | 473613 | 299791 | 1931.0 |
| 2009 年 | 41959 | 137484 | 110251 | 555052 | 304955 | 2193.6 |
| 2010 年 | 43382 | 141002 | 117353 | 576799 | 358719 | 2526.7 |
| 2011 年 | 43675 | 147732 | 107785 | 620586 | 339883 | 2982.6 |
| 2012 年 | 43876 | 156228 | 114774 | 688482 | 387201 | 3171.7 |
| 2013 年 | 44260 | 164355 | 138225 | 740611 | 390758 | 3389.4 |
| 2014 年 | 44423 | 170299 | 131728 | 845421 | 469300 | 3686.4 |
| 2015 年 | 44291 | 173499 | 139792 | 959901 | 536328 | 3848.3 |
| 2016 年 | 44497 | 182030 | 150128 | 1065287 | 590516 | 3991.0 |

注：1996 年以前数据未包括其他部门所属乡镇综合文化站，1996—1998 年包括其他部门所属乡镇文化站，1999 年以后，其他部门所属乡镇文化站划归文化部门管理。以下各表同。

## 表 13 按年份各地区群众文化机构开展各类活动次数

单位：次

| 地 区 | 2011 年 | 2012 年 | 2013 年 | 2014 年 | 2015 年 | 2016 年 |
|---|---|---|---|---|---|---|
| **总 计** | **1085844** | **1211282** | **1293231** | **1472004** | **1663881** | **1839700** |
| 北 京 | 42490 | 51312 | 54782 | 56360 | 67486 | 69435 |
| 天 津 | 11448 | 14859 | 13201 | 15750 | 20032 | 27678 |
| 河 北 | 47228 | 54969 | 56075 | 60590 | 64623 | 68004 |
| 山 西 | 26961 | 33349 | 34200 | 38218 | 39012 | 39194 |
| 内蒙古 | 15738 | 17454 | 21306 | 24218 | 28730 | 30935 |
| 辽 宁 | 53009 | 51979 | 53073 | 60009 | 56786 | 63533 |
| 吉 林 | 14708 | 18431 | 20812 | 22663 | 25665 | 30012 |
| 黑龙江 | 27061 | 27885 | 29205 | 31502 | 32766 | 38762 |
| 上 海 | 58955 | 63416 | 68267 | 91737 | 119820 | 135097 |
| 江 苏 | 54074 | 66635 | 70494 | 78429 | 88399 | 94911 |
| 浙 江 | 62956 | 74798 | 82106 | 100433 | 122803 | 147065 |
| 安 徽 | 35102 | 39035 | 48009 | 57004 | 61974 | 65064 |
| 福 建 | 20274 | 22642 | 25559 | 28803 | 34627 | 39684 |
| 江 西 | 22556 | 30384 | 37821 | 35018 | 37535 | 37223 |
| 山 东 | 86226 | 75522 | 78553 | 96523 | 115435 | 129143 |
| 河 南 | 57759 | 67112 | 71142 | 76240 | 83360 | 87703 |
| 湖 北 | 29951 | 33465 | 35388 | 38505 | 40892 | 61313 |
| 湖 南 | 41941 | 47156 | 46948 | 50639 | 51920 | 53240 |
| 广 东 | 76218 | 77443 | 81835 | 102237 | 105576 | 119841 |
| 广 西 | 31354 | 42856 | 41287 | 42667 | 45217 | 49392 |
| 海 南 | 4503 | 5505 | 5586 | 5542 | 4776 | 5737 |
| 重 庆 | 27531 | 30749 | 29624 | 33459 | 45813 | 49891 |
| 四 川 | 70898 | 88635 | 92195 | 98277 | 111652 | 114235 |
| 贵 州 | 27414 | 20848 | 25582 | 29401 | 30976 | 37594 |
| 云 南 | 35783 | 42888 | 44433 | 49653 | 52071 | 53663 |
| 西 藏 | 2445 | 2941 | 2951 | 6226 | 8231 | 10858 |
| 陕 西 | 30685 | 30980 | 35272 | 38514 | 39431 | 43631 |
| 甘 肃 | 19011 | 21777 | 21865 | 24594 | 26732 | 29520 |
| 青 海 | 4697 | 5528 | 7420 | 8249 | 7897 | 8304 |
| 宁 夏 | 6661 | 8346 | 11571 | 13070 | 15532 | 16276 |
| 新 疆 | 40207 | 42383 | 46669 | 57474 | 78112 | 82762 |

## 表 14　按年份各地区群众文化机构文化服务人次

单位：万人次

| 地　区 | 2011 年 | 2012 年 | 2013 年 | 2014 年 | 2015 年 | 2016 年 |
|---|---|---|---|---|---|---|
| **总　计** | **38760.2** | **44035.6** | **44171.2** | **50668.1** | **54826.3** | **57895.6** |
| 北　京 | 769.4 | 978.9 | 1281.5 | 824.9 | 875.3 | 965.1 |
| 天　津 | 299.7 | 336.9 | 274.5 | 305.1 | 359.6 | 410.0 |
| 河　北 | 1037.1 | 1026.9 | 1155.3 | 1232.8 | 1408.9 | 1585.3 |
| 山　西 | 934.4 | 878.4 | 821.0 | 864.7 | 1053.5 | 1006.3 |
| 内蒙古 | 706.9 | 647.8 | 735.9 | 759.3 | 888.2 | 967.7 |
| 辽　宁 | 1394.6 | 1877.1 | 1562.0 | 1347.3 | 1374.3 | 1459.4 |
| 吉　林 | 719.7 | 946.5 | 979.6 | 617.0 | 704.9 | 725.1 |
| 黑龙江 | 630.4 | 958.9 | 858.9 | 828.9 | 899.7 | 1107.4 |
| 上　海 | 1984.7 | 2015.4 | 1962.1 | 4405.5 | 2363.5 | 2468.1 |
| 江　苏 | 1497.0 | 2407.4 | 2147.6 | 2356.6 | 2635.1 | 3008.2 |
| 浙　江 | 2368.7 | 2874.5 | 2990.5 | 3847.5 | 5168.8 | 5605.2 |
| 安　徽 | 974.0 | 1184.7 | 1427.8 | 1542.1 | 1815.9 | 1831.1 |
| 福　建 | 790.3 | 1029.0 | 1012.8 | 1054.4 | 1036.1 | 1234.5 |
| 江　西 | 756.1 | 909.7 | 996.6 | 1145.3 | 1248.7 | 1203.3 |
| 山　东 | 2442.2 | 2405.6 | 2515.7 | 3107.3 | 3433.4 | 3861.4 |
| 河　南 | 1782.0 | 2086.6 | 2243.5 | 2178.9 | 2522.2 | 2740.6 |
| 湖　北 | 1780.7 | 1814.2 | 1638.6 | 1713.7 | 1695.0 | 2198.9 |
| 湖　南 | 1747.9 | 1805.9 | 1616.3 | 2051.7 | 2122.0 | 2220.4 |
| 广　东 | 4627.2 | 4253.2 | 4527.8 | 5922.8 | 6725.9 | 5862.9 |
| 广　西 | 1375.6 | 1722.6 | 1718.0 | 2048.0 | 1969.7 | 2008.0 |
| 海　南 | 186.9 | 195.7 | 267.6 | 372.2 | 255.5 | 230.7 |
| 重　庆 | 1316.2 | 1184.9 | 1133.4 | 1315.2 | 1781.9 | 2087.9 |
| 四　川 | 2748.2 | 3880.2 | 3508.8 | 3366.2 | 3831.3 | 3808.4 |
| 贵　州 | 812.3 | 901.6 | 801.6 | 1028.0 | 1308.1 | 1435.8 |
| 云　南 | 1675.8 | 2036.4 | 1820.2 | 1982.3 | 2109.7 | 2204.7 |
| 西　藏 | 64.8 | 82.8 | 96.3 | 133.2 | 217.1 | 253.9 |
| 陕　西 | 954.3 | 882.1 | 1068.3 | 1170.6 | 1311.8 | 1411.8 |
| 甘　肃 | 600.3 | 704.0 | 746.2 | 808.3 | 919.4 | 945.9 |
| 青　海 | 143.7 | 161.7 | 207.7 | 351.8 | 346.8 | 399.8 |
| 宁　夏 | 401.3 | 530.5 | 730.8 | 557.2 | 579.8 | 511.1 |
| 新　疆 | 1238.0 | 1315.6 | 1324.3 | 1429.2 | 1864.1 | 2136.7 |

### 表 15 按年份各地区平均每万人群众文化机构建筑面积

单位：平方米

| 地区 | 1995 年 | 2000 年 | 2005 年 | 2010 年 | 2015 年 | 2016 年 |
|---|---|---|---|---|---|---|
| **全国** | **50.7** | **97.2** | **115.3** | **188.6** | **280.0** | **288.6** |
| 北京 | 44.2 | 80.3 | 224.3 | 217.8 | 329.2 | 337.6 |
| 天津 | 61.6 | 138.9 | 130.4 | 174.1 | 205.0 | 209.6 |
| 河北 | 23.6 | 62.6 | 67.7 | 105.4 | 163.7 | 167.4 |
| 山西 | 45.4 | 53.4 | 58.1 | 210.6 | 267.3 | 271.7 |
| 内蒙古 | 98.0 | 144.4 | 132.4 | 182.6 | 300.8 | 320.0 |
| 辽宁 | 84.1 | 79.0 | 102.6 | 201.2 | 283.6 | 258.7 |
| 吉林 | 38.2 | 42.2 | 38.3 | 81.5 | 185.3 | 190.1 |
| 黑龙江 | 26.2 | 38.5 | 43.2 | 140.2 | 214.0 | 235.1 |
| 上海 | 71.9 | 216.2 | 379.1 | 485.0 | 567.7 | 577.4 |
| 江苏 | 97.8 | 168.6 | 181.3 | 302.8 | 475.2 | 492.2 |
| 浙江 | 135.2 | 190.7 | 276.0 | 432.5 | 677.4 | 732.2 |
| 安徽 | 17.1 | 23.6 | 44.4 | 93.2 | 166.0 | 171.3 |
| 福建 | 61.3 | 98.8 | 117.4 | 240.9 | 325.7 | 328.3 |
| 江西 | 38.0 | 79.5 | 98.4 | 131.2 | 235.3 | 243.1 |
| 山东 | 22.1 | 41.7 | 71.8 | 218.3 | 255.8 | 263.2 |
| 河南 | 21.9 | 39.0 | 52.2 | 94.7 | 142.4 | 142.9 |
| 湖北 | 80.5 | 149.5 | 140.6 | 180.6 | 206.2 | 251.1 |
| 湖南 | 29.8 | 63.7 | 80.6 | 125.2 | 223.4 | 226.1 |
| 广东 | 52.1 | 222.4 | 258.2 | 258.5 | 359.0 | 356.8 |
| 广西 | 33.5 | 76.4 | 100.9 | 122.9 | 157.7 | 163.7 |
| 海南 | 13.8 | 86.4 | 71.3 | 121.3 | 117.8 | 119.3 |
| 重庆 |  | 99.4 | 96.5 | 201.4 | 305.9 | 312.9 |
| 四川 | 43.7 | 107.9 | 83.9 | 166.3 | 262.6 | 264.1 |
| 贵州 | 26.1 | 28.7 | 40.5 | 81.2 | 217.8 | 229.6 |
| 云南 | 126.7 | 126.2 | 137.1 | 163.2 | 222.6 | 223.3 |
| 西藏 | 145.4 | 164.1 | 238.3 | 437.9 | 1164.2 | 1134.8 |
| 陕西 | 52.4 | 79.1 | 110.5 | 150.2 | 231.8 | 235.3 |
| 甘肃 | 62.8 | 103.0 | 148.8 | 175.7 | 279.1 | 283.9 |
| 青海 | 118.1 | 96.5 | 90.2 | 153.4 | 261.3 | 261.5 |
| 宁夏 | 156.5 | 170.8 | 179.5 | 188.9 | 391.7 | 427.7 |
| 新疆 | 60.7 | 116.4 | 149.3 | 288.4 | 434.9 | 445.6 |

**表 16　按年份全国文化部门执行事业会计制度的艺术表演团体基本情况**

| 年　份 | 机构数（个） | 演出场次（万场次） | 农村演出 | 国内演出观众人次（万人） | 平均每团演出场次（场） | 总收入（万元） | 财政拨款 | 演出收入 | 总支出（万元） | 经费自给率(%) |
|---|---|---|---|---|---|---|---|---|---|---|
| 1949 年 | 1000 | 30 | | | 300 | | | | | |
| 1952 年 | 2084 | 66 | | 2312 | 317 | | | | | |
| 1957 年 | 2884 | 137 | | 79245 | 474 | | | | | |
| 1958 年 | 3181 | 205 | | 120290 | 644 | | | | | |
| 1964 年 | 3302 | 171 | 82 | 84293 | 518 | 19030 | 5290 | | 19817 | 69.3 |
| 1978 年 | 3143 | 65 | 22 | 79395 | 206 | 32086 | 19644 | 11079 | 30049 | 41.4 |
| 1980 年 | 2183 | 54 | 20 | 61519 | 245 | 34687 | 22503 | 10685 | 29524 | 41.3 |
| 1985 年 | 3295 | 74 | 49 | 72322 | 226 | 48568 | 30942 | 13091 | 47292 | 37.3 |
| 1990 年 | 2788 | 49 | 32 | 51012 | 176 | 71535 | 43759 | 18041 | 67514 | 41.1 |
| 1991 年 | 2760 | 45 | 29 | 46411 | 162 | 71756 | 42638 | 17798 | 76065 | 38.3 |
| 1992 年 | 2744 | 43 | 28 | 46338 | 155 | 80959 | 46617 | 19559 | 87797 | 39.1 |
| 1993 年 | 2698 | 41 | 26 | 42530 | 151 | 92770 | 51093 | 21756 | 100106 | 41.6 |
| 1994 年 | 2691 | 40 | 26 | 40935 | 149 | 127628 | 75583 | 27276 | 134508 | 38.7 |
| 1995 年 | 2676 | 41 | 26 | 43166 | 154 | 151388 | 86620 | 34382 | 160654 | 40.3 |
| 1996 年 | 2656 | 42 | 27 | 47934 | 158 | 184240 | 109781 | 39870 | 183534 | 40.6 |
| 1997 年 | 2651 | 42 | 26 | 46361 | 157 | 206794 | 125300 | 40716 | 202789 | 40.2 |
| 1998 年 | 2640 | 42 | 26 | 53486 | 161 | 218546 | 139913 | 41730 | 223877 | 35.1 |
| 1999 年 | 2622 | 42 | 26 | 46904 | 161 | 242645 | 155609 | 48967 | 242797 | 35.8 |
| 2000 年 | 2619 | 41 | 26 | 46168 | 157 | 263664 | 172864 | 51650 | 268886 | 33.8 |
| 2001 年 | 2590 | 42 | 24 | 47385 | 163 | 311852 | 210018 | 57448 | 312601 | 32.6 |
| 2002 年 | 2577 | 42 | 24 | 45980 | 161 | 365331 | 246661 | 64884 | 363312 | 32.7 |
| 2003 年 | 2601 | 38 | 22 | 39163 | 147 | 400867 | 269640 | 71781 | 397890 | 33.0 |
| 2004 年 | 2512 | 41 | 24 | 37907 | 165 | 459183 | 313068 | 86125 | 459369 | 31.8 |
| 2005 年 | 2472 | 40 | 23 | 35752 | 159 | 500262 | 342807 | 92603 | 488472 | 32.2 |
| 2006 年 | 2456 | 41 | 24 | 40766 | 167 | 565018 | 387812 | 103431 | 558540 | 31.7 |
| 2007 年 | 2455 | 42 | 25 | 45404 | 170 | 691050 | 487842 | 120396 | 670009 | 30.3 |
| 2008 年 | 2465 | 41 | 25 | 41272 | 167 | 803030 | 573623 | 133077 | 777735 | 29.5 |
| 2009 年 | 2481 | 42 | 25 | 43127 | 169 | 889046 | 631197 | 142227 | 860603 | 30.0 |
| 2010 年 | 2421 | 42 | 24 | 44290 | 175 | 946742 | 654258 | 155743 | 917143 | 31.9 |
| 2011 年 | 2249 | 40 | 24 | 38209 | 176 | 1058959 | 777590 | 162684 | 1029564 | 27.3 |
| 2012 年 | 1804 | 32 | 20 | 29796 | 179 | 1076060 | 824265 | 132713 | 1043740 | 24.1 |
| 2013 年 | 1588 | 29 | 18 | 26067 | 183 | 998200 | 773381 | 123340 | 969206 | 23.2 |
| 2014 年 | 1568 | 29 | 18 | 24293.619 | 183 | 1074246 | 843859 | 116572 | 1059017 | 21.8 |
| 2015 年 | 1548 | 28 | 19 | 24261 | 178 | 1209547 | 969692 | 127431 | 1183497 | 20.3 |
| 2016 年 | 1520 | 27 | 18 | 24004 | 181 | 1285603 | 1016972 | 132320 | 1220720 | 22.0 |

## 表 17 按年份各地区艺术表演团体机构数

单位：个

| 地　区 | 1995 年 | 2000 年 | 2005 年 | 2010 年 | 2015 年 | 2016 年 |
|---|---|---|---|---|---|---|
| **全　国** | **2682** | **2619** | **2805** | **6864** | **10787** | **12301** |
| 北　京 | 22 | 20 | 20 | 18 | 395 | 485 |
| 天　津 | 19 | 16 | 16 | 36 | 86 | 84 |
| 河　北 | 138 | 138 | 126 | 284 | 596 | 712 |
| 山　西 | 162 | 159 | 156 | 342 | 456 | 546 |
| 内蒙古 | 118 | 116 | 109 | 123 | 175 | 186 |
| 辽　宁 | 89 | 77 | 66 | 239 | 263 | 246 |
| 吉　林 | 68 | 65 | 61 | 68 | 49 | 54 |
| 黑龙江 | 92 | 89 | 84 | 89 | 51 | 57 |
| 上　海 | 31 | 29 | 85 | 89 | 180 | 205 |
| 江　苏 | 136 | 133 | 129 | 408 | 369 | 444 |
| 浙　江 | 83 | 79 | 273 | 471 | 1024 | 1245 |
| 安　徽 | 92 | 92 | 92 | 1255 | 1617 | 1879 |
| 福　建 | 91 | 96 | 91 | 449 | 397 | 429 |
| 江　西 | 81 | 79 | 79 | 99 | 236 | 304 |
| 山　东 | 118 | 118 | 117 | 119 | 623 | 567 |
| 河　南 | 216 | 205 | 199 | 371 | 824 | 1006 |
| 湖　北 | 105 | 100 | 99 | 204 | 282 | 308 |
| 湖　南 | 89 | 90 | 91 | 201 | 273 | 452 |
| 广　东 | 134 | 138 | 139 | 397 | 391 | 357 |
| 广　西 | 117 | 118 | 118 | 141 | 92 | 100 |
| 海　南 | 23 | 21 | 22 | 67 | 66 | 74 |
| 重　庆 | | 38 | 29 | 381 | 730 | 770 |
| 四　川 | 140 | 98 | 84 | 348 | 543 | 621 |
| 贵　州 | 30 | 28 | 26 | 52 | 95 | 113 |
| 云　南 | 134 | 129 | 135 | 142 | 276 | 221 |
| 西　藏 | 25 | 26 | 27 | 37 | 87 | 87 |
| 陕　西 | 117 | 118 | 113 | 127 | 177 | 281 |
| 甘　肃 | 78 | 76 | 76 | 82 | 191 | 227 |
| 青　海 | 14 | 14 | 12 | 32 | 54 | 60 |
| 宁　夏 | 15 | 15 | 23 | 45 | 40 | 34 |
| 新　疆 | 87 | 88 | 91 | 132 | 132 | 131 |

注：2007 年以后数据为全口径数据。

### 表 18　历年全国文物业主要指标

| 年　份 | 机构数（个） | 从业人员（人） | 文物藏品（件 / 套） | 参观人次（万人次） | 未成年人参观人次 | 本年收入合计（万元） | 实际使用房屋建筑面积（万平方米） |
|---|---|---|---|---|---|---|---|
| 2001 年 | 3717 | 64890 | 9979118 | 11316 | 2383 | 338767 | 1459 |
| 2002 年 | 3847 | 63435 | 13553824 | 11991 | 2634 | 395556 | 649 |
| 2003 年 | 3882 | 64214 | 15460345 | 9446 | 2023 | 400344 | 863 |
| 2004 年 | 3965 | 77101 | 23879724 | 14527 | 3454 | 631645 | 937 |
| 2005 年 | 4030 | 82988 | 23042098 | 17657 | 3979 | 758393 | 1142 |
| 2006 年 | 4092 | 80894 | 18453447 | 18444 | 4005 | 882854 | 1080 |
| 2007 年 | 4277 | 84886 | 25677354 | 45382 | 13855 | 1036917 | 1191 |
| 2008 年 | 4437 | 92060 | 25738228 | 35436 | 9075 | 1246751 | 1025 |
| 2009 年 | 4842 | 101986 | 26802714 | 43248 | 12203 | 1528467 | 1344 |
| 2010 年 | 5207 | 102471 | 28642200 | 52098 | 13541 | 1870728 | 1621 |
| 2011 年 | 5728 | 111338 | 30185365 | 56687 | 14021 | 2363064 | 2208 |
| 2012 年 | 6124 | 125155 | 35054763 | 67059 | 17326 | 2959894 | 2411 |
| 2013 年 | 7737 | 137173 | 38408146 | 74706 | 20237 | 3645841 | 2115 |
| 2014 年 | 8418 | 148095 | 40635827 | 84256 | 22403 | 3926216 | 2435 |
| 2015 年 | 8676 | 146133 | 41391946 | 92508 | 24653 | 4246960 | 2661 |
| 2016 年 | 8954 | 151542 | 44559083 | 101269 | 26298 | 4715968 | 3722 |